丸山幸彦

古代東大寺庄園の研究

溪水社

目次

古代東大寺庄園の研究

序論

(一)

古代東大寺庄園群のあり方は、その史料の豊富さという点からいって、八〜一〇世紀全体にわたり展開している王臣家・寺社の大土地所有全般のあり方をもっともよくあらわしている存在である。

現在正倉院に残されている当該期の東大寺庄園関係文書および絵図は越前・越中・近江・伊賀・摂津・阿波・因幡の諸国のものに限られる。しかし当該期の東大寺庄園の全般的な把握ということからいうと、現存する文書・絵図と目録にのみその名を残す失われた文書・絵図とをふくめた、本来存在していた東大寺庄園関係文書群のあり方を、地域別・時系列別に復元・整理し、個々の文書をその群のなかに位置づけることが必要になる。時代は下がるが平安時代後期作成の一連の文書目録類には文書名を残すのみの当該期の庄園が多くあらわれている。それによると、上記諸国以外にも相模、越後、尾張、美濃、伊勢、山城、大和、播磨、備前、備中、備後、周防、紀伊、伊予などに東大寺の庄園が存在していたことが確認される。

これら東大寺庄園はそのほとんど全てが八世紀中期に集中して設定されているが、この膨大な数に達する諸庄園は、陸上ないし水上交通路を媒介に密接に結びあわされた次の四個の庄園群に編成されている。

第一　北陸道によって、結びあわされている庄園群…越前・越中・越後の庄園

第二　東海道によって結びあわされていると推定される庄園群…伊勢・美濃・尾張の庄園

第三　大阪湾と淀川および大和盆地を結ぶ陸上・水上交通路の要衝の地に配置されている庄園群…摂津・大和の庄園

第四　紀伊水道および瀬戸内海の水上交通路によって結びあわされている庄園群…播磨・備前・備中・備後・周防・因幡・伯耆・紀伊・阿波・伊与の庄園

八世紀中期に姿をみせている東大寺の全ての庄園がここにふくまれるのではない。関東に孤立して存在している相模国の庄園、形態的には北陸の庄園群に類似している近江国の覇流庄・因幡庄、伊賀国所在の買得耕地から成り立っている庄園、さらに近江・伊賀・大和山間部に所在する山作所などの位置づけが問題になるが、成立期の東大寺諸庄園は基本的には上記の四群に整理しうる。

本書を構成する諸論は、八世紀から一〇世紀に至る王臣家・寺社などの大土地所有の巨視的な流れを四箇の庄園群から構成されている東大寺の庄園を主要な素材に、その個々の場面を取り上げて分析を試みたものである。史料の残存のあり方に規制されて、当該時期の東大寺庄園の研究は八世紀の越前・越中両国の大規模庄園群（第一の庄園群）に集中してきた。しかし、古代東大寺庄園群の位置づけの重要性からいって、八世紀中期の越前・越中両国という特定の時点の特定の地域のあり方にのみ限定して光をあてるのではなく、庄園群の地域的な広がりや時代的な変遷に即してより多面的に把握していくことが、古代における大土地所有の特質をみていく上で求められている。本書の諸論はそのような作業の一端を担ったものである。以下、その内容の大略を記しておく。

(二)

四群の東大寺庄園群のうち第一・第二・第四の各庄園群はいずれも天平勝宝元年（七四九）の諸官大寺への墾田地施入の勅を出発点に同八年頃にかけて占点・立券が進行していく。第一・第二を構成する庄園は基本的に越前・

越中・美濃・尾張などの特定の国々に集中的に一円的な大農場として設定されているのに対して、第四を構成する庄園は紀伊水道・瀬戸内海航路に接して、あるいはそれと何らかの形で接続する場に設定されており、ほぼ一国に一個の庄園設定という、その限りでは散在した形をとっている。

本書第一部では、第一群（北陸地域の庄園群）を取り上げた。具体的には天平勝宝元年に成立した諸庄園の再編を命じた天平神護二年（七六六）八月二六日官符の越前・越中・伊賀諸国における実施状況の分析を通して、第一群の成立と展開および再編の過程をみる。

越前国について、天平神護二年一〇月越前惣券は同年八月二六日官符に基づく東大寺諸庄園の全面的な再編の結果を記したものであるが、ここにあらわれている八箇の庄園は天平勝宝元年の寺地施入勅により、一斉に設定されたものである。東大寺の庄園が設定される以前、八世紀前半の越前平野の未開地上の各地では、在地の人々が新たな耕地の島の開発を始めていたのであり、東大寺の占点はこれら耕地の島を上から囲いこむ形でなされる。以後天平宝字年間初頭にかけて、この占点地上で東大寺寺田の開発がこれら耕地の島での在地農民諸層の開発・耕作活動を圧迫する形で展開していく。このような関係は東大寺と在地との間に矛盾を生みださざるをえず、それは仲麻呂政権下での東大寺圧迫政策の展開と結びつき、天平宝字四（七六〇）～五年段階での寺田への国司・百姓らの攻撃（宝字事件）という形で顕在化する。そして、天平神護二年になり東大寺からの巻き返しが庄域内の他者耕地の排除ということでなされるが、それは第一に「改正」すなわち庄域設定後その内部で新たに開発された全ての他者田地の取り上げ、第二に「相替・買」すなわち庄域占点前から存続する口分田・第三者墾田の交換・買得による排除、第三に庄域内で生江東人が開発した耕地の東大寺への「寄進」という三本柱で行なわれる。その結果口分田・乗田・農民墾田により構成される公田的な田地のただなかにそれとは切りはなされ、割りかえの対象にならない東大寺の私田のみによって構成される大農場が出現する。越中国については、天平神護二年八月二六日官符に基づく再編では「改正」の作業はなされるが、周辺の公田との入り組み状況の整理としての「相替・買」の作業はなされておらず、不十分な大農場化に止まっている。

次に越前国八箇庄の一つである道守庄を取り上げ、中国雲南省西双版納地域の傣族が作りあげている専制国家（首長国）のあり方と対比させることを通して、八世紀前半の越前平野においては、口分田の割りかえ単位となる共同体が行政単位としての郷のもとに複数存在したが、この基礎単位の枠を越えて、豪族・農民諸層が入り混り的な形をとって未開地上に進出し、各所に「村」とよばれる口分田、墾田をふくんだ開発田地群を作りあげつつあった状況を明らかにする。後の道守庄になる地には庄成立以前から大小二つの墾田地群が存在したが、これはこのような越前平野各地に作られている「村」の一つであり、それをふくみこんで天平勝宝元年に道守庄が成立する。以後在地の豪族生江東人は庄域内部で墾田を開発し、一部を自己のもとに留保するが、その大半を東大寺に寄進し東大寺寺田が確立する。

そして、桑原庄を主軸に八世紀中期の越前諸庄の経営のあり方について、天平勝宝六年（七五四）から九年に渡る各年度に作成された四枚の庄券は桑原庄の経営担当者が各年度の開田数と刈得稲数とを東大寺に報告すべく作成されたものであり、したがって庄園内部でどのような経営方式が取られているか、庄券面には直接にはあらわれていないとみるべきことを確認した上で、桑原庄経営は庄内に蓄積された大量の現稲を背景に複数の所を単位に行なわれていることをみる。岸俊男氏以来の研究史は桑原庄の経営や同時点の広耳墾田の経営を公田賃租的経営或いは一括賃租による経営として把握しているが、桑原庄にみられる庄内留保稲を営田主側が確保している営料とみれば、八世紀中期の王臣家・寺社および在地の豪族・農民の庄園・墾田経営は吉田晶氏のいう請作佃の方式を中心とした営田経営の方式で経営がなされていたとみる方が妥当である。

研究史をみると、第一群の庄園（北陸の庄園）については八世紀中期を中心に多くの分析が蓄積されているのに対して、第二・三・四の諸群の庄園については史料の残りの少ないこともあって、未解明な部分が多く、東大寺の庄園についての全体的な把握という点では不十分さを残している。本書第二部第一・二章および第三部第一・第二章では、八世紀中期の第三群および第四群の庄園（畿内および中・四国の庄園）を取り上げる。

(三)

畿内の庄園（第三群）について、勘渡状と名付けられている一一三〇～四〇年代頃に作成された文書目録を手がかりに、そのほとんどが摂津・大和両国に所在する天平勝宝八年（七五六）六月勅施入庄・所群についてみる。この庄・所群は摂津国については猪名川河口、難波津、山崎津、大和国については平城京東西市の周辺および大和盆地内部の水上・陸上交通路の要衝の地にそれぞれ設定された庄・所から成り立っている。このうち水無瀬庄と山埼所について、水無瀬庄は淀川河原上の上毛利用地に所在する、諸物資の集積や運搬に利用される牛・馬の飼育機能を持つ庄である。この庄は庄域の中央を走る道や水無瀬川で山崎津と結びつけられているが、この山崎津に山埼所が設置されており、淀川に面して所在し交通・運輸の拠点としての役割を果たしている。つまり、両庄・所が一体となって山崎津における造東大寺司の諸物資搬送機能を担っていた。他の庄・所の果たす役割も基本的には同じであり、いずれも倉庫機能あるいは牛・馬の飼育機能を持つ物資運搬の拠点として設定されており、耕地は存在しないか、存在しても付随的な意味しか持っていない。その点でこの庄・所群の設定は淀川・大和川水系を軸にした造東大寺司の畿内における交通・運輸体系の整備を意味している。

次に中・四国の庄園（第四群）について、史料の残りの多い因幡国高庭庄および阿波国新島庄を取り上げる。まず天平勝宝八年に立券されている高庭庄について、この庄園の庄地は鳥取平野の北端と南端に分かれて設定される。

平野北端の千代川・袋川などの合流点の河原上に星田野・奥家地・郡門三地区が設定される。この地は因幡国内外からの水上・陸上交通路が集中する地になっている。三地区のうち、星田野地区は浜をもった交通・運輸の拠点として設定されており、奥家地・郡門両地区は周辺を堤防で囲み内部を耕地化することを目的に設定されている。一方平野南端の倉見地区は因幡南部の交通・運輸の中心になっている倉見に位置している。両者は湖山池・湖山川を通る水運で結び合わされており、高庭庄が全体として因幡国内の諸物資を集積することを目的に設定されていたことが明確になる。

次に高庭庄と同時点に立券されている阿波国新島庄について、この庄は成立当初においては吉野川下流域低湿地上に数キロずつ離れて所在する本庄・枚方・大豆処の三地区から構成されていた。このうち大豆処地区は吉野川下流域の低湿地上を南北に走る陸上交通路と吉野川とが交差する水陸交通の要衝の地に位置する大豆津に、内部に船の停泊地になる「浜」をふくむ交通・運輸の拠点として設定されている。当初、当地区は大川河道を内部にふくんで大川両岸にまたがる形で一円的に庄域が設定されているが、その改修計画が立てられ、西岸部分について、大川上流からの水を防ぐことを目的に上が道になっている堤防の建設が計画され、絵図が作成される（第一次絵図）。しかしこの改修計画はただちに修正され、その修正が絵図上に書き込まれる（第二次絵図）。この修正により、河道は庄域から除外され、両岸にそれぞれ「浜」を持つ二つの小庄域からなる地区として再編成される。枚方地区については、大川沿いの微高地先端部分に設定されている。庄域占点以前のこの微高地は在地農民の開発の最前線になっていたが、造東大寺司はそれを囲いこむことで庄域を設定している。庄域設定以後、やはり改修計画が立てられ絵図が作成されている。それによると、庄域内の圃（既耕地）を保護するために、従来から存在していた堤防の補強・強化、「堺堀城」（堤防）の新設や「堺堀溝」（溝）の新設などがめざされている。このような改修計画の作成について、摂津国の郡司級豪族であり淀川・大和川下流域低湿地帯の開発を巡る高度な技術を持っていると考えられる日下部忌寸氏や上毛野公氏（田辺史氏）が当庄立券使のなかにおり、新島庄諸地区の改修計画はその主導のもとで立てられたと推定される。

さらにこの三地区とは別に新島庄の四番目の地区として設定されているのが勝浦地区である。八世紀初頭に阿波から土佐に直行する道として開設された南海道支道は平城京出土木簡に薩麻駅および武芸駅の名前があらわれていることからみて、紀伊水道沿いに走っていることが明確になった。薩麻駅は那賀川河口に位置していた那賀郡播羅郷海部里か、さらに南の海部川河口かのいずれかに置かれていたとみられている。また武芸駅は現海部郡牟岐町に置かれていたが、この地は那賀郡海部郷ないしは和射郷海部里に位置していたと考えられる。両駅とも駅子が調として海産物をだしており、かつ海部郷ないし海部里に位置していることからみて駅と駅との間が船で結ばれている水駅とみなしうる。つまり南海道支道は津に置かれた水駅を結んでいる水上交通路であった。『阿波国風土記』（逸文）に八世紀初頭阿波に牟夜戸・中湖・奥湖の三つの津があったと記されているが、これら津もこの水上交通路沿いの津であった。そして勝浦地区は大豆処地区が阿波国府に近い吉野川沿いの大豆津に設置され阿波国北部（吉野川流域）の物資集散の要を押さえているのに対応して、勝浦郡・那賀郡など阿波国南部の物資集散の要を押さえる地としての南海道支道沿いの津である中湖（勝浦川河口）に設置されていく。名方郡に設定された新島庄であるが、阿波国全体の物資集散の機能を果たしていくためには、当地区のみは郡境を越えた勝浦郡に設定される必然性があったといえる。

高庭庄・新島庄をふくめて天平勝宝初年から始まっていた中・四国地方における庄園設定は、周防・伊与・備後・備中・備前・播磨・因幡・伯耆の諸国については、いずれも瀬戸内航路沿いの津ないしそれに結びつく交通の要衝の地近くになされている。また紀伊国の加太塩山は紀ノ川河口の木本津に近接して所在しており、新島庄とともに紀伊水道沿いを走る水上交通路沿いに設定されている。つまり、中・四国の庄園は瀬戸内海・紀伊水道沿いの難波に向かう水上交通路により結びあわされた大規模庄園群を構成するものとして設定されている。この庄園群の設定の総仕上げは天平勝宝八年秋の当地域における庄園群の一斉立券ということでなされている。第四群の庄園群の本格的な成立であるが、この庄園群はほぼ一国に一個の庄園設定という形をとっており、かつ農場のみではなく塩山もふくまれており、その形態は多彩である。

天平勝宝八年に造東大寺司は畿内の孝謙勅施入庄・所群（第三の庄園群）を作りあげており、瀬戸内・紀伊水道航路を通り都に至る交通路沿いに密接に関連する第三・第四の両庄園群を同年に完成させていることになる。第三群を構成する庄園のうちの幾つかは大和盆地内での東からの交通路沿いに所在するところからみて、第三群は第一・第二両群と東大寺とを結びつける役割をも果たすべきものとして設定されているといえる。すなわち、第三群の成立により、第一・第二・第四の諸庄園群は東大寺に必要とする諸物資を供給する機能を円滑に果たすことができるようになるのであり、その点で天平勝宝元年からその設定が開始されていた東大寺庄園群は天平勝宝八年から翌九年（天平宝字元年）にかけてその完成期を迎えるとしてよい。

㈣

八世紀中期以降、これら四箇の庄園群を構成する庄園の多くは、その動向がつかめなくなっている。動向の判明する高庭庄の場合、八世紀末の延暦年間には極度の衰退におちいっており、別の貴族に庄地の大部分は売却されている。本書の第二部第三章および第三部第三章ではこの時期の東大寺庄園の動向の一端をみる。

天平勝宝八年に播磨国赤穂郡に設定されている造東大寺司の塩山について、天平勝宝五年に大伴氏は赤穂の地に塩浜開発を企てるが、在地の協力をえられないままに三年で挫折し、そのあとに設定されている。この塩山は「他国他郡」から流入してきている者をふくめ製塩に従事する労働力を村里刀禰を媒介に組織するという、在地刀禰層との協力関係のもとで経営がなされており、そのことが七八〇・九〇年代に至るまでこの塩山が安定して経営されていくことを可能にしていた。ただ、この塩山のような例は少なく、東大寺庄園の多くは八世紀中期以降、顕在化していた在地農民諸層との間の矛盾を克服できないままに庄園の経営が行き詰まらせ衰退の道を歩んでいるとみてよい。

しかし、都が山背盆地に移る八世紀末頃から、材木など造都用の資材の確保とその運搬を目的に設定される山間部の杣および津の内部や周辺での野・牧の設定が大きな広がりをもってなされ始め、かつ平野の世界周辺部およびそれを越えた山野河海の世界における墾田地設定の動きも顕著になる。勅旨田・親王賜田などの賜田・賜地に象徴される王臣家・寺社の大土地所有の大規模な展開である。赤穂において延暦七年（七八八）頃から大伴氏が再度の塩山設定を企て、東大寺との間に紛争を起こしていくが、これもこのような動きの一端であった。

一方、律令国家はこのような平野の世界と山野河海の世界とにまたがって大きく展開する大土地所有を国家の規制下に置くべく、一連の法令を発布する。延暦三年（七八四）一二月にだされた詔において王臣家が山野河海の地に占点した地について、「所占之地、皆悉還公」という方針が示されたのがその出発点であり、以後九世紀初頭にかけて、この方針は諸国で庄園整理令的な様相をもって具体化されていく。赤穂における大伴氏と東大寺との紛争について、播磨国司の裁定がなされているが、これも諸国における具体化の一端である。その規制の根底を流れているのが、墾田地・牧・杣・塩山・御厨など多彩な形態を取る王臣家・寺社の大土地所有の展開を在地の共同体構成員の生産活動の妨げにならない範囲に押さえるという「民要地」の論理である。赤穂以外でも延暦一〇年代の摂津・山背両国の淀川河原上に所在する王臣家・寺社の「野」（河原上の庄・所）を対象にした国司の規制の根底にもそれが明確に存在している。そして延暦三年一二月詔の諸国での実施の結果は延暦一七年（七九八）一二月八日太政官符「寺幷王臣百姓山野藪澤濱嶋盡収入公事」で由緒が証明できることと在地の民業の妨げになっていないことの二つの条件が満たされる占点地に限り存続を認めるという形で集大成されていく。さらに、大同元年（八〇六）

に至り、閏六月八日太政官符「應盡収入公勅旨幷寺王臣百姓等所占山川海嶋濱野林原等事」と八月二五日太政官符「合四箇条事」という二つの官符で墾田地も規制・整理の新たな規制対象にし、かつ同年七月の畿内勅旨田にかかわる勅は畿内における墾田開発を目的とした占点地への規制を強化をめざしている。この三つの官符・勅により平安時代初頭の律令国家の占点地規制は完成の域に達する。

このような状況のなかでの東大寺の土地獲得は一つは畿内山間部における大規模な杣山設定にみられる新規占点地の獲得と、もう一つは八世紀中期に成立し、この時点では廃絶している庄園の回復という二つの面から進められている。承和年間に東大寺は新島庄・高庭庄など中・四国の庄園群（第四の庄園群）を中心に、八世紀中期に占点・立券したまま放置されていた諸庄園の回復を試みているが、これは後者の具体化の一端を示すものである。

新島庄における回復運動の状況について。承和七年（八四〇）に阿波に同九年に因幡に、石川真主が東大寺使として派遣され東大寺地の実録を行なっている。新島庄で真主はかっての庄域内に口分田・乗田・農民治田がどれだけあるのかについての調査をし、その上でそれら耕地について「改正」の論理（東大寺の庄域が設定された後にその内部で開発された耕地はその開発主体を問わず無条件に東大寺寺田である）に基づいて寺田への返還を要求する。その調査により、庄成立以来約一世紀の間に在地における農民層の堤防築造技術の向上に伴う開発の着実な進展があったことが明確になる。

承和一一年頃までの間に東大寺は国衙に働きかけて、校・班田目録上でこれら農民が開発した口分田を寺田と改めさせ、それを太政官に上申させ確認させることを求めている。その上で、同年頃からそのことを背景に在地における農民耕地の取りもどし（寺田化）の具体化の過程に入っていく。同時点に元興寺領近江国愛智庄でも農民からの寺田取りもどしがなされており、僧延保は「改正」の論理を背景に一筆一筆の耕地について農民側と折衝しながら寺田として確保していっているが、新島庄の場合も同じ過程が進行していくとみてよい。ただ、数年後の嘉祥三年においても、本庄地区において依然として庄域内の公地（口分田・乗田）の存在が確認されており、返還運動が成功したかどうかは疑問である。これは高庭庄でも同様であり、天平勝宝八年の立券により成立した部分について、承和年間に真主による返還運動がなされるが、成功した形跡はなく、約半世紀後の昌泰・延喜年間に返還要求が再びなされている。

(五)

九世紀後半になると、王臣家らの占点地の「所領」化が進行し始める。八世紀末～九世紀初頭（延暦・大同年間）に律令国家が打ちだしていた、農民の生産活動の場を破壊しない限りでの庄園の設定は認めるが、内部について三年不耕・上毛利用開放両原則を適用し、庄園そのものへの排他的支配を抑止するという方針の有名無実化であり、庄園内部に対する排他的支配の確立の進行である。寛平八年（八九六）四月にだされている一連の太政官符はそのような庄園のあり方の変質を容認した上で、その量的な拡大の抑止に焦点をしぼった方針を打ちだしている。本書の第四部および余論においては九世紀後半から一〇世紀にかけて、このような「所領」化の進行のなかで王臣家・寺社の大土地所有がどのような変遷をたどるのかについて、とくに在地農民諸層とのかかわりに焦点をあてながらみる。

一〇世紀初頭の延喜二年（九〇二）にだされた延喜庄園整理令は寛平八年四月太政官符にみられる方針を受け継いで、王臣家・寺社の占点地に対する新たな規制を打ちだしている。この整理令では存続を認める庄園を公験の明確なものに限定するとともに、今後は新規の庄園の設定はいっさい認めないとした上で、公験の明確な田地以外の開発田は全て公田＝輸租田として把握するという方針を打ちだす。整理令で存続を認められた庄園は官省符庄と呼ばれ、その内部において公験で確認される庄田は班田図上に図付した上で、不輸租特権を持つことを認めている。

ただし、庄園領主側は整理令発布直後から庄域内新規開発田も班田図上に庄田（不輸租田）として図付すべきことを主張しており、一方国衙側はそのような主張は整理令の原則にそぐわないとする（ただし、領主側の主張を容認して庄田として承認する例もあり、その対処は必ずしも一貫していない）。このように、新開田の位置づけについては国衙の志向するところと庄園領主の主張するところと真っ向から対立するという矛盾を含んでいること、しかし正税免除ないしは官物便補の獲得を通した庄域内耕地の全ての不輸租化という庄園領主側の主張が徐々に定着していくことが官省符庄の特質になっており、この形態の庄園は一一世紀中期まで存続していく。

東大寺について、一〇世紀初頭に別当智鎧は正当な公験を保持していることを理由に高庭庄の返還を求めているし、一〇世紀中期には別当光智は八世紀中期成立の勅施入庄全ての返還を求める運動を起こしている。これらは東大寺が大土地所有者としての地位の保持に強い意欲を持っていることを示している。とくに、光智は新たな庄園の獲得にも積極的であり、その典型的な例が板蝿杣の四至拡大の企てにあらわれている。すなわち、九世紀から一〇世紀前半にかけて伊賀国名張盆地周辺の中間地帯と山の世界では、それぞれの地域に存する共同体構成員の活動の範囲を包摂する形で王臣家・寺社の所領設定が進行していた。中間地帯では民俗行事でいうクラタテ行事の行なわれている薦生牧、山の世界では国津神の祭られる範囲に広がる六箇山とカギヒキ・クラタテ行事の地に広がる広瀬牧・板蝿杣などである。そのなかで、本来大和国の山の世界に所在する板蝿杣の四至を伊賀国名張盆地方面に拡大し、中間地帯に位置する薦生牧と焼原杣（名張盆地西斜面）をその内部に包摂しようとしたのが光智であった。光智は在地の刀禰層との連携なしに、それを強行するが、在地側からの強い抵抗を受け、その包摂を断念している。

しかし、東大寺はそれ以後においても、焼原杣への支配強化を志向していくのであり、具体的に焼原杣を板蝿杣の「出作」地として位置づけながら、その内部での東大寺私領の設定とその不輸租田化を推進していく。そして、一一三〇年代に至り、焼原杣の板蝿杣内部への最終的な繰りこみが完成する。官省符庄としての黒田本庄の成立である。なお、黒田庄関係文書のもっとも古いものとされていた天平勝宝七年（七五五）の孝謙天皇板蝿杣施入勅は、一〇世紀前半の時点で在地刀禰から厳しくその不当性を指摘されていた東大寺の主張する板蝿杣四至がそのまま記載していることからみて、焼原杣のくりこみに成功した東大寺がそれを正当化すべく一一三〇年代頃に作成したものとみてよい。そして以後この黒田本庄の地が名張盆地における東大寺の庄園拡大の拠点となっていく。

そしてこのような九世紀後半以降とくに一〇世紀の官省符庄段階における庄園経営のあり方について、東大寺の庄園ではないが丹波国大山庄を取り上げ、その庄預・庄子集団のあり方を主たる素材にみる。九世紀半ばに成立している大山庄は、一〇世紀初頭にかけて大山里を中心に庄田の維持やその増加が計られていき、一〇世紀に入るとともに、大山里以外の桃本里における開発が進行していくが、その開発・経営の担い手になっているのが、平秀・勢豊らの庄預・庄子集団である。平秀・勢豊らは笹山盆地内部の郷に拠点をもって営田活動を行なうとともに、奈良時代以来山陽や山陰から篠山盆地へ入る道の入り口になっており、また、九世紀以後盆地を囲む山の世界と篠山盆地という平野の世界とを結ぶ山口の地にもなっている大山・宮田・篠山の三川合流地点に位置する余部郷（後の大山庄西田井地区）を拠点とした、国境を越える広範な交通・運輸・交易活動をも行なっている郡司級在地豪族である。これら庄預・庄子の大山庄経営については、庄に一つの庄家が置かれ、そこを拠点にした経営がなされるのでなく、それぞれの庄預・庄子が活動の拠点として余部郷に置いていた私宅を庄家に転化させ、そこを拠点にして開発・経営がなされていた。つまり、庄預・庄子の私宅群が大山庄庄家群を構成するという形で経営がなされていた。具体的な開発・経営方式としては、九世紀後半の高子内親王家領筑前国博多庄や一〇世紀後半の東大寺領阿波国新島庄の例との対比からみて、庄預が領主の東寺から庄域内の開発・経営を請文を提出することで一括して請け負い、その上で庄預自身をふくめ庄子に一定面積をそれぞれ請け負わせて開発・経営を行なうという方式を取っていたとみてよい。

第一部　北陸における東大寺庄園群の展開

第一章　越前・越中・伊賀における東大寺庄園の展開

——天平神護二年八月二六日官符を中心に——

はじめに

八世紀中期に東大寺が各地に集積した膨大な庄園について、それを構成する個々の庄園については、従来多くの研究が集積されてきた。しかし、これら諸庄全体についての研究は、藤間生大氏の『日本庄園史』以外ほとんどなされていない。藤間氏はこの著書において諸庄園を地域に基づいて区分して性格づけを行なった上で分析の中心を北陸型庄園にしぼって論を展開する。すなわち、北陸と畿内の両地域の庄園について、「最もよく庄園が発達した両地域における、かかる異なった現象形態は、わが国の初期庄園が発達し、発達しうべき極限の二つの型を示す」とし、(1)その上で在地の共同体との関連、地方豪族との関連など、畿内型庄園との対比をふまえて多方面から北陸型庄園の特質を把握しようとしている。直属奴隷制論もこの北陸型庄園の構造分析の一環としてだされてきていた。

藤間氏がここで展開している、諸庄園の巨視的な把握とそのなかでの個々の庄園の位置づけという方向での初期庄園分析はその後十分うけつがれているとはいえないのであり、より深めていく必要のある観点である。本稿はそのことをふまえて、八世紀中期における東大寺諸庄園のうち、越前・越中・伊賀の三国に所在している諸庄園について、個々の庄園を個別的に扱うのではなく、一個の庄園群としてとらえ、この庄園群が全体としてどのように形成・展開していくのかについての巨視的な分析を行なってみたい。

八世紀中期の東大寺諸庄園に関する文書は、東南院文書第三櫃にほとんど収められているが、[2]それは次のようなものである。

第一巻・第二巻　　伊賀国関係文書
第一〇〜一九巻　　越前国関係文書
第二一・二五巻　　新島庄関係文書
第二六・二七巻　　高庭庄関係文書
第二八〜三一巻　　越中国関係文書
第三三巻　　水成瀬庄絵図
第三四・三五巻　　越中・伊賀諸庄関係文書

一見して明らかなように、これら文書の大半を占めるのが越前、越中および伊賀国関係文書である。また、この三国関係文書で注意すべきはその大部分が天平神護二年（七六六）から三年にかけて集中的にだされた文書で占められていること、しかもこの二年間にだされた文書は内容はさまざまであるが、一通の例外を除き[3]全ての文書が天平神護二年九月以降にだされていることである。このことから、この三国の庄園関係文書における天平神護二年八月二六日太政官符の持つ重要性が浮び上がってくる。この官符については、越前国司宛は天平神護二年一〇月二一日越前国司解に、[4]伊賀国司宛は天平神護三年二月一一日民部省符案に、[5]越中国司宛は天平神護三年二月一一日民部省符案に、[6]それぞれ残されている。引用であるため細部で異なっているが、伊賀国司宛のものを掲げる。

被太政官去年八月廿六日符偁、得東大寺鎮・三綱等牒偁、伊賀國田使僧聞崇・越前國田使僧勝緯等状云、去天平寶字五年、巡察使幷國司等、割取寺雑色供分之田、給百姓等、又雖乞溝堰處、無所判許、加以郡司百姓等、捉打寺田使、堀塞寺溝、堰水不通、荒地不少者、今鎮・三綱等、具注申状、牒上如前、望請、遣件人等、依前圖券、勘定虛實、若有誤給百姓、更収返入寺家、改正圖籍、幷宛溝堰、永得無損者、官判依請、國宜承知、准状施行者、

去年（天平神護二年）は校田年にあたる。東大寺は前回の班田年にあたる天平宝字五年（七六一）の班田に際し、越前国司が東大寺の寺田を奪いとって百姓に班給し、かつ寺田のための溝や堤の建設を認めず、かつ郡司百姓は田使を捕らえたり、あるいは溝を破壊するなどの暴力的な行動にでて東大寺寺田を荒廃させたことを指摘したうえで、今回の校・班田に際し、口分田になっている寺田の返還や寺田への溝、堤の建設の承認を求めている。そして、太政官はこの東大寺の要請を認め、その実施を命じているものである。

天平宝字四～五年の校・班田は仲麻呂政権下の寺院圧迫政策が展開するなかで行なわれたものであるのに対して、天平神護二～三年の校・班田は称徳と道鏡のもとで行なわれている。この校・班田に際して、前回の校・班田で失われた寺田の回復を東大寺が求めているのであり、その意味で八・二六官符の具体化は寺田回復運動の様相を帯びる。上掲の三国関係文書の大半はこの官符に基づく回復運動にかかわってだされたものとすることができる。

本稿では、まず三国のうち文書の圧倒的に多い越前における造東大寺司庄園群の成立からこの回復運動に至る過程を分析する。具体的に、越前国の場合八・二六官符の実施の結果を集約的に示しているのが、東南院文書に巻一八として収められている一〇月二一日越前国司解（越前惣券）であるので、この惣券に記載されている東大寺の諸庄園について、それらがどのような形で造東大寺司の庄園として成立し、かつ天平神護二年に至るまでどのような

展開をとげるのか、さらに庄園回復運動のなかで、どのような再編をうけ、どのような変貌をとげていくのかをみていく。そして越前との対比で、越中・伊賀における東大寺の庄園の成立と展開および天平神護二年の回復運動が越前とどのような異なった様相を帯びて進行していくのかをみる。以上により、八世紀中期における三国での造東大寺司庄園群の成立と展開の過程を巨視的に把握することができるものと考える。(7)

一　越前国の庄園

(一)　越前惣券

ここでは越前惣券の内容分析を行なうが、まず、東南院文書に収められている八世紀中期の越前諸庄園関係文書についての全体的な検討を行なっておきたい。絵図を除く越前関係文書は次の四つに分類できる。

一、三櫃一一巻、一二巻。天平宝字元年（七五七）から二年にかけての桑原庄関係文書である。(8)なお、桑原庄関係文書は、この外にも東大寺図書館に所蔵されている分がある。

二、同一三巻、一四巻。前者は天平宝字二年の坂井郡券、後者は天平宝字八年（七六四）の高串庄券であり、いずれも東大寺への田地・草屋・庄の施入状・沽却状である。(9)

三、一七、三四、三五巻。天平神護二年から三年にかけてだされている、天平勝宝九年に寄進された広耳寄進墾田の一円化についてと、道守庄に隣接する田辺来女墾田地を道守庄の庄田（寺田）に吸収することについての関連文書である。(10)

四、一五、一六、一八、一九巻。このち一八巻は越前惣券であり、八・二六官符に基づき、丹生・足羽・坂井諸郡

第一表　越前惣券一覧

	改正田	相替・買	東人寄進田	計
丹生郡椿原村	16.2.216	0.7.240		17.0.096
足羽郡糞置村	2.8.155	0.9.000		3.7.155
足羽郡栗川村	1.1.000	5.0.000		6.1.000
足羽郡道守村	14.8.186	12.5.240	7.1.354	34.6.060
足羽郡鳴野村	2.2.309	26.048		4.8.357
坂井郡田宮村	1.2.136	13.9.099		15.1.235
坂井郡子見村	0.2.072	13.7.222		13.9.294
坂井郡串方村	2.7.216	3.2.144		6.0.000
合　計	41.6.050	52.7.277	7.1.354	101.5.321

に所在する八箇の庄園を全面的に再編すべく、庄域内に存在する他者田地を三種類に整理して書き上げ、それら田地の寺田への転化を計画している文書である。一五、一六巻は惣券作成と前後した九月から一〇月にかけて作成されている、東大寺諸庄の経営にかかわっている郡司ら地方豪族が責任を追及されて、弁明のために提出している伏弁状・過状である。[11] 一九巻は惣券作成と前後して作成されている溝の改修計画書と、翌天平神護三年二月に作成されている惣券記載の庄域内他者耕地のうち東大寺が買い上げる田地についての墾田主の売却状である。[12] つまりこの四の文書群が八・二六官符に基づく越前諸庄の再編過程に直接かかわってだされた文書群である。

越前惣券については従来の越前諸庄園研究においても重視され多面的に用いられてきた。しかし、越前諸庄の八・二六官符に基づく庄園再編計画書であるという観点からの分析という面では分析すべきことが残っている。さらに、同じ四の文書群に属している伏弁状・溝設置計画書・墾田売却状についても、惣券ひいては八・二六官符との関連という観点からの分析も必要である。そのことをふまえて、本章ではまず八・二六官符との関連の中で、惣券がどのように位置づけられるかについて検討する。

惣券には「一、改正田事」「一、相替百姓口分田并買墾田事」「一、

足羽郡正六位上生江東人所進墾田事」の三本の柱を立てて、八個の「村」ごとに一〇一町の田地が分類して記載されている。それを整理したのが第一表である。以下、それぞれの柱にそってその内容をみていく。

イ　改正田

惣券に改正田として記載されている田地を整理したのが第二表である。まず「国分金光明寺田」と「佐味入麻呂奪取田」について。これらは椿原庄にのみあらわれる。天平三年（七三一）に佐味入麻呂に判給され、開発を行なわぬままに放置していた地を、東大寺は天平感宝元年（七四九）に椿原庄内部に繰りこむ。これ以後東大寺は開発を進めるが、天平宝字二年（七五八）に至り、国司は天平三年の公験に基づき、この東大寺開発田を入麻呂のものと認定した。入麻呂はこの田を金光明寺に売却し、それを天平宝字五年（七六一）に国司は金光明寺寺田として田籍にのせる。これが「国分金光明寺田」である。これがまた一部分は入麻呂のもとにとどまっている。これが「佐味入麻呂奪取田」である。

第二表　改正田内訳

	国分金光明寺田 その他　＊	没官田	百姓墾田	百姓口分田 乗田	計
丹生郡椿原村	9.1.334		7.0.240		16.2.216
足羽郡糞置村				2.8.155	2.8.155
足羽郡栗川村			0.8.000	0.3.000	1.1.000
足羽郡道守村		11.8.305	2.3.011	0.6.230	14.8.186
足羽郡鴫野村				2.12.309	2.2.309
坂井郡田宮村	＊＊		1.0.000	0.2.136	1.2.136
坂井郡子見村				0.2.072	0.2.072
坂井郡串方村				2.7.216	2.7.216
合　計	9.1.344	11.8.305	11.2.091	9.3.038	41.6.050

＊国分金光明寺田7.0.264,および佐味入麻呂奪取寺田2.1.072の両者から成り立つ。

＊＊坂井郡には上記諸村以外に200歩の改正田が一筆存在する。

次に改正田のうちの「没官田」、「百姓墾田」、「百姓口分田・乗田」について、惣券に次のように述べられている。

件田地、依天平感寶元年四月一日……占東大寺田地已訖、然寺家占後、百姓等私治開寺地、為己墾田、今勘問百姓、申云、誤治寺地、無更所申、己等所治、進上寺家、伏辨已訖、亦船王并右京四条一坊戸主従七位上上毛野公奥麻呂戸口田邊来女等治開寺地、為己墾田、依罪人支黨、没官、是實寺家所占堺内、仍改正寺田、亦以天平寶字四年、校田驛使正五位上石上朝臣奥継等、寺家所開不注寺田、只注今新之田、即入公田之目録數、申官已訖、仍以天平寶字五年班田之日、授百姓口分、幷所注公田、今改帳幷為寺家田已訖、但百姓口分代者、以乗田替授之。

A部分は占点後その内部において百姓らが開発を行ない百姓墾田を設定したので、その百姓を勘問したところ、寺地を誤って開発したことを認め、開発した田を寺家に進上すると伏弁した（東大寺田にすることを認めた）田地であり、無償で寺田に転化させられている。これが第二表の百姓墾田を指す。次にB部分の船王と来女の治開した田というのは第二表の没官田を指す。これら田地は占点以後、仲麻呂の乱までの間に占点地内で開発された田地であるが、この二人が仲麻呂の乱に連座するなかで没官されたものである。これら田地は寺家が占点した地の境内を治開したものである故に、無償で寺田に転化させられている。さらに、C部分は天平宝字四～五年の班田に際し、国司は造東大寺司が開発してきた田地を田籍に寺田として記載せず「公田之目録数」のなかにくりこみ、口分田・乗田化してしまったが、それを今回の天平神護二年校田に際し乗田をもってその代償に当てることで寺田にもどすということであり、第二表の百姓口分田・乗田を指す。

つまり改正田は、天平感宝元年の庄域設定以後、その庄域内未開地を第三者（百姓・田辺来女・船王）が開発し

第三表　相替田・買得田内訳

	口分田・乗田相替	百姓墾田相替	百姓墾田買	計
丹生郡椿原村	0.6.240	0.1.000		0.7.240
足羽郡糞置村		0.4.000	0.5.000	0.9.000
足羽郡栗川村	4.3.094	0.6.216		5.0.000
足羽郡道守村	2.3.258		10.1.346	12.5.244
足羽郡鴫野村	1.6.130	0.5.072	0.4.206	2.6.048
坂井郡田宮村	13.9.099			13.9.099
坂井郡子見村	13.7.222			13.7.222
坂井郡串方村			3.2.144	3.2.144
合　計	36.7.013	1.6.288	14.1.328	52.7.277

た田地と、同じく庄域内未開地を東大寺が開発した田地で他者墾田・口分田・乗田となっている田地とから成り立っている。すなわち庄域確定後、庄域内で開発され、八・二六官符がだされた段階で寺田になっていない田地が改正田である。改正とはこれら口分田・乗田・他者墾田を無償で寺田に転化させることを意味する。(13)

ロ　相替田・買得田

相替田・買得田として記載されている田地を整理したのが第三表である。相替田・買得田について、物券では串方村を除く他の七個の村と串方村とに大別される。そして前者について、「右寺田堺内、元来犬牙百姓口分墾田、彼是零落、臨耕営時、寺家不便、百姓不安、今就便宜、其口分田者、以寺家田相替、墾田者、充寺稲価直所買、具件如前、以為寺田已訖」とある。つまり、七個の村の相替田・買得田は東大寺が天平感宝元年に設定した庄園内部に存在する口分田および百姓墾田を指す。そして、庄域内において寺田とこれら他者田地とが混在するのは不便として、他者田地の寺田への転化をはかる。その方法として口分田については庄域外部に存在する寺家田を代替地として与える、また墾田については東大寺が代価を支払って買得するという形が取られる。第三者田地の寺田への転化という点では改正と同じであるが、決定的に異なるのは改正が無償での東大寺田への転化の行為を指すのに対して、相替・買得は有償での転化の行為を指していることである。つまり、庄域設定以前から存続している口分田・乗田・私墾田は庄域内に包摂されたとしても、口分田・乗田・私墾田であることに変化はなく、東大寺はそれらを寺田にする場合には没収ではなく、相替ないしは買得という手段を用いる必要があるということである。[14]

上記七個の村とは別に項目が立てられている串方村については、三町二反一四四歩の墾田は天平勝宝九年（七五七）高椅縄麻呂から間人宿刀禰鷹養に売られ、それを天平宝字八年（七六四）に東大寺が買得したが、図田籍帳には依然として縄麻呂の名で記載されているので、この際寺田に「改正」するとされている。このように天平神護二年段階では「改正」という無償での寺田への転化がなされている故に、他の七箇庄とは別に記載されているが、天平宝字八年段階で東大寺が買得済みの田地であり、ただ田図の上でそうなっていないだけである。したがって、串方の買得田は「改正」の名前が用いられているが、他の七箇庄の相替田・買得田と同一性質の田地である。

ハ　生江東人所進墾田

この墾田は道守庄内に所在する生江東人の私墾田である。ただ、改正ないしは相替・買によってではなく、寄進により寺田に転化しているために、道守庄のみにある特殊な例であるが、改正や相替・買とならぶ第三の柱として書き上げられている。[15]

ニ　相替代給田

以上の三本の柱との関連でみておく必要があるのが相替代給田である。この田地は物券に「今就便宜、其口分田者、以寺家田相替、墾田者、充寺稲価直所買」とあるように、天平神護二年の一円化に際して、庄域内の口分田と

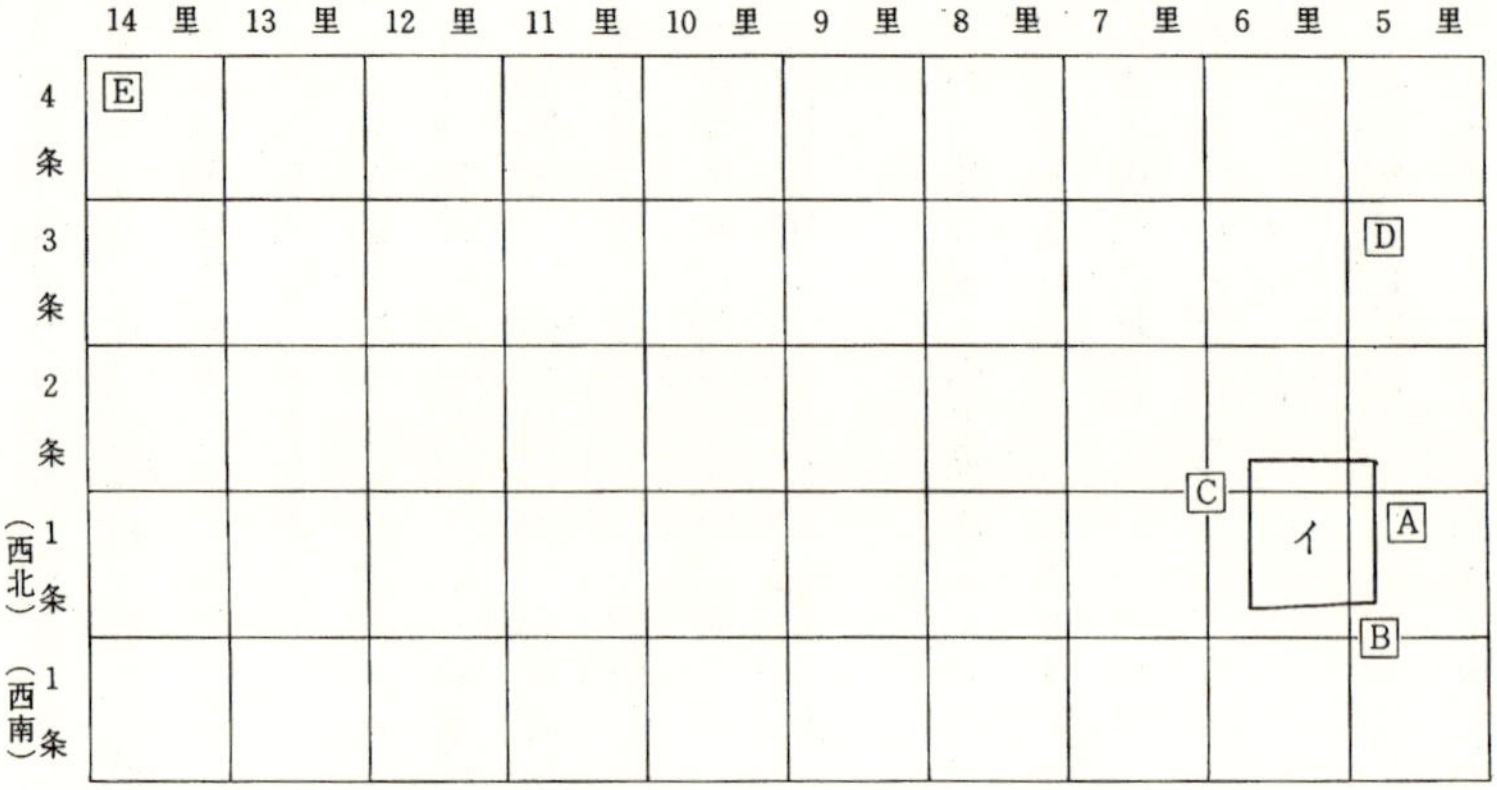

イ　　口分田の所在地
A～E　相替代給地の所在地

第一図　田宮庄概念図

相替される庄域外に存在する寺田を指す。田宮庄についてみる。第一図で示したように、占点以前からの口分田群に接して存在しているA・B・C三群の相替代給田と、そこから離れた場に所在しているD・E二群の相替代給田とが存在する。前者は占点以前からの口分田群を囲い込んで成り立っている田宮庄庄域と連続している場に所在する造東大寺司が開発した寺田ならびに同じ場に所在していた百姓墾田を買得してえた寺田、とから成り立っている。後者は田宮庄域から離れている場に東大寺が受寄・買得という形で集積した田地である。つまり、相替代給田は、①各占点地内の境に接した場を開発してえられた田、②各占点地の近辺で百姓墾田を買得・受寄した田、③各占点地から離れた平野の各所で百姓墾田を買得・受寄した田、の三つの田種から成り立っている。

以上のイ～ニをふまえると、惣券記載内容は次のようにまとめられる。

一、三本の柱に整理される計一〇一町余りの田地は八箇の庄園内部に所在する第三者（百姓・来女・金光明寺）の私墾田、および口分田・乗田である。つまり惣券は諸庄園内部にふくまれる他者の墾田・口分田・乗田の書き上げである。

二、書き上げの目的はこれら他者田地の寺田（庄田）への転化であり、改正（無償での没収）、相替（交換）・買（買得）、寄進のいずれかの手段により行なわれる。その際、改正の対象になるのは原則として庄域設定の時点を基準にして（ただし串方庄を除く）それ以後の庄域内開発田である。相替・買得の対象になるのは原則として庄域設定以前からの口分田・乗田・他者墾田として存在していた田地であり庄域外の相替代給田と交換される。

三、改正と相替・買得の両者の区分について、時代が九世紀後期に下るが「越前國丹生、大野、坂井等郡田地六百一町九段百五十八歩、依天平勝寶元年四月一日詔旨、令興福寺領得、但天平勝寶元年以前為公田墾田之類、雖在四至之内、不聴領之」とある。(16)これによると、興福寺は東大寺と同じく天平勝（感）宝元年に越前国で庄園占点を行なっており、占点以後の展開の過程は不明であるが、九世紀後半になって、あらためてそれら庄田の返還の要求がなされ、それが認められている。ただ、興福寺への返還が認められている田地は占点されて後に庄域内で開発された田地であり、たとえ庄域内に存在している田地であっても占点以前から公田ないし他者墾田であることが明確な田地は庄田とは認めないという条件がついている。改正と相替・買得の相違は興福寺・東大寺の両者に共通している。すなわち、庄域として設定された地内部で設定以後開発された田地は没収して寺田（庄田）とする（改正の対象とする）ことができるが、占点以前からその地にあった口分田・乗田、他者墾田についてはそれができない（相替・買得でなければ寺田にはなしえない）のである。

四、惣券記載田地の以上のような規定をふまえるならば、相替・買の項目の田地のあり方から、庄地設定以前の当該地域において、在地の開発がどの程度進んでいたのか、その状況が一定うかがえることになる。そして改正の項目の田地および相替代給田のあり方から、占点以後惣券がだされる天平神護二年に至る間の庄域内での開発の進展状況がうかがえることになる。

(二)　八世紀前半の越前平野

これまでの分析をふまえ、越前平野において造東大寺司の諸庄がどのような場に設定されていったのかをみる。従来の研究史では、越前諸庄園の成立について、天平感寶元年の上からの一斉占点の持つ意味を重視せず、各庄園の成立年代は論者によって異なっている。しかし、物券に「件田地、依天平感寶元年四月一日　詔書、國司守從五位下粟田朝臣奈勢麻呂、掾從六位上大伴宿禰潔足等、以同年閏五月四日、占東大寺田地已訖」とあるように、物券記載の八個の占点地は、天平感宝元年閏五月に東大寺野占使が国司の協力を得て一斉に設定したものとみるべきである。

この八個の占点地が越前平野のどのような場に設定されているのかについて、いずれも「村」と呼ばれていることに注目したい。同一時点の越中国物券をみると、[17]ここに記載されている諸庄は内部に耕地がある限りにおいて、越前物券と同じく「―郡―村」と表記されている。ただ、伊加流伎庄と大藪庄の二庄については異なる表記がなされている。すなわちこの二庄は天平宝字三年の物券第一では「伊加流伎野　野地壱百町」「大藪野地　壱百五拾町」と表記されているのに対して、神護景雲元年の物券第三では「伊加留岐村　地壱百町　見開八段三百四十歩未開九拾九町一段廿歩」「大荊村　地壱百五拾町　見開壱拾九町一段六十歩」と表記されている。つまり耕地のない全くの未開地を占点して成立した場合はその庄は「野」と表記されるが、見開があらわれるにしたがって「村」と表記されるようになる（後に掲げる第六表および第七表参照）。「村」と表記される場は開発が一定進んでいる場を指すのである。

越前の場合は八個の占点地には全て「相替・買」の耕地がある（第一表参照）。すなわち越前では全くの未開地を占点した例はなく、開発基盤が在地農民の手により作り上げられ、口分田・乗田、百姓墾田が存在する場、占点の時点ですでに「村」になっていた場を対象に占点が行なわれている。ただし、開発基盤が一定作られている場での占点とはいっても、厳密には二つの類型に分けられる。

一つは椿原・糞置・道守の諸庄である。椿原・糞置については、相替・買得の田がごくわずかしかなく（墾田・口分田が各一筆のみ）、未開地のなかの開発予定地を囲いこむ形でなされていることを示している。道守については別に分析するが、[18]占点以前のこの地はそのほとんどが未開の原野であり、そのなかに溝を中心とした墾田地群（一〇町余、第三表の「百姓墾田買」の田）およびそれと混在する東人の私墾田群（面積不明）、さらに自然湧水に頼ったとみられる口分田群（二町三段余、第三表の「口分田・墾田の主として口分田相替」の田）との二群の田地群のみが存在していた。すなわち、これら諸庄はいずれもわずかな墾田ないし口分田が存在するのみの、基本的には未開の原野を占点することで成立している。

他の一つの類型は栗川・鳴野・田宮・子見の諸庄である。栗川については相替田として口分田と墾田とが存在しており、占点前に墾田・口分田が存在していた場を囲いこんで庄が成立していることを示している。栗川庄については額田国依が天平一六年（七四四）に溝を伴った田地開発を行なっており、それらを内部にふくみこむ形で庄地が設定され、かつ設定後この溝を広げて寺田開発が行なわれている。田宮・子見について、第三表によるといずれも一三町をうわまわる一個所に集中している相替口分田が存在している。百姓墾田は存在しないが、田宮の場合、惣券の改正の項に石田里一四、一六、一九、二一の各坪に三国国継の墾田があり、それを東大寺が買得したにもかかわらず、その一部が天平宝字四年に百姓口分田になっており、それを改正するとされている。この四個の坪は田宮における相替口分田の集中した地域に存在していることからみて、この口分田集中地には、口分田のみでなく農民墾田も存在していたとみてよい（第一図参照）。つまり、これら諸庄はいずれも口分田や墾田が存在する地を占点することで成立している。

このように庄地占点は基盤整備の進展度では相違はあるものの「村」と表現される、在地の人々が開発・耕作活動を行なっている場をふくみこむ形でなされている。惣券にはこれら場に存在する耕地の田主の名前が記載されている。天平宝字四～五年の校・班田時点で確認された田主であるが、その本貫郷が郡内の広範にまたがっている。[19]つまり「村」と表現される場の口分田・百姓墾田の田主は特定の郷出自のもので固められているのではない。これについて通説が口分田不足を後進地域において補充したものととらえるのに対して、藤井一二氏は「遠隔地の本貫に属する複数の郷の人々に対して同一地帯に口分田を集中させた事情は各庄園の近辺地に諸郷人によって構成された「集落」を前提にして理解する必要がある。」とし、ここにあらわれている「村」は東大寺の庄園内部の開発・耕営にかかわって作り上げられた庄園村落として把握できるとする。そして、惣券でこれら村が「─郷─村」と表記されず、「─郡─村」と表記されているのは、この集落が郡内各郷から移動・定着した人々、つまり当初から本貫を異にする農民により構成されており、そのために特定郷との関連で表現できなかった故であるとする。[20]

この藤井説は大規模占点とその内部の開発の進展の在地の共同体に及ぼす影響を重視するという点からみて、重要な問題提起であると考える。ただし氏は庄園村落としての「村」は八世紀中期の大規模占点以後あらわれるものとみなしている。たしかにこのような「村」を基盤にして庄園が設定され、庄園設定後もその「村」が存続していくことは認められる。しかしそのような「庄園村落」と、占点がなされる以前の段階の未開地上での「村」、庄園とのかかわりをまだ持っていない段階での「村」[21]とどのように異なるのか、あるいは同じなのか、さらに惣券にあらわれた「村」を一定の地縁的な共同体関係を結んだ定住的な集落と結びつくものとしてとらえているが、占点がなされる以前の「村」も同じようにとらえてよいのか、などについて考えるべき課題が残っている。

これらの点にかかわって、造東大寺司による大規模占点がなされる以前の越前平野における開発の進展のあり方について、近世の山間部でみられた「入混り村」の展開との関連でみておきたい。「入混り村」については藤田佳久氏が分析している。[22]まず大台カ原山の南斜面にある奈良県吉野郡上北山村東ノ川流域について、近世初頭から、北山川流域の西原、小椽、白川などの村々を本村とし、そこから峠をこえた東ノ川流域に、この本村から派生した人々が、焼畑の出作り生活を送るようになる。本村の出身者は出身本村の領域に居を構え、祭礼や葬儀は本村で行なっているが、そのうちに流域全体が本村から離れた位置にあること、焼畑の常畠化が進むこと、のなかで流域としてのまとまりが強くなり独立の志向性を持つようになる。しかし、本村は分家を創出する調整空間を維持しようとして独立を認めていないとする。また、奥三河の天竜川流域の山村について、中世末には豊根村の東部に富山村の本郷から枝郷がいくつか形成されていた。この枝郷はそのあと独立し、自らの領域を形成していく段階で、他村との境界域の条件の良い土地に枝郷の各村々からの出作り集落をさらに形成していき、それが独立していく結果として入混り村ができる。つまり、本郷と枝郷のアナロジーとして、枝郷を中心に、そこから周辺部をさらに埋める形で入混り村が展開していくとする。

中世末から近世にかけての山間部の焼畑地帯における本郷→入混り的な出作り村、あるいは本郷→枝郷→入混り的な出作り村、という形での耕地と開発集落（定住的なものと、一時居住的なものとをふくめた）の展開のあり方と基本的に同一な事態を八世紀の越前平野における未開地開発においても想定してよい。すなわち、当時の越前平野には、口分田の割りかえの単位であり、農民の生産・生活の基礎単位でもある共同体が存在しており、庄園の設定がまだみられない八世紀前期においては、これら共同体内部で確保できない口分田を未開地上に、各共同体から入混り的に進出して作り上げた開発田で確保する努力が活発に進められていた。すなわち越前平野の未開地各所で惣券の相替・買の項目に示されるような複数の郷の戸主、戸口の開発で作り上げられている開発田群（それら田地群が「村」とよばれている）が多く存在しており、それらは虎尾俊哉氏のいうように後進開発地における先進郷村の口分田不足を補充する場という性格を持っている。[23] そして、藤井氏が指摘しているように、これら開発田の耕作について、田主を本貫地に固定して「賃租」論によって理解するだけでは一面的であり、往作可能な地からの直接耕営とともに遠隔地からの平野中央部への移住によって直接耕営が可能になる場合が推定される。[24]
このように八箇の占点地設定がなされた場は本来的な共同体を足場にした入混り的な形をとった開発耕地群とその周辺の一時的ないし定住的居住地が形成されつつあるような、越前平野の開発の最前線の地であった。

(三)　東大寺庄園の設定と内部開発の進展

天平感宝元年に八個の占点地の一斉占点がなされる。占点の形態は、絵図のある道守・糞置両庄がいずれも一円的な囲いこみという形で設定されており、残りの諸庄も天平神護二年段階で改正、相替・買得により寺田の一個所集中が試みられているところから、寺田が集中させられている場を中心にその一帯を一円的に占点する形で設定されているとみてよい。

そして成立した諸庄の変遷は大きくは二つの時期に分けられる。第一は庄成立から天平神護二年までの時期である。この時期、庄域内で東大寺の墾田開発が進展するとともに、同じ場で在地農民や他の王臣家・寺社による墾田開発も並行して進展している。第二の時期は天平神護二年秋から始まる。ここで庄域内の全ての口分田・乗田・他者私墾田の寺田への転化が試みられ、以後庄域内全域を東大寺が排他的に支配する一円的大農場への道が歩み始められる。以下、まず第一の時期における諸庄の歩みについてみていく。

イ　椿原庄・串方庄

国分金光明寺田および佐味入麻呂奪取寺田九町余と百姓墾田七町余とから成り立つ改正田が存在する。前者の九町は天平感宝元年以後天平宝字二年までの間に、東大寺が占点地内でかっての入麻呂開発予定地を開発して得た寺田（天平宝字二年（七五八）国司が入麻呂田と認定した田地）[25]である。そして、天平勝宝元年の庄域設定以後もこの九町に接する形で七町の百姓墾田が開発されている。[26]絵図がないのでこの九町以外の寺田開発が庄域内でどの程度なされたかは不明であるが、占点後その内部で在地農民諸層の墾田開発と東大寺の占点地内開発が併存する形で進められていることは明らかである。

串方庄について、椿原庄と同じく改正田の存在に示されるように（第二表参照）、庄域設置後のその内部における寺田開発は進んでいる（それら寺田は天平宝字四年の班田に際し、全て口分田に転化させられるが）。ただ、天平宝字八年に至り、庄域外の野地もふくめて他者墾田を東大寺が買得しているのが、この占点地の特色になっている。

ロ　糞置庄

天平宝字三年（七五九）と天平神護二年（七六六）の二枚の絵図がある。[27]天平宝字三年絵図記載の耕地内訳は第四表のようになる。ここにみられる「百姓本開」五段が占点以前から存続する百姓墾田である。これ以外に庄域設定後、庄域内での百姓墾田の開発はなされていない。それに対して、寺田が二町五段余存在しており、占点後の一〇年間に庄域内部で寺田開発が一定進んでいることが判明する。ただ、このようにして開発された寺田は宝字絵図の作成された直後の翌天平宝字四年の校田に際してその大部分が口分田に転化させられる。惣券に「天平寶字四年、校田驛使正五位上石上朝臣奥継等、寺家不注寺田、只注今新之田、即入公田之目録數」と述べられていることである。天平神護二年絵図を整理したのが第五表であるが、そのうちの「百姓口分改正寺田」がこの天平宝字四年の校田に際して「今新之田」の名のもとで寺田が口分田に転化させられたものを指す。すなわち、天平宝字四年以後、天

第四表　天平宝字三年糞置庄耕地内訳

百姓本開	0.5.000
寺　　田	2.5.316
計	3.0.316

第五表　天平神護二年糞置庄耕地内訳

百姓墾買寺田	0.5.000
百姓口分改正寺田	2.8.155
寺　田	0.4.216
計	3.8.011

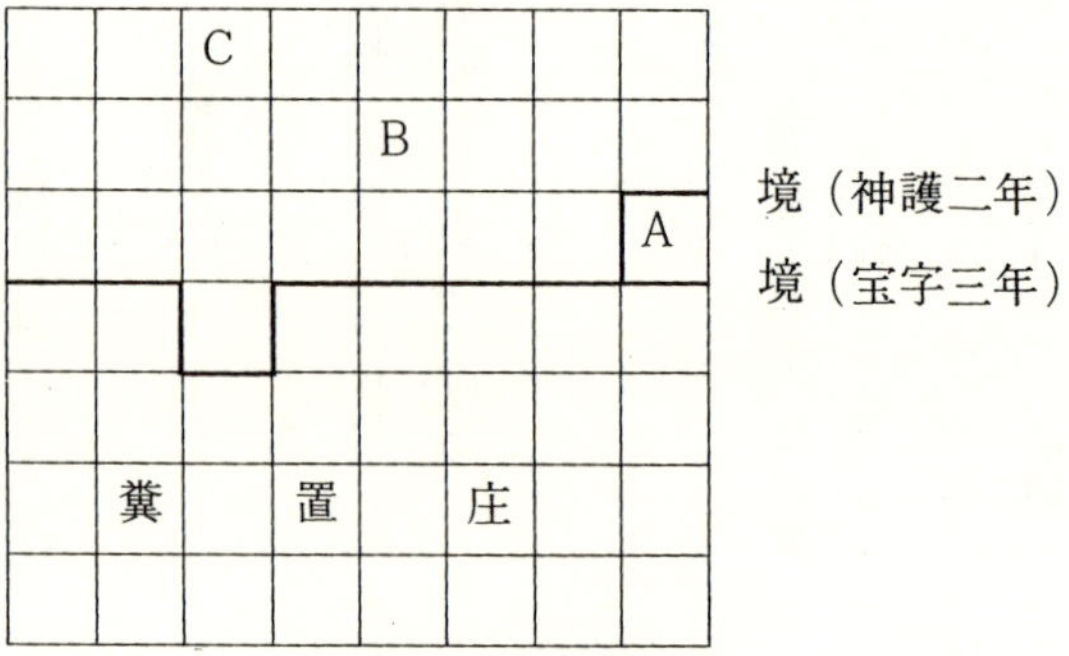

第二図　糞置庄概念図

平神護二年にかけて、寺田から口分田に転化した二町八反余と「百姓本開」五反の合せて三町三反余が庄域内他者耕地群として存続していくことになる。

それと関連して、この時期庄域からはずれた所で寺田が確保されていることにも注意しておきたい。第二図で示したように、天平宝字三年絵図では庄境の外部になっている七条五里四坪（第二図上のA）が天平神護二年の絵図では庄域内になっている。具体的にいうと、天平神護二年以前においては、A坪は百姓口分田・墾田が四段存在していた坪であったが、それが第二図上のB坪・C坪（七条五里二〇坪、同三六坪）に散在している寺田四段と相替（交換）され、糞置庄域内に繰りこまれている。

ハ　道守庄

庄域占点以後、生江東人は以前から存在した溝を未開地に延長してその周辺に大量の田地を開発し、その一部分を東人の私墾田として残し、百町を東大寺に寄進する。この開発は東人が郡司に就任する天平勝宝四～五年までには完了している(28)。

二　栗川庄・鴨野庄

栗川庄について、改正田は一町余とわずかしか存在せず、庄域設定以後の庄域内開発活動があまり活発ではないようにみえるが、口分田・乗田相替は四町三段九四歩、百姓墾田相替は六段二一六歩であり、相替全体で五町という比較的大面積を占める。これら田地は三条六里から四条七里にかけての一一箇坪に所在する庄域設定以前からの口分田・乗田・墾田であり、天平神護二年に庄域外の「相替代給田」（寺田）と相替（交換）される。そしてその代給田は五条七里の七箇坪に集中して存在している（以上、第三図参照）。ここで、相替田と相替代給田とが接していることに注意したい。糞置庄のA坪（第二図参照）との対比からいって、五条七里の七箇坪の田地は天平神護二年以前の段階では栗川庄域内部に所在していた寺田であり、それがこの段階で代給田に指定されて、庄域外の口分田・乗田・百姓墾田になったとみてよい。この時期の栗川庄においては改正田の少なさからみて庄域内での他者開発はあまり活発ではなかったようであるが、並行して行なわれている庄域内寺田開発は活発であり、相当面積の寺田が蓄積されていたとみてよい。そして天平神護二年の一円化の段階で、庄域の境近くに所在していたそれら寺田の一部が代給田に指定されていく。

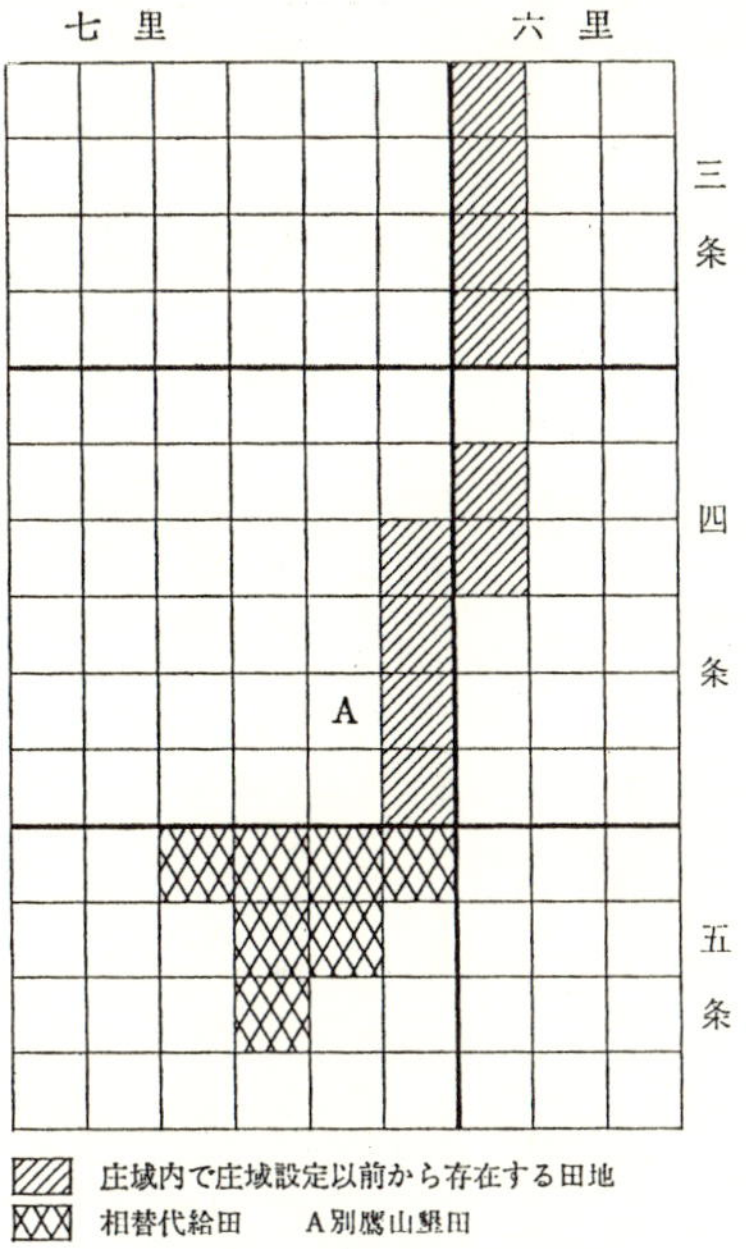

第三図　栗川庄附近条里概念図

鴨野庄について、相替田二町余の相替代給田はこの庄の庄域に接して存在するものと、やや離れた道守庄に接した場にあるものとの二群から成り立っている。これは栗川庄と基本的に同じであり、この時期における庄域内の寺田開発活動は活発に行なわれていたと考えられる。そして、天平神護二年の段階では栗川庄の例と同じく、庄域の境近くに所在していたそれら寺田が相替代給田に指定されていく。

ホ　田宮庄・子見庄

まず田宮について、相替百姓口分田一三町は上掲第一図に図示したように、一条五里・同六里を中心に集中して所在しており、当庄はこの地域を中心に広がっている一円庄であろう。そしてこれら庄域内口分田の相替代給田として、第一図上にA～Eの番号で示した五カ所が宛てられている。このうちD（二箇坪一町八段二一六歩）、E（八箇坪四町二段三二〇歩）の二箇所は庄域から離れたところにあり、面積的に庄域周辺に所在するA～Cの三箇所六町余と匹敵する。このA～Cは栗川庄の例と同じく庄域内寺田であったとみてよい。そしてそれとは別に庄域と関わりのない場に、D・Eに示される相当面積の寺田があることになる。子見庄については図示は省略するが、基本的に田宮と同じであり、一三町の相替代給田は庄周辺の数カ所に四町余、離れた場数カ所に八町余所在している。

以上、惣券記載諸庄の占点以後天平神護二年に至る間の動きについてみてきたが、この期間の越前の東大寺諸庄全体の動向をまとめておきたい。

一、この期間に蓄積された土地は、①惣券に記載された天平感宝元年の一斉占点で成立した八箇の一円的庄園、②上記一円諸庄から離れた所に散在する寄進・買得によって成立した散在寺田（後にその多くは上記諸庄の相替代給田となる）、③惣券に記載されていないが、この期間に寄進・買得により成立した広耳寄進墾田と桑原庄、の三者である。(29)

二、この期間における東大寺の土地蓄積と開発の方式は丹生郡・足羽郡と坂井郡とでは相違がみられる。すなわち丹生・足羽両郡に所在する椿原・糞置・道守・栗川・鴨野の五庄では、庄域内の寺田開発は行なわれているが、庄域外での寺田の蓄積は行なわれていない。つまり一円庄内部での開発活動に力が注がれている。それに対して坂井郡では、後に田宮・子見両庄の相替代給田となる比較的大面積の散在寺田の蓄積を行なっているし、串方でも庄に接して存在する未開地の買得を行なっている。これ以外に広耳墾田や桑原庄の買得があることをみれば、坂井郡では一円庄内部での開発活動と並んで、その外部での寺田蓄積に大きな努力が注がれているといえる。天平宝字二年（七五八）に僧信高が坂井郡内の地三町九段を東大寺に功徳料として施入していることも[30]、この時期に寄進・買得という手段で寺田が坂井郡内各所に散在的に蓄積されていっていることを示すものである。

三、糞置庄の天平神護二年惣券にあらわれている二町余の改正田はすでに同一面積が天平宝字二年同庄絵図にあらわれていること、別にみるが道守庄で東人が庄域内を開発してそれを寺田として寄進しているのが天平勝宝四～五年までであることなどからみて、八個の庄園内部における寺田蓄積は占点以後天平宝字年間初頭（天平宝字二年頃）までの一〇年たらずの間に急速に進展したらしい。また、桑原庄の寄進が天平勝宝六年であり、広耳墾田の寄進が天平勝宝九年に行なわれていることもみておく必要がある。そのことと天平宝字年間初頭以後、仲麻呂政権下で東大寺への圧迫政策がとられ、天平宝字四～五年の校・班田時にはそれまで蓄積されてきた寺田が口分田に転化されるなど東大寺の寺田蓄積は停滞期に入ることを合せ考えるならば、天平宝字年間初頭までの間が東大寺の寺田の第一次蓄積期に当たることになる[31]。

㈣　天平神護二年の一円化

天平宝字八年（七六四）仲麻呂政権が終りをつげ、道鏡の僧綱政治が開始される。このことを背景に天平宝字年間初頭以来の東大寺への圧迫政策が解除され、それに伴なって寺田蓄積をふくめた庄園の再編と展開が始まる。そのような動きの頂点に立つのが、天平神護二～三年の校・班田の一環として天平神護二年の八月から翌年の三月にかけて行なわれた大規模な東大寺寺田の再編である。この再編は八・二六官符に基づいて行なわれるが、東大寺は太政官に対して前の図券の虚実を勘定し百姓に誤って班給したものがあれば寺家に返還し図籍を改定すること、また損害を受けた溝・堰について修復をすることの二つを求め、それが九月以降越前国内で実施に移されていく。

このうち九月から一〇月にかけて行なわれる図籍の改訂では改正、買得・相替、寄進による庄園内部の他者田地の排除が行なわれる。この作業の結果、越前の三郡のうち丹生・足羽両郡においては、そこにある五個の庄園について、口分田・乗田および農民開発田はその内部から全て排除され、東大寺の私田によってのみ構成される排他的・一円的な占点地に転化する。境界線についても田地の交換をしてまでも、境付近における寺田と公田（口分田・乗田）および他者墾田との入組み状況を整理し直線的な境界線にしている。そして坂井郡の場合は、この段階までは三個の一円的な占点地とそこから離れた場に散在する小規模寺田、およびこれも全郡に散在する広耳寄進墾田から成り立っているという、丹生・足羽両郡とは異なる散在状況を呈していたが、その散在寺田を相替代給田として用いることにより子見・田宮の一円化を達成する。また、八・二六官符に基づく作業ではないが、広耳寄進墾田の一円化も申請される。この結果、散在寺田は姿を消し、その内部が全て東大寺の寺田によって構成される子見・田宮・串方・広耳寄進田（鯖田国富）という四個の一円的な庄園に統合される。つまり、この再編の結果越前における造東大寺司の占点地は面積の大小こそあれ、全て寺田のみで構成される、在地の共同体規制下の田地（口分田、百姓墾田）から切りはなされた九個の一円的な庄園に整理・統合される。

八・二六官符に基づく作業のもう一つの柱である溝・堰の修復について、これは天平宝字五年事件で破壊された東大寺寺田を灌漑する溝・堰の修復を求めたものであり、天平神護二年一〇月を中心に、道守・鴫野・栗川・子見・溝江・幡生の六庄にかかわる五通の溝・堰の改修計画書が作成されている。(32)

八・二六官符で打ちだされた越前諸庄の再編計画は一〇月で大綱はできあがり、惣券が作成される。そして惣券のだされたのと同じ一〇月二一日には散在している広耳寄進田の一円化が越前国司と東大寺田使の名前で太政官に申請される。[33]その上で年があけて天平神護三年二～三月の段階で、①道守庄域の「買」の田地について、もとの田主に代価が支払われる、②道守庄に接して存在する来女の墾田の道守庄への繰りこみが認められる、③広耳寄進田の一円化が認められる、という三点がなされ、その再編が最終的に完成する。

このように天平神護二年の秋から翌年の春にかけて大規模な再編は、改正、相替・買、寄進の三つの手段を用いてなされていくが、その中核をなすのが「改正」の論理である。再編は改正の実行を中心の柱とし、それに相替・買、寄進が組合される。改正には、イ口分田改正、ロ百姓墾田改正、ハ没官田改正、の三者があった。イは国衙が他に口分田を用意することで当該口分田を寺田にすること、ロは墾田の田主から伏弁状をとって当該墾田を無償で寺田にすること、ハは来女が庄域内に開発した墾田を国衙が没収し、それを寺田にすることを意味した。このように改正は東大寺の庄園の庄域として設定された地域内で庄域設定後開発された田地はそれが誰が開発したものであろうと、東大寺の寺田であるという原則に基づいた無償での寺田への転換を意味する。とくに、この原則が直接的にあらわれるのは、ロの百姓墾田改正である。この場合墾田の田主は伏弁状を提出させられた上で没収されており、九月段階では郡司解状の形をとった次の三通の伏弁状がだされている。

天平神護二年九月一九日越前国足羽郡司解（別鷹山）[34]

天平神護二円九月一□日越前国足羽郡司解（額田国依）[35]

天平神護二年□月□日　越前国足羽郡司解（道守男食）[36]

いずれも、天平感宝元年以後庄域内で開発した墾田を寺田にすることを墾田の田主が認めさせられたものであり、物券に「今勘問百姓、申云、誤治寺地、無更所申、己等所治、進上寺家、伏辨已畢」とあるのは、東大寺が庄域内の私墾田の田主に「寺地」であるところの未開地を誤って開発したという、その誤りを認め、それら墾田を寺田として返還するという内容の伏弁状を書かせながら、それら私墾田の取り上げを進めている状況を示しているものである。

このような庄域内未開地開発権の排他的独占の論理が「改正」という名称ではじめてあらわれるのが、この天平神護二年の校・班田に際してである。天平感宝元年以後天平神護二年に至るまでの間に、何回かの校・班田の機会があったが、その際にこれが問題にされた形跡はない。在地ではその庄園が設定されている「村」の構成員の生産・生活の活動の場と庄域との並存が生きつづけており、庄域内部であるからといって百姓墾田の開発が否定されることはなかった。このような在地の慣習を全面的に否定し、東大寺の庄域内排他的支配の論理が打ちたてられるのは、この八・二六官符においてである。

また、この庄域内の排他的独占の論理は東大寺のみが主張していることではない。神護景雲二年（七六八）に「先是勅、如聞、大宰府収観世音寺墾田、班給百姓、事如有実、深乖道理、宜下所由、研其根源、即仰大宰、捜求旧記、至是日奉勅、班給百姓見開田十二町四段捨入寺家、園地卅六町六段、依舊為公地」という勅がだされている。(37)仲麻呂政権下の班田で百姓に班給された寺田をもどすということがなされているが、これは庄域内排他的支配の原則の確立を背景にした寺家の「改正」の要求があり、大宰府がそれを認めているのである。また播磨国飾磨郡にある四天王寺の墾田について、神護景雲元年に「四天王寺墾田二百五十五町、在播磨国飾磨郡、去戊申年収、班給百姓口分田、而未入其代、至是大和、山背、摂津、越中、播磨、美作等国乗田及没官田捨入」とある。(38)そして二年後の神護景雲三年に飾磨郡の駅戸や一般百姓の口分田が四天王寺に施入されている。景雲二年の口分田の施入は坂本太郎氏が指摘しているように、飾磨郡にあった旧四天王寺墾田の回収である。(39)すなわち景雲元年の時点で四天王寺の庄園の庄域内で農民らが開発し、口分田化していた田地二五五町について、「改正」の論理に基づいて寺田にすべきであるという四天王寺の要求がだされ、国衙はその時点で他国での返還ということで切り抜けようとしたが、四天王寺を納得させるに至らず、結局原則通り口分田の取り上げによる寺田化が強行されたということである。つまり、道鏡政権のもとで寺社庄園については、庄域内排他的支配の確立ということは、広範にかつ徹底して行なわれたとみてよい。

二　越中・伊賀両国の庄園

(一)　越中国の庄園

越中、伊賀の東大寺の諸庄園の動向についてみていく。まず越中国について、以下の一連の関係文書が存在する。

イ、天平宝字三年（七五九）一一月一四日東大寺越中国諸郡庄園物券(40)（物券第一）。

ロ、天平神護三年（七六七）五月七日越中国司解(41)（物券第二）。

ハ、神護景雲元年（七六七）一一月一六日越中国司解(42)（物券第三）。

いずれも越前物券と同じ諸郡庄園物券である。その内容は越前物券に比べると簡略である。イとハについてはそれぞれ同日付けで作成された絵図が存在する。(43)

ニ、天平神護三年（七六七）二月一一日民部省符(44)

ホ、天平神護三年二月二八日民部省牒案(45)

前年の天平神護二年八月二六日官符に基づいて、越中にある東大寺諸庄園の再編を進めてきて、それが完成したことの報告と確認がなされている。

以下主としてニの民部省符に基づいて、越中の諸庄園の形成と展開の過程についてみておきたい。

民部省符越中國司
合寺田誤給百姓口分田十町四段二百六十歩
成戸庄九段二百歩
須賀庄一町一段一百廿歩
佽田庄八町三段三百歩
公田誤割宛寺十四町七段一百廿八歩
鹿田庄新應堀溝地一處長九十丈　廣四尺
應損公田一百廿歩
以前、被太政官今月六日符偁、得國解偁、被太政官去年八月廿六日符偁、得東大寺鎮三綱牒偁、去天平寶字五年巡察使并國司等、割取寺家雑色供分之田、給百姓等、又雖乞溝堰處、无所判許、加以郡司百姓捉打寺田使、堀塞寺溝、堰水不通、荒地不少、望請遣件人、依前圖券勘定虛實、若有誤給百姓、更収返入寺家、改正圖籍、並宛溝堰、永得无損者、官判依請、國宜承知、准状施行者、國依符旨、檢案内、依天平廿一年四月一日詔書、點件野地矣、天平寶字三年、檢田使佐官法師平榮・造寺司判官上毛野眞人等、就元野地、取捨勘定、造圖籍申上已畢、而天平寶字五年、班田國司守阿倍廣人等、相替誤給百姓、今國司與使共勘當得實、仍新止寄本、改正圖籍、宜溝堰地與百姓共、和點便處已訖、……

越前と同じく、天平二一年（天平感宝元年）四月の詔に基づき、東大寺地の大規模な占点が越中各地で一斉になされる。そしてこの天平感宝元年以降天平宝字年間初頭までの各庄園内の寺田開発の状況が記録されているのが惣券第一である。この惣券第一およびそれと同時に作成された絵図（ただし鹿田庄については絵図がない）について、

第六表　越中國惣券第一（天平宝字三年十一月十四日越中国司解）一覧

	面　積	開　田	未　開
伊加流伎野地	100.0.000		
俣田村	130.8.192	34.0.192	96.8.000
須加村	35.1.224	28.5.314	6.5.270
鳴戸村	58.3.011	33.0.310	25.2.060
鹿田村	29.3.100	22.4.220	6.8.240
丈部村	87.0.212	36.4.090	47.6.122
大藪野地	150.0.000		
計	587.7.018	154.6.046	433.0.332

惣券にはそれぞれの庄園の現開田面積が記載されているが、その現開田の内訳、すなわちそのうちどれだけが寺田であり、どれだけが口分田・農民墾田であるかについての記載がなく、絵図上の各筆にはこの内訳記載があるが、庄全体としての現開田の内訳の記載はない。また越前惣券と異なり「改正」「相替・買」の記載もないので占点以前どれだけの田地があり、占点以後どれだけの田地が増加していたのかについての区分もない。以下、そのことをふまえ、各庄の占点のあり方と、以後の庄域内開発のあり方についてみていく。

惣券第一の内容を整理したのが上掲第六表である。それによると、まず伊加流伎、大藪の二個の庄園は「野地」になっており、占点後も天平宝字二年に至るまでの間、内部の開発はなされていない。他の五個の庄園については「……村」と記され、占点後の内部の寺田開発がなされている。ただ絵図によると、占点地内部に百姓口分田・墾田が存在しているのが確認されるのは須加、鳴戸の二つだけである（鹿田の場合は絵図がないため不明）。この二つの庄の絵図に記載されている庄域内部の公田は、そのうちどれだけが天平感宝元年以前から存続しているものであり、どれだけがそれ以後庄域内で農民の手で開発されたものか不明である。ただ越前の場合は惣券記載の占点地全てが在地農民の開発の最前線となっている場になされているのと比較すると、天平宝字二年の時点での口分田・農民墾田の存在が圧倒的に少なく、庄園の設定が越前と比較して未開地的な様相の強い場でなされたと推定される。

越中の場合、このように占点が未開地的様相が強い場になされていることからみて、庄域設定後の内部での墾田開発は東大寺の主導のもとに行なわれ、越前の場合のように「村」構成員が庄域内を自らの生産・生活の場として開発活動を行ない、寺田との間に緊張関係を生みだすという場面は少なかったと推測される。むしろここで注目すべきは絵図によると庄園の周辺に口分田、農民墾田が多く描かれていることである。これは庄園の大規模開発に伴い、それに必要とする労働力が各地から結集してきて庄田の開発・耕作にあたるとともに、その外部で独自な開発活動を展開し、居住地と耕地群とからなる「村」を作り上げつつあることを示す。つまり越中平野の場合、東大寺など王臣家・寺社の大規模な占点とその内部の開発が、その労働力として周辺に本来的な共同体の枠をこえて多くの人々をひきつけ、その人々が耕地と居住地から成り立つ庄園村落的な様相を持つ「村」を作り上げつつあるという状況がみられる。

そして、天平宝字四～五年の校・班田に際して、越前と同じく東大寺庄園への攻撃（いわゆる宝字事件）が起こっている。ただ上記史料によると、この際庄域内の寺田で口分田に転化させられたのは、鳴戸庄九段二〇〇歩、須加庄一町一段一二〇歩、俣田庄八町三段三〇〇歩、計一〇町四段二六〇歩のみであり、越前にくらべその規模は小さい。未開地上における造東大寺司の大規模開発が在地の共同体との間にいろいろな矛盾を生みだし、それが爆発したという点では越前と同じであるが、その諸庄園に対する否定的影響は、越前の場合ほど大きなものではなかったようである。

さらに、天平神護二年八月二六日官符を出発点に同年から翌年にかけて、越前と同様に、天平宝字四～五年の校・班田の際の東大寺攻撃の是正、諸占点地内部からの第三者田地の排除がなされる。惣券第二・第三はこのような再編以後作成されたものである。そのうち絵図を伴う惣券第三を整理したのが、次掲第七表である。それによる

第七表　越中國惣券第三（神護景雲元年十一月十六日越中国司解）一覧

	面　積	開　田	未　開
井山村	120.0.000	47.0.085	72.9.275
伊加流伎村	100.0.000	0.8.340	99.1.020
石粟村	119.5.196	95.2.012	24.3.184
杵名蛭村	58.5.056	42.1.234	16.3.182
俣田村	157.2.160	53.6.220	103.5.300
須加村	56.7.294	37.4.186	19.3.108
鳴戸村	58.3.260	51.4.040	6.9.220
鹿田村	303.020	22.8.200	7.4.180
大荊村	150.0.000	19.1.060	130.8.300
丈部村	84.0.212	76.3.290	7.6.282
計	934.8.118	446.1.227	488.6.251

と、天平宝字三年以降三個の庄園が新たに加わっている（井山村、石粟村、杵名蛭村）ほか、天平感宝元年以来、続いてきている七個の庄園の内部の寺田開発も引き続き進んでいる。天平宝字三年には「野地」として内部の開発がなされていなかった伊加流伎・大藪の二つの庄園も、それぞれ「伊加流伎村」「大荊村」の名前で内部の開発が進んでいる占点地としてあらわれている。

越中の場合、越前の越前惣券にあたる再編の結果を書き上げたものがないために、再編のあり方について明確にはわからない。判明する限りでみていくと、まず八・二六官符の実施である改正の作業は当然のことながらなされており、それは鳴戸庄以下の動きに示されている。ただ、それもさして大規模なものではなかったようである。絵図によると、占点地の外周部で寺田と口分田・墾田とが入りまじっている従来の状況は整理されず、複雑な形で走っている境界線のそのまま形での確認がなされている例もあり（鳴戸庄）、条里に沿った直線的な境がしかれている越前（道守、糞置等）と対照的である。このことからみて、庄園から離れたところにある小規模墾田や、占点地内の境界の近くにある寺田を相替田として用いて占点地の整理・統合と、統合された占点地内部の一円化が追及されるという、越前では改正とならぶ重要な柱になっていた相替・買の作業はなされなかったか、あるいはなされたとしても不十分であったとみてよい。つまり、従来の庄園と周辺の「村」との関係に基本的に手をつけないで、ただ周辺の在地の農民諸層の開発する墾田と庄園内部の寺田との境を明確にしているにとどまっているといえる。越前と越中とでは共通して庄域内排他的支配が志向されるが、在地の共同体的な規制との関係を立ちきってる越前諸庄に対して、越中諸庄はその立ちきりが不徹底なままに終わっている。

(二)　伊賀国の庄園

次に伊賀について、東南院文書中には伊賀関係文書として次のものがある。

一、第三櫃一巻

表題が「東大寺伊賀国玉滝杣券第一……」となっており、天平二十年（七四八）から天平宝字二年（七五八）に至るまでの間の四通の田券から成り立っている。(46)

二、第三櫃二巻

天平神護二年一二月五日伊賀国司解案である。(47)天平宝字年間に寺田が公田となされたので改正するとされ、各筆ごとの詳しい書き上げがなされている。

三、第三櫃三四巻・三五巻

天平神護三年二月段階の越前・越中・伊賀三国関係文書が収められているが、その中に二月一一日伊賀国司解案(48)、二月二八日民部省牒案(49)がふくまれている。

まず二の伊賀国司解案で四〇町の東大寺田地が確認されている。その内訳一覧が第八表である。このうち1～3について、「以前田、以去天平勝寶元年、買為寺田、而天平寶字二年、國司守正六位上六人部連鯖麻呂、就天平元年圖、勘取件田、今依天平勝寶六年校圖并券文、改正如前」とあるように、天平感宝（勝宝）元年に買得により寺田になったが、それが天平宝字年間に公田とされているものである。4は買得され東大寺が保持している墾田である。そして1〜3を天平神護二年の一二月の段階で改正の手段で寺田に返還させている。このように伊賀の東大寺田は基本的には百姓墾田の集積から成り立っており、1〜3に「買後所開」として、買得した百姓墾田の周辺で東大寺が開発を行なってえられた田地が一部あるが、これはごく少ない。つまり、東大寺は伊賀においては越前でみられたような国家権力を背景にした占点地設定とその内部での大規模開発を行なっていないのであり、在地の共同体規制のなかで生みだされた百姓墾田を寺田として集積し、かつその集積以後、その周辺ないし内部で小規模な開発を行なっているのみである。

天平宝字四〜五年の校・班田に際し、このようにして集積した寺田が攻撃にさらされ、四〇町のうちの二八町（第八表1〜3）が口分田に転化させられている。そして、天平神護二年八月二六日官符を契機に、これら庄園の返還が翌年三年二月にかけてなされている。[50] この再編過程でなされているのは、東大寺寺田への返還作業（改正）が主軸である。ただ、第八表の3の一部、一町七段余の田地について、三によると、「右田、元公田、然百姓姧為己田墾、立券進寺、其時國司等不練勘検、券文判許、加以、天平勝寶六年計田國司等、不検天平元年・十一年合二歳圖、為百姓墾田、以後天平寶字二年、前國司守正六位上六人部連佐婆麻呂、依先圖勘収、為公田也、天平寶字五年、巡察使石川豊麻呂所勘亦同之」としている。[51] つまり、改正田二八町のうちには、百姓が公田を墾田と称して東大寺に売却したものもふくまれている。それをも東大寺の寺田にすることを認めているのである。その意味でこの一町七段余

第八表　伊賀国所在東大寺寺田一覧

1	通分	8.9.268
2	不空羂䇿菩薩御料	15.9.029
3	律供分	3.3.164
4	買為通分	12.0.000
	計	40.2.101

については、改正とはやや意味を異にし、むしろ国家の東大寺への田地寄進に近いことがなされているといえる。このように伊賀でも改正と寄進による返還作業がなされているが[52]、口分田・農民墾田と混在する形での寺田の確保にとどまり、越前で東大寺に寄進された広耳寄進墾田が一円化されていることにみられるような、散在田地の集約化の作業を伴っているものではない。

三　東大寺庄園群全体のなかでの三国の庄園

最後に、越前・越中・伊賀三国の庄園の東大寺庄園群のなかでの位置づけについて、まず次の文書をみておきたい[53]。

民部省符　山陽道諸國司等
大安寺　薬師寺　興福寺　大和國法花寺　諸國分金光明寺
右寺一千町
大和國々分金光明寺
右寺四千町
（中略）
以前被太政官去天平勝寶元年七月十四日符偁、奉今月十一日勅偁、去四月一日詔書寺寺墾田地許奉者、宜依件數施行、今以状下、符到奉行
天平勝寶二年三月廿九日

越前・越中の東大寺諸庄園は、ここにあらわれている天平勝宝（感宝）元年四月一日詔に基づき、設定されたことはすでにみた通りである。さらにこの天平勝宝二年の民部省符については、藤井氏は発布対象になった山陽道諸国以外の国々に対しても同様な命令が下されているとみてよい旨を指摘しているが、(54)事実、南海道に属する阿波国新島庄が天平勝宝元年に成立しており、これに因幡国高庭庄を加えた中国・四国地域（山陽・山陰・南海道地域）に東大寺庄園群が成立している。(55)さらに近江国水沼・覇流両庄についても、藤井氏が指摘するように、天平感宝元年四月詔により成立したとみてよい。(56)

さらに濃尾平野の東大寺諸庄について、この地域の八世紀中期時点の文書は、文書目録上にしか残されておらず、その実態は把握しがたい。以下判明する限りでみておく。

イ　伊勢国三重庄

大治五年（一一三〇）三月一三日東大寺諸庄并絵図等目録に「繪圖一幀　天平勝寶九歳　四至……」「一通　天平勝寶八年四月九日　國司勘文」などが記載されている。(57)天平勝宝八年から九年にかけて、何らかの動きがあったことは明らかであるが、それが庄の成立にかかわるものであったのか、あるいは庄の再編にかかわるものであったのか不明である。

ロ　美濃国大井庄

仁平三年（一一五四）四月二九日東大寺諸庄園文書目録に美濃国大井庄の関係文書一一巻が記載されており、そのなかに八世紀中期のものとして「一巻一枚　天平勝寶八年勅書」がふくまれている。(58)これは久安三年（一一四七）四月一七日東大寺印蔵文書目録に「美濃國大井庄勅施入文一枚　天平勝寶八年七月十二日」とあるのに対応する。[59]これにより大井庄は天平勝宝八年に勅施入により施入されていることが明確になる。関連して、天平勝宝八年正月一一日美濃国移について、虫損があるなどで庄名が不詳であるが、久安三年印蔵文書目録に「同國（美濃國）勅旨施入田地一紙　天平勝寶八歳正月十一日」とあるのに対応する。大井庄と「勅旨施入田地」との関係について、美濃国移によると「勅旨施入田地」は天平勝宝八年以前から続いており、同年に成立した大井庄とは別な庄園とみてよいと考えられるが、いずれにせよ、美濃国においても天平勝宝八年頃における複数の東大寺庄園の存在が確認できる。

ハ　尾張国

仁平文書目録の尾張国項に「庄々物券七箇所一巻八枚天平勝寶四年官牒立券」とあり、天平勝宝四年（七五四）に七箇庄の物券が作成されている。久安三年印蔵文書目録に「尾張庄一結　勅旨田施入状一通　天平勝寶四年八月廿七日」とあることからみて、天平勝宝四年の段階で尾張国において、大規模な東大寺の庄園設定がなされたと見てよい。天暦四年（九五〇）一一月二〇日東大寺封戸庄園并寺用雑物目録の尾張国項に海部郡一〇町以下七箇郡一九七町余の東大寺田が記されているが、[60]これらが天平勝宝四年設定の庄園群を指すのであろう。

以上の三国の諸庄園については、中・四国の例から見て、交通路を媒介にして緊密に結び合わされた一個の庄園群を構成しているとすべきである。そして尾張国で天平勝宝四年に一斉立券が行なわれていることからみて、天平感宝元年四月一日詔に基づく墾田地設定がこの濃尾平野の地でも計画され、天平勝宝四年から八年頃にかけて具体化されていったとみてよい。

このように、東大寺の場合、天平感宝元年四月詔に基づく墾田地設定は、地域的には越前・越中など北陸地域、[61]

近江国と濃尾平野、および中・四国地域において、天平感宝元年以降八年頃にかけて具体化されている。問題はこれら地域において、天平神護二年段階で越前・越中両国にみられるような、それまで蓄積されてきた庄園群の再編成ということがなされているかどうかである。これについてこの両国でなされているような再編成が行なわれていることを示すものは現存史料や目録による限りではみあたらない。つまり、天平感宝元年四月詔を出発点としている諸地域の庄園群のうち天平神護二年に再編がなされているのは越前・越中二国のみということになる。さらに伊賀国の庄園は買得により成立しており、その性格は越前・越中の諸庄園とはやや異なるが、このように買得により成立した庄園において、伊賀国以外で天平神護二年の再編がなされている形跡もみあたらない。つまり、越前・越中・伊賀三国の庄園群は、成立の由来が異なり、かつ地域的にも離れているが、天平神護二年の段階で庄園の再編がなされているという点で、一個の特色ある庄園群として把握することができる。

まとめ

天平神護二年八月二六日官符を手がかりにして、越前・越中・伊賀の諸庄園の成立と展開および再編の過程についてみてきた。

まず越前について、天平神護二年一〇月の越前惣券は八・二六官符に基づく東大寺諸庄園の全面的な再編の結果を記したものである。すなわち、八個の庄園の庄域内にそれまで存在してきていた他者田地（口分田・乗田および墾田）は全て排除され一円的・排他的な大農場に転化するが、惣券にはこれら他者田地合わせて一〇一町余を「改正」「相替・買」「寄進」の三本の柱に整理して書き上げている。それぞれの柱の意味について、改正は他者田地を東大寺が無償で没収する行為を指す。改正の対象になる田地について、原則的には天平感宝元年の庄域占点以降、庄域内で開発された田地である。相替・買は他者田地を東大寺が買得ないし交換することを指す。その対象になる田地は天平感宝元年の庄域設定以前から存続する在地農民の口分田・乗田および墾田である。そして、寄進は生江東人が道守庄域内にある自分の墾田を寄進したものである。

以上の惣券の全体的な把握をふまえて、最初に天平感宝元年の東大寺占点以前の越前平野の状況を近世の山間部の開発でみられる入混り村のあり方との対比のなかでみた。八世紀前半の越前平野の未開地上の各地では、本貫を異にする人々が結集して新たな耕地の島を作り始めている。惣券の相替・買の項目に「―村」と記されている開発田地群はこのような八世紀前半における開発の進展の一端を示しているものである。

天平感宝元年に、東大寺の占点が農民開発が進展しつつある「村」を囲いこむ形でなされる。以後天平宝字年間初頭にかけて、この占点地上で東大寺寺田の開発が「村」構成員の開発・耕作活動を行なっている場に割りこみ、それを圧迫する形で展開していく。このような関係は東大寺と在地との間に矛盾を生みだすのであり、それが仲麻呂政権下での東大寺圧迫政策の展開と結びつき、天平宝字四～五年段階での寺田への国司・百姓らの攻撃（寺田の公田への吸収と、寺田を灌漑する溝の破壊）という形で顕在化していく。

そして、称徳と道鏡の政治になり、東大寺庄園の回復運動がなされる。越前・越中・伊賀三国に天平神護二年八月二六日官符がだされ、天平宝字四～五年で公田化された寺田の返還など、庄域設定後その内部で開発された他者田地の寺田への転化（改正）がなされる。越前では改正がなされただけではなく、その上に庄域占点前から存続する口分田・第三者墾田の排除が相替・買、寄進という手段で行なわれ、その結果口分田・乗田・農民墾田により構成される公田的な田地のただなかに、それとは切りはなされ、割りかえの対象にならない東大寺の私田のみによって構成される排他的占点地が出現する。同時に大規模な溝改修計画が立てられているが、全体として東大寺はその開発・経営面でも在地の共同体に依存しない、それから相対的に自立した開発・経営を行ないうる体制を取ることを志向していく。それは、在地農民の作り上げてきた共同開発の場の東大寺による専有であり、天平感宝元年の占点地設定で第一歩がしるされ、以後十数年間にわたる寺田の蓄積や国司・百姓との紛争という経過をへて、この一円化で全面的に完成したものといえる。

次に越中の場合、越前と同じく大規模占点による庄園設定と、天平神護二～三年の段階での八・二六官符に基づく再編が行なわれる。ただしこの再編は改正の作業は行なわれるが、周辺の公田とのいりくみ状況の整理については、越前ほど徹底した形で行なわれておらず、東大寺にとってはやや不十分な大農場化に終わっている。また伊賀については、ここには上から設定された一円的な庄園は存在せず、百姓墾田地の集積のみで寺田が成り立っている。かつ天平神護二年段階で八・二六官符による改正がなされたが、越前に特徴的にみられた寺田の集約化・一円化はなされていない。

全体として、八・二六官符に基づく庄園（寺田）の再編に際して、東大寺が占点・買得した地への排他的支配権を確立させるための改正の作業は三国共通してなされるものの、越中、伊賀の場合は基本的に改正の実施にとどまっているのに対し、越前の場合は相替・買に代表される庄園の一円化、つまり内部からの口分田第三者墾田の排除が徹底してなされているといえる。

注

（1）同氏著『日本庄園史』（一九四七年　近藤書店）一一五頁。

（2）『大日本古文書・東南院文書之二』に収められている。

（3）第三櫃一九巻所収、天平神護二年三月一八日足羽郡栗川庄南野治溝功食注文案（『東南院文書』二―五二四）。

（4）『東南院文書』二―五一五。

（5）『東南院文書』二―五四八。

(6)『東南院文書』二―五四八。
(7) この三国の庄園についての研究、なかんずく越前・越中諸庄園の研究は膨大なものであるが、その研究史については、国立歴史民俗博物館『日本荘園データ』(国立歴史民俗博物館　一九九五年)の越前・越中・伊賀諸国の項目、網野・石井・稲垣編『講座日本荘園史6北陸地方の荘園・近畿地方の荘園Ⅰ』(吉川弘文館　一九九三年)の越前・越中国の項目。金田・石上・鎌田・栄原編『日本古代荘園図』(東京大学出版会　一九九六年)の越前・越中国にかかわる諸論文などを参照。
(8)『東南院文書』二―五〇〇～五〇五。
(9)『東南院文書』二―五〇六～五〇八。
(10)『東南院文書』二―五四八～五五一。
(11)『東南院文書』二―五〇九～五一三。
(12)『東南院文書』二―五一六～五二七。
(13) 例外的な改正田として、田宮・子見両村の改正田がある。田宮の西北一条六石田里三一高田壱町に「右京三条三坊戸主三國真人磯乗之男國繼売入寺訖、而未付寺名、今依前券改正寺田」と注記されている。また子見の東北七条一阿蘇田里三一葦原田分二段七二歩に「堀江郷戸主別五百依戸口、同長嶋天平勝寶七歳立國判券入寺訖、而天平寶字五年田圖所注乗田、今依前券改正寺田」と注記されている。いずれも庄域内の他者墾田を買得し寺田としたのであるが、田図には寺田として記載されていないので、改めて寺田として「改正」するとしている。両庄の改正田合計一町五段余には全て同じ記載がなされている、この「改正田」はいずれも東大寺が一旦は買得した田地であり、実質的には他庄の相替田・買得田と同性質の田地である。
(14) 藤井一二氏は道守庄の分析のなかで相替田・買得田について「口分田を別とすれば、東大寺が野地を占点した以前、あるいは生江東人が墾田を施入した以前から在地農民によって所有されてきた墾田が主体をなしている」(同氏『初期荘園史の研究』第一編第四章「東大寺領越前国道守荘の研究」塙書房　一九八六年　一五一頁)としている。つまり氏は相替田・買得田の内部での口分田と墾田とは区別されているとみなしている。しかし、惣券の相替田・買得田の項では、口分田と墾田とは区別されていない。相替田・買得田の項の墾田については藤井氏の指摘通り占点以前からのものであるが、この項にあらわれている口分田も墾田と同様に占点以前からのものとみるべきである。

(15) この墾田については本書第一部第二章で改めて分析する。
(16) 『三代實録』元慶五年（八八一）七月一七日条。
(17) 越中国諸庄については後に改めて触れる。
(18) 本書第一部第二章参照。
(19) たとえば、子見庄の場合天平感宝元年に東大寺庄園内にふくまれた口分田群すなわち相替口分田一三町の田主は坂井郡下九個郷に散在しており、坂井郡の大半の郷の口分田がここにみられる。詳しくは宮本救「律令制的土地制度」（竹内理三編『体系日本史叢書・土地制度史Ⅰ』山川出版　一九七三年）一〇三頁参照。
(20) 藤井氏著書第三編第三章「荘園村落の構造と共同体」四六七頁。
(21) 藤井氏は「開墾型集落」とよんでいる。
(22) 藤田氏著『日本の山村』（地人書房　一九八一年）第四章「山村の成立」および第七章「山地の土地利用とその展開」。
(23) 虎尾氏『班田収授法の研究』（吉川弘文館　一九六一年）第三編第三章「口分田耕営の実態」三五三〜五頁。
(24) 藤井氏上掲著書三編第一章「初期荘園の耕作と農民」四〇三頁。
(25) この田地は天平神護二年に改正の対象になり、寺田に戻っている。
(26) この田地は天平神護二年に占点地内を開発したものということで改正の対象になっている。
(27) 『東南院文書』四にいずれも所収。
(28) 道守庄については、本書第一部第二章参照。
(29) なお、惣券記載諸庄については、庄域内他者田地の書き上げという惣券の性質上、それぞれの庄の総面積は判明しない。
(30)『東南院文書』二―五〇七参照。
(31)小口雅史氏が政治史の観点から八世紀中期の北陸庄園の歴史を三段階に分けて整理しており、その第一段階を天平宇年間初頭までとしていることに照応する。同氏「初期庄園の経営構造と律令体制」（土田直鎮先生還暦記念会編『奈良・平安時代史論集』上　吉川弘文館　一九八四年）参照。
(32)『東南院文書』二―五二三～五二七。なお、栗川庄については日付が天平神護二年三月一八日になっており、ただ一つ八月二六日以前の日付を持っている。この文書が案ということもあり、月日の書きまちがいの可能性もあるし、あるいは栗川のみ先行してそれ以前に修復が行なわれたのかもしれない。これについては後考をまちたい。さらに、幡生庄は江沼郡にあるが、惣券にはあらわれていない。また溝江庄については、桑原庄と同一庄である可能性が高い（これについては本書第一部第三章参照）。
(33)『東南院文書』二―五一四。
(34)『東南院文書』二―五〇九。
(35)『東南院文書』二―五一〇。
(36)『東南院文書』二―五一一。
(37)『續日本紀』神護景雲二年（七六八）九月一一日条。
(38)『續日本紀』神護景雲元年一〇月二六日条。
(39)「上代交通史雑考」（同氏著『日本古代史の基礎的研究』下・制度編　東京大学出版会　一九六四年）。
(40)『東南院文書』二―五四一、表題に「越中国諸郡庄園惣券第一」とある。
(41)『東南院文書』二―五四三、表題なし。
(42)『東南院文書』二―五四二、表題に「越中国諸郡庄園惣券第三」とある。
(43)『東南院文書』四に所収。

(44)『東南院文書』二―五四八。
(45)『東南院文書』二―五五〇。
(46)『東南院文書』二―四六九～四七二。
(47)『東南院文書』二―四七三。
(48)『東南院文書』二―五四八。
(49)『東南院文書』二―五五〇。
(50)二の文書には八・二六官符に基づいてなされたとは記されていないが、三の文書にはこの返還がそれに基づいている旨が明記されている。
(51)『東南院文書』二―五五〇。
(52)栗原治夫氏が天平神護二年一二月に東大寺寺田として確認された田地の所在の復元を行なっている。「条里制施行の一形態」(坂本博士還暦記念会編『日本古代史論集』上巻　吉川弘文館　一九六二年)。
(53)筒井英俊編『東大寺要録』(国書刊行会　一九七一年)巻六・封戸水田章
(54)藤井氏著書第二編第二章「初期荘園の経営と構造」二八〇頁。
(55)本書第三部第二章参照。
(56)藤井氏著書第二編第二章「初期荘園の経営と構造」二七九頁。
(57)『平安遺文』五―二二五六・二二五七。
(58)『平安遺文』六―二七八三。
(59)『平安遺文』六―二六〇九。
(60)『東南院文書』二―五四五。
(61)越後国に石井庄が設定されており、仁平文書目録に「石井庄券　一巻一四枚　天平勝寶五年國郡解」が記載されている。やはり天平感宝元年詔に基づいて設定された庄園とみてよい。

第二章　越前平野の村と道守庄

――中国少数民族世界との対比を中心に――

はじめに

越前国道守庄は、足羽郡に所在する庄園であり、典型的な初期庄園の一つとして岸俊男氏の研究をはじめ多くの研究がつみかさねられてきている庄園である。(1) 前章でこの道守庄をふくむ越前の諸庄園についての分析を行ない、これら諸庄が天平感宝元年（七四九）の一斉占点による庄の成立、それ以後十数年にわたる占点地内部での寺田開発の進展、天平神護二年（七六六）の全面的な再編という過程をたどること、とくに天平神護二年における庄の再編は他にみられない、越前の諸庄園に固有な作業であったこと、についてみてきた。本稿ではこの分析をふまえ、越前諸庄園のうちでも、もっとも規模の大きい庄園の一つである道守庄に焦点をあてて、八世紀中期の越前平野において、これら庄園群の設定および内部の開発が、在地農民たちが作り上げている共同体とどのようにかかわりつつ行なわれていくかをみていく。

その際、日本の古代農耕文化との関連が注目されている中国雲南省に居住する少数民族傣（タイ）族のあり方との対比を試みてみたい。取り上げるのは、雲南省南部のラオス・ビルマ両国と国境を接する地に位置する西双版納（シーサンパンナ）傣族自治州である。このこの自治州では河谷低地に水田耕作を営む傣族が住み、周辺の山々には焼畑耕作を営む哈尼（ハニ）・拉祜（ラフ）・布朗（プーラン）などの民族が住んでいる。この地には一二世紀頃から二〇世紀中期の中華人民共和国の成立に至るまでタイ・ルー族の王国（車里王国）という首長国が存続していた。最高君主は召片領（広大な土地の主という意味）とよばれ、水田・山林・川など全ての土地は召片領のものという専制国家体制が作り上げられている。車里王国は、タイ、ビルマ、ラオス、ベトナム、中国などの国境の山岳地帯に広がる首長国の一つであり、農業共同体（「農村公社」と中国ではよばれている）的な側面を持つ共同体（村寨）を基礎単位としてその支配が築き上げられていた。

この首長国については、政治支配体制・村落共同体・灌漑水利体系・宗教・文化など諸側面から分析がなされているが、(2)現在の中国の歴史学界ではこの首長国について、寺院・領主に支配される封建農奴制と規定されているチベット地区と並んで、封建農奴制あるいは封建領主制が残存している地として位置づけられている。(3)一方日本での研究は民族学研究の立場からなされており、日本ないし中国のどの時代に対応しているかという観点からの研究はない。

歴史的な背景の全く異なる傣族の事例を日本の歴史の特定の時代にと対比させることは慎重でなければならない。しかし、この首長国の基礎をなしているのが、村社（村落共同体）であり、それは首長国の農民たちの負担の基礎単位となっており、その内部の水田は「寨公田」として村社構成員に年齢・性別に応じて割当・割かえが行なわれていることなど、とくに村落・土地制度の側面からいうと、七～九世紀の日本をみていく上で一つの手がかりになりうる。以下、この首長国の紹介と問題提起をかねて、八世紀の越前平野の分析に援用してみたい。

一　道守庄関係文書

道守庄の場合、その分析の中心史料は、同時点で作成された以下の三点である。

イ、天平神護二年（七六六）一〇月二一日越前国惣券(4)
ロ、同年月日道守庄絵図(5)
ハ、同年一〇月一九日生江東人解(6)

このうちイの惣券については別に分析したように、天平神護二年八月二六日官符に基づく東大寺越前諸庄の再編成の結果を記したものであり、道守などの七個の占点地内部から口分田・乗田および他者の私墾田を改正、相替・買などの形で排除し、寺田のみにより構成される排他的一円庄園を確立させたことの記録である。ロの絵図はこの惣券の内容を図化したものであり、惣券には記載されていない天平神護二年段階の道守庄内の寺田も記載されており、庄園の全体的状況を把握できる史料である。ハの東人解は、東大寺から派遣されてきた僧から、主として道守庄および栗川庄について、この一円化の過程やそれまでの庄経営で東人が取ってきた行動について、五個条にわたり詰問されていることへの弁明状である。

本稿はこの三点の史料を中心的な素材に、道守庄の成立とそれ以後天平神護二年に至る過程での寺田開発の進行のあり方、さらに天平神護二年から三年にかけての越前諸庄園の大規模な再編後、道守庄がどのような道をたどるのかについてみていくが、まず道守庄の成立と展開の過程をみていく上で重要な意味を持つ生江東人解の第一条について、研究史の流れをふまえながら、他の二史料との関連のなかで分析することを中心に、文書の側面から道守庄の動向を検討する。

惣券によると、道守庄は天平感宝元年（七四九）に上からの一円的な占点により成立するが、占点の時点でこの地には口分田・乗田および他者墾田などがすでに存在し（相替・買の田地）、それを囲いこむ形で庄は成立している。

以後、天平神護二年に至る一〇数年の間に、その内部で田地開発が進展していくのであり、その状況は庄絵図に示されている。そして、東人解は第一条と第二条とが道守にかかわるものであるが、とくにそのうちの第一条は惣券および絵図だけでは十分明らかにしえない道守庄の成立と展開の具体的な過程の一端をみせている点で、重要な意味を持つ。そこで以下この第一条について、惣券・絵図との関連を重視しつつ分析していく。第一条全文は次の通りである。(7)

一、東人所進墾田壱百町之溝事
　右、従元就公川治溝、長二千五百許丈、廣六尺 深四尺以下三尺以上、来任郡領之時、以私功力治開、是以治得田、如員東大寺功徳料進上已畢、自爾以来、無公私障勘定、申送已畢、

この内容は次のように整理しうる。A、この庄域には元来公川から溝が通じていた。B、長さ二五〇〇丈、広さ六尺、深さ三～四尺の溝を郡領就任以後に私の功力で開いた。C、この溝を用いて開発した田地を数量のように東大寺功徳料に進上した。D、それ以後公私に障害なく来ていることはすでに申し述べた通りである。

以上の内容を持つ東人解状第一条について、第一に前文中の墾田百町の位置づけをめぐって、第二に本文中の「来任」の読みをめぐって、第三に東人が東大寺から詰問されている内容について、の三点からみていきたい。

第一の点について、惣券によると東人は天平神護二年の庄の一円化に際して、道守村の寺田のなかに混在している墾田を「功徳分」として東大寺に寄進している。これが惣券における改正、相替・買、とならぶ第三の柱である「生江東人所進墾田七町壱段参百伍拾四歩」である。それとの関連で、解状第一条前文にあらわれる「東人所進墾田百町」はどのように位置づけられるのか。これについて、藤井一二氏が復元している、道守絵図の端書部分の虫

損部分が次のようになっている。(8)

越前國足羽郡道守村東大寺田
合地　　　北一条与西　　処　西百姓家并味間川　北百姓家并畠
未開
見開田　　　三歩
寺田　　　九歩　足羽郡大領正六位上生江臣東人前所進
改正十四町八段百八　十六歩
百姓口分田六段二百三十歩
百姓墾田二町三段十一歩
没官田十二町八段三百五歩
相替為寺田二町三段二百五十八歩
買得田十町一段三百四十六歩
足羽郡大領正六位上生江臣東人所進墾田七町一段三百五十四歩

この史料から道守庄内の「見開田」面積は改正田（一四町八段一八六歩）、相替・買（一二町五段二四〇歩）、東人寄進墾田（七町一段三五四歩）の三者に「寺田」面積を合せたものとみるべきである。それをふまえると、「寺田」面積は絵図の端書部分でいう「[寺田……]九歩　足羽郡大領正六位上生江臣東人前所進」、の部分に対応させる以外ない。つまり、天平神護二年時点までの寺田は、「東人前所進墾田」のみで構成されているのであり、それが東人解状第一条前文の「東人所進墾田百町」に該当するとみるべきであろう。つまり、東人は天平神護二年以前のどの段階かで第一条前文の「東人所進墾田百町」を開発して、東大寺に寄進し、さらに天平神護二年に七町の墾田を寄進するという二回にわたる墾田寄進をしていることになる。[9]

第二の来任（未任）の読みについて、この問題は「東人前寄進」の墾田百町と「東人寄進」七町との両者がいつ、どのような形で開発がなされ、東大寺に寄進されたのか、という問題に深くかかわる。この読み方について、筆者は前稿で「来任」という、大日本古文書家わけ文書『東南院文書』之二[10]の読みを問題提起の意味をふくめてとりたいとした。それまで大日本古文書『編年文書』巻之五[11]では「未任」と読んでおり、研究史では東人が郡司就任以前に墾田百町を開発して寄進したというこの「未任」の読みをもとにした解釈が定着し、一九五二年に東南院文書が刊行された後でもその状況に変りはなく、「来任」という読みが、その存在自体を無視される形になっていた。それは「未任」を東人が足羽郡郡司就任以前と読み、それに基づいて東人は上掲の「前寄進百町」の私墾田を郡司就任以前に造成し、かつ造東大寺司に寄進した、すなわち東人は郡司就任以前に、基本的に天平神護二年庄絵図に記載されている完成した姿の道守庄を作り上げた上で、東大寺に寄進していた（後に寄進した「東人墾田七町」を除いて）という説が定着していた故であった。

このように従来の説は「東人前寄進」を東大寺の庄域設定以後、その庄域内で東人が私墾田として開発したということは不自然であり、一〇〇町は庄域設定以前に完全に開発済みであり、それが寄進されることで道守庄は成立したとみなしていた。この立場からすると、たしかに「未任」と読まざるをえない。ところが、「来任」と読むことにより、天平勝宝元年から四・五年頃までと推定されている[12]、東人の足羽郡司就任以後に寄進がなされたことになる。「来任」の読みを問題提起的に取ったのは越前の諸庄園は天平感宝元年の一斉野占で成立した占点地であり、占点後も占点地内部で引き続き東大寺以外の者の手になる墾田開発が認められていたことをふまえ、庄絵図にあらわれている「東人前寄進百町」は東人が道守庄の庄域確定後、その内部で、溝と私墾田の造成を行ない、その墾田を東大寺に寄進したとみた方が妥当であるとみた故であった。

従来の説は一旦、庄域内になった場における他者の私墾田開発の進行は不自然であるということを前提としているがそうではない。それにかかわって、丹生郡椿原庄における佐味入麻呂の行動についてみていきたい。天平神護二年一〇月の越前物券では次のように述べられている。[13] 一、天平三年（七三一）国衙は佐味入麻呂に地を判給したが、入麻呂はその地を墾開せぬままにしていた。そして天平感宝元年にこの地は椿原庄域内に繰りこまれ、以後この地を東大寺は開発して九町余の田地をえた。二、ところが天平宝字二年（七五八）入麻呂はこの田地について訴え、国司は前の天平三年の公験に基づいて入麻呂の地と認めた。東大寺使は寺家が荒地を開いて田地としたのをどうして他者に給うのかと抗議したところ、入麻呂は寺家には開発の功を支払うといった。ところがその功を支払うことなく今に至っている。

ここで注意したいのは入麻呂が天平三年に地を判給され、それを未開のまま放置しておいたにもかかわらず、その地に対する入麻呂の権利は強いものであったことについてである。これは、本来的な共同体から在地農民が未開地に進出し、入混り的な形で耕地群と居住地を作り上げた場（村とよばれる）をふくみこむ形での庄域設定がなされるが、設定後の庄域内部にふくまれる村の場で在地農民諸層が開発活動を行なうことは、東大寺も拒否できなかったことのあらわれであろう。もちろんこのような転化は仲麻呂政権下の東大寺圧迫政策をぬきにしては考えられないのであるが、それにしても、「村」という場で農民諸層が固有に持っている権利を背景にしない限り、寺田を自分のものにはなしえなかったのであろう。つまり、道守庄において東人が占点以前から判給された地を持ち、それが道守庄域内にふくみこまれたとみるならば、引続き道守庄域内で東人の私墾田開発がなされ、それが一〇〇町の私墾田としてあらわれたとしても不自然ではない。

未任・来任の読みの問題にもどると、筆者の問題提起以後、これについての分析を行なった藤井・小口氏らの論稿もあらわれており、(14)とくに藤井氏はこの論文で来任・未任の読みについて写真を用いて検討し、未任という読みのほうが正しいとしている（小口氏も同じ）。筆者もあらためて写真判を検討し、「来任」と読む方が妥当であることを確認した。すなわち、『東南院文書』における「来任」の読みは誤りであり、「未任」と読むのが正しい。そしてそうである以上、東人は天平勝宝四・五年頃までに一〇〇町の私墾田の庄域内開発を行なったと読むべきことになる。そのように訂正したい。

ただ、このように訂正しても、一〇〇町の東人私墾田は天平勝（感）宝元年の庄域設置以後同四・五年頃までに行なわれた開発により得られたものであること（その開発は庄域設定以前から当該地域ですでに行なわれていたものの引き継ぎである可能性は高いにしても）、は動かないものと考える。そのことと関連して次の文書をみておきたい。(15)

足羽郡司解　申伏弁百姓□

合開田参町□□（堀溝）□□ 深二尺已下一尺五寸已上 廣□尺

右、野田郷戸主額田國依申云、以去天平十六年□堀開如件、後以同年、東大寺田使為寺家田、始國依之溝口更益廣□□寶五年、校田使國史生次田□□田、天平寶字五年、班田使國醫師城上石村収授國依口分、從是以来、同溝用之、自今以後、奉上寺家、更不受用、伏弁已畢者、仍具注状、□

天平神護二年九月十□（日）□伏弁額田「國依」

大領正六位上生江臣「東人」　主政少初位下大宅「人上」

少領外従八位下阿須波臣「東麻呂」　主政外少位出雲部「赤人」

この文書には庄園の名前があらわれていないが、結論的にいうと栗川庄関係文書である。その理由であるが、この郡司解がふくまれている東南院文書第三櫃第一六巻は表題が「東大寺越前國庄庄券　道守栗川両庄國郡解　天平神護二年」となっているように、道守・栗川両庄関係文書で構成されていること、道守庄については絵図にあらわれている天平神護二年秋の状況からみてこの郡司解に該当しないことからみて、この郡司解は栗川庄関係文書とみるべきである。内容は次のようなことである。

一、三条六里から四条六〜七里にかけての地に天平一六年（七四四）に額田国依は溝を開掘した。そして、天平感宝元年にそれら溝・墾田を囲い込む形で栗川庄が設定された。

二、占点以後天平勝宝四年（七五二）にかけて溝を延長・拡大しながら寺田開発が進行する。そして校田年である天平勝宝五年にそれら開発田の寺田としての確認がなされた。

三、天平勝宝五年の次の班田年である天平宝字五年（七六一）、班田使は国依に口分田を与えた際、国依が東大寺に売却ないし寄進した溝をその口分田の灌漑に使用させたが、これから以後はこの溝を寺家に「奉上」し受用しないことを誓約する。

三で明らかなように、栗川庄内部での国依溝を利用した東大寺寺田開発は占点から天平勝宝四年頃までに集中して行なわれているが、この開発に東人がかかわっていたことは、上記伏弁状に彼が署名していることからみて間違いない。占点以降天平勝宝四・五年頃までは東人の足羽郡司就任以前の段階である。すなわち、郡司就任以前の東人は栗川・道守という距離的に近い位置にある二つの庄園における寺田開発に深くかかわっていたことになる。そのような足羽郡内での開発活動への参画はたんに東大寺寺田開発への関与のみならず、自分の私墾田の道守庄域内での開発への関与にも及んでいたとみうる。

さらに、藤井氏が道守庄の形成について、天平感宝元年に野地の占点がまずあり、その後に東人の施入地が加わるという形で、この庄は成立したものとする説をだしている。(16)また小口雅史氏も同じ考え方をとっている。(17)具体的には、天平神護二年の道守庄絵図の、そのほとんどが未開地で占められている北半分が、天平感宝元年の占点で東大寺が占点した地であり、東人墾田や相替・買および改正などの田地が集中する南半分は東人の施入地であり、それは天平勝宝末年までに開発の上東大寺に施入されたものとしている。しかし、改正田は庄域設定後にその内部で開発された田地である。つまり、改正田の存在する場は天平感宝元年の占点地内部ということになる。道守庄の場合、南半分に改正田と東人の開発した田地と混在している。このことから、庄域の南半分の地についても天平感宝元年に東大寺地として占点されことは間違いないのであり、南半分東人施入説は成り立たない。天平感宝元年の占点は、絵図に示されているのと基本的には変らない形でなされており、成立した道守庄域内部に囲いこまれた東人私地上で東人の私墾田開発が進み、それが東大寺に寄進されていくものとみておきたい。(18)

次に東人が解の第一条において何を追及されているのか、についてみておく。この解は五個条からなり、全体的には天平神護二年八月二六日官符に基づく越前諸庄の再編過程のなかで、この過程やさらにはそれまでの庄経営で東人が取ってきた行動に対する責任追及への答弁書としての性格を持つ。道守庄については、第一条と第二条とが該当するのであり、第二条については、再編の実施に際し、道守庄内部の田地について不正確な面積書き上げを行なったとして責任を追及され、東人がそれへの弁明を行なっているものである。

それに対して第一条では、主題がいままでみてきた百町の寺田を灌漑する溝になっており、この溝をめぐって東人への責任追及がなされている。栗川庄において額田国依の口分田への寺溝利用が問題にされ、国依が溝の不使用を誓約させられていることと対比すると、百町の寺田と並存して庄域内に天平神護二年に至るまで存在し、再編のなかで寄進という形で寺田に転化させられた七町の東人私墾田との関連が注目される。この私墾田の天平神護二年以前の段階での灌漑は、絵図をみれば明らかになるように、第一条の主題になっている溝に依存している。そのことからみて、東大寺はこの寺溝で東人が七町の私墾田を灌漑していることは不正であるとして追及したのであろう。第一条はそのような東大寺の追及への反論である。すなわち、前半で寺田百町とそれを灌漑している溝は他ならぬ東人自身が私功を投入して作り上げたものであることを強調し、後半で寺田・寺溝の完成後において公・私に障害のないように庄経営を行なってきた、としているのである。前半は東人の私功投入という事実を無視して形式的な所有権のみをいう東大寺の身勝手さへの反論であろう。後半については公・私といっているうち「私」は東人を、「公」は東大寺を、指しているとみてよいのであり、東人は自分の私墾田七町余への寺溝による灌漑は、寺田に何ら影響を及ぼしていないのであり、それは東大寺も承知しているはずであると反論していることになる。

東人は天平感宝元年以前に栗川の国依や椿原の入麻呂と同様に道守庄域となる地に私地を持っており、国依の例からみて、天平感宝元年以前にすでに開発に着手していたと考えられる。その地が道守庄域内に囲いこまれた後も引続き大規模な私墾田開発が進んでおり、天平勝宝四～五年までに百町前後に達したその田地が、結局そのうちの一部分七町余を私墾田として留保して他は東大寺に寄進される。それが「東人前寄進墾田」である。つまり、同時点の佐味入麻呂が椿原庄内の東大寺が開発した田地を自らの私田にしているのに対して、東人は私財を投じて庄域内にふくまれた私地を開発してそれを東大寺に寄進するという東大寺への協力体制をとっている。それだけに東人にとっては、自らが開発した田地のうち七町余を留保し、かつ自らが寄進した寺田をうるおす溝をその灌漑に使用するのは、そのような協力の代償としては当然のことであったのではないか。にもかかわらず、東大寺は天平神護二年の段階では、庄域内のその私墾田七町余を寄進せるとともに、その私墾田に寺溝を使用してきたことを不正として責めている。東大寺が庄域内における「村」の広がりとそこに生きている共同体的諸規制を排除し、排他的支配を完成しようとする意思がここにあらわれているとみてよい。五条から成り立つこの東人解状の最後で、東人が「以前五個条事、東人之身、遅鈍弁老衰、毎事闕怠、更不得避罪、仍具事状、請使裁、謹解」[19]と述べているのは東人の東大寺の身勝手さへの精一杯の抵抗の意思表示であろう。

二　道守庄成立以前の越前平野

以下、東人解状第一条の内容をふまえ、道守庄がどのような場に設定され、どのような展開をみせていくのかを

第一表　道守庄域内相替口分田・買墾田一覧表

A　群	相替口分田	買墾田	計
	反　歩	反　歩	反　歩
寒江里　二一坪		1.292	1.292
二二〃		3.000	3.000
二三〃		5.120	5.120
二四〃		7.320	7.320
二五〃	4.285	5.057	10.000
二六〃		4.288	4.288
二七〃		7.040	7.040
二八〃		6.242	6.242
三四〃		0.072	0.072
三五〃		0.288	0.288
三六〃	4.020		4.020
上味岡里　一坪		2.000	2.000
五〃		5.300	5.300
六〃		2.246	2.246
七〃		5.116	5.116
八〃		6.272	6.272
九〃		0.200	0.200
一二〃		1.000	1.000
一三〃		7.282	7.282
二〇〃		1.126	1.126
二一〃		1.000	1.000
二三〃		4.000	4.000
二四〃		8.180	8.180
二五〃		3.180	3.180
二六〃		5.288	5.288
A群計	8.305	98.327	107.272
B　群			
直尾里　二八坪	5.000		5.000
三三〃	4.000		4.000
直尾西里　八坪	2.125	3.019	5.144
二〇〃	3.288		3.288
B群計	15.053	3.019	18.072
A・B両群総計	23.358	101.346	125.344

みていく。まず八世紀中期の道守の地の状況についてみておく。東大寺の占点は越前物券の相替・買の項に記載されている口分田・農民墾田の存在する場、東人の私地の存在する場を囲いこんでなされている。このうち相替・買の項に記載されている田地は一二町五段三四四歩である。その一覧表が第一表であるが、これら田地は無秩序に散在しているのではなく、寒江・上味岡両里にまたがる規模のやや大きな、墾田を中心とした一グループ（A群）と、直尾・直尾西両里にある口分田を中心とした一グループ（B群）との二つの田地集団として存在していることは明らかである。

このうちまず寒江里・上味岡里を中心に存在する耕地群についてみていく。みておく必要があるのは、「東人前寄進」の墾田および天平神護二年の東人寄進墾田などの東人私墾田主要部分がこの地に農民墾田と混在する形で存在していることである。問題は占点以前においてこの寒江・上味岡両里にある東人地のうちのどの程度が開発されていたかである。これについて天平神護二年に寄進された七町余の東人私墾田に注目したい。この墾田は物券において「改正」と「相替・買」と並ぶ独自な第三の柱である「寄進田」、天平神護二年に東人が東大寺に寄進した田地である。百町以上にのぼる東人私墾田の中核的な部分である故に最後まで東人の手元に残ったものとみたい。この七町余については第二表に示したように、一二筆から成り立っており、このうち1～3の三筆を除く4～12の四町一段余は上味岡里に集中し、かつ第一表のA群の田地集団と混在する形をとっている。しかも、このA群の田地と東人私

第二表　生江東人私墾田一覧表

			反 歩
1	宮処西新里	一六坪	10.000
2		二一坪	10.000
3		二二坪	10.000
4	上味岡里	一一坪	1.216
5		一三坪	1.178
6		一四坪	6.144
7		一五坪	3.216
8		一六坪	3.244
9		一七坪	10.000
10		一八坪	6.276
11		一九坪	3.040
12		二〇坪	5.120
	計		71.354

墾田の四町の両田地集団は後に百町に達する道守庄田を灌漑する溝（寺溝と表現されている）の根幹部分にそれに沿って存在することが特徴としてあげられる（以上第一図参照）。この両田地集団と溝との関連を考慮に入れるならば、前掲東人解に、東人による寺田開発が始まる前に「公川」から通じていたとある溝が絵図にあらわれている「寺溝」の前身を指すものであることは間違いない。おそらく天平感宝元年以前においては、この溝は絵図でみられるほど北方にまで延びていたのではなく、寒江・上味岡両里まででとどまっていたのであり、この寺溝の前身になる溝に沿って、口分田・農民墾田一〇町余（第一表—A群）と、その内部のうち少なくとも四町は開発されている東人私地（第二表4～12）が存在しているというのが、庄域設定以前の寒江・上味岡両里を中心にした後の道守庄南半分の中核をなす地域の状況であったとみてよい。

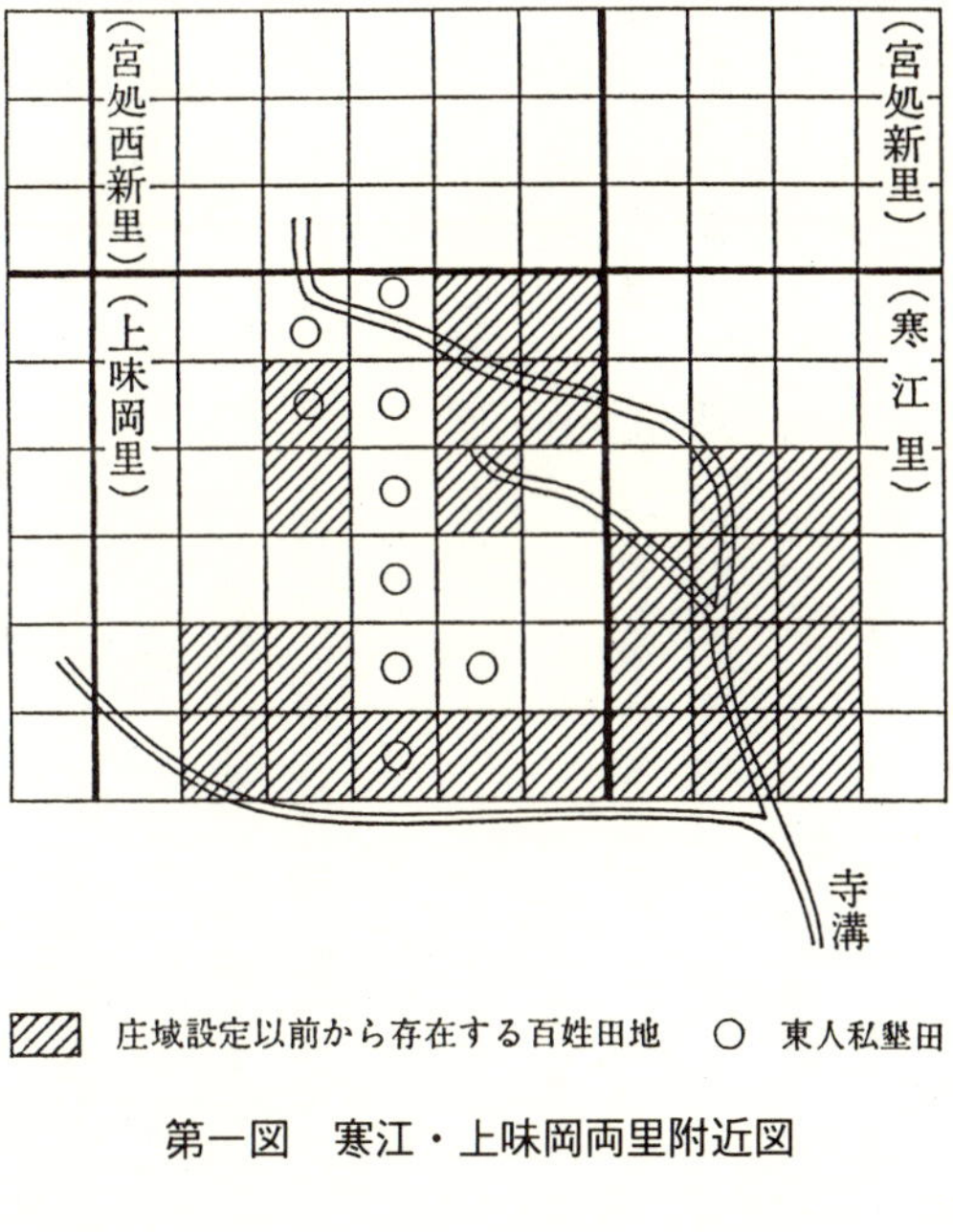

第一図　寒江・上味岡両里附近図

そしてこの両里からややはなれた山よりの地に所在する直尾・直尾西両里にわずか四個坪一町八段余ではあるが口分田を中心とした田地集団がある（第一表—B群）。絵図によると付近に溝は認められず、また寺田もない。山に近いということからみて、自然湧水にたよって農民が開発した田地群とみてよく、ここでは東人私地は存在していなかったようである。

このように八世紀前半の時点で、後に道守庄域にふくまれる未開地上には大小二つの田地集団群が存在するのであるが、それらは前章でみた同時点の越前平野の未開地上の各地に散在する「村」の一つであり、道守地域の場合も他と同様に、その耕地の田主は複数の郷から進出してきた戸主・戸口から構成されているという、入混り村的な形態をとっているのである。

以下、八世紀中期前半の越前平野のあり方をより具体的にみるために、西双版納自治州のあり方をみておく。ここでは最高君主としての召片領は三十余りの勐（ムオン）を統轄している。この勐は召勐（一片の土地の主という意味）とよばれる世襲的首長により支配されており、その領域には寨とよばれる村落が十数個から数十個包括されている。召勐はその配下に世襲の官吏（貴族）を持ち、徭役や貢納などの徴収を通じて農民を支配している。この勐がもっとも基本的な政治組織であり、これら勐が召片領の権力のもとに統合されたのが西双版納の専制国家体制である。[20]

召片領や召勐の支配の基礎単位は傣族の寨であり、水田耕作が営まれている。水田は召片領や召勐が直接支配し経営する水田（全体の一四％）と、村落を通じて農民に分給される水田（全体の八六％）とから成り立っている。後者については、さらに、村寨構成員が全体で占有する村落占有田、村寨を構成する複数の氏族（あるいは大家族）がそれぞれ持つ大家族占有田、および個別農民の持つ田地、の三種に細分化される。村落占有田については村寨を構成する個別農民、大家族占有田についてはその大家族を構成する個別農民、の間でそれぞれ配分され、割りかえも行なわれる。農民はこのような水田の配分をうける代りに諸負担を村寨を通じて召片領や召勐にださねばならぬ。ある一定の年齢に達した場合、分配された田地を返上して隠居することも認められている。そしてそれら諸負担を課していくために「火西」制度という機構が作り上げられている。すなわち西双版納全体は十二の版納にまず分けられる。これが十二の大負担単位であり、各版納はいくつかの勐を包括し、勐の下に火西があり、各火西は数個の村寨を包括する。最小単位は火徦すなわち負担戸（数個の小家族を包括する）である。

召片領（宣慰司）のもとに宣慰議事庭という一種の評議会が作られており、召片領の行政機構の高位官人および各勐の代表者により構成されている。この議事庭が財政、軍事、その他全ての案件について審議するのであり、西双版納全体にわたる負担はこの宣慰議事庭で決定されてから下にくだされていく。各勐にも議事庭が置かれる。その構成員は召勐の行政機構の高位官人（彼等は各火西の「波朗」すなわち召勐の意をうけた行政の最高責任者に任命されている）で構成され、諸負担の割当てをふくめ、行政全般にわたって審議をする。さらに、火西にも議事会が置かれ、各村寨の頭人が参加している。各火西はいくつかの村寨を包括しており、これが社会組織のもっとも基本的な単位であり、任命されて叭、鲊などと呼ばれる頭人の官吏のもとに置かれている。[21]

村寨内部について、村落占有田と大家族占有田の関係については、複数の大家族で一個の村寨を構成し、そのそれぞれの大家族が占有する田を大家族内部で割りかえ使用するというのが古いあり方であり、大家族の解体のなかで村寨が力を持ち、村寨を単位にした割りかえが中心になっていくのである（それだけに大家族占有田と村寨占有田とが並存している例も多い）。この村寨を単位にした割りかえの対象となる田は寨公田とよばれ、各戸は田地をあたえられる代りに定められた負担を負わねばならぬ。また、領主直営田については、領主が直営する場合と、村寨内の各戸に割りあてられ、その面積に応じて実物を上納させられる場合とがある。[22]

また、私墾田については、公共の溝と公共の竹籬の外部の荒地上を開発してえられたものであり、割りかえの対象にはならないが、それは未開地を開発した場合五年間、一旦開発した地を再開発した場合は三年間に限定されるのであり、その後は割りかえの対象になる、つまり寨公田に繰り入れられる。ただ、上層の富裕戸が開発した田については所定の期間が過ぎても寨公田への繰り入れがなされない場合もでてきている。[23]

以上が二〇世紀段階における西双版納の状況であるが、ここにみられる状況と、八世紀の律令国家体制下の日本のあり方との類似性に注目したい。西双版納の場合、負担が村寨ごとに定められ村寨内部ではそのような専制国家からの負担を均等に村寨成員に課していくために田地の割りかえ（均等配分）が行なわれていくのであるが、八世紀の日本の律令制のもとでのように各村寨成員に割りあてられる田地面積が定まっておらず、村寨ごとに成員に割りあてられる面積は異なる。このように村寨内部の成員個々にまで把握の手をのばすということはなされていなかったとみられるものの、土地は全て専制君主のものという理念のもとで、農業共同体的な側面を残した共同体を基礎単位とした専制国家体制が作り上げられているという点では、八世紀の日本と二十世紀の西双版納とは共通した枠組でとらえることができる。少なくとも、西双版納の村寨に対応する共同体、律令国家の支配の基礎単位であり口分田への分配・調整権すなわち割りかえ権を持つ共同体のこの時点の日本における存在は考えてよいであろう。

西双版納の村寨についてみると、ここでは農民は「傣勐」と「滾很召」の二大身分に分れ、両者はそれぞれ別個の村寨を作る。傣勐は本地の人の意味であり、元来そこで生産・生活を営む農民であり、彼等の構成する村寨はそれぞれ明確な地界を持っている。また、召片領・召勐などからの諸賦課の負担単位であり、寨公田の割りかえの単位ともなっている。村寨の管理する田地は、割りかえの行なわれる寨公田と、その対象にならない私田とから成り立っている。このうち私田については勐海地域の面積の広いある村寨の場合、私田はなく全て寨公田から成り立っているが、この寨公田は一つはこの村寨の農民が開発した私田を吸収していくこと、他の一つは他の村寨がこの村寨の地界内の未開地を租入し私田を開くが、自種三～五年で当該村寨のものになる、という二つの経路で増加を続けているという例が存在していること(24)に示されるように、村寨社の強力な規制のもとに置かれ、つねに寨公田に転化させられうる可能性を持つものとして存在している。つまり、村寨はその地界内耕地については強力な統制力を持っている。

次に滾很召について、これは外部から流入してきた人、傣勐から下降した人などにより構成され、傣勐より低い身分に位置づけられる存在であり、召片領などへの雑役の奉仕ないしその直轄田の耕作を行なっている。かれらは本来は土地を持たないが、寨田は召片領が土地を与え、建寨の祖先が集団で開発したという伝承があることに示されるように、[25]召片領・召勐が傣勐の村寨から取り上げた土地を開発したり、あるいは傣勐の村寨からの地界内の未開地を借りて開発したりして、[26]寨公田を作り上げ、この寨公田と召片領らの直轄田とを併せて村寨の管理する田地とし、それを基礎に割りかえを行ないつつ生産・生活を営んでいる。

以上のことをふまえて八世紀の日本にもどると、口分田の班給については、田令口分条に「凡給口分田者、男二段、女減三分之一、五年以下不給、其地有寛狭者、従郷土法」とあり、さらに田令寛郷条に「凡國郡界内、所部受田、悉足者為寛郷、不足者為狭郷」とある。この寛・狭について同条穴説に「定寛狭為郡生文、仍狭郷聽遙授寛郡也、非於一國為狭……」とされている。[27]関和彦氏はここで示されている班給田積の二段というのは班給上限を示すものであること、上記の条文でいう寛郷・狭郷は郡を想定して使用されているのであり、郡規模で口分田が法定額より多い場合、その郡は寛郷であり、少ない場合その郡は狭郷であるとし、狭郷の場合の具体的な処理は、処理（1）存在する口分田を少少均分、処理（2）不足の口分田を同郡余剰地で少少均分、処理（3）不足の口分田を他郡で少少均分、という形でなされるとする。[28]

処理（1）がなされるのが基礎的な割りかえの単位であり、これが西双版納における「村寨」に対応する、在地農民の基本的な生産・生活が営まれる単位であるとみてよい。西双版納の場合、専制国家の地方行政組織の下部単位は火西とよばれており、その下がいくつかの村寨に分かれている。また、村寨の大きさについては、勐海地域（一個の盆地をなす）の場合、一一五六戸五七〇二人が四一個の村寨に住んでおり、この村寨はもっとも大きなもので七二戸三八〇名、小さいもので六戸三二名であり、各個人の保有水田の平均は〇、八挑、日本の面積でいうとほぼ二、一段にあたる（挑は収穫量であり、一挑は面積でいうとほぼ四中国畝であり、一中国畝は日本の尺貫法でいうと

六、七畝であるので、〇、八挑は二、一段にあたる）。ただ、村寨ごとの保有面積の格差も大きく、構成員一人平均二、五挑（約六段）から〇、二挑（〇、五段）までである。また、景洪盆地（召片領が居住している地）の場合、そこにふくまれる一七個の村寨の一人あたり水田保有面積は三、八中国畝（約二、五段）である。[29] さらに、村寨を単位にして行なわれる寨公田の割りかえは村寨の頭人を中心にした各戸の家長の協議で行なわれ、配分の方法としては各戸が従来耕作していた水田を余り動かさず調整にとどめる方法と全面的な配分のしなおしをする方法とが存在している。[30]

西双版納の場合、各個人の水田保有面積が八世紀の日本と大差のない、日本の水田面積にしてほぼ二段程度であり、数十戸程度の小家族を単位として村寨が構成されているが、日本の場合も、口分田の割りかえを円滑に行なうためにはこの程度の大きさが限度であったとみてよく、農民の基本的な生産・生活が営まれ、口分田の割りかえがなされる単位が郷のもとに複数存在したとみるべきであろう。つまり、日本の郷という律令国家の地方行政組織（西双版納の火西に相当する）が複数の口分田の割りかえの単位（西双版納の村寨に相当する）から構成されていたとみることができる。

そして口分田の班給は狭郷田条穴説に「依上条、狭従郷土法、謂先支度一郡内田、均給訖」[31]とあるように、まず、この割りかえ単位内での配分が行なわれ（処理1）、不足分については郡内部での是正の努力が行なわれる（処理2）。八世紀前半の越前平野の未開地上の各所にみられる耕地群（「村」）は、このような郡段階での不足口分田の確保のために形成されていったものであり、割りかえの単位になっている村落の構成員の不足口分田を確保することと、および郡を単位にして、その内部での構成員の保有口分田の均等化の二つを狙いとして、公権力に支えられながら作り上げげられていくものとみてよい。

八世紀の日本が西双版納と異なるところは、個々の共同体構成員への班給上限額が定まっていること、さらに本来の共同体の枠を越えたところでの口分田の均給が明確に打ちだされていることである。すでにみたように、未開地上の墾田群の田主は異なった諸共同体を本拠に持つ人々で構成される「入混り村」的な様相を呈している。[32] それは不足口分田を確保しようとした人々が、未開地上に進出し本拠の共同体と同質の共同体の拡大・再生産をしたものという側面もある。しかし均給の理念を実現しようとする限りは権力側も郡内で本来的な共同体の枠を無視した形で開発を推進せざるをえないのであり、これら「入混り村」的な耕地群の形成は、多分にこのような本来的な共同体の地界をのりこえた形での展開という側面を持つ。すなわち西双版納にみられる傣勐寨がその地界内の未開地に対して排他的な権利を持ち、そこで開発された田地は最終的にその傣勐寨のものになるという、本来の村の農業共同体的な側面の強固さは失われているとみてよい。

それと関連して、豪族・上層農民の活発な開発活動の展開も注意しておく必要がある。その例が椿原の入麻呂や、道守と栗川にかかわっている東人であるが、さらに足羽郡の隣郡坂井郡における品治部広耳の場合もみておきたい。広耳は東大寺に百町の墾田を寄進しており、そのうちの八五町分の坪付が残っている。[33] それによると、それら八五町は大は二四町から小は四町に至る六個の比較的集中した田地群六〇町と数筆ずつ散在する二五町とから成り立っている。[34] この六個の田地群のうち、最大の二四町からなる田地群は西北二条九里を中心にしており、田宮庄よりやや西側の九頭龍川流域の高位三角州に位置するし、次に大きい一一町からなる田地群は西北十一条十四里という九頭龍川の下流流域に存在するが、[35] この二個だけで百町の三分の一を越す。つまり広耳墾田は一つは九頭龍川三角州の未開地上に設定された大きな二個の占点地と、もう一つは坂井郡各所に散在する五～六町程度の中規模の占点地および零細な占点地とから成り立っている。

これら墾田がどの時点で開発されたのか不明である。ただ、後者についてはその全郡各地への散在という状況からみて、先にみた入混り的な形で農民諸層が作り上げている開発田と同性質の共同体規制下の墾田であり、おそらく東人の例と同じように八世紀前半にその開発は始められていたとみてよい。前者については、中央の王臣家・寺社の大規模占点に匹敵する大きさの占点と内部開発がなされているのであり、これは天平感宝元年以後、王臣家などの大規模占点の展開に刺激された、それと同じ開発方式をとる地方豪族の占点の展開のあらわれとみてよい。

このように、足羽、坂井両郡とも、地方豪族、上層農民の未開地上における占点と開発（私有地の形成と展開）は八世紀前〜中期にかけて活発になされており、これは西双版納ではみられない、この時点の日本の特質になっている。つまり、八世紀の時点の日本の越前平野のほうが西双版納にくらべて、古い農業共同体の枠の解体がより進んでいるといいえる。とはいえ、一面で八世紀の日本でも共同体規制の枠はまだ強固なものとして存在するのであり、その一端は農民の開発した私墾田の位置づけにあらわれている。西双版納の場合、私田は三〜五年で寨公田に繰りこまれるという例と割りかえ対象田（寨公田）に繰りこまれない例とがある。勐海県のある村寨の場合、頭人や老戸の開く私田は寨公田に繰り入れないとされているが、五年で寨公田に繰り入れられるべきものともいわれており、両者の関係ははっきりしないが、一般的な村寨成員の意識としては私田は全寨の田と考えられており、その私有性は限られたものとしてみているという[36]。この例は自分の所属する村寨内の未開地を開発して得た私田をめぐってのものであるが、先にみたように他の村寨内の未開地を開発してえた私田も五年で寨公田になっており、全体的に私田の私有性が高くないことは明らかである。

八世紀の日本でも在地農民諸層によって開発される私墾田はこの西双版納の一般的な私田と基本的には同一の性格を持っているとみてよい。たとえば、道守庄内には天平感宝元年以前から二つの田地群が存在するが、そのうち寒江里、上味岡里にある溝を伴う田地群はそのほとんどは私墾田から成り立っている。ところがその内部に二筆のみ口分田が存在する。このような墾田群中の口分田はいつの時点かで班給の必要上、墾田が口分田に転化させられたものとみざるをえない。この例もふくめて八世紀時点の私墾田は共同体の規制のもと、口分田・乗田といった班給対象田と切離された存在ではなく、常に班給対象田に転化する可能性をはらむ存在であった。このように一面で農業共同体的な側面を持ちつつ、他面でその枠をくずすような形で未開地上の各地で開発が後半に進行し、新たな耕地群と居住地（「村」とよばれる）が形成されていっているというのが八世紀前半の越前平野の状況であり、惣券の相替・買の項目にあらわれている田地群もこのような開発耕地群を構成するものの一環として存在しているのである。

三　庄設置以後から一円化に至る間の動向

八世紀前半の越前平野では、公権力に支えられながら、割りかえの単位になる共同体の枠を越えて、未開地上の各所に結集した人々の手による口分田、墾田の開発が積極的に進められていることをみてきた。このような未開地上での広範な開発の展開をふまえて、東大寺は天平感宝元年に越前平野の七個所で開発が進展している場をその内部に囲いこむ形での一斉占点を行なう。道守庄もこの一斉占点の一環として成立するが、ここでは占点以後天平神護二年にかけて、その内部開発がどのように進行していくのか、またそのような内部開発は何を引き起こすのかをみていきたい。

(一)　庄域内開発の進行

先にみたように、内部が一部開発されている東人の私地と農民墾田群とから成り立つ寒江・上味岡両里に存在する耕地群と、口分田から成り立つ直尾・直尾西両里にある、より小規模な耕地群との二つの耕地群を囲いこむ形で道守庄が成立している。そして庄域設定後、その内部に囲いこまれた東人私地上で大規模な開発が進行するが、この開発は東大寺占点前から溝が公川から通じていた寒江・上味岡両里を出発点に行なわれる。すなわち、この両里まででとまっていた溝が、その北方に広がる庄域の大部分を占める未開地内部にまで延長され、また新たに寒江、柏沼、味岡里にある沼などからの溝が、この未開地に向けて作られ、そのなかでこの両里および両里北方の諸里の溝の周辺未開地上に百町におよぶ田地が開発されていく。これら東人私地上の開発田は東人が郡司に就任する天平勝宝四～五年までの比較的短期間に集中してなされ、それが東大寺の寺田として寄進され、天平勝宝五年の班田の際には寺田と記載されていたとみてよい(37)。

天平感宝元年から天平神護二年に至る庄域内部の開発の到達点を示す庄絵図のうち、道守庄の南半分の中核をなしている寒江里一九～三六坪（天平神護二年の時点で庄域外になった二一～二四坪は除く）、および上味岡里一～三五坪の合計五一個坪の田地構成のあり方を整理したのが第三表であるが、以下これに基づいて、庄域内部の大規模な開発とそれの寺田への転化が生みだす具体的状況についてみていく。

第三表　寒江・上味岡両里田地構成表

		町　反　歩
Ⅰ	寺　田	24.3.256
Ⅱ	船王墾田	0.8.288
Ⅲ	東人私墾田	4.1.354
Ⅳ	百姓墾田（相替・買）	9.8.327
Ⅴ	百姓墾田（改正）	1.1.192
	計	40.4.337

イ、寺田

第三表に示されているように、この両里の田地のうち寺田の占める比率は圧倒的に高くなっている。絵図の寺田は、東人が私地の上で開発し東大寺に寄進した田地であり、その開発の大部分は庄域設定から天平勝宝四～五年にかけてなされたものである。この開発は在地農民の共同体秩序のもとでの開発にくらべて桁違いの規模の大きさを持っており、東人の資力と東大寺の持ちこんだ高度な技術が結びつくことではじめて可能になったものであろう。ただ、量的に少ないとはいえ、後にみるように庄域占点後、庄域内で開発された他者田地が存在することは注意される。第三表のⅡとⅤがそれに該当する。天平神護二年の時点では庄域内部の排他的独占の論理を前面にだして他者田地を奪いとっていったのと異なり、庄域設定以後天平神護二年に至るまでの時期においては、寺田が圧倒的優位を占めつつもそれとならんで他者田地の庄域内部での存在が認められている。

ロ、船王墾田

この両里における船王墾田はわずかであるが、両里の北方の諸里には同性質の田辺来女墾田が存在する。いずれも東大寺の占点以後に外部から割りこむ形で作られた王臣家の墾田であるが、この割りこみは占点以後の天平勝宝年間以後において問題となっている様子はなく、その点で公権力からみて不法のものではなく、その承認のもとに行なわれたものとみてよい。つまり、一旦東大寺に未開地占点を認めた後において、同一未開地に来女、船王らの開発を目的とした占点を認めているのである。ここにみられる公権力の絶対性は庄域内の開発田が東大寺寺田か農民墾田かについての判断においても認められる。さきにみた栗川庄の四条七里八坪の八段の墾田について、天平宝字二年に国司は別鷹山への判給を正当とし、天平神護二年には逆転して東大寺への判給を正当としている。(38) いずれの判給が正しいかの判断に際して、在地の共同体の段階では、当然問題になるはずのいずれが先に開発に着手したのかが判断基準になっておらず、公権力の恣意で判断がなされている。それだけに一旦公権力が理由はともかくとして、それを否認するとたちまち崩れるという側面を持っていることをこの船王・来女の墾田のあり方は示している。

ハ、百姓墾田

第三表のⅣが天平勝宝元年以前から存在する百姓の口分田・墾田（相替・買）であり、Ⅴが天平感宝元年の野占

第四表　道守庄域内改正田一覧表

		反　歩	
一条一〇里寒江里	二八坪	1.002	口分田
	三六坪	0.100	〃
一条一一里上味岡里	一坪	0.300	〃
	五坪	0.144	墾田
	六坪	2.024	〃
	七坪	1.244	〃
	三六坪	5.180	〃
一条一二里道守里	一五坪	0.144	口分田
二条一〇里宮処新里	三四坪	3.120	墾田
三条一一里宮処西新里	一七坪	10.000	〃
三条九里直尾里	二八坪	0.068	口分田
三条一〇里直尾西里	八坪	0.336	〃

以後開発された口分田・墾田（改正田）である。問題はⅤである。道守庄域内に存在する改正田を整理したのが第四表であるが、この表のうち口分田は庄域設定以後に東大寺が開発した寺田が天平宝字四〜五年段階で百姓口分田に転化させられたものであり、墾田は庄域設定以後在地の農民が庄域内を開発して作られたものである。その墾田はわずかに上味岡里、宮処新里、宮処西新里の各一個坪ずつにしかすぎない。これに寺田が転化した口分田をつけ加えても占点後における「村」構成員の口分田・墾田の新たな拡大は占点前からの口分田・農民墾田が存続していた場周辺でわずかにみられるだけという状態になっている。このことは占点前において後の道守庄域になる地に「村」構成員が作り上げた開発・耕作活動の中心的な場においてのみ、その「村」構成員の新たな活動の存続がかろうじて認められているということであり、庄域設定以後における「村」構成員の共同体規制のもとにおける開発活動は行き詰まっているとみざるをえない。

二、東人私墾田

第三表のⅢに示される東人墾田は、天平感宝元年以前に東人私地上で開発されていたと推定されるものであるが、天平感宝元年以後それを拠点に大規模な墾田開発が行なわれ、東大寺に寄進される。ただ、その際にこの四町余と、占点後新たに開発された田地の一部とみてよい三町の田地（第二表―1～3）の合計七町余が私墾田として東人のもとに留保される。庄域設定以前における東人の開発活動は「村」構成員の開発・耕作活動と密接にからみあった、在地の共同体規制のもとでなされたものであろう。しかし、占点後の開発は私墾田開発であるとはいえ東大寺と結びついた大規模な開発であり、在地の共同体規制のもとでの開発とは異質なものになっていた。そして開発された田地はその大部分が寺田に転化し、一部がそのような開発・寄進の推進の代償として、私墾田としての保持を認められた。占点後において在地農民の共同体規制のもとでの新たな開発が圧迫されているなかで、三町の新規私墾田確保を認められたことは東人への優遇であったとみてよい。

ホ、田地の荒廃

次にこれら耕地群の荒廃の問題について。道守の場合天平神護二年の一円化に際して、天平感宝元年以前から存在している百姓墾田は全て東大寺が買いあげているが、その際、寒江・上味岡両里にある百姓墾田（上掲第一表のA群の買墾田）について、墾田主が売却文書を作成しており、東南院文書中に一連の文書として残っている。[39]その一通である天平神護三年（七六七）二月二二日鴨野郷生江広成解案に「合田一段一二六歩既荒」という記載がみられる。[40]このように「荒」の註記のあるのは、一連の売却文書中に記載されている一八筆中の三筆についてである。惣券および絵図には熟・荒の記載がなく、したがって庄域内百姓墾田、さらには第三表にかかげた各田種が全体として荒廃化の傾向があったか否かはそのかぎりでは判断できないが、惣券によると天平神護二年八月以後の庄再編作業に際し東大寺は「……改正圖籍、並充溝堰、永得無損者」として、[41]図籍の改正、すなわち田地の一円化とならんで溝堰の充実を求めている。つまり、天平神護二年段階で道守庄をふくめた越前諸庄は溝などの灌漑設備の充実をせざるをえない状況に直面していたらしい。

これについて、天平宝字三年（七五九）五月一〇日道守徳太理啓で溝・樋の設置について論議がなされていることとの関連に注意したい[42]。この啓がどの庄を取り上げているのかは文面からはわからないが、道守、栗川、鳴野という足羽郡にある東大寺の庄のいずれかである。天平宝字三年といえば、足羽郡の諸庄の場合庄域内の寺田の大規模開発の山は越えた時点である。その時点で灌漑設備についての問題を取り上げざるをえなくなっているということであり、天平勝宝六（七五四）～九年の間、坂井郡桑原庄で大規模な庄域内開発が進むが溝の機能を伴わず、開発田の荒廃がすすみ庄は短期間で没落しているという事実に[43]、基本的には対応する。すなわち足羽郡でも、寺田開発の進展が灌漑設備の許容範囲を超えた無理な形で行なわれ、それが寺田のみならず従来から存在していた百姓墾田をも荒廃化させているとみてよく、道守庄内の買百姓墾田の一部荒廃もこのような庄域内の耕地の荒廃化の一端を示すものである。

(二)　宝字事件

物券によると、天平宝字四～五年の校・班田時に、「越前國田使僧勝緯等状云、去天平寶字五年、巡察使并國司等、割取寺家雑色供分之田、給百姓等、又雖乞溝堰、無所判許、加以、郡司百姓等捉打寺田使、堀塞寺溝堰、水不通、荒地不少者」ということが起こっている[44]。すなわち、国司が東大寺の寺田を口分田に転化せしめるとともに、郡司百姓は田使をとらえ、あるいは寺田への溝を破壊するなど激しい東大寺攻撃を展開しているという事件であり、越前・越中・伊賀の諸国で共通して起こっている。宝字事件と呼んでよいこの事件については東大寺の立場から述べられたもので、仲麻呂政権の下で圧迫されていた東大寺がそれを誇張して述べている可能性はある。しかし、上記でみたように、占点以後寺田開発が系統的に進んで行くが、その中で併存している百姓墾田は圧迫され十分な展開をみせていないこと、さらに灌漑設備についても大規模な墾田開発に対応したものになっていないために、寺田・百姓墾田両者に渡って荒廃が発生していることは明らかであり、そのような矛盾のなかで引き起こされた事件であったことは間違いない。以下、寺田の性格に焦点をあててこのような衝突が起こる背景をみておきたい。

宝字事件にかかわって、惣券の改正田項に「以天平寶字四年、校田驛使正五位上石上朝臣奥繼等、寺家所開不注寺田、只注今新之田、即入公田之目録數、申官已訖、仍以天平寶字五年班田之日、授百姓口分」とある。(45) 校田に際し、校田使は意図的に寺田を「今新之田」とし、寺田と注記せず公田の目録に入れたため、それら田地は翌年の班田に際し口分田として百姓に班給されているのである。ここでいう「今新之田」は、今回の班田に際し口分田の班給対象田になる田を指すとみてよい。この田は共同体が口分田として開発した田地と私人が開発した墾田との両者をふくむものである。このうち前者と確認された田地については「公田目録」に記載され、口分田として班給されていくのであるが、問題は東大寺の開発した田（私墾田）が公田に繰りこまれている背景についてである。

再び西双版納地域についてみると、ここでは田地は村寨を単位として割りかえが行なわれる寨公田と、私人が開発する私田との二つから成り立っている。このうち私田は二つの種類に分かれる。一つは一般的な私田であり、開発後三～五年で寨公田に吸収される田地、村寨の土地が比較的多い場合、事実上の長期的占有が形成されることがあるが「法理上」は必要な時は割りかえ対象田に転化させられる田地である。他の一つは「召庄」（貴族から分化した農民）の持つ私田であり、売買が自由であり、村を離れてもその所有権を保持できる田地である。後者のような売買できる土地はその他いろいろな形であらわれているが、極めて少数であり、前者が圧倒的であるという。(46)

西双版納での私田の二タイプのうち、一般的な私田は八世紀の越前平野にあらわれている豪族・農民の開発田に対応する。これら墾田は、共同体規制下の田地としての性格を持ち、それ故に「今新之田」として容易に口分田にくりこまれる。一方西双版納の召庄の持つ私田について、日本で対応するのは天平一五年（七四三）にだされた墾田永年私財法により公認された墾田であろう。

虎尾俊哉氏は八世紀における公田・私田概念をめぐって「大宝令本来の公田は無主田、私田は有主田であった、ところが、令制の原則を破る墾田永年私財法が天平一五年に発布されるにおよんで永年私財田が私田、それ以外の田が公田という観念が出現し、こういう用法の方が一般化した。たとえば墾田・寺田などは私田とされ、口分田・乗田などは公田とされた」とする。(47) 越前惣券には「公田目録数」とあらわれており、この「公田」は割りかえ対象になる口分田・乗田を意味していることは、虎尾氏の指摘を裏付ける。問題は「私田」である。虎尾氏のいう「私田」を王臣家・寺社の墾田・寺田とみなせば、専制国家が割りかえ対象にしないことを保証している西双版納の召庄の持つ私田と同様に、共同体からの規制を受けない、割かえ対象田から切り離された私有地としての性格を持つ田地とみなせる。しかし百姓墾田をこの範疇で把握するのは困難である。

すなわち、天平感宝元年以後の越前平野における王臣家・寺社の占点と占点地内部の開発の進展は従来の共同体秩序のなかで在地農民諸層が開発する零細な開発田（それは口分田・乗田と同様な共同体規制のもとに置かれた、口分田として班給される可能性を常にはらんでいる）とそのような共同体規制とは無縁な、その規制下に置かれていない、したがって口分田・乗田に転化することのない、虎尾氏のいう「私田」としての性格を持つ寺家開発田との並存という状況を生みだしていく。

全般的に占点地内部にふくまれる占点以前からの口分田・農民墾田に付け加える形で庄域占点後も引き続きその開発が進められていく例は少ない。すなわち八個庄のうち占点後の在地農民の開発活動の存在が認められるのは道守、椿原二庄のみであり、他の六個の庄内部では占点後の新たな農民開発活動の存在は確認できない。このことは庄域内部にふくみこまれた地を舞台にして行なわれてきていた在地農民の墾田開発活動は、圧迫されざるをえない状況になっていることを示す。さらに潅漑溝についても、大規模開発がそれに見合う灌漑体系が整備されないままに短期間に強行された場合、その否定的な影響は占点地内部の寺田のみならず、従来から存在する百姓墾田にも及ぶことは間違いない。

このように占点後のほぼ一〇年の間になされた寺田の急速な蓄積はさまざまな歪みを占点地内部あるいはその周辺で生みだしていくが、仲麻呂政権下での東大寺への圧迫政策が進むなかで、それが顕在化したのが宝字事件である。校田に際して、国司は本来区別すべき二つの類型の墾田を「今新之田」との名前のもとで意図的に混同して口分田から切り離されている東大寺寺田をも班給対象地に繰りこむこと、郡司百姓の寺田への直接行動をふくんだ攻撃を伴っていることからみて、占点以後の「私田」としての寺田の急速な展開が在地の開発・生産活動に及ぼす否定的な影響への反発が引き起こした事件とみてよい。この事件はたんに東大寺の庄園をめぐってのみおこったものではあるまい。おそらく形こそ異なれ、王臣家・寺社の庄園全般をめぐってもおこっていたと考える。それは共同体規制のもとにはない王臣家・寺社の大規模墾田の展開が八世紀前半までの越前平野のあり方を変化させ始めていることを示している。

㈢　天平神護二年の一円化

天平宝字五年頃から天平神護二年にかけてという七六〇年代前半では、以上でみた東大寺と在地農民諸層との対立は続いていたが、天平神護二年に至り、このような庄園攻撃に対する東大寺側からのまきかえしが行なわれる。それは八・二六官符に基づいた、道守庄をふくむ越前諸庄の全面再編という形で具体化される。すなわち、「私田」としての性格を持つ寺田と在地の共同体規制下の口分田・墾田との並存は庄園の設定と内部の開発が在地農民の口分田・墾田の存在する場に割りこむなかで生みだされたものであるために両者の間には矛盾がつきまとっていた。しかし、この官符で庄域内開発権の排他的独占の容認、すなわち改正の原則が確立されたことにより、占点後の庄域内墾田は全て寺田とするという東大寺に有利な形で解決される。この原則によると、庄域内未開地で「村」

構成員が占点以後新たに開発した田地は全て寺田に転化させられることになる。先にみたように、これら占点後に庄域内を開発して墾田主になった者は伏弁状を書かされてその所有権を放棄させられる。その際、買得墾田に関しては田主に売却状を書かせているのに対して、(48)伏弁状が三通とも郡司解状という形をとっており田主自身に書かせていない。(49)排他的支配を庄域内で確立させることが郡衙機構を用いてなされているのである。

しかも、道守庄をふくむ越前諸庄ではこの改正の論理による庄域設定後の開発田の寺田への転化のみならず、庄域設定以後においても共同体規制下の口分田・墾田として寺田と並存してきた耕地群の寺田への転化が相替・買およ び寄進という形をとってなされる。これにより寺田と農民の口分田・墾田の両者を全面的に分離すること、すなわちそれまで続いてきていた庄域と「村」構成員の活動地域とが重なりあって存在するという事態は解消されることになる。道守庄の場合はそれは内部に上掲第三表のⅠ～Ⅴの所有主体が併存している庄園から、所有主体が東大寺に限定される、すなわち東大寺の私田のみによって構成される大農場に庄園を転化させること、および溝について改修を行ない、より大規模な寺田集積の体制をととのえること、という二面から実施されていく。前者についての実施は天平神護二年の秋から翌年（天平神護三年）の春にかけてなされるが、そこでは天平感宝元年の占点前より存在した百姓口分田・墾田の相替・買得、占点後に庄域内部で開発された第三者（東人をふくめた在地農民諸層、船王、田辺来女など）の墾田の改正（没収）、庄域内に存在する東人墾田の受寄（事実上の没収）、および道守庄に隣接して存在する田辺来女の大規模な墾田（その一部分が道守庄内にくいこんでおり、それについては改正されている）の道守庄への吸収、という四点がなされ、一円化が完成している。

逆にこの過程が庄域内を開発活動の場としている在地農民に及ぼす影響について、口分田相替の面からみておく。足羽郡の場合、鴨野庄の相替代給田が道守庄の占点地周辺に設定されるという例がある。さらに第五表をもとに子見庄の例でみると、占点地内口分田群の東端から西に向けて、つまり六条四里三四～三六坪から六条五里に向けて、占点地に接して存在するA群からまず相替していき、A群が終わると占点地から離れて存在しているB群と相替していく。それもBの1から8にほぼ順番に、機械的に相替されていく。そのなかで、口分田群のなかでは一括して存在していたと考えられる田地がばらばらにされる例がでてきている(50)。この相替について、藤井氏は「受田者の庄周辺における集落構成や居住地を考慮にいれている」あるいは「口分田耕営を中心とする在地の人的関係が重視されている」と評価している(51)。たしかに、庄域内口分田の相替に際して庄域周辺での相替という努力が払われている側面はある。しかし、それ以上に相替が機械的に行なわれている側面を重視したい。全体として占点地内からの口分田排除に重点が置かれ、そこにおける農民の立場は無視されるという側面は否定しえない。播磨国飾磨郡で口分田が四天王寺にとして返還された際、百姓に隣郡に代りの口分田が与えられ大きな問題になっていることと対応させた場合(52)、相当遠方に与えられた可能性もあったのではないか。

関連して、一〇月に集中して提出されている宝字事件で打撃を受けた各庄園への灌漑系統の修復が目的とした溝の建設計画書について、小口氏は計画書の提出は庄使僧が行なっているものの、それの具体化には郡司（東人）が寺使と一緒に参加していること、また計画のなかで溝を通す際の口分田への配慮がなされていることなどからみて、

第五表　子見庄相替代給田一覧

A	相替口分田群周辺に位置する代給田	4.2.094
1	西北５条５里の３個坪	1.0.002
2	６条４里の３個坪	1.2.336
3	６条５里６里の２個坪	1.9.216
B	相替口分田群から離れて位置する代給田	8.8.346
1	西北６条８里の１個坪	0.4.000
2	７条４里の３個坪	2.3.116
3	９条２里の１個坪	1.0.000
4	９条３里の１個坪	0.6.187
5	11条３里の１個坪	0.7.240
6	東北９条１里の５個坪	1.7.328
7	８条１里の３個坪	1.5.288
8	７条１里の３個坪	0.9.267

庄周辺に広がる口分田・墾田への一定の配慮が働いているとし、このことから一円化過程の進行が在地の共同体への圧力となり、破壊に導くものになっているとは思えないとしている。[53]氏のいうような配慮が働いていたことは十分考えうるが、溝の改修計画書そのものが統一的であり、その目的が各庄園が一円化を達成したのに対応した灌漑体系の整備に置かれており、在地への配慮はそのような大きな目的のもとでの副次的なものと考えざるをえない。この一円化は上からする、在地への強制という側面を強くふくんでいるとみておくべきである。

このように、改正の原則を背景に、天平神護二年八月から翌年春にかけてなされる道守庄の全面的再編は、それまで寺田と百姓墾田という二つの異質な墾田が矛盾をはらみつつ並存してきた体制を解消し、その内部に他者田地が一切ない、その意味で東大寺が排他的に支配する一円大農場を成立させる。完成した大農場の特質について、西双版納との対比でみると、西双版納では八世紀の日本での職田、位田あるいは庄園に相当すると考えられる「波朗田」とよばれる召片領など貴族層の直轄田（村寨が占有している寨公田とは別な田地）が存在する。その経営は次の二つの方法のうちいずれかがとられている。一つは田地を分散させず、その内部を一定面積ずつ近くの村寨に割りあてて耕作させ、収穫物は全て召片領、貴族などその田の持主が取得するという方式である。他の一つはこれら田地を村寨を単位に分散配分し、村寨内では寨公田と同じく成員に配分して耕作を行なわせ、成員は割りあて分の実物地租をだす方式である。始めは前者の形が多かったが、この方式は農民側からの抵抗を受けて収量が減少するために、後者が多くなっている。[54]

八世紀中期の越前平野で東大寺が作り上げようとしているのは、前者に類似した形の大農場である。そしてその経営も同様に、共同体組織を媒介にしたものにならざるをえなかったはずである。つまり、共同体規制から自由になった労働力を直属労働力として組織するという段階には至っていないのであり、その庄園の周辺に存在する入混り的な「村」の構成員、あるいは庄園に近い本来的な共同体の構成員を、そのそれぞれの共同組織を媒介にして、開発・耕作労働力に組織化していくという体制がとられたとみるべきである。

そして天平神護二年における所有面での庄域内一円化の完成により、東大寺田のみで構成される庄園とその周辺の口分田・墾田とが所有面では完全に分離した形であらわれる。その限りで占点地内部での東大寺と在地農民の田地をめぐる緊張関係は解決したかのようにみえる。しかし、庄園がその労働力を周辺の「村」構成員に依存している限り、今度は庄域内の庄田と周辺の口分田、農民墾田との間に矛盾が生じてくるはずである。つまり、宝字事件の原因を根本的に取りのぞいた上での大農場建設ではなく、これ以後も矛盾は形をかえて存在していくとみてよい。

ま と め

道守庄の成立と展開の過程についてみてきた。まず分析の中心史料になる東人解状第一条に関して、東人の溝と墾田の開発が東人の郡司就任以前（未任）と読むか、以後（来任）と読むかについて、栗川庄における寺田開発が行なわれた時期との対比などから、筆者のかっての説を撤回し、未任と読む方が妥当であることを確認した。また第一条で東人が東大寺から責任を追及されているのは、東人が私墾田を開発し、東大寺に寄進した代償として、庄域内に留保していた七町の東人私墾田への灌漑に寺溝を用いたことに対してのものであることを確認した。

この史料分析をふまえて、中国雲南省西双版納地域の傣族が作り上げている専制国家（首長国）のあり方との対比で庄園設定以前の八世紀前半の越前平野についてみた。西双版納では召片領とよばれる最高君主のもとで農民は二大身分に分かれ、それぞれの身分ごとに村寨を作っている。この村寨が農民にとっての生産・生活の基礎単位になっており、かつ寨公田とよばれる村落共有田のその構成員による割りかえの単位となっている。この西双版納でみられる状況は、八世紀前半の日本をみていく一つの手掛かりになる。すなわち、口分田の割りかえ単位となる共同体（村）が行政単位としての郷のもとに複数存在し、これが西双版納と同様に農民の生産・生活の基礎単位となっていた。八世紀前半の時点で、この基礎単位の枠を越えて、豪族・農民諸層が入混り的な形をとって広範に未開地上に進出し、各所に「村」とよばれる口分田、墾田をふくんだ開発田地群を作り上げていくのであり、道守の地にある大小二つの墾田地群はそのような「村」の一つである。

このような豪族・農民が作り上げた「村」をふくみこむ形で、天平感宝元年に道守庄が成立する。以後天平勝宝四～五年までの間に東人が大規模な私墾田開発を行ない、それを東大寺に寄進し東大寺寺田が確立する。また東人はその一部を自分の私墾田として留保している。このように庄域内に蓄積されていく寺田は割りかえ対象になる百姓墾田とは異質な、割りかえ対象にならない私有性の強い「私田」として位置づけられ、墾田永年私財法により保証されている。庄域内には口分田に転化する可能性をはらんでいる共同体規制下の百姓墾田は引き続き存続するが、庄域設定後に新たに開発されたものはわずかであり、その開発活動は圧迫されている。また、大規模開発がそれまでの灌漑系統を利用することによる否定的影響があらわれ、大規模開発でえられた寺田のみならず庄域設定以前から存続する田地にも荒廃化のきざしがみられるなど、東大寺と在地の「村」との間に矛盾が蓄積していき、それが寺田の口分田・百姓墾田への強引な転化など国司と郡司・百姓の東大寺庄園への攻撃である宝字事件として表面化する。そして天平神護二年に至り、それへのまきかえしがなされ、八・二六官符に基づく庄域内部からの口分田、農民墾田および東人墾田の排除が行なわれ、一円大農場化が完成される。

注（1）研究史については小口雅史「増訂初期庄園史料集成（越前編）」（『史学論叢』一一、一九八五）、藤井一二『初期荘園史の研究』第一編第四章「東大寺領越前国道守荘の形成」（一九八六年）、国立歴史民俗博物館資料調査報告

書六・日本荘園データ（一九九五年）などを参照。

（2）車里王国あるいは西双版納自治州についての日本語文献としては、長谷川清「sipsonpanna王国（車里）の政治支配組織とその統治領域――雲南タイ族研究の一環として」（『東南アジア――歴史と文化』第一一号　一九八二年）、田辺繁治「雲南シップソン・パンナーの統治形態に関する一考察――ルウ族の政治組織・土地制度を中心に」（『季刊人類学』四―一　一九七三年）、同「神々の弁証法――タイ・ルー族の守護霊儀礼――」（佐々木高明編『雲南の照葉樹のもとで』　日本放送出版協会　一九八三年）、馬寅主編・君島久子監訳『中国の少数民族』（三省堂　一九八七年）第四章、馬場雄司「シップソーンパンナー王国の水利組織について――ツアロンパーサーツの機能に関して」（『東南アジア研究』二八―一　一九九〇年）などがある。中国語文献の主要なものとして、繆鸞和編『西双版納傣族自治州的過去和現在』（雲南人民出版社、一九五八年）、宋恩常「西双版納傣族封建土地制度」（同氏『雲南少数民族研究文集』　雲南人民出版社　一九八六年）、雲南歴史研究所編『雲南少数民族』（修訂本）　雲南人民出版社　一九八三年）、曹成章『傣族農奴制和宗教婚姻』（中国社会科学出版社　一九八六年）、その他がある。

　さらに、八〇年代にはいり『中国少数民族社会歴史調査資料叢刊』が刊行されている。西双版納の傣族については、民族問題五種叢書雲南省編集委員会の編で『傣族社会歴史調査』（西双版納之一）～同八までの八冊が刊行されている（雲南民族出版社）。これは一九五〇年代初頭になされた土地改革に際して行なわれた調査の報告書である。このうち『西双版納之二』に納められている馬曜「西双版納傣族社会経済調査現況報告」はこの調査のまとめであり、これにより西双版納地域全体の状況の把握ができる。また、西双版納の傣族に限らず、徳宏傣族地区あるいは山区に住むプーラン・ハニ・ラフその他の民族についての調査報告書も『中国少数民族社会歴史調査資料叢刊』として多数刊行されており、中華人民共和国成立直後の詳細な現地報告という形で、多方面からこの首長国のあり方に光が当てられている。なお、この調査報告書の利用に際しての留意点ないし批判的利用のあり方については、上掲の馬場論文を参照。

（3）たとえば、国家民委民族問題五種叢書編集委員会・中国少数民族編写組編『中国少数民族』（北京・人民出版社、

一九八一年）の西蔵族および傣族項。中国の学界では封建領主制は封建地主制の前段階の社会と定義されている。馬曜・繆鸞和・張寒光「傣族封建領主制与周秦封建社会的比較研究」（『思想戦線』（雲南大学学報）一九八〇年第一期・第二期）、馬曜・繆鸞和『西双版納分地制与西周井田制比較研究』雲南人民出版社　一九八六年）などの論文・著書の存在にも示されるように、傣族のこの事例は周ないし秦の時代の社会との比較研究の素材に用いられることが多い。

（4）『東南院文書』二—五一五。

（5）『東南院文書』四所収。

（6）『東南院文書』二—五一二。

（7）『東南院文書』二—五一二。

（8）藤井氏上掲著書第一編第三章「東大寺領荘園の形成と支配」九六頁。

（9）関連して、東人解の本文中の「東大寺功徳料」について、筆者はかってこれは前文の墾田百町を指すのではなく、物券にあらわれる功徳分の七町を指すとした（拙稿「初期庄園の形成と展開」『日本史研究』一六四・一六五号）。しかしこれは誤りであり、本文中の功徳料は前文の墾田百町を指すとみるべきであると訂正したい。もし、功徳分のみを指すとした場合二千五百丈の溝によって支えられているのはこの功徳分墾田七町のみということになるが、これは絵図の実情にそぐわない。この長大な溝によって灌漑されているのは、天平神護二年寄進の七町余の東人寄進田とこの解状前文にあらわれている「東人所進墾田百町」との両者であるとしたほうが妥当である。

（10）一九五二年に刊行されている。

（11）一九〇三年に刊行されている。

（12）岸俊男「越前国東大寺領庄園の経営」（同氏著『日本古代政治史研究』塙書房　一九六六年）。

（13）『東南院文書』二—五一五。

（14）藤井氏前掲著書第一編第四章「東大寺領越前国道守荘の形成」、および小口雅史「初期庄園の経営構造と律令体

制」（土田直鎮先生還暦記念会編『奈良平安時代史論集』（吉川弘文館　一九八四年）。
(15)『東南院文書』二―五一〇。
(16)藤井氏前掲著書第一編第四章「東大寺領越前国道守荘の形成」。
(17)小口氏前掲論文。
(18)なお、筆者は「越前国道守庄の成立と展開において――同郡栗川庄との対比で――」（岸俊男先生退官記念会編『日本政治社会史研究』上　塙書房　一九八四年）、この私墾田一〇〇町について、桑原庄の開発のあり方と対比させて、桑原庄域内の寺田開発は東人が私功を投入して行なっていることからみて、寺田開発といっても必ずしもその費用を寺がその費用を負担するとは限らないのであり、「東人前寄進」により成立した百町の寺田は東人が私墾田として開発した田地を東大寺に寄進したものではなく、東人が開発費用を負担して最初から寺田として開発されたものとして位置づけられる、つまりその費用が東人からでているので東人の寄進による田地となっているとした。営料の面からのこのような解釈も成り立つと考えるが、ここでは土地占有の面から本文で述べたように、東人の私墾田と位置づけておきたい。
(19)『東南院文書』二―五一二。
(20)以上、上掲雲南省歴史研究所『雲南少数民族』傣族項、および上掲田辺繁治『神がみの証法』など参照。
(21)雲瀾「西双版納傣族地区民主改革以前的封建領主経済」（『民族研究』一九五九年第四期）、および上掲雲南省歴史研究所『雲南少数民族』傣族項。
(22)上掲宋恩常「西双版納傣族土地制度」（同氏著書二八〇～八一頁）。
(23)上掲馬曜等「傣族封建領主制与周秦社会的比較研究」（続）（『思想戦線』一九八〇年第二期　三三頁）。
(24)趨嘉慶・楊耕笠等調査、朱徳普整理「勐海曼費寨調査」（『傣族社会歴史調査・西双版納之五』五六～五九頁、段紹珍・楊継禹等調査、梅万民・朱徳普整理「勐海曼薫寨調査」（同五　七六～七八頁）。
(25)刀平祥・刀昌栄等調査、高立士・万希宇等整理「勐景洪典型寨調査材料三　曼令寨調査」（『傣族社会歴史調査・

西双版納之四』一二二～一二五頁）。
(26) 馬曜・繆鸞和等調査、繆鸞和・高立士整理「勐景洪傣族社会経済情況調査」（『傣族社会歴史調査・西双版納之四』一二一～一三一頁）。
(27)『集解』田令（新訂増補国史大系・令集解）。
(28) 同氏著『風土記と古代社会』（塙書房　一九八四年）第三章「古代村落とその周辺」二〇五～二〇七頁。
(29) 中共雲南省委辺委工作組調査、中共雲南省委辺委第二科整理「版納景洪戞東・戞酒両行政村十七個寨子社会経済初歩調査」（『傣族社会歴史調査・西双版納之四』三〇～四一頁）。
(30) 岩宰和・王振合等調査、徐加仁・馬保満整理「勐往傣族社会経済情況調査」（『傣族社会歴史調査・西双版納之六』一七二～七五頁。さらに、馬曜「西双版納傣族社会経済調査総結報告」（『傣族社会歴史調査・西双版納之二』七～九頁）も参照。
(31)『新訂増補国史大系・令集解』田令。
(32)「入り混村」については、本書第一編第一章参照。
(33) 天平宝字元年閏八月一一日越前国司解、『寧楽遺文』中巻七〇三頁。
(34) 広耳寄進墾田の広がりについては、本書第一部第三章第四表参照。
(35) 金田章裕『条里と村落の歴史地理学研究』（大明堂　一九八五年）第二章一「奈良時代の開発と条里プラン」。
(36) 繆鸞和・張寒光調査、朱徳普整理「勐海曼真寨調査」（『傣族社会歴史調査西双版納之五』四三～四六頁）。
(37) なお、藤井一二氏は前掲著書で、天平勝宝四～五年までの間に作られたのは溝のみであり、田地は天平勝宝末年までの間に作られ、東大寺への寄進もその頃と推定している。その可能性は否定できないにせよ、溝と田地の開発をずらせて考えるだけの十分な根拠がみあたらないので、さしあたり本文のように推定しておきたい。
(38)『東南院文書』二―五一〇参照。
(39)『東南院文書』二―五一六～五二二。

(40)『東南院文書』二―五一六。
(41)『東南院文書』二―五一五。
(42)『大日本古文書編年文書四』三六四頁、なおこの文書については、原秀三郎「八世紀における開発について」(『日本史研究』六一号　一九六一年)参照。
(43)本書第一編第三章参照。
(44)『東南院文書』二―五一五。
(45)『東南院文書』二―五一五。
(46)上掲繆鸞和編『西双版納傣族自治州的過去和現在』一一頁。
(47)同氏「律令時代の公田について」(『法制史研究』一四号　一九六四年)二二三頁。
(48)『東南院文書』二―五一六～五二二。
(49)『東南院文書』二―五一〇・五一一・五一三。
(50)子見庄については本書第一編第一章参照。
(51)藤井氏著書第三編第三章「荘園村落の構造と共同体」。
(52)坂本太郎「上代交通史料雑考」(同氏『日本古代史の基礎的研究』下・制度編(東京大学出版会　一九六四年)参照。
(53)小口氏上掲論文。
(54)上掲宋恩常『雲南少数民族社会研究文集』二八三～八七頁、上掲曹成章『傣族農奴制和宗教婚姻』九九～一〇九頁参照。

第三章　越前諸庄園の経営
――桑原庄を中心に――

はじめに

東大寺の越前諸庄の経営については、従来諸庄の経営は賃租の方式で行なわれているということが大前提にされた上で、その賃租経営には二つの異なった形の経営があるとされてきた。その一つの形は桑原庄の経営に代表される経営のあり方であり、造東大寺司が在地農民を直接に組織する公田賃租的な性格を持った経営である。他の一つの形は越前国坂井郡大領品治部広耳墾田（鯖田国富庄）に代表される経営のあり方であり、在地豪族が造東大寺司と在地との間に介在し、この在地豪族が庄田を一括賃租するという方式の経営である。

この考え方は岸俊男氏がそれまでの諸説を批判的に集大成する形で打ちだしてきたものであるが[1]、このうち桑原庄経営のあり方については、一九七〇年代になってから、いくつかの批判がだされてきている。すなわち、増田弘邦氏は口分田班給の乗田としての公田と、野地を開発した庄田とでは、その土地所有の質が全く異なるとみなければならないのであり、造東大寺司が律令制官司であることなど、行政組織の面からのみ、経営を評価しているのは問題であるとして岸説を批判し[2]、藤井一二氏は岸説では賃租主体と東大寺との間の賃租契約関係、ならびに賃租主体と直接耕作者との関係などが十分に論証されえないと批判している[3]。また、広耳墾田の経営についても、すでに吉田晶氏は東大寺支配下における広耳の一括賃租は考えがたいとしており[4]、室野信男氏も吉田氏の論をうけて異なった二つの形の賃租経営の存在そのものに疑問をだしている[5]。

このような批判があらわれているように、越前諸庄園の経営が賃租経営という範疇で把握しうるかどうか、異なった二つの形の賃租経営の存在ということが成り立ちうるかについては、見直しを行なう必要がでてきている。そして、そのような越前諸庄園の経営の見直しを行なう場合、その中心に据えられるのは桑原庄の経営分析の見直しである。

この桑原庄の分析の素材になるのが一連の桑原庄券であるが、周知のようにそれは次の四点から成り立っている。

1、東大寺越前国桑原庄券第一　天平勝宝七年[6]
2、東大寺越前国桑原庄券第二　天平勝宝八年[7]
3、東大寺越前国桑原庄券第三　天平勝宝八年[8]
4、東大寺越前国桑原庄券第四　天平宝字元年[9]

これら庄券は賃租が誰によって、どのようにして行なわれたかという点については明確に示していないため、この賃租の実態をめぐって種々の場合が想定されてきた。すなわち、藤間氏は庄券面で一般直接耕作者との賃租の形態のように表現されても、その実態は土地の旧所有者ないしは地方豪族との間の賃租関係にすぎず、直接耕作者の庄地に対する結びつきは、この庄券面にはあらわれない別個のものとする見方に立って、この庄の経営は生江東人が庄田を東大寺から一括して賃租するということで行なわれている（その意味で経営の本質は東大寺による奴隷制的な直接経営の畸形的現象である）としているのに対して[10]、岸氏は東人の一括賃租（間接的な賃租関係）を想定するのは無理であり、この庄券は東大寺と百姓（在地の豪族・農民）との直接賃租関係を示しているとすべきであるとして、公田賃租的経営論を打ちだした[11]。

そして、研究史上では岸氏の公田賃租経営論が妥当とされ、したがってこの庄券の読み方も東大寺と百姓との賃租関係を示すものではないとする読み方は否定され、東大寺と百姓との直接的賃租関係を示すものとする読み方が定着していった。一九七〇年代に入ってから、亀田隆之[12]・奥田尚氏[13]などによって、虫損部分の復元をふくめた庄券そのものの分析が開始される。そして八〇年代には、藤井一二[14]・小口雅史[15]・西別府元日[16]諸氏の論稿があらわれ、四点の庄券相互の関連性や虫損復元をふくめた庄券原文と朱筆記入の相互関連の分析の深化などが果されていく。このような分析の進展のなかで、庄券についての正確な把握という点では研究は前進しており、庄券を庄園における経営の実態を反映していないとみるか（藤間説）、田使が農民を賃租という形で組織している状況を示すとみるか（岸説）、についての再検討を行ないうる条件は作られている。

そのことをふまえ、本稿では桑原庄経営の分析を中心に越前諸庄の経営のあり方について見直しを行なってみたい。まず第一に桑原庄券について、虫損があること、また原文書における虚偽記載が指摘されていることなどのためこの庄券の内容記載をめぐっては、論者により意見の相違が各所に出ているが、あらためて四点の庄券を一つの群として把握しつつ、筆者なりに庄券相互の関連性や朱筆記入の持つ意味の検討を行なってみたい。第二にそのような庄券群についての分析をふまえて、桑原庄経営の特質について天平宝字年間の足羽郡諸庄、および広耳墾田の経営のあり方とも対比させながら、その経営が賃租経営の範疇でとらえうるか否か、さらに賃租経営の異なった二つの形の存在ということが成り立ちうるか否かという側面からみていく。これらの点をみることで、越前諸庄園における経営のあり方についての論議の深化の一助としたい。

一　桑原庄券の特質

㈠　庄券第三と庄券第四

ここでは一連の庄券の内容についての分析を行なうが、この庄券群をみた場合、注意すべきは庄券第一、第二と庄券第三、第四とで見開田の項の記入方式に相違があること、またこの庄券には朱筆記入がなされているが、その記入の主たる目的はこの庄券第三、第四の現開田項の計算方式の訂正に置かれていることの二点である。以下、朱筆記入のあり方をふくめて庄券第三、第四の見開田項の分析を行なうことでこの二点の持つ意味を考えてみたい。

まず庄券第三（天平勝宝八年度庄券）についてみていく。[17]

1　越前国田使解　申勘定桑原莊所雑物并治開田事

2　合野地玖拾陸町弐段壱佰壱拾陸歩
　　「去年□」
　　卅二町三段沽

3　見開卌二町「十」「九開田」
　　九町七段荒　並本主所開者

4　「荒九町七段　九町本主開　七段七歳開□　遺卅二町三段」

5　未開五十四町二段□（百）十六歩

6　合稲捌仟柒佰玖束肆把
7　　去歳残六千六十九束四把
8　　去歳売田直二千一百六十束
9　　租四百八十束
10　合雑用稲参仟陸佰肆拾束
11　　開田十町　　　　□稲一千束 町別一百束
12　　春進上二千六百卌束 得米数者在別紙「可申」
13　残稲伍仟陸拾玖束肆把 □充田治功
（後略）

この庄券第三の見開田三二町について、割書に「卅二町三段沽　九町七段荒　幷本主所開者」とあり、沽田三二町三段と荒田九町七段とから成り立っているとされているが、九町七段の荒田をめぐって、これが天平勝宝八年度の沽田内部で起こっている荒とみるのか（奥田・小口）、同じ天平勝宝八年度の新開田内部で起こっている荒とみるのか（藤井）の二説がだされている。このうち藤井説について、氏は天平勝宝八年度の開田一〇町内部から九町七段の荒廃が発生した、つまり開発はされたが極めて短期間でその大部分が荒田として処理されたとしている。氏の論拠は3の割書にある「幷本主所開」の本主は研究史上いわれているように大伴氏ではなく東大寺である、つまり荒廃にした九町七段は東大寺が天平勝宝八年度に開発した田地であるとするところにある。[18]

しかし4項の朱筆に注目すると、ここには「荒九町七段」について、「本主開」の九町と「七年開」の七段とから成り立っているとしている。藤井氏はこの九町について当年度（天平勝宝八年度）に東大寺が開発した田地のうちで荒廃したものであり、七段について前年度（天平勝宝七年度）に東大寺が開発田地のうちで荒廃したものであるとしている。しかし七年度も八年度も開発は東大寺の手で行なわれているのであり、それについて八年度だけについて「本主開」と記入しているのは不整合である。やはり研究史上一般的にいわれているように、「本主」は大伴氏を指すのであり、朱筆記入の意味は九町七段の荒廃は天平勝宝六年度の大伴氏開発田のなかから九町の荒廃が起こり、天平勝宝七年度の東大寺の開発田のなかから七段の荒廃が起こったということである。したがって、庄券第三にあらわれている荒廃は当年度（天平勝宝八年度）の東大寺が行なった新開田のなかで起こったものという藤井説は成り立たず、荒廃はそれぞれの年度の沽田内部で起こったものとみる奥田・小口説が妥当になる。

しかし、そのようにみた場合でも、庄券第三の収納稲から算出してみると、天平勝宝八年度当初に沽にだされた三二町からは年度末に全額価および租が入った計算になっているので、奥田氏が指摘するように年度末の収納が完了した後に、この三二町のうち九町七段が一挙に荒田として処理されたことになるのは間違いない。このように収納後に一括荒廃がなされたとすると、見開田＝沽田＋荒田という計算式そのものをめぐって大きな矛盾が起こる。すなわち、沽田（価稲が納められた田）三二町三段と荒田（価稲が納められていない田）九町七段の合計として見開田面積四二町がだされていると解釈する以外ないのであるが、この荒田九町七段は価をだした後の荒田であるから、価が収納された沽田の一部を構成する存在にならざるをえない。ところが他面で、同一の九町七段の田地を価を収納しない田地として読まない限り、上記の計算式は成り立たない。

このような不自然さは、沽田のなかで荒廃が起こったのではなく、当年度に価と租が納められない当年度新開田のなかで荒廃が起こったと考えるならば回避できる。荒廃がその年度の価と租が納められない新開田内部で起こったのであれば、沽田は荒廃と無関係になり、上記見開田＝沽田＋荒田（新開田）という計算式は、その限りでは矛盾なく成り立つからである。上記でみた藤井氏の論はこの考え方に基づいていると考えられるが、先に検討したように荒廃は当年度開発田で起こっているのではなく、「本主開」「七年開」という前年度までの沽田のなかで起こっていることが明記されている以上、この説はこのままでは成り立ちえない。しかし、藤井氏が試みているように、式の表面にあらわれていない新開田を考慮に入れない限り、不自然さは解消しないことも明らかである。その点で計算式の上で次のような処理がなされたという把握をする以外ない。

イ、沽田は三二町三段になっているが、収納稲の面からいうと現実に価が収納されているのは三二町である。つまり収納稲にあわせると、沽にだされている田三二町、沽にだされていない田三段で構成されていることになる。

ロ、荒田については収納稲の面からいうと、この九町七段は収納稲の入っている沽田三二町にふくませる必要がある。そうしないと、沽田三二町が成り立たない。しかし、面積面からいうと、もしこの九町七段を沽田に吸収させるならば、それと同量の価の入らない田地を設定しなければならない。

ハ、つまりイでは三段の、ロでは九町七段のそれぞれ価の収納されない田地を導入する以外に上記計算式は成り立ちえない。それを開田功稲千束に該当する11項の新開田一〇町を導入することで成り立たせる。

次に庄券第四について、この文書は虫損の多い文書であり、諸氏により復元の試みがなされている。この庄券の主要部分は次の通りである。(19)

1 □□□□□□(越前国使等解)申勘定桑原荘所雑物并治開田事

2 合□□□□□(野地玖給陸)町弐段壱佰壱拾□(陸)歩

3　見開卅七町二段「卅□（二）町□（三）段去年定　四町九段又開加」

4　沽田卅二町三段　依□佰姓逃走進其価自使曽禰連乙万呂身「進」並去六年所開者

5　□段「□九歳春申之内」

6　□（今年治カ）開四町九段

7　□（未開五十）九町一百十六歩「十四町六段往歳開之荒」之中九町七段去八歳荒　並本主所開者「卅四町四段□十六歩専野」

8　□（合稲柒仟）柒佰参拾壱束玖把

9　□（沽カ）田卅二町三段　価稲二千一百七十八束　十二町〻別八十束　廿町三段〻別六束

10　□（租四百八十四束五）把

11　春残稲五千六十九束四把

12　雑用稲伍佰捌拾捌束

13　治開田四町九段　充功稲四百九十束段別充十束

（中略）

14　残稲柒仟壱佰肆拾参束玖把

（後略）

虫損部分について、6の「今年（治）開四町九段」、7の「未開五十九町一百十六歩」、8の「合稲七千七百三十一束九把」、9の「沽（あるいは売）田卅二町三段」、10の「租四百八十四束五把」、という復元については確定されており、異論はでていない。問題は5であり、この復元をめぐってさまざまな説がだされており、決着がついていない。すなわち亀田氏は「荒九町七段」、奥田氏は「荒四町九段」という記載が原文にはあったと復元しており、増田・小口両氏と丸山[20]はこの奥田復元をふまえて論を展開している。しかし、後に西別府氏は庄券における原文と朱筆との区別という観点から奥田復元は原文か朱筆かの区別をあいまいにしたままでの復元であり、朱筆「荒四町九段」の記入はあったが、原文には「荒四町九段」なかったとする説をだしている。

西別府氏の論について、氏は原文4、5、6の各項は庄券第一～三では「見開」の項の下に割書の形で記載されているものを書き上げたもの、すなわちこの三つの項は3項の割書に相当するものとし、4（沽田面積）と6（新開田面積）との合計が3（見開田面積）になるので4と6に挟まれた5は「4の沽田に包摂される田地の情況と田積を記載すべき箇所」であり、したがってここには「荒」記載はなかったとする。[21]このように氏は庄券第四の原文では「荒」記載がなかったことを前提に次のように、論を展開する。

イ、原文では荒記載のなかった5の田地について、朱筆記入段階で新たに「荒」が四町九段が認定され、その旨が記入される。ロ、庄券は庄総面積＝見開田（沽田＋新開田）＋未開地という構成を取っており、「荒」は「未開」に位置づけられるので、「荒」の新たな増加は見開田面積の減少と未開地面積の増加を引き起こすはずであるが、朱筆では見開田・未開地の面積には手を触れていない。その結果、朱筆で荒廃とされたのと同面積の「今開（新開田）四町九段」は朱筆記入段階では抹消されたと同じことになる。ハ、しかし「今開四町九段」は庄券が見開田面積＝沽田面積＋新開田面積としている以上、生かさなければならない。もし生かすとすれば、計算上四町九段の土地が開発され、別の同面積の耕地が荒廃し、その上で同面積の新開田が作られたとする極めて非現実的な事態が起こったとする以外ない。

このように、朱筆記入が非現実的な事態に計算上なることを承知で記入していたとするのが西別府氏の論であるが、氏の論に添った上で、なおかつこのような無理を回避する手段として、上記庄券第三で、藤井氏が試みている新開田の一括荒廃化という方式を取り入れることは不可能ではない。すなわち、原文段階の4の沽田三二町三段のなかに6の今開四町九段がふくまれているとみなし、その上で朱筆段階になり荒四町九段が5で新たに認定されるが、それは6の今開四町九段をそのまま「荒」と認定したものとみなすという考え方である。それを取り入れれば、原文段階の今開は朱筆段階で全面積が荒廃と認定され、結果的に今開は抹消された同じことになり、西別府氏が上記ハで行なっているような無理な計算はする必要がなくなる。この考え方は魅力的ではあるが、5で新たに「荒」と認定されたとする地については原文注記で「六年開」の地と明記されており、当年度新開田ではないことが明確である以上、この考え方は成り立たない。

ここまでみてきた西別府氏の論の根幹は、5における朱筆段階での新たな「荒」認定が行なわれている、いいかえれば原文段階では「荒」記載はなかったということに置かれている。氏はその根拠を庄券第一～三の「見開田」項の面積が「沽田面積＋新開田面積」として表記されており、これは庄券第四の3＝4＋6に対応し、したがって5は4（沽田）についての説明項であり、「荒」にかかわる独立項とはみなしえないとすることに求めている。

あらためて庄券第一・第三の見開田項をみる。まず、前者について、見開三二町は「主大伴宿禰開九町　今開加二三町」と表記されている。後者について、見開田四二町は「三二町三段沽　九町七段荒　並本主新開者」となっている。二つの庄券で、沽田は共通しているが、沽田にならなかった田地については、前者は「今開」、後者は「荒」となっており、西別府氏のいうように「沽田＋新開田」で両者共通しているとはいいえない。とくに注意したいのは、庄券第三では「見開田面積＝沽田面積＋荒田面積」という計算式が明記されており、「荒」が独立項になっていることである。すなわち、庄券第三との対応ということに焦点を絞って庄券第四をみると、3は見開田面積、4は沽田面積、6は新開田面積であることは間違いないので、5が「荒」に関する独立項として位置づけてよいことになる。つまり、庄券第三との対比を踏まえる限りでは、庄券第四の5を「荒」に関する独立項として位置づけることは無理ではない。

そして庄券第四の5を「荒」に関する独立項とみなした場合、7の朱筆「十四町六段往歳開之荒」が去年度までの荒廃田九町七段と当年度に「荒」として位置づけた田地面積、すなわち5の「荒」の面積の合計とみてよいから、5の原文の荒廃田面積は奥田氏らのいうように四町九段になる。つまり、5には原文も朱筆もともに「荒四町九段」と記載されていることになる。西別府氏はこの同量記載の不自然さを原文における「荒」記載の不存在の一つの理由にしている。しかし、後に述べるように庄券第三でも朱筆で「荒九町七段」を原文の「荒九町七段」を見開から未開へ位置づけしなおすという意味で同量記入をしている（上掲の庄券第三の3および4の項参照）。庄券第四でも同じであり、見開項に位置づいている「荒四町九段」を未開項に位置づけなおすことを確認するために朱筆で同量面積を記入することは必要なのであり、不自然とはいいえない。

このように、庄券第四の5の原文を「荒」の独立項として復元したとすれば、見開田（3）・沽田（4）・荒廃田（5）・新開田（6）の諸項目の相互の関連については、庄券第三と全く同じことが成り立つ。すなわち、上掲の庄券第三の3（現開項）は見開田四二町＝沽田三二町三段＋荒廃田七段となっているが、この庄券第四においてもそれと対応する形で現開三七町二段（3）＝沽田三二町三段（4）＋荒四町九段（5）という計算式が成り立っている。つまり、庄券第一・第二の見開田項の記入様式が見開田面積＝去年までの開田面積＋当年度開田面積となっているのに対して、庄券第三・第四の見開田項の記入様式は見開田面積＝沽田面積＋荒田面積となっている。このような庄券第三と第四の共通性をみのがすべきではないと考える。

そしてこのような庄券第三・第四の共通性ということをふまえると庄券第四について、収納稲の面からは三二町三段から価が入ったことになっており（9）、三二町三段沽と一致する。しかし、5の荒については乙麻呂が弁償という形で価を納めており、この四町九段が沽田にふくまれる。従って上記計算式を成り立たせるためには同量の価の入らない田地を設定しなければならない。それが「治開田四町九段」すなわち価の収納されない新開田四町九段（6）として導入されているという解釈が成り立つ。つまり、庄券第三・第四ともに、原文段階では見開田面積＝沽田＋荒田という計算式は成り立っており、しかも両庄券とも、収納後の一括荒田化と荒田と同量の新開田の導入ということが前提に作成されているということが浮かび上がってくる。

(二)　朱筆記入の持つ意味

次に庄券第三・第四への朱筆記入がどのような目的でなされたのかについてみていきたい。庄券第三への記入について、まず庄券第三の3（見開項）への朱筆記入について、西別府氏は庄券第一、第二と庄券第三とでは原文の記載方式に相違があり、庄券第三への朱筆記入は庄券第三の原文の記載方式を庄券第一の記載方式に訂正したものとする。庄券第一の見開田項は　見開卅二町 主大伴宿禰開九町 今開加廿三町「去年開」となっており、両者が対応することは明らかであり、氏の指摘通りである。このようにして訂正された今年の「見開」の項は「十町」であり（なお、「十町九」とある九は「今」の誤りであろう）、庄券第三の後の部分にあらわれている「開田十町」を指す。このことは朱筆記入者は、原文では「沽」と「荒」とから成り立っていた「見開」を、庄券第一の「見開」項の方式に合わせて、去年度までの開田三二町と、当年度開田一〇町とから成り立つものに編成がえしていることを示す。

そしてこの項の次に「荒九町七段……」という4項の朱筆記入が続いている。この4項については、庄券第一の様式に基づく編成替え（様式の変更）をした場合、この庄券第三になってはじめてあらわれている「荒廃」の位置づけができなくなるので、それについて注記の形で記入しているのがこの項である。全体として、この庄券への朱筆記入は原文における現開田面積および収納稲に手をつけないまま、形式面で庄券第一に合せた書きなおしていること、原文にみられた不正確さをあらため、かつ原文が行なっている庄券面上での操作についてより合理的な説明を加えることを行なっているとみてよい。

次に庄券第四への朱筆記入について。まず3の見開項「見開卅七町二段」への記入は「卅二町三段　去年定、又開加四町九段」となっている。これは上でみた庄券第三の見開項朱筆の「去年開」「今開」に対応する。朱筆記入者は庄券第三の場合と同じく見開項を去年までの開と今年の新たな開発田（又開加）との二つの合計で編成することを確認しているとみてよい。さらに7に「十四町六段往歳開之荒」と記入されている。7の原文では庄券第三であらわれている「荒九町七段」（前年度荒）をこの庄券第四で「未開」に算入することを注記しているが、その上に当年度荒四町九段を合算した一四町六段を計算上未開に算入することを確認したものであることはすでに指摘されている通りである。

そのようにみてくると、庄券第四のいずれかの部分で、朱筆記入者の立場から当年度荒四町九段を確認しておく必要がある（庄券第三で4として「荒九町七段」が朱筆で記入されているように）。それについて、西別府氏が5の虫損部分に「四町九段」という朱筆があったと推定しているが、それに該当すると考える。すなわち、朱筆により5での当年荒廃の確認がなされ、それとこれも朱筆による確認がなされている庄券第三での「荒九町七段」の合算面積を未開に算入することが7の朱筆で確認されているのである。

第三・第四両庄券への朱筆記入全体として、見開田＝沽田＋荒田という記載を、見開田＝去年開＋今年開に改めた上で、それに伴う記載の整理を行なっているものとしてよい、つまり、この朱筆記入は、原文において収納稲に合せて田積の操作を行なうということをしているというその前提については手をふれない範囲内での記入をしているのである。この編成がえにより、見開面積は沽田面積＋新田面積という庄券第一の記載様式に統一され、また荒田についてもその面積を明確にした上で未開地への繰りこみをしたことになっていくのであるが、それは原文にみられる虚偽記載、机上操作をあばきだすものではなく、むしろそれを合理化するためのつじつまあわせを行なっているものになっているとみてよい。

㈢　庄券作成の背景と目的

以上、庄券第三、第四の記載内容について検討してきたが、それをふまえ庄券全体の位置づけについて、天平勝宝八年（七五六）一月十一日美濃国司移(22)とのかかわりで、考えてみたい。

□(美)濃國司移　造東大寺司
　□拾肆町伍段肆拾柒歩 並全開得
　□仟壹佰捌拾束
□被民部省去天平勝寶七年十月廿五日官符偁、被□日符偁、得美濃國解偁、大納言□(藤原カ)卿
宣、諸國所開勅旨田數幷刈得稲數録申者、謹依宣旨勘注申送如前者、今大□(納言)藤原卿宣偁、奉　勅、件開田
並刈得□者、依宣入訖、省宜承知、依状施行者、國宜承知、依状施行者、依符旨行畢、然検案内、
件墾田遭去天平勝寶六年八月三日瀑水溝堰埋塞、□、因斯去七歳不耕殖、今歳不佃者、徒□宜察
此趣、差寺家使、発来検知合佃、今具状、便附朝集使少目従七位下船連蔵足、故移
天平勝寶八歳正月十一日　史生少初位下大伴宿禰廣人
□勲十二等大伴宿禰

虫損が多く、全体の内容は把握しにくいが、天平勝宝七年一〇月以前の段階で仲麻呂の名前で「諸国所開」の「勅旨田数」および「刈得稲数」を報告するようにということが、諸国に命じられていることは間違いない。ここで「勅旨田」といわれているのは、藤井氏の指摘するように勅旨により東大寺に施入された墾田地である。(23)越前惣券に記載されている庄園などもこれに該当する。諸国に所在する庄園の開田面積と収穫稲量の報告が求められており、美濃の庄園においても、それがなされている。

桑原庄にもどる。桑原庄券を内容的にみた場合、1野地、2見開田、3未開地、4稲、5雑用稲、6残稲の諸項から成り立っている。これは美濃国司移でいう「開田数」は2に、「刈得稲数」は4にそれぞれ該当する。そのことと、桑原庄について庄の収納物の出納に関して実務機能を果たしたのは専当田使曽祢乙麻呂であり、集積された収納物は郡散仕阿刀僧によって正式に勘受され、この結果が足羽郡大領生江東人と国史生安都雄足とによって勘注され造東大寺司へ進上される仕組みになっていたこと、とくに安都雄足が桑原庄管理運営の在地における責任者であり、彼は越前国東大寺領専当国司として造東大寺司と直接連絡をとっていたことをあわせ考えると、(24)桑原庄は買得庄園であるものの、開田数と刈得稲数について勅旨により設定された庄園と同じく報告すべき庄園であったとみてよいことになる。その点で、桑原庄券は諸国の東大寺庄園についての報告の一環として、勅旨により設定された庄園におけると同じ様式で、開田数と刈得稲数とを専当田使が国衙を経由して造東大寺司に報告しているものとみてよい。

ただ、この庄券の特異性は庄内部の荒廃の発生による収穫減少を庄券面上では減少なしにみせかける（少なくとも前年なみの穫稲の維持、沽田面積の維持がなされているようにみせかける）ために、収穫後の一括荒廃及び新開田と荒廃田との同量記載という机上操作をふくむ報告を行なっていること、また後に記入された朱筆（訂正報告）でもそのような操作は否定されないままになっているところにある。

このうち一括荒田化について、庄券第四の5「荒四町九段」に付された割書によると、この田地は百姓が逃亡したために価を乙麻呂が弁償したとなっている。つまり、この荒田は収納前に荒廃が進んでいたが、乙麻呂が弁償をしたために、帳簿上では沽田として収納がなされ、収納の後に荒廃の扱いを受けたということである。それと対比させると、庄券第三の荒田九町七段についても、収納前から荒廃が進み、現実の収納がなかったか、あるいは大幅減になったが、それについての何らかの形での補塡ないしつじつまあわせが行なわれ、収納がなされたことにされた上で、荒廃の処理をうけているとしてよい。

関連して、庄券第三の荒田の田品に注意したい。庄券によると、沽田の田品は町別八十束と町別六十束との二種類がある。そして庄券第三の3項に注記された朱筆に「荒九町七段　九町本主開　七段七年開　遺三二町三段」とある。庄券第一の記載で明らかになるが、「本主開」の田品は町別八〇束である。つまり、庄券第三の場合、荒廃田九町七段のうち少なくとも九町は田品の高い八〇束の田地である（残りの七段の田品は不明）。このように、田品の高い田地が集中的に荒廃していること、しかもそれが高い田品の価を収納してから後に一括荒田化の処理をうけていることは、荒廃といっても九町七段の面積を持つ田地の完全荒廃が起こったのではなく、本主所開という庄田の中枢部分で広範囲な荒廃が進行し、価稲の減収が起こり、その減収量にあわせて田品との組合せを考慮して設定された面積が九町七段（内九町上田）の荒廃という数量とみた方が妥当である。

このようにみてくると、収納後の一括荒廃という記載は収納前においてすでに荒廃が進行しているという現実があったにもかかわらず、収納は順調にされているように見せることを目的にしたつじつま合わせないし虚偽記載であったみてよい[25]。

次の荒田・新開田の同量記載についても、庄券第三において、町別八〇束の価を納める田がその大半を占める九町七段を農作終了後一括荒廃の処理をしたのに、その直後の天平勝宝九面度沽田には町別八〇束の価をだす田地が前年度と全く同じ面積があらわれている。大量の上田を一括して荒田化させ、ただちにそれと同量の上田の新開を沽田にするということは、これも現実になされたこととみるのは無理がある。この同量記載は収納後の一括荒田化を前提にし、かつその荒田化した田地と同田品、同量の田地を導入することで、沽田水準を前年なみに維持するという意図のもとになされた机上操作と考える以外ない[26]。

すなわち、庄券第三・第四で現開田＝沽田＋荒田という庄券第一、第二でとられていない計算式を採用しているのは、荒廃の発生という事態にもかかわらず、庄所に収納されている現稲の現実の状況とは無関係に、春に沽にだされた田地からの全額収納、春に沽にだされた田地の面積を下回らない形での次年度沽田の維持を前提に報告書を作るためであった。

小口氏はこの庄券第三、第四にあらわれている開発・経営方式について「開田さえできれば百姓が買いたがらない田は直ちに荒田にするという乱暴な経営方式」としている[27]。一面の真実をついた指摘である。ただ、これを現実に桑原庄で行なわれている経営方式をそのまま反映しているものとして把握していることについては疑問である。なぜならば、このような収納後の一括荒廃や荒田・新開田の同量記載がなし得るということは、この報告書は田使が造東大寺司に対して桑原庄の「開田数」と「苅得稲数」を報告することに主眼を置いて作成されていることを意味するからである。すなわち、桑原庄で現実に田使がどのような方式での経営を行なっているのかは、この報告書にはあらわれていない。このことはさらにいうと、庄券面上にあらわれている八〇束、六〇束という町別の価（地子）およびその田積は、専当田使が造東大寺司に対して上納する際の責任額としての数量なのであって耕作農民が庄に上納した田品、田積を示すものではないことをも意味する。

以上の庄券の性格についての分析をふまえて、庄券を東大寺が耕作農民を組織するそのあり方を直接に反映しているものとして把握する説（岸説）と、反映していないものとして把握する説（藤間説）との対立の問題にたちかえる。前者の説の根拠は各庄券面で庄田からの収入が地子で計算されていることについて、それを田使が庄田の耕作者を組織するさいの方式としてとらえたことにある。しかし、みてきたように庄券面上の地子は田使の造東大寺司への上納責任分を示すものであり、耕作農民の田使への現実の上納分を示すものではないとみてよい。

その点で藤間説すなわち庄券は庄経営の実態をそのまま反映しているのではないとする説の正しさが浮かび上がってくる。藤間説の欠陥は造東大寺司と在地豪族との間に一括賃租関係を想定したことにある。庄券面には耕作農民の組織のされ方が直接には記されていないことは藤間氏の指摘の通りであるが、それは在地豪族が一括賃租しているからそうなるのではなく、田使が耕作農民の組織のあり方とは別次元で、庄田全体としての収支を造東大寺司に報告しているからそうなるとみるべきである。つまり、全体としてこの庄券は造東大寺司に対して田使が春に沽にだした田地について上田分ないし中田分の租・地子を上納していることを示すが、庄内部において庄田の開発・経営に農民がどのような形で組織されているかは、直接的には示していないとみるべきである。

二　足羽郡諸庄と広耳墾田の経営

上記でみてきたように、庄券面には庄園内部での現実の耕営がどのような形で行なわれているのかは直接あらわれていないとみるべきである。しかし、同時点の越前における他の諸庄の経営のあり方の分析、および桑原庄自体についていえば、庄券面上での稲の動きの分析などを通して、庄経営のあり方を分析することは不可能ではない。

最初に正倉院文書中にある天平宝字二年（七五八）から四年にかけての一連の足羽郡諸庄関係文書（造石山寺所関係の紙背文書）についてみていきたい。この文書で注目されているのは「人名＋所」の存在である。すでに、室野信男[28]、松原弘宣[29]、藤井一二[30]諸氏により分析がなされている。諸氏はこの一連の文書にあらわれる秦広人所、池守所などについて、耕作農民より地子稲を収納する賃租経営の主体としてとらえ、さらにこれら所の複数を統轄する「産業所」ないし「庄所」が存在するとしている。以下これら人名＋所の経営のあり方についてみていきたい。

㋑ 生江息嶋解　申人〻所物勘事
一　秦廣人所勘物参仟参佰柒拾束壱把肆分見受稲参仟参佰参拾参束
代物板屋一間（長一丈三尺 広七尺）　直稲弐十束
碓弐要（直稲八束 要別四束）樋一隻（長一丈四尺 広二尺五寸）　直稲玖束壱把肆分
㋺ 一　廣人、去年米壱拾表、此者稲税盡入弖申（支云）
㋩ 一　借貸稲弐百束給（支云）之利百束、御書無不勘
㊁ 一　倭畫師池守所物勘受稲弐仟壱佰壱拾壱束、見受、但御書無、稲員不知、
自余人未進上
天平寶字三年四月八日生江臣息嶋
更解　「不用」
池守所稲悪　蒔種取十斤、籾七斗二升得、以春十一斤、米得四斗五升、初斤縣
佃玖町

この解は天平宝字三年四月にだされているが、時期からみて天平宝字二年度の収支計算に関連するものであることは明らかである。(31) また、息嶋は広人所、池守所、「自余人々」の所を統轄している存在であり、桑原庄における乙麻呂と同じように、ある庄の専当田使とみてよい。

まず、イ項ニ項にあらわれている見受稲に注意したい。ニ項の池守所では二千束余が勘ぜられているが、その内容について史料末尾の「更解」に記されている。すなわち天平宝字二年度の池守所の沽田面積は九町であり、そこにおける見受稲は「蒔種取」と「以春」とから成り立っているということである。前者は籾の形にされ庄内に蓄積されるものであり、後者が桑原庄で「春米」が東大寺などへの上納分であったことからみて、庄所を経由して上納される租・地子分であるとみてよい。つまり「更解」に記されていることは、池守所の天平宝字二年度の沽田は九町であり、宝字二年度末（宝字三年春）の上納以前の段階では二一一一束の稲が存在し（見受稲）、その稲はやがて「春米」（天平宝字二年度上納分）と「蒔種取」（所内留保分）とに区別され、前者が上納されていくが、それら稲の品質が悪いとされている。

見受稲のうちどれだけが上納分であり、どれだけが留保分であるかは不明であるが、上納分については桑原庄の例で上田八〇束、中田六〇束の地子が基準になっていたことと対比させると、沽田面積九町を中田分地子として計算すれば、見受稲二一一一束＝上納分八五五束（九町×九五束）＋留保分一二五六束ということになる。上記計算はあくまでも仮定であり変動するが、より注目すべきは所内留保分の多さである。上納分が変動するので確定はできないにせよ、上納分と同量か、それを上回る量の留保分が存在していた。つまり、これだけの量の稲の留保が次年度（天平宝字三年度）の所の経営にとっては必要であった。関連して、次の史料をみておきたい。(32)

（前略）

勝部烏　収納稲四百束

右、件稲与商布直并合而、音太部烏万麻呂与生江息嶋春料頒分付、但白米五十石、敦賀津進料一千二百束、又其漕送功割用穎稲一百五十束、又烏申倉著虚納状、先日申給已訖、仍推問宣被命問志加婆頒新田買、頒未進申之、仍如此報申已訖、茲息嶋後年勘知已訖、更床足之所無束把、

（後略）

天平寶字四年三月廿一日　道守徳太理

徳太理（床足）は息嶋とならんで足羽郡諸庄における田使としての役割を果たしている人物である。勝部烏の収納稲というのは、この文書が天平宝字四年三月にだされているところからみて、勝部烏所の天平宝字三年度分として上納した稲であるとみてよい。ここでは勝部烏所の収納倉が虚納の状態になっていることが問題にされている。そのような事態が起こった原因として「新田買」と未進とをあげている。虚納とは桑原庄の例と同じく形の上で収納がなされているようにみせかけられているが、事実上それにみあうだけの現稲が確保できていないという事態を指すものと考える。注意すべきはこの虚納が上納の後に問題になっていることである。このことは、勝部烏所の場合、四百束という稲を上納した場合、所内留保稲が不足するという意味であるとしか考えられない。ここでも池守所の場合と同じく所の経営には上納分以外に一定量の留保稲が必要であること、これなしには経営が行き詰まることを示している。

烏所の場合、虚納を生みだす原因として「新田買」と未進とがあげられている。前者について、この「買」の意

味は第三者の開発した田地の買い入れという意味も一面ではありえようが、新田開発のために支出した費用の意味もふくまれているとみてよいのであり、費用の投入にもかかわらず、開発が順調にいっていないという事態を示す。後者について、これは他の所でも起こっていることである。池守所にもどると、次のような史料がだされている。(33)

謹解　申乞納未上稲事
　合三百十六束六把
　見定七十五束
　未二百四十一束六把
右稲、民身中且乞納幷未令乞上耳、具状、謹以解、
　　寶字四年三月廿日
　　　畫師池守

これは天平宝字三年度の池守所の収支計算の一端を示したものとみてよい。内容は三一六束が上納さるべきところ手元には七五束のみがあり、残り二四一束は「民身中」にあるというものである。その意味するところは、天平宝字三年度池守所において未収が発生し、決算時にそれに伴う上納分の不足が三一六束であることが確定し、そのうちの七五束は上納しうるが、残りは未回収のまま耕作農民の負債になっているということであろう。先にみたように、池守所では天平宝字二年度では佃九町から上がる収穫稲の品質の悪さが問題になっていたが、ひきつづいて三年度には未進が生じているのである。

このような不安定性は池守所以外でもみられる。前掲の息嶋解の口項は秦広人所について述べられている項である

が、それについてみてみると、まず「去年米」は前年度の天平宝字元年度の米を指す。つまり天平宝字二年度の広人所の収支決算に際し、前年度のことが取り上げられ、それを「稲税尽入」すなわち「稲税」に全て入れたとしている。「稲税」の意味がはっきりしないが、池守所の場合と考えあわせると、広人所においても天平宝字元年度に未進が発生していること、その未進がいちおう翌年度に解消され、米一〇俵を「稲税」（前年度に出すべき分の意味であろう）に補塡したことを示すものとしてよい。この広人所はイ項によると天平宝字二年度末の段階で見受稲三千三百束余が存在しており、そこからみて田地面積は池守所を上回っているようである。しかし、広人所も未進になやまされていることが、このロ項からいえる。

広人所、池守所、勝部烏所全体を通して、未進、収穫稲の質の悪さ、開発の行き詰まりなどが続発しており、その経営の不安定性はおおいがたい。しかもなにより注意すべきは勝部烏所で示されているように、上納後において上記の諸要因により、所内留保稲が一定量より少ない場合（虚納）、次の年度の経営がたちまち行き詰まってしまうことである。これは池守所、広人所でも同様であったとみてよい。

これら所の果たす役割と特色について、藤井氏は、イ所の造東大寺司＝庄所に対する機能は所定の田地について規定率による地子の納入を請負うこと、ロ所の収納稲は造東大寺司と佃作者＝所との間に結ばれた契約に基づくものであること、ハ所の庄所への収納率は即座に所と直接耕作者との収納関係を明示するものとは限らないことをあげている。[34]この指摘は正しいのであり、ここでは所がどのような形で直接耕作を組織しているかとはかかわりなく、上納すべき稲、所内部に蓄積される稲をめぐっての問題が扱われているとみるべきである。しかし、それだけに規定率により納入すべき分（舂米）を上納した場合、残りが一定量に達しない場合には経営が成り立たなくなるということは、所内部の開発・経営が所内部の留保稲を用いて労働力を組織するという方式をとっていたことを示すものであり、従来の諸説が一致して認めているような、所内部における経営・開発の方式が賃租方式で行なわれているという把握に疑問をなげかけることになる。

今までみてきた足羽郡諸庄について、これを道守庄とする説（室野）、道守庄をふくめた東大寺の足羽郡諸庄全体とする説（松原・藤井）、東大寺の支配する庄園を対象としているのではなく、安都雄足の支配する庄園とする説（小口）[35]、などがだされている。いずれの説をとるにせよ、中央の王臣家・寺社の所有する庄園であることは動かない。その点でここでみられる経営のあり方は、この時点の越前の中央の王臣家・寺者などの諸庄園における一般的な経営のあり方を示すものとみてよい。

次に在地の豪族・上層農民の墾田の経営のあり方について、天平宝字元年四月に坂井郡大領品治部君広耳が東大寺に寄進した墾田一〇〇町を素材に分析していく。この墾田の経営について天平宝字二年正月一二日坂井郡司解[36]に次のようにある。

越前國坂井郡司解　申請裁事
　不堪進上地子事
右、被去天平寶字元年九月十四日符偁、寺家所進墾田一百町之地子進上者、謹依符旨可進、雖[a]然、以同年四月廿日所進、此以同年潤八月廿日、寺使所遣子細、校寺家田定畢、今[b]営田貴賤、元春三個月之間、苗子下共競作為常、而所進一百町、此者苗子下畢、過[c]競作時後進、亦寺財校治賜時後、以[d]是元年之地子所進不堪、望請、始當年将進地子、仍具註状、謹請裁申上、謹解、
天平寶字二年正月十二日大領外正六位上品治部君「廣耳」
「依上件状、所申合理、仍不進去歳地子之状、更以正月廿九日、付國史生安刀男足下告、
次官高麗朝臣「大山」　判官河内惠師「祖足」

上野君「眞人」
主典葛井連「根道」

閏八月二〇日に寺家使が来て田地を確定し、九月一四日符により地子を進めるよう命じられたが、天平宝字元年度の地子は進めることはできないので、二年度から進めるようにしてほしいとしている（a部分、d部分）。そしてこのように天平宝字元年度の地子を上納できない理由がb部分、c部分に記されている。このうちまずb部分は寄進前における広耳の墾田経営のあり方の一端を示しているので、それについてみていく。荒木敏夫氏はこの部分について、「広耳墾田一〇〇町の用益権にかかわるものであり、その取得をめざす競合状態が史料中の「競作」の語に内包されている」[37]として、「営田貴賤」は広耳墾田の借耕者を指し、その借耕者相互の耕地確保をめぐる争いが「競作」であるとする。また、藤井氏はこの営田貴賤を現実の耕営労働力そのものとしてではなく、広耳と賃租関係を結んだ、所をふくんだ耕営請負単位とみなしている[38]。つまり両氏とも「所」をふくめた耕作者・用益者としてこの営田貴賤をとらえているのである。一方増田弘邦氏は、この「競作」を営田主体相互の争い、すなわち営田主が春時に耕作労働力の確保をめぐって競合状態にあることを示すとしている[39]。つまり「営田貴賤」についてそれを田主とみるか、耕作者・用益者とみるかについて論が分かれている。

いずれが妥当かについてみていく。まず広耳時代の状況について、その墾田は坂井郡一円に散在しているとされてきた。しかし、寄進に際して作成された田地坪付、天平宝字元年越前国司解状により、その分布状況をみれば一定以上の筆数が同一地域に集中している場合が多い[40]。すなわち、第一表に示したように、西北二条九里を中心にした一地域に四四筆二四町三反余が集中しているのをはじめとして、筆数にして七筆以上面積にして三町以上の墾田が集中している箇所が七箇存在し、そこに約六〇町の墾田が集中している[41]。

第一表　広耳寄進墾田主要所在地

	場　　所	筆数	面　　積
①	西北二条九里を中心とした地域	44	24町3反310歩
②	西北十一条十四里を中心とした地域	22	11．9．034
③	西北七条四里および三里の地域	7	3．5．125
④	東北二条五里六里および三条五里六里地域	13	5．8．058*
⑤	西南一条四里の地域	10	3．5．009*
⑥	細枳村二条三里四里の地域**	10	6．4．276
⑦	細枳村三条二里三里の地域**	7	3．9．184
計		113	59．5．276

このうち③に注目したい。これは坂井郡西北七条三里から四里にかけての地を中心に存在し、三町五段ほどの広耳墾田が存在する。そしてこの地の近くに越前惣券に記載されている子見庄が存在する。天平感宝元年にその内部に多くの口分田をふくむ形で成立したこの庄においては、天平神護二年にそれら庄域内の口分田は庄域外の東大寺寺田と交換され、庄域内から排除され一円化が完成されることは別にみた[42]。第一図は天平神護二年の一円化直前の子見庄周辺の概念図である。すなわち、西北六条五里を中心に口分田と寺田が集中的に存在し（この周辺が子見庄の中心部分である）、そこからややはなれた七条三里、四里に広耳墾田（Bで示す。第四表③地区）と東大寺寺田（Aで示す、これが天平神護二年に庄域内口分田と交換される）とが存在する。Aで示されている東大寺寺田は東大寺自らが開発したものもあろうが、在地の上層農民・豪族の墾田を買得して寺田にしたものもあったであろう。すなわち天平神護二年までの時点で、西北六条五里を中心とした口分田が比較的集中して存在する地域近くの未開地上において、東大寺及び広耳（中央の王臣家・寺社および在地の上層農民・豪族）という複数の墾田開発主体による開発が進行しているのである。このようなかでは、この口分田を耕作する農民を、それぞれの墾田に労働力として組織すべく競合関係が起こることは考えられるところである。

関連して、天平宝字元年より数年後の天平神護元年（七六五）にだされた墾田禁止令のなかに「天下諸人競為墾田、勢力之家駆使百姓、貧窮之民無暇自存」とあるのは、(43)このような事態、すなわち有勢者は競って労働力を確保しながら、口分田周辺の未開地上での墾田の開発・経営に向かっていることを指すものとみてよい。つまり、禁止令における競って墾田を為す「天下諸人」と坂井郡司解b部分にあらわれている「営田貴賤」とは同じものであり、いずれも墾田開発・経営を行なう有勢者（中央の王臣家・寺社から在地の豪族・上層農民に至るまでの）を指すのである。

以上のことをふまえれば、「営田貴賤」は増田氏の指摘通り営田主（田主と用益者・耕作者が分離している場合の田主）を意味する。そしてb部分全体の意味は、春時に営田主が他の営田主と競合しつつ耕作労働力の組織化を計るのが一般的であり、広耳墾田一〇〇町についても、そのようななかで耕作労働力の組織化を行ない完了したということを指すとみてよい。

ここで春時の耕作労働力編成が「下苗子」と表現されている。下す主体は営田主である広耳であることは上記からみて明らかである。問題は「苗子」の意味である。田令競田条に「凡競田、判得已耕種者、後新改判、苗入種人」とある。これについて『集解』所引の古記では「謂苗而未蕃殖者、

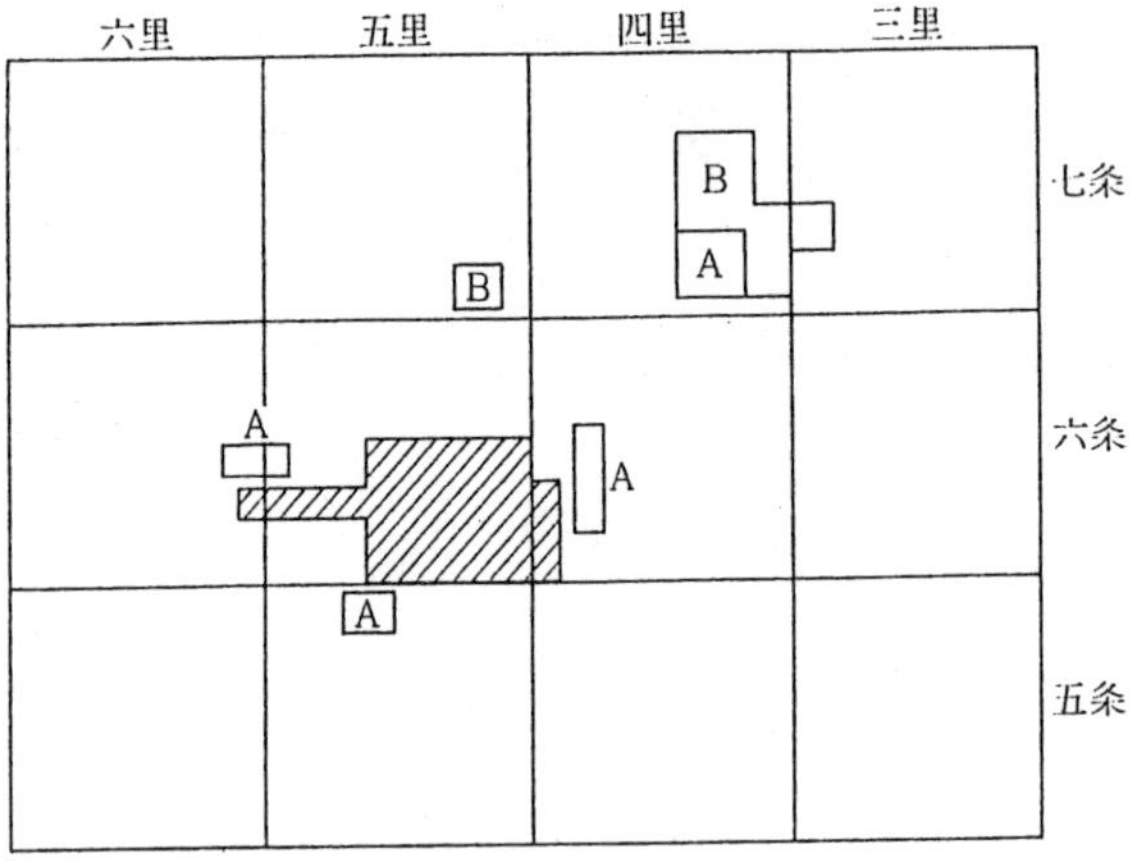

第一図　子見庄周辺概念図

苗令取、若有殖訖者、亦刈種人雖得、改判人者、酬其地直者」と述べられている。(44)つまり、ある田地について改判がなされた際に、その田地に植付けが行なわれていなければ、種人はそれを持ち帰るし、もし植付けが行なわれているのであれば、種人がその収穫をし、収穫稲のなかから改判された人に田直をだすようにということであろう。つまり、ここで「苗」は春時に植付けに用いられる稲、および秋収時の収穫稲など要するに現稲を指している。広耳墾田における「苗子」も同じ意味であり、たんに春時の苗ということではなく、それをもふくめた現稲を指す。つまり、営田主広耳は現稲を投入するという形でその年度の耕作労働力を組織しているのである。

それと関連して、C部分にあらわれる「寺財」について、研究史では取り上げられていないが、「財」とあるので田地耕作に必要な、何かを指しているとみられること、それが在地におりてくるのは広耳の「苗子」を下すことが完了した後であることが強調されていることからみて、東大寺が準備する現稲を意味するものとみたい。すなわちこのC部分では、春時、他の営田主と競合しつつ広耳の準備した現稲を用いて耕作を組織し終っており、東大寺への墾田寄進および東大寺のその墾田経営に必要な稲の投入は、広耳のこのような組織化完了の後になされたものであることが強調されているのである。

a～d部分全体として、競田においても改判が認められたのが植付けがすんだ後であった場合、植付けを行なった者が耕作・収穫を行ない、田直分を改判者にわたすことになっていたことからみて、このa～d部分全体として、この百町が寄進田であり、寄進手続きと耕作組織に必要な現稲の到着が、その年度の耕作を組織することが完了した時期以後であったので、収穫を行なって投入した苗子の回収をすることはもちろん、田直分についても耕作組織者である広耳が取得すべきである、ということが主張されているとみるべきである。

以上からみて、広耳やその墾田を買得した東大寺などの墾田経営においては、足羽郡諸庄と基本的に同じく、現稲を営田主側が準備をし、それを投入しつつ耕作労働力を組織するということが行なわれているとみてよい。それ故に広耳にせよ東大寺にせよ、それに必要な現稲を確保する必要があった。

またこのようにみてくると、寄進以後における東大寺のこの墾田における経営のあり方についても、広耳が経営を行なっている段階と本質的には変化がないことが明らかになる。寄進直後に東大寺が営料を準備しているが、これは寄進後の広耳墾田の経営についても、寄進後に田使が任命され造東大寺司―田使―耕作農民という体制が、広耳時代の営田経営体制をそのまま引き継ぐ形で作り上げられるのであり、そこにおいて田使は営料を投入して農民を組織し、造東大寺司には地子分を上納するという体制を取ろうとしていたことを示す。その点で造東大寺司―広耳―耕作農民という関係を想定し、かつ造東大寺司―広耳の関係を一括賃租の関係とし、広耳―耕作農民の関係も賃租関係とする岸氏の二重賃租関係説は成り立ちえないとみるべきである。

三　桑原庄の経営

以上の足羽郡諸庄・広耳墾田の経営のあり方との対比で桑原庄の経営のあり方をみていく。まず第一にみておきたいのは「所」である。当庄の場合、史料上直接には所はあらわれていない。しかし、庄券第四で田使乙麻呂が逃亡農民の価を「身米」から弁償しており、乙麻呂が庄所とは別に乙麻呂所（人名＋所）を持っていたとみてよいこと、[45]さらに庄券にあらわれている庄所造営用稲（庄所の倉屋などの造営・拡充に用いる稲）と開田功稲について、前者にかかわる労働力には功稲と食稲を支給しているが、後者の場合功稲のみが支給され食稲を伴わないところから「東大寺側の直営方式ではなく、開墾成果に照準をおいた開墾担当者（＝請負主体）を媒介とする編成であった」[46]のであり、その請負主体は庄の下部機構としての所と考えられる。これらのことと足羽郡諸庄の場合、所が開発・経営の単位となっていることをあわせ考えると、当庄の場合も複数の人名＋所（専当田使乙麻呂の所もその一つとして存在していたとみてよいであろう）で構成されており、その所は田地についての規定率による地子納入を維持するための経営請負、沽田の増大のための田地開発の請負を行なうべき単位、すなわち庄園の開発と経営を行なう基礎的単位として存在していたとみてよい。

第二に注意すべきことは、庄内における大量の留保稲の存在である。庄券面上の稲の動きを整理したのが第二表であるが、それを手がかりに追跡してみると、庄成立初年度と第二年度（天平勝宝六年度及び七年度）において、東人の稲が大量に投入されていること、租と地子とが二年間とも上納されず庄内に蓄積されていることの二点が実施されることにより庄内に大量の稲が蓄積されている。このような庄内留保稲の存在は、桑原庄の経営が足羽郡諸庄、広耳墾田と基本的に同じく、一定の留保稲の存在を前提とした経営方式を取っていたことを意味する。これら留保稲は所に蓄積され、開発・経営に運用されたとみてよい。この点について、庄経営が開始されて第二年目の天平勝宝七年度に注意したい。この年は新規開田がなく、既耕田の経営のみになっている。ところで、この年の春には前年度残稲に東人投入稲が加えられ(47)、四二〇〇

第二表　現稲の年度別変遷

		勝宝6年	勝宝7年	勝宝8年	勝宝9年
	東人投入稲	4,708束	3,130	0	0
年度当初庄内稲	前年度庄内残稲	0	1,085.4	6,069.4	5,069.4
	小計　①	4,708	4,215.4	6,069.4	5,069.4
年度末売田価租稲	価	720	2,160	2,160	2,178
	租	135	480	480	484.5
	小計　②	855	2,640	2,640	2,662.5
庄内年間支出	開田功稲	2,300	0	1,000	490
	雑　支　出	2,177.6	786	0	98
	小計 ③	4,477.6	786	1,000	588
上納分（春　米）	④	0	0	2,640	（未確定）
年度末庄内残稲	(①+②)−(③+④)	1,085.4	6,069.4	5,069.4	(7,143.9−④)

束あまりの稲が準備されていることになる。そして、この年度の支出すなわち春以降秋収に至るまでの期間に要した費用は、開発が行なわれておらず、したがって開田功稲の必要がなかったのだから、雑用稲の七八〇束余りのみであるはずである。となれば、春に準備された稲との差三四〇〇束が問題になる。これは倉につまれたままで終わったのではなく、何らかの形での庄経営に運用されたとみる以外ない。つまり、開発の有無にかかわらぬ相当量の庄内留保稲の存在は庄経営そのものがこの留保稲に依存していることを示している。

当庄で第三に注意すべきは、このような留保稲の存在を前提とした庄経営は安定したものではなかったことである。桑原庄では天平勝宝八年度・九年度に荒廃が発生している。すなわち、足羽郡諸庄の経営と基本的に同じく、留保稲の準備にかかわらず常に荒廃の危機にさらされているとしてよい。

従来の研究史では、岸氏の公田賃租的経営論に代表されるように、班田農民が在地の共同体規制のもとに置かれている乗田を自己の班田と組みあわせて共同体内部で耕作する賃租の方式を庄園における庄田の耕作関係にあてはめ、班田農民などが乗田を賃租するのと同様に庄園を賃租していると把握している。このような把握のしかたについては、第一に今までみてきたように、これら諸庄における庄内留保稲の一般的な存在という事実を十分に説明しきれないこと、第二に共同体規制下にあり、その意味では口分田と緊密にくみ合わされて存在している乗田と、共同体規制下になく、それとは切離された存在である庄田との差異を十分に考慮していないこと、の二点で問題を残している。

その点でみておきたいのは吉田晶氏の佃（営田）経営論である。一般的に営田経営は「経営の主体が耕地所有者であって、全収穫物が彼に帰し、耕作者は……その剰余を耕地所有者によって直接収取される」経営と規定されるが、(48)氏はそれを発展させて、「佃経営の本質的形態は佃所有者ないしその代理者による監督のもとに単純協業を中心として営むものと規定し、これに対立するものとして佃耕作者の自家労働力を中心とした個別経営を考え、両者の矛盾の展開のいくつかの段階を類型的把握する」としたうえで、佃を初期佃、請作佃、名役佃、平田佃の四段階に区分する。そして、初期佃について、その典型を弘仁公営田に求め、「正長の監督下に単純協業を主とする経営が営まれ、労働力に対しては食料および佃功を給し、全収穫物に対する佃所有者の所有管理権をみとめる」経営であるとし、請作佃についてはその典型を元慶官田に求め、「佃経営が個別経営に委ねられ、佃経営主は営料を支給して一定の収入をうるにとどまり、公定穫稲数との差額は個別経営主の所有に帰する」経営であるとする。[49]

吉田氏の営田経営についてのとらえかたの特徴は、営田主側の営料準備を営田主側の全収穫物取得にそのまま結びつける、すなわち耕営主体は営田主であり、そこで働く農民はたんに駆使される労働力（有償・無償いずれにせよ）にすぎないということで固定的にとらえることを否定し、営料を営田主から何らかの形であたえられる個別経営がその営料を用いて耕営の主体となるような経営方式、その際耕営の結果として生みだされる収穫稲についても「佃所有者の一元的な所有管理権も存在しない」方式をも営田経営の一環として把握しようとするところにある。[50]

吉田氏はこのように営田経営の内容を幅広いものとして把握しようとしているのであるが、この経営が出現する時期については、八世紀中期の庄園経営は賃租方式を主軸にして行なわれており、営田方式は八世紀末になってあらわれてくるという定説をそのまま引き継いでいる。つまり初期佃を九世紀前半の弘仁公営田で代表させ、請作佃を九世紀後半の元慶官田で代表させている。しかし、この見方は問題があるので、それについて官田経営を素材に検討してみたい。

官田は畿内に設置された供御食料田である。その経営方法は田令役丁条には「凡官田應役丁之処、毎年宮内省、預准来年所種色目、及町段多少、依式料功、中官支配、……其田司、年別相替、年終省校量収穫多少、附考褒貶」となっている。[51]このうち「依式料功」について、『集解』所引の古記では「依式料功、謂作一町人功若干、定申也」（町別の人功が若干と決められている）、釈説では「依式料功、式別也」（式は別式をさす）となっており、[52]官田経営が一定の範囲は規定されていたにせよ必要に応じた営料の投入に基づいた経営がなされていることは明らかである。ところで、『延喜式民部上官田条』には「凡官田者……其営種料稲町別一百五十束（和泉国一百廿束）、所獲苗子五百束（和泉国四百束）、國別長官主當其事……」とあり[53]、営種料稲（営料）と所獲苗子（収穫稲）との両者ともすでに固定しているものとしてあらわれている。

この営料・収穫稲の固定化の時期については、田令役丁条の『集解』所引釈説に引用されている神護景雲二年（七六八）二月二八日官符に「営造官田、令当時長官一人、主当為佃、町別定稲五百束也」とあることからみて[54]、収穫稲の固定化は、八世紀中期の段階でなされていることは明らかである。営料についても収穫稲と関連しあうのであり、その点からみて、この神護景雲二年の段階で長官（国司）が経営の責任を持ち、固定的な営料が保証されるかわりに、固定的な収穫稲を確保することを義務づけられているという体制のもとで、官田経営が行なわれているとみてよい。

この場合の五〇〇束の穫稲というのは、上田の標準穫稲量に同じであり、耕作者は全収穫物をほぼ全部営田主側に取得されるということになる。しかし、上納すべき量が高いとはいえ固定していることは、官田の耕作そのものは営料は営田主側が準備するが、その耕作は、個別経営がになう状況になりつつあることを示すものであり、これが吉田氏のいう初期佃の方式から、請作佃の方式への移行を示しているものとみてよい。つまり、八世紀中期の段階で初期佃ないし請作佃という形で営田経営は展開しているのであり、氏のいうように、営田経営を九世紀に固有な経営と把握する必要はないのである[55]。

以上のように、営田経営という経営方式は八世紀中期においても展開しているということをふまえて、同時点の越前における足羽郡諸庄、広耳墾田および桑原庄の経営のあり方をみると、三つの経営とも営料（営種料稲）の営田主側準備が大前提となっていること、また収穫量については桑原庄で上納すべき地子の固定化がみられ、現地において専当田使が固定的な営料を保証されるかわりに固定的な収穫量の確保を義務づけられているとみてよいことからみて、吉田氏のいう営田経営方式をとった経営として位置づけうる。史料の不足から、農民を組織するに際して、営料がどのような形で用いられたかは不明であるが、この越前の庄園・墾田地の場合、周辺の口分田の存在などからみて、庄園の営料負担と全収穫物の庄園側取得との二点を指標にした初期佃の方式のみで全てを律することはできないのであり、基本的には同時点の官田経営と同じ営田主側が営料を準備しその営料を用いて個別経営が耕営を行なうという請作佃の方式が主流であったとみてよい。つまり、八世紀中期の時点において、王臣家・寺社および在地の上層農民・豪族の庄園・墾田における開発・経営は共同体内部で行なわれている賃租の方式がそのままで行なわれるのではない。そうではなくて、共同体規制の外部に置かれ、耕地の所在も口分田・乗田のあり方と無関係に一円化されて存在している庄田は、官田経営にみられる当時の大規模経営と同じく、営料を営田主が準備してそれにより労働力を組織する形で開発・経営がなされているとみるべきである。

以上、桑原庄をふくめた八世紀中期の諸庄園の経営はたんに共同体内の農民が同一共同体内の乗田を耕作する場合の賃租経営の範疇でとらえきれないのであり、むしろ大量の営料の蓄積を背景にした営田経営の範疇でとらえたほうが妥当であることをみてきたが、その観点から上掲の第二表に基づいて、四年間の桑原庄経営の動向をみておきたい。

イ　天平勝宝六年度

東大寺は天平勝宝六年度に大伴氏より、内部に既耕田をふくんだ一〇〇町の地を買得する。東大寺の庄園になった初年度の天平勝宝六年には初年度ということもあって、営料、大規模な開発のための費用、および庄経営に必要とする諸設備を確保するための庄内雑用稲を大量に必要としたが、それには東人の投入した稲四七〇〇束が用いられる。この東人投入稲は勅旨により設定される庄園に与えられる正税に対応するものと考えられる。すなわち、近江国水沼・覇流両庄の絵図の奥に記されている近江国司解によると、天平勝宝三年（七五一）の少し前の段階で、勅旨により設定された庄園については国司の責任で庄田を墾開させ、その墾開に必要な費用には正税をあてるようにという太政官符がだされている。[56]この墾開に必要な費用の内容は、たんにその田地の開発に要した費用に限定されるのではなく、その田地の経営が軌道にのるまでの、営料までをふくめた諸費用の意味と考えるべきであるが、このような外部からの現稲の投入なしには開発・経営ができないところに、この時点の庄園の特色があり、桑原庄の場合は大伴氏からの買得後、東人稲にたよって開発・経営を進めようとしているのである。[57]

この年度で問題になるのは東人が投入した稲の大半が開発費用と雑用稲とに用いられ、営料にまわされたと推定される稲は三〇〇束足らず（四七〇〇束—四三〇〇束）である。これは次年度以降、計算によると町別一〇〇束前後が営料として庄内に留保されていることと比較すると、三分の一程度である。この年度大規模な開発が行なわれて大量の稲が投入されており、それとの関連も考えるべきか、あるいはこれ以外別な形で営料が準備されたのか、不明である。いずれにせよ、この年度の秋収時には沽にだされた九町分の租と地子が確保され、また投入された営料も回収される。そして租と地子は上納されることなく、そのまま庄内に留保される。このように租・地子を上納しないことがこの年度の特色となっている。これは庄内に一定量の留保稲が存在することが、開発・経営の大前提になっていることを考慮しての留保の承認であろう。

ロ　天平勝宝七年度

この年度は前年度の開発の成果があって、沽田は三二町に増加している。そのために前年度残稲のみでは留保稲が不足し、年度当初に再度投入された東人の稲と先年度残稲とをあわせた四二〇〇束余では三二町に達していた庄田を維持していくだけで精一杯であり、開田功稲を支出する余裕はなかったらしい。そのためにこの年度は開発がまったく行なわれていない。その場合、この年度の既耕田が三二町であった。そのことからみると、この年度は既耕田一町当たりほぼ一〇五束の現稲が投入されたことになる（三四〇〇束÷三二町）。

そして秋収時には田使のもとに六〇〇〇束余の稲が確保されている。このことは、沽田からの租・地子分の確保とならんで、年度当初に投入された営料も回収されていることを示す。このように大量の現稲の蓄積がなしとげられているにもかかわらず、天平勝宝六年度と同様に租・地子の現実の上納はなされていない。これだけの蓄積があれば、次年度の予定沽田数三二町のための留保稲を町別一〇〇束として三二〇〇束を確保しても租・地子の一部は上納できるはずであるが、それがなされていないのは前年度に引き続き庄経営を安定的に行ないうるだけの庄内蓄積稲を優先させることが認められた結果であろう。

八　天平勝宝八年度

天平勝宝六・七年度は庄の創設期ということで、東人の稲が計七八〇〇束余庄園外から投入され、両年度の租・地子も上納されることなく庄内に留保される。このようななかで庄経営の安定・発展のための基盤づくりは完成したとしてよい。つまり立庄三年にして外部からの稲にたよることなく、庄内蓄積稲のみで開発・耕作を維持できる体制ができあがった。そしてそれにみあって、この年度の秋収時にはじめて租・地子分が上納される。

しかし、このように外面的には庄経営は軌道にのったようにみえるが、実際上は庄全体の荒廃化があらわれはじめている。この八年度から翌九年度にかけて、庄券面上での不自然な操作が行なわれていることはすでにみた通りである。おそらくこれは立庄初年度の天平勝宝六年の急激な耕地拡大に無理があり、(58) それが六年度開発田のみならず大伴氏以来の田地にも否定的な影響を及ぼしているのであり、それを糊塗するための操作であったとみてよい。

田使乙麻呂は現実には荒廃による減収があったにもかかわらず、全ての沽田から収納されたようにし、次年度沽田三二町余と庄内蓄積分五〇〇〇束余を確保したようにみせかけている。当然のこととしてそこには無理がでてくる。次年度のように田使自らが減収分を補塡していないので、増田氏が指摘するような上納の一部の未進[59]、あるいは次年度留保稲へのくいこみ（足羽郡諸庄でいう「虚納」）という、田使の責任を回避する形での処理がなされたとみてよい。

二　天平勝宝九年度

前年度庄内で荒廃が進行するという状況を前提にこの年度の庄経営は出発する。この年度の大きな特質は六～八年度の庄の収支決算は、年のあけた二月に庄券の作成という形で行なわれているのに、この年度の収支決算は年内の一一月つまり耕作農民からの収納完了直後になされていることである。しかも庄券には上納が記されていない。つまりこの年度の上納がなされていない時点での仮報告という異例な形をとっているのである。収納の状況についてみると、荒廃が四町九段になっており、前年度に引続き荒廃が進行している。しかし、この荒廃については「依負百姓逃走、進其価自使曽祢連乙麻呂身」とあるように、この荒廃分については田使自身の負担により補塡させられている。前年の八年の場合、荒廃による減収分は未納ないし虚納という形で処理され、田使の負担にはなっていなかったこととくらべて大きな変化である。荒廃の一層の進行のなかで、田使のごまかしができにくくなったことのあらわれであろう。

そしてこの年の一一月をもって乙麻呂は桑原庄から姿を消す。八・九両年度の庄経営の不振の責任をとわれ、当年度の減収分を負担させられたうえで田使を解任されたのであろう。そして乙麻呂解任の後の処理を行なっているのが安都雄足と生江東人とである。雄足はまず九年度の租・地子の上納をなす必要があった。上納は庄に蓄積されている七一〇〇束の稲のうちからなされるものであり、次年度庄内留保稲を控除しても、上納分に必要な量は充分に存在するはずであった。ところが十二月になって雄足は解を造東大寺司におくり、「今年秋節雨風頻起、所佃之田、悉皆萎枯、収穫之稲、雖有数員、不慥其実、一束舂米四升以下三升以上矣、仍不便舂挙」として上納にたえられない状況になっていることを報告している。(60)表面的にみると、この年度は四町九段分の荒廃を計上することで庄の収支がとにもかくにもつりあっており、九町八段の荒廃を計上した前年度にくらべ、荒廃化に一定の歯止めがかかったようにみえる。しかし現実はそうではなく、荒廃化は進行しており収納稲の品質がおちこんでいる。つまり、留保された稲を投入し耕作を組織しても、耕地の荒廃化が進行し充分な収穫があげられないままに、投入された東人稲を食いつぶしつつ縮小再生産が進んでいるということであろう。

雄足は上記の解でこの九年度の荒廃状況を秋の雨風という一時的要因に帰している。しかし問題は単純なものではなく、庄成立以来の庄田のあり方に根ざした構造的な荒廃化であることに気付いているとみてよい。九年度の庄券のだされたのと同じ日付で、雄足は東人との連署で、溝の大規模造成を柱とした根本的な庄の再編計画を提出している。(61)これは溝が充分に機能していないことに基づく庄全域での荒廃の進行に庄の根本的な欠陥を認めた二人の庄再建策であったとしてよい。

ホ　天平宝字二年以降

天平宝字二年以降の桑原庄の動向は不明である。現存の史料によると、桑原庄関係文書の最後のものは天平宝字二年三月二日越前国司解である。(62)この文書は官物勘受に関する簡単な文書であり、内容的には不明なところがあるが、前年天平宝字元年（天平勝宝九年）度の処理に関する文書とみてよい。この文書以降桑原庄に関する文書は全くあらわれなくなる。

ただし、岸俊男氏はほぼ同規模と推定されるところから、坂井郡溝江庄[63]と桑原庄とが同一庄である可能性があるとされた。[64]桑原庄は坂井郡金津町桑原の西側に所在すると推定されていたが、小口雅史氏は延暦一五年（七九六）坂井郡符により溝江庄の所在坪付が桑原庄所在推定地とほぼ合致することから、岸氏の指摘が成り立ちうるとしている。[65]天平神護二年（七六六）八月二六日官符に基づく東大寺領越前諸庄の全面的な再編の進行[66]のなかでだされた、天平神護二年一〇月九日越前国坂井郡子見庄使解案[67]、同年一〇月八日越前国坂井郡溝江庄所使解案[68]、の二通によると坂井郡の子見・溝江両庄でも、それぞれ大規模な溝の改修計画が立てられており、それによると両庄とも共通して、「五百原堰水」から溝を開掘する計画が立てられている。坂井郡坂井町に所在する子見庄は溝江庄よりやや南に位置し、両者比較的近距離にあたる。同一水源からの取水は不自然ではない。このことからみても、岸・小口説は成り立つものとみておきたい。

上記でみたような雄足らの桑原庄再建の試みが成功したのであれば、桑原庄としての記録が残ってよい。そうではないところからみて、桑原庄としての再建は失敗し庄は短期間に荒廃したとみてよい。天平宝字二年以降天平神護二年までの七～八年の間に、荒廃した庄域は溝江庄という全く新たな庄園としてして再発足する。天平神護二年の越前諸庄の全面再編に際して、再編の対象になった庄園を書き上げた天平神護二年一〇月二一日越前国司解（越前物券）には溝江庄の名前は記載されていないが[69]、記載庄園と同様に再編の対象になっており、相当規模の溝開掘計画まで立てられていたことになる。

桑原庄の経営について、以上のようにみるならば、従来八世紀中期の庄園の経営は賃租の方式がとられているとされ、営田経営の方式をとっている九世紀の庄園とは異質なものとして両者きりはなされて論ぜられてきたことについて、見直しを必要とすることは明らかである。すなわち、従来八世紀の庄園から九世紀の庄園への移行は、経営面においては賃租経営から営田経営への移行として把握されてきた。しかしこのように把握すると、営田経営は八世紀末から九世紀初頭にかけて庄園経営上では成立するととらえることになる。それは原秀三郎氏が指摘しているように、「(農民にとって)すでにより有利な関係としての賃租が権利として獲得されている以上、逆行的なものといわざるをえない」ことになる。[70] しかるに、八世紀中期以後九世紀にかけては、百姓墾田の開発の進行および社会的分業面での諸生産活動の展開がめざましくなっていく時点である。そのなかで一般的に農民諸層が庄田耕作に際して自分で営料を準備できていたのにできなくなり、営料を営田主に依存するようになったという逆行現象の存在を想定するのは無理がある。その点で八世紀中期の庄園の経営形態を営田経営としてとらえることで、この移行過程を賃租経営から営田経営への移行という過程としてではなく、営田経営そのものの展開過程としてとらえうることになり、八世紀の庄園と九世紀の庄園とを統一的に把握するために一つの道が開けるものと考える。

まとめ

簡単にまとめておく。まず、四点の庄券について、庄券第四の5項の復元を中心に虫損部分の復元をふくめた、庄券の内容把握を諸説を整理しつつ行なった。そしてこの庄券群の特質として、その年度内に庄内部で起こった荒廃による収穫減少を庄券面では減少なしにみせかける操作が行なわれていたことを明らかにした。すなわち、収穫後の一括荒廃および新開田と荒廃田との同量記載という机上操作をふくむ庄経営の報告を行なっている。そのような机上操作が可能であったのは、この四点の庄券は庄園の経営担当者が庄園の開田数と刈得稲数とを東大寺に報告すべく作成されたものであったという、その文書の性格による。つまり、四点の庄券は造東大寺司に対して田使が春に沽にだした田地について上田分ないし中田分の租・地子を上納していることを示すが、庄内部において庄田の開発・経営に農民がどのような形で組織されているかは直接的には示していない。したがって、庄園内部でどのような経営方式による経営が行なわれているかは、庄券面には直接にはあらわれていないとすべきである。

そして現実の桑原庄経営は複数の所を基礎単位に行なわれ、専当田使が庄経営全体についての責任を持つという形を取っているが、この所を単位にした経営のあり方としては、庄経営開始初年度、第二年度において東人が大量に現稲を投入し、かつこの二年間地子と租についても上納されることなく、庄内に蓄積されることに示されるように、大量の現稲を背景にした経営がなされていることが特色になっている。このような留保稲は同時点の足羽郡諸庄および広耳墾田でも同様に存在している。この大量の庄内留保稲との関わりで、吉田晶氏が提起している佃（営田）経営論についてみた。


吉田氏は営田経営について、耕営主体は営田主であり、そこで働く農民はたんに駆使される労働力にすぎないということで固定的にとらえることを否定する。そして、営料を営田主から何らかの形であたえられる個別経営がその営料を用いて耕営の主体となるような経営方式、その際耕営の結果として生みだされる収穫稲についても営田主側の一元的な所有管理権が存在しない方式をも幅広く営田経営の一環として把握しようとする。具体的には佃を初期佃、請作佃、名役佃、平田佃の四段階に区分し、初期佃の典型を九世紀前期の弘仁公営田に、請作佃の典型を九世紀後半の元慶官田に求めている。氏はこのように営田経営を九世紀に固有な庄園経営方式としてとらえているが、そうではなく、八世紀段階においても存在する経営方式であった。すなわち、桑原庄などにみられる庄内留保稲は吉田氏のいう請作佃の段階で営田主側が確保しなければならない営料とみることができる。その点からいって、岸氏以来の研究史が東大寺の桑原庄の経営や広耳墾田の経営を公田賃租的経営、あるいは広耳の一括賃租による経営として把握してきているが、そうではなく、八世紀中期の王臣家・寺社および在地の豪族・農民の庄園・墾田経営は吉田氏のいう請作佃の方式を中心とした営田経営の方式で経営がなされていたとみる方が妥当ということになる。

桑原庄の場合、大量の現稲が庄内に蓄積されていることを前提にした営田経営がなされていくが、その経営は順調ではなかった。庄経営開始後の第三年度・第四年度には庄域内の荒廃が進行しており、そのなかで、庄券面では糊塗されているが、虚納・未進がくりかえされ、第四年度末には完全に行き詰まっており、史料上に姿をみせなくなる。後にこの桑原庄所在地に溝江庄が姿をあらわすが、これは桑原庄とは別な庄園とみてよい。つまり、桑原庄は経営の行き詰まりのなかでその姿を消していくのである。

注

(1)「越前国東大寺領庄園の経営」（岸氏著『日本古代政治史研究』塙書房　一九六六年）。

(2)「八世紀における私的大土地所有と庄田経営」（『前近代史研究』一号　一九七四年）。

(3) 藤井氏著『初期荘園史の研究』（塙書房　一九八六年）第二編第一章「初期荘園の経営構造」。

(4)「東大寺領越前庄園について」『歴史学研究』一六二号　一九五三年）。

(5)「初期庄園の経営と私出挙――東大寺領越前国諸庄園を中心に――」（『ヒストリア』六七号　一九七五年）。

(6) 大東急記念文庫蔵　（『寧楽遺文』中巻　経済編上六九〇頁）。

(7) 東大寺成巻文書号外一　（『大日本古文書・東大寺文書』九―号外一）。

(8) 東大寺成巻文書号外二（『大日本古文書・東大寺文書』九―号外二）。

(9) 東南院文書第三櫃第十一巻（『東大寺文書』二―五〇〇）。なお、この文書の表題について、大日本古文書の編者は「東大寺越前国桑原□□□□（庄所雑物）田地□□」としている。しかし、奥田尚氏が指摘しているように（「越前国桑原庄券をめぐる二・三の問題」『日本歴史』二九五　一九七二年）、「東大寺越前国桑原□□□□（庄券第四）田地□□（雑物）天平宝字元年」とすべきである。

(10) 同氏著『日本庄園史』（近藤書店　一九四七年）「北陸型庄園機構の性格」参照。

(11) 岸氏上掲論文参照。

(12)「天平宝字元年の越前国解」（同氏著『日本古代制度史研究』吉川弘文館　一九八〇年）。

(13) 奥田氏上掲論文。
(14) 藤井氏上掲著書第二編第三章「東大寺桑原荘券の構造と性格」。
(15) 小口氏「初期庄園の経営構造と律令体制」(土田直鎮先生還暦記念会編『奈良平安時代史論集』上巻　吉川弘文館　一九八四年)。
(16) 西別府氏「越前国桑原荘々券の復元について」(『大分大学教育学部紀要』八—一　一九八六年)。
(17) ここに掲げた釈文は藤井氏上掲著書第二編第三章「東大寺桑原荘券の構成と性格」三〇六頁に掲げられているものを一部補訂したものである。各行ごとに番号を振っているが、これも藤井氏にしたがっている。
(18) 藤井氏上掲著書第二編第三章「東大寺桑原荘券の構成と性格」三〇九～一二頁。
(19) ここに掲げた釈文は藤井氏上掲著書第二編第三章「東大寺桑原荘券の構成と性格」三一四頁に掲げられているものである。各行ごとに番号を振っているが、これも藤井氏にしたがっている。
(20) 丸山「初期庄園の経営——越前国東大寺諸庄の場合——」(『史林』六五—二　一九八二年)。
(21) 西別府氏前掲論文。なお藤井氏も同じように4と6の合計が3の見開田面積となることから、5は独立項とはみず、したがって5項原文に荒記載はなかったとする(同氏注14論文)。
(22)『寧楽遺文』中巻、六六一頁。
(23) 藤井氏前掲著書第二編第二章「初期荘園の開発と労働力編成」参照。なお、本書第一部第二章でも、この墾田地は大井庄との関わりが問題になることについて触れておいた。
(24) 藤井氏前掲著書第二編第一章「初期荘園の経営構造」二一四頁、および小口氏前掲土田論集論文七五六頁参照。
(25) この一括荒田化について最初に取り上げたのは奥田氏であり、庄券第三(天平勝宝八年度)において九町七段の価が入っていたのが、庄券第四(天平勝宝九年度)にそれが八年度荒廃とされているところから、天平勝宝八年の農作期を終えたのち、計画的に荒地としたと考える以外ないとする。そしてそのことから大面積を一単位とする賃租関係が桑原庄には現実に存在するとみなしている。計画的な荒田化ということは正しい指摘であるが、上記したように九町七段という面積は収納前におけるさまざまな程度の荒廃の広がりを収納後において数量的に整理して、それに合わせて設定された面積とみるべきであり、現実の経営単位とは次元の異なるものである。さらに、筆者もこの奥田氏の論に基づき、五〇〇〇束の蓄積された現稲は大面積の経営単位ごとに投入され、それを営料として大規模分割経営（営田経営）が行なわれたとした（拙稿「初期庄園の形成と展開」第一章、『日本史研究』一六四号一九七六年）。しかし、九町七反の荒廃が作為のなかで生れたものである以上、大面積の経営単位ないし営田経営ということをこのことから導き出すのは不正確であった。訂正したい。

(26) この荒田と新開田の同量記載について最初に取り上げたのは増田氏である。氏は庄券面で売田面積が七～九年度はほとんど不変であるのは、現地で開発・経営にあたった田使（曽祢乙麻呂）が独断専行を行ない、庄経営を積極的に発展させなかったためであるとしている。とくに庄券第三については、乙麻呂は九町七段が荒廃し価がえられなかったことを一〇町の新開を行なったことにして開田功稲で欠損をうめ、かつその差額分を着服したという操作のなされていることを想定している。開田功稲で欠損分を埋めるという指摘は正しいと考える。しかし開田功稲について、次年度沽田が三二町三段という水準に維持されていることからみて、一定量の開発、荒廃が起こった田地の修復による田品の引きあげその他の手当がなされたことも明らかであり、この功稲はこのような経費に使用された側面を見ておく必要があり、必ずしも不正使用のみとはいいえない。

(27) 小口氏前掲論文（土田前掲論集五七四頁）。

(28) 室野氏前掲論文。

(29) 「越前国東大寺領庄園における「所」——産業所を中心にして」（『日本史研究』一六六号　一九七六年）。

(30) 藤井氏前掲著書第二編第一章「初期荘園の経営構造」、第二編第四章「初期荘園の経営と労働力」など。

(31) 『大日本古文書編年文書』四—三五九頁。

(32) 『大日本古文書編年文書』四—四一五頁。

(33) 『大日本古文書編年文書』四—四一四頁。

(34) 藤井氏前掲著書第二編第四章「初期荘園の経営と労働力」三三九頁。
(35)『史学雑誌』八九編—一二号　史学会大会報告記事　一九八〇年。
(36)『大日本古文書東大寺文書』二—五〇四。
(37)「八・九世紀の在地社会の構造と人民」(『歴史学研究』一九七四年度大会報告、三七頁)。
(38) 藤井氏著書第二編第一章「初期荘園の経営構造」二二〇頁。
(39) 増田氏前掲論文。
(40)『寧楽遺文』中巻七〇三頁。なお、この史料はその前半部分が欠失しており、一七二筆八五町余の坪付が判明する。
(41) この表は岸俊男氏の坂井郡条里復元図(岸氏前掲著書三六三頁)に準拠してこの坪付の各筆の分布情況を確定し、計算を行なった(復元図の図示は省略)。なお表中の＊、＊＊について、＊　虫損のため面積の読めない筆が多く、この二地区の実面積はこれを相当上まわる。＊＊　細枳村という独自条里は岸氏の復元図上には位置づけえないが、この両地区がそれぞれ一群の墾田群をなしていることは、間違いない。
(42) 本書第一部第一章。
(43)『續日本紀』天平神護元年三月五日条。
(44)『新訂増補国史大系・令集解』前編　三七二頁。
(45) 藤井氏前掲著書第二編第一章「初期荘園の経営構造」二一四頁。
(46) 藤井氏前掲著書第二編第三章「初期荘園の開発と労働力編成」二九三頁。
(47) この年の東人稲がどの時点で投入されたかは明記されていない。しかし、その年度の経営に必要であるから投入されたのであり、その点で春時すなわち耕作の始まる前の一〜三月段階で投入されたとみる以外ない。
(48) 菊地康明氏『日本古代土地所有の研究』(東京大学出版会　一九六九年)第二章「賃租」五一〜二頁。
(49)「佃経営に関する二・三の問題」(『魚澄先生古稀記念国史学論叢』一九五九年　七六一頁、七七一頁、七六九頁。

(50) 吉田氏前掲論文　七六七頁。
(51)『新訂増補国史大系・律・令義解』一一四頁。
(52)『新訂増補国史大系令集解』三七九頁。
(53)『新訂増補国史大系・交替式弘仁式延喜式』五七四頁。
(54)『新訂増補国史大系・令集解』三七九頁。
(55) なお、吉田晶氏上掲論文で弘仁公営田を初期佃の形態をとるとしている。しかし大宰府が穫稲量を町別四〇〇束（肥後国は四百束）ということで固定的に計算しているのは、全収穫物の収奪を前提にしているのではなく、神護景雲二年時点の官田と基本的に同じく営料を投入しつつ、そのかわりに高斗代の穫稲を収奪することを目的にしているものであるとみるほうが妥当であろう。つまり公営田の経営も請作佃の範疇でとらえうる存在である。
(56) 藤井氏前掲著書第二編第二章「初期荘園の開発と労働力編成」。とくに第二節参照。
(57) なお、ここで投入される東人の稲について、原秀三郎氏は東人が預る官稲、郡稲あるいは造東大寺司の営農費用の一部を東人の責任で支出したものとする（同氏「律令国家と地方豪族」同氏著『日本古代国家史の研究』一九八〇年　東京大学出版会　二三七頁）。しかし、桑原庄が買得の庄であり公の稲が投入されたか否か疑問であること、さらに道守庄で東人が庄域内を私功を投じて開発を行ない、それを寺田として寄進していることなどから、この稲は東人が東大寺に寄進した私稲とみるのが妥当と考える。
(58) 後に溝の大規模改修が企画されているところからみて、水利系統に無理な負担がかかったのであろう。
(59) 増田氏前掲論文。
(60) 天平宝字元年一二月二三日越前国使解（『東南院文書』二―五〇二）。
(61) 天平宝字元年一一月一二日越前国使等解（『東南院文書』二―五〇一）。
(62)『東南院文書』二―五〇五。
(63) 天暦四年（九五〇）一一月二〇日東大寺封戸庄園并寺用雑物目録（『東南院文書』二―五六五）にその名前があ

らわれている。

(64) 同氏「東大寺領越前諸庄園の復元と口分田耕営の実態」(『南都仏教』一号　一九五四年)。

(65) 同氏「越前国桑原庄」(『講座・日本荘園史6・北陸地方の荘園・近畿地方の荘園Ⅰ』吉川弘文館　一九九三年)。

(66) この諸庄園の再編については、詳しくは本書第一部第一章を参照。

(67)『東南院文書』二―五二五。

(68)『東南院文書』二―五二六。

(69)『東南院文書』二―五一五。溝江庄が越前惣券に未記載であるのは、惣券が庄域内の第三者田地の書きだしであることからいって、庄域内に百姓の口分田・墾田など第三者の田地が所在していなかった故である。

(70) 同氏「八・九世紀における農民の動向」(『日本史研究』六五号　一九六三年) 七頁。

第二部　畿内・中国地域における東大寺庄園群

第一章　天平勝宝八年六月勅施入庄・所群の性格と機能

――水無瀬・難波・平城京南郊――

はじめに

水無瀬庄は、摂津国島上郡の三川合流地点に近い水無瀬地区に存在する東大寺の庄園である。八世紀段階のこの庄については、史料としては天平勝宝八年作成の絵図[1]が現存するのみである。この庄についてはは交通・運輸とのかかわりが指摘されているものの、具体的にどのような形でかかわっているのかについての十分な分析が行なわれていない。絵図そのものの分析についても、他の東大寺諸庄園との関連を十分にみることができていないため、論議が深められていない[2]。

八世紀中期に設定された東大寺諸庄園について、その関係文書は東南院文書第三櫃に主として収められている。ただ、そこに収められているのは越前・越中・伊賀・阿波・摂津・因幡の諸国の関係文書に限られており、他の諸国の関係文書は失われていることは周知の通りである。しかし、大治五年（一一三〇）三月一三日東大寺諸庄文書并絵図等目録[3]、仁平三年（一一五三）四月二九日東大寺諸庄園文書目録[4]など平安時代に作成された庄園文書目録には現在ではすでに失われている文書も多く記載されており、それらによると、八世紀中期の年代を持つ文書を有する庄園は、相模、越前、越中、越後、尾張、美濃、伊勢、近江、伊賀、摂津、山城、大和、播磨、備前、備中、備後、周防、因幡、伯耆、紀伊、阿波、伊予などに存在することが明らかになる。これらの目録のうち、大治の目録は国単位に庄園についての文書を記載しているのであるが、「連券」の項があり複数の国を対象とした文書類の目録も記載されている。その一部に次のようにある。[5]

（史料一）

一連券

一通

天平神護三年四月二日越中國司牒

同年二月廿八日民部省牒 伊賀國・越中國・越前國

同年月十一日官符 上件國〻所被載也 ……イ

一通文圖 載春日・清澄・飛驒・猪名・水成瀬 天平勝寶八歳十二月十三日 ……ロ

一通　天平勝寶八歳十月一日官符 播磨・備前・備中・備後 ……ハ

このうちイについては、記載されている文書が現存しており、[6]別稿で分析したように、伊賀・越中・越前の三国に所在する造東大寺司の庄園群は天平神護二年八月二六日官符に基づき抜本的再編成がなされるのであり、[7]イはこの再編についての関係文書の一部を示す。ハについても、別に分析するように天平勝宝元年から八年にかけて山陽・山陰・南海道諸国に水上交通路の拠点としての機能をあわせ持つ庄・所が設定され、天平勝宝八年一〇月から一二月にかけて立券されていく、その関係文書の一部である。[8]

そのことをふまえロをみる。ここには水無瀬をふくめた五つの庄・所名が記載されている。いずれも摂津ないし大和に所在する庄・所である。イ・ハと対比させれば、このロも何らかの共通項を持つ庄・所群にかかわる連券という側面が浮かび上がってくるのであり、水無瀬庄をこの畿内所在の庄園群の一つとして位置づけることが可能になる。さらに、ハの瀬戸内沿岸の庄園群にかかわる連券がロのわずか二カ月後の日付を持っていることをみるならば、ロとハの関連も見逃せない。すなわち水無瀬庄について、残っている史料は少ないが、孤立して存在する庄園としてみるのではなく、何らかの共通性を持つロの庄園群を構成する一個の庄園という側面からみていく必要があるし、それによってはじめてこの庄と交通・運輸との関わりについても明らかにすることができる。そこでまず、このロの庄・所群に深くかかわっていると推定される勘渡状と呼ばれている文書についての分析を行なう。その上で勘渡状にあらわれている一〇数個の庄・所について、それぞれが置かれた状況を山崎津、難波津と猪名川河尻、および平城京周辺の三カ所に整理して検討する。それにより水無瀬庄をふくんだこの一連の庄・所群の性格と機能の一端が浮かび上がってくるものと考える。

一　勘渡状について——関係史料の整理——

上記ロの文書群にかかわってみておきたいのは、東大寺文書にふくまれているが、平安遺文未収録の年月日不明公験勘渡状案についてである。[9] この文書はすでに栄原永遠男氏が新出史料として紹介され、分析を加えている。[10] 分析の必要上、栄原氏の作成された釈文をかかげる。

（史料二）

政所

度進公験事「伍巻」

1 一勅書壹巻　枚数拾貳枚　戴庄五箇所　十箇所　春日庄　村屋庄　飛驒庄

2 摂津國西□〔城カ〕□　□堀江北□　同國河邊郡猪〔名脱〕庄同國嶋上郡山崎庄

近江國神崎郡因幡庄　庄

3 ○春日庄　飛驒庄　摂津國川邊郡為奈

4 同國嶋上郡水成〔瀬カ〕□庄

5 一文圖貳壹巻

6 一巻戴五箇所庄枚数捌枚

一巻戴五箇庄

清澄庄　飛驒庄　猪名庄　山崎庄　因幡庄

一繪圖貳巻戴

一巻　戴七箇所　枚数拾枚

葛木寺東所　田村所　清澄所　村屋所

飛驒坂所　摂津國堀江所　山崎所

一巻戴肆箇庄
　春日庄　清澄庄　　猪名庄　因幡庄
　交替帳壹巻
　　已上伍　巻
右公文且勘度所如件

氏の釈読については基本的に異論はないが、写真判を参照した結果、行番号1～6を付した前半部分について、以下の三点を訂正ないし補訂すべきものと考える。第一点は一行目について「十箇所」とあるのを「七箇所」とあらためるべきである。第二点は三行目について春日庄の下部、飛驒庄との間に虫損があることを明示する必要がある。第三点は六行目の中程から三行目の頭の部分に向けて黒線が引かれているのを明示すべきである。

この訂正・補訂をふまえて勘渡状前半を整理してみる。まず第一行は「勅書一巻　載七箇所」となるが、この七箇の庄は一行目と二行目に記載されている春日庄から因幡庄に至る七箇庄とみてよい。つまり、一・二行目記載の七箇庄が「勅書」の庄園群を構成する。次に三行目について、虫損部分を考慮すると当行には四箇庄が記載されていることになる。一・二行目記載の七箇庄が「勅書　七箇庄」に該当することを考慮すると、この三行目と次の四行目の水無瀬庄を合わせた五箇庄はそれとは別な庄園群を構成することになる。そのこととの関連で、六行目について「文圖」の庄園群として五箇庄があるとなっているが、具体的な庄名は記載されておらず、代わりに墨線がこの行の中程から三行目冒頭の〇印に向かって引かれていることに注意したい。このことから、六行目の「一巻戴五箇所庄」は三・四行目の五箇の庄園を指すものとみてよい。おそらく、「文圖」の庄園群を構成する五箇の庄園の名前が三・四行目として先に記入され、その後に五・六行目として「文圖」「一巻載五箇庄所」が記入され、その五箇庄・所が三・四行目の庄園群であることを墨線で示しているのであろう。

みておきたいのは、前掲史料一の大治目録連券項ロが「文圖　春日・清澄・飛驒・猪名・水成瀬」となっていることである。三行目の虫損部分に清澄を宛てれば、三・四行の五箇の庄園はこの連券項ロと完全に一致する。両者とも「文圖」になっており、このように対比させることは可能である。したがって、三行目虫損部分には清澄を宛てて間違いないものと考える。以上のことをふまえれば、勘渡状は次のように整理できる。

一、勅書一巻　……A
　載庄七箇所
春日庄、村屋庄、飛驒庄、摂津國西成郡堀江庄、同國河邊郡猪名庄、
同國嶋上郡山埼庄、近江國神崎郡因幡庄、
一、文圖二巻（抹消して一巻）　……B
一巻　載五個所庄　……B1
春日庄、（清澄庄）、飛驒庄、摂津國川邊郡為奈庄、嶋上郡水無瀬庄
一巻　載五個所定　……B2（抹消）
清澄　飛驒　猪名　山崎　因幡
一、繪圖二巻　……C
一巻　載七個所　……C1
葛木寺東所、田村所、清澄所、村屋所、飛驒坂所、摂津國堀江所、山埼所、
一巻　載四個所　……C2
春日庄、清澄庄、猪名庄、因幡庄、

このように整理される勘渡状はいつ頃、何を目的に作成されたものであろうか。これについて、まず、記載庄園の一つである飛驒坂所にかかわる次の史料二つを取り上げて検討してみる。

（史料三）(11)
（端裏）「東大寺飛驒庄勅書案」
＊（正文在連券）
高市郡飛驒坂所
田壱町三段弐百九拾弐歩…
地陸町九段三百拾壱歩…
：
屋参宇
倉参宇
：
以前、奉去五月廿五日　勅、所入如件
天平勝寶八歳六月十二日

（史料四）(12)
（端裏）「飛驒庄覚光所進文書」

（異筆1）「東大寺印蔵御公験案文」
（異筆2）「正文在文圖、件文載大和所々所之」

飛驒坂所

壱町参段弐百九拾弐歩　在處圖内

乗田七段二百四十歩

墾田六段五十二歩

天平勝寶八歳十二月十三日

高市郡擬少領無位高市連廣君

擬大領従七位上高市連屋守

上件三處勘國司

正七位上行大目船連心以麻呂

従五位下行介大倭伊美吉東也

史料四について、みておきたいことの第一は端裏に「覚光所進」とあることである。覚光は久安三年（一一四七）に飛驒庄の上司職に補任されている東大寺の僧であり[13]、東大寺印蔵文書の出し入れにもかかわっていた[14]。さらに久安三年八月八日僧恵船奉書には、「令尋給ハ八箇處勅書、四箇處繪圖也、近江國因幡庄在中、件書モ於覚光許紛失之由被申志かや……」とあり[15]、因幡・飛驒の各庄をふくんだ相当数の庄園についての勅書・絵図の類を扱い、紛失などの問題を起こしていたようである。みておきたいことの第二は同じ端裏の異筆2に飛驒坂所公験案は大和の所々の庄が記載されている「文圖」のなかにふくまれていると記されていることである。ここでいう「文圖」は天平勝宝八年一二月一三日という同一日付ということからみて、勘渡状Ｂ１の「文圖」と同一とみてよく、史料四の飛驒坂所公験案と勘渡状Ｂ１は対応するとみてよい。次に史料三について、端裏に「勅書案」とあらわれている。史料四との対応でいうと、この文書も勘渡状のＡの「勅書」と分類されている部分の写しとして作成されたものとみてよいことになる。つまり、三・四の両史料は天平勝宝八年六月作成の勅書（史料三）がＡの勅書の部の「飛驒庄」に、同年一二月作成の公験（史料四）がＢの文図の部の「飛驒庄」にそれぞれ対応することになる。

すなわち勘渡状の作成と勘渡状記載庄園の関係文書の写し文書作成に覚光が深くかかわっていたことは間違いない。厳密な時期は不明であるが、おそらく一一三〇〜四〇年代において、覚光らは東大寺印蔵に所蔵されている飛驒坂所をふくめた一連の庄・所の関係文書・絵図を調査し、その写しを作るなどの作業を行なっているのであり、勘渡状はその際関係者が作成した文書目録の控えないし下書であろう[16]。

以下この飛驒坂所の例を手がかりに、勘渡状のＡとＢの分類の持つ意味について考えてみる。まずＡについて。史料三は天平勝宝八年五月二五日勅に基づく飛驒坂所の施入勅である。この五月二五日勅は残存していないが、同月の五月二日に聖武が没していることからみて、孝謙が聖武の意思による遺品の東大寺寄贈を命じた勅であることは間違いない。Ａには、全体として七個の庄・所が記載されており、飛驒坂所以外についていうと、猪名庄の場合、後年の写しの絵図であるが「天平勝寶八歳六月十二日勅施入文繪圖銘文外載野壱百町」とあり[17]、飛驒坂所と同じく天平勝宝八年六月一二日に施入されている。飛驒坂と猪名を除く五個庄について、その施入の年月を示す史料はないが、全体としてこのＡには諸庄・所が東大寺に勅施入されていることを示す史料が集められているとみてよい。

次にＢについて、見出しが「文図」になっており、Ｂ１とＢ２とから成るが、Ｂ２については全面抹消されている。抹消の理由は不明であるが、Ｂ１が大治目録連券項ロと完全に対応することから、Ｂ１でＢを代表させてみていく。このＢの性格にかかわって、大治文書目録連券項のハに示されている天平勝宝元年一〇月から一一月にかけて中・四国一円で行なわれた庄園の一斉の立券の一環として新島庄本庄地区について作成された新島庄庄券をみておきたい。

（史料五）[18]

東大寺墾田幷陸田惣四拾弐町八段壱百六拾弐歩阿波國名方郡新島地…

墾田一町五段一百五十歩

陸田四十一町三段十二歩……

……

以前、以去天平勝寳元年所占野内、且開田幷陸田及未開地如前

天平勝寳八歳十一月五日

この庄券では面積と所在地がまず記され次に耕地（墾田、陸田）が記され、それを国司らが確認している。この記載様式は史料四として示した飛騨坂所の公験案と基本的に同一であり、飛騨坂所公験案が同所の庄券、ないしは新島庄庄券より簡略化されている記載からみて必要な部分のみを抜き書きしたものとみてよいであろう。なお、「在處圖内」と記入されているところからみて、庄券には図が添付されていらしい。つまり、Aには施入にかかわる文書が分類されているのに対して、Bにはそれを受けた庄券作成にかかわる文書が分類されているとしてよい。

さらにCの絵図について、C1の某「所」と記された七個庄・所分の一巻とC2の某「庄」と記された四個庄・所分の一巻とから成り立っている。この庄と所の区分について、写しの摂津国猪名庄絵図の題名が「摂津職河辺郡猪名所地」となっており[19]、Cに「庄」と記されている猪名は八世紀の段階では「所」と呼ばれていたらしい。その

点からみて、庄と所の区分は覚光の段階でなされたものとみてよい。ただ清澄についてC1とC2に所と庄が並存していることからみて、八世紀段階でも何らかの相違があったと考えられる。Cの絵図について現存しているのは、一つは猪名所絵図（写）であり、他の一つは天平勝宝九年正月四日の日付を持つ葛木寺東所の絵図である。まず猪名所について、絵図に次のように記入されている。

（史料六）
（絵図の右端に）
天平勝寶八歳六月十二日勅施入之繪圖銘文外載野壱百町
（絵図の左端に）
天平勝寶八歳十二月十七日
　摂津國河邊郡司
摂津職従三位行大夫文室真人智努
……

猪名は勘渡状ではA・B・Cいずれにもあらわれている。Aの勅書に対応するのは史料六に「天平勝宝八歳六月十二日勅施入」とあることである。そして、Bの文図すなわちAの勅施入を受けた庄券の作成は、史料一に示した大治文書目録連券項ロの「文圖」に示されているように同年一二月一三日になされている。そして史料六の「天平勝宝八年十二月十七日」という日付はこのBの庄券作成をうけてCの絵図作成がなされたことを指すとしてよい。つまり、猪名所の場合施入・庄券作成・絵図作成それぞれの段階の史料が勘渡状に記載されていることになる。

次に葛木寺東所について。

（史料七）[20]

（表題）「勅書幷繪圖　佐伯院二　天平勝寶八年」

勅　……イ

奉入東大寺宮宅及田園等

五條六坊園　葛木寺以東

地四坊　坊別一町二段廿四歩

四至……

倉参宇

……（内訳略）……

以前、奉去五月廿五日　勅、所入如件

天平勝寶八歳六月十二日

……（署名略）……

葛木東所　地肆坊　左京五条六坊　……ロ

……（絵図略）……

左京職勘上二所　天平勝寶九歳正月四日正七位上行少属坂上伊養吉子老

……（下略）……

表題がいつ記されているのか不明であるが、表題でいう「勅書」が本文のイの部分を、「絵図」が本文のロの部分をそれぞれ指しているとみてよい。つまり、イにより五月二五日の孝謙勅に基づき六月一二日に勅施入されている庄・所であることが明確になる。ただ、勘渡状A部分には葛木東所の名前はなく、勘渡状作成の段階ではみあたらなかったらしい。また、勘渡状Bにも記載されていない。しかし、猪名との対比などでいえば当然庄券が作成されたとみてよく、それはC1の絵図（これが史料七の絵図に該当する）作成の直前の天平勝宝八年一二月前後のことであったと推測される。

関連して、B1記載の水無瀬についてCには記載されていない。しかし、後に第一図として掲げているように天平勝宝八年一二月一七日の絵図が現存する。さらに欠年月日東大寺領摂津国荘園文書目録の水無瀬庄「勅書」の項に「在以前天平勝寶八年連券内、又見同年猪名庄勘定文圖、文見天暦四年封戸荘園目□文内、在繪圖」と注記されている。[21]勅書については、天平勝宝八年の連券という形でみえている（これが勘渡状のAに該当する）とし、さらに同年の猪名庄の「勘定文圖」もみえている（これがBに該当する）、さらに絵図もあるという意味であろう。すなわち、水無瀬の場合も勘渡状にはA・Cは記載されていないが、本来A・B・Cが一組で存在していたとみてよいのである。

あらためて、A・B・C三者を全体としてみてみる。三者全体として一二個の庄・所が記載されているが、Aには七箇庄が記載されている。このAに記載がなくて、BまたはCに記載のあるのは葛木寺東・田村・清澄（二カ所）・水無瀬の五個庄・所である。五箇庄・所のうち葛木東所については先にみたように六月一二日勅施入の所である。また田村所について、延喜二年（九〇二）一二月廿八日太政官符案に次のようにある。

（史料八）[22]

太政官符　大和國司

應令東大寺領掌園地事 在添上郡

一平城左京五條陸坊　葛木寺以東

地肆坊　坊別一町二段百廿四歩

四至 東限道　西限小道葛木寺　南限大道 北限小道并大安寺園

一同京田村所

地弐坊

一坊左京四條二坊地一町二段百廿四歩

四至 東限小道　南限大道并同寺園 西限小道　北限小道并田村宮

一坊同京五條二坊地一町二段百廿四歩

四至 東限小道　北限大道并同寺宮宅

右、得彼寺牒偁、件園地等是　勝寶感寶聖武皇帝供養三寶料、永限日月所被施入也、

田村所と葛木東所とが聖武勅施入の園地として、一体のものとして把握されている。それと関連して、先にみた葛木寺東所の絵図の上端に「左京職勘上件弐所」と記されていることに注意したい。これは同じ左京にある葛木東所と田村所を指すとみてよいのであり、この二つの所について左京職が同時に確認の絵図を作成しているのであろう。このことからみて両所とも天平勝宝八年六月一二日に「勝寶感宝聖武皇帝供養三寶料」として施入されたとみ

てよい。さらに清澄についても「本願聖霊御施入」[23]、水無瀬についても「本願聖皇之勅施入」[24]、とあるようにいずれも後世になってからではあるが聖武（孝謙）勅施入がいわれており、天平勝宝八年勅施入庄・所とみてよい。

一方Aに記載されている七箇庄・所のうち、上記したように飛騨坂所と猪名所の二庄・所は葛木東所などと同じく天平勝宝八年六月一二日施入が明確である。残る五箇庄・所のうち、因幡庄については仁平三年（一一五三）四月二九日東大寺諸荘園文書目録に「（近江国）神崎郡因幡庄券案　勝寶八年」[25]とあることからみて、天平勝宝八年施入とみてよい。山埼庄について、後にみるように同時点に絵図作成なされるなど水無瀬・山埼の両庄は一組の庄園として把握できるような密接な関係にあり、その点から水無瀬庄と同時に施入がなされているとみてよい。さらに春日庄について、正暦二年（九九一）三月一二日大和国使牒に「謹検舊記、件庄本願聖霊天平勝寶八年一二月一二日勅施入也」とある[26]。

以上で明らかなように、勘渡状に記載されている全部で一二個の庄・所のうち、村屋・堀江を除く一〇庄（清澄を二庄として計算）は天平勝宝八年施入であることが何らかの形で裏付けられる。さらに、このうちAに記載のある飛騨坂と猪名、記載のない葛木東と田村の合計四箇庄・所は共通して六月一二日施入であることがはっきりしている。例外は勅施入が一二月一二日になっている春日庄であるが、この庄の場合、ロの「文図」の日付が一二月一三日であるから、上記正暦年間の文書にあらわれている日付は「文図」の日付であり、勅施入は六月であったと推測できる。そして村屋・堀江については確証が得られないが、堀江については後にみるように聖武の離宮であったものが寄進されて成立した庄・所であり、春日・清澄の両庄が同じように聖武離宮がこの天平勝宝八年に寄進されて成立したものであることを考えれば、堀江も同一時点で離宮の一つが寄進されて成立したことは十分考え得る。村屋については考える手がかりはないものの、全体としてはここにあらわれている一二箇の庄・所は天平勝宝八年五月二五日勅に基づき、六月一二日に勅施入された庄・所群と規定して間違いないものと考える。一二世紀半ばの段階で印蔵にそのうち七箇の庄・所についての施入勅書が保存されており、勘渡状Aとして書き出されているのである。

Bについて、B1は同年一二月一三日の日付を持つ庄券の連券であり、いずれも六月に勅施入された庄・所について一二月に庄券作成がなされたことを示す。ただ、このBについては、五箇庄の庄券しかなく、抹消した五箇庄の位置づけも不明であるなど、今後の検討事項が多い。また絵図Cについて。C1とC2とで水無瀬を除く一一箇庄・所が書き上げられている。そして、一二月一三日に庄券作成がされている猪名所の絵図が同月一七日に作られ、また同じく一二月一三日に庄券作成がされている水無瀬庄はCに記載されていないが現存絵図は一二月一六日に作られていることからみて、Cの一連の絵図はBの庄券に基づいて、あるいは庄券作成の一環としてなされていたことは明らかである。つまり、文図（庄券）のあるのはB1記載の五個庄・所のみであるが、これ以外の勘渡状記載の全ての庄・所で庄券が作成され、さらにそれら庄券に対応して絵図が全ての庄・所で作成されていたとみるべきである。

これまでの整理で明らかになったように、勘渡状は天平勝宝八年六月に勅施入され、同年冬から翌年正月にかけて庄券と絵図の作成がなされた一二個の庄・所についての勅施入文・庄券・絵図を書き上げたものという性格を持つ[27]。関係文書は勅書・文図・絵図の三項目に分類されて書き上げられているが、このことは各庄・所について本来この三点が伝領されているべきものと考えられていたことを示す。これら勅施入庄・所にかかわる文書が必要になり、覚光らによる印蔵文書の調査がなされ、その際に確認されたものを書き上げたのがこの勘渡状であったとみてよいであろう[28]。

水無瀬庄をふくめたこの六月勅施入庄園群については残存史料が上記でみたように断片的であり、従来の研究史でもまとまった庄園群として把握するということはなされてこなかった。しかし、一二箇の庄園のうち近江国所在の因幡庄を除き、一一箇の庄園は摂津・大和の両国、しかも山崎津・難波津・猪名川河尻など大阪湾沿岸・淀川流域の交通の要衝、および平城京周辺と内部に所在することは注目される。以下、これら庄・所がどのような場にどのような特質をもって設定されているのか、また各庄・所間にどのような相互関係が作られているのかをみていく。そのことにより同時点に集中的に設定されたこれら勅施入庄・所の全体的な性格の把握をなしうるものと考える。

二　八世紀中期の山崎地域の東大寺庄園

——水無瀬庄と山埼庄——

水無瀬庄にかかわる八世紀中期の史料としては東南院文書中におさめられている「水無瀬庄絵図」が存在するが、その概念図を第一図として示した。設定されている場所は当時の摂津・山背両国国境になっていた水無瀬川沿いである。まず絵図そのものの読み方について、従来の研究史とのかかわりで考えてみたい。

第一に、絵図中の線Aをどのようなものとして把握するかについてである。これについて、「絵図の水無瀬川から分かれて南下する水路は、人工的な灌漑用水路ではなく、自然に分流した小河川とみられるが……」(29)とされているよ

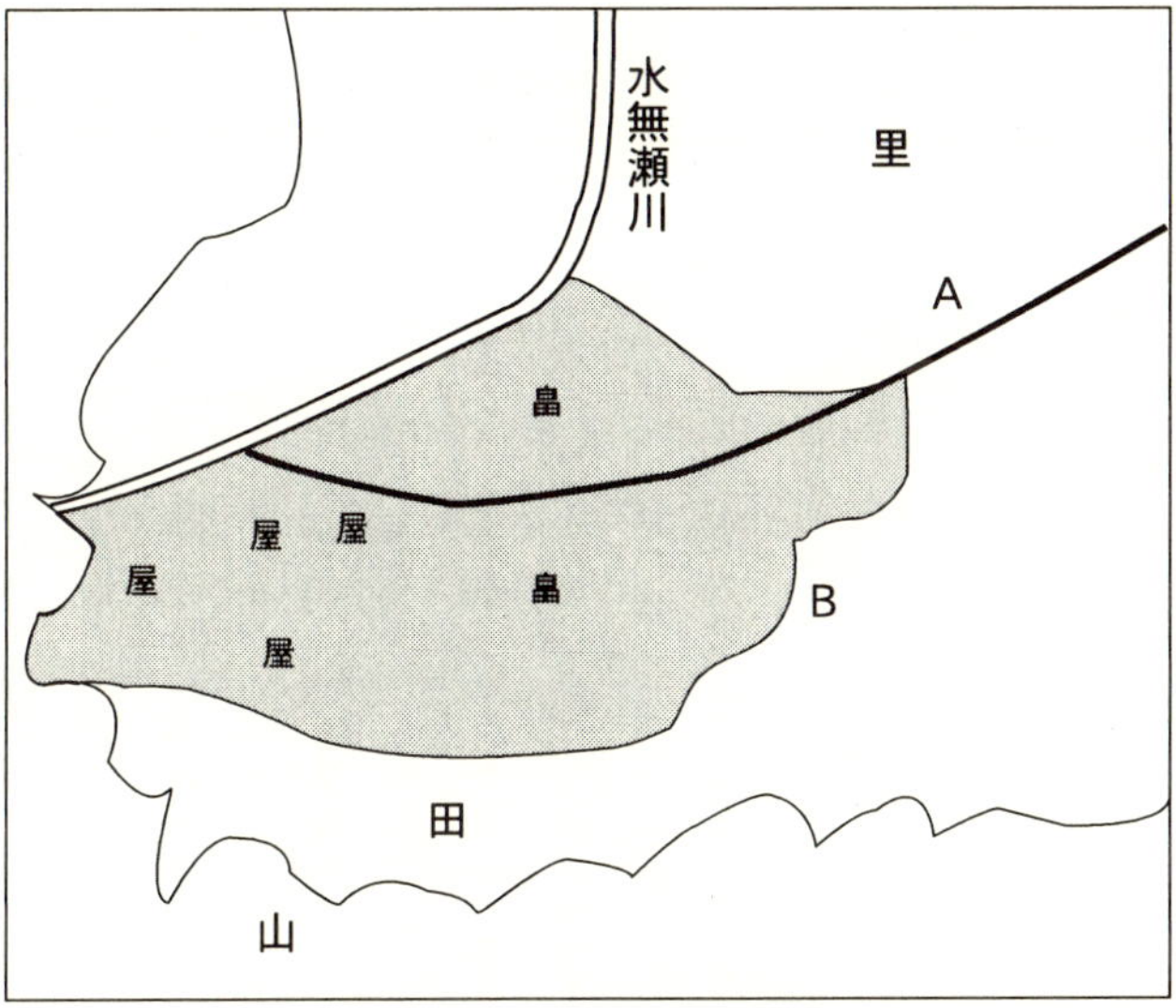

第一図　水無瀬庄概念図

うに、一般的には水無瀬川より分流する小さな川とみなされている。しかしこれについては次の諸点からみて、疑問である。一つは線Aを水無瀬川からの分流であるとした場合、線Aが水無瀬川と接する地点の描きかたをみると、川から分流するような描きかたになっておらず、川と線Aが明確に区切られていることである。分流であれば、両者は区切られていないのではないか。次に線Aが川であったとすれば、なぜその周辺に田がないのかということである。絵図をみれば明らかなように、線Aの周辺には「畠」はあっても田は全くない。さらに絵図で畠地になっている地と水田になっている地とでは現在の微地形は明らかに異なっており、畠地のある字水口から字高野にかけては「緩傾斜を有する扇状地性の地形面で、数ミリメ—トル径の細礫を交えた砂質ないし細砂・シルト質の土壌から構成され、水無瀬川がつくった堆積地形である」のに対して、水田のある字山添から字阪口にかけては「水口～高野にかけての地形面より一メートルないし一・五メートルほど低く、バック・マーシュの傾向をみせている」[30]。このように、畠の部分が扇状地であるとするならば、この部分では水は伏流し地表面に小川を形成することはないのではないか。そのようにみてくると、この線Aは川ではなく西のほうから水無瀬川にむけて走っている「道」とみるのが妥当と考える。また線Aを「道」とみれば、周辺に水田がなくても不自然ではないし、水無瀬川に接するところの描きかたも道が川に行当たった状況を示すとみればこれも不自然ではない。

第二に線Bをどのようなものとして把握するかである。島本町史はこの線について「絵図の西北から西南に位置する丘陵（百山）にほぼ併走して書かれている実線（線Bのこと）と、水無瀬川河岸から分流河川へかけて書かれている実線（同）とは、方格線とことなって他の地物と同筆で太く記され、前者は中央の畠地から西の谷田、南の桑原田・新治田とを明確に分かち、また後者は畠地と里とを分けているので、地類界と推定できる……」[31]としている。ここで指摘されているように、線Bは絵図中央の畠地と丘陵沿いの谷田・桑原田・口分田とを、また水無瀬川よりの里と畠地とを明確に区切っていることは明らかである。線Bで囲まれた内部は全て「畠」となっており、そこに「倉」「屋」が記されているとともに、この内部には田地は存在していない。しかも原色写真判によると[32]、この線Bで囲まれた地域には彩色がほどこされ、線外の田地や里が存在する地とは明確に区別されている。

島本町史をふくめ、従来一般的には線Bはたんなる地類界であり、この線の内部の畠も外部の田地もいずれも水無瀬庄域内の地とみなしてきた。しかし、線B内部と外部とが、これだけ明確に区別されているところからみると、これをたんなる地類界とみなすことはできない。そうではなくて、この線は庄の内外を分かつ線、すなわち成立時点の水無瀬庄の庄境を示す線とみるべきである。線Bに囲まれた地域が彩色され、他と区別されているのは、ここが庄域であることを明示するためになされたということになる。このようにみてくると、従来庄域内の寺田とみなされてきた、山沿いに存在する田地は線Bの外部であることからみて、東大寺の寺田ではないことになる。

第三に絵図上に引かれた方格地割の性格についてである。これについて服部昌之氏はこの方格線は地類界をもふくめた地物を記入したあと異筆の細線で描かれているとして、その意味でこの方格線は「条里プラン開発計画線」であり、庄域における条里の設定は、八世紀後半に成立したとする[33]。それに対して史料編纂所の絵図調査では、方格線が後で引かれたとする服部氏の説は成り立たないとし、また現地形にあてはめた島本条里に絵図中の水無瀬川の位置は合うが、西半分の水田地帯は合わないことから、この方格線が方一町の条里であることは疑問であり、この絵図が占点図であるという性格、施入以前に施行されていた先行地割の存否との関連を考えねばならぬとする[34]。

絵図に記入されている方格地割は後で記入されたものではなく、また方一町の条里でもないという指摘は、この方格地割が方一町の条里であれば簡単に算出できるはずの庄域内面積が記入されていないところからみて、正しいと考える。そうなると、この方格地割はどのような性格のものとしてとらえたらよいであろうか。

絵図をみると、中央の扇状地上は庄域で占められており、庄域の外部の西の山沿いの低湿な場と南方とに耕地と家・里が存在している。庄域の東、つまり淀川に至るまでの地については、絵図の限りでは不明であるが、川に近くなるという点からみて、耕地と家が点在し、あとは未開の原野が広がるという庄域の南部と同様な景観が山崎津が存在する淀川べりに至るまで続いていたとみてよい。つまり、天王山の麓から淀川に至るまでの山崎津や水無瀬庄をふくむ水無瀬川の両岸にひろがる山崎地域は、淀川河原とそれに連なる地であり、服部氏が指摘するように八世紀中期では条里が設定されていなかったことからみても、全体として水田の世界の外部に広がる河原（山野河海の地）として位置づけてよい。そのようにみると、水無瀬庄は、条里が設定されていない山野河海の世界に設定された庄園であり、絵図上に引かれている地割りは厳密な方一町になっていない、占点図作成のために絵図上に引かれた線とみる以外ない。

第四に史料編纂所が指摘している、絵図は水無瀬川よりの部分は現地景観をそれなりに反映しているが、西の山よりの部分は現地景観を反映していないということの持つ意味について。絵図作成のねらいが庄域の広がりを明示することにおかれていたことは、庄域のみに彩色がほどこされ、庄域外との区別を浮かび上がらせていることで明らかであろう。ところが、その庄域内部について「畠」とのみ記入され、面積が表示されていない。つまり、一般的にいって、庄域を確定するためには、面積の確定が必要になるのであるが、それがなされていない。さらに、庄境線が越前の東大寺諸庄園のように条里に沿って直線的に走っているのではなく、散在している耕地を庄域内部にふくめないように曲がりくねって走っていることも注意される。これらのことからみて、水無瀬庄は条里の設定されていない山野上の地を面積未確定のまま占点されたものであるが、占点に際しその地内部に農民の田地、家を内部にふくまない形で設定されているとしてよい。そして絵図作成者の主要な注意は、庄域が道と川との会合点を中心に広がっており、在地の人々の耕地・家をふくみこんでいないことを鳥観図的に示すことに置かれていたのではないか。つまり、西の山沿いの谷田の位置・広がりないし東や西に散在する里や田地は、山がそうであるように、彩色で浮かび上がらせている庄域の広がりの背景描写として位置づけされているのであり、谷田などを絵図上の地割と厳密に対応させることは配慮されていなかったとみてよい。

以上の絵図の読み方をふまえ、この水無瀬庄の性格を考えようとする場合、手掛かりになるのは第一は庄域内部はすべて面積が記されていない「畠」になっていることであり、第二に「倉」・「屋」と「道」（線A）が存在していることである。このうちまず第一の「畠」についてみていく。従来一般的に、水無瀬庄はこの畠が中心であり、ここで収穫された物を「倉」「屋」に収納するととらえられることが多い。しかし、それら「畠」に面積記載がなく、庄域外に存する耕地とは区別される存在であるところからみて、これら畠は毎年農作物が作られる常畠とは考えられない。その点で、この「畠」と石田寛氏が分析している放牧・刈草・刈山コンプレックスとの関連が注意される。[35]

氏は中国山地の岡山県新見市大字千屋小字代城でその生産方式をみている。それによると、村は大きくカベウチとカベソトに分れ、人家と田畑はカベで囲いこまれたカベウチといい、その外は牛の放牧場としてカベソトとよぶ。カベソトは第一義的に放牧目的に使われたが、採草・刈山利用も大きな意味を持っていた。刈山とはヤズ（藪）を対象にヤズを刈って乾燥し、火を入れて焼きはらい、そのあとに畑作物を栽培すること（一年目蕎麦、二年目粟、三年目大豆、小豆）である。この刈山にするところは放牧場であるから周囲に垣（カベ）を作って牛の侵入を防ぐ。そして三～四年で放棄し、新しい場で刈山をする。放棄した場は放牧場になる。つまり、畑地になったり、放牧場になったりして耕と牧とが輪換するが、その輪換は場所がはっきり決っているわけではなく、不規則に輪換していく。一方、カベウチでも一定期間刈跡放牧などの形での放牧がなされる。その際、牛が菜園や屋敷まわりを荒すのを防ぐために個人カベが必要であった。以上が放牧・刈草・刈山コンプレックスのおよそのあり方である。カベウチ・カベソトがこのように完成した姿をとるのは近世以降であり、一四世紀の新見庄史料には（代城は新見庄域内）個人カベしかあらわれていない。つまり、カベで囲われた居住とその周辺の定畑（個人カイト）と放牧の地、さらにその放牧の地内部でカベで囲われた畑地（牧内を移動）という組合せでの生産が一四世紀段階以前では行なわれていた。

このような耕・牧輪換方式は水田農業が行なわれていない山野上で古くから一般的に展開している生産方式である。八世紀の山崎地域は、水田農業が発展していない基本的には山野河海の地に位置づけられること、水無瀬庄には「畠」が存在するにもかかわらず、面積が記載されていないことなどからみて、中国山地でみられる農業生産の方式ないしその前身がこの地域でも広く行なわれていたとみたい。つまり、絵図に示されている未開の地は水無瀬庄が設定されている扇状地上をふくめ、この絵図にあらわれている集落や家の成員が上毛利用活動を行なう「カベソト」の地とみてよいのであり、水無瀬庄はこのようなカベソトの地を囲いこんで成立をしている。そして、占点以後もその内部では引続き放牧・刈草・刈山という生産活動が行なわれる。それ故に庄域全体がたんなる未開地ではなく、「畠」しかも耕・牧が輪換していくから耕地としての面積を特定できない「畠」と表示されているのである。このことからみて、水無瀬庄は耕牧輪換方式による放牧と刈草および焼畑が行なわれる山野上の地を囲いこんで成立した占点地、その意味では基本的には牧として設定された庄園とみるのが妥当であろう。

この庄の性格をみていく第二の手掛かりは、庄域内の倉と屋および道の存在である。線Aで示される道は西の方から走ってきて水無瀬川で終わっており、水無瀬庄はこの道の終着点をくみこむ形で設定されている。この道が大宰府道とかかわっていることは間違いないが、問題はそのかかわりかたである。山崎地域において大宰府道がどのように走っているのか、確定されていないため、絵図の道とのかかわりは明らかにしえないが、二つの可能性があると考える。絵図にあらわれている道は、西の方から大原駅などを通って山崎に達する大宰府道そのもの、つまり大宰府道は東大寺の水無瀬庄のある地で水無瀬川に達し、ここで水無瀬川を渡って山背国乙訓郡に入り、水無瀬川づたいに山崎津に達していると考えるか、あるいは大宰府道は水無瀬庄より東の淀川よりの地で山崎津に達しており、絵図にあらわれている道は大宰府道からの東大寺専用の引込み道路を示していると考えるのか、いずれかである（第二図参照）。ただ、前者のように考えると、大宰府道という公の道が水無瀬川に接する重要な場で東大寺という寺院により囲いこまれていることになること、また大宰府道そのものが淀川を渡る前にこれほど淀川と離れた地点まで迂回した上で水無瀬川を渡ることになることなど不自然な点が多い。その点で後者の可能性の方が高いと考える。また庄の一角に存在する「倉」・「屋」についても、耕・牧輪換方式で生産される生産物を収納する施設とみるのは倉庫群の規模の大きさからみて不釣合であり、道とのかかわりからいって、交通・運輸の拠点としての倉庫群ないしその管理棟（厩をふくめた牧管理の機能をもあわせもっている）として把握すべきであろう。

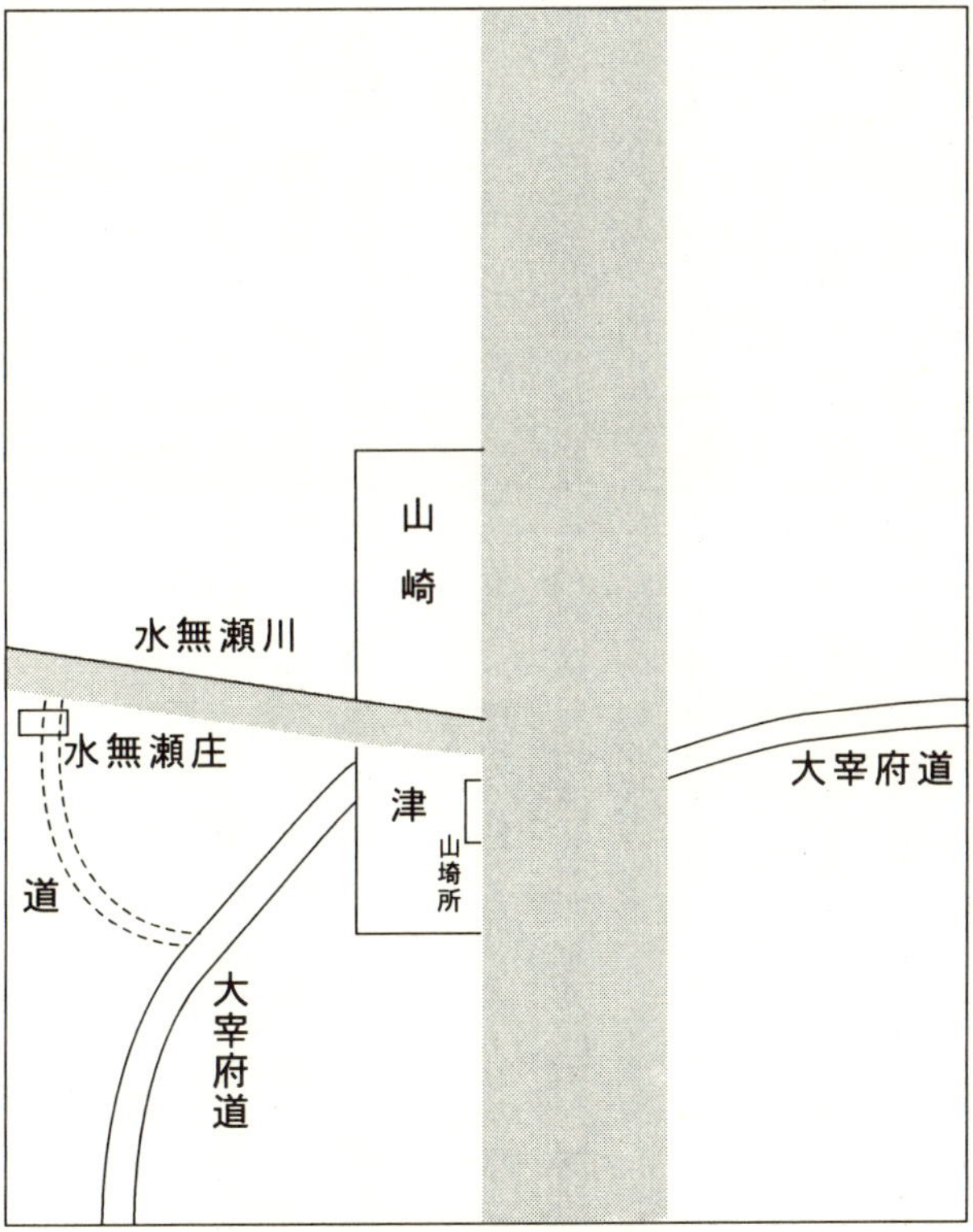

第二図　山崎津周辺概念図

ただ問題は、水無瀬庄と大宰府道という陸上交通路とのかかわりはあらわれてくるが、水無瀬庄のこの位置では

淀川水運とのかかわりがもう一つ明確にならない。『高槻市史』は「北、西、南を山地に囲まれ東が水無瀬川を介して淀川に通ずる地勢は、この庄園が港津であったことをよく表現している」[36]とする。水無瀬庄を水運による物資運搬の拠点としてとらえていることは正しい指摘であるが、その庄倉地を水無瀬川と淀川の合流点付近に広がる山崎津ではなく、なぜこれだけ奥まったところに設置したかの説明としては不十分である。その点で、山崎津についてみておきたい。時代はやや下がるが、次の史料をみていく。

（史料九）

（延暦十一年）四月丙戌、摂津國嶋上郡菅原寺野五町、梶原僧寺野六町、尼寺野二町、或寺家自買、或債家所償、並縁法制、還與本主、大井寺野廿五町、贈太政大臣正一位藤原朝臣不比等野八十七町、贈太政大臣正一位藤原朝臣房前野六十七町、故入唐大使贈従二位藤原朝臣清河野八十町、或久載寺帳、或世為家野、因隨舊給之[37]

この史料については別に分析しているが[38]、延暦三年（七八四）という長岡への遷都の動きが表面化している時点で「詔曰、山川藪沢之利、公私共利、具有令文、如聞、比来或王臣家、及諸司寺、包幷山林、獨専其利、是而不禁、百姓何済、宜加禁斷、公私共之、如有違犯者、科違勅罪、所司阿縦、亦与同罪、其諸氏塚墓者、一依舊界、不得斫損」[39]という詔がだされる。これは、王臣家・諸司・寺院の土地占点が水田の世界の周辺という枠をこえて、山野河海上に及んでいくという動きを抑止すべくだされたものであるが、この詔で示された方針はこれ以後、都が長岡京さらには平安京と移る大きな変動の時期のなかで、王臣家などが山野上で設定している占点地を整理するという形で具体化される。延暦一〇年（七九一）に山背国において「先是去延暦三年下勅、禁斷王臣家及諸司、寺家等、専占山野之事、至是遣使山背國、勘定公私之地、各令有堺恣聽百姓、……」[40]ということがなされている。ここでいう公私の地の勘定が王臣家などの山野河海での占点地についての「公」の地にすべきもの、すなわち収公すべき占点地と、「私」の地にすべきもの、すなわち存続を認める占点地とを区分するという占点地整理の実行であった。上記の延暦一一年の島上郡についての記事は、前年の隣接する山背国での占点地整理と深くかかわっている記事であり、占点地整理の過程で本主（もとの「主」）が引き続き占点することを認められた占点地を書き上げたものである。

つまり、ここにあらわれている「野」は淀川の河原地帯に存在している王臣家の占点地の一部とみるべきものである。具体的にみると、数町規模の小規模な占点地として梶原僧寺、尼寺、菅原寺のものがあらわれている。このうち梶原僧寺は西国街道に沿った現在の高槻市梶原にあり、白鳳時代から続く寺院であり、八世紀中期には摂津では四天王寺などならぶ大寺院として姿をあらわしている。[41] 尼寺はあるいは梶原尼寺の意味であり、そうなれば梶原寺と近接して存在していたことになる。さらに菅原寺は土器製作者集団としての土師氏（菅原氏）の本拠地である大和国添上郡菅原（現在の奈良市）にあり、行基の創設にかかわる寺である。さらに一〇町を越える大規模な占点地として、大井寺および藤原不比等、房前、清河のものがあらわれているが、このうち大井寺（院）は山城国葛野郡の大井川筋に存在し、行基伝承を持つとともに、九世紀前期に勅旨による造営がなされている、有力な地方寺院である。[42] 次に不比等、房前、清河は藤原北家三代（親―子―孫）である。平安末期に摂関家領の安満庄が檜尾川流域に広がっていたが、[43] それとこの八世紀末の北家三代の「牧」は無縁ではない。

問題はこのような淀川河原上の多くの王臣家の占点地の実態は何かということであるが、そこで山崎津との関連がでてくる。足利健亮氏は嘉祥三年（八五〇）以前の旧山崎橋について、当時山背・摂津の国堺になっていた水無瀬川が淀川に合流する地付近に架けられており、この橋が平城京から大宰府に達する大宰府道（山陽道）の淀川渡河点であったとする。[44] この旧山崎橋はしばしば流失しており、常時かけられていたのではない。つまり橋が所在していた周辺は淀川を上下する船も停泊するとともに、淀川渡河点としての役割も果たしていたのであり、その点で水無瀬川河口周辺の淀川河原が山崎津になっていたものとみるべきである。天平宝字六年（七六二）五月一四日石山院奉写大般若所注進文に「然此船津者、諸百姓船多停宿所、或流来倚、或託人到、然件船不知彼来由、但江川渡間、乗件広國、因茲所縛参上……」[45]とある。仕丁私部広国が山作所から出向き、夫などの食料を石山院で受けとって帰る際、江川の船津でそこにあった誰のものとも分からない船に乗って渡ろうとして、衛士に船盗人とみなされ逮捕されている。この江川の船津は石山津である可能性があり[46]、勢多川を上下する水上交通と、川で分断される陸上交通の交叉点に存在し、川（勢多川）を上下あるいは横断する川船のたまり場になっており、多くの船が繋がれている状況が示されている。山崎津も同様な状況にあったとみてよい。

そして淀川川原上に展開する大小規模の王臣家らの占点地群地のうち、小規模な占点地について難波の新羅江庄との関連に注意される。この庄については後にみるが、天平勝宝年間に設定された、大川（淀川）に面して水運の拠点として設定された数町規模の小規模庄園である。このような難波京の京域外の川沿いに設定された交通・運輸活動の拠点としての役割を果たす庄家は、延暦一五年（七九六）一一月二一日太政官符「應聽自草野國崎坂門等津往還公私之船事」[47]において、九州からの「公私船」が難波に集中しているとされているように、長岡京・平安京と山城盆地での新都建設の続くなかでは、難波津を構成するものとして多く立ちあらわれているとみてよかろう。そして延暦一〇年が都が長岡にある時点で、山崎津が都への淀川からの物資揚陸地点になっていたと考えられること、しかも小規模占点地の大きさは五～六町以下で新羅江庄とも規模が類似していることからみて、この小規模占点地は山崎津そのものに設定された交易、物質流通活動の根拠地としての庄家（運輸中継基地ないし根拠地）とみてよい。また一〇町を越える比較的規模の大きい占点地としての「野」については、後に見る平安京郊外の桂川河原の例からみて、淀川河川交通にかかわって山崎津周辺に設定された牧とみてよい。

山崎津が史料に姿をあらわすのは、大同元年（八〇六）であるが[48]、それをさかのぼる十数年前、長岡に都が置かれるなかで、その近郊の津としての山崎津は大きく発展をとげつつあった。津の内部には王臣家・寺社の「野」と称される占点地、すなわちその内部が倉庫や船の停泊施設から成り立つ庄家が多く立ち並んでおり、かつ津の周辺に牧が集中的に設定されている状況の一端が上記の史料にはあらわれていることになる。

七五〇年代の山崎地区の状況がそこまで発展してはいなかったであろう。しかし、山崎津が大宰府道と淀川とが交差する交通の要衝の地であることにかわりはない。上記史料九の大井寺の野について「久載寺帳」とあるように「野」は古くから存在する占点地であった。また、藤原北家三代の「野」について、天平宝字四年（七六〇）八月に不比等に近江十二郡を封じて淡海公とし、不比等の二子武智麻呂、房前はともに仲麻呂により太政大臣が贈られているし、宝亀元年（七七〇）一二月贈太政大臣としての功封を旧によって賜っていることからみて[49]、不比等・房前名義の牧は天平宝字年間から宝亀年間にかけて、贈太政大臣の名のもとに蓄積されていったとみてよい。つまり、延暦年間に存続を認められている占点地には成立時点を八世紀中期にまでひきあげてよいものが存在する。

このように、八世紀中期の時点においても、山崎津およびその周辺の淀川河原上には、一定数の「野」とも呼ばれる、交通運輸とくに水上交通の拠点となっている大小規模の占点地群が展開していたとみてよい。そしてそれとのかかわりで、みておきたいのは水無瀬庄絵図の奥に書かれている次の奥書である[50]。

（史料一〇）

天平勝寶八歳十二月十六日
嶋上郡主帳無位物部首子老
擬少領従七位下三嶋県主　暇

上件二所勘
従三位行大夫文室真人「智努」　正七位下行少属穂積臣「牛養」

この「二所」について、従来は水無瀬庄と猪名庄を指すとされてきたが、史料編纂所の調査では、この二所は天暦四年（九五〇）東大寺封戸庄園並寺用雑物目録[51]に「嶋上郡山埼水成庄田地」とある「山埼」と「水成（水無瀬）」の二所を指すのであり、水無瀬庄絵図の前に山埼庄絵図が貼りつがれていたはずであるとする[52]。

この山埼庄については島上郡にあり、かつその庄名からみて広い意味での山崎地区に存在した庄園とみられるから、水無瀬川が淀川に合流する地点近くの右岸（島上郡側）すなわち山崎津の中心部に設定されていた庄とみるのが妥当である。面積は不明であるが、淀川水運の船泊りとしての山崎津のなかに淀川に直接接して設定される、小規模占点地としての「野」、難波津に位置する新羅江庄に対応する存在とみてよい。また、水無瀬庄についても山崎津からやや離れて所在し、且つ放牧の地としての性格を持つことからみて藤原氏三代や大井寺の「野」と同じ性格を持つ大規模占点地、淀川河原上に山崎津とかかわって展開していた王臣家・寺社・諸司の牧群の一つとして位置づけられる。

天平勝宝八年に造東大寺司はこの山崎地区において二つの庄・所、すなわち淀川に直接接して山崎津に山埼所を、そして淀川河原のやや奥まった地に陸上交通路を通って運ばれてくる諸物資の蓄積と牛・馬の飼育機能を持つ水無瀬庄をそれぞれ設定している。この両者は水無瀬川によって結ばれており、一体となって淀川水運と大宰府道が交差する山崎津において東大寺の交通・運輸の拠点としての役割を果たしている。天暦の寺用雑物目録に「嶋上郡山埼水成庄田」とあり、事実上一個の庄園として記載されているのも、そのことを裏付けている。

三　大阪湾沿いの庄・所とその構成

勘渡状には摂津国所在の庄・所として上記の水無瀬・山埼以外に猪名庄と堀江所が記載されている。ここではまず猪名・堀江についてみた上で、摂津国所在の四箇庄・所全体としての位置づけについて考えてみたい。

(一)　猪名と堀江

まず猪名について、河辺郡の南の端、神崎川および猪名川の河口に位置しており、第三図のように比定されている。(53)神崎川河口は奈良時代から平安時代にかけて、「猪名の湊」あるいは「河尻」の名前で呼ばれる津が成立していた。一方陸上交通路とのかかわりであるが、足利健亮氏は河辺郡の北部を走る古代山陽道と昆陽寺の周辺で直交して武庫川の谷を遡る直線道があり、それは南東方にあっては長柄橋（西成郡内、古代の淀川本流を渡る地点の橋、道はここから直進して難波京へ達する。行基架橋伝承のある橋）所在推定地を直指することから、この直線古道を七世紀に起源する難波京―有馬温泉の計画古道である可能性が強いとする。(54)氏はこの有馬温泉への古道は、神崎川を行基架橋伝承地である椋橋神社付近で渡るとするが、この渡河地点のすぐ下流が猪名庄になる。つまり、この庄は陸上交通

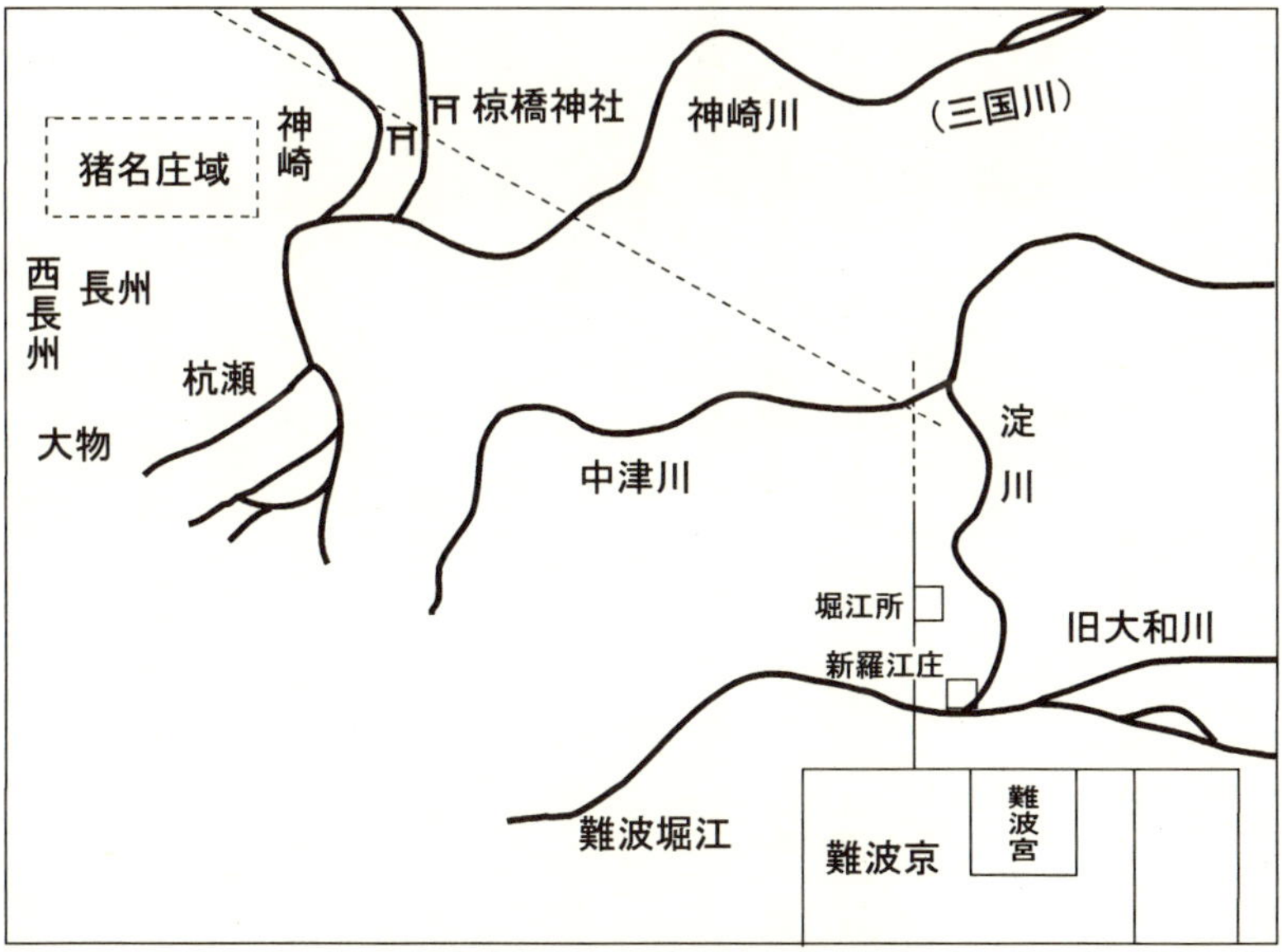

第三図　猪名・難波地域概念図

路でいうと有馬道（あるいは有馬道を媒介にして山陽道とも）結び付いている上に、猪名川・神崎川河口の「河尻」として海上交通の要衝にもなっている場に所在していることになる。

次に堀江所について勘渡状によるとこの所は西成郡にあった。それ以外のことは関連史料がなく不明であるが、後の天暦四年寺用雑物目録に「住吉郡安曇江・新羅江両庄地一町五段五十九歩」[55]、長徳四年（九九八）年諸国諸庄注文に「西成郡安曇江庄地六段」[56]としてあらわれている安曇江庄はこの堀江所を指している。すなわち聖武は天平十六年（七四四）に「安曇江」に来ており、また没する数ヵ月前にも「太上天皇幸堀江上」とされている[57]。この場合「安曇江」も「堀江」も同じ場所を指し、そこには離宮があったとみてよい。同じ勘渡状の大和国にあらわれている春日庄は春日離宮が寄進されて成立したものである。同様に聖武生存中の堀江（安曇江）離宮が没後供養料として寄進されて「堀江所」（安曇江庄）になったとみてよい。そしてこの堀江所（安曇江庄）が天暦の寺用目録では「安曇江・新羅江両庄」という形で新羅江庄と密接に結びついて記載されている。

新羅江庄については天平勝宝二年（七五〇）に買得により成立している。大谷治孝氏はこの庄を西成郡に所在し、四至の東は安曇江（淀川本流）南が堀江に面している庄、すなわち現在の大阪城の北方の大川沿いに比定される難波津の内港としての「難波大津」[58]の近くに堀江に直接面して位置するとする[59]。この新羅江庄については買得の翌々年の同四年に至り堀江をはさんだ対岸に安宿王家から三町六段余の地を買得し庄域を広げている。この結果、新羅江庄は堀江をはさんで両岸にそれぞれ庄地を持つ庄になる[60]。つまり難波津の中心部に設定されたこの庄は、成立以後数年の間に急速に整備されていっている。

堀江所（安曇江庄）について、天暦の目録では住吉郡所在の庄となっている。しかし新羅江庄が堀江の北岸の西生郡にあったことは動かないから、それと密接に関連する安曇江庄がかけはなれて住吉郡にあったとは考えられず、長徳目録の「西成郡安曇江庄」のほうが正しいと考える。その所在地であるが、千田稔氏は新羅江庄の東四至としてあらわれている「安曇江」を地名とみて、この名前が北区野崎町（梅田周辺）にあるところから、その西に接する新羅江庄を現在の国鉄大阪駅を中心とした地に求めている。[61]しかし、新羅江庄は大谷氏の復元のように難波堀江に直接面する地に求めるべきであり、千田氏が新羅江庄の所在地とした安曇江の地名が残る現在の梅田の地に安曇江庄の所在地を求めるべきである。注意すべきは安曇江の地と道とのかかわりである。難波京と有馬温泉を結ぶ有馬道は足利氏の推定によると、西成郡長柄の地で淀川を渡りそこから難波京へ直進する。[62]野崎町（梅田周辺）はこの有馬道に沿って所在する。つまり難波津で堀江に直接面するのが新羅江庄であり、その堀江からやや離れて所在し、陸上交通路で新羅江庄と連絡しているのが堀江所である（以上第三図）。これは山崎地区において、淀川に直接面した場に山埼所が、それよりやや離れて水無瀬川や大宰府道にかかわって水無瀬庄が設定されていることと対比させうる。天平勝宝初年以降、難波津での造東大寺司の交通・運輸の拠点としての役割を果たしていた新羅江庄の機能をより強化するために堀江所（安曇江庄）を水無瀬庄に対応する役割を果たすものとして設定したとみてよいであろう。

(二)「領」と牧長・牧子――庄・所の構造――

以上、勘渡状に記載された摂津国の四個の庄・所が山崎・難波・猪名の三地域に所在することをみてきた。この三地域は摂津における交通の要衝の地であり、三つの地を直線で結んだ地域内部は広大な淀川下流域低湿地帯になっており、三者は陸路でいうと、山崎と猪名は三島道（山陽道）、猪名と難波堀江は有馬道、さらに山崎と難波堀江は三島道から分岐して難波堀江に向かう道という低湿地の縁を走る道、あるいは低湿地内の微高地上を走る道により連絡している。また水路でいうと、湾岸沿いに猪名から難波堀江へ、さらに淀川を利用して難波堀江から山崎へという経路で結び合わされている。この三つの地はいずれも行基の活動伝承とくに架橋伝承を持っているし、さらにこれら地を結ぶ陸路に沿っても行基架橋伝承が各地に存在する。このことはこの三つの地は八世紀前半から摂津における重要な交通の要衝の地として、水陸両交通路の整備が積極的になされるとともに、それぞれを結ぶ交通路に沿って橋が架けられ、あるいは水路が整備されるなど相互の連絡網の整備も積極的になされていたことを示す。

造東大寺司は天平勝宝八年の時点でそれまで難波津において瀬戸内水上交通の玄関口の役割を果たしていた新羅江庄の機能をより強化するために、この三カ所に交通・運輸の拠点としての庄・所を設定していく。このうち山崎においては淀川に直接面して水上交通の拠点の役割を果たす山埼所と、その背後にあって物資の集積の機能や放牧など陸上交通上の機能を果たす水無瀬庄が緊密の結びあわされて設定されていた。また、難波においては新羅江庄の機能を補強する役割を果たす庄として堀江所（安曇江庄）が陸上交通路沿いにやや離れた場に設定されている。

そしてこの三つの地域に置かれた庄・所を結ぶ形で交通・運輸活動が展開していくと考えられるが、これについてほぼ同じ時点の天平勝宝六年（七五四）に畿内の大河川沿いに姿をあらわしている紫微中台の某牧との対比で考えてみたい。

紫微中台の某牧について、天平勝宝六年一一月一一日に出されている知牧事吉野百島解[63]をみておきたい。この解の全文は次の通りである。

（史料一一）

一、牧裏事

右、依八月三日大風雨、河水高張、河邊竹葉被漂仆埋、但以外竹原并野山之草甚好盛

一、牧子六人、長一人、丁五人

右、率常件人、令見妨守并上下御馬以次祇承、望請於國司誂給牒書、而如常止役、欲得駆使

一、給衣服而欲令仕奉事
右、件牧子等、為貧乏民、其無衣服率仕奉醜
以前事条、具録如件、仍謹請裁、以謹解
天平勝寶六年十一月十一日
知牧事擬少領外従八位下吉野百嶋

この文書は古代の牧についての史料としては著名なものであり、古くは西岡虎之助氏にはじまり[64]、西山良平氏[65]、山口英男氏[66]などがとりあげて分析をしている。すなわち、西山氏はこの解状の宛先について、第二次文書の検討から紫微中台であるとし、この牧は紫微中台の「家産的性格」が濃厚であり、牒書は「家政」を処理するために要請されたらしいとする。また、山口氏は第一条にみえる「大雨風」が『續日本紀』天平勝宝六年是年条にあらわれている畿内を中心にした「雨水」に対応することなどから、この牧は畿内近国にあると推定し、さらにこの牧の性格について「令制本来の牧とは異なり、私的性格が強い」とする。また、鬼頭清明氏は紫微中台の前身である皇后職について「封戸・庄を持つという、いわば私的な経済的基盤が存在する」ことを指摘し、庄園として山口庄、宮庄、などが存在していたとする[67]。

以下、この牧のあり方についてみていく。まず第一にこの牧は名称は不明であるが、淀川・大和川・武庫川といった畿内近国の大河川沿いに紫微中台が設定した私牧、延暦三年（七八四）一二月詔[68]にあらわれている「王臣家及諸司寺社」が「包并」する山林といわれているもののうちの、「諸司」の山野河海上の占点地に該当するものとみてよい。第一条からみて、この牧は河川沿いに放牧地を持っているが、この放牧地は水無瀬庄の例と対応させるならば、放牧―焼畑が輪換している「畠」となっているとみてよい。

第二に知牧事の百島について、知牧事は私設とも令外の家政職員ともいわれている「知家事」[69]と同様に、現地にあってこの牧を管理する家政職員として紫微中台に任命されたものであり、延暦一六年（七九七）八月三日太政官符「應徴寄住親王及王臣家浪人調庸事」[70]にあらわれている「庄長」ないしその前身に該当する存在である。

第三に牧長・牧子について、その労働内容について第二条前半に「A令見妨守并B上下御馬以次祇承」とある。山口氏はBの「上下御馬以次祇承」について、延喜式にみられる国飼馬の制度、すなわち畿内近国に国飼馬を置いて飼育させ、時に応じて貢進させるという制度、との関連に注目し、これは国飼馬に類似する形態、必要に応じて京と牧の間で馬を行き来させる形態の存在を示すとされている。[71]このような牛馬の飼育とそれの京への貢進が、この牧における牧長・牧子の仕事の一つの内容であることは間違いない。しかし、時期はやや下がるが、昌泰元年（八九八）一一月一一日太政官符「應禁制河内摂津両國諸牧々子等妨往還船事」に「右公私牧野多在河内國交野茨多讃良渋河若江、摂津國嶋上嶋下西成等郡河畔之地、諸國漕運雑物之徒、就彼縁辺牽引船舫、如聞、牧子之輩無知章程、寄事好致掠奪、……」[72]とあり、淀川沿いにある諸牧が淀川水運と深くかかわっており、牧子は陸上交通とともに、水上交通にも従事していることが示されている。これは八世紀半ばの段階でも同じであり、紫微中台の某牧をふくめ、畿内の川沿いの牧はたんに牛馬の飼育の役割を果たすにとどまらず、交通・運輸業に深くかかわる、その拠点としての性格を持っていた。その観点からみると、Aは牧内部における牛・馬の飼育（見張りをふくめた）であり、Bは「上下」という言葉からみて、某河川を利用した河川交通、川に沿ったあるいは交差している陸上交通などにおいて、この牧を拠点に紫微中台の必要とする諸物資の運搬の仕事に従事することを指しているとみるべきである。その意味では、造東大寺司の摂津国庄・所群が交通・運輸の拠点として果たしていると同じ役割をこの某牧が果たしているとみてよい。

このような共通性をふまえるならば、紫微中台の某牧に「知牧事」とそのもとに牧長・牧子がいたと同じように、造東大寺司の庄・所群においてもその名称は不明であるが、それに相当する者がそれぞれ存在していたとみてよい。それとのかかわりで、泉木屋所について、天暦四年の寺用雑物目録の山城国項に次のようにある。(73)

（史料一二）

山背國相楽郡畠八町
　泉庄四町
　甕原庄四町　　六段造寺所

このうち「泉庄四町」が泉木屋所を指すのであり、四町という面積からいって、おそらく木津という津の中心部に位置する小規模占点地、山崎津における山埼庄や難波津における新羅江庄と同じ性格の庄とみてよい。そして天平宝字二年（七五八）から六年（七六二）にかけて、この泉木屋所の「領」として活動しているのは山辺武羽である。武羽は山辺公氏という写経生をふくむ律令下級官人をだしている一族の出身である。天平宝字六年閏一二月九日に奉写大般若経の主典安都雄足が符を下し、波多板一四枚などの材木を購入して進上するよう命じているが、(74)この符の充名が「奉写大般若経所符泉木屋山辺公所」となっているように、武羽は木屋所を拠点にした諸物資の交易および保管さらには運搬についての現地における責任を持つものとして存在していた。(75)

木津とならぶ淀川沿いの主要な津である山崎津・難波津に設定された造東大寺司の庄・所に、泉木屋所の武羽に相当する在地の郡司級豪族（山崎の例であれば三島氏・物部氏など）が「知牧事」などとして交通・運輸活動を統括していたことは間違いない。

次に紫微中台某牧の牧長・牧子について、上記史料一一の百島解第二条の後半で「望請於國司誂給牒書、而如常止役、欲得駆使」とあり、知牧事が紫微中台に対して国司に働きかけて、牧長・牧子の「役」をとどめる（免除する）ようにしてほしいとしている。律令国家は各国府と京を結ぶために、駅と伝馬の体制を作り上げており、駅は厩屋・倉庫的機能・宿舎的施設からなり、駅馬と同数の中戸より構成される駅戸が付属している。そして駅子は駅長が統率するが、駅馬の養飼、使者の次の駅までの送りとどけ、乗具・蓑笠などの準備を任務として、そのため駅子に徭役免（庸と雑徭）、駅長には課役（租・調・庸・雑徭）負担が免除されていた。[76] この駅長・駅子との対比からいって、牧長・牧子について免除が求められている「役」は調庸とみてよい。すなわち、解状第二条で求められているのは河原の地に流入してきて活動をしている浪人への課役免除であった。紫微中台の必要とする交通・運輸の諸業務に専属させるために免除を求めているのであろう。天平勝宝年間、律令制の公的な交通・運輸体系である駅伝制の外部において、山野河海の世界を主たる舞台にして私的な交通・運輸の拠点（庄家および牧）を設定すること、その拠点で活動する浪人の調を免除させて専属的に組織することを律令国家が容認していることを示す。

以上の紫微中台某牧に示されているあり方は、八世紀中期時点の畿内では広範に進行していたことであった。某牧と同時点に設置されている造東大寺司の庄・所群においても某牧の牧子に該当する、調庸を免除された労働力が「領」のもとに組織されているとみてよい。そしてこれら集団が摂津国内の三カ所の津を結ぶ交通・運輸の体系を支えるものとして活動しているのである。[77]

四　大和国の庄・所について

勘渡状に記載された大和国の庄・所は、大和盆地各地に散在する庄・所群と京内ないし京外であるが東大寺に近接した場に所在する庄・所群とに大別できる。以下、まずそれぞれの庄・所のあり方をみた上で、その全体的な位置づけを考えてみたい。

(一)　大和盆地に散在する庄・所

清澄所（清澄庄）

泉谷康夫氏は清澄庄について次のように述べている。[78] ①この庄は南北二つの部分に分かれていた。北部は京南一条二里を中心とした地域であり（後に独立して薬園庄となる）、南部は京南四条一里・二里、五条一里・二里にまたがる地域である。②北部は秋篠河と富雄川の間を北から張り出した低い丘陵地帯の先端に沿った東側の地域であり水田としてはきわめて条件の悪い地である。また南部は庄域に接して佐保川が流れているが、東に低く傾斜し地形から佐保川は排水にしか使用できないのであり、水田としての条件は悪い。③北部は薬園宮の跡を開発したものであるが、薬園宮は天平勝宝元年（七四九）に完成しそこで孝謙天皇の即位式が行なわれている。[79]

当庄の位置する場について、第四図をみる。能戸川・岩井川など盆地東麓から流れてくる河川は、平城京の東辺で流路を南に曲げられ、平城京内を流れる東堀川を合流させつつ、条里に対して約四五度の角度で西南流し、下ツ道を越えたのちにさらに秋篠川（西堀川）を合流させせつつ大和川に注いでいる。下ツ道とこの川（佐保川とよんでおく）が交差するのは羅城門から下ツ道を南に約一、五キロ下ったところであり、ここで下ツ道跡とこれに交差する河跡及び河に架かる橋の跡などが検出された。これが稗田遺跡であり、条里でいうと四条一里に位置する。[80] さらに下ツ道を越えた佐保川が西堀川を合流させるのが四ないし五条の一里である。いずれも清澄庄域でのことである。泉谷氏は佐保川両岸のかなり広い地域は、潅漑用水の不足と佐保川の氾濫により平城遷都の頃は未開の荒野になっており、奈良時代末から徐々に開発が進んだとしているが、[81] 二地区からなる当庄は佐保川沿いの水田開発の及んでいない河原を中心とした上毛利用地に位置していたのである。[82]

そして稗田から西に広がる地について、金子裕之氏は平安京京外の葬送の地の一つとしての紀伊郡の葬地と位置的に類似しており、稗田遺跡から遺体が出土しているところからみて、平城京南の百姓葬送の地であった可能性があるとする。[83]泉谷氏の推定と関連させた場合、金子氏の推定は正しいと考えるが、注意しておきたいのは、この河原の地はたんに葬送の地にとどまるのではないということである。あらためて平安京南の葬地について貞観一三年（八七一）閏八月二八日太政官符「定葬送幷放牧地事」[84]を素材に考え

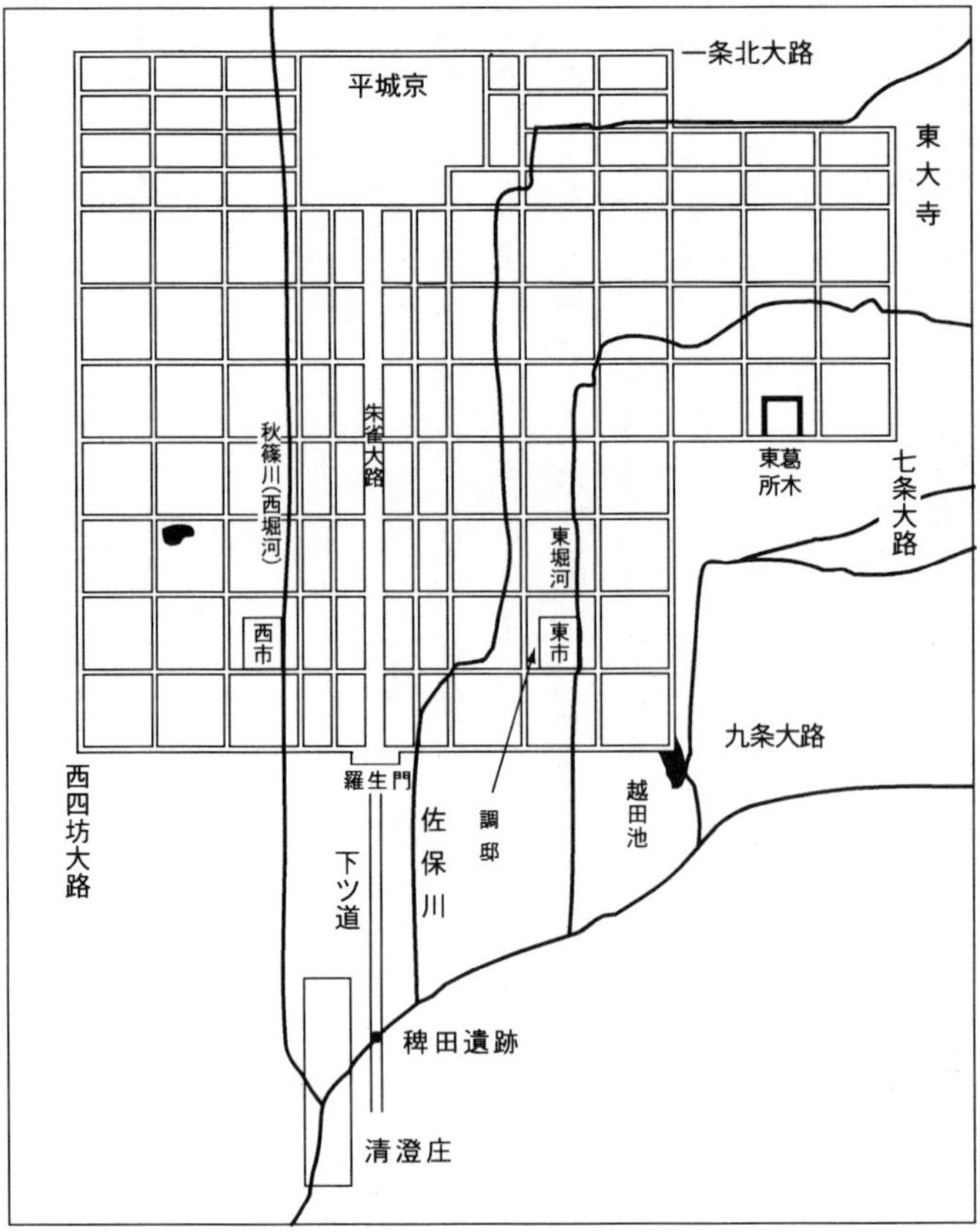

第四図　平城京周辺概念図

てみる。

この官符で取り上げられている地は山城国葛野郡一処・紀伊郡一処および島田河原の三カ所である。このうち葛野郡一処は葛野郡条里の五条荒木西里、六条久受原里の二里にまたがって所在する。この地は金田章裕氏の復元によると、(85)平安京西大路から桂川にかけての桂川河原に広がり、平安京への物資搬入の拠点になっている梅津はここに位置している。次に紀伊郡条里一〇条下石原西外里、一一条下佐比里、一二条上佐比里の三個里からなる紀伊郡一処について「九条御領辺図　後慈眼院殿御筆」(86)にもあらわれており、それによると一一条と一二条の界線が「大縄手」となっている。足利健亮氏は平安初期の山陰道は羅城門からでて五町南進し、そこで直角折して大縄手の上を西へ直進していたとする。(87)それに基づくと、初期山陰道がこの紀伊郡一処のなかを走っていたことになる。また島田河原について、同じく足利氏は島田川は御室川の九世紀の呼称であり、平安京が作られた際西京極の外部に沿って直線的に作られた人工河道を流れていたとしている。(88)となれば、島田河原は葛野郡一処と紀伊郡一処の中間点、桂川と島田川の合流点付近の桂川河原をふくんでいることになる。つまり、上記官符にあらわれた三箇所の地は梅津から平安京の西南部に沿って桂川河原沿いにほとんどきれめなく続いている河原やそれに続く上毛利用地ということになる。(89)この桂川河原を中心に広がる上毛利用地の特質は「葬送」の地であるとともに、「放牧」の地でもあった。この放牧が桂川水上交通の平安京の入り口としての梅津、あるいは大縄手上を走る陸上交通路としての山陰道と結びついていたことは間違いない。すなわち、ここで飼育された牛・馬が陸上および水上交通の両者で利用されているのである。

以上のことをふまえて平城京郊外の稗田西方の河原にもどる。この河原は平城京への水路と陸路とが交差する平城京郊外の交通の要衝の地である。このことからみて平安京における葛野郡一処・紀伊郡一処がそうであったように、ここは百姓葬送の地であるとともに放牧の地にもなっていた。この地の一角に位置する当庄について、勘渡状絵図項に「清澄庄」（C1）と「清澄所」（C2）とが並んであらわれているが、一枚は当庄南部地域、他の一枚は当庄北部地域を描いたものとみてよいであろう。その際、南地域が東堀川に直接連なる佐保川に面していることからみて、山崎津における山埼所と対比しうる存在、すなわち下ツ道および東西堀川を通じて平城京内に物資を搬入する港湾設備を備えた交通・運輸の直接の拠点としての庄・所であるとみてよい。そして、北地域は川からやや離れた丘陵地帯の先端部分に位置しているところからみて、水無瀬庄と同じく上毛利用地帯に所在し、倉庫の機能や牛・馬の飼育の機能など南地区の後背機能を果たす庄・所とみてよい。難波津においても、大川に直接面し港湾設備を持っていたであろう新羅江庄と、その背後に後背機能を果たすものと推定される堀江所が設定されていたが、この平城京南郊の交通・運輸の拠点においても、同様な形での庄・所の設定がなされていた。

飛驒坂所と村屋庄

まず飛驒坂所について、天平勝宝八年時点の一連の関係文書が現存し、その一部は史料三および四として掲げた。それによると、内部は「地六町九段三三一歩、田一町三段二九二歩、屋三宇、倉三宇」から成り立っており、比較的規模が小さいにもかかわらず内部に相当規模の大きい倉・屋群をふくむ庄・所になっている。その所在地は橿原市飛驒町に比定されているが、ここは藤原京の右京二條七坊付近にあたる。この庄については設定から約四〇〇年すぎた大治三年（一一二八）八月一日「大和国飛驒庄実検図」(90)が現存している。

この絵図によると、一二世紀時点の飛驒庄は一五個坪の広がりを持ち、面積は天平勝宝年間にくらべ倍以上になっている。この絵図で庄域内の南部を横切る形で川（飛驒川）が流れていることに注目したい。上掲史料三によると、天平勝宝八年時点の飛驒坂所の四至は「東百姓家幷口分田、南北西川幷百姓口分田」となっている。南・北・西の四至がまとめて書かれており、具体的なことが分かりにくいが、一二世紀の絵図と対比させた場合、南と西の川はほぼ合致する。

この飛驒の地は藤原京の西京極をなす下ツ道からもさして遠くない。下ツ道はここから南下して、山間部に入り紀伊に抜け四国に連絡している。つまりこの「所」は南海道諸国から奈良盆地に入ってくる交通路が、下ツ道を通って陸路都に達する経路と、ここから飛鳥川を経由して船で佐保川に入り都に達する経路との分岐点という交通の要衝の地近くに位置している。飛驒坂所は倉と屋が合計六宇その内部に存在することを合わせ考えても、清澄庄・所と同じく、飛驒川に直接面して、陸上交通路と水上交通路を通る諸物資の集散点としての役割を果たすべく、大規模な倉庫群を内部にふくんで設定されている「所」であるとみてよい。施入勅書（上記史料三）によると、田地以外の「地」六町九段余は「林三町七段一五一歩」と「見三町二段一八〇歩」とに分かれている。この「林」「見」という地目について、林が人間の手の加えられている上毛利用地という意味にとらえるならば、この部分が放牧に利用されている地を指すのではないか。そして「見」は倉・庫などが建っている地を指すのであろう。飛驒川の河原から日高山に向かって河原上に倉・庫が立ち並び、その周辺が放牧の地になっており、山よりの地の一部が田地になっているという状況を想定しておきたい。

次に村屋所について、村屋は現田原本町蔵堂にあたり（村屋神社がある）、中ツ道が初瀬川と交差する水陸交通の要衝の地である。(91) この所については関連文書が失われており、どのような構造をとっていたのかは不明である。しかし中ツ道が東山道および東海道諸国からの都への陸上交通路になっていること、面積も天暦四年寺用雑物目録によると飛驒坂所とほぼ同じであることなどからみて、この所は東山・東海地域の造東大寺司の庄園からの諸物資運搬の経路が大和盆地内で陸上交通路と、水上交通路とに分かれる中継点に設定されているとみてよい。飛驒坂所と同様、その内部に倉庫群が建てられ、交通・運輸の拠点としての役割を果たしているのであろう。

櫟庄

勘渡状には記載されていないが、天暦四年寺用雑物目録[92]の「大和国田地」項に記載されている櫟庄についてみておきたい。この庄は大治文書目録に「櫟庄　池図一幀　字櫻田　神護景雲年中」[93]とあり、かつ後世においてではあるが「本願勅施入」[94]であるとされている。さらにこの庄は現天理市櫟本に位置し櫓川と高瀬橋川の中間の水便の悪い地に設定されている。ここは龍田道を東にまっすぐに延長した形で走り、そのまま都と伊勢・伊賀を結ぶ都祁山道に接続する「北の横大路」沿いにあり[95]、かつ上ツ道にもごく近い。つまりこの庄も、「北の横大路」と上ツ道が交差し、かつ櫓川・高橋川にも沿っている交通・運輸の要衝の地に位置する。これらのことからみて、この庄も天平勝宝八年六月勅施入庄・所の一つとみておきたい[96]。

(二)　東大寺膝下の庄・所群

勘渡状にあらわれる平城京内外に所在する庄・所は葛木寺東所・田村所・春日庄である。このうち葛木寺東所については絵図が現存している。角田文衛氏はこの所の所在地を後の佐伯院の地とし、五条六坊一一、一二、一三坪と、五条七坊四坪に所在する所であるとしている[97]。注意すべきは絵図には描かれていないが、勅書によると（史料七）この所には「倉」が三棟たてられていることである。この所は物資の集積所あるいは貯蔵所としての役割を果たすべく設定ないし施入されたものという性格を持つとみてよい。田村所については、上掲史料八によると四條二坊と五條二坊とにあり、四條二坊の地の北四至が「小道并田村宮」となっているように[98]、仲麻呂の田村邸に接して設定されている。天平勝宝八年時点で仲麻呂と東大寺・造東大寺司とのつながりは強固である[99]。その意味でこの所の設定をめぐっては何らかの形で仲麻呂がかかわっていたのかもしれない。また葛木寺東所とこの田村所は一組として扱われていることからみても、構造的にも葛木寺東所と同じく内部に倉庫群をふくんでいるとみてよい。

次に春日庄について、赤松俊秀氏はこの庄は聖武天皇の別宮である春日離宮が施入された庄であり、その位置は東五条五里付近の春日郷に比定されるとした(100)。これであると、春日庄は京域の東に位置する現在の古市町近くにあったことになる。一方角田文衛氏は、『續日本紀』天平勝宝二年二月乙亥（一六日）項に「幸春日酒殿」とある春日酒殿が後の春日庄であり、天平勝宝八年六月九日「東大寺山堺四至図」なかにあらわれている「神地」（後の春日神社本殿になる地）が「春日酒殿」であるとする(101)。これであると、平城京域外の山寄り、東大寺との至近距離に位置することになる。位置についてはこのように異なった説がだされているが、春日庄が東大寺に遠からぬ地にある聖武の離宮の地が施入されることで成立していることは間違いない(102)。

(三)　東西市庄

以上勅施入庄・所についてみてきた。そのうち大和盆地に散在する庄・所についてはいずれも陸上ないし水上交通の要衝の地に倉庫群を内部に持つ庄・所あるいは牧としての機能を持つ庄・所として設定されており、また東大寺膝下近く散在する庄・所も倉庫群を内部に持っているとみてよい。このような交通・運輸の拠点としての機能を持つ庄・所群が天平勝宝八年に一斉に設定されている背景あるいは理由が問題にされねばならない。それについて、造東大寺司の東西市庄とのかかわりが問われる必要がある。

東市の坪付は左京八条三坊五・六・一一・一二坪に、西市は右京八条二坊五・六・一一・一二坪に比定される。このうち東市について、その内部を堀河が貫いていることが考古学的に明らかにされている。また西市について、秋篠川が堀河の役割を果たしていることが指摘されている(103)。

そして造東大寺司の東市庄については相模国調邸とのかかわりが注意される。相模国調邸は「東市西辺」にあったが、この「西辺」を東市に接した坪とみるならば、調邸は左京八条三坊の三ないし四坪にあったことになる。館野和己氏は東市庄はこの調邸の地の一角に天平勝宝六年正月に成立したこと、そして天平勝宝八年二月に至り造東大寺司は調邸の地の全体（三ないし四坪の坪全体の一町）を相模国から買い取り、大きく拡充されたことを明らかにした(104)。

この調邸の地が所在する坪をやはり堀河が貫いていることが天平勝宝八年正月一二日東西市庄解から判明する。高柳光寿氏がこの文書内容を図示しているが(105)、それによると調邸の所在坪は堀河をはさんで東と西に分かれる。この堀河を挟んだ二つの部分に造東大寺司はそれぞれ代価を支払っているが、堀河の部分については支払っていない。この堀河が調邸設定以前に存在しており、これが東市を貫く堀河などとともに計画的に掘られていることが示されている。「両三」の倉のみからなる小さな所として出発した東市庄は、天平勝宝八年初頭には調邸の地そのものを買い取ることで、堀河の両岸にまたがり船が直接に発着し荷物の積みおろしができる規模の大きい所に成長している。西市庄については詳細は不明であるが、東市庄と前後して姿をあらわしているとみてよいであろう。

そしてこの二つの市庄のうち東市庄が大幅な拡充を遂げた直後に天平勝宝八年六月勅施入庄・所群が設定されている。これは偶然ではないと考える。まずなにより東西市庄と勅施入庄・所群との交通路による緊密な結びつきが目につく。すなわち東市庄の所在する坪を流れる堀川は南方にのび東市を貫く東堀川に合流するとみて間違いなく、東市庄は水運により稗田西方にある清澄庄と直結した存在である。一方西市近くに設定されたと推定される西市庄はその所在地は不明であるが、何らかの形で西堀川（秋篠川）とかかわっていたと推定される。となれば、秋篠川を通して清澄庄と直結する。そして清澄庄とそれ以外の庄・所との結びつきについて、下ツ道が大和盆地を南北に貫く陸上交通の大動脈であることはいうまでもないが、飛驒坂と清澄とはこの道で連絡している。また飛驒坂・村屋・櫟本からは、飛鳥川ないし初瀬川・寺川・楢川を下って、都に向かう水上交通路をたどればいずれも清澄に達する。つまり清澄に大和盆地に所在する諸庄・所からの陸路ないし水路、とくに水路による経路が集中している。

田辺征夫氏は大和盆地の大和川の本流・支流沿いに多くの「市」地名が残っていること（氏は三八例を確認している）を手掛かりに、古代において平城京の東西市は官営の統制市であるという一面を持つとともに、大和川の本流・支流沿いに広範に「市」が成立し水運を用いた物資の輸送・交易が行なわれているという体制が定着しており、その基盤にのる形で東西市が作られていたという側面をみるべきであることを指摘している。(106) 田辺氏の確認した諸例のうちには、櫟庄の所在する天理市櫟本町および村屋所の所在する田原本町蔵堂の「市」地名がふくまれている。清澄・飛驒もその所在地が交通の要衝の地であることからみて、やはり「市」の立つ場になっていたことは間違いないのであり、このような地に造東大寺司の庄・所が計画的に設定されている。

つまり、天平勝宝六年から八年にかけての東西市庄の発展と拡充、なかんずく東市庄の拡充に対応しつつ、八年後半に大和盆地内において、上ツ道・中ツ道などの陸上交通路と大和川本・支流を利用した水上交通路が交差し、市が立つ交通の要衝の地に勅施入の名目で系統的に庄・所の設定がなされた。一方、葛木寺東所など東大寺膝下近くに設定された庄・所は諸国から大和盆地内の庄・所を経由して集まってくる諸物資を蓄積しあるいは東西市で交易するという東西市庄の機能を補助するものとして設定されていくのである。

全体として、大和国における勅施入庄・所の設定は東西市庄の発展に対応しつつ、水運・陸運で緊密に結合された造東大寺司の大和盆地内の独自な運搬と交易のネットワーク作りを目指して行なわれたということができる。

五　造東大寺司の二大庄・所群の成立——まとめにかえて——

以下まとめをかね、天平勝宝八年六月勅施入庄・所群の位置づけについてみておく。

まず勘渡状と名付けられている一一三〇〜四〇年代頃に作成された文書目録を分析し、この目録は天平勝宝八年六月に孝謙天皇により勅施入され、同年冬から翌年正月にかけて庄券と絵図作成がなされた庄・所群にかかわる、勅施入文書・庄券・絵図の書き上げという性格を持っていたことを明らかにした。この勘渡状に記載されている庄・所群は近江国因幡庄を除き、全て摂津・大和両国に所在している。

まず水無瀬庄と山埼所について。水無瀬庄は淀川河原上の上毛利用地に所在する。庄域は面積記載のない「畠」のみで構成されており、従来の研究では庄域内とみなされていた山沿いに描かれている田畠は庄域外の他者田畠と位置づけられる。庄域部分については、他の部分と区別するために彩色がほどこされている。庄域内は田畠のない焼畑と放牧が行なわれる上毛利用地になっており、倉庫群が描かれているところからみても、交通・運輸の機能の一端をになう庄、すなわち運搬される諸物資の集積や運搬に利用される牛・馬の飼育機能を持つ庄とみなしうる。水無瀬庄は庄域の中央を走る道（従来の研究では川とみなされている）や水無瀬川で山崎津やそこで淀川を渡る大宰府道と結びつけられているが、この山崎津に山埼所が設置されている。山崎津およびその周辺の淀川河原には八世紀半ばから後期にかけて、王臣家・寺社・諸司の大小規模の「野」（占点地）が多く展開していた。このうち小規模占点地は山崎津に位置し淀川に直接面して、港湾設備などを備えた水上交通の拠点としての役割を果たしている庄・所であり、大規模占点地は津の周辺に所在する交通・運輸にかかわる牧であるとみてよい。それと対比させると、山埼所は山崎津にあり淀川に面して所在する港湾設備を備えた交通・運輸の拠点としての小規模占点地、水無瀬庄は山崎津からやや離れた河原上の大規模占点地としてそれぞれ位置づけられる。両庄・所が一体となって山崎津における造東大寺司の諸物資搬送機能を担っていたとすべきである。

摂津国では水無瀬・山埼両庄・所以外に難波津に堀江所が、猪名川下流の河尻に猪名庄が設置されている。堀江所について、これより少し前の天平勝宝二年に難波堀江に直接面して新羅江庄が設置されている。新羅江庄は山埼所と同じく難波津における造東大寺司の重要な交通・運輸の拠点として設置されていたが、堀江所は、その機能を補完・強化する庄・所として新羅江庄からやや離れた有馬道に沿った場に山崎津における水無瀬庄と同じ役割を果たすべきものとして設置されたと推測される。

大和国所在の庄・所について、葛木東所・田村所・春日庄など平城京の物資流通の中心になっており、すでに設置されている東西市庄の周辺に設定されている庄・所群と、飛驒坂所、櫟庄、清澄庄など大和盆地内の水上・陸上交通路の要衝の地に位置する庄・所群とに大別される。この二群の庄・所を結びつける役割を果たしているのは平城京南郊の佐保川河原上に位置する二地区からなる清澄庄である。大和盆地内の交通の要衝の地を経由して東海・東山・南海道諸国から搬入されてくる諸物資を東西市庄をふくめた膝下庄・所群にまで運搬する上での中継基地としての役割を果たしている。この清澄庄については、摂津国との関連も重要である。佐保川は生駒山地を横切って摂津に流れ込んでいる大和川の上流になることをみるならば、この庄は摂津の庄・所群と大和盆地の庄・所群とを結びつける役割を果たしているとみてよい。

難波津から、平城京に至る経路としては、一つは淀川をさかのぼり山崎津を経由してそこに達する経路と大和川をさかのぼり平城京南郊を経由してそこに達する経路の二つが考えられる。この二つの経路における要の地に置かれていた庄・所が難波津の新羅江庄・堀江所、山崎津の山埼所・水無瀬庄、平城京南郊佐保川沿いの清澄庄二地区であるが、いずれもそれぞれの地で、二つのやや離れた相互補完的な機能を果たす二つの庄・所が存在している。これは大量の諸物資が集中する場での物資の円滑な集積および運搬を実現していくために必要な措置であった。つまり、大和・摂津における勅施入庄・所群の一斉設定は、それまでに設定されていた難波津の新羅江庄と平城京の東西市庄を基礎にしつつ淀川・大和川水系の要所要所に庄・所を設定するという形での造東大寺司独自の畿内における交通・運輸体系の最終的な整備を意味していた。

注目しておきたいのは、同じ天平勝宝八年に山陽・山陰・南海道諸国において造東大寺司の庄・所群の設定の総仕上げが行なわれていることである。天平勝宝初年から開始されていた中・四国地方における造東大寺司の庄園設定の動きがこの天平勝宝八年に至り完成の時期をむかえる。すなわち、山陽・山陰・南海道諸国に設定された造東大寺司の庄・所群（塩山をふくむ）は、庄・所内部に水上交通路の拠点としての機能をあわせ持ちつつ、海上交通路上の要衝の津に何らかの形でかかわって設定されている。具体的に中国沿い航路に沿って、周防を起点に備後・備中から備前の児島水道を通り播磨・摂津（ここで因幡・丹波からの陸上路が合流する）から難波に至る水上交通路、四国沿い航路に沿って、伊予から阿波をへて紀伊（加太）へ、ここから紀ノ川をさかのぼって大和盆地へ達するか（陸路としての南海道）、ないしは難波に達する水上交通路などに沿って庄・所が系統的に設定される。この庄園設定は天平勝宝初年から進行するが、播磨・備前・備中・備後および因幡の諸国が天平勝宝八年一〇月付けで、さらに四国の阿波・伊予が翌一一月付けで、それぞれ庄券作成が行なわれており、天平勝宝八年秋の段階で中・四国地方における造東大寺司の庄園設定の総仕上げが行なわれている。史料一のハに掲げた大治文書目録連券項Cはこの中・四国地域における庄・所の庄券作成にかかわる文書群の一端を示すものであった(107)。

この天平勝宝八年に「太政官處分、山陽南海諸國舂米、自今以後取海路漕送、…但美作紀伊二國不在此限」ということが打ちだされる(108)。それまでは舂米の運京は陸路・人担が建前となっていたのが、ここに至り政策として舂米の海上輸送が打ちだされる(109)。このような政策が打ちだされた背景にはすでに瀬戸内海では、八世紀前半、調・庸・舂米の運京を海運で行なうということが普及しはじめていたということがあった(110)。造東大寺司の山陽・南海・山陰諸国における庄園設定の総仕上げ、およびそれと平行して摂津・大和における勅施入庄・所の設定が行なわれるのが、同じ天平勝宝八年であることは、稲穀輸送を政府が公的な輸送をゆだねるまでに発展してきている瀬戸内海運とかかわらせ、それを利用する形で造東大寺司の庄園群が設定されたことを示唆するのであり、山陽・山陰・南海道諸国庄園群の成立と、畿内における勅施入庄・所群成立が同時であったのは偶然ではなく、緊密に関連させてなされたものであった。すなわちこの年に造東大寺司は、山陽・山陰・南海道諸国および畿内の摂津・大和において、水陸交通の要衝の地に庄・所を設定するという形で、中・四国地域から瀬戸内航路を通り都に至る独自の巨大な交通・運輸網を完成させているのである。後世に作成されたものではあるが、勘渡状および大治文書目録連券項のロとハはこのような動向の一端を示すものであった。

注

(1)『大日本古文書・東南院文書』二―五〇六。
(2) 研究史については、出田和久「摂津職嶋上郡水無瀬荘図」(金田・石上・鎌田・栄原編『日本古代荘園図』東京大学出版会　一九九六年)を参照。
(3)『平安遺文』五―二一五六・二一五七。
(4)『平安遺文』六―二七八三。
(5)『平安遺文』五―二一五六・二一五七。
(6)『東南院文書』二―五四九〜五五一(東南院文書第三櫃三五巻)。
(7) 本書第一部第一章。
(8) 本書第二部第二章参照。
(9) 東大寺図書館所蔵文書第三部第一一(文書目録)三六。文書名は奈良国立文化財研究所編『東大寺文書目録』第四巻(同朋社、一九八二年)による。
(10) 同氏「古代荘園図の成立と機能」(上掲『日本古代荘園絵図』所収)。
(11)『大日本古文書・編年文書』二五―二〇〇に孝謙天皇東大寺飛驒坂所施入勅書案(内閣記録課所蔵)として、『大日本古文書・東大寺文書之五(内閣文庫所蔵東大寺文書)』―一三〇に聖武天皇勅施入文案として収められている。後者に基づいて引用した。

(12)『大日本古文書・編年文書』二五―二〇三、東大寺領飛驒坂所公験案（奈良・筒井英俊氏所蔵）。
(13)久安三年二月二五日東大寺政所下文（『平安遺文』六―二六〇四）。なお承安五年（一一七五）五月一七日東大寺文書目録写（『平安遺文』七―三六八五）にも覚光の名前があらわれている。
(14)保延二年（一一三六）七月二五日東大寺諸荘文書進上目録（『平安遺文』六―二三四六）。
(15)『平安遺文』六―二六二六。平安遺文では文中の「覚光」を「実光」と読んでいる。しかしこれは「覚光」と読むべきである。
(16)奈良国立文化財研究所編『東大寺文書目録』（上掲）はこの文書を平安末期作成としている。また、栄原氏（上掲）は大治年間よりやや古いものとみておられる。
(17)『東南院文書四』に所収。
(18)『東南院文書』二―五二五。
(19)天平勝宝八年一二月一七日摂津職河辺郡猪名所地図（写）（『東南院文書』四所収）。
(20)孝謙天皇東大寺宮宅田園施入勅（随心院文書、『大日本古文書・編年文書』四―一一八）。
(21)『平安遺文』は保安二年（一一二一）の末尾に納めている。同六―二八九八。
(22)『平安遺文』九―四五五一。
(23)康平三年（一〇六〇）五月二九日官宣旨案（『平安遺文』三―九五六）。
(24)長元二年（一〇二九）閏二月一三日東大寺牒案（『平安遺文』二―五一五）。
(25)『平安遺文』六―二七八三。なお、この勅施入庄・所群のうち、ただ一つ近江国に所在する因幡庄について、天暦四年寺用雑物目録に「神崎郡因幡庄田百廿一町廿六歩」と記されている。百町を越える大面積の庄園であり、摂津・大和両国の面積的には小規模な庄・所とは異質である。また、何らかの形で交通路にかかわっていた形跡もない。むしろこの庄の近くに所在する、やはり大面積の庄園である水沼庄・覇流庄との関連が注意される。いずれにせよ、因幡庄については別に考えることとし、本章の分析から除いておきたい。

(26)『平安遺文』一─三四七。
(27)なお、天平勝宝八年六月勅施入庄・所はこの一二箇庄・所に限定されておらず、これ以外にも存在した（後の大和国櫟庄の項を参照）。この六月成立の勅施入庄・所群の全体的な把握は今後の課題である。
(28)鷺森浩幸「文図について」（『続日本紀研究』二九〇号　一九九四年）は「文図」という用語について検討し、それを勅施入文書と国・郡司の勘のある図とが一体になった文書と規定している。しかし、これまでの分析で明らかなように、勅書（勅施入文）・文図（庄券）・絵図の三つの文書の一環として把握する必要があり、文図は庄券を指すとみるべきである。ただ、文図といった場合、庄券に国郡司の勘のある図が一体のものとして付されていたことは鷺森氏の指摘の通りである。関連して天平宝字三年（七五九）一一月一四日越中国諸郡庄園惣券（『東南院文書』二─五四二）との対比でその性格をみると、この越中惣券には「……以前、去天平勝寶元年占点野地、且墾開如件」とあるように、天平勝宝元年（七四九）に占点された七個の東大寺の庄園の庄券である。この惣券作成と同時に各庄園ごとに開田図が作成される。この図は占点地域を境線により明確にし、その占点地域内部にふくまれる各坪について、「田七段　三段百二十歩公田　三段二百三十歩　野三段」（須賀庄七条世岐里四行五坪の記載）のように、イ他者田地、ロ東大寺開発田、ハ未開地を区別して書き上げている（もちろん他者田地がない場合はイがない）。庄園惣券と開田図との関連についていうと、東大寺開発田および未開地を書き上げたのが庄園惣券である。この越中にみられる惣券（立券文）と開田図との組み合わせが畿内での文図（庄券と絵図）に対応するとみておきたい。関連して、現存する猪名所図（写）・水無瀬庄図・葛木東所絵図について、勘渡状でいうCの絵図とみなしてきた。ただしこれについては、Bの文図の図（開田図に対応する）に該当するという可能性も否定できない。鷺森氏も文図の図と絵図は区別されるとしているが、両者の関係は今後さらに検討すべきことである。同時点の阿波国新島庄の二枚の絵図が開田図ではなく改修計画図であること（本書第三部第一章参照）は分析の一つの手がかりになる。
(29)『島本町史・本文編』（一九七五年）一九〇頁。

(30)『島本町史・本文編』一八八頁。
(31)『島本町史・本文編』一九〇頁。
(32)原色写真判は幾つかだされているが、さしあたり上掲『日本古代荘園図』の口絵を参照。
(33)服部氏著『律令国家の歴史地理学的研究』（大明堂　一九八三年）第二部「条里の分布と構成」・水無瀬庄絵図。
(34)『東京大学史料編纂所所報』一五号「東大寺開田図の調査（続）」（一九八〇年）。
(35)石田氏「カベウチ・カベソト」（『史学研究三十周年記念論叢』一九六〇年）。
(36)『高槻市史』第一巻（一九七七年）三八五頁。
(37)『類聚国史』巻百八十二仏道九寺田地項。
(38)本書第二部第三章。
(39)『續日本紀』延暦三年一二月一三日条。
(40)『續日本紀』延暦一〇年六月二五日条。
(41)堀池春峰「造東大寺司瓦屋と興福寺窯跡」（同氏著『南都仏教史の研究上　東大寺編』法蔵館　一九八〇年）、『高槻市史』第一巻三四八頁。
(42)『續日本後紀』承和九年（八四二）六月二日条。
(43)『高槻市史』第一巻　四四二頁。
(44)同氏『日本古代地理研究』（大明堂　一九八五年）第四章第四節「都市としての山崎の復元」。
(45)『大日本古文書編年文書』五―二三〇。
(46)館野和己氏『日本古代の交通と社会』（塙書房　一九九八年）第一編第二章「律令制下の渡河点交通」。
(47)『新訂増補国史大系・類聚三代格』巻一六。
(48)『續日本紀』大同元年九月二三日条。なお、注七七参照。
(49)『續日本紀』宝亀元年一二月二二日条。

(50)『東南院文書』二—五四六。
(51)『東南院文書』二—五四五。
(52)『東京大学史料編纂所所報』一五号「東大寺開田図の調査」(続)。なお、栄原永遠男氏は上掲「古代荘園図の作成と機能」において、水無瀬庄のことを山埼庄と称することはありえたのではないかとして、水無瀬・山埼両庄・所を同一とみなしうるとする。しかし絵図上に「二所」と明記されている以上、地理的にも離れた場にある二つの庄・所とみるべきであり、編纂所の指摘に従うべきものと考える。
(53)第三図は足利健亮『日本古代地理研究』第五章第二節「難波京から有馬温泉を指した計画古道」に記載されている図五—一七「難波京地の計画古道ルート」を補訂したものである。
(54)足利健亮「平安時代初期の山陽道」(上田正昭編『探訪古代の道第二巻・都からの道』法蔵館　一九八八年)。
(55)『東南院文書』二—五四五。
(56)筒井英俊編『東大寺要録』巻第六封戸水田章第八(国書刊行会　一九七一年)所収。
(57)『續日本紀』天平勝宝八年三月一日条。
(58)千田稔氏「難波津補考」(『小野博士退官記念論集・高地性集落と倭国大乱』雄山閣　一九八四年)三八七頁。
(59)同氏「摂津国家地売買公験案の基礎的考察」(『ヒストリア』八二号、一九七九年)。
(60)大谷氏上掲論文参照。
(61)同氏『埋れた港』(学生社　一九七四年)三九頁、同氏「古代畿内の水運と港津」(上田正昭編『探訪・古代の道第二巻　都からの道』(法蔵館　一九八八年)九九頁。
(62)同氏『日本古代地理研究』第五章第二節「難波京から有馬温泉を指した計画古道」。
(63)『大日本古文書・編年文書』四—三二頁。
(64)西岡氏「武士階級結成の一要因としての『牧』の発展」(『庄園史の研究』上巻、岩波書店一九五三年)。
(65)西山氏「家牒・家符・家使——律令国家の一側面——」(『日本史研究』二一六号、一九八〇年)。

(66) 山口氏「八・九世紀の牧について」(『史学雑誌』九五―一、一九八六年)。
(67) 鬼頭氏「皇后職論」(『奈良国立文化財研究所研究論集』Ⅱ　一九七四年)。
(68) 『續日本紀』延暦三年一二月一三日条。
(69) 西山氏上掲論文。
(70) 『新訂増補国史大系・類聚三代格』巻一五。
(71) 山口氏上掲論文。
(72) 『新訂増補国史大系・類聚三代格』巻一九。
(73) 『東南院文書』二―五四五。
(74) 『大日本古文書・編年文書』一六―一一二頁。
(75) 武羽については、田中仁氏「泉津および泉木屋所と律令制下の材木交易」(秋山先生追悼会編『京都地域史の研究』国書刊行会　一九八一年)。
(76) 大山誠一氏「古代駅制の構造と変遷」(『史学雑誌』八五―四、一九七六)。佐々木虔一氏『古代東国社会と交通』(校倉書房　一九九五年)第二部第一章「律令駅伝制の特色」。
(77) 八世紀中期時点における山崎・難波などの津におけるこれら王臣家・寺社・諸司の庄・所設定とそこへの労働力の組織化の開始という動きのなかで、これらの津は多くの浪人層を吸収しつつ独自な発展を始める。『日本後紀』大同元年(八〇六)九月二三日条に「遣使封左右京及山埼津難波津酒家甕、以水旱成災、穀米騰躍也」とあり、九世紀初頭には山崎・難波は左右京と並ぶ賑わいをみせる、その前史はここに始まるといえる。
(78) 泉谷氏「東大寺の寺領――清澄庄と窪庄――」(『新修国分寺の研究第一巻――東大寺と法華寺――』吉川弘文館　一九八六年)。
(79) 『續日本紀』天平勝寶元年一一月二五日条。
(80) 金子裕之氏「平城京と葬地」(『奈良大学文化財学報』第三号一九八四年)、『日本の古代遺跡4――奈良北部

――』など。なお、第四図は金子氏論文図三〇を基礎に作成した。

(81) 泉谷氏「大和国の墾田――古代的景観の復元と関連して」(『古文化財教育研究報告』第五号　一九七六年)。

(82) なお、泉谷氏は当庄の成立について、天平勝宝年間成立は疑問であるとして、その成立時点を下げるべきであるとする。その一つの理由として、北部地域が天平勝宝年間初頭に作られている薬園宮であり、それが同じ天平勝宝年間に東大寺に庄園として施入されることはありえないことをあげている。しかし、難波津に位置していた堀江離宮、および後に見る平城京郊外に位置する春日離宮が清澄庄と同時に施入されており、薬園宮の施入は決して不自然ではない。また、なにより勘渡状及び大治文書目録へのこの庄の記載を重視すべきであり、当庄は天平勝宝八年六月勅施入庄・所の一つとして設定されたものであるとしておきたい。

(83) 金子氏上掲論文。

(84)『新訂増補国史大系・類聚三代格』巻一六。

(85) 金田章裕氏『条里と村落の歴史地理学研究』第一章「条里プラン」所収図1―26(大明堂、一九八五年)。

(86)『九条家文書』第三、文書番号六五二。

(87) 足利健亮氏『日本古代地理研究』第四章「平安京外縁部の計画」。

(88) 足利氏注87論文。

(89) ただ、島田河原は貞観年間には私的分割が完了しており、葬送と放牧の機能を喪失している。すなわち九世紀後半の段階では残りの二箇所が交通の要衝の地に接している「葬送并放牧」が行なわれる河原上の地として、その内部における私的占点の進行が禁止されている。

(90) 東大寺図書館所蔵東大寺文書一―一六―四。『日本荘園絵図聚影』三・大和(一九八八年)に「大和国飛驒荘実検図」として所収。『東京大学史料編纂所研究紀要』第一号(一九九一年)所収の荘園絵図研究グループ「荘園絵図調査報告　四」(後に、石上英一氏『古代荘園史料の基礎的研究』(塙書房　一九九七年)付編第二章「大和国飛驒荘実検図の作成過程分析」)がこの絵図についての詳しい分析を行なっている。なお、この絵図と勘渡状との関係が問題になる。絵図左端に「大治三年八月一日僧円経」という署名がある。応保三年（一一六三）大和国平群荘文書目録（『平安遺文』七―三二四七）に「一枚　大治三年絵図」とあり、そこに「円経進円智房云々、覚光使名此図書写之後、可進上云々」と注記されている。平群庄の文書目録であるが、年号と名前とが合致していることからみて、飛驒坂庄の絵図である可能性は否定できない。また、そうではないにせよ飛驒坂庄絵図の作成にかかわった円経と東大寺の僧覚光が何らかの関係があったことは事実とみてよい。これらについては今後の検討事項としたい。

(91)『日本書紀』天武天皇元年秋七月壬寅（一三日）条に「近江将犬養連五十君自中道至之留村屋」とあらわれている。

(92)『東南院文書』二―五四五。

(93)『平安遺文』六―二一五六。

(94) 弘安一〇年（一二八七）櫟庄百姓解（『鎌倉遺文』二一―一六三三〇）。なお、櫟庄については、泉谷康夫氏「東大寺領櫟庄について」（『ヒストリア』三〇・三三号、一九六一～六二年）、中野栄夫氏「畿内村落の変貌」（『古代の地方史三・畿内編』朝倉書店　一九七九年）を参照。

(95) 足利健亮氏「大和から伊勢神宮への古代道」（上田正昭氏編『古代の道・第一巻南都をめぐる道』法蔵館　一九八八年）。

(96) 天暦四年（九五〇）一一月東大寺封戸庄園并寺用雑物目録（『東南院文書』二―五四五）の「大和国田地」の項には酒登庄・櫟本（櫟）庄・長屋庄・村屋庄・清澄庄・飛驒庄・十市庄の七個庄が記載されている。このうち村屋庄・飛驒庄・清澄庄および櫟庄は天平勝宝八年六月勅施入庄とみてよい。酒登庄については、国立歴史民俗博物館編『日本荘園データ』（一九九五年）でも、「十市郡坂門か、所在不明」としている。しかし『東大寺要録』巻第六封戸水田章第八の「諸国諸庄田地　長徳四年注文定」の大和国項に春日・櫟本・長屋・杜屋・飛驒・清澄・十市の七個庄が記載されている。天暦の目録と長徳の注文を対比させると、長徳注文の「杜屋」を天暦目録の村屋の誤記とみるならば（両者とも城下郡になっている）、長徳注文の春日庄は天暦目録の酒登庄に対応することは明らかである（両者とも添上郡になっていることもこれを裏付ける）。すなわち春日庄は酒登庄である。そして春日庄は天平勝宝八年六月勅施入庄である。このようにみてくると、天暦の寺用雑物目録の大和国項記載の七個庄のうち酒登（春日）・櫟本・村屋・清澄・飛驒の五個庄は天平勝宝八年六月勅施入庄になる。残りの十市・長屋両庄について、十市庄は天平宝字五年（七六一）一一月二七日大和国十市郡司売買地券解（『東南院文書』三―五九八）により、この時点で東大寺が「布施屋」として買得していることが判明している。また長屋庄も八世紀中期に所在していることが確認できない。いずれも、さしあたり天平勝宝八年六月勅施入庄からは除外しておきたい。

(97) 角田氏著『佐伯今毛人』（吉川弘文館　一九八八年）。
(98) 延喜二年一二月二八日太政官符案（『平安遺文』九―四五五一）。
(99) 『續日本紀』天平勝宝八年十月二三日条に「大納言藤原仲麻呂献東大寺米一千石、雑菜一千缶」とあるように仲麻呂はこの年の秋に動産を施入している。これも仲麻呂と東大寺とのつながりの深さを示すものであろう。
(100) 赤松氏「東大寺領大和国春日庄について」（同氏著『古代中世社会経済史研究』平楽寺書店　一九七三年）。
(101) 角田氏「勅旨省と勅旨所」（角田文衞著作集三『律令国家の展開』塙書房　一九六五年）。
(102) 天暦四年寺用雑物目録によると、平城京左京二條・三條・四條に田畠が散在している。このなかに八世紀中期の時点で平城京左京の東大寺に比較的近いところに、勘渡状記載以外に設定されていた小規模な庄・所の名残りがふくまれている可能性はある。
(103) 高柳光寿氏「東大寺薬師院文書の研究――平城京相模国調邸・東西市庄・東西堀川のこと――」（『日本歴史』一〇一号・一〇二号、一九五六年）、今泉隆雄氏「所謂「平城京市指図」について」（『史林』五九―二、一九七六年）、鬼頭清明氏『日本古代都市論序説』終章「平城京の歴史的性格」（法政大学出版局、一九七七年）などを参照。
(104) 館野氏「相模国調邸と東大寺領東市庄」（同氏著『日本古代の交通と社会』塙書房　一九九八年）。
(105) 高柳氏上掲論文。

(106) 田辺氏「平城京東西市と大和川水運」（高井悌三郎先生喜寿記念論集『歴史学と考古学』真陽社　一九八八年）。
(107) 山陽・山陰・南海道諸国の庄園の全体的なあり方については、本書第三部第二章で分析した。
(108)『續日本紀』天平勝宝八年一〇月七日条。
(109) 加藤友康氏「日本古代における輸送に関する一試論」（『原始古代社会研究五』校倉書房　一九七九年）。
(110) 栄原永遠男氏「海路と船運」（『古代の地方史2・山陰山陽南海編』朝倉書店　一九七七年）。

第二章　水上交通路沿いの東大寺庄園

――因幡国高庭庄と湖山池・千代川――

はじめに

高庭庄は因幡国高草郡に所在する、八世紀中期から一〇世紀後期にかけて存続した東大寺の庄園である。阿波国新島庄とならんで、初期庄園の成立期から衰退期に至る全期間を通じた史料が存在するのがこの庄の一つの特色となっており、次のような経過をたどりながら八世紀から一〇世紀に至る。

A、八世紀半ばの天平勝宝八年に東大寺の庄園として庄券の作成がなされる。その直後に勝磐の墾田がこれに付け加わり、以後この二つが高庭庄の二つの構成部分となる。このうち勝磐墾田は一〇世紀に至るまで東大寺の庄園として存続していく。
B、八世紀末の延暦年間に至り、天平勝宝八年立券分が東大寺より二人の貴族に売却される。
C、九世紀半ばの承和年間に至り、東大寺は延暦年間に売却した分の返還を求める運動を起こす。ただこの運動は成功しなかったようであり、返還は実現していない。
D、一〇世紀初期の延喜年間に至り、再び承和年間と同じ返還要求が東大寺からなされる。
E、一〇世紀末に至るまで、かっての勝磐墾田のみからなる高庭庄が存続していく。

そして高庭庄に関する史料は、現在東南院文書のなかに次のような形で存在している。

一、第三櫃―二六巻　表題「東大寺因幡国高庭庄券第二坪付」(1)
天慶三年（九三〇）九月二日　因幡国高草郡公文預東大寺領高庭庄坪付注進状　……一
延喜五年（九〇五）九月一〇日　東大寺領因幡国高庭庄坪付注進状案　……二
承和九年（八四二）七月二一日　因幡国高庭庄預僧霊俊解　……三

二、第三櫃―二七巻　表題「東大寺因幡国高庭庄券第三坪付返抄」承和九年(2)
承知九年（八四二）七月二四日　因幡国司解　……四
承和九年（八四二）七月二〇日　因幡国司解　……五

三、第四櫃―一巻　表題なし(3)
天平神護元年（七六五）四月二八日　因幡国司牒　……六
天平神護元年（七六五）四月二八日　因幡国師牒　……七
延喜一三年（九一三）五月一日　按察家藤原有実牒　……八
延喜一三年（九一三）八月二九日　按察家藤原有実牒　……九
延喜一三年（九一三）一〇月三日　東大寺申文　……一〇
天慶四年（九四一）二月二日　因幡国司牒　……一一

四、第四櫃―二巻　表題なし(4)
延喜五年（九〇五）一一月二日　因幡国司解案……一二
延暦二〇年（九二〇）一二月一六日　東大寺三綱牒案……一三
弘仁四年（八一三）七月二日　因幡国司勘文……一四
承和九年（八四二）七月一九日　高庭庄別当僧霊俊解……一五
長保六年（一〇〇四）七月二〇日　東大寺符案……一六
長保六年（一〇〇四）七月二〇日　東大寺牒案……一七

これら文書群を時代的に先にかかげたA～E五つのグループに準拠して整理すると、次のようになる。

A、八世紀中期の庄成立期
墾田長国造勝磐の田地が高庭庄成立後間なしに寄進される、その寄進関係文書
六、七

B、延暦の庄売却時期
延暦年間、高庭庄本体部分が売却されるが、そのうちの縄主への売却に関わる文書
一三、一四

C、承和年間の庄園返還運動時期
延暦年間に売却された本体部分の返還要求に関する文書と、東大寺寺田として確保されている勝磐寄進田の現

状確認に関する文書　　　三、四、五、一五

D、延喜年間の庄園返還再要求運動の時期

Cに引続く延喜年間の庄の本体の回復再要求運動にかかわる文書　　　二、八、九、一〇、一二

E、一〇世紀の庄終末期

勝磐墾田の系譜をひく、東大寺寺田として確保されている庄地の経営にかかわる文書　　　一、一一、一六、一七

Aの八世紀中期の立庄前後については、勝磐の墾田の寄進関係文書が存在するのみで天平勝宝八年（七五六）に立券された本体部分の立券時点の状況を示す直接的な史料は残存しない。しかし、B、C、Dの各文書群は基本的にはこの天平勝宝八年立券部分（本体部分）の返還要求にかかわるものである。このB～Dの文書群については、それぞれの群を構成する文書は一律ではなく複雑な構成をとっているが、それぞれの文書群内での各文書の位置付け、および各文書群相互の関係を整理することで、現存のA群文書では欠落している高庭庄の本体部分成立期の状況がどうであったのか、そして以後九世紀にかけて、この本体部分の庄域と庄面積がどのように変動していくのかを明らかにできる。

従来の研究史をみると、(5)このような八～九世紀の高庭庄本体部分に関する文書群の整理は十分とはいえない。また、高庭庄が設定されている場のあり方について、とくに庄と湖山池・千代川とのかかわりについての掘り下げも不十分である。本稿では、それらの点について注意をはらいつつ、関係史料の整理とそれに基づく庄域の時代によ

る変動の把握、さらには庄域の設定された場の特質の把握などを行ない、それを通じてこの庄の実態にせまってみたい。

一　庄面積の変動——関係史料批判——

(一)　承和の庄園返還運動関係文書

最初に取り上げるのはC文書群である。この群にふくまれる承和九年七月因幡国司解（文書番号五）に「…右、太政官去承和五年九月五日符、今年七月九日到来偁、得東大寺牒偁、寺家墾田陸田等、毎國有數、而頃年差寺使令勘、或為王臣地、或為百姓田、令為實録、件人充使発遣、望請、蒙下符将勘糺者、……」とある。この承和五年九月五日官符に基づく東大寺寺田の調査を基礎にした失われた寺田の返還要求は、高庭庄のみではなく中四国の東大寺の庄園全体で行なわれた。すなわち承和七年六月二五日阿波国司解状に「……右被太政官去承和五年九月五日符偁、為實録東大寺地、件人充使発遣、國宜承知、國司与使者共勘申者、謹解……」とある[6]。さらに、大治五（一一三〇）年三月東大寺諸庄園文書并絵図目録によると[7]、伊予国（新居庄が存在する）に「承和七年七月十一日郡司勘定文」があり、また播磨国（垂水塩山・粟生庄・益気庄など）に「承和九年八月十五日依官符國司勘定」がある。この両国でも承和五年太政官符をうけて寺田の調査がなされたとみてよい。

因幡では下向してきた寺使石川真主の要求に基づき、二通の文書が作成される。一通は承和九年七月二一日高庭庄庄預僧霊俊解（文書番号三）であり、もう一通は同年七月二四日因幡国司解（文書番号五）である。後者の国司解状についてその主要部分を掲げる。

……略……

散田地陸拾柒町玖段弐佰拾玖歩

見開田参拾柒町壱段参佰伍拾陸歩

舊田参町玖段参佰伍歩

新開田参拾参町弐段伍拾壱歩

未開地参拾町柒段弐佰弐拾参歩

……

定田伍町捌段弐佰拾陸歩

右天平神護元年四月十七日百姓沽、永為寺田

……

この解状には東大寺地が「散田地」と「定田」とに二大別して書き上げられている。このうち「定田」は天平神護元年に勝磐が東大寺にひきわたした墾田、承和の時点で高庭庄として存続している地を指している。この「定田」の坪付など詳しい内容はこの国司解状では書かれておらず、高庭庄庄預がこの解状より数日前の日付で作成した庄預解状に書き上げられている。

一方、「散田」は本来的には宮本救氏が指摘するように、[8] あるべき状態が失われた田を意味するが、ここでは延暦二〇年（八〇一）一二月に藤原縄主および藤原藤嗣という二人の貴族に売却されている地、承和の時点では東大寺の地ではなくなっている地を指す。この六七町余の「散田」が天平勝宝八年に東大寺が立券した高庭庄本体部分

第一表　承和年間高庭庄の所有者別土地構成（単位　町　段　歩）

東大寺地 73.8.075	散田地 67.9.219	見開田 37.1.356	旧田 3.9.305
			新開田 33.2.051
		未開地 30.7.223	
	定田 5.8.216	見定田 5.1.060	散田 3.2.296
			得田 1.9.324
		無実田 0.6.272	

であり、この国司解状はこの散田部分の詳しい書き上げになっている。すなわち真主は承和の時点でも引き続き東大寺の庄地として存続している庄地を「定田」として把握し、その内容を庄預に報告させるとともに、高庭庄本体でありながら東大寺の地ではなくなっている「散田」の現状を国司に調査させている。

　二つの文書にあらわれる以上の定田と散田の状況を整理したのが第一表である。以下それに基づいてさらにほりさげてみる。まず定田について、「見定田」と「無実田」とから成り立っている。このうち「見定田」については、「国図所定」と注記されるとともに、「散田」（この場合の意味は川成、荒田など田地として機能していない田を指す）と「得田」（田地として機能している田）という二つの地目から成り立っている。二つの地目とも、「北四条虹田里十二黒田六段」という形で、条里坪付により各筆の所在地が明示されており、東大寺寺田として作不は別として庄預がその所在を把握している地を指すとみてよい。一方、「無実田」は「無実田六段二百七十二歩」とのみ記されており、条里坪付による所在地記載はなされていない。つまりこの地目はこの時点の庄預がその所在を把握していない地を指す。

次に散田地について、「見開田」三七町余と「未開地」三〇町余とから成り立っている。このうち「見開田」は「旧田」と「新開田」とから成り立ち、両者とも「北三条草尾里八葦原田八段三百三十歩」という形式でその所在地が明確にされている。一方「未開地」は「未開地二十二町四十三歩」のようにその所在地を明示せずに面積のみを記している。この散田地の記載方式は定田の記載方式と同じであろう。つまり「散田地」における「見開田」は、「定田」における「見定田」に対応するもの、国司がその所在地を把握しうる地を意味する。一方「散田地」における「未開地」は、「定田」における「無実田」に対応し、その時点でその所在を国司がつかめなくなっている地を意味する。

問題はこの解状がどのような背景のもとで、何を目的に作られているのか、書き上げられた見開田・未開地は具体的には何を意味するのかである。以下阿波国における庄園回復運動との対比のなかで考えてみたい。

石川真主は因幡国および阿波国双方に寺使として派遣されているが、彼が阿波にきたのは承和七年（八四〇）である。承和一一年（八四四）に至り東大寺が新島庄のうち本庄地区および大豆処地区などについて返還さるべき地が依然として口分田として班給されているので、早急に庄田としての返還を実現するように求めたのに対して、阿波国司は来年は班田年であるから、その時に返還を実行すると答えている。(9) このような東大寺の要求がでてきているということは、承和七年の段階で東大寺に返還さるべき地が調査により特定されていたことを示すが、この二つの地区については、そのような調査がなされたことを示す史料は残っていない。ただ、新島庄三地区のうちのもう一つの地区である枚方地区について記された、次の欠年月日新島庄坪付注文(10)は注意される。

東大寺地卅一町二段　　券文所注
　寶亀四年圖被輸公一町四段
廿条十枚方古川里卅四葦依圃六段
……
　弘仁三年被輸公八町六段七十歩
同条九葦原里卅一新名圃一町
……

承和七年段階で書き上げられたとみてよいこの注文は、庄券に庄地として記載された坪々について、宝亀四年（七七三）と弘仁三年（八一二）の班田図を照合し、庄券では庄地になっている坪々にどれだけの「輸公地」すなわち班給田に転化しているのかを、書きだしたものである。枚方地区の庄券は残っていないが、天平宝字二年（七五八）の年紀を持つ絵図(11)に記された坪々がこの注文の坪々と一致するところからみて、枚方地区の場合庄券作成時点で庄地の存在していた坪々は、八世紀中期以後の班田図上で明確に追跡できる存在であった。承和年間、阿波国衙は枚方地区を構成する庄地について、それを八世紀末から九世紀初頭の班田図上で追跡し、庄地内にどれだけの輸公地があるかを坪を単位に記載しているのである。本庄地区と大豆処地区については、このような庄券と班田図との照合に関する記録は残っていないが、やはり同様に庄地内の輸公地についての調査があって、それを踏まえた返還要求になっていることは間違いない。

因幡にもどる。因幡でも阿波で行なわれたことと基本的には同じことが志向されたとみてよい。今問題にしている解状（文書番号五）での東大寺地の書き上げも、八世紀中期の庄券上に記された庄地についての調査にかかわってなされたものであろう。その観点からこの解状の内容をみると、解状の末尾に「図」と「券」とを「条録」して作成した国司が述べており、庄券と班田図を対照させて書き上げがなされていることは間違いない[12]。しかし、高庭庄での「条録」は、「見開田」の坪々について行なわれているが、それがどの年度の班田図との対照を行なった結果であるのか、また書き上げられたそれぞれの坪の面積が庄券記載の面積なのか、ある年度の班田図記載の面積なのかについての記載がなく、したがってどのような目的で、書き上げが行なわれているのかが明確ではない。新島庄枚方地区の書き上げが庄券作成時点の庄域内の地にどれだけの輸公地があるかの書きだしであることが明確であるのとは異なる。

この高庭庄における書き上げの性格を明確にするために、みておきたいのがこの解状にあらわれている「未開地」についてである。第一表を手がかりにみていくと、「未開地」三〇町余は、言葉の意味通りの未開地ではなく、庄券に記載されていた高庭庄の総面積六七町余から「見開田」三七町余を差し引いた「地」であり、たんに各地区ごとに面積のみが記載されている。この解状が班田図と庄券との対照の上で記載されていることを考えれば、この「未開地」は班田図と照合した場合の所在不明地、庄券に記載されているが班田図上では追跡不可能になっている田地とみるべきである。

このように「未開地」を規定すれば、この解状は庄券作成時点の庄地について、庄券と班田図とを照合することで、どれだけの地が把握可能なのかを書き上げたものという性格を持つことになる。つまり、「散田地」六七町余が出発時点の高庭庄本体部分面積であり、そのうち一世紀後の承和年間において追跡可能な坪が「見開田」として坪単位で書き上げられ、すでに失われ班田図上で追跡不可能になっている坪々が「未開地」として一括されているのである。

班田図上で追跡できない庄地が何故これほど存在するかについてであるが、庄券記載と班田図記載のずれが、そ

第二表　散田地内訳（単位　町　段　歩）

	立券時点庄地（散田地）	所在判明庄地（見開田）	見開田内訳 旧田	新開田	所在不明庄地（未開地）
縄主地	倉見葦原田 45.7.090	23.7.047	1.4.204	22.2.203	22.0.043
	郡門葦原田 9.3.309	9.3.309	1.7.349	7.5.320	0
藤嗣地	奥家地 9.2.230	1.6.000	0.7.112	0.8.248	7.6.230
	星田野 3.5.310	2.5.000	0	2.5.000	1.0.310
計	67.9.219	37.1.356	3.9.305	33.2.051	30.7.223

れを生みだしているとみるべきであろう。金田章裕氏は八世紀中期越前国の糞置庄について、図籍上の記載が統一的な条里プランと方位が異なる地割の存在により、現地に存在する庄地との不整合がおきており、そのことが庄田の口分田への転化を呼び起こしている事実を指摘している[13]。高庭庄の場合はこれに該当する。後にみるように、高庭庄は鳥取平野の端の部分、一町方格ではない条里プランが存在する、条里設定地帯の境界部分の低湿地帯に位置する。自然条件の不安定さにくわえて、一町方格の整然たる条里プランになっていない地であるだけに、班田図の記載と現地の耕地の存在形態とが食い違うことが多かったであろう。そして東大寺の庄園把握力が衰えていくなかで、そのようなずれを克服する努力もなされぬままに推移したことが、その傾向を加速させたとみてよい。

　以上のことをまとめると、承和の国司解状の散田地面積は天平勝宝八年の立券時点の庄域面積であり、高庭庄は星田野・奥家地・郡門・倉見の四地区に分かれる総面積六七町余りの庄園として出発した。しかし約一世紀後の承和の時点で所在を確認できるのは、そのうちの三七町余りのみであり、残りの三〇町余りはその所在が完全に失われていた。以上のことをまとめたのが第二表である。

(二)　延暦の庄園売却関係文書

次にB群文書についてみていく。この文書群は第二表の「散田地」すなわち高庭庄本体部分にかかわる文書群である。まず文書番号一三の文書からみていく。この文書は縄主への庄地本体部分の売却状である。

東大寺三綱牒上
　請可沽因幡國高庭庄占地綱裁事
合地五十五町一段卅九歩
　倉見葦原卌五町七段九十歩
　　見開田一町四段二百四歩
　　野卌四町二段二百卌六歩
　郡門野九町三段三百九歩
　　見開田一町七段三百卌九歩
　　野七町五段三百廿歩
牒、得春宮坊大夫藤原朝臣宅今月十一日牒云、伝聞、件占地於寺家無益、若沽却者、以稲四千束充價直、請買如件、……

地区別に「見開田」と「野」とに区別されて記載されている。それを第二表の承和の国司解状の倉見・郡門両地区と比較すると、両者の各地区総面積が一致するとともに、承和の「旧田」面積と延暦の「見開田」面積が一致する。このような一致は、売却状が残されていないが、もう一人の貴族である藤原藤嗣の売却地である星田野・奥家地でも同様であったとみてよい。これに基づいて、延暦の時点での高庭庄本体部分の状況を整理したのが第三表である。

この第三表と第二表とを比較すると、第三表すなわち延暦の「見開田」面積が、そのまま第二表すなわち承和の「旧田」面積になっていることに注意される。先にみたように、承和の「見開田」は国司が承和の時点で班田図との対比のなかで把握しうる限りでの庄地を意味した。それをふまえるならば、第三表の延暦の時点であらわれる「見開田」も、第二表の「見開田」と同じく、東大寺が庄地として把握している地を意味するとすべきである。そして、第三表の「野」は、立券文の各地区面積から「見開田」面積を差し引いた面積を記載したものとみてよいであろう。つまり第三表で示されているのは、東大寺の把握している庄地の極度の少なさである。「件占地於寺家無益」といわれているが、立券時点の庄域の圧倒的な部分が未把握になっているということであり、東大寺が庄地売却にふみきった背景がよく示されている。

第二表にもどると、ここでは「見開田」は「旧田」（延暦の見開田）と「新開田」の合計としてあらわれている。となれば、ここでいう「新開田」も言葉の意味での新規開発田ではなく、延暦の時点で二人の貴族に売却された以後承和に至る期間に、引渡しのときには「野」として一括されていた地のうちの庄地として（それが既耕地であるかどうかは不明であるが）再確保された地とすべきである。その点で、第二表における「新開田」の面積の多さは、延暦年間東大寺のもとで衰滅寸前にまでいっていた高

第三表　売却時点の本体部分の構成（単位町　段　歩）

		総面積	売却時点見開田面積	売却時点野面積
縄主地	倉見葦原田	45.7.090	1.4.204	44.4.246
	郡門葦原田	9.3.309	1.7.349	7.5.320
藤嗣地	奥家地	(9.2.230)	(0.7.112)	(8.5.118)
	星田野	(3.5.310)	(0)	(3.5.310)
	計	67.9.219	3.9.305	63.9.274

庭庄が二人の貴族のもとで、庄園として相当程度復活していることを示している。

さらにB群を構成するもう一つの文書の弘仁年間にだされている文書番号一四の国司勘定文にも注意したい。

└墾田地高草郡

倉見地卅五町七段九十歩

見開田六町二段三百五十歩

野地卅九町四段九十四歩

右田、寺依天平勝寶八歳請圖、算勘不誤其數、

弘仁四年七月二日

……下略……

倉見地区についてのみの勘文であり、因幡国衙が倉見地区内部の状況を報告しているものである。全面積四五町余りは立券文の倉見地区総面積であり、「天平勝寶八歳請圖」は庄券を図化したもの、ないしはそれと類似のものとみてよい。庄券と対比させながら、弘仁の時点で、縄主の把握している庄地と把握していない庄地を書き上げているものであろう。倉見地区のみに限定された史料であるが、縄主のもとで把握できる庄地が延暦時点より増加していることを知りうる。

(三)　延喜の庄園再回復運動関係文書群

Cの文書群で示される承和の庄園回復運動は結局成功しなかった。半世紀以上たった昌泰・延喜年間に至り、あ

らためて回復の要求が東大寺からなされる。D群の文書はその関連文書である。この再度の返還要求の一環として、延喜五年九月に高庭庄坪付注進状（文書番号二）が作成されている。その記載は大略次のようになっている。

東大寺高庭庄田地七十三町余
天平勝寶七年圖注
　北一条散岐里
　　十七坪山
　十八坪
　　清水寺田六段　大私人丸治一段百卌四歩
　大私国栖治四段二百十六歩
　　……下略……

この坪付は天平勝宝七年（七五五）、宝亀四年（七七三）、弘仁一四年（八二三）、嘉祥三年（八五〇）、の各年度の国図から高庭庄庄域が広がっている坪の記載を抜き書きしたものであり、八世紀から九世紀にかけての高庭庄の変遷がこれからわかるということで、「高庭庄年代記」ともいわれている。(14) この坪付注進状（年代記）は、同年一一月に出されている因幡国司解状（文書番号一二）とのかかわりでだされている。すなわち、東大寺の返還要求に基づき、太政官は因幡国司に班田図を調べ条里坪付を注進するように命じたのに対して、因幡国司は昌泰三年（九〇〇）に郡司が東大寺に提出した勘文によると、「件田地七十三町八段七十五歩、見開田四十三町二百十二歩、未開地三十町七段二百二十三歩、就中故従三位藤原縄主朝臣買得田地五十五町一段三十九歩、令領左衛門督藤原朝臣」

第四表　国図記載耕地面積の推移（単位　町　段　歩）

	天平勝宝7年図 (755)	宝亀4年図 (773)	弘仁14年図 (823)	嘉祥3年図 (850)
倉見 26個坪	8.0.092 (0)	7.5.176 (1.7.254)	10.3.238 (4.9.228)	7.0.121 (5.8.205)
郡門 10個坪	2.1.336 (0)	2.9.336 (0.6.000)	4.8.162 (4.8.000)	9.2.192 (9.2.192)
奥家地 2個坪	0 (0)	0 (0)	2.6.000 (2.6.000)	2.4.000 (2.4.000)
星田野 1個坪	0 (0)	0 (0)	0 (0)	1.0.000 (1.0.000)
計 39個坪	10.2.068 (0)	10.5.152 (2.3.254)	17.8.040 (12.3.228)	19.6.313 (18.5.037)

となっていると指摘し、この勘文に詳しく記載されているので、それに基づいて裁断してほしいとした上で、重ねて図帳を勘じて言上するとしている。この重ねて勘じた図帳が同年九月の注進状である。

この勘文にみえる「見開田」と「未開地」について、第一表をみれば明らかなように、「未開地三十町七段二百二十三歩」はC群史料の承和国司解状の「散田地」のうちの「未開地」と面積が完全に一致し、また「見開田四十三町二百十二歩」は「散田地」のうちの「見開田三十七町一段三百五十六歩」と「定田五町八段二百十六歩」とを合計した面積に一致する。このことは昌泰年間に因幡国司が郡司に作成させた勘文では、承和の時点で因幡国司が作成した際と同じく、その坪付が把握できうる地を「見開田」[15]、所在が失われている地を「未開地」として把握しているのである。

上記で引用した注進状（文書番号二）をみると、その冒頭に「高庭庄七十三町余」と記している。これは天平勝宝八年時点の本体部分の総面積と勝磐寄進田とをあわせた面積であるが、内容をみれば明らかなように、本体部分六七町余りのうち所在が承和の時点で判明していた「見開田」三七町余の所在坪と対比させた書き上げになっている。つまり注進状は再び行なわれた高庭庄の返還運動に際して作成されているものであり、内容的には承和の返還運動に際して、その所在が確認できた三七町余の庄地が所在していた坪々について、その内部に東大寺寺田ないし売却されてから後の藤嗣・縄主治田および口分田・農民治田など既耕地がどれだけあるかを四つの国図から抜き出して書き上げているものである。それら耕地面積を各地区ごとに整理したのが第四表である。なお、括弧内は耕地面積のうち東大寺寺田ないし藤嗣・縄主治田のみを集計したものである。(16)

(四)　小括

以上B、C、Dの文書各群を整理してきた。そこで明らかになったように、高庭庄本体部分に関する文書が圧倒的に多い。これはこの部分については二度にわたり東大寺が回復を試みる運動を行なったことの反映であるが、それら回復運動のなかで、本体部分にかかわってあらわれている諸種の地目面積は複雑に入り組んでいる。それは次のような三つのレベルの異なるものとして区別してとらえる必要がある。

第一のレベルは四地区の出発点の総面積である。C群史料で「散田地」と表現されている。第二のレベルは出発時点の庄域面積のうち、その時点時点で、庄園領主が把握できている庄地面積である。これはB群・C群の史料では「見開田」と表現されている。なお所在が不明になっている地は「未開地」と表現されている。四地区とも延暦の時点と承和の時点でその面積が判明する。なお、倉見地区のみ弘仁年間の状況が判明する（B群史料）。第三のレベルは「見開田」所在坪内部における既耕地面積であり、D群の注進状（文書番号一二）にのみあらわれている。

このように三つのレベルに整理できる各種面積について、各レベル内部での面積変動の比較はできるのであり、たとえば、第二レベルでいうと東大寺のもとでの高庭庄と二人の貴族のもとでの高庭庄とでは、そのあり方がどのように変わっているのかについては比較できる。また第三レベルの問題として庄域を構成する各坪々で内部の開発がどのように進むのか、またそれぞれの坪内部における他者耕地と庄田の関連がどう変動しているのかも時代ごとの比較分析はできる。しかし注意しておきたいのは、レベルを越えて他のレベルの面積との比較はできないということである。このことはとくに第二レベルと第三レベルとの間にいえる。研究史の上でしばしばみられる、第二レベルの「見開田」を言葉の意味通りの既耕地とみなした上で、第三レベルの耕地面積の数値と比較して、庄域内の既耕地の変動を論ずるのは、レベルの相違を無視している点で論議として成り立たない。つまり、第一・第二レベルのことを記載しているB群・C群史料と第三レベルのことを記載しているD群史料とは記載されている数字のもっている意味が異なるということを明確にする必要がある。

二　庄域の景観復元——鳥取平野の南と北——

以上、関係文書の整理を行ないながら高庭庄の面積的な変動を中心とした変遷をみてきた。次に必要なのは、高庭庄の現地景観の復元である。これについては、研究史上では鳥取平野の条里復元を行なった上で庄域の広がりがどうであったかを分析している岩永実氏の研究(17)がある。氏は庄域が平野全域に散在しているところから、この庄を既耕地系分散型庄園と定義している。しかし、本体部分についてはは分散的状況を帯びていることは事実であるとしても、文書の上で四地区に分けて記載されていることからみて、たんなる無秩序な分散ととらえるのではなく、四地区がそれぞれどのような場に設定されているのかを把握していくことが必要である。一方勝磐墾田については、鳥取平野全域に散在していることは間違いないのであるが、この場合も散在なりにどのような地にこの墾田地群が広がっていたのかをみていく必要がある。

まず鳥取平野の条里について、岩永説について、「条里地割が具体的に図示されておらず、かつ条里界線や坪付けの推定にも資料上の制約から説得力に欠ける点がある」[18]という疑問がだされているが、現時点では依拠すべき復元が岩永復元しかないので、上記批判を念頭におきながらも、岩永復元に依拠して、第一図として示した鳥取平野の概念図をもとにして、四つの地区の状況をみていきたい。

(一)　星田野地区および奥家地地区

二つの地区はともに蓼田里北里外にあり、それらの立券時点の庄域面積と承和の見開田（所在確認地）面積、さらに所在確認坪の一世紀間の変遷を整理したのが第五表である。

まず蓼田里北里外の全体的な状況について、「無地」「不注図」という用語があらわれている。この両地区に止まらず、四つの国図には「無地」「無図」「不注図」という記載がしばしばあらわれているが、三者の関連には不明のところが多い。すなわち勝宝図で「無図」となっていた坪が宝亀図では「無地」となっており、宝亀図で複数の坪に「不注図」と記載されているが、それらの坪が勝宝図では「無地」となっている坪と「無図」となっている坪とに分かれているなど、厳密な区別がつけがたい。ここでは言葉上から、「無地」はその時点で坪はあ

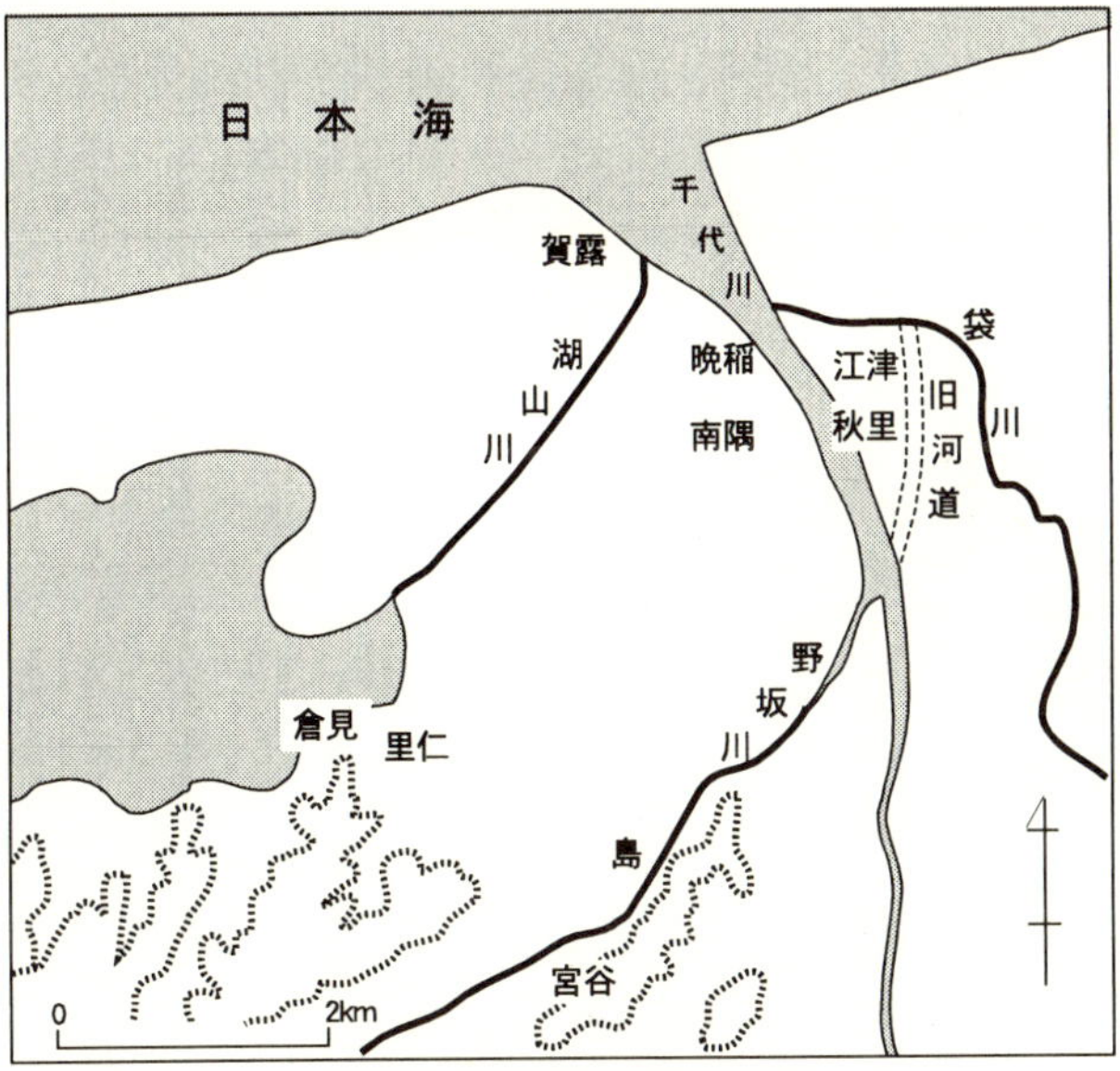

第一図　鳥取平野周辺略図

第五表　蓼田里北里外の変遷（単位は町、段、歩）

	庄域面積	承和の所在確認坪とその面積		勝宝図	宝亀図	弘仁図	嘉祥図	延暦の売却時点確認寺地面積
奥家地	9.2.230	1坪 原田	0.8.000	無地	不注図	1.6.000 藤嗣治	1.4.000 藤嗣治	0.7.112
		3坪 原田	0.8.000	無地	山	1.0.000 藤嗣治	1.0.000 藤嗣治	
星田野	3.2.310	28坪 星田	2.5.000	無地	山	無記載	1.4.000 藤嗣治	0

るが、そこに地目記載がない坪を意味し、「無図」は坪自体が班田図にあらわれていない地、「不注図」はその両者共通の意味ということでみておきたい。そのことをふまえて、あらためて第五表をみると、蓼田里北里外に所在することが判明する勝宝図・宝亀図の三つの坪とも無地・不注図・山となっている。つまり八世紀後半段階の班田図上では耕地はこの里に所在していなかったことになる。そして九世紀になってからの弘仁・嘉祥図に耕地があらわれるが、その面積が「一町五段」「一町六段」という一町をこえる面積になっている。さらに同じ五表でこの里の九坪（星田野地区）の承和の「見開田」面積、すなわち立庄時点の立券文記載面積が「二町五段」になっている。つまり九世紀の段階で、この里内の坪々には一町を越えるものがあらわれている。

　金田章裕氏は讃岐国の事例を踏まえて、八世紀段階における、①「小字地名的名称」から②「条里坪番号＋小字地名的名称」へという土地表示様式の変遷を指摘している。すなわち①から②への移行が条里呼称法の導入・条里プランの完成を示すとし、讃岐の場合はその移行が七五七年から七六三年の間になされているとする[19]。この指摘をふまえると、高庭庄の場合、立券文記載の方式が②の方式（条里坪番号＋小字地名的名称）になっているので、天平勝宝八年の時点では、鳥取平野では条里プランが完成しているとみてよい。

　ただ、条里プランあるいは条里呼称法が鳥取平野で天平勝宝八年には導入されているとはいっても、蓼田里北里外については、一町方格の条里プランが設定されたのではない。金田氏は別に、八世紀後半段階において地割形態としては不明確な条里地割ないし条里地割的ではないものが、条里プランによる土地管理システムのなかに存在していたという指摘をしているが[20]、この蓼田里北里外は条里プランのなかに組み込まれているが条里地割ではない地割になっている。

岩永氏によると、鳥取平野の条里は日本海に向かって南から北へ北八条まで設定されている。となれば、この里は北八条の更に北方、条里設定地帯の最北端、条里設定地帯と未設定地帯との境界をなす地に位置する。そのような地理的な位置に規制されて一種の独自条里地帯が生み出されているのであろう。時代が下がるが、九～一一世紀の丹波国大山庄について、そこにおける条里が一町方格の地割とは別次元に設定されたものであること、ここであらわれる条里表記は若干の耕地ごとに数詞坪名をうち、条里呼称を付した土地表示方式であること、が指摘されている[21]。蓼田里北里外の場合も、大山庄の場合と同様に、土地台帳の上で耕地群に数詞坪名をうつだけの独自な条里であったとすべきである。

奥家地地区について、その所在判明坪は八坪と一三坪であるが、立券文の坪番号の下の小字的名称が二つの坪とも「原田」になっており（第五表参照）、この「原田」という小字の広がりの一部ないし全部を囲い込んで一円占点地としてこの地区が成立していたとみてよい。そして星田野地区について、この地区は立券時点は三町五段余りの面積を持つ地区として出発しているが、承和年間に所在が確認できるのは一個坪二町五段である。この減少分すなわち所在が不明になっている地はどのような形で存在していたかは不明であるが、後にみる郡門地区の例からみても、これら不明地は坪付判明坪（二八坪）の周辺に広がっているとみてよい。すなわち坪番号の下に記された小字的名称が「星田」になっており（第五表参照）、この小字の広がりの一部ないし全部を囲い込む形で星田野地区は小規模ながら一円占点地を形成している地区として成立していた（第二図参照、○印を付したのが寺地の所在する坪）。

岩永復元は北八条蓼田里北里外について、独自条里になっていることには触れず、平野中央部の条里と全く同じ

北八条　蓼田里外

6	7	18	19	30	31
5	8	17	20	29	32
4	9	16	21	㉘	33
③	10	15	22	27	34
2	11	14	23	26	35
①	12	13	24	25	36

第二図　奥家地・星田野地区所在坪略図

ものとして扱っており、その点での不正確さは指摘できる。ただ、この北八条が鳥取平野の条里設定地帯の最北端に位置すること、その地が現鳥取市晩稲付近に比定されることは正しいと考える（第一図参照）。

現在の晩稲地区は千代川と袋川・湖山川の三川が合流する地である。ここは古くから水害が多く、田畑の流失、土砂の堆積が続き、一五～一六世紀までは葦原状の湿地帯であったのではないかと推測されている。[22] 八～九世紀の段階の景観も基本的には同じとみてよく、河原といってよい低湿地である。条里プランが及んでいるとはいえ、坪番号が付されるのみの独自条里設定地になっていると推定されることを考えあわせれば、洪水の危険にさらされている、耕地としては不安定な土地であった。ここに位置する二つの地区が第五表に示されるように、「見開田」すなわち所在判明地が八世紀から九世紀にかけて、そのほとんどが把握不可能になるような激しい変動が繰り返しているのはそのためである。

(二)　郡門地区

大坊里に位置する。この里は岩永の比定によると、現鳥取市南隅付近にあたる。南隈は晩稲に隣接する地であり、千代川氾濫原の末端に位置し、やはり一五～一六世紀にかけてまでは葦原の低湿地であったと推測されている。[23] 岩永比定によると、この里北西部分を湖山池から千代川に流れこむ湖山川が流れることになる。天平勝宝七年図によると、「無図」「無地」が里の北西部分に存在しており、この「無図」「無地」を湖山川沿いの河原とみるならば、国図と現地の景観とは合致することになり、八～九世紀の段階で一町方格の条里制地割の存在を前提にしている岩永復元に矛盾はない。

つまりこの里は低湿地にあるが、一町方格の条里プラン設置地内部に位置する。そして立券前年の天平勝宝七年国図によると（第四表参照）、大坊里には口分田・乗田・治田が二町余存在しており、八世紀中期の時点で在地農民の開発がすでに進行している地である。このような場を囲いこむ形で設定された郡門地区が天平勝宝八年立券時点の面積そのままが、承和の見開田面積としてあらわれているという、高庭庄四地区のうちただ一つ面積変動の全く無い安定した地区になっているのはその故であろう。なお、この地区は第三図で示したように一円占点地になっている（○印をつけたのが寺地が所在する坪）。

以上星田野・奥家地・郡門の三地区の状況をみてきた。まとめると、星田野・奥家地両地区はごく近接して現在の晩稲の地に所在し、また郡門地区は晩稲に隣接する現在の南隈に所在する。晩稲・南隅の地は鳥取平野の北端、葦原が広がり、条里設定地域と未設定地域の境界の地になっている三川合流地点に位置している。このような地にごく近接して所在する三つの地区は、湖山川ないしはその支流などの水路により、相互に結び付けられて、高庭庄北グループともいうべき一個の庄地集合体を構成しているととらえることができる。

北七条　大坊里

6	7	18	19	30	31
⑤	⑧	⑰	20	29	32
④	9	⑯	21	28	33
③	⑩	⑮	22	27	34
②	11	14	23	26	35
①	⑫	13	24	25	36

第三図
郡門地区所在坪略図

(三)　倉見地区

四地区のうち、面積が最大の地区であり、全体の半分をこす面積がこの地区に集中している。承和の時点に所在が確認される二三町余の耕地は、北一条から北四条に至る四つの里に広がっており、これ以外に所在不明地が二〇町余ある。これら四五町余の庄地がこの四つの里に無秩序に散在しているとみるよりは、以下の三つの一円地の集まりとしてとらえるべきものと考える。すなわち、その第一の地域は北三条草尾里と北四条井門里の各坪で構成される地域であり、第二の地域は北一条散岐里一七～一九坪と北二条土浦東里外一三、一六、一七坪の各坪とで構成される地域であり、第三の地域は土浦東里外二三～三四坪で構成される地域である。これら三つの小地域について、判明する面積を整理したのが第六表である。

以下この第六表をもとに倉見地区のあり方を三つの小地区ごとにみていく。まず第一の地域について、二つの里にまたがっているのであるが、岩永氏は草尾里について、鳥取市里仁の南方笹尾鼻の笹尾を草尾の転化したものとみなして、この付近に北三条草尾里の位置を比定している。この比定は妥当であると考える。次に北四条井門里については、船負田という坪名が存在することに示されるように、船の出入りがなされている低湿地に存在したことは間違いない。そうなれば、この二つの里は岩永が比定した通り、湖山池に比較的近い現在の里仁地区に比定されるとみてよいであろう。岩永復元では二つの里の位置関係は第四図のようになっている。図中の坪番号に○印をつけたのが庄田所在判明坪であり、坪付けの明らかでない未開地の存在を考慮にいれれば、この小地域は二つの里にまたがって存在する一円占点地になっていたとみてよい。第六表によると、庄域設定以前の天平勝宝七

第六表　倉見地区内部の小地域の変遷（町、段、歩、括弧内は庄田面積）

小地域	勝宝国図既耕地面積	立券時総面積	宝亀国図既耕地・寺田面積	延暦売却時点確認寺地面積	弘仁国図既耕地・寺田面積	承和年間所在地判明面積
第一	4.2.236		4.6.232 (1.3.254)		3.7.312 (3.5.156)	4.7.230
第二	3.7.216		3.1.304 (0.4.000)		1.7.300 (1.4.072)	6.9.117
第三	0		0 (0)		4.8.086 (0)	12.0.000
計	8.0.092	45.7.090	7.8.176 (1.7.254)	1.4.204	10.3.238 (4.9.228)	23.7.047

年段階で、ここには百姓治田・公田が存在しており、北グループの郡門地区と同じく、一町方格の条里地域内部にあり在地の農民により低湿地開発が一定進んでいる地を上から囲いこむ形で庄域の設定がなされたとみてよい。占点以後の内部における寺田開発については、宝亀図で寺田が存在するし、売却後においても弘仁図に示されているように、順調に庄田も増加している。倉見地区を構成する三小地域のうちでもっとも安定しており、その点でも郡門地区に相似た地区である。

次に第二の小地域について、この地域は散岐里と土浦東里外にまたがって存在している。岩永氏はこの二つの里を鳥取平野の中心部からやや上流にはいりこんでいる野坂川流域の平坦部（現鳥取市島・宮谷地域）に比定している。しかるに、北一条に位置する散岐里については、承和の解状および天平勝宝国図ともに、一町を越える面積が記入されている坪があらわれている。さらに北二条にある土浦東里外についても、国図に一町を越える面積を持つ坪があらわれている。つまり二つの里とも平野北端の蓼田里北里外と同じく、坪番号を付したのみの独自条里になっているとみるべきである。ところが『新修鳥取市史』によると、[24]岩永氏が二つの里に比定した地域、島・宮谷地区には一町方格地割りが認められるという。

独自条里の方式がとられている二つの里を一町方格の地割が存在する地域に求めるのは無理である。さらにこの第

北四条　井門里

6	7	18	19	30	31
5	8	17	20	29	32
4	9	16	21	28	33
3	10	15	22	27	34
2	11	14	㉓	㉖	35
1	12	⑬	24	25	㊱

北三条　草尾里

6	7	18	19	30	31
5	⑧	17	20	29	32
4	⑨	16	21	28	33
3	⑩	15	22	27	34
2	11	14	23	26	35
1	12	13	24	25	36

第四図　倉見第一小地区所在坪略図

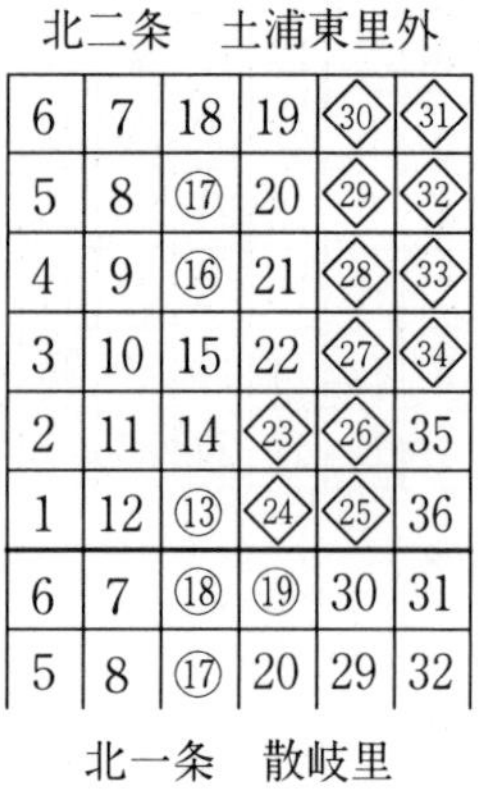

第五図　倉見地区第二・三小地区所在坪略図

二小地域および後にみる第三小地域は土浦東里外にふくまれているが、「土浦」という地名は海や池、この場合湖山池と深くかかわっている地名である。その点で湖山池からはるかに離れた野坂川流域にこの里を求めるのは無理がある。さらに、立券文のなかの土浦東里外にふくまれる坪名に「倉見田」という小字的名称があらわれている。「倉見」という地名は湖山池の南岸に江戸時代の藩制村の名前「倉見村」としてあらわれ現在に至っている。古代の「倉見田」という坪名を江戸時代の倉見に該当するとみて不自然はない。以上のことから、土浦東里外は野坂川流域の地ではなく、より西の湖山池の南岸の倉見の地（現在の鳥取市桂見地区）に比定すべきものと考える。なお散岐里については、条里の接続のあり方からみて、土浦東里外に隣接させて比定している岩永復元が正しいものと考える。ただその位置は土浦東里外の位置を西に移動させるのと対応して、同じように西に移動させ倉見地区に所在する地と考えるべきである。

倉見地区は湖山池のほとりで鳥取平野の南端から丘陵地帯にかけての地、条里という点からいうと条里設定地域の最南端、条里設定地域と未設定地域との境界の地に存する。先にみた平野北端の北八条蓼田里北里外と同じ条件の地にあるといえる。しかし庄域設定以前にすでに耕地が存在し（第六表）、庄域設定後八世紀後半から九世紀にかけて一定程度の寺田（庄田）の蓄積がみられるのであり、全く未開地ではない。ただ、正規の条里設定地帯に位置する第一小地域と比べて開発はややおくれている。二つの里の位置関係は岩永復元によると第五図のようになり、第二小地域は図中の坪番号に○印を付した坪をふくむ一円占点地として存在していたとしてよい。

第三の小地域について、第二の小地域が位置すると同じ土浦東里外に所在する。この小地域については承和の解状の見開田項では倉見地区の最後に、つまり第一の地域と第二の地域とが書き上げられている後に、別個に一個のかたまりとして書き上げられている。条里の坪付からみると、第二小地域とこの第三小地域とは連続しており、両者を一つの地域としてとらえることもできる。ただこの国司解状の書き上げ方式をみるならば、地理的には連続していても異なる性格を持つ第二小地域とは別個の小地域として把握すべきであろう。第五図で坪番号に◇印を比した坪々に所在する一円占点地である。

この第三小地域は広い面積を占めている。にもかかわらず、第七表で整理したように、この小地区に関する国図の記載が、弘仁図を除いて全ての坪が無図ないしは山になっている。つまり弘仁図を除けば、八～九世紀を通じて耕地として用益されていなかったことになり、弘仁図と大きく食い違う。弘仁図をみると、この年度の当該地の記載が他の年度とかけはなれた記載になっていること、および弘仁国図の倉見第一小地域、第二小地域、大坊地区などの記載

第七表　倉見第三小地域の変遷（単位　町　段　歩）

坪	勝宝図	宝亀図	弘仁図	嘉祥図	承和国司解状
23	山	山	0.1.000公田	山	1.0.000
24	山	山	0.8.000公田	山	1.0.000
25	無図	山	1.0.000公田	山	1.0.000
26	無図	山	0.5.050公田	山	1.0.000
27	無図	山	山	山	1.0.000
28	無図	山	0.8.296公田	山	1.0.000
29	無図	山	1.0.300	山	1.0.000
30	無図	山	山	山	1.0.000
31	無図	山	山	山	1.0.000
32	無図	山	0.2.070公田	山	1.0.000
33	無図	山	無地	山	1.0.000
34	無図	山	0.2.090	山	1.0.000
35	－	－	－	山	－
36	－	－	－	山	－

をみると、源寛（縄主のあとを買った貴族）治、縄主治、という庄田記載が必ずあるが、この第三小地域については耕地はあるものの、全て公田であり源寛ないし縄主の庄田は全く存在しないこと、など疑問が多い。この注進状が時代が下がる延喜年間に作成されたものであることからみて、作成時点で他の里の二三坪から三六坪までの記載をとりちがえて記入したということも可能性として考えておいてよい。またとりちがえが無く、事実の記載であったとした場合は、弘仁年間の一時期国衙がこの地を耕地として把握していたが、その耕地が永続するような条件がなかったということであろう。

倉見地区を構成する三つの小地域についてまとめておく。第一小地域が位置する里仁と第二・三小地域が存在する倉見は隣接する地である。第二・三小地域を倉見に比定することで、第一小地域と第二・三小地域とが近接して所在することになる。倉見は湖山池沿いの地に存在し、里仁に位置する第一小地域の立券文に「船負田」という小字的名称があるところからみて、この小地域も水路・溝などで湖山池と連絡していることは間違いない。つまりこれら三小地域は、星田野・奥家地・郡門の三地区が鳥取平野の北端の三川合流地点に一個のグループをなして位置していたのと同様に、鳥取平野南端の湖山池沿いの低湿地上に湖山池そのもの、ないし溝・水路によって結び付けられた、高庭庄南グループともいうべき一個のグループをなすものとして設定されている。

(四)　勝磐墾田地

最後に勝磐墾田について、千代川左岸の平野に散在している。承和の庄園回復運動のなかで、この勝磐墾田の調査もなされる。すなわちさきにみたように「見定田」（坪付け判明地）と「無実田」（坪付けが失われている地）との書き上げが行なわれ、「無実田」は総面積五町八反のうちの六反のみで「見定田」が大半を占めていた。勝磐墾田はその大部分が失われることなく、高庭庄庄地として存続しているのである。さらにそれら耕地は天慶三年度注進状（文書番号二）の高庭庄庄地にほとんどそのまま引き継がれる。つまり八世紀中期から一〇世紀中期に至る二〇〇年間、一部の出入りはあるものの東大寺の寺田として存続している。それら墾田の所在地は本体部分が三川合流地点の河原上および湖山池湖畔に集中して設定されているのに対して、北七条や倉見の地に一部散在するが、その主力は北五条など平野中央部を中心に野坂川流域の平野からやや丘陵に入り込んだ地、条里設定地帯内部の比較的安定した地に存在している。

つまり高庭庄は、河原や湖畔に集中的に設定された本体部分と、安定した水田地帯の中に散在的に設定されている勝磐寄進部分とから成り立っており、両者の所在地はほとんど重ならない。前者が本来の高庭庄として天平勝宝八年に立券され、以後八世紀から九世紀にかけてはげしい変動をこうむる。後者は本体部分の設定後まもない天平神護元年に寄進された存在であり、付属的な位置付けを持つ。にもかかわらず、本体部分の変動と対照的に、寄進以後一〇世紀にかけて安定した東大寺の寺田（高庭庄）として存続していく。

三　津および市と庄園——湖山池からみた高庭庄——

このように高庭庄本体部分は平野の北端と南端の地、条里設定地帯と非設定地帯との境界領域を中心にした地に、それぞれ三つの占点地からなる北グループ（星田野・奥家地・郡門）と南グループ（倉見）という二つのグループを構成して設定されていることになるが、以下、そのような場に設定された高庭庄は全体としてどのような特質を持っていたのかについて考えてみたい。

(一)　庄域が設定されている場の特質

まず北端の三川合流地点について、文書番号一の天慶三年九月高庭庄坪付注進状に「北七条船津里」があらわれている。岩永氏はこの里を星田野・奥家地地区のある蓼田里北里外（現晩稲地区）に隣接している現在の鳥取市江津付近にあるものと復元している。船津という注進状記載地名と、現在の江津が千代川沿いの地であることからみて、この復元は正しいのであり、北七条船津里も蓼田里北里外とともに三川合流地点に位置するとしてよい。関連して、江津・南隈・晩稲三地区の北方にある賀露地区、ここで千代川が日本海に注ぐのであるが、ここに賀露大明神が鎮座している。この神は、貞観三年（八六一）に従五位下の神位階を授けられている古くからの神であるが[25]、近世においては賀露、江津、南隈、晩稲および秋里（江津に隣接）という三川合流地帯から日本海にかけての五カ村の総鎮守になっている。そしてこの賀露社と秋里にある三島神社とは関係が深く、賀露社はもと三島大明神を祭っていたという伝承がある[26]。このような伝承の存在からみても、近世の五つの村の広がる地は近世以前においては一つのまとまった地域をなしており、とくに古代においては条里設定地帯の北端の三川が合流する地点に広がる一個の河原の世界になっていたとしてよい。森浩一氏は日本海沿岸の潟や湖などは、天候にあまり左右されず、いつも安定した漁獲物があるというだけでなく、砂丘を突き破る川や水路によって海につながっていて、その川や水路のほとりなどが良好な港として利用できることを指摘する[27]。それをふまえると、三川合流地点の河原の世界も湖山池が湖山川を通して日本海と結ばれている地であり、天然の良港になっているとしてよい（第一図参照）。

中林保氏は国府外港すなわち因幡の国津をこの河原の世界のなかに位置する現在の江津に求めている[28]。因幡国衙は三川合流地点から袋川をさかのぼったところに所在するが、三川をたどることで因幡国各地からはこの地点に容易に達することができるのであり、因幡各地からの諸物資が集中する交通・運輸の中枢地として絶好の位置にあり、中林氏の推定はその意味でも正しい。

次に倉見地区について、この地が湖山池と山地にはさまれた南からの鳥取平野への進入口にあたることはさきにみたが、この地と山陰道とのかかわりについても注意したい。古代山陰道について、中林保氏は佐尉駅（現在の福部村岩井）から砂丘地付近を西進し千代川を渡り高草郡家に達しここから湖山池南方域に置かれたと推定される敷見駅をへて、西の気多郡に進んでいくとする。そして氏は敷見駅の所在地については諸説あり明確ではないとしながらも鳥取市桂見（倉見の地）に「馬ノ谷」という小字名が検出されることに注目している。[29]この馬の谷という駅関連地名の存在、およびこの地が鳥取平野への入り口を扼しており、高草郡家から西進する山陰道が必ず通る地であることからみて、倉見の地に敷見駅が存在していた可能性が高いと考える。

もう一つ注意されるのは倉見の地と湖山池との関連であり、それについて遠江国の伊場遺跡との比較で考えてみたい。浜津郷に所在する伊場は栗原駅家に比定され、大溝の遺構が検出されていることから駅と津との並存が指摘されている。このことから栗原駅は津に付属する水駅であるという考え方、[30]あるいはさらにふみこんで、ここは遠江の国津であるという考え方[31]がだされている。いずれにせよ、陸上交通の拠点としての駅と水上交通の拠点としての津の二つの役割を合わせ果たしているのが、この伊場遺跡であることは間違いない。それとの対比でいうと、倉見の地が土浦東里外という「浦」地名を持った地に位置し、かつ山陰道に沿った陸上交通の要衝の地に位置するところからみて、ここに敷見駅という山陰道上の駅が所在したとすれば、この駅は湖山池水上交通の要衝の地でもあるという水駅としての性格をもあわせ持っていたことになる。

もちろん敷見駅がより西に位置していたかもしれない。しかし注意しておいてよいのは、この倉見から現高住・吉岡にかけての湖山池南岸の地は弥生から古墳時代にかけての遺跡の集中地帯になっていること、そのうちでもとくに湖山池沿いの倉見の地を見下ろす丘陵上に弥生時代には日本最大の四隅突出型方墳が作られ、つづく古墳時代には同一丘陵上に倉見古墳群、桂見古墳群などが作られていくことが発掘で明らかになっている。[32]調査報告書によると、湖山池周辺の弥生後期～古墳前期にかけて多くの遺跡があるが、これらは環湖山池ないし千代川左岸における一定の政治（祭祀）的意味合いを持つ共同体として組織されており、倉見の四隅突出型方墳は湖山池をめぐるこのような農業共同体の首長の墓と考えられるとする。[33]倉見の地がこのように弥生～古墳前期にかけては環湖山池地域の政治的中心地になっているのは、池と平野への入り口の接点というその地理的な位置の重要性の故とみてよい。後に政治的中心地は他に移動するが、位置の重要性には変わりはなく、律令制下においても陸上・水上交通の接点として重要な役割を果たしていたのである。

以上平野北端の三川合流地点、南端の倉見地区の状況をみてきた。両者とも平野の世界と山ないし海の世界との境界の地、水上および陸上交通の要衝の地になっていることが大きな特質になっているとしてよい。次の問題はこの二つの地がどのような形で関連しあっているかである。それについて『日本霊異記』にあらわれる深津の市をめぐる説話を手がかりにして、八世紀後期の備後国との対比でより具体的に掘り下げてみたい。

備後国を貫流している芦田川は、福山湾で瀬戸内海に流れ込むが、深津はこの河口に位置する。近世に至るまで芦田川右岸のデルタ化は進んでおらず、八～九世紀においては、現在の福山市蔵王山付近で山がそのまま海に落ち込んでいた。この山の麓になる蔵王町はもと市村といっていたが（旧深津郡）、この市村が霊異記にあらわれる深津の市に由来する地名と推定されている。[34]この福山湾に面した地に所在した深津の市について、『霊異記』下巻第二七に大略次のような説話がのっている。[35]

宝亀九年（七七八）冬一二月下旬に、備後の国葦田郡大山里の人、品知牧人が正月の物を買うために、深津郡の深津の市に行く途中葦田郡内で野宿した。そこに髑髏があり、それを供養したところ、それが生ける形をあらわして、自分は葦田郡屋穴国の郷の穴君弟公といい、伯父秋丸に殺されたと述べた。牧人はそれを弟公の父母に伝え、父母が秋丸を問いつめたところ、去年一二月下旬、正月元日の物を買うために弟公と一緒に市へいったこと、持参したものは馬・布・綿・塩であったこと、途中で弟公を殺して物を奪い深津の市にいって、馬は讃岐の人に売り、他の物は自分で今も用いていることを白状した。

説話という制約はあるものの、深津の市という当時の地方市をとりまく状況がよく示されている。まず、前年の冬一二月に弟公と秋丸が深津の市に向かい、翌年の全く同じ時期に、牧人が深津の市に向かっている。つまり深津では一二月下旬には大きな市が毎年開かれているらしい。そして弟公・秋丸が運ぼうとしたものは馬と布・綿・塩であった。このうち馬は交易の対象となるものではなく、布・綿・塩の運搬に用いられたものとみるべきであろう。このことからみて、弟公・秋丸は個人用の正月用品の買い物に向かったのではなく、馬を運搬手段に交易活動を行なうために、深津から数十キロ離れ、国衙も置かれ備後の水田の世界の中心をなしている葦田郡から深津に向かったとみるべきである。

葦田郡は備前国府所在地であるとともに、山陽道もここを通過する平野の世界であることをみるならば、葦田郡側にも市が存在し、そこと深津を結ぶ交易の道を通って海の産物である塩や山や平野の産物である布・絹などの諸物資が馬や船で運ばれているのであり、弟公らはこのような交易路を利用して市を結ぶ交易活動を行なう人々の一員であった。説話のなかで、秋丸が弟公の父母に対して、二人で市に行く途中に負債を負っている人に会い、返済を迫られたので、弟公と別れたと述べている部分があるが、これは深津の市における交易が単発的なものではなく、幾つかの市にまたがって活動する商人的な側面を持つ人々相互における多種・多量の品物をめぐる恒常的な取り引き関係の存在、そのなかでの交易をめぐる負債の発生ということを示しているものであろう。

深津の市の場合、たんに備後国内の市の一つというのみでなく他国から入り込んできた人々が活動する場にもなっている。説話のなかに秋丸が乙公から奪った馬を深津の市で讃岐の人に売ったとあるのはそれを示す。讃岐の人の具体的な活動内容は不明であるが、秋丸らのように備後国内での交易活動に従事する人とともに、瀬戸内航路沿いに備後の国と他国との間で行なわれる国の枠をこえた交易活動に深津の市を拠点に活動していた人々が存在していた可能性が高い。つまり深津の市は備後国外の諸物資が備後にはいり、備後の諸物資が国外にでる、備後の国内と国外を結ぶ窓にもなっている。

また注意しておきたいのは、芦田川の対岸になる沼隈郡津宇郷（現在の福山市津之郷、『和名抄』にあらわれている）の存在である。千田稔氏は、備後国津の所在に関して、深津か津之郷のいずれかであるとした上で、決定的なきめてはないが、芦田川水運との関連から津之郷付近ではないかとする。(36) 氏はこの津之郷について、付近には奈良末期～平安前期建立と推定される廃和光寺跡があり、また背後の山麓をふくめこの一帯には弥生時代以来の遺跡が多いなど律令時代以前からの港津的な性格を備えているとする。このことからみて、深津が芦田川河口左岸にあって芦田郡・深津郡などの各地からの交通路が集中する場であり、したがってそこに市が立っていたのと同様に、津之郷は河口右岸にあって芦田郡・沼隈郡などからの陸上および水上交通路が集中し、したがって市が立つ津、さらには国外に向かって開かれた窓口としての津になっていたとみてよい。つまり芦田川をはさんで向かい合って双生児ともいうべき二つの津が存在している。芦田川河口という交通の要衝の地には古くから二つの津を構成要素に、相互に船運で緊密に結びあわされた備後国内における交通・運輸・交易の中枢の地（それは同時に国外に向かって開かれている窓でもある）が面として広がっていたとみてよい。

以上の備後の状況をふまえて因幡にもどる。八～九世紀の因幡における交通・運輸および交易の具体的なあり方を示す史料はない。しかし同時点の『霊異記』にあらわれている備後国の上記の状況と大きな差はないとみてよい。そのことをふまえると、先ず三川合流地帯と備後国深津および津之郷などの芦田川河口地域との類似性に注意される。三川が日本海に注ぐ河口地帯であり津の所在地でもあるこの地は、千代川および袋川流域の鳥取平野という平野の世界と中国山地という山の世界の二者をふくんでいる因幡北部地域からの交通路が集中する地である。また湖山川・湖山池を通して高草郡・気高郡など因幡国南部地域の平野と山の世界にもつながる。さらに日本海沿岸の諸地域からの交通ルートも沿岸沿いにこの合流地点に集まってくる。その点から、この地は因幡各地からの諸物資が集中する、因幡でもっとも有力な交通・運輸の拠点になっているとみてよい。

さらに錦織勤氏が「延喜式」主税上の「諸国運漕雑物功賃」の項を分析し、山陰地方では丹波、丹後、但馬、因幡が米の輸納国になっており、そのうち丹波、但馬、丹後は陸路直接京都へ輸送しているが、因幡の場合は陸路中国山地を横断し、西播磨にでてそこから内陸水運を利用して京都へ輸送している。また米の輸納以外の人の往来についても、因幡以西の諸国については因幡から播磨にぬけそこから陸路または海路を利用して京都にでる経路がひんぱんに利用されていると指摘している。(37)この指摘のなかで注意したいのは、因幡国と山陽道諸国との深いつながりについてである。千代川をさかのぼり中国山地をこえて山陽道に達するという経路をとっており、千代川河口地帯（三川合流地点）はその出発点になっている。この状況は錦織氏が分析する平安時代のみならず、奈良時代においても変わりはなかったものとみてよい。つまり、千代川河口は深津や津之郷と同じく、因幡国外に向かって開かれている窓口にもなっている。

以上のような三川合流地点はその交通上の重要性からみて、芦田川河口と同様に、場合によっては複数の津が置かれ、市も立ち、交易活動が活発に行なわれる場になっているとみてよい。そして、ここから国内各地に向かう交通路にそって結節点になる地には規模の大小はあっても市が立ったであろう。これら市の網を通じて、因幡国内各地域からの諸産物が合流地点に集められ、交易され、再び因幡国内各地の市に散っていく。またここで交易された諸物資は、ここを起点として千代川を利用して瀬戸内海に向けても運びだされていく。倉見の地についても、鳥取平野の南端の地であり、因幡南部の中心的な交通・運輸の拠点であると推測されるところからみて、三川合流地点とは湖・川の水上交通路で直結していたとみてよい。それだけにここは三川合流地点を中心とした因幡国内の市の網のなかでも、有力な市の立つ場、三川合流地点を中心とした交易のネット・ワークのなかの重要な結節点の一つになっていたとみてよい。

(二)　設定された高庭庄の特質

このように高庭庄を構成する二つのグループが設定されている場は、因幡における交通・運輸・交易の心臓部ともいうべき地であった。この庄について、従来は平野の世界内部に墾田開発を目的に設定されている庄という視点から分析されてきた。しかし、その設定されている場をみれば、三川および湖山池を舞台に展開している交通・運輸・交易など諸物資の流通にかかわる諸活動との関連のなかで高庭庄を分析するという分析視点の移動が必要になる。以下、二つの場における高庭庄の位置づけについてみていきたい。

高庭庄の立券使として派遣されているのは律師慶俊・佐官兼上座法師平栄・造寺司判官正六位上上毛野君真人・算師散位従六位下王国益・見水道散位従七位下日下部忌寸万麻呂の五人である。この五人のうちの「見水道」について、別に阿波国新島庄の分析のところでみるので、詳しい分析は省略するが(38)、天平勝宝八年の中四国における造東大寺司の庄園一斉立券に際して派遣されており、堤防・溝・運河・浜といった水防工事・港湾施設工事にかかわる高度な技術を持つ技術者ないし技術指導者とみるべき存在である。

高庭庄と同時に立券されている阿波国新島庄は大河川下流域に広がる低湿地上に三つの地区から成り立っている庄園である。三地区のうち大豆処地区は吉野川沿いの津に設定され、交通・運輸・交易の拠点となっている地区であり、川に面した浜（船着き場）、浜と後背地を区切る堤防（道）などから成り立っている。一方本庄・枚方二地区は耕地の開発を目的に溝・堤・道を建設し、水防工事を行なうという形で設定されている。この二地区はいずれも吉野川沿いにあり、枚方地区絵図には浜などの船の発着施設は描かれていないが、船が庄域に直接横付けできるようになっている。つまりこの二つの地区は船により大豆処地区に結び付けられているとしてよく、三つの地区からなる新島庄は船運で結び付けられて一個の庄園を形成している(39)。これを技術面からいうと、川沿いの低湿地上に堤防（道）、溝、浜（船着場）を建設していくという水防工事あるいは港湾施設的な技術が必要とされる。それは北陸で必要とされた、原野上における墾田開発のための基盤整備や灌排水設備の整備のための技術とは異なる技術であり、このような技術の指導者として中央から派遣されているのが「見水道」である。

高庭庄にもどると、この庄は北と南の二グループにわかれ、かつその内部がそれぞれ複数の地区にわかれているが、これら地区は新島庄と同じ形で、すなわち低湿地上の微高地を堤防で囲い込むことを基本形態にした形での庄地設定がなされていたとみてよい。そしてそれぞれの地区はそれぞれの個性を持つ。すなわち、北グループのうちの奥家地・郡門両地区、南グループの第一・第二小地域は、開発の程度の差はあるが、基本的には新島庄の本庄地区・枚方地区と同じく耕地開発を目的として庄地設定がなされているとみてよい。それに対して北グループの星田野地区と南グループの第三小地域は異なる性格を持つ。まず星田野地区について、八世紀中期から九世紀前半の弘仁年間に至るまで、その内部に水田がないのは四つの地区のうちこの地区のみである。そのことと三川合流地点のうちでも、因幡国府外港が置かれたと推定される船津里により近くに位置していることからみて、この地区は新島庄大豆処と対比できる。すなわち大豆処地区は吉野川と阿波国衙と南海道の郡頭駅を結んで走る道とが交差する場に位置する。この場は国府外港が置かれたと推定される阿波におけるもっとも重要な津になっている。ここに設定された大豆処地区は川に面した船着場としての浜とその背後の堤防とで構成されており、船の発着ができる交通・運輸の拠点として設定されていた。同様に星田野地区も国府外港に近く、因幡国でもっとも重要な交通・運輸の拠点になっている津に位置し、交通・運輸の拠点となることを目的として設定されており、おそらく川に直接面し浜とその背後の堤防を伴う地区になっているとみてよい。

一方南グループのうちの第三小地域について、先にみたように全て「山」から成り立っており、耕地はない。その場合の「山」の実態であるが、一個の一円占点地という形をとっている以上、その内部は何らかの形で人の手が加わっている地とみるべきであろう。先にみた遠江国伊場遺跡で、馬関係の遺物が多く出土していること、また出土木簡に「馬主」があらわれており、この馬主をめぐっては、官馬などの養飼を担当した戸の戸主という説と、私馬を所有する戸主であるという説がだされているが[40]、いずれにせよ遺跡周辺における軍団・敷地郡伝馬・栗原駅屋などで必要となる官馬・駅馬・伝馬の養飼の盛行が推定されることとの対比が注意される。倉見地域が伊場と同じく水駅の所在地と考えてもよいことからみて、この第三小地域の山は、交通・運輸に必要とする牛・馬の飼育の場としての放牧の地に、その一部がなっているとみてよい。庄域の一部には湖に面したところあるいは湖と溝などでつながったところで、浜ないし溝という形をとった船の発着場が作られ、その後背地がこのような放牧の場になっているとみておきたい。その意味でこの小地域は星田野地区と同じく交通・運輸にかかわって設定された小地域とみるべきである。

このように高庭庄では二つのグループとも、「見水道」という高度な技術者ないし技術指導者のもとで、低湿地上の微高地を堤防（道）や溝で囲いながら耕地の開発を行なうという形での庄地設定と、浜（船着場）、堤防（道）を建設することを軸に交通・運輸・交易活動の拠点作りをめざした庄地設定との両者が行なわれている。そのことと、二つの庄域グループのうちの一つが因幡国全体の物資とくに北部の物資が集中する地であり、かつ因幡国外への物資の積み出し地である三川合流地点に、他の一つが湖山池・千代川左岸の鳥取平野、その奥の中国山地という因幡国南部の物資の集散地になっている倉見にそれぞれ設定されていることとあわせ考えると、庄地は平野の南端と北端とに無秩序に設定されたのではなく、因幡の南部と北部の交通・運輸のもっとも重要な拠点に計画的・意図的に設定されたものとみるべきであろう。つまり、高庭庄の設定は造東大寺司の必要とする諸産物を因幡国内から集め、それを都に向けて積みだすための拠点設定ということを大きな目的としてなされている。

二グループのうちの主力は三川合流地点に設置された北グループに置かれているとみてよく、とくに星田野地区が面積は小さいが、高庭庄全体の中心、津に面して交通・運輸・交易の拠点として高庭庄庄家が置かれるところとして設定されていた可能性が高い。

高庭庄と同時に天平勝宝年間に立庄されている中四国地域の造東大寺司の庄園は、伊予新居庄、阿波新島庄、周防椹野庄、播磨益気庄、同垂水塩山などいずれも国府外港ないしは瀬戸内航路の要衝の地に位置している。これら庄園の設定に際しては「見水道」が派遣されているとみてよく、共通して交通・運輸・交易活動の拠点となることが庄園設定の目的となっているが、それは高庭庄のように造東大寺司が必要とする諸物資をそれぞれの国の内部で集め都に発送するのに適した形での庄園設定がなされているということである。そしてさらに、それら庄園をたどることで最終的に近畿地方に達する国をこえた一つの巨大な交通・運輸体系を作り上げようとしているのである。高庭庄は山陰地方に存在するが、千代川を媒介として瀬戸内地域と深く結びつくことで、このような巨大な有機的に結び合わされた造東大寺司庄園群の一角を構成している。(41)

まとめ

八世紀中期の天平勝宝八年造東大寺司は中四国に一連の庄園を設定するが、その一環として千代川河口に高庭庄を設定される。星田野・奥家地・郡門・倉見の四地区に分かれ、その総面積六七町余りである。しかし延暦の時点では極度に衰退しており、二人の貴族に売却される。

九世紀半ばの承和の時点に至り、東大寺の手による庄園回復運動が行なわれ、売却された本体部分の確認調査もなされる。それによると、所在坪を確認できた庄地は三七町余であり（「見開田」と記されている）、残りの三〇町余はその所在が失われていた（「未開地」と記されている）。さらに、一〇世紀初頭の昌泰・延喜年間に至り東大寺による庄園回復運動が再びなされる。このとき因幡国は承和の時点で確認された「見開田」（所在確認地）について、それぞれの坪内部の耕地が班田図上で八世紀中期から九世紀中期にかけてどのように変動しているのかを四個の国図から抜き書きした注進状（年代記）を作成している。

これら九世紀から一〇世紀に至る庄園回復運動にかかわる史料群を整理することで、高庭庄の設定時点の特質が明確になる。庄地は鳥取平野の北端と南端すなわち平野の世界と山野河海の世界との境界の地に、二グループに分かれて設定されている。具体的に、北グループは三川合流地点に広がる河原上の微高地に三地区に分かれて設定されている。この地は備前の芦田川河口地帯と同じく、因幡国内におけるもっとも重要な交通・運輸・交易の拠点になっているとともに、因幡国外への物資積み出しの拠点になっている。このような地に設定された高庭庄三地区のうち、星田野地区は浜を持った交通・運輸の拠点としての役割を果たすべく設定されており、高庭庄全体の庄家としての役割を果たしていた可能性がある。奥家地・郡門両地区は周辺を堤防で囲み内部を耕地化することを目的に設定されており、三地区は水路で密接に結び合わされていた。一方南グループを構成する倉見地区は平野の南端、因幡南部の交通・運輸の中核になっていると推定される倉見に位置するが、耕地が無い第三小地域と、耕地の存在する第一・第二小地域とから成り立っているが、それぞれの果たす役割は北グループの場合と同じであろう。高庭庄を構成する二つの庄地グループは水上交通を中心とした因幡国の交通・運輸の中核をなす二つの場に設定されており、両グループは湖山池・湖山川を通る水運で緊密に結び合わされていた。これは庄園自体が因幡国内の諸物資を集積することを目的に設定されていることを示す。同時点の中四国の諸地域に設定された造東大寺司の庄園群は高庭庄と基本的に同一構造をとっており、造東大寺司はこれら庄園群を結んで巨大な交通・運輸・交易の体系を瀬戸内航路を媒介に作り上げようとしているのである。

立庄以後のこの庄の動向は十分には明らかにならない。ただ、立庄以後約一〇年が経過した天平神護元年に墾田長勝磐の妻子が「負物」として墾田を東大寺に寄せている。このことは、交通・運輸・交易の拠点の設定と耕地開発という開発目的が結局のところ成功しなかったことを示すものであろう。これ以後、高庭庄は環湖山池ベルト状地帯の河原や湖畔に設定された本体部分と、平野中央の水田地帯に散在する勝磐墾田部分という二つの構成部分からなる庄として展開していくことになる。ただ、前者は本来の開発目的を達しないままに東大寺のもとでは衰退していく。そして延暦二〇年に至り、これ以上持っていても利益がないということで、この庄の本体部分は二人の貴族に売却される。

売却後は庄田は順調に増加していく。さらに八世紀後期段階では庄域内に多くあった口分田・乗田・他者墾田が徐々に姿を消し、庄域内は庄田のみで占められるようになっていく。これは高庭庄が二人の貴族のもとで、耕地開発を目的とした庄園として定着しつつあり、そのなかで庄域内の排他的支配も進んでいることを示すものである。このような状況を見た東大寺は、九世紀中期の承和年間に至り、庄園回復運動を展開する。寺使が派遣され、立庄以来の庄田がどのようになっているのか調査がなされ、それに基づく返還要求がだされている。しかし、この返還運動は結局は失敗に終わる。それから約半世紀後の昌泰・延喜年間に至り、この一旦は失敗した高庭庄の返還の要求が再びなされる。しかしこれも成功した形跡はない。

そのようななかにあって、勝磐墾田（承和年間の定田）に系譜を引く庄田は面積的には少ないが、八世紀中期以降延喜以後一〇世紀の段階に至るまで、安定した庄田として引き続き存続していく。

注

（1）『東南院文書』二―五三六～五三八。
（2）『東南院文書』二―五三九～五四〇。
（3）『東南院文書』二―五六六～五七一。
（4）『東南院文書』二―五七二～五七七。
（5）主たる研究として次のものがある。藤間生大氏『日本庄園史』、近藤書店　一九四七年、林陸朗氏「初期荘園の一形態」（『国史学』五四　一九五二年、後に同氏『上代政治社会の研究』吉川弘文館　一九六九年）、岩永実氏「鳥取県における条里地域の研究」（『鳥取大学学芸紀要』人文科学一〇―二　一九六三年）、阿部猛氏「初期荘園の没落過程――東大寺領因幡国高庭荘――」（『日本歴史』二一五　一九六六年、後に改稿して同氏『日本荘園史』大原新生社　一九七二年　第一章「八～九世紀の荘園――因幡国高庭荘――」）、松原弘宣氏「東大寺領因幡国高庭荘について――政治的動向を中心として――」（『ヒストリア』六〇　一九七二年）など。なお、詳しくは『講座日本荘園史9・中国地方の荘園』（吉川弘文館　一九九九年）「因幡国」（錦織勤氏執筆）参照。
（6）『東南院文書』二―五三〇。
（7）『平安遺文』五―二二五六・二二五七。
（8）「八・九世紀における散田について」（『続日本紀研究』五―六　一九五八年　後に同氏著『律令田制と班田図』吉川弘文館　一九九八年）。
（9）承和一一年一〇月一一日阿波国牒（『東南院文書』二―五三二）。
（10）『東南院文書』二―五三二。
（11）『東南院文書』二―五三五に「大豆処絵図」として収められている。
（12）このような班田図との照合を行なうことで土地を正確に把握しようとすることが九世紀には定着していることについては、佐々木宗雄氏「一〇～一一世紀の土地支配――検田を中心に――」（『日本史研究』二六七号、一九八四年）を参照。

(13) 金田氏著『古代日本の景観――方格プランの生態と認識――』（吉川弘文館　一九九三年）第二章三「越前国足羽郡糞置村開田地図」。
(14) 藤間氏前掲著書第一章で「年代記」とよばれている。
(15) 承和年間の「定田＋見開田」に対応する。ただし承和の定田のうちには無実田という所在が失われている地があるが、それもふくめて計算しているので、厳密にはこの見開田の一部には所在が失われている地がふくまれている。
(16) ただし、庄田については承和の見開田の広がりのなかでの庄田のみであり、とくに宝亀年間には、承和では未開地になっている所在不明地にも東大寺の寺田があった可能性があり、その点で数値的にやや不確実なところがあることは留意しておく必要がある。
(17) 岩永氏前掲論文。
(18)『新修鳥取市史』第一巻・古代中世編（一九八三年）、第三章、四九四頁。
(19) 金田氏『条里と村落の歴史地理学研究』（大明堂　一九八五年）第一章「条里プラン」四五～四六頁。
(20) 金田氏前掲論文、八頁。
(21) 水野章二氏の分析による。大山喬平氏編『中世荘園の世界――東寺領丹波国大山荘』（思文閣出版　一九九六年）第三章「荘園と条里制」（水野氏執筆）参照。
(22)『角川地名大辞典・鳥取県』、晩稲項。
(23)『角川地名大辞典・鳥取県』、南隈項。
(24)『新修鳥取市史』第一巻、五三〇頁。
(25)『三代實録』貞観三年一〇月一六日条。
(26) 賀露社と秋里の三島社との関係については、田村達也氏「秋里の神社について」（『鳥取市史研究』第二号　一九七七年）、鳥取市教育委員会・鳥取市遺跡調査団『秋里遺跡調査報告書』（『鳥取市文化財報告書』一五　一九八三年）など参照。

(27) 森氏「日本海の古代文化と考古学」(『シンポジウム古代日本海文化』小学館、一九八三年　四三頁)。
(28) 藤岡謙二郎氏編『日本歴史地理総説・古代編』(吉川弘文館　一九七五年) 四山陰山陽南海九交通 (中林保氏執筆)。
(29) 藤岡謙二郎氏編『古代日本の交通路Ⅲ』(大明堂　一九七八年) 第五章第四節因幡国 (中林保氏執筆)。
(30) 松原弘宣氏「伊場遺跡とその成立過程について」(竹内理三氏編『伊場木簡の研究』東京堂出版　一九八一年)。
(31) 菊地康明氏「伊場と津」(上掲『伊場木簡の研究』)。
(32) 鳥取市教育委員会『西桂見遺跡』(『鳥取市文化財報告書』一〇　一九八一年)、同『西桂見遺跡Ⅱ』(『鳥取市文化財報告書』一六　一九八四年)、同『桂見墳墓群』(『鳥取市文化財報告書』一七　一九八四年)。なお鳥取平野の遺跡全般については、野田久男氏・清水真一氏『日本の古代遺跡九・鳥取』(保育社　一九八五年) 第二章を参照。
(33) 上掲『西桂見遺跡Ⅱ』　六二頁。
(34) 深津については、村上正名氏「宮の前廃寺跡」(『広島県史跡天然記念物調査報告』第六冊、一九五四年)、福山市教育委員会・福山市文化財協会『史跡宮の前廃寺跡』(一九七七年) など参照。
(35) 「髑髏の目の穴の笋を掲き脱ちて、祈ひて霊しき表を示す縁　第二十七」(『日本古典文学大系・日本霊異記』　三九七頁)。
(36) 千田氏『埋れた港』(学生社　一九七四年)、一三五頁。
(37) 錦織氏「平安時代における山陰地方の海運について」(『鳥取大学教育学部研究報告人文・社会科学』第三二号、一九八一年)。
(38) 原秀三郎氏「八世紀における開発について」(『日本史研究』六一　一九六二年) 参照。
(39) 新島庄については、本書第三部第一章参照。
(40) 小林昌二氏「伊場遺跡出土の第五十二号木簡について」(前掲『伊場木簡の研究』)、佐々木虔一氏「伊場遺跡と馬」(同)。

(41) 高庭庄の研究は一九四〇年代の藤間氏の研究を出発点にし、一九五〇年代から六〇年代にかけて、林・阿部・松原氏らによって実証的に深められていった。以後、実証面での高庭庄研究はこれら三氏の研究が基礎になってきたとしてよい。ただこれら諸氏の一連の研究は文献面からの分析であり、一九六〇年代に岩永氏が行なった地理学的な側面からの研究とは接点を持っていなかった。一九七〇年代に丸山が試みたのはこのような文献面からの研究と地理学的な現地景観復元の研究とを結合させることであった。ただそれは問題提起的なものにとどまっていた。本稿はそれ以後の諸分野の研究の進展なかんずく考古学の発掘調査の進展をふまえ、文献上に記されている事実が現地の景観のなかにどのように復元されるのかについての分析を深める努力をしたものである。もちろん内容的にはまだ不十分である。また八世紀中期の庄成立時期の分析に集中せざるをえなかった。今後の課題は、藤間・林・阿部氏らが重点をおいている初期庄園の衰退過程を典型的に示すものとして高庭庄の変遷を分析するという観点に立って、この庄が因幡国という地域のなかで、八世紀から一〇世紀にかけて、どのような道をたどるのかを分析することであると考えている。

第三章　山野河海の世界における東大寺庄園と村里刀禰

――播磨国赤穂郡と摂津国島上郡――

はじめに――関連史料の整理と問題の所在――

八世紀中期以後九世紀にかけて王臣家・寺社・諸司による大小規模の占点地（庄園）の設定が進行していく。八世紀中期がその一つの頂点であり、造東大寺司による北陸・畿内・中四国などで行なわれた大規模な庄園設定はその一環である。ただ、その多くは設定後まもなくその経営が行き詰まっている。従来の研究において、八世紀中期時点に設定された庄園の経営がこのように短期間で行き詰まる理由についての掘り下げは十分に行なわれてはいない。みておく必要のあることの一つは庄園が設定されている場で展開している生産活動と庄園経営とのかかわりについてである。上からする占点地設定とその内部の開発の進行はその場で展開している生産活動に何らかの影響を及ぼすことは確実であり、その影響が否定的なものであった場合は両者の対立の激化とそれに伴う庄経営の行き詰まりが生ずることは当然考え得る。さらに八世紀末、山背盆地への遷都に伴い王臣家らの占点地設定が平野の世界を越えて山野河海の世界に拡大していき、占点地設定は八世紀中期につぐ大きな山を迎える。律令国家は山野河海上で展開しているこのような占点地規制に乗りだすが、規制に際して重視されたのが設定された占点地が当該地で行なわれている民業に否定的な影響を与えていないかどうかであり、ここでも占点地設定とその場での生産活動とのかかわりが焦点になっている。

上記のことをふまえ、本稿では八世紀中期から後期にかけて姿をあらわしている播磨国赤穂郡の海沿いの地（山野河海の地）に所在する東大寺と大伴氏の塩山を取り上げ、在地の生産活動と王臣家らの占点地設定との関わりということについてみていきたい。この塩山にかかわる関係文書として、『平安遺文』には次の三通が収められている。

A　延暦一二年（七九三）二月二九日　　播磨国符案(1)
B　欠年　　東大寺牒案(2)
C　延暦一二年四月一七日　　播磨国坂越・神戸両郷解(3)

これと関連して、仁平三年（一一五三）七月二日播磨国東大寺領荘々文書目録に(4)、八～九世紀の赤穂所在の東大寺の塩山関係文書が赤穂庄関係文書として次のように整理されている。

（史料一）

一、赤穂庄公験
二枚　貞観十七年塩濱預僧庄解　……イ
二枚　同年預僧□解　……ロ
一枚　同五年塩濱治田山四至郡解　……ハ
二枚　延暦十二年塩山解　在仁平元年國符四至注文　……ニ
二枚　同年四至内損伐禁斷寺牒國符　請文　……ホ
此外承和以後文書四通、加繪圖

この目録のうちイ・ロ・ハについては現在では原文書ないしその写しは失われているが、ニ・ホと上掲のA～Cとの対応に注意したい。まず目録のニについて「塩山解」とあり、上掲のCに対応すると考えられるが、このCについては平安遺文では末尾が屛風はりつけのため読めないとなっており、不完全なまま利用されてきていた。一九七〇年代になり、勝浦令子氏が東大寺文書影写本三―六に延暦一二年五月一四日づけの国判をふくむ断簡があり、それが平安遺文所収解状に接続するものであることを指摘した。[5]この発見により、この解状の完全な形とその末尾に付された国・郡判の存在が明確になり、仁平目録のニは次の二通の文書として完全に復元されることになる。

①　延暦一二年四月一七日　播磨国坂越郷刀禰解状および赤穂郡判

②　同年五月一四日　　　　播磨国判

次に目録ホについて、この原文書が平安遺文所収のAとBであるとみてよく、次の二通により構成されていることになる。

③　延暦一二年二月二九日　播磨国符

④　欠年　　　　　　　　　東大寺寺牒

延暦年間の塩山にかかわる文書は仁平の時点で二巻計四通に整理された形で現存することが確認される。そのことをふまえ、四通のうち①・②文書を取り上げ、大伴氏と造東大寺司の塩山の置かれている場の状況についてみておく。勝浦氏の復元によると全文は次のようである（勝浦氏の復元の一部を小口氏が補訂している部分はそれに従った）。

（史料二）

赤穂郡坂越郷神戸両□解　申□所勘問東大寺鹽山事
　部下大墾生内□東大寺山
右件山者、自天平勝寶五歳迄七歳、所謂故守大伴宿禰之点山并葦原墾田所云（マヽ）、䥶（預カ）當郡人秦大炬之目代也、所作鹽堤、而不得彼堤堅、無所治事大炬等退却、而自勝寶八歳與少墾生自中尾立堺柱、寺家山数卅余町許大墾生山云、仍宛山守使令治守林、経序年（マヽ）、然自八歳以来、不䥶（預カ）□宿禰家使、而以去延暦七歳七月一日、専前（マヽ）少掾大伴宿禰山到来、更改大串尾立堺柱、因茲寺家主所林木悉伐損、少掾家等、而今寺僧等来、當土人夫追召堺勘問、仍（マヽ）細子先後行事証申、件山者、□當郷比郡比国之人夫等知寺山、随山使等口状、椓給鹽焼奉地子事實申、仍注具状、以解、
　延暦十二年四月十七日
　　坂越郷刀禰外従八位下川内入鹿
　　　若湯座倉足
　　　川内夫（マヽ）凡君
　　神戸里神人広永
　　　他田祖足

神人□代
神人乙君
六人部稲人
里長　他田真作
坂越郷収納□□□
津長若鳥里足

勘郡司
擬大領外従八位上秦造　　擬主帳正八位上播磨直
擬少領無位秦造雄鯖
國依解状判許如件
延暦十二年五月十四日　従六位上行少目爪工造三仲
従五位上行介阿保朝臣人上　正六位上行大掾紀朝臣長田万

文書前半部分の解状について、署名部分に坂越郷刀禰と神戸里刀禰とがあらわれている。従来この解状は「坂越・神戸両郷解状」と呼ばれてきたが、両者の関係について、『赤穂市史』は神戸里を坂越郷内の一集落とみる考え方と、隣接する揖保郡の神戸郷の南端が旧赤穂郡堺に及んでいると推測されることから神戸里はそれにかかわる存在とみる考え方との二つをあげており、(6) いずれともその明確な答えはでていない。しかし署名している一一名の刀禰について、署名順に整理すると次のようになる。

イ、坂越郷の刀禰として三名が連署。
ロ、神戸里と記した上で里長を含め六名の神戸里関係者が連署。
ハ、坂越郷収納使として一名が署名。
ニ、津長として一名が署名。

イとハに坂越郷の名前があらわれており、その中間のロに神戸里の名前があらわれている。両者を地理的に併存する存在とみる考え方に立つと、この署名順は不自然である。その考えに立つならば、坂越郷関係刀禰と神戸里関係刀禰とはそれぞれまとめて署名がなされているはずであり、そのことからいって神戸里を坂越郷を構成する単位の一つとみた方が妥当である。関連して解状の冒頭が「赤穂郡坂越郷神戸両［　　］解申□所［……］」となっているが、この解状の写真版によると、(7)「両」の下に三～四字ほどの欠字があり、その最初の文字は残画があるが、「里」の可能性が高い。つまり「坂越郷神戸両里……」となるものと考えられる。両里とあることについては、署名部分に神戸里が複数（たとえば東西あるいは上下）から構成されていたという痕跡がなく、今後の検討をまつが、少なくともこの解状の名前を坂越・神戸両郷解状とするのは不適切であり、坂越郷全体の刀禰と坂越郷を構成する単位の一つである神戸里の刀禰の両者が解状を提出しているという点で、「坂越郷刀禰解状案」にすべきものとしておきたい。

神戸里の位置についてであるが、『赤穂市史』によると郷土史家の佐方渚果が「神部」という地名がかって千種川右岸で国鉄赤穂駅西側すなわち現在の野中地区に存したことを指摘していたという。大伴氏および造東大寺司の塩山が所在する「大墾生山」は現在のハブ山であることはすでに指摘されているところであるが、野中地区は塩屋・加里屋（後の赤穂城下町）などとともにハブ山の麓にあってそれをとりまく形で連なっている集落の一つである。(8)

このことと、上記の解状で署名者の半数以上が神戸里の刀禰であることとをふまえると、渚果の指摘通り古代の神戸里はハブ山とその山麓の諸集落が所在する場をふくんで広がっていたのであり、「神部」地名はその遺称とみるべきであろう。

和名抄では赤穂郡は八郷から成り立っている。そのうち七郷までは何らかの形で山陽道にかかわって設定されているのに対して、坂越郷のみは郡の南部、山々で北部の諸郷からは隔絶された、山が直ちに海に迫る瀬戸内海に面して所在している。(9) この坂越郷の広がりについて『大日本地理志料』は揖保郡那波より赤穂市塩屋に至る旧赤穂郡の海岸一帯に比定している。(10) この比定地の状況をみると、近世以降塩田が展開する千種川河口付近（現赤穂市街）は古代においては大きく湾入しており大津川も流れ込んでいたが、その奥まった部分に大津が位置しており、ハブ山はその背後の山である。この千種川河口から東に山を越えた部分が坂越湾であり、坂越浦が位置している。さらにここから山を東に越えたところに相生湾が湾入しており、那波を始めとしていくつかの津が位置していた。(11) つまり複雑に入り組んだ海岸線の各所にいくつかの浦集落が点在しており、それら浦集落を構成要素として坂越郷が成り立っているのであるが、神戸里はおそらく、大津を中心に所在していたのであろう。そして刀禰についても神戸里など小単位の刀禰と郷全体の刀禰とがそれぞれ存在し、合わせて坂越郷刀禰集団を構成していたのである。律令国家地方行政機構としての郷里制は八世紀中期には廃止されている。この神戸里が郷里制の里とどのような関係にあるのかは不明であるが、郷のもとの小単位にも刀禰がいたことに注意しておきたい。

解状は三つの部分に分かれており、要旨次のことが述べられている。第一の部分で天平勝宝五年（七五三）から三年間大伴氏が海の世界ともいうべき赤穂の地に進出してきて秦大炬を代理にして大規模な塩堤を築こうとしたが失敗し、その後天平勝宝八年に造東大寺司が塩山を設定し、以後山（守）使のもとで造東大寺司（東大寺）の塩山として三〇年間以上存続しているという、この地における塩山の変遷の歴史を述べている。第二の部分で延暦七年になって大伴氏がこの地への再進出を試み、塩山の木を切るなどして東大寺との間に紛争がおき、そのなかで大伴氏や東大寺の使者が頻繁に現地にきて勘問をうけるという現時点の両王臣家・寺社のせめぎあいとそれへの在地のかかわりについて述べている。そして第三の部分で大墾生山に位置する東大寺の塩山について、山守使のもとで当郷比国比郡の人夫がそれを寺山であることを承知した上で塩を焼いて地子をだしているということが確認できる旨を述べている。

この解状は初期の刀禰にかかわる重要な史料として研究史上で重視されてきたことは周知の通りである。(12)ここで注目したいのは、第一に七五〇年代から九〇年代に至る数十年間という比較的長期にわたって造東大寺司および大伴氏の塩山の動向を明確にしていること、第二に解状が紛争の対象となっている塩山の所在する神戸里の刀禰が中心になり、それに上部の坂越郷の刀禰も加わって作成されているが、王臣家らの塩山のあり方が刀禰の言葉を通して在地の立場から具体的に語られている点で希有な史料になっていることである。そのことをふまえて本稿では次の諸点について検討してみたい。

まず第一に解状の第一と第三の部分にかかわって、大伴氏や造東大寺司がはじめてこの地に進出してきて占点を行なう七五〇年代について、双方の塩山の設定や経営がどのようになされたのか、また村里刀禰は王臣家・寺社の動きとどのようにかかわるのかについてみていく。第二に解状の第二の部分と第三の部分とにかかわって、七八〇・九〇年代について、全国的な山野河海上での王臣家・寺社・諸司の大規模な占点地設定の展開とそれへの律令国家の規制の展開のあり方をみた上で、赤穂における大伴氏と東大寺との紛争とその解決のあり方について、王臣家らの土地占点の展開への国家規制の強化の一環という観点からみていく。第三に延暦時点の占点地規制における村里刀禰の証言、およびそれへの郡司証判の持つ意味について、当時の律令国家の占点地規制の基本方針との関連で考えてみる。これらの諸点を分析することで、八世紀中・後期の段階に、とくに山野河海上で展開する王臣家・

寺社・諸司の占点地とその置かれた地域とのかかわりの一端が浮かび上がってくるものと考える。

まず、七五〇年代において、大伴氏と造東大寺司が塩山をどのように設定し、どのような方向での経営を志向し、またその際村里刀禰が塩山の開発・経営にどのようにかかわっていたのかを上掲の刀禰解状の第一の部分を主たる素材にみていく。

一　七五〇年代の赤穂――大伴氏および造東大寺司の塩山の設定と経営――

(一)　大伴氏の塩山設定

赤穂をふくめた播磨国は八世紀中・後期の時点では塩浜―塩田採鹹法を取り入れた新興の塩生産地になっている。[13]広山堯道氏は大伴氏が作ろうとした堤を揚浜系汲潮浜を造成するための「土留め堤」と推定し、比較的幼稚な技術でも造成可能であるが、それができないということは八世紀中期時点では採鹹砂浜にはほとんど人工が加えられていない入会的性格の強い自然のままの海浜であったろうことを指摘している。[14]すなわち大伴氏は入会的に利用されていた浜の一角を囲い込む形で人工塩浜を作ろうとしたのであろう。[15]大伴氏の開発を在地で支えるものとして登場している秦氏は赤穂郡の郡司級の豪族である。これは同時点の因幡国高庭庄や阿波国新島庄など平野の世界の周辺部に設定された庄園にみられる、中央からの高度な技術を導入した内部開発を在地の豪族層を動員して行なうということと同じことを大伴氏が志向しているとみてよいが、[16]結局天平勝宝五（七五三）年から三年間という短期間でその企ては行き詰まっている。

王臣家・寺社の動きを在地側からみている上記解状では、この大伴氏の塩堤作りについて堤を「堅」くすることができないままに、すなわち堤による水の制御に失敗して「退却」したと記している。失敗の時点から数十年経過した後のものであるにもかかわらず、その記述は生々しい。また「退却」という言葉を用いていることからみて、刀禰は大伴氏の行動について失敗が当然という、批判的な立場に立っているとみてよい。これは大伴氏の進出がそこで行なわれていた従来の在地製塩の伝統的方式を無視し、それに否定的な影響を与えるものであったこと、それゆえに大伴氏の占点に対して在地の側からの抵抗ないし非協力という事態が起こっていたことを示すものである。わずか数年間のことであったが、大規模開発工事の強引な推進とその失敗という事実はそれへの抵抗ということとともに、坂越郷の人々に長く語り伝えられていたのであり、そのことが数十年後の刀禰解状での具体的かつ詳細な記述ということになってあらわれているのである。

(二)　東大寺の塩山経営——勢多庄との対比で——

この大伴氏のあとを引き継ぐ形で天平勝宝八年に造東大寺司が塩山を設定する。解状は造東大寺司は山に境柱を立てて三〇町余を寺家の山として確定し、そこに山守使を置き「林」を治守しているとある。以下この塩山経営のあり方について、同じ造東大寺司の近江国勢多庄のあり方と対比しながら検討していきたい。

天平宝字五年（七六一）末から六年夏にかけて、石山院の増改築工事が行なわれた。この造営には材木や桧皮を山で採取し石山院まで運搬し、かつ石山院の建築や桧皮葺を行なった木工・桧皮葺工、さらに残材を奈良まで筏に組んで運んだ桴工など多様な集団が「様」ないし「雇」という形で組織され活動している。このうち様は一定の作業を集団が請負いその作業に要する功銭あるいは食料は集団の「長」に一括して支払われる請負の方式を、雇は単独での雇用をそれぞれ指すのであり、とくに様の方式は在地の労働力を寺社などに雇用する場合に用いられる一般的方式として注目され多くの分析がなされている。(17)

様方式で組織されている集団としては桧皮葺を請負っている羽栗臣大山、倉古万呂（大伴虫万呂）、力部広万呂の集団などが知られているが、浅香氏によると、このうちの羽栗臣大山を長とする集団は大石杣での桧皮採取の活動を行なうとともに石山院における桧皮葺の作業に従事している。[18] 大石杣は田上盆地背後の山間部、大石（旧栗太郡大石村）を指しているが、この地は近江・山城・大和・伊賀四国国境地帯に広がる山の世界の一角に位置する。そして大山は四国国境地帯山間部の一角である太神山から発した天神川が田上盆地に流れ込む地に近く位置する田上郷羽栗に本貫を持つ上層農民である。[19] すなわち大山は平野の世界と山の世界とをつなぐ山口の地ともいうべき地を足場に大石杣など山の世界に進出して活動を行なうとともに石山院の建築現場など平野の世界で桧皮葺作業を行なっている存在である。

次に倉古万呂を中心とした様工集団についての史料をみたい。[20]

（史料三）

謹解　申檜皮葺工等食功請

合　二十七人　　鐘樓檜皮葺料

……略……

右、二人同心給申、津國手島郡上秦郷戸主倉真万呂戸口古万呂 山背乙容郡小野郷戸主島部広嶋戸口足嶋

天平寶字六年六月廿一日

村刀禰大伴虫万呂

この史料は上掲の坂越郷刀禰解状と並んで初期の刀禰にかかわる史料の一つであり、村刀禰大伴虫麻呂が浮浪出自の桧皮葺工に代って造石山院所とのあいだに請負契約を結んでいるものである。[21] 請負契約は大伴虫万呂が行なっているが、契約の結果として支払われる功銭・食料・材料は倉古万呂が受け取っており、四人ほどの人員で桧皮葺の作業を行なっている。[22] 古万呂については、他の八人の仲間とともに月借銭を返さずに逃亡しているとして造東大寺司の下級官人である国麻呂にその行方を追及されている。[23] 鬼頭清明氏は天平宝字元（七五七）～六年に平城京で大規模な改作がなされており、このような造営事業の盛行は一般公民への苦役をもたらし律令体制の基盤のほりくずしにもつらなるが、労働力と物資が平城京に集中され経済的活気をもたらしたことを指摘している。[24] 造東大寺司もこの時点大規模な造営活動を行なっており、特殊技能を持ち本貫を離れてその技能を必要とする場で働く技術者を多く抱えていたと考えられる。古万呂らの借銭の踏み倒しの背景は不明であるが、この集団は本貫を離れて各地の建築現場をわたり歩いている桧皮葺に関する専門的な技術者集団とみてよい。さらに様桧皮葺工以外についても、西山良平氏は田打ち・田植えという重要な農業労働が連続する正月中旬から四月にかけて田上山作所で伐木に従事する様木工集団の存在を指摘し、この集団は杣周辺に存在し伐木を主たる生業とする杣人集団であるとするが、このような集団がその他にも多く存在している。[25]

このようにさまざまな技術を持ち、さまざまな出自を持つ多様な技術者集団が石山院造営へ参加しているが、みておきたいのはこれら諸集団と勢多津に位置する勢多庄とのかかわりについてである。勢多津は琵琶湖周辺と都を結ぶ水上交通路上の要津であり、また勢多津に架けられた勢多橋が陸上交通路上重要な位置を占めていることは指摘されている。[26] それとともにこの津は田上盆地背後の四国国境地帯の山の世界、あるいは広くは琵琶湖周辺の山の世界と平野の世界との接点としての役割を果たしている津でもある。羽栗臣大山の集団の場合、石山院での桧皮葺作業が終わった後も大石杣で桧皮採取を行なっていたように山の世界における桧皮採取は持続的に行なっているし、平野の世界における活動も石山院造営に限定されるのではなく、国衙・郡衙・社寺などの建築現場での活動が考えられる。そして大山の集団にとってこのような二つの世界にまたがる活動を展開する拠点となっているのが勢多津であり、また他国から流入してきている古万呂もこの津を拠点に活動している存在とみてよい。

勢多庄は石山院造営に際して必要な諸物資の交易・蓄積の機能を果たしていたが、[27]この庄の庄領が必要物資の供給地になっている田上山作所・甲賀山作所・大石山などの山作所に「領」（ないし将領）として派遣されるということがしばしばみられる。たとえば、橘守金弓は天平宝字六年（七六一）二月二九日造石山寺食物用帳に「庄領猪名部枚虫、橘守金弓、下充如件」とあるように、[28]勢多庄庄領としてあらわれるとともに、同年二月五日甲賀山作物雑工散役帳に、[29]甲賀山作所の「領」としてあらわれ、主として山から石山寺までの材木輸送の責任者として残材輸送をふくめて活動している。[30]このように石山院造営に必要物資を確保すべく広く活動を行なう勢多庄庄領のもとに上記に示したような多様な技術者集団が様・雇の方式で組織され活動しているとしてよい。

赤穂にもどる。ハブ山にある大伴氏や造東大寺司の塩山は千種川河口近くに所在する赤穂大津に近接している。[31]このような設定のあり方は意図的であり、塩山経営の拠点になる庄・所は瀬戸内海水上交通路上の津であるこの赤穂大津に置かれたとみてよい。造東大寺司の塩山に組織されている労働力には当郷すなわち坂越郷の者のみならず、「比国比郡」の者すなわち本貫を離れて活動している者がふくまれているが、これは勢多庄との対比でいうと、造東大寺司の塩山経営においては必要とする諸技術者集団の組織の方式は、庄・所を拠点に様・雇の形で行なうという方式がとられていることを示す。すなわち赤穂大津に千種川を利用して同じ赤穂郡の他の諸郷から、あるいは海運を利用して播磨国の他の諸郡、さらには備前国など他国から本貫を離れて流入してきて活動している製塩技術者や運輸業者が造東大寺司の塩生産・運漕にも組織されているのである。その組織の中心になっているのが、勢多庄の庄領に対応する存在とみられる赤穂大津を拠点に活動している庄官としての山守使である。

勢多津における勢多庄のあり方との対比でもう一つみておきたいのは、山守使が津を拠点に活動する製塩技術者の個人や集団を必要労働力として組織する際における在地の刀禰とのかかわりについてである。時代がやや下がるが貞観一〇年（八六八）三月一〇日太政官符「禁制材木短狭及定不如法材車荷事」[32]は材木の規格を規定通りにすること、車載の材木量を規定通りにすることの二点を山口・津頭に表示するとともに、改めない「賃車之徒」に対しては「当所刀禰」が決罰することを定めている。交通の要衝の地において、その場の刀禰（当所刀禰）がそこに集散する人と物の規制を行なうということは八世紀中期でも同様であり、赤穂の場合、史料二にあらわれている「津長」をふくめた坂越郷の村里刀禰集団がその役割を果たしており、赤穂大津を拠点に製塩や地域の外への塩の運搬に従事していた集団は、その規制のもとで諸活動を行なっていた。勢多津について、史料三で村刀禰大伴虫麻呂が倉古万呂にかわって造石山院所と様契約を結んでいる。この「村」がどのような広がりを指すのか明らかではない。しかし古万呂が勢多津に他国から流入してきた存在であり、かつ勢多津が勢多郷のある栗太郡側（勢多川左岸）に所在するので、[33]村刀禰虫麻呂は複数の刀禰から成り立っている勢多郷刀禰の一人とみてよい。つまり虫麻呂をその一員とする勢多郷刀禰は勢多津に集散する人と物を規制し管理するという点では坂越郷刀禰と同じ性格を持つ。

検討を要するのが刀禰集団の一員である大伴虫麻呂と勢多津に流入してきている倉古万呂との間の関係についてである。直木氏は刀禰虫麻呂を在地有力者層であり、流入してきた古麻呂を「隠首」としてかかえている「浮浪長」ともいうべき存在とされている。すなわち両者を浮浪長と浮浪との関係にあるとみた。直木氏のこの考え方に対して、浅香氏は上記史料については古万呂が長の資格を欠く故、異例の措置として村刀禰大伴虫麻呂が「差出人」になったものであり、様工の多くは石山近辺の手工業家族であるとして、浮浪と様工集団との関連を否定的にみているし、[34]岡藤氏も功銭・食・材料の全ては古万呂がうけとっており、虫麻呂は保証人、又は差出人であり、実際の作業には参加していなかったことから、様工集団を浮浪的性格と一般化できないとしている。[35]

勢多津で活動する様工集団の全てが浮浪的性格を持つとはいえないことは諸氏の指摘の通りであるが、ここを拠点に活動する集団のなかに本貫を離れて活動する人々がふくまれていることも見落とすべきではない。古万呂は他所から流入してきているのであるが、岡藤氏らの指摘の通り、羽栗臣大山と同じく様工集団の長であり、「自立」した存在とみてよい。ではなぜ「自立」できるはずの古万呂にかわって村刀禰が造石山院所との間に様契約を結んでいるのか。それについて、次の史料を手がかりに考えてみたい(36)。

（史料四）

一、牧裏事
右、依八月三日大風雨、河水高張、河邊竹葉被漂仆埋、但以外竹原并野山之草甚好盛
一、牧子六人、長一人、丁五人
右、率常件人、令見妨守并上下御馬以次祗承、望請於國司誂給牒書、而如常止役、欲得駆使
一、給衣服而欲令仕奉事
右、件牧子等、為貧乏民、其無衣服率仕奉醜
以前事条、具録如件、仍謹請裁、以謹解
天平勝寶六年十一月十一日
知牧事擬少領外従八位下吉野百嶋

この牧は畿内の大河川の河原上に位置する紫微中台の牧であること、ここで活動している牧長・牧子の集団は牛馬の飼育とならんでその牛馬を用いた交通・運輸業にも従事する集団であったことは畿内の庄園の問題として別に

みた。[37]この紫微中台の某牧の牧長・牧子の集団は勢多庄のもとに組織されている大山や古万呂を長とする様工集団と基本的に同じ存在であり、知牧事は集団に食糧や資財を支給することで牧の必要とする仕事に組織している。みておきたいのは第二条後半に「望請於国司誂給牒書、而如常止役、欲得駆使」とあって知牧事が紫微中台に対して国司に働かけて牧子らの「役」をとどめ「駆使」できるようにしてほしいと求めていることについてである。「役」の内容と関連して次の史料をみておきたい。[38]

（史料五）

太政官符

応徴寄住親王及王臣庄浪人調庸事

右浮宕之徒集於諸庄、假勢其主、全免調庸、郡國寛縦曾無催徴、黎元積習常有規避、宜令國宰郡司勘計見口、毎年附浮浪帳、全徴調庸、其庄長等聽國検校、若有庄長拒捍、及脱漏一口者、禁身言上、科違勅罪……

延暦十六年八月三日

「浮宕之徒」の庄・所への集中と調庸不輸に対応すべくだされているが、ここにみられる「浮浪」の王臣家・寺社の庄・所への集中はすでに八世紀中期には開始されていたとみてよく、史料四にみられる牧子集団は他国からの流入者など本貫を離れて活動している「浮宕之徒」的な存在であり、牧子らに課されようとしている「役」は調庸であったとしてよい。知牧事が牧子の「役」の免除を求めているのは知牧事が史料五の「庄長」と同じく調庸徴収の責任を持たされていたことのあらわれである。

この某牧の牧子集団と勢多津を拠点に活動する様工集団との性格が基本的に同じであることからみて、勢多庄に組織されている様工・雇工のうち古万呂などの他国からの流入者の調庸も当然問題になってくる。本貫を離れて外部からの流入してきている浮浪についてはその活動は刀禰集団の規制下におかれているとするならば、その規制のなかには調庸徴収もふくまれているとすべきである。その点で上記史料四の村刀禰虫麻呂が流入してきて活動している古万呂にかわって造石山院所との間に契約を結んでいるということも、流入してきた浮浪は津を管轄する刀禰の規制の下で調庸徴収に応ずることを条件に刀禰の名前のもとで活動先の庄・所と様契約を結んでいるということを示すとみてよい(39)。

庄・所が浮浪的な労働力を組織する場合、調庸の徴収をめぐって在地の刀禰を無視した組織はできないということは八世紀中期の赤穂でも同様であった。赤穂の中心的な津である赤穂大津は当郷出自の製塩技術者および他国・他郷から流入してきている製塩技術者らの活動の拠点になっており、村里刀禰集団は調庸の徴収のためにはこれら浮浪労働力を確実に把握する必要がある。一方、造東大寺司の経営にとっても当地出自の技術者の組織化とともにこれら他地域から流入する技術者の組織化も必要としていた。それ故に村里刀禰と塩山との間では浮浪の調庸徴収をめぐっての代理契約の存在は十分考えられる。

このように山守使は赤穂大津を拠点に活動している塩の生産・流通にかかわる諸集団の組織化を行なうとともに、在地の坂越郷の刀禰集団との間に郷内外から流入してきて塩の生産・流通にかかわって活動している浮浪的な人々の調庸をめぐって代理契約を結ぶなどしているのであるが、この山守使と在地刀禰集団との関係は比較的安定していたのではないか。上掲史料二の第三の部分によると、塩木山内部の伐木サイクルは守られており、製塩に組織された人夫がその木を用いて前面の浜で他の製塩従事者とともに入会的に塩を焼き地子をだすという、従来の共同体の枠内で行なわれてきた製塩を中心とした在地の生産活動との間に決定的な対立を引き起こさない方式をとっていたことがそれを裏付ける。このことが七五〇年代から九〇年代まで造東大寺司（東大寺）の塩山が比較的安定した形で存続していた理由になっていた。

二　七八〇・九〇年代の赤穂郡と島上郡

延暦七年（七八八）に至り、一旦手を引いた大伴氏が塩山の再設定を試み既存の東大寺塩山との間に堺争いを引き起こす。以後一二年まで紛争が続くが、本章では延暦四年（七八五）にはじまる山背盆地への遷都に刺激された王臣家・寺社らの山野河海上での占点地設定の展開とそれへの律令国家の規制の動きという全国的な動向のなかにこの塩山をめぐる紛争とその解決のあり方を位置づけ、その特質について考えてみたい。

㈠　律令国家の占点地規制——山野河海の世界における——

延暦三年（七八四）六月、藤原種継らが造長岡京使に任命され、都城・宮殿の造営が開始されるが、その開始半年後の同年一二月に次のような詔がだされる[40]。

（史料六）

詔曰、山川藪澤之利、公私共利、具有令文、如聞、比来或王臣家、及諸司寺家、包幷山林、獨専其利、是而不禁、百姓何濟、宜加禁斷、公私共之、如有違犯者、科違勅罪、所司阿縦、亦與同罪、其諸氏塚墓者、一依舊界、不得斫損

「山川藪沢」すなわち山野河海の地に設定されている上毛利用を目的としている占点地の展開を規制したもので

あるが、この詔にかかわって延暦一〇年（七九一）六月に次のような勅がだされている。[41]

（史料七）

先是去延暦三年下勅、禁斷王臣家、及諸司、寺家等、専占山野之事、至是遣使山背國、勘定公私之地、各令有界、恣聽百姓、得共其利、若有違反者、科違勅罪、其所司阿縦者、亦與同罪

山背国で延暦三年詔（史料六）の具体化が「公」と「私」とを区別するとともに、存続を認める「私」（山野上で展開する王臣家らの占点地）について無制限に拡大しないようにその境を限定するという形で行なわれている。[42]さらにこの山背国の事例と関連して翌延暦一一年、隣接する摂津国島上郡についての次の史料をみておきたい。[43]

（史料八）

（延暦十一年）四月丙戌、摂津國嶋上郡菅原寺野五町、梶原僧寺野六町、尼寺野二町、或寺家自買、或債家所償、並縁法制、還與本主、大井寺野廿五町、贈太政大臣正一位藤原朝臣不比等野八十七町、贈太政大臣正一位藤原朝臣房前野六十七町、故入唐大使贈従二位藤原朝臣清河野八十町、或久載寺帳、或世為家野、因隨舊給之

ここにあらわれている五～六町規模の小規模な「野」と数十町単位の大規模な「野」は、淀川河原上に所在する王臣家・寺社の上毛利用を目的とした占点地群である。このうち、小規模占点地群については山崎津との関連が注意される。足利健亮氏は嘉承三年（八五〇）以前の旧山崎橋について、当時山背と摂津の国境になっていた水無瀬

川が淀川に合流する地付近に架けられており、この橋が平城京から大宰府に達する大宰府道（山陽道）の淀川渡河点であったと指摘している。旧山崎橋はしばしば流失しており常時架けられていたのではないとされており、橋が所在していた周辺は淀川を上下する船も停泊するとともに、淀川渡河点としての役割をも果たしていた山崎津になっていた。[44]そして史料八にあらわれている島上郡の小規模占点地は山崎津内部の摂津国側の淀川沿いに所在する交通・運輸の拠点としての小規模庄家とみてよい。また大規模占点地についても、その広さからみて、淀川河原上に設定された牧とみるのが妥当である。時期はややさかのぼるが、先に史料三としてかかげた天平勝宝六年の紫微中台の某牧と同様な山崎津内の小規模庄家群とも密接な関連を持ちながら、津の背後の河原上に所在する交通・運輸業の拠点としての役割をも果たしている牧とみておきたい。[45]

このように史料八の「野」を山崎津にかかわって設定されている王臣家らの大小規模の占点地とみれば、山崎津は水無瀬川をはさんで摂津国島上郡と山背国乙訓郡にまたがって所在しており、乙訓郡側にも山崎津にかかわる大小規模の占点地（野）が展開していたことは間違いなく、それら占点地が史料七の占点地規制の対象になっているとみてよい。天平勝宝八年（七五六）に造東大寺司は孝謙天皇からの勅施入により難波津・山崎津など大阪湾・淀川沿岸および平城京内外に十数カ所の庄・所を設置する。これは山陽・南海・東海・東山諸道諸国から東大寺に向けて動く物資の流れを円滑にするための交通・運輸の拠点として作られた。[46]これは造東大寺司に限ることではなく、他の王臣家・寺社なども同様な動きをしていたとみてよい。とくに八世紀末都が山背盆地に移るなかで、大阪湾沿いや淀・桂・鴨・木津など諸河川沿いの長岡京に向かう水上交通路沿いの津にかかわって、濃密な占点地群の展開をみておいてよく、それらへの規制・整理が延暦一〇・一一両年にわたってなされているとすべきである。

山背国での占点地整理が行なわれたのと同じ年の延暦一〇年六月二二日太政官符「應定榑丈尺事」に、「今聞、大和摂津山城伊賀近江丹波播磨等國、公私交易之榑、多有違法、徒費其価、不中支用、此則故挟奸心、詐偽公私、宜仰所出國、長一丈二尺、広六寸、厚四寸令作……」[47]とあり、都と水上交通路により結びついている諸国における交易榑の寸法の不正確さを正すことが命じられている。遷都を契機にした都城・宮殿の造営に伴う材木などの山野河海上での産物への需要の増大、それら産物の都への運搬に伴う交通・運輸業の活発化が示されており、その背後にはこれら諸国における王臣家らの占点地の展開が想定される。したがって、王臣家らの「山林包并」について禁断を加え、「公私共之」するという「還公」の方針を打ちだした延暦三年詔（史料六）はこれら諸国では実施されているとみるべきであり、山城（背）・摂津における津にかかわる占点地への規制はこのような動きの一端を示すものであった。

(二)　赤穂における占点地規制――摂津国島上郡との対比――

このように延暦三年詔の具体化が全国的に進んでいることをふまえ、赤穂にもどる。上掲史料二によると、延暦七年に至り東大寺の塩山内部に食い込む形での大伴氏の塩山再設定が行なわれ、それを契機に東大寺と大伴氏との紛争が起こる。このような大伴氏の塩山の再設定という行動はそれが延暦七年に始められているということからみて、遷都に伴う畿内・近国の諸国の山野河海上で展開している王臣家らの活発化する土地占点活動の一環とみてよいであろう。そして延暦一二年に至りその紛争に対する国司裁決がなされるのであり、それにかかわって作成されているのが、「はじめに」で整理した①～④の四通の文書である。この国司裁決をめぐっては、焦点になっている塩山が赤穂大津という津に近接して所在していることからみて、山背・摂津両国において延暦一〇・一一年に延暦三年詔に基づいて津に関わる王臣家らの占点地への規制が行なわれていたこととの関連を考える必要がある。以下そのことを念頭に裁決の過程をたどってみる。まず裁決の最初にあらわれる郡司宛の国符（③文書）についてみておく。

（史料九）

國符赤穂郡内（司カ）

禁斷山壹處彼部（郡カ）越郷墾生山者、主東大寺

四至限、依先官符旨（マヽ）

右、得彼（寺脱カ）寺僧慈親状偁、件山不遵禁制、氏（民）恣伐損、仍請処分者、國判、件山以去天平勝寶八年有（歳）　勅特所獻入（マヽ）

也、郡宜承知、嚴加禁斷、莫令伐損、符到奉行

介笠朝臣江人　　　大掾多治比真人清見

小掾大伴宿禰國守

延暦十二年二月廿九日　　　少目爪工造三仲

東大寺の僧が提出した本公験に基づき東大寺の塩山であることを確認し内部の伐損（大伴氏の侵入）を禁止しているものである。[48]しかしこれで紛争が決着したのではなく、直後に①②の史料（上掲史料二）がだされる。そこでは村里刀禰の証言がなされ、その証言についての郡判が付され、それに基づいて国判がだされている。③と①・②とのかかわりについて最初の裁定で決着がつかず、再度裁定がなされたとみる見方もだされてはいるが、[49]両文書の間がわずか一ヶ月しかなく、成り立ちがたい。

加藤友康氏は九世紀においては、郡司による独自の図券類の勘検が郡における図帳の存在を前提として行なわれていたこと、田地掌握の基礎が国の機能を郡が代位する形で郡に据えられていることを指摘する。[50]これは田地のみ

ならず、郡内の山林・原野をふくめた土地に対していいうることであろう。厳密には八世紀段階であるが、赤穂のこの例は郡司が郡図をもとに土地の掌握にあたるという体制になっていることを示すものである。とするならば、この郡司への国符は国司が本公験に依拠した判断を郡司に提示するとともに、郡司の土地掌握権に基づいてその確認を求めたとみるべきであろう。郡司はそれをうけて「当土人夫」を召喚し喚問している。この郡司からの問いに対しての村里刀禰により代表される「当土人夫」の返答（証言）が村里刀禰證申であり、国司は郡司から伝達されてきた證申に基づいて東大寺塩山への「判許」を行なっている（①）。つまり③は東大寺提出の本公験に基づく国司の判断であるのに対して、①②はそれとは別な坂越郷刀禰および郡司の証言に基づく国司の判断である。問題は両者の関連である。それについて④文書を検討してみる。[51]

（史料一〇）

寺家　牒播磨國赤穂庄司

　應禁斷鹽山壹處（在坂越郷墾生山者、其四至如官符）

牒　件鹽山者、頃年之間與他相諍、既所切損、今依本官符幷村里刀禰等證申而重宛行、國郡判許於寺家已畢、宜承知状、嚴加禁斷、勿令切損、但官符并國郡判在於寺家、今以状牒、〻到准状、故牒、

年月日を欠くが、塩山が東大寺に重ねて宛行なわれる旨の国・郡の判許があったことをうけて塩山内部の他者による伐採の禁止の励行を東大寺が赤穂郡司に求めているものであり、延暦一二年五月一四日以後の文書である。ここで「今依本官符幷村里刀禰証申而重宛行」とあることに注意したい。ここでいう本官符は③文書（史料九）にあ

らわれている天平勝宝八年勅のことを指し、村里刀禰證申は①の坂越郷刀禰解状（史料二）を指すのであり、播磨国司の東大寺への塩山の宛行ない（判許）は本官符の存在と村里刀禰の証言の二つに基づいてなされている。このことは国司による本公験に基づく判断のみでは塩山の東大寺への宛行なわれることにはならない、それとは別に刀禰の証言と郡司の証判に基づく判断が必要とされるのであり、この両者があってはじめて国司の判許が成立していたことを意味する。

問題はこの播磨国司の東大寺への塩山判許のあり方と延暦三年詔とのかかわりについてである。これについて、あらためて摂津国島上郡の例である史料八を検討する。その内容であるが、菅原寺などの小規模占点地の場合は正当な形での買得したものや負債のあるものからの質取地であるので「法制」により本主に「還与」（返還）し、大井寺・藤原氏の大規模占点地の場合、大井寺の野についてはそれが寺帳に古くから記載されている故に、また藤原北家三代の野については「世為家野」こと、すなわち「世」が当該の野を「家」（藤原北家）の野としている故にいずれも従来通りに賜う（返還する）ということである。これが延暦三年詔に基づく占点地規制にかかわってだされたことをふまえるならば、延暦三年詔の摂津国における具体化の過程で国司が誤って収公した王臣家らの占点地を、理由を付して返還する（占点地としての引き続く存続を認める）旨を記したものとみるべきであろう。つまり、この史料には諸国における延暦三年詔に基づく上毛利用を目的とした王臣家らの占点地整理の基準ないし原則が提示されているとしてよい。

赤穂にもどり、東大寺塩山の播磨国司による存続許可の判許とこの史料八の島上郡の大規模な野（牧）の摂津国司による存続許可とを対比してみる。赤穂郡の塩山は本官符と村里刀禰證申（およびそれへの郡司の判許）の二つが存在した故に国司の判許がえられた。島上郡では大井寺の野が「久載寺帳」故に、藤原北家三代の野は「世為家野」故に摂津国司はその存続を認めた。このうち大井寺の「久載寺帳」と赤穂における東大寺の本官符とは対応する。いずれも公験ないしそれに相当するその占点地の由緒を明確にするものの存在ということであろう。一方藤原氏の「世為家野」については赤穂における村里刀禰證申とそれへの郡判に対応する。「世」は山崎津をふくむ淀川沿いの地域の村里刀禰集団と島上郡郡司を指すのであり、藤原氏の野が当該地域の民業の妨げになっていないことを村里刀禰が証言しそれに郡判を加えたものが上申され、それに基づき摂津国司が野の存続を認めること、それが「世為家野」の意味である。[52]つまり問題になっている牧にせよ塩山にせよ、それが所在する地域で民業の妨げになっていないことが村里刀禰・郡司により保証されているということであろう。

このように島上郡と赤穂郡とで、牧ないし塩山の存続の判許基準が一致していることは、赤穂においても延暦三年詔の諸国における具体化の一環として裁許がなされていることを示す。ただ、注意しておきたいのは、赤穂の場合播磨国司は延暦一二年二月に天平勝宝八年の本官符に基づいて東大寺の塩山としての存続を認め、さらに同年五月には四月の村里刀禰解状に基づいた東大寺の塩山の存続を認めているように、占点地の存続が認められるための二つの条件は、それぞれについて国司の確認がなされていたのに対して、島上郡の場合、大井寺と藤原氏の野について、それぞれ一つの条件を満たしていることが占点地の引き続く存続許可の理由とされているようにみえることである。これは島上郡においては一つの条件を満たせば占点地の存続が認められたということではない。二つの条件を満たす必要があったが、もう一つの条件は満たされているのであり、焦点になっている方の条件についての判断がこの史料には記されているとみるべきであろう。[53]

なお、先にみた延暦一〇年の山背国で延暦三年詔の具体化としてなされている公私の地の勘定（史料七）には山崎津にかかわっての乙訓郡側に所在する占点地の規制・整理も当然ふくまれており、島上郡側と同一基準で実施されているとみてよい。このように延暦一〇〜一二年の山背・摂津・播磨で延暦三年詔の具体化が占点地を大規模占点地と小規模占点地とに区分した上で、それぞれについて、占点地としての由緒が明確であるか否か、占点地の存在が当該地域における民業の妨げになっているか否かを基準にして、それに適合しない占点地の収公ということで進行している。この三国以外の諸国でも同様な整理が進行したと推測されるが、このような延暦三年詔の具体化の過程の到達点を示すのが延暦一七年（七九八）一二月八日太政官符「寺并王臣百姓山野藪澤濱嶋盡収入公事」である。全文は以下の通りである。(54)

（史料一一）

右被右大臣宣偁、奉勅、准令、山川藪澤公私共利、所以至有占點、先頻禁斷、如聞、寺并王臣家及豪民等不憚憲法、獨貪利潤、廣包山野、兼及藪澤、禁制芻樵、奪取鎌斧、慢法蠹民莫過斯甚、[a]自今以後、更立嚴科、不論有官符賜及舊来占買、幷皆収還、公私共利、墾田地者、未開之間、所有草木亦令共採、但元来相傳加功成林非民要地者、量主貴賤五町以下作差許之、墓地牧地不在制限、[b]但牧無馬者亦従収還、其京城側近高顕山野常令衛府守、及行幸経過顕望山岡依舊不改、莫令斫損、[c]此等山野幷具録四至、分明牓示、不得因此濫及遠處、仍國郡官司専當糺察、如慣常不悛違犯此制者、亦六位以下科違勅罪、五位已上及僧尼神主等録名申上、仍聽投彼使人申送所司、登時示衆決罰以懲将来、若所司阿縱即同違勅坐、要路牓示普令知見、其入公幷聽許等地數、具録申官、不得疎略、

官符は前半で山野河海の地で王臣家・寺・豪民の占点が広範囲に行なわれ、それが民業を妨げている現状を指摘した上で、後半でそれへの律令国家としての対応策をａ・ｂ・ｃの三部分に分けて打ちだしている。まず、ａ部分で第一に勅施入という上からの国家公認の占点地（有官符賜）と古くに買得した占点地（旧来占買）という、由緒が明確である占点地についても収公するという原則を強調するとともに、第二に墾田地についてはその内部が未開

の間は上毛利用を第三者に開放すべしとしている。b部分では全ての占点地の収公というa部分でだされている原則の除外規定、すなわち存続を認める占点地を列挙している。その第一は民要地ではなく、かつ相伝し手を加えている五町以下の占点地、および使用している限りでの墓地・牧（面積制限なし）であり、第二は官が必要と認めた上毛利用を開放しない都周辺の山林である。最後にc部分で存続を認められる占点地についてはその四至を明確にすること、国郡司は定められたことを厳密に実施し存続を認められる地や存続を認められなかった地を太政官に報告すべきことを指示している。

この官符では上毛利用を目的とした占点地に限定して規制の対象にしている。それはa部分で墾田地は収公の対象からはずし、その内部の上毛の利用の開放のみを定めていることで明確である。そしてa部分で上毛利用を目的にした占点地について、由緒が明確な占点地といえども本来は収公さるべきものという原則を強調しつつも、b部分では占点地を五町以下の小規模占点地と牧・墓地などの大規模占点地に区分し、それらが民要地に設定されているのではなく（民業の妨げになっているのではなく）、かつその占点地を現実に用益している限りにおいて存続を認めている。その際b部分で存続が認められるためには前提としてa部分における占点地としての由緒があるという条件が満たされている必要がある。その意味でa部分とb部分で提示されている二つの条件が満たされている場合にのみ占点地の存続は認められる。[55]

この官符で示される占点地存続の基準と、山背・摂津・播磨における延暦三年詔の具体化過程での占点地存続の基準とは対応する。すなわち官符ではa部分で示される「賜有官符」あるいは「旧来占買」という占点地としての由緒があった上で、かつb部分で示されている民業の妨げにならない限りでの占点地の存続が認められるが、このうち「賜有官符」は赤穂郡の東大寺の塩山での天平勝宝八年の本官符や、島上郡の大井寺の牧でいう「久載寺帳」に、「旧来占買」は菅原寺などの小規模占点地における「自買」「債家所償」など、占点地の由緒が明らかであることに対応する。そしてb部分でいう民業の妨げにならない限りでの占点地の存続許可については、対象になっている占点地について「世為家野」という言葉に象徴される、それが当該地域の民業の妨げになっていないことの村里刀禰の証言、およびそれへの郡判が対応する。さらに延暦一〇年の山背国について「勘定公私之地、各令有堺」という作業がなされている（史料七）が、「勘定公私之地」は王臣家らの占点地について存続を認められるものであるか否かの選別、いいかえればa・b両部分で示されている二つの条件を満たしているか否かの判断を行なうということに対応するし、「各令有界」はその選別の結果存続を認められた「私」地についてc部分でいう存続を認める占点地の四至を明確にし無制限に拡大しないようにということに対応する。このように延暦一七年官符は延暦三年詔に基づく占点地への規制強化過程の総決算としてだされたものである。

延暦七年に始まる赤穂における塩山をめぐる紛争の解決、すなわち東大寺への塩山の再判許も延暦一七年官符で集大成されるこのような占点地整理の一環としてなされたものである。関連して、上掲刀禰解状が他国・他郷の人の流入に触れていること、しかも内容的に流入してきた人々が地子をだして塩を焼いている、つまり秩序だてた活動がなされている旨を述べていることに注目したい。延暦三年詔がだされた翌年遷都の年でもある延暦四年六月二四日に太政官符「應勘定他国浮浪事」がだされている。この官符は天平八年（七三六）格に浮浪について編付せずに名簿に録して調庸を輸せしめよとあることに基づく他国浮浪の把握強化を命じたものである[56]。そして、延暦一六年八月官符「應徴寄住親王及王臣庄浪人調庸事」（史料五）は王臣家らの庄に集中する浮浪の調庸を庄長の責任で徴収すべきことを命じた官符であり、延暦四年官符をより具体化したものであることは間違いない。さらにこの延暦一六年官符にいう「庄」には杣や塩山、水上交通路沿いの津に設定される野など山野河海上に展開する王臣家らの占点地がふくまれているとみてよく、この官符が延暦一七年官符に対応して、山野河海上に設定される占点地に集中する浮浪への把握強化を目的としてだされていることも間違いない。つまり、延暦四年官符の他国浮浪の把握強化は延暦三年詔の山野河海上の占点地への規制強化と密接に関連しているのであり、遷都に伴う王臣家らの占点地の展開がそこへの浮浪の集中を生み出しつつあることをふまえ、それへの規制強化という形で諸国で具体化され、それが延暦一六年官符として庄に集中する浮浪について庄長にも責任を持たせながら浮浪帳に記載するという形で集大成されている。

赤穂でも塩山をめぐる紛争についての村里刀禰証申に他国他郷からの流入の問題が取り上げられている。延暦三年詔の具体化の過程においては、占点地そのものの整理とあわせてそこに集まっている浮浪の把握強化を伴ったものになっていたことのあらわれであり、国司にとって塩山存続を判許するためには、そこで活動する「浮浪」を郡司・刀禰が把握し、調庸の徴収などが円滑に行ないうることの保証が必要であった。刀禰は占点地をめぐるその証言のなかでこの問題に必ず触れることを求められていたのであろう(57)。

三　大同元年の占点地規制

延暦七年から一二年にかけて行なわれた赤穂郡における塩山をめぐる紛争とその解決は、延暦三年詔の具体化の一環として把握しうることをみてきた。この延暦三年詔で打ちだされた規制の方針は延暦一七年官符として集大成されるが、律令国家の占点地規制はこれに止まるものではなく、これ以後大同・弘仁年間にかけてさらに系統的なものになっていく。延暦年間初頭の赤穂からやや離れることになるが、以下延暦年間から大同・弘仁年間における律令国家の占点地規制についてみておきたい。

(一)　閏六月官符と八月官符——占点地規制の深化——

大同元年（八〇六）閏六月八日太政官符「應盡收入公勅旨并寺王臣百姓等所占山川海嶋濱野林原等事」[58]（史料一二）および翌々月の八月二五日太政官符「合四箇条事」[59]（史料一三）という二つの官符について検討してみたい。

（史料一二）

應盡收入公勅旨并寺王臣百姓等所占山川海嶋濱野林原等事

右件検案内、従乙亥年至于既延暦廿年、一百廿七歳之間、或頒　詔旨、或下格符、數禁占兼頻斷獨利、加以氏々祖墓及百姓宅邊栽樹為林等、所許歩數具在明文、又五位以上六位以下及僧尼神主等、違反之類復立科法、今山陽道観察使正四位下守皇太弟傅兼宮内卿勲五等藤原朝臣園人解偁、山海之利公私可共、而勢家專點絶百姓活、愚吏阿容不敢諫止、頑民之亡莫過此甚、伏望、依慶雲三年　詔旨一切停止、謹請處分者、右大臣宣、奉勅、今如所申[a]、則知徒設憲章、曾無遵行、率由所司阿縦而令百姓有妨、宜一切收入公私共之、若有犯者依延暦十七年十二月八日格行之、一無所宥、自今以後、立為恒例、但山岳之體或於國為礼[b]、漆菓之樹觸用亦切、事須蕃茂並勿伐損、其菓實者復宜相共、又山城國葛野郡大井山者、河水暴流則堰堤淪没、採材遠處、還失灌漑、因茲國司等量便禁制河邊無令他斫、諸國若有斯類者、不論公私不在收限[c]、其寄語有輙占無要者、事覚之日必處重科

（史料一三）

合四箇条事

一氏々祖墓及百姓栽樹為林等事……①

右件案太政官今年閏六月八日下五畿内七道諸國符偁、氏々祖墓及百姓宅邊栽樹為林等、所許歩數具存明文者、去慶雲三年三月十四日　詔旨偁、氏々祖墓及百姓宅邊栽樹為林幷周二三十許歩不在禁限者、又去延暦十七年十二月八日格偁、元来相傳加功成林非民要地者、量主貴賎五町已下作差許之、墓地牧地不在制限、但牧無馬者亦収還、若以嶋為牧者、除草之外勿妨民業、又入公并聴許等地數具録申官者、斯則官符所謂明文、更無有疑、

一原野事……………………②

右件依同前符公私可共、案和銅四年十二月六日　詔旨偁、親王已下及豪強之家、多占山野妨百姓業、自今已後、嚴加禁制、但有應墾開空閑地者、宜経國司然後聴官處分者、然則除民要地之外、不要原野空地者、須聴官處分、偏不可拘無用之土、

一山岳於國為礼事……………③

右同前符偁、山岳之體於國為礼、又如山城國葛野郡大井山等類、並勿伐損者、須國司親巡歴覧山岳、検録四至分明牓示、勿令百姓疑欝結彼心、

一漆菓事……………………④

右同前符偁、漆菓之樹觸用亦切、事須蕃茂並勿伐損、其菓實者復宜相共者、夫桑漆二色依例載朝集帳、一戸三百根已上宜任戸内、若有剰餘亦相共之、但宅邊側近元来加功、栽栗為林者、准上条量貴賎許之、務折中、以前七道観察使解偁、今聞、諸國司等官符到日施行諸郡、郡司下知郷邑、而後相倶黜爾曽無争指示、然則百姓之愚可共楽成、或暗菽麦何暁符旨、理須國司案檢前後詔旨格符幷官符之内所載事類、披捜彼此、発明上下、委曲陳喩再三教誡、則将黎庶知帰手足有措、而偏執目前須聽不聽、常嬾巡檢可示無示、毎下官符、民疑尋問、

良宰莅境豈如之、伏請、下符諸國、毎事存限務加教喩、無數致憂煩、謹請處分者、右大臣宣、依請、

史料一二では、最初に延暦二〇年が占点地規制にとって一つの区切りになっていることが述べられている。これは延暦三年詔と延暦一七年官符の発布、および延暦一九年に至る畿内・瀬戸内地域におけるこの二つの官符の実施という系統的な法令整備とその具体化の動きが延暦二〇年ごろまで続けられていたことを指している。そしてこのように山野河海上での占点地展開への規制が明確になっているにもかかわらず、それが守られていないことを述べた上で三つのことを指示している。すなわちaの部分で公私共利の徹底を延暦一七年一二月官符の遵守ということでなさるべきことが強調される。bの部分は次の三点にかかわる規制である。すなわち、「山岳之体於国為礼」と「漆菓之樹」については伐損を禁止する、そして「大井山」における伐木を禁止するとされている。そして最後のcの部分でa・b両部分をふまえて「有要」の名のもとに「無要」の地を占点することの禁制が強調されている。

史料一三の①②項について、①項が延暦一七年官符を引用しつつ上毛利用を目的とした占点地への規制を取り上げているのに対して、②項は墾田開発を目的とした占点について、和銅四年詔を引用しつつ王臣家らの墾田地設定が国司の規制下で行なわれるべきことが述べられている。③項では「山岳之體於國為礼」と「山城國葛野郡大井山等類」の二者についてならびに伐損ずることなかれとした上で、国司がそれら山岳を歴巡し四至を確かめその境を明確にすることで百姓らの不満を招かないようにせよとしている。そして④項は漆菓を採取する樹木について伐採を禁止している。

この二つの官符において注目すべき点は二点ある。一つは両者に「大井山」という固有地名があらわれていることである。他の一つは史料一三の②項で墾田地規制があらわれていることである。

まず大井山について、亀田隆之氏は二つの官符とその数ヶ月前の延暦二五年（八〇六）三月に桓武天皇の陵が宇

太野に点定されようとした際に「大井、比叡、小野、栗栖野等山等焼」[60]とある異常な野火が広がり、結局この場への陵設定が断念され桃山丘陵に設定されることになった事件（野火事件）との関連に注目している[61]。氏は宇太野をふくめた都の西北郊の大井山周辺は賀茂社の支配下にあり、政府でさえ自由にしえない地であったための事件であり、このために何らかの措置をとることが必要になり、史料一二の閏六月官符の措置になったが、これがこの地一帯で伐木を行なっている者に疑惑と混乱を生んだので、史料一三の八月官符にみられたような処置がとられたものとしている。

亀田氏が野火事件と二つの官符とを関連させて把握しているのは正しいが、たんに賀茂社の支配地であり律令国家が手がだせない地であったというのみでは事件の起こった背景としては必然性が薄い。その点で事件が北野、紫野、嵯峨野といった平安新都の西と北をとりまいて広がる台地とそれに続く山という「山野」の地を舞台にして起こっていることに注目したい。先にみたように、延暦一〇年に山背国では山野上の占点地整理が行なわれているが、同一一年の平安京建設以後新都をとりまく盆地外縁の台地や河原といった、山野河海の世界における王臣家らの占点地設定あるいはそれに伴う切り荒しがより大規模に進行していることは間違いない。

関連して備前国児島郡について延暦一八（七九九）年に次のような記載がある。「備前國言、児島郡百姓等、焼塩為業、因備調庸、而今依格、山野濱嶋、公私共之、勢家豪民競事妨奪、強勢之家弥栄、貧弱之民日弊、伏望任奪給民、勅、乗勢迫貧、事背共利、宜加禁制、莫令更然……」[62]。赤穂に程近い製塩活動が展開する児島郡で勢家・豪民が入り込み、従来の共同体の枠を越える形での大規模製塩を展開し、それが共同体構成員の行なう零細な製塩活動を圧迫しているという。注意すべきは「格」すなわち史料一一の延暦一七年官符で公私共利という原則が打ちだされているのを逆手にとって、共同体内の規制のもとで入会的に利用してきた塩木山内部で、その規制を無視した切り荒しを勢家・豪民が行なっていることである。伊賀国についても、「（延暦）十九年四月丁丑、勅、山藪之利、公私須共、是之屢下明制、重禁専租、而伊賀國不顧朝憲、王臣豪民、廣占山林、不許民採、國郡官司、知而不禁、妨民奪利、莫過於斯、若慣常不悛、科処如法、宜準去十七年格、盡収還公、令百姓共其利、……」とある。[63]その山間部において王臣家らの杣の設定が「不許民採」という民業を圧迫する形で進行し、延暦一七年官符に基づく禁止が打ちだされている。

延暦一八・一九両年の備前・伊賀両国の例は、律令国家の規制強化にもかかわらず、塩山・杣など王臣家らの大規模占点地の設置とそれに伴う共同体秩序を無視した切り荒しによる民業の圧迫が各地でなされていたことを示す。都が設定された山城国の都周辺においてはこのような事態が顕著に進行するとみてよいのであり、律令国家の規制にもかかわらず、王臣家と刀禰を中核とする在地の共同体秩序のもとで活動する諸層との間の矛盾が大きくなっている。野火事件は原野上への新たな山陵設定を契機にその矛盾が顕在化したものと把握すべきである。[64]

このように大井山という地名に着目するならば、平安遷都以後における平野の世界周辺、あるいは山野河海の世界における王臣家らの急速な占点地設定が当該地での農民諸層の生産活動との間に激しい摩擦が起こっているのであり、それが都周辺では桓武山陵設定を契機に都西北郊における野火事件という形で爆発すること、閏六月と八月の官符はそれへの対応として、占点地の無秩序な増加への歯止めをすべく、延暦一七年官符を引き継ぎ発展させる形でだされたものであることは確認されてよいであろう。

(二)　畿内勅旨田規制——水利面からの規制——

二つの官符のもう一つの特色は八月にだされた史料一三官符の②項で墾田地規制が打ちだされていることである。これと関連して史料一二の閏六月官符がだされた翌七月に次の勅がだされていることに注目したい。[65]

（史料一四）

勅、今聞、畿内勅旨田、或分用公水、新得開發、或元墾瘠地、遂換良田、加以託言勅旨、遂開私田、宜遣使勘察、若王臣家有此類、亦宜同検

この勅は従来勅旨田に関する史料として扱われてきた。そのこと自体は誤りではないが、注目したいのは第一にこの勅が勅旨田のみでなく、庄長の墾田地や王臣家の墾田地をふくめた墾田地全般との関連のもとでだされた法令であることであり、第二に「畿内」という地域の限定がついていることに示されるように史料一二の閏六月官符、すなわち野火事件への対応を一つの目的としてだされた官符と深くかかわってだされていることである。

第一の点からみていくと、延暦年間以後平野の世界の周辺の地、および山野河海の世界で、王臣家の未開地占点が大きく進展していくことはみてきた通りである。これら占点地のうちとくに墾田開発を目的に占点された占点地についていえば、国家が王臣家などに賜与した占点地と、買得などにより集積された占点地とに大別されるが、前者については天皇家に与えられる勅旨田、親王家に与えられる親王賜田、貴族寺社などに与えられる賜田などから成り立っている。このうち勅旨田について、従来の研究史では他の賜田・賜地とは異なる位置付けが与えられてきた。具体的にみると、石母田正氏は勅旨田の構造について、公水使用・不輸租・正税利用に基づく勅旨田開発のあり方を国家による直営田形態と定義しながらも、勅旨田全体の位置付けとしては、その私的性格を重視し平安初期における大土地私有制の発展の頂点に立つものとする。[66]また、村井康彦氏は勅旨田の公的・国家的性格をより重視し、空閑地・荒廃地の勅旨による国家的開発の一貫として設定されたものとする。[67]さらに、宮本救氏は石母田氏のように私的性格を強調することも、逆に村井氏のように国家の開発の面のみを強調することも、いずれも一面的であるとして、天皇供御田としての官田を補充・拡大するもので、その性格も私的性格への傾斜を持ちつつも官田に準ず

るものとしている。[68]このようにさまざまな論議があるものの、勅旨田以外の賜田・賜地は一般の王臣家・寺社の庄園と同じく律令制の規制のもとに置かれた私的大土地所有として位置づけられているのに対して、勅旨田は公的・国家的性格の強い、それ以外の賜田・賜地と区別されるものということでは一致している。

このような説の有力な根拠になっているのは、史料一四の畿内勅旨田についての記事であるので、以下これについて検討してみる。この記事は次のように読むべきものであると考える。

A、畿内勅旨田においては公水を用いて新規開発を行ない、あるいは痩田を良田にかえるという行為が行なわれている。

B、さらに勅旨に託言して公水を用いて私田を開くということも行なわれている。

C、以上について、監察を強化せよ。

D、また、同じような事態が王臣家のところで起こったら同じように監察を強化せよ。

従来の読みかたは、この史料について、Cの監察の強化すなわち禁止の対象となっているのは、Bの行為であり、Aの行為は禁止の対象ではなく、勅旨田では公認されている行為であると解釈し、それに基づいて勅旨田では公水が開発に利用されていたとし、従って勅旨田は公的国家的性格を持つとされてきた。しかし、文脈からみて禁止の対象をBに限定するというこの読み方は不自然であり、泉谷康夫氏が指摘しているように、[69]Cの監察の強化すなわち禁止の対象となっているのはBのみではなくAもふくまれる、すなわち両者ともに禁止の対象になっていると解釈すべきである。

そのようにみると、従来の解釈とは逆に、勅旨田は他の親王賜田や王臣家への賜田と同じく公水は用いてはならない存在と位置づけられる。「田令為水侵食条」穴記は「新出之地、負公水者、皆為口分、雖新出地、私開井溝造食者、為墾田也」[70]。としているように、私墾田は公水は用いてはならないのであり、私に井溝を開いて灌漑をすべき存在とされているが、親王賜田をふくめたこの時点の王臣家などの占点地と、勅旨田は「公水」を用いてはならないという点では変りはない。すなわち、勅旨田のみを親王賜田をふくめた王臣家・寺社のこの時点の占点地＝庄園一般から切り離し、公的・国家的性格の強い国家直営田的なものとして位置づけるのは誤りであり、勅旨田は天皇家が占点した故にその開発に際し開発費用の援助（＝正税の投入）など国家の援助が手厚く行なわれるものの、基本的には王臣家などが国家から認められた占点地と変るところがない存在とみるべきものである[71]。

第二の点について、勅旨田にせよ親王賜田にせよその分布は全国に及んでいるが[72]、この詔の特色は対象を畿内に限定してその公水利用の禁止を打ちだしていることである。畿内における勅旨田・親王賜田の一つのあり方を示すのが野火事件の舞台となった都の西北郊に位置する嵯峨庄であるが、この庄は口分田・乗田などの存在する地の外周部の、相対的に灌漑条件の良くない地域に独自条里を伴って設定されている。このような水田開発を目的とした王臣家の占点地が畿内の場合、平野の世界の周辺と山野河海の世界両者で密度高く進んでいるのであり、それがそれまでの平野の世界における灌漑体系に否定的な影響をおよぼしている。七月勅はそれに対する規制を具体化したものと位置づけられる。岩口和正氏は史料一四でいう「公水」とは「公田」をうるおす水を意味する、つまり勅旨田などによる灌漑用水の恣意的用益を排除するために、一般公戸民の灌漑用益権を概念化したものとされる[73]。この解釈をふまえると、律令国家の直接の基盤である平野の世界における口分田・乗田を灌漑する用水体系としての「公水」が勅旨田など王臣家らの占点の急速な展開のなかで、そこに「分用」されること（悪田の良田への転化をふくめて大量に用いられること）により危機にさらされることが畿内では顕著に起こっており、これをふせぐのがこの勅の狙いであったことになる。

そして、史料一三の八月官符②原野項には今後墾開すべき空閑地があれば官の許可をうるようにとあり、水田開発を目的とした占点への規制を打ちだしている。これは史料一四の七月詔において王臣家などの水田開発を目的とした占点地が「有要」であるという名目のもとに平野の世界周辺や山野河海の世界で設定されていくことに対する禁止が打ちだされていることを受けたものである。畿内において占点地の展開が水利の側面から在地の農業生産の妨げになっていることを禁じているという性格を持ったものとみてよい。

このように閏六月官符・七月勅・八月官符の三者は切り離されるものではなく、相互に深く関連し合っている。すなわち、閏六月官符は畿内地域を中心に平野の世界の周辺および山野河海の世界で展開している王臣家らの占点地一般への規制強化を、七月勅はそのなかでもとくに墾田地についての用水面での規制強化を打ちだしている。そして八月官符では畿内での規制を全国的に拡大すべく規制の内容を整理し、かつ具体化して諸国司に伝達している。

この大同元年の三つの官符・勅について、延暦一七年官符との対比でみると、墾田地についての規制が強化されていることが特質になっている。すなわち、閏六月官符では「無要」の地の占点禁止が一般論としてだされているが、八月官符では「原野事」として墾田地規制が独立項としてあらわれている。これは七月勅を受けてのことであり、墾田地設定についても上毛利用地と同様に官の許可を必要とすること、恣意的な占点は許されないことが述べられている。延暦一七年段階では上毛利用を目的とした占点地について赤穂の塩山で示されるような村里刀禰證申と公験に基づく国・郡司の判許がその存続の条件であるとされていたのが、大同元年に至り墾田地についても、その存続ないし設置にかかわっては同様な手続きを必要とすることが明確に打ちだされているのである。つまり、この年の三つの官符・勅に至り、王臣家らの占点地全般への規制がほぼ完成した姿をみせているとしてよい(74)。

四　民要地体制——律令国家の土地規制政策——

平野の世界の周辺および山野河海の世界における王臣家などの占点地展開への律令国家の対処は延暦三年詔を出発点に大同元年八月官符でほぼ完成する。以下、一連の規制のなかにあらわれる「民要地」という用語を手がかりに、これら占点地規制をこの時点の国家の土地政策のなかに位置づけてみたい。

民要地について、黒田俊雄氏は八世紀以後の王臣家・豪族の山野占拠の進行による諸種の弊害防止のために、従来山川薮沢一般が「公私共利」と定められているにすぎなかったのに、新たに延暦以後「民要地」として特定の区域の保護策をとることにしたこと、それは未開地における私的占有の発展に伴い成立した住民の共通の用益地であるとし、民要地とは崩壊しゆく原始的な先占主義的入会関係が最終段階において、私的所有の進行により暫時異彩に照らしだされたものであるとする。(75)戸田芳実氏は民要地とは官要地（＝禁処）以外の山野のうち、墾田予定地・牧・狩場等特定の用途を限って私的に占取用益を認められた王臣・寺社・百姓等の有要地に他ならないとし、このように有要であり、かつ経済的な機能以外に民業を妨げないという質的規定しかみられない律令制の山野支配の弱さは律令制下の階層分解のためには好都合な歴史的環境となったとしている。(76)さらに、吉村武彦氏は民要地を民の私的・個別的な用益地と規定するのは誤りとし、民要地は貴族・豪族層の空閑地開墾・位田要求・山野占拠から百姓層の生存に必要な土地を確保した農桑地であり、私有の林地・墓地・塩山と有要地および官用地を除外した「公私共利」の論理が貫く山野を意味するとしている。(77)黒田・戸田両氏が民要地を既耕地以外の未開地部分を指すものとしてとらえるのに対して、吉村氏は公私共利の論理が貫かれている未開地と既耕地との両者から成り立つとして二氏より幅広くとらえており、その解釈の差は大きい。そこで史料にそくして民要地の意味をみていきたい。

まず、史料一二の延暦一七年官符対応策b部分は「……元来相傳加功成林非民要地者、量主貴賤五町以下作差許

之、墓地牧地不在制限」となっている。上毛利用地について民要地以外であれば官に申請して庄家ないしは墓地・牧としてその占点を認めるということである。さらに、史料一三の大同元年八月太政官符の②項に「一、原野事、……但有應墾開空閑地者、宜経國司然後聴官處分者、然則除民要地外、不要原野空地者可聴官處分、偏不可拘無用之土」とある。墾田開発をなしうる地については民要地以外であれば、官に申請して墾田地として占点することを認めるとしている。以上の二つの官符からいって、民要地以外の場であれば、国家の承認のもとで上毛利用地としての、あるいは墾田としての占点を認められていたことになる。すなわち、民要地とは王臣家などの占点地が設定されてはならない地を指す。

それでは王臣家などの占点地が設定されてはならない地とは具体的にどのような地であるのか、それについて「延暦二年九月一日勅、但馬・紀伊・阿波三國、公田數少、不足班給、而王臣家競受位田、妨民要地、自今以後、永從停止、其先授者、毎有薨卒、取為乗田」(78)とあることに注意したい。ここで「妨民要地」とあるが、妨げているのは位田であり、それに取られることで班田農民に班給すべき公田が不足するということである。このことからいって、民要地とは平野の世界においては口分田・乗田など律令国家がその直接の支配の基盤とする班田農民の用益する地を指していることになる。また、民要地は平野の世界にのみに存在するのではない。延暦一七年官符対応策b部分で民要地以外の場での上毛利用を目的とした占点を認めているが、この官符の対象としているのは、山野河海の世界であり、ここにみられる民要地は山野河海の人々が作り上げている共同体が把握し、その成員が用益している上毛利用地の地である。つまりこの時点の律令国家は、平野の世界における班田農民の用益する地、山野河海上で上毛利用活動を行なう諸層の用益する地をいずれも民要地として明示し、そこへの王臣家らの占点地の侵入を禁止している。つまり、民要地は律令国家の支配基盤となっている農民諸層（共同体構成員）が生産活動を行なうに必要な限りでの地という意味であり、この時点に新たに作りだされた用語である。この用語がだされてきた背景には平野の世界、山野河海の世界を問わず共同体を媒介にした支配を貫徹することを明確にするという方針があった。[79]

延暦・大同年間の一連の山野河海上における占点地規制は、民要地体制のもとでの、すなわち律令国家がその収奪対象として把握している諸層の生産活動の場への王臣家らの占点地進入の排除を目的としており、民要地の妨げにならない限りにおいてのみ、その占点が認められるということが大原則になっている。具体的には、多彩に展開する占点地を民要地を妨げないことを前提にして、①水田開発を目的とした墾田地、②木材、桧皮、塩などの商品を作る杣、塩山、③交通・運輸にかかわって設定される牧および庄家、の三種類に整理し規制しようとしている。これら規制は山背盆地への遷都と都城建設による建築用材の需要増大の動きのなかでだされているために②・③の規制が先行する。①については延暦一七年官符では内部の未開地についての上毛利用開放原則のみが定められていたが、大同元年に至り、これについても民要地に否定的な影響をおよぼすような占点が①・②と同じように規制されることになる。

ただ、墾田地規制については、墾田永年私財法とのかかわりが問題になるので、以下それについてみておく。天平一五（七四三）年の永年私財法の格文を田令荒廃条によって記すと次のようになる。[80]

（史料一五）

勅、[A]如聞、墾田縁養老七年格限満之後、依例収授、由是農夫怠倦、開地復荒、自今以後、任為私財、無論三世一身、悉皆永年莫取、[C]其國司在任之日、墾田一依前格、[D]但人為開田占地者、先就國申請、然後開之、不得因茲占請百姓有妨之地、若受地之後、至三年、本主不開者、聴他人開墾、[B]其親王一品及一位五百町、二品及二位四百町、三品四品及三位三百町、四位二百町、五位百町、六位以下八位以上五十町、初位以下至于庶人十町、但郡司者、大領、少領三十町、主政、主帳十町、若有先給地数過多茲限、便即還公、姧作隠欺、以法科罪、國

司在任之日、墾田一依前格

この私財法について、『續日本紀』天平一五年五月二七日条にはA、B、Cと配列され、弘仁一一（八二〇）年成立の弘仁格の私財法にはA、C、D、と配列されていることは、吉田孝氏が指摘している。[81]吉田氏は天平年間の成立時にはA、B、C、Dの四項より成り立っていた私財法が八世紀後半の過程で変質をとげ、弘仁格ではB項削除という形に定着していった、とされる。問題はD項である。その変遷を追ってみると、『續日本紀』所載の天平私財法にはあらわれていない、また復活私財法ではD項があったかなかったか不明である。そして弘仁二年（八一一）二月三日太政官符「應占田地依町段事」[82]に引用されている私財法にD項が始めて登場し、弘仁格私財法にA、C、Dという形で定着することになる。そして弘仁格以後、永年私財法としては常にD項が問題になるのであり、それは九世紀全体におよぶ。[83]

つまり、B項とD項の両者をみた場合、八世紀段階ではB項があらわれ、九世紀段階ではそれにかわる形でD項が前面にでてきている。これについて、吉田氏は天平一五年段階でもD項は存在するのであり、それが『續日本紀』に記載されなかったのは、手続的規定であったためであるとする。氏は八世紀中期にD項が存在し運用されていた例として越前国丹生郡椿原村の佐味入麻呂墾田の場合をあげている。すなわち、天平三（七三一）年佐味入麻呂が判許をえて占点した地を開発せぬまま放置していたが、東大寺は天平勝宝元（七四九）年の椿原庄設定に際して、その地を椿原庄内に繰りこむ。そして天平宝字二（七五八）年になって、国司はこの地を前公験により佐味入麻呂にもどしている。吉田氏はこのうち天平勝宝元年の佐味入麻呂地から東大寺地への移動をもって、三年不耕原則の適用であるとしている。しかし、天平勝宝元年の時点での東大寺地への繰りこみが三年不耕原則による改判という形でなされていたとするならば、佐味入麻呂のその地に対する権利はこの時点ではっきり失われていたはずである。しかし、国司は次の天平宝字二年の時点で天平三年時点での公験を有効としている。このことは天平勝宝元年の段階での東大寺の土地繰り入れは三年不耕原則に基づく改判ではなかったことを示す。この地はさらに天平神護二年（七六六）に至って「改正」という形で再び東大寺のものになる。[84] すなわち国司はこの地を東大寺に判許されたものと判断しているのである。このように七三〇年代から七六〇年代にかけて、この地への判許をめぐって事態は二転三転している。これはその時々の政治情勢もからんで国司の判断が動いていることを示すものであり、三年不耕原則の適用とは別の次元の問題である。そのようにみると、この佐味入麻呂の例を前提に天平私財法はA～Dの四項目から成り立っており、D項は手続的規定であるから『續日本紀』に記載されなかったとするのは一考を要する。

注意したいのは、D項の内容が百姓有妨の地の占点禁止と三年不耕原則との二者から成り立っていることである。前者については宝亀の復活私財法でだされているが、大同元年八月官符において民要地の妨げにならない限りでの墾田地占点が明確にされるに至っている。前者と後者とを切り離しえないものとみれば、後者の三年不耕原則も復活私財法以後姿をみせ、延暦・大同年間にかけて確立していったとみたほうが妥当になる。すなわち、私財法は天平年間に『續日本紀』記載通りA、B、Cの三項目を持つ法令として成立したが、八世紀後半・九世紀初頭の国家の山野規制の展開のなかでD項が形成・定着していき、一方でB項は実質的に意味のない項目になり、民要地体制の確立していくなかで弘仁格に至ってA、C、D項目から成り立つ法令として定着したとも考えられる。[85]

このように延暦・大同年間の占点地規制は王臣家の占点地設定の進展が一面で山野河海上で律令国家の支配に一定くみこまれた人々の上毛利用を中心とした活動（水田開発もふくまれる）への圧迫、他面で水利体系の問題を中心とした平野の世界での水田耕作活動への圧迫、という民要地に対して否定的な影響を及ぼしはじめているという事態をふまえて打ちだされている。上毛利用開放原則と三年不耕原則についていえば、前者は墾田地が山野河海の地の奥深く設定されるようになり、したがって上毛利用との併存が問題にならざるをえないという状況のなかで、その場で活動する人々の上毛利用を阻害しないことを条件に墾田地の設定を認めるということである。また、後者は平野の世界の周辺であると山野河海の世界であるとを問わず、民要地を妨げるような占点ではなく、開発が可能な限りでの占点であり、かつ三年以内に開発を行なわない場合は改判権を国家が留保するということを条件として墾田地の設定を認めるということである。いずれも、平野の世界を灌漑する水利体系を保護するために、公水という概念が新たに登場してきているのと並んで、民要地体制のもとにおいて、共同体成員が利用する土地を保護するために、延暦年間以降新たにだされているものである。

全体的に延暦三年詔を出発点に延暦一七年官符に至る過程での律令国家の王臣家らの占点地展開規制の基本方針は由緒の明確さとともに、民業を妨げない範囲でのみ占点地の存続を許可するということであった。大同元年にだされた二つの官符においても、この民業の妨げにならない範囲内での占点地設定という方針があらためて強調されている。つまり一貫して共同体用益地を守っている規制の存在を認め、その範囲内に占点地の展開を押さえるということを規制の根幹に据えている。大同元年八月官符（史料一三）の末尾で七道観察使は、従来国司への指示内容は国司から諸郡に施行され、そこから郡司が「郷邑」に下知するということになっているが、郷邑の側が符旨に明るいはずはないのであり、したがって国司がその符旨について、さまざまな観点から具体化していく努力をすべきであるのに、それをしていないことを指摘し、以後あらためるように求めている。ここで観察使がいう「郷邑」は島上郡でいう「世」であり、赤穂における村里刀禰集団に代表されている坂越郷・神戸里などの在地の共同体を指す。観察使が国司と「郷邑」との連携の重要性を強調し、郡司を媒介にした刀禰層への周知を徹底させようとしているのは、上記でみてきた基本方針を軸に占点地規制を定着させようとしていることのあらわれである。(86)

まとめ

七五〇年代から九〇年代にかけて、赤穂の地で展開している大伴氏と造東大寺司（東大寺）の塩山のあり方を主たる素材に、王臣家らの占点地の開発・経営と在地における生産活動とのかかわりについてみてきた。以下簡単にまとめておきたい。

まず赤穂の塩山についての関連史料の整理を行ない、その整理をふまえて当該の塩山が当時の坂越郷を構成する一小単位である神戸里の広がりの内部、具体的にはハブ山（後の赤穂西浜の背後の山）の一角に所在していることを明らかにした。

その上で、七五〇年代の赤穂の動向について、まず大伴氏が天平勝宝五年に開始した塩山の設定と内部の開発は上からの高度な技術導入による大規模塩浜開発をもくろんだものであり、在地の協力をえられないままに三年で挫折する。そのあと造東大寺司の塩山が設定されるが、この塩山は八・九〇年代まで存続していく。これについて、同じ五〇年代の近江国勢多庄と対比させてみると、勢多津に位置するこの庄は石山院造営の拠点になっているが、造営に必要とされる技術者は様・雇という形で庄に組織されている。その際、浮浪労働力の組織については、調庸の徴収ということを媒介に在地の勢多の村刀禰がからんでいることが特徴になっている。すなわち浮浪に代わって村刀禰が庄と様契約を結んでいるのであり、庄の経営に村刀禰が深くからんでいる。赤穂の造東大寺司の塩山もこの勢多庄と基本的には同じ形で経営されているとみてよく、「他国他郡」から流入してきている者をふくめ製塩に従事する労働力が村里刀禰を媒介に造東大寺司の経営に深く関わっており、このような刀禰とのそれなりの協力関係の存在が塩山の安定した経営を可能にした。

八世紀末の山背盆地への遷都を契機に山野河海上で王臣家らの占点地が大規模に展開する。律令国家のこれへの規制は延暦三年詔を出発点に行なわれる。この詔における「所占之地、皆悉還公」という方針はこれから後に諸国で占点地の整理という庄園整理令的な様相をもって具体化されていく。そのことの一端は摂津国島上郡の淀川河原上で展開している王臣家らの「野」（上毛利用を目的とした占点地）への規制・整理にみられる。そこにおいては国司は当該の占点地について、由緒が明確であること、およびその占点地が在地の民業の妨げになっていないことの確認の二つの条件を満たしている場合に限り存続を認めていた。延暦七年にはじまる赤穂における大伴氏の塩山再設定もこのような王臣家らの占点地設定展開の一環であり、再設定により引き起こされた東大寺の塩山との間の紛争への播磨国司の裁定も、延暦三年詔の諸国における具体化の一環として行なわれている。この場合、播磨国司は塩山としての由緒が天平勝宝八年本官符で証明され、かつ占点地の存在が在地の民業を妨げになっていない旨の村里刀禰の証言があることによりその存続を認めている。

このような延暦三年詔の諸国での実施の結果は延暦一七年一二月官符で由緒が証明できることと、在地の民業の妨げになっていないことの二つの条件が満たされる占点地に限り存続を認めるという形で集大成されていく。ただ、この延暦一七年官符では墾田地については未開の間の上毛利用は開放すべきことが定められているものの、占点そのものへの規制はあらわれていない。墾田地規制が明確になるのは大同元年に至ってからである。すなわち、桓武山陵の設置場所が都の西北郊に求められたことを契機にして、大規模な野火事件が起こる。王臣家らによる占点地設定が在地諸層との間に激しい矛盾を引き起こしており、その矛盾が野火事件という形で爆発しているのである。律令国家はこれを契機に王臣家らの占点地への規制をさらに強めていく。野火事件の後にだされた閏六月と八月の官符について、上毛利用を目的とした占点地に加えて、墾田地も規制・整理の新たな規制対象にしている。また同年七月の畿内勅旨田などにかかわる勅は畿内における墾田開発を目的とした占点地への用水面での規制を強化し、占点地展開が平野の世界の用水系統に否定的な影響をおよぼすことを防止しようとしている。このように大同元年の閏六月から八月にかけてだされた三つの官符・勅は延暦一七年官符を引き継ぎ発展させたものになっており、律令国家の占点地規制はほぼ完成したとしてよい。

延暦年間から大同年間にかけての律令国家の土地把握政策をみる点では、「民要地」という用語が手がかりになる。律令国家の支配基盤となっている在地農民諸層が生産活動を行なうに必要な限りでの場という意味で民要地という用語は用いられているが、民要地を妨げない限りでの占点地設定の承認ということが律令国家の土地政策の基本となっていた。とくに墾田地について、これを規制している永年私財法について、その条文の重要な構成要素である三年不耕原則の項（百姓有妨の地の占点禁止と同一項を構成している）については、出発時点の天平年間には存在してなかった可能性が高く、この項が条文中で定着するのは弘仁格私財法においてである。宝亀年間の復活私財法以降、とくに延暦・大同年間の民要地体制のもとで、この項が定着していったのであろう。また大同元年八月官符では国司が村里刀禰集団を中核にした在地の共同体と意志疎通を計ることで、その規制の徹底・定着をすべきことを求めている。これらのことは在地の民業の妨げにならない範囲内でのみ王臣家らの占点地の存続を認めるということ、いいかえれば、在地の刀禰により代表される共同体の規制に依拠する形で占点地規制を行なうことが延暦三年詔以来、大同元年の官符・勅に至る、民要地体制下では占点地規制の基本方針として貫かれていたことを意味する。

注（1）平安遺文一―七。
（2）平安遺文一―八。
（3）平安遺文一―九。
（4）平安遺文六―二七八八。

（5）勝浦氏「播磨国坂越・神戸両郷解補遺」（史学論叢六号、一九七六年）。なお、小口雅史氏「延暦期山野占有の一事例」（史学論叢第一〇号、一九八二年）がこの文書のさらに詳細な検討を行なっている。
（6）『赤穂市史』第一巻（一九八一年）三五九頁。
（7）小口氏の論文に掲載されている皆川完一氏提供の写真判による。
（8）佐方渚果およびハブ山については『赤穂市史』第一巻三五八頁参照。
（9）『赤穂市史』第一巻三六七頁。
（10）『赤穂市史』第一巻三三八頁。
（11）『赤穂市史』第一巻四一二頁。
（12）研究史については、小口雅史氏「律令制下における大土地所有の展開――古代国家の転換をめぐって――」（笹山晴生先生還暦記念会編『日本律令制論集』下巻　吉川弘文館　一九九三年）を参照。
（13）狩野久氏・木下正史氏「塩・鉄の生産と貢納」（八木充氏編『古代の地方史2　山陰・山陽・南海編』朝倉書店一九七七年）。
（14）広山氏『日本製塩技術史の研究』（雄山閣　一九八三年）第一章第四節「塩山と塩浜」。
（15）黒田日出男氏『日本中世開発史の研究』（校倉書房　一九八四年）第一部第一章「開発・農業技術と中世農民」五四頁。
（16）新島庄については本書第三部一章、高庭庄については本書第二部二章、参照。
（17）福山敏男氏「奈良時代における石山寺の造営」（同氏著『日本建築史の研究』覆刻・綜芸社　一九八〇年）、直木孝次郎氏「様工に関する一考察」（同氏著『奈良時代史の研究』塙書房　一九六八年）、岡藤良敬氏「造石山寺所の請負的雇傭労働力――桴工の場合――」（竹内理三先生古希記念会編『続律令国家と貴族社会』吉川弘文館　一九七八年）、浅香年木氏『日本古代手工業史の研究』（法政大学出版局　一九七一年）第二章「律令期の官営工房とその基盤」、西山良平氏「奈良時代山野領有の考察」（『史林』六〇―三　一九七七年）など。

(18) 浅香氏上掲著書一六九頁。
(19) 浅香氏上掲著書一七三頁。
(20) 『大日本古文書・編年文書』五―二三九頁。
(21) 直木氏上掲著書一一七頁。
(22) 岡藤良敬氏「様および様桧皮葺工」(『福岡大学人文論叢』四―三　一九七二年　三〇頁)。
(23) 天平宝字六年三月二六日鳥取国麻呂解状(『大日本古文書・編年文書』一五―四四一)。
(24) 鬼頭氏『日本古代都市論序説』(法政大学出版局　一九七七年)第二章「安都雄足の活躍」一六四頁。
(25) 西山氏上掲論文五六～八頁。
(26) 舘野和己氏「古代国家と勢多橋」(同氏著『日本古代の交通と社会』第二編第一章　塙書房　一九九八年)など参照。
(27) 松原弘宣氏「勢多庄と材木運漕」(同氏著『日本古代水上交通史の研究』第三編第三章、吉川弘文館　一九八五年)。
(28) 『大日本古文書・編年文書』五―一一七。
(29) 『大日本古文書・編年文書』五―九四。
(30) 金弓について詳しくは岡藤良敬氏「八世紀中葉寺院造営労働力の一考察」(『史淵』一〇二号　一九六九年)参照。
なお、金弓のほか、阿刀乙万呂も天平宝字六年正月に田上山作所の領としてあらわれ、かつ同年閏十一月には勢多庄領としてあらわれている(松原氏上掲論文)。
(31) 松原弘宣氏「律令制下における津の管理」(同氏上掲著書)。
(32) 『新訂増補国史大系・類聚三代格』巻一八。
(33) 舘野氏上掲論文。
(34) 浅香氏上掲著書、第二章。
(35) 岡藤氏注22論文。

(36)『大日本古文書・編年文書』四―三二。
(37) 本書第二部第一章参照。
(38)『新訂増補国史大系・類聚三代格』巻八。
(39) この場合、古万呂が勢多庄に様工として組織されていたのは短期間であったが故にこのような代理契約が結ばれたのか(その際、古万呂は津を拠点にして勢多庄以外の王臣家・寺社の庄・所で活動を行なう場合は同様な形で様契約を結んでいたのではないか)、あるいは紫微中台の某牧のように浮浪の集団が特定の庄・所に長期間にわたり組織されている場合にも同様な代理契約が結ばれていたのか、については不明である。
(40)『續日本紀』延暦三年一二月一三日条。なお、延喜庄園整理令の一環としてだされた延喜二年(九〇二)三月一二日太政官符「應禁制諸院諸宮及王臣家占固山川藪澤事」(『類聚三代格』巻一六)にこの詔は引用されているが、そこでは「……比来王臣及諸司寺家等包并山林経略藪澤、宜加下知勿使更然、其所占之地不論先後皆悉還公、如有違反者科違勅罪、……」となっており、「還公」という言葉が用いられている。
(41)『續日本紀』延暦一〇年六月二五日条。
(42) 丸山は旧稿(「九世紀における大土地所有の展開で」『史林』五〇―四　一九六七年)でこの公私の地の勘定について、王臣家らの占点地内部にある公の地と私の地との区別を行なうという意味にとったが、これについては小口氏が注12論文でその解釈は不正確であると批判している。指摘の通りであり、ここでの公地は公私共利にすべき地、私地は王臣家らの占点地とすべきであった。ただ、小口氏が合法的な占点地として認められた「私地」を墾田地として把握していることにはしたがえない。延暦三年詔で「山野」を王臣家らが占めることを禁断していることをふまえて勘定がなされており、かつ勘定の結果存続を認められなかった山野上の占点地についてその上毛利用を「共利」にすべしとされていることからみて、ここでいう合法的な占点地として認められた「私地」は墾田地ではなく、上毛利用を目的とした占点地である。
(43)『類聚国史』巻一八二仏道九寺田地項(『新訂増補国史大系・類聚国史』後編　二七六頁)。なお、小口氏はこの史料について、延暦三年詔とは関係がなく「養老田令」の「官人百姓条」にいう寺院の田地売買禁止とかかわるものであるとする（同氏注12論文二一三頁）。しかし史料に掲げられている占点地群には田地はふくまれておらず、全て「野」となっていること、また寺院の占点地のみではなく、藤原氏の占点地もふくまれていることからみて、寺院の田地売買禁止とかかわるとするのは無理であろう。また、この延暦年間に摂津国に限って養老田令の寺院項を適用する必然性も見当たらない。

(44) 足利氏『日本古代地理研究』（大明堂　一九八五年）第四章第四節「都市としての山崎の復元」。なお、山崎津の史料上の初見は『日本後紀』大同元年（八〇六）九月二三日条であり、そこでは山崎は京や難波と並ぶ人口密集地としてあらわれている。延暦一〇年はこれを遡ること二〇数年であるが、都が長岡にある時点であり、長岡京への交通・運輸の拠点として姿をあらわしているとみてよい。

(45) この「野」と山崎津については、本書第二部一章でやや詳しく分析しているので、参照されたい。

(46) 詳しくは本書第二部一章参照。

(47)『新訂増補国史大系・類聚三代格』巻一八。

(48) 延暦一二年二月二九日播磨国符案（平安遺文一―九）。なお、平安遺文は文中の「氏」に「民」カと注しているが、紛争に伴う切り払いは大伴氏により行なわれているのであり、「民」とするのは疑問である。「氏」のままかあるいは訂正するならば、「他」とすべきものと考える。なお、これについては小口氏も注5論文で「氏」のままということは考えられないかという、問題提起を行なっている。

(49) 井内誠司氏「九・十世紀の土地相論から見た国・郡衙」（十世紀研究会編『中世成立期の歴史像』東京堂出版一九九三年）。

(50) 加藤氏「九・一〇世紀の郡司について」（『歴史評論』四六四号　一九八八年）。

(51) 欠年月日東大寺牒案（『平安遺文』一―八）。

(52) 小口氏は注一二論文でここでの「世」は父子相継ぐことであり、直前の「或久載寺帳」と併せて寺家が代々相伝している地を指すと解している。それについて検討してみると、史料六では「久載寺帳」および「世為家野」という理由で国司が当該の野の存続を認めているのであるが、「久載寺帳」については「寺」とあるところからみて対象になっているのは大井寺の野であり、これについては小口氏のいう通り寺家（大井寺）が永く相伝している故にその存続を認めたということである。問題は「世為家野」についてである。ここに「家」とあることで明らかなように藤原北家三代の野を指しているのであり、この部分を寺家が代々相伝する地と解釈するのは誤りである。かつ「世為家野」の「世」は主語であり世が藤原氏の野であることを認めているので、それを受けて国司がその存続を認めているの意味に解すべきである。以上のことからみて、「世」を小口氏のように代々相伝の意味にとることはできないと考える。

(53) なお、赤穂の東大寺塩山の場合、本官符に基づいた国司の存続承認があらわれており（③文書）、その後に村里刀禰證申と郡判により判許がなされている（①文書）ことからみて、由緒については問題はなく、民業の妨げになっているか否かが焦点になっていたとみるべきであり、島上郡における藤原氏の牧に相当するとしてよい。

(54) 『新訂増補国史大系・類聚三代格』巻一六。

(55) なお、二種類の占点地のうち後者の牧・墓について、承和六年（八三九）閏正月二五日太政官符「勅旨并親王以下寺家占地除墾田地未開之外不伐損事」（『新訂増補国史大系・類聚三代格』巻一九）に「官符所謂草木共採之者、是則墾田地未開之間也、非謂自余山林、而闇愚暗之徒不案符旨、任意伐損、……元来相傳加功成林、并塩山墓地等類、……此則國宰郡司不弁格意」とあり、草木の共採すなわち上毛利用の開放は墾田地についてであり、自余の山林についてではないとしている。脱文があり明確さを欠くが「元来相傳加功成林、并塩山墓地等類」の部分が延暦一七年官符b部分に対応することは明らかである。このことは牧と墓地に塩山を加えてよいことを示す。さらに伊賀国での「占山林」の進行について、一七年格すなわち延暦一七年一二月官符により「盡収還」し共利にすべきであるとされており（注63参照）、杣もこの官符の規制対象になっている。これらからみてb部分であげられている墓・牧は大規模占点地の例示であり、それに塩山と杣山などがふくめられて考えられていたとしてよい。

(56) 延暦四年（七八五）六月二四日太政官符および天平八年（七三六）二月二五日勅はいずれも類聚三代格巻一二所収。なお、鎌田元一「律令国家の浮逃対策」（『赤松俊秀教授退官記念国史論集』京大国史研究室　一九七二年）を参照。

(57) 小口氏は注12の論文で延暦三年詔について、第一にこの詔は「山川藪澤」の占有を禁止しているものであり、墾田地の所有を禁止しているものではないこと、第二に丸山がこの詔の具体化とみている延暦一〇・一一年の山背・摂津両国のうち摂津の事例を延暦三年詔の具体化とはみなしえないこと、この二点から丸山が延暦三年詔は庄園整理令的な側面を持つとしたことを疑問としている。延暦三年詔は上毛利用を目的とする占点地規制であり、その限りでは小口氏の論は正しいが、氏の論の問題はこの延暦三年詔はそれまでの墾田地への国家規制とは別であり、山野河海上で遷都を契機に展開する上毛利用を目的とした占点地への国家規制としてこの時点新たに登場してきているものであること、また摂津の事例についても「野」とあるように上毛利用を目的にした占点地が規制の対象になっていることを見落とされている点である。延暦三年詔はその具体化が諸国で計られていくこと、またそこへ集中する浮浪労働力への規制強化もあわせて進行していくことに示されるように、上毛利用を目的にした占点地の無秩序な展開の抑止という、その限りでは庄園整理令的な側面を持ちながら展開しているとしてよい。

(58) 『新訂増補国史大系・類聚三代格』巻一六。

(59) 『新訂増補国史大系・類聚三代格』巻一六。

(60) 『日本後紀』延暦二五年三月二三日条。

(61) 亀田氏「古代における山林原野」（同氏著『古代制度史論』吉川弘文館　一九八〇年）二四一頁。

(62) 『日本後紀』延暦一八年一一月一四日条。

(63) 『新訂増補国史大系・類聚国史』巻一八〇。

(64) 二つの官符は事件の直後にそれに対処することを目的にだされている。ただ、亀田氏はこの対処について、閏六月官符ではこの場での伐木禁止の措置をとったが（b部分）、八月官符ではその禁止の措置が在地の疑惑を招かないように禁止地域を限定する措置をとった（③項）として二つの官符で対処の仕方に相違があると把握している。

検討してみると、閏六月官符と八月官符との対応関係について、八月官符の①②項目は閏六月官符のa部分に、八月官符の③項目は閏六月官符のb部分のうち「山岳之体於国為礼」と「大井山」という二つの小項目に、④項は同じくb部分の「漆菓之樹」という小項目にそれぞれ対応する。閏六月官符c部分において、無要な地にかかわることがいましめられているが、この部分はa・b両部分全体にかかっている部分であり、これは大井山の小項目にも適用される。すなわち、大井山での伐木禁止地域の設定は認めるが、それは治水にとって「有要」の限りにおいてとされている。この閏六月官符b項で示された方針を八月官符③項はより明確にしているのであり、野火事件に示されるさまざまな矛盾が蓄積している大井山周辺という都の西北郊において山陵の設定など国家が行なう「礼」に必要な占点地や水源地として必要な伐木禁止地などの上毛利用禁止地について、国司の責任でそれが無限定に拡大しないように四至を厳密に限定すべきことを指示しているのである。つまり、伐木禁止地域の設定は限定的になされるべきであるとしている点では両官符共通しており、亀田氏のいうような相違は両官符の間にはない。

(65)『日本後紀』大同元年七月七日条。
(66)「古代の転換点としての一〇世紀」(同氏著『古代末期政治史序説』未来社　一九五六年　二二三頁)。
(67)村井氏著『古代国家解体過程の研究』(岩波書店　一九六五年)第二部第二章一「延喜庄園整理令」。
(68)「律令制的土地制度」(竹内理三氏編『体系日本史叢書・土地制度史Ⅰ』第二章一　山川出版　一九七三年)。
(69)「延喜庄園整理令について」(泉谷氏著『律令制度崩壊過程の研究』鳴鳳社　一九七二年)第一部第五章。
(70)『新訂増補国史大系・集解』田令為水侵食条。
(71)この大同元年の史料をめぐっては、泉谷氏および丸山以後、森田悌氏「王臣家考」(『金沢大学教育学部紀要』二七号　一九七九年)、伊藤循氏「日本古代における私的土地所有形成の特質」(『日本史研究』二二五号　一九八一年)、岩口和正氏注73論文などが触れている。このうち、森田、伊藤両氏は泉谷氏および丸山の読み方を否定し、Bのみが禁止の対象であり、Aは禁止の対象ではないとする。しかし、Bの冒頭に「加以」とあり、Aの方が禁止の主要な対象であり、Bはそれに附随して禁止の対象となっていると読む以外ない。その点で、森田、伊藤両氏の読み方は成り立ちえないものと考える。

(72) 上掲竹内理三氏編『体系日本史叢書土地制度1』第二章「律令制的土地制度」参照。

(73) 岩口氏「律令法と公水概念」(『歴史学研究』五三八号　一九八五年)。

(74) 小口氏は延暦一七年官符と大同元年官符との関連について、大同元年八月官符の②項にあらわれている空閑地占有の許可は和銅四年(七一一)詔で国司—太政官の線で処分がなされることになっており、延暦一七年官符ではそれが「林」に限定されていたのが、②項で「原野」にまで拡大しているとみなした上で、大同元年官符を延暦一七年官符の定着とはみなしえないのであり、このような拡大適用がなされている点で大同元年官符では律令国家の占点地規制が後退しているとみるべきであるとする(注12論文　一二三頁)。氏の論の問題点は大同元年官符の段階に至ってはじめて山野上における墾田地占点への規制が、上毛利用地についての項目とは別項目として独立して打ちだされていることを無視している点である。氏は延暦一七年官符で「林」に適用されていた和銅四年詔が大同元年官符に至り「原野」にまで拡大適用されたとしているが、和銅四年詔は墾田地占点への規制であるから、墾田地設定への規制が問題になっていない延暦一七年官符の段階でそれが適用されるはずはなく、大同元年官符で墾田地占点が問題になってはじめてこの詔の適用が浮かび上がってきているとみるべきである。すなわち大同元年官符は墾田地設定への規制を独立させ、和銅四年詔の適用を打ちだしたという点で、延暦一七年官符で打ちだしていた山野河海上での王臣家らの占点地展開の抑制という狙いを後退させたのではなく、逆にその規制の網を上毛利用地のみではなく墾田地にも拡大させてかぶせる形で定着させようとしているのである。

(75) 黒田俊雄氏「村落共同体の中世的特質」(清水・会田編『封建社会と共同体』一九六一年)。

(76) 戸田芳実氏「山野の貴族的領有と中世の初期の村落」(同氏著『日本領主制成立史の研究』岩波書店　一九六七年)第八章。

(77) 吉村武彦氏「八世紀律令国家の土地政策の基本的性格」(『史学雑誌』八一—一〇　一九七二年)。

(78)『類聚国史』巻一五九田地上乗田項。

(79) 以上のことからいって、民要地を未開地に限定してとらえる（黒田・戸田）ことは正確ではなく、百姓農桑地と公私共利原則が貫かれている山林原野の両者としてとらえる（吉村）方が実態に近い。ただ、いずれにしても、民要地という用語はこの時点の国家の打ちだした土地把握政策を表現する用語という側面があることをみておきたい。
(80) 『新訂増補国史大系・令集解』巻一二田令荒廃条。
(81) 「墾田永世私財法の基礎的研究」（吉田氏著『律令国家と古代の社会』岩波書店　一九八三年）。
(82) 『新訂増補国史大系・類聚三代格』巻一五。
(83) 寛平八年四月二日太政官符「應改定判給占荒田並閑地之例事」（『新訂増補国史大系・類聚三代格』巻一六）には私財法としてD項の後半のみが引用されている。なお『法曹至要抄』（鎌倉初期編纂と推定されている、『群書解題』第六　一九頁）に収められている私財法もA、C、Dになっている。
(84) 天平神護二年一〇月越前惣券、本書第一部第一章参照。
(85) D項は天平私財法に存在したのであり、ただそれが死文化していて機能していなかったが、八世紀後期以後の動きのなかで表面化したということも成立可能である。今後の検討を要する。
(86) 小口氏は注12論文で丸山が旧稿で赤穂の塩山をめぐって、八世紀から九世紀にかけてのこの場では農業共同体的な規制が存在し、そこに進出してくる王臣家の大土地所有はその規制を無視しては存続していくことはできないとみたこと、そして一般的に八世紀末～九世紀初頭の延暦・大同年間において律令国家が行なう山野河海上における王臣家らの占点地規制はこうした共同体規制をふまえて、それを利用するという方法をとって実施されていったとみたことについて疑問をなげかけている。しかし赤穂についていうと、大伴氏や造東大寺司の塩山は延暦一七年官符b部分でいう存続を認められた占点地にあたり、かつその塩山が設定されている場は共同体用益地である。そして延暦三年詔から大同元年官符に至る過程で律令国家が積み上げている占点地規制の軸は共同体用益地内で展開する占点地をその設置された場における共同体規制の範囲内に押さえ込もうとすることに置かれていたことは動かないものと考える。

第三部　阿波国新島庄の成立とその変遷

第一章　大河川下流域における開発と交易の進展

――開発・改修計画図としての新島庄絵図――

はじめに

八世紀の四〇年代末から六〇年代前半にかけて東大寺は、律令国家の権力を背景に全国的に広がる大規模な庄園設定にのりだす。この時期に東大寺の庄園が設定されたのは、九州と東北を除く関東から中・四国に至る範囲においてである。このうち北陸地域とくに越前・越中の諸庄園の八世紀中期についての良質な史料が大量に存在することもあって、その八世紀中期のあり方をもって、八世紀から一〇世紀に至る東大寺の庄園の全てを代表させるという傾向が根強く続いている。しかし上記各地域に広がる庄園群は、それぞれの地域で八世紀から一〇世紀にかけて、それぞれの特質を持ちながら形成・発展・解体の道をたどるのであり、ある地域のある特定の時期の庄園のあり方のみで、東大寺の庄園の全貌はとらえきれない。

その点で北陸地域以外に所在する庄園に着目したい。畿内に所在する八世紀中期の庄園群については別にみたが[1]、これと並ぶ重要な庄園群が山陽・山陰・南海地域に所在する庄園群である。この庄園群には阿波国新島庄・因幡国高庭庄がふくまれるが、両庄園の一つの特色は、北陸諸庄園の関係史料がその点数の多さにかかわらず時期的に八世紀中期に集中し、九・一〇世紀時点のものがほとんど無いのに対し、これら諸庄については点数こそ少ないが、八世紀から一〇世紀に至る全ての期間にわたって史料が存在していることである。それ故に、この地域の庄園の動向をみていくことで、八世紀中期という形成期の東大寺庄園群のあり方をより多彩にとらえることになるとともに、八世紀から一〇世紀に至る庄園の形成から解体に至る全段階についてのあり方を一定程度明らかにしうる。

本稿はこのような西日本の東大寺庄園群研究の一環として、吉野川下流域に存在していた新島庄を取り上げる。従来のこの庄についての研究は現地比定についての分析が大きな比重を占めており、吉野川下流域の条里復元との関連で論ぜられていたということもあり、地理研究者の研究が多い。しかもその比定は東南院文書に収められている著名な絵図「造国司図案」(後述)をもって新島庄絵図とみなした上で進められてきた。第二次大戦後に限ってみても、高重進[2]・福井好行[3]・服部昌之[4]の諸氏が二〇条一〇里枚方里を中心に存在するこの図に描かれた庄域の現地比定を試み、その所在地を名東郡北井上村古川に比定する説、名東郡新井町(現徳島市不動町)に比定する説、さらに不動町と徳島市応神町古川の中間の現吉野川本流の河道に比定する説、などがだされてきている。

ところが見落してはならないのは、これら地理研究者とは異なった角度からの研究が地元の歴史研究者島田泉山[5]、一宮松次[6]、藤田九十九氏[7]などによってなされていることである。すなわち古く島田氏は「造国司図案」を新島庄絵図ではなく、枚方庄の絵図であると推定した。これを受け継いでより論を深めたのが一宮氏である。氏はこの図は枚方庄を示すものであり、新島庄はそれとは別に一六条一二〜一四里に所在すること、さらに「大豆処図」で示される大豆処は氏のいう新島庄に近接して所在する庄園であり、やがて新島庄のなかに吸収されるとしている。地理研究者が中心となって進められてきた新島庄研究の欠陥は二幅の絵図と他の新島庄関係文書とを十分に関連させてとらえていないことである。すなわち、分析が絵図に集中してしまい、絵図を文書群全体の関連のなかに位置づけていないために、位置比定についても問題を残すとともに、庄の内部構造についての分析も深められることなく終わっている。その点、一宮氏らの論は絵図を一人歩きさせるのではなく、それを関連文書全体のなかに位置づけて分析しており、地理研究者の研究の欠陥の克服という面からいって注目すべきである。ただ、一宮氏らの論にも絵図と文書の関連性について、検討を要する点がふくまれている。

以上のことをふまえれば、必要なことは第一に文書・絵図をふくめた新島庄関係文書の系統的な史料整理を行なうことである。第二はそのような史料批判をふまえて、吉野川下流域の低湿地に位置する新島庄の位置比定を行なうとともに、絵図を通して明らかになる八世紀中期時点の開発進展のあり方を明確にすることである。近年、吉野川下流域の条里復元も進み、また新島庄史料の中核をなす絵図についての綿密な調査も行なわれているので、[8]それをふまえつつ成立期の新島庄についての分析を行ないたい。[9]

一　関連史料批判

平安時代末期の仁平三年（一一五三）に時の別当寛信の手で東大寺諸庄園の関係文書の大規模な整理が行なわれ、当時の残存文書は庄園ごとに分類された上で文書目録が作成された。[10]その目録には新島庄関係文書は次のように記載されている。

阿波國
　新島庄
一巻一枚　天平勝寶八年（七五六）　寺牒國判　…（一）
一巻三枚　承和七年（八四〇）　國司免判　…（二）
一巻二枚　承和一二年（八四五）　被妨取圃寺帳　…（三）
一巻九枚　無年号　國圖坪付　…（四）

一巻二枚　嘉祥三年（八五〇）　庄家坪付　…（五）
一巻二枚　天元二年（九七九）　庄官坪付　…（六）
一巻一枚　寛和三年（九八七）　寺家下文　…（七）
一帖　天平寶字二年（七五八）　絣繪圖　…（八）

残された文書・絵図を文書七巻と絵図一帖に分類・整理している。そしてここで整理された文書で、現在東南院文書中に残されている新島庄関係文書は次のものである。

(A)　東南院文書第三櫃第二一巻(11)　……目録一に該当
（表題）「阿波國名方郡新嶋庄券第一寺牒國判勝寶八年」
(イ)　天平勝寶八年一一月五日阿波國名方郡新島庄券

(B)　東南院文書第三櫃第二二巻(12)　……目録二に該当
（表題）「東大寺阿波國新嶋庄券第二國解名方勝浦両郡承和七年以後
(イ)　承和七年六月二五日阿波國司解
(ロ)　承和一一年一〇月一一日阿波國牒

(C)　東南院文書第三櫃第二三巻(13)　……目録五に該当

（表題）
「東大寺阿波國新嶋庄券第五坪付嘉祥三年」
(イ)　欠年月日東大寺領阿波國新島庄坪付注文
(ロ)　嘉祥三年一二月一〇日新島庄長家部財麻呂解

(D)　東南院文書第三櫃第二四巻(14)　……目録七に該当
（表題）
「東大寺阿波國新嶋庄券寺家下文寛和二年」
(イ)　寛和三年二月一日東大寺家符案

(E)　東南院文書第三櫃第二五巻(15)　……目録八に該当
(イ)　イ天平寶字二年六月二八日造國司圖案
(ロ)　欠年月日阿波國名方郡大豆處圖

すなわち、文書七巻のうち三巻（目録の三、四、六）がすでに失われ、現存するのは文書四巻と絵図一帖であり、著名な二幅の絵図はＥイとＥロに該当する。以上の関係史料整理をふまえて、従来の位置比定についての研究史をみていく。

中心的な問題はＡイの新島庄券とＥイ絵図との関連をどうみるかである。定着しているのはＡイにみられる「新島地」がＥイ絵図に図化されている、すなわちＥイの「造國司圖案」が新島庄図であるという説である。『大日本古文書、東大寺文書』の編者もEイに「阿波国名方郡新島庄絵図」と文書名をつけているし[16]、高重氏・福井氏もそのように考えておられる。ところがこの見方には疑問が多い。すなわち、Eイの絵図上には「東大寺圖入地卅一町五十歩」とあるのみであり、この絵図がAイにあらわれる「新島地」であるという確証がない。さらに、庄券と絵図とを比較すると、わずか二年のずれしかないのに面積が庄券四二町、絵図三一町とくいちがっているのみならず、庄券記載の四至と絵図の四至とがくいちがっている（庄券の北境は「錦部志止祢陸田」となっているが、絵図の北境は「大川」である）こと、また庄券には墾田が存在するが絵図には田地が存在しないこと、などが指摘される（第一表参照）。これら諸点からみて、一宮氏らが主張している通り、天平勝宝八年（七五六）のAイの庄券に記載されている地を二年後の天平宝字二年（七五八）に図化したのがEイの絵図であるという論は成り立ちえない。

第二は、服部氏の説である。氏はAイの庄券とEイの絵図との面積のずれに着目し、それを合理的に解釈するために、Aイ庄券の四二町はEイ図の三一町とEロ図の一〇町を合計したものとみなし、新島庄は二地区から成り立つという説をだしている。この説はEイ図をもってそのまま新島庄とみなす説よりは一歩前進しているが、難点がある。それは庄券には四至記載があり、この地が一円地であることを示しているにもかかわらず、EイとEロ両絵図は連続した一円地ではなく、互いに離れた場所に存在していたことは動かない点である。さらに、Aイの庄券には墾田があるが、Eイ図には田地は存在しないし、Eロ図の大豆処にも田地は存在しない。これらのことからみ

第一表　枚方地区および本庄地区の構成

	A 総面積	B 水田	C (圃)	D 不明地	E 未開発	開発率 (B+C/A)
勝宝8年庄券 (本庄地区)	町 反 歩 42.8.162	1.5.150	23.8.172	0	12.4.200	70.9%
宝字2年絵図 (枚方地区)	31.2.060	0	8.3.160	20.2.20	20.8.040	26.7%

第二表　新島庄構成地区一覧

	所在地	面　積	出　　典
本庄地区	16条12～14里	42町8段162歩	天平勝宝8年11月新島庄券（東南院文書2－529）
枚方地区	19条11里 20条10～11里	31町2段060歩	天平宝字2年6月造国司図案（東南院文書2所収）
大豆処地区	11条12里	10町0段000歩	欠年月日大豆処絵図（東南院文書2所収）
三地区合計		84町0段222歩	

て、庄券記載地区とEイのEロとをあわせたものとみるこの説も成り立ちえない。

第三の説はAイの庄券で示される「新島地」が初期新島庄であり、この初期新島庄（八世紀の新島庄）に近接して存在したEロ図で示される大豆処はやがて初期新島庄に合体化され、両者あわせて後期新島庄（一〇世紀の新島庄）になる、かつEイの絵図は枚方庄を示すものであり、新島庄とは別な庄園であるとする一宮氏の説である。通説および服部説の検討で明らかになったように、Aイの庄券に記載されている「新島地」四二町余は、絵図Eイの地でもなければ、絵図EイとEロとをあわせたものでもない。となれば、この庄券は二幅の絵図以外の第三の地を指しているとみざるをえない。その意味で、Aイで示される地とEイで示される地、およびEロで示される地の三者はそれぞれ別の地域であるとする一宮氏の説が妥当ということになる。ただ、一宮氏の前期新島庄、後期新島庄という考え方、および新島庄と枚方庄とを全く切り離したことには疑問が残る。

長徳四年（九九八）「諸國諸庄田地註文」[17]の原文書である欠年月日「諸庄田地註文」[18]の川成荒廃の項目中に「名東郡新島庄田地八十四町七段七十五歩　水田一町五段百五十歩　陸地八十三町二段廿五歩」とある。これは一〇世紀末には新島庄が完全に荒廃していることを示すものであるが、ここにでてくる水田面積はAイの庄券にでてくる「墾田一町五段一百五十歩」と完全に一致する。そして総面積八四町余は、Aイ（新島）の四二町余、Eイ（枚方）の三二町余およびEロ（大豆処）の一〇町の合計とほぼ一致する。このことからみて、一宮氏が一〇世紀の新島庄を後期新島庄とみなし、それは八世紀の初期新島庄すなわちAイの新島地とEロの大豆処とが合体して成立したとすること、および新島と枚方とはそれぞれ別な庄園とすることは、いずれも成り立ちえない。八世紀から一〇世紀にかけての新島庄は、第二表に示したように、新島、枚方、大豆処の三つの地区から成り立つ総面積八〇町余の庄園として存続しているとみるべきである。[19]

二　三地区の位置比定

新島庄が三地区から構成される庄園として出発していることを確認した上で、それぞれの地区がどのような場に位置しているのかについて、吉野川下流地域の条里復元との関連でみていく。この地域の条里復元については、服部氏の復元[20]が研究の到達点を示すものとして定説としての位置を占めている。ただ、それとは別に福家清司氏が鎌倉期の春日社領阿波国富田庄の分析を行なうなかで、吉野川下流地域の条里について方格地割については服部案をそのまま継承しつつ、条について一条分を西にずらし、里について二里分を南にずらすという復元案を提出しているので、[21]この両復元案を念頭に三地区のあり方および現地比定を行なう。

イ　本庄地区（Aイの庄券記載地区）

（史料一）

東大寺墾田幷陸田惣肆拾貳町捌段壹佰陸拾貳歩阿波國名方郡新嶋地、有東南河、西江、北錦部志止祢陸田

墾田一町五段一百五十歩

陸田卌一町三段十二歩
且開廿八町八段一百七十二歩
未開十二町四段二百歩
以前、以去天平勝寶元年所占野内、且開田幷陸田及未開地如前
天平勝寶八歳十一月五日　檢使算師散位従六位下「王國益」
律師法師「慶俊」　佐官兼上座法師「平栄」
造寺司判官正六位上上毛野君「真人」
見水道散位従七位上日下部忌寸「萬麻呂」
國司外従五位下行守上毛野君朝集使　正六位上行掾三國真人「百足」

この庄券で示されている「新嶋地」について、四至は記載されているが、それが所在する地に条里についての記入はない。これについてCロの嘉祥三年新島庄長解との関連に注目したい。Cロ文書は庄域内にある「公地」（百姓口分田や墾田）一一筆の坪付を書き上げているものである。それによると、これら耕地は一六条一二～一四里に散在しており、これら里をふくんで一円的な庄地が存在していたらしい。服部氏はこの地を九世紀になってから新島庄が西方に拡大するなかで増加した地と推定しているが、そうではなくて一宮氏の指摘の通り、このCロの地がAイの庄券記載の地区である。それは、Aイの庄券とCロのこの文書がいずれも新島という地名を明記しており、Eイ絵図およびその関連史料に「新島」という地名がでてこないことと対照的であることで裏付けられる。

この地区は天平勝宝元年（七四九）に占点（施入）され、天平勝宝八年に立券がなされている。別にみたように、同じ天平勝宝八年秋に立券されている畿内の庄園群については、それぞれの庄園について勅施入文・文図（庄券と

図）・絵図の三点が一組となっていた。[22] 本庄地区における上記Aイの庄券はこの文図（庄券と図）を構成するものであり、地区の総面積・四至・既耕地面積・未開地面積が記されている。庄券作成（立券）の作業は庄域内で確保された東大寺寺田・畠の面積を確認し、また未開地面積も確認する作業であった。確認された寺田・畠のなかには野占（庄域占点）以後造東大寺司が開発した耕地あるいは相博や買得の手段で寺田・畠に転化した耕地などがふくまれていたと考えられる。本庄地区の場合もここに記されている墾田および陸田のうちの「且開」は庄域占点以後造東大寺司が開発・相博・買得などの手段で集積してきた寺田・畠面積を示すものである。[23]

この地区は三地区のうちもっとも広く、かつ開発も進んでいるところから、新島庄のうちの本庄を構成する地区であるとみてよい。所在する一六条一二～一四里は、服部氏の条里復元にしたがうと、ほぼ現板野郡藍住町新居須および隣接した新田の二つの集落周辺に該当する。近世以前において現吉野川は小塚と名田の集落の中間をぬけ、新居須、新田のかたわらを通って東貞方方面へ流れており、[24] 新居須、新田の両集落とその西方の住吉の中間は現在水田になっており、小字名を千鳥ガ浜というが、明らかに旧河道である。つまりこの二つの集落は川沿いの同一微高地上に存在することになる。一方、福家復元によると、この地区はおよそ現徳島市東貞方から同不動町にかけて所在することになる。現状をみると一二条一三里が現吉野川本流内になり、一四里から一二里にかけて延びていると考えられる本庄地区は中央を川で分断されることになる。現状のみからみると福家復元は不自然であるが、かっての吉野川は名田から住吉の方に迂回して流れているので、福家復元による一二条一三里附近の景観は現在と大きく変っているとみてよく、微高地の上に位置していた可能性が高い。

ロ　枚方地区（Eイ絵図記載地区）

Eイ絵図で示される地区、一般的には新島庄そのものとみなされてきた地区であり、また一宮氏が新島庄とは別な枚方庄とした地である（第五図として図示している）。この地区は服部復元によると、今切川、吉野川本流、飯尾川、および鮎喰川などが合流または接近する低湿地に位置する。一方福家復元によると、現在の徳島市上助任町附近に比定される。服部復元では枚方地区は三つの川の合流点に存在し、現在では庄地の大半は河底になるという現状と絵図とは大きく食い違う点がでてくるのに対し、福家復元によると絵図の上部を東西に流れる「大川」は現吉野川に、絵図の東端を流れる「江入」あるいは「江」は現新町川に比定することで絵図と現状とがほぼ矛盾なく一致する。

絵図上に「天平寶字二年六月　造國司圖案」と記され、かつ「東大寺圖入地　卌一町五十歩」という総面積も記入されている。これと関連してCイの無年号国図坪付に「東大寺地　卅一町二段　券文所注」とある。この坪付は「券文」に記されている枚方地区内部の耕地について、宝亀および弘仁の国図と照合しつつ一筆ずつ書き上げたものである。この場合の「券文」は上掲の本庄地区庄券に対応する枚方地区庄券とみてよく、三一町五〇歩（ないし二段）は本庄地区庄券でいうと「東大寺墾田并陸田総……」に対応する地区の総面積とみてよい。この券文にはこれ以外に四至および陸田面積（枚方地区には墾田はない）と未開地面積とが記され、地区の占点年も記載されていたであろうが、それらについては不明である。枚方地区の立券の時点について、絵図の作成された天平宝字二年六月と本庄地区が立券された天平勝宝八年一一月との間は一年半ある。しかし、新島庄と同じく複数地区から成り立っている因幡国高庭庄が同じ天平勝宝八年一〇月に立券されていることからみて、三地区が同時に立券されたとみたほうが妥当であろう。

絵図の性格について、絵図に記載されている各坪の耕地と野の面積を集計すると、第一表に示したように、面積三一町二段六〇歩になる。両者の面積の近似からみて、絵図上の東大寺図入地は東大寺占点地としての枚方地区内部にふくまれる野と耕地全体を指す。したがって、この三一町余のなかには第三者の地がふくまれているとみてよい。立券時点に庄券に対応して作成される開田図が庄域内の他者田地・東大寺開発田・未開地を明確に区分して記載しているのとは明らかに異なる。つまり、この絵図は枚方地区庄券と対応して作成された開田図ではなく、それより後に作成された枚方地区改修計画図ないしはその草案という性格を持っている絵図である。(25)

ハ　大豆処地区（ＥＯ絵図記載地区）

この地区については、絵図には方格地割は記されているが条里呼称が記されていないため位置比定が困難であり、従来諸説がだされているが、(26)いずれも小規模な開発が立遅れた未開地的な様相を帯びた地区の絵図としてしか読まれていない。(27)あらためて絵図（第一図として表示）(28)をみると、次の諸点が注目される。

まず第一に絵図上の道と畠のかかわりについて、この地区の「道」がその役割を果たし

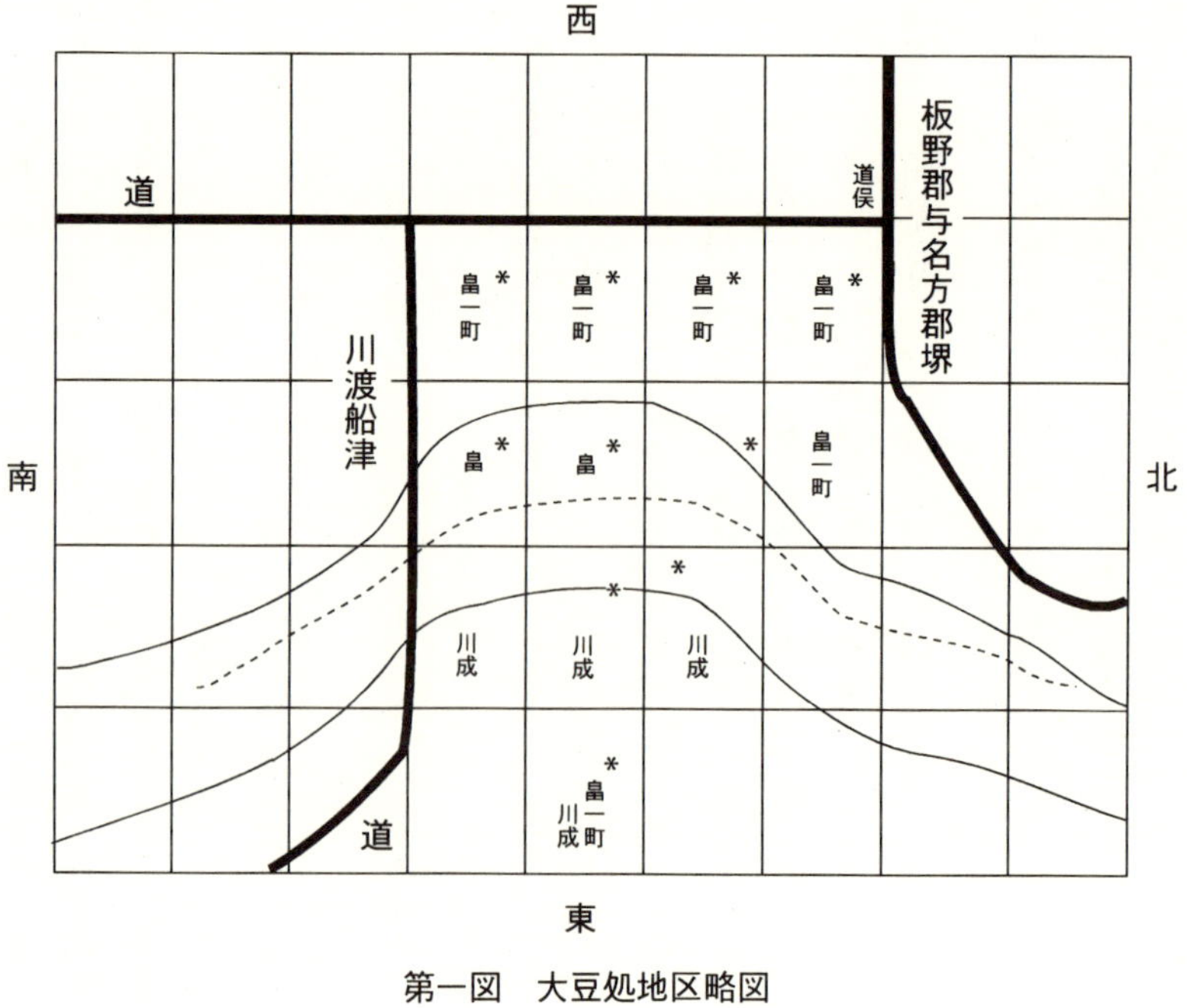

第一図　大豆処地区略図

ていない。すなわち、この地区は大川で二つの部分に分かれており、道と東大寺の畠とがかかわってあらわれているのは川の西の部分であるが、畠が道と大川の間の河原ともいうべき地に広がっており、道は畠を大川の水から守る役割を果たしていない。第二に従来の絵図の読み方においてはこの大川の両岸に広がる「畠」が絵図の主題であるととらえてきた。しかし絵図の中央に大川が描かれており、絵図の主題は絵面中央に置かれた、「大川」そのものであり、その両岸に広がる「畠」はこれに付属する存在ととらえうる。第三に、主題になっている水面の南端、すなわち西岸の東大寺の畠地を区切る形で走る道の大川に面したところに「川渡船津」と記されている。この道は大川を越えた対岸の東岸の道に接続する形に描かれており、ここは渡し場にもなっているとみるべきである。

以上のようにみてくれば、この絵図は大川を上下する船の船着き場や大川を横切る渡船場になっている水面とその周辺、つまり港・津に設定された地区を描いた絵図とみなすべきことになる。水鳥の描かれた大川に面した部分の両岸に川に直接面して広がっている畠は同時期の摂津国水無瀬庄絵図の畠がそうであるように上毛利用地であり(29)、船の船つき場、荷揚場、渡船場などに用いられている「浜」とみておきたい。このように大豆処地区が港・津に設定された占点地であることを裏付けるのが、Bロの承和一一年一〇月阿波国牒である。ここには「大豆津圃三町二段　右地、未改口分之間……」と記されており、この大豆津圃が大豆処地区を指す。つまり大豆処地区は九世紀中期においても津としての側面を持っていたのであり、これはこの地区の設定時点からの状況であった(30)。

この地区の所在地については、条里呼称が未記載のため、正確な位置は判明しないが、本庄地区について記載している、Cロの嘉祥三年新島庄長解の末尾に異筆で「又十一条十二里廿二坪……」という書き込みがあることに注目したい。この一一条一二里の地は本庄地区・枚方地区いずれからも離れた地であり、新島庄とこの地とを関連づけさせようとするならば、この地を大豆処地区とみる以外ない。この地は服部復元によると現名西郡石井町西黒田附近にあたるし、福家復元によると現徳島市国府町南井上から花園にかけての地にあたる。時代は大きく下がるが、南北朝期に花園の住人が大山崎神人に違乱を働いているという記録が残っており、この時期に花園の地が大山崎神人も集まる荏胡麻の集散地になっているらしいこと、さらに関屋という地名も残存していること[31]からみて、中世以後花園の地が吉野川水上交通路上の拠点になっていたとみてよい。福家復元によると、この中世の津の所在地近くに八世紀中期の大豆処が位置することになる[32]。

とくに注意したいのは、当地区の位置する大豆津は交通の要衝に位置することになることである。すなわち絵図の庄域南境を走る道を東に延長すると、数キロで阿波国府に達する。そしてこの東岸の道と渡し場で結ばれている西岸の道は庄域の北境をなす「板野郡与名方郡堺」と書かれた道に接続し西に

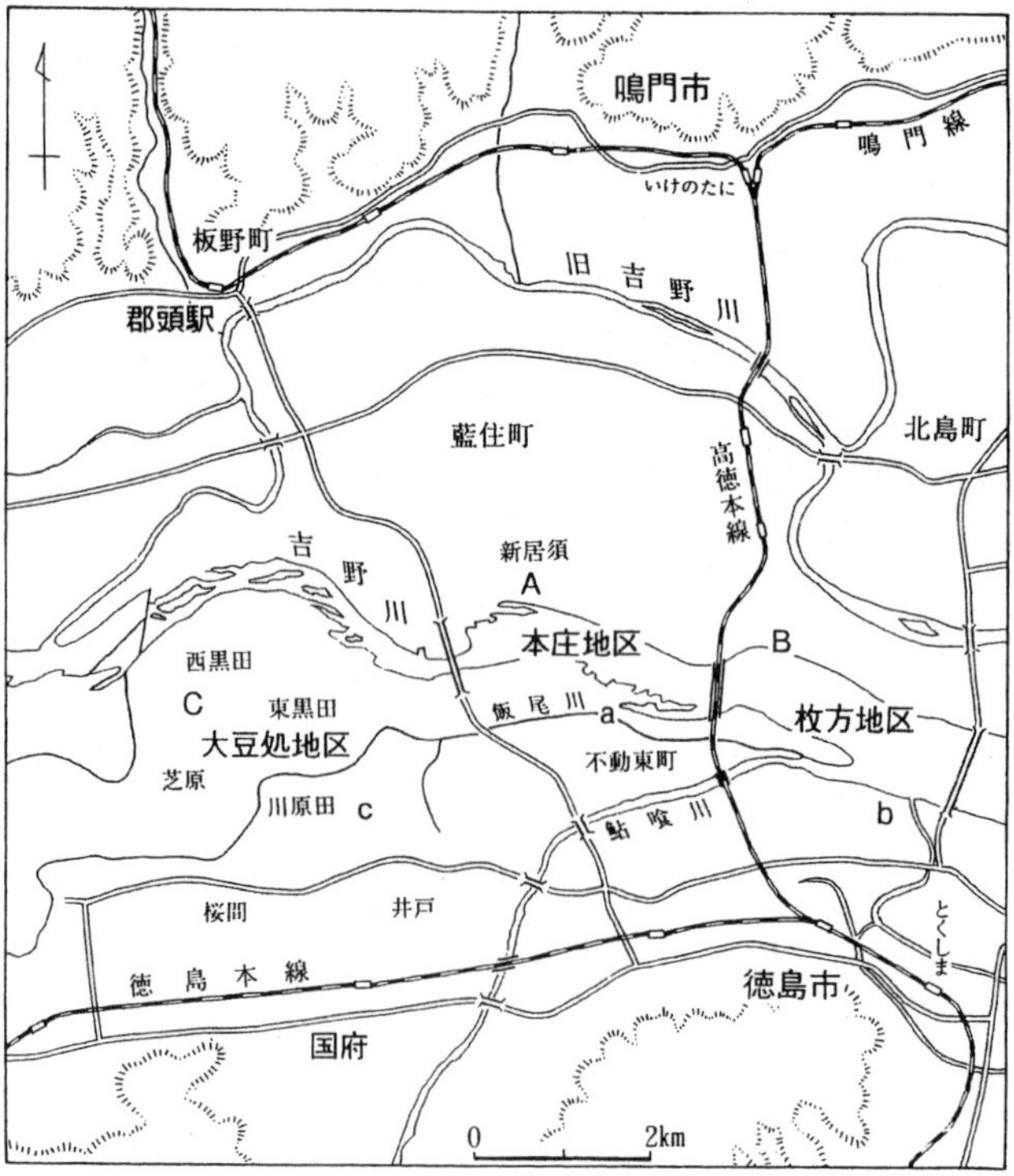

大文字が服部復元、小文字が福家復元による比定地

第二図　新島庄三地区所在地

向かって延びており、阿讃山麓の郡頭駅で、[33]南海道に接続している。つまりこの津は南海道と阿波国府とを東西に結ぶ南海道支道（陸上幹線交通路）と阿波の南北を結ぶ水上幹線交通路（吉野川）とが交差する地に所在する。このような位置からみて、この津は阿波の国津（国府外港）であったとみてよい。[34]

以上新島庄三地区の所在地の状況についてみてきた。第二図は服部・福家両復元に基づいて所在地を示したものである。本庄地区の東南方向に数キロ離れた下流に枚方地区が、西方向に同じく数キロ離れた上流に大豆処地区が存在するという配置になっている。いずれの復元を取るにせよ、[35]三地区も名方郡と板野群との境に近い、現在の吉野川本流沿いの、その意味では吉野川河口地帯低湿地の最深部に位置することになる。

三　低湿地開発の進展――八世紀中期の状況――

以下八世紀中期の三地区成立時点にしぼり、三地区の占点（野占）・立券および庄域内開発がどのような形で進展しているのかについて、二枚の絵図を主要な素材にみていく。

(一)　大豆処地区――水上交通の拠点――

大豆処地区（大豆津圃）は大豆津に設定されていた。まずこの津の位置づけについて、天暦四年（九五〇）一一月東大寺封戸庄園并寺用雑物目録とのかかわりでみておく。[36]この目録は東大寺上政所の収入（封戸と庄園）および支出（寺家用度）の書き上げであるが、封戸については上政所の持つ封戸国が一五個国書き上げられており、阿波もこのうちの一国としてあらわれている。この雑物目録の封戸の部は、本文とそれへの朱書・墨書による異筆の書き入れが多くある。これについて、脇田晴子氏は「本来的な収納形態をのこしていた時期の現実の収納状態をしめしたもの」[37]とし、勝山清次氏は本文からは天暦段階での封戸所在国が実際に負担した東大寺封物は知りえないが、「寛平（八八九～九八）以前のある段階における本来の封物負担のあり方を継承した記載」であるとしている。[38]阿波の記載は異筆がなく本文のみから構成されているが、両氏の分析からみて、阿波の封物記載は九世紀ないしそれ以前の段階の封物納入の状況を示したものとみられる。

阿波国の封物は板野郡と那賀郡とからだされており、糸・米・大豆・小麦・油から成り立っている。このうち大豆と小麦に注意したい。封戸国一五個国はそれぞれ封物は異なるが、糸（絹・綿）・米・油はほぼ共通している。ところが大豆および小麦が封物になっているのは阿波のみである。そしてこの大豆は吉野川沿岸の板野郡からその多くがだされており（那賀郡も一部出している）、小麦は那賀郡のみがだしている。このうち大豆について、大豆およびその加工品は八世紀中期の時点の正倉院文書にも登場しており、奉写一切経所では荒醤・醤大豆・大豆・生大豆が用いられているし、[39]天平宝字二年には西市で生大豆が購入されているなど広く利用されており、[40][41]八世紀中期において阿波の東大寺封物として大豆が現実に収納されていた可能性が高い。すなわち、天暦の雑物目録に記載されている封物収納の状況を八世紀中期の段階まで引き上げて不自然ではない。

『延喜民部式下』の「交易雑物」項における大豆の貢進量の多いのは近江と阿波であることから阿波が古代における大豆の大生産地であったことが指摘されているが、[42]国津としてのこの津は阿波各地で生産された大豆およびその加工品の大集散地になっていたとしてよい。大豆津という名称もそこから生み出されてきているのであろう。

大豆処地区は、このように繁栄する国津に設定されている。その果たす役割は、第一に新島庄の他の二地区で産出される物資の集積と積み出しである。その際、本庄地区、枚方地区ともその主要耕地が畠であるところからみて、あるいはその産物の主要部分は大豆であったかもしれない。第二に封物の集積と積み出しである。寺用帳によると、大豆はその多くが板野郡からだすことになっている。板野郡は絵図に示されているように、道で大豆処地区と直結しており、大豆は陸路ここに運びこまれているのであろう。また那賀郡からはおそらく勝浦地区を経由して運びこまれているのであろう。[43] 第三に各地の物産が集中する国津が交易の場でもあり、封物、庄園の生産物に限らず、東大寺にとって必要な他の物資の買い集めと発送の場にもなっていたこともみておかなければならない。以下、この地区がいかなる形で内部の整備がなされていったのか、絵図を素材にみていく。

イ　第一次絵図

この絵図についてまず注目したいのは史料編纂所の次の指摘である。[44]

①、絵図には作成中に変更が加えられている。すなわち、第一次の絵図ではＢ４、Ｂ５、Ｂ６、Ｃ４、Ｃ５、Ｃ６、Ｄ４、Ｄ５、Ｄ６、Ｅ５の一〇個の坪に地目・田積の記載があり、そして大川の川幅は図中の鎖線が西側の汀線であった。それに手が加えられ、川幅を拡幅し面積・地目が記されていたＣ４、Ｃ５、Ｃ６の各坪を大川の流路内部にふくめるとともに、このような畠地の減少にかわって新たにＢ７坪とＣ７坪に「畠一町」が記入され、絵図の現況である第二次絵図ができあがる。②、川幅の拡張に伴う当初の記載内容や描写の改変、すなわち第一次から第二次への改変は絵図が作成された後に別人によってなされたのではなく、同一人により絵図作成中に行なわれた。

絵図作成の目的を明らかにしていくという点で史料編纂所の絵図の改変という指摘は重要な意味を持つ。以下、原型をなすものとしての第一次絵図とそれを修正した第二次絵図とを区別しつつ、それぞれについて何を描いているのか検討してみたい。

まず第一次絵図を図化したのが第三図（第一次絵図略図）であるが、この地区は河道を内部にふくんだ計一〇個坪（Ｂ４～６、Ｃ４～６、Ｄ４～６、Ｅ５）からなる一円庄域になっている。後にみる第四図の第二次絵図にくらべ、西岸では川幅は狭く描かれている。これは第一次で狭く描きすぎて第二次でそれを訂正しているのではなく、第二次で拡幅された部分（C４～６）は河原の地であり、そこに庄域が設定されていたとみるべきである。東岸にあたるD４～６については第一次・第二次とも変化は無いのであるが大川に面している地ということでここも河原の地が庄域になっているとみてよい。つまり第一次絵図段階の大豆処地区は大川の流路を内部にふくみつつ両岸にまたがって河原上に広がる一円占点地になっている。

　次に道の描かれ方について、絵図上に描かれている道は次の四種類に分類される。道イ、名方郡と板野郡の堺と記されている、絵図の右上から右下に曲線を描いて走っている道。道ロ、イに直交してA・B間の条里界線沿いに直線的に南北に走る道。道ハ、ロと直交して東西に３・４の間の条里界線上を直線的に走る「川渡船津」と記された道。道ニ、ハが大川を越えた部分を出発点に画面の左下を曲線を描いて走っている道。

　それぞれの道の描かれ方についてみておくと、まず道イについて「板野郡与名方郡堺」と注記してある。この郡境としての道ということとのかかわりで、摂津国と河内国との間で八世紀中期から九世紀中期にかけて、同一地点で起

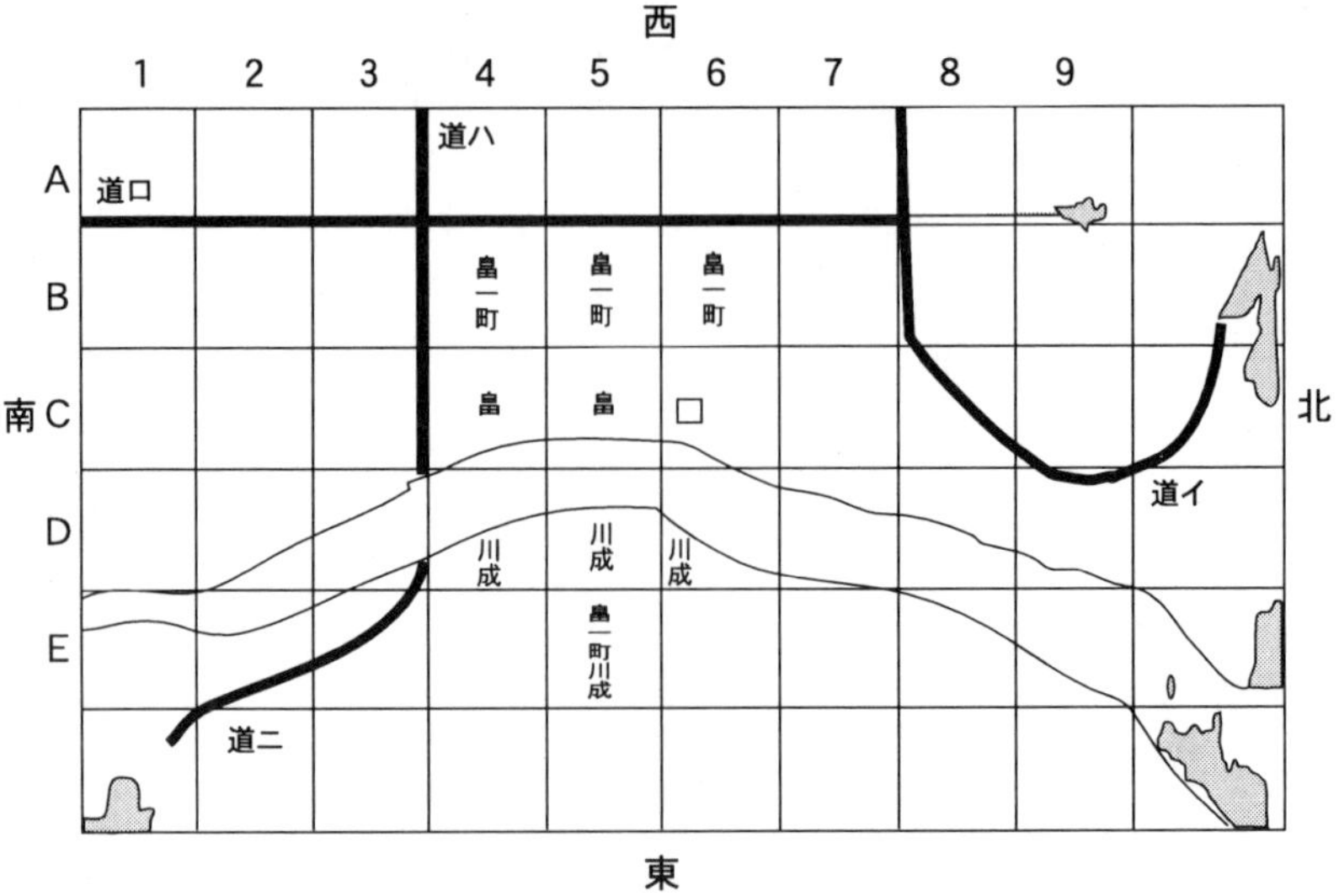

第三図　大豆処地区第一次絵図

こったかどうかは不明であるものの、三回に渡って河川の堤防をめぐった国境紛争が起こっていることに注意したい。これは河内平野中央部の低湿地において摂河両国の住民による水と闘いながらの土地占拠が堤防の構築を伴いながら競合的に行なわれ、その結果開発された土地の帰属をめぐって二つの国が対立したことのあらわれであるという。(45)摂津・河内両国にまたがる淀川・大和川下流域の広大な低湿地帯と吉野川下流域低湿地帯との自然条件は基本的には同じとみてよい。その点で、この吉野川下流域の低湿地帯においても名方郡側と板野郡側から低湿地深奥部に向けての人間の生産の場の拡大が堤防建設を伴う形で進行しているのであり、板野・名方両郡郡境をなしている道は在地の人々を担い手にして進行している低湿地開発のなかで作られた、上が道になっている堤防を示す。両郡住人は一定の緊張関係をも伴いながら低湿地上に堤防網を作り上げていったのであり、そのような堤防網の一端が郡境の道としてあらわれているとみてよい。(46)

次に道ロ・ハについて、ロは南北にAとBの間の条里界線上を1から9まで走り、ハは3と4の間の条里界線上を東西にAからCにかけて走る。両者の描き方は同じであり、いずれも側線を持って直線的に引かれている。そしてロとハの交点の部分において道の交差による四辻の存在を考慮して南北に走るロの道の界線と側線とが道幅だけ途切らされている。(47)このことはロとハとが平面で交差する一組をなす道として描かれていることを示す。また両者ともその描き方は側線を持つ道として描かれており、その点ではイの道の描き方と同じである。このことは道ロ・ハとも道イと同様に本体は堤防として把握してよいことを示す。道ロ・ハの彩色について、南北に走るロにはそれがイの道と交わる交点の北にあたる8・9の部分は側線のみが描かれ彩色をほどこされておらず、それより南の1から7の部分に彩色がほどこされている。またハにはロの1～7と同じ彩色がほどこされている。つまり同じ一組の道でありながら、彩色が施されている部分と施されていない部分とがあることに注意したい。

さらに道ニについて、道イと同じく自然な曲線を描いているが、東大史料編纂所の調査によると、(48)この道は側線を引かず「道」の字と彩色のみで表現されている。道イ・ロの描き方は側線が引かれその間に道の字が記され、彩色がほどこされているのとは明らかに異なる。これは道ニはイ・ハとは異なった形態を持つ道であることを意味する。

以下それぞれの道の相互関係をみておく。まず道ロ・ハと道イとのかかわりについて、道イが道ロと交わっている部分に注目すると、そこでは、道ロが道イの上を横切る形で描かれている。つまり道イがまず描かれ、その上にそれにかぶせる形で道ロ・ハの一組の道が描かれている。また道イ・ニがいずれも自然な曲線をなして走っており、在地の人々の手で徐々に作り上げられてきたとみてよいのに対して、道ロ・ハは一組をなし、かつ両者とも条里界線上を機械的な直線をなして走っている。このことは現況としての道イがまず描かれた上に建設予定堤防（道路）としての道ロ・ハが記入されていることを示すものと考える。道ロ・ハが機械的な直線として描かれているのは図上の計画であった故であり、彩色についてもそれがほどこされている部分が計画道路部分であり、ロの８・９のそれがない部分は作図上その延長として機械的に引かれた部分である。

道ロ・ハが計画道路として描かれていることとのかかわりでみておきたいのは、庄域内の地目として描かれている畠と河成についてである。第三図に示されているように、畠という地目は主としてＢ列・Ｃ列すなわち西岸に、川成という地目はＤ列・Ｅ列すなわち東岸に所在しているという明確な区分がある。その意味するところについて、西岸の道ハ、東岸の道ニとの対応で考えてみたい。この二本の道は大川を挟んで向かい合っており、いずれも大川に直交している。西岸の道ハについては上記したように道イと同じく堤防の上が道になるものとして計画されていた。このことは道ハは庄域のＢ列・Ｃ列に対する大川上流からの水への防御用堤防としての一面を持って計画されていたことを意味する。

一方東岸の道ニについて、この道は東岸の庄域Ｄ列に対する大川上流からの水への防御機能を持ちうる位置にある。しかしＤ列の坪々は川成となっている。川成が人の手の加わらない冠水の危機に常にさらされている地であるとするならば、道ニに水の防御機能を持つことを予定されていないことになる。それとのかかわりで先にみたように道ニが側線を持たず彩色のみで表現されていることに注目したい。側線を持って描かれている道イ・ロ・ハが上が道になっている堤防であったことと対比するならば、側線を持たない描かれ方をしている道ニは盛り土をせずに平地の上を踏み固めただけの道であったと考えてよい。道ニが堤防状になっていない故に、大川沿いのD列は上流からの水が直接に襲う川成の地とされ、また大川からやや離れたE5坪のみが水の来襲から一定免れる地（畠一町川成）とされているとみてよい。

以上のようにみてくると、道ニに対応するD列所在の「川成」は現実に存在するものであるが、計画道路に対応しているB・C列所在の「畠」については現実に存在しているのではなく、開発予定地ということになる。そのことについて、絵図にあらわれている地目としての畠と川成の面積記載が表題部分と絵図本体で相違していることとの関連で考えてみたい。表題部分に「合壱拾町　畠五町八段二百歩　川成四町百六十歩」と記入されているが[49]、絵図本体では畠ないし川成記載のある坪は一〇個であり、この一個坪を一町とみなすならば表題部分の合計面積に合致するものの、表題部分に記入された畠および川成の面積と絵図本体の各坪に記入されている畠および川成の面積をそれぞれ集計したのとは合致しない。具体的にみると、畠については表題部分では五町八段二〇〇歩になっているが、絵図本体で面積記載のあるのはB4・B5・B6およびE5の四個坪にそれぞれ「畠一町」とある計四町のみである。他にC4・C5・C6の各坪に「畠」とあるが、面積記載はない。一方川成については表題部分では四町一六〇歩となっているが、絵図本体ではD4・D5・D6の各坪は「川成」とのみあり、面積記載はない。

注意したいのは一町という面積記載のある畠所在坪は西岸では計画道路ハにより水が防御されるB列3個坪と、東岸では河道から離れているE5坪1個坪に限定されていること、そして「畠」あるいは「川成」とのみ記されている面積記載のない坪々はC列とD列に所在しているが、この二列には大川の河道が通っていることについてである。このことは河道が通っておらず、かつ計画道路ハにより大川上流からの水から保護される予定になっている西岸のB列の三個坪については坪内部が全て畠となるべきものとして一町と記入され、さらに東岸の河道の通っていないE5坪についてもこの坪が大川からやや離れており、手を加えることで畠になりうるとみなされた上で「畠一町」と記入されたことを意味する。つまり一坪を一町とみなし、かつその坪を全て畠とみなしている。(50)これで絵図本体上で畠は四町確保されたことになるが、表題部分での畠面積五町八段二〇〇歩との差一町八段二〇〇歩について、絵図上でいうならばC列の畠と記された三個坪のなかで確保が予定されていると考えざるをえない。このC列には河道が通っているため、どのような形で畠が確保できるかは今後の工事の進行に依存しているということであり、一町八段二〇〇歩はこの三個坪で確保すべき「畠」の面積の見積もりとみてよい。

一方川成については表題部分では四町一六〇歩となっているが、絵図本体ではD列に面積記載のない「川成」と記された三個坪が存在するのみであり、各坪をそれぞれ一町とみなしても三町にしかならない。計算上は残りの一町一六〇歩はC列の面積記載のない畠と記された坪々のなかにふくまれていることになる。つまりC列三箇坪は「畠」とのみ記されているが、計算上は畠一町八段二〇〇歩と川成一町一六〇歩の計三町とから成り立っていることになる。

全体として、表題部分では地区総面積一〇町のうち畠地として開発する予定の面積（ないしは国衙への報告面積）は五町八段二〇〇歩とし、残りの四町一六〇歩は川成のまま利用していくことを表記しているのであり、絵図本体では計画された畠地の配置について、河道に当たるC列について工事の進展に対応して三個坪全体として一町八段二〇〇歩を確保できるように面積未記載にしているとみておきたい。

以上のことをふまえ、第一次絵図作成時点における庄域の状況をみると、まず東岸部分は自然状況のまま河原上に庄域が広がっており、その庄域に向かって踏み固められたのみの名方郡側からの連絡道路（道ニ）が走ってきている。一方西岸部分は、道ロ・ハおよび畠が開発計画として記入されているが、それを除外すると東岸と同じく自然状況のままの河原上に庄域が広がっていた。ただ、道ハの大川に接するところは東岸の渡川点（道ニと大川との接点）と向き合う位置にあり、この部分が西岸の東岸に向けての渡河点であったことは間違いない。東岸の場合名方郡からの道ニは東岸の渡河点に直接接しているが、西岸の場合板野郡からの連絡路である道イは計画道路ロ・ハを除いて考えると西岸の渡しに直接は連絡していない。ただ、道イは計画道路ロと交差する部分で大きく曲がり大川に沿って北方に延びていっており、この部分に「道俣」と記されているが[51]、この部分から道イと西岸の渡河点とを結ぶ連絡路が走っていたのであろう。つまり、占点以後この地区内部は未開地（川成）のまま船の寄港地や物資の集積の場として利用されていた。そして、立券時点前後には西岸を中心にした開発計画、道俣部分を出発点に直線的な堤防を庄境沿いに渡しに達するように作り（ロ・ハ）、その内部の庄域を畠にするという開発計画が立てられていたとみてよいであろう。

ロ　第二次絵図

この第一次計画図の上にさらなる改修計画が書きこまれる。第二次絵図の成立である（第四図参照）。この改修計画の最大の特徴は大川の拡幅である。この拡幅の結果C4～6およびD6は庄域ではなくなり、大川の河道内部に吸収される。そして庄域の一部抹消のかわりにB7・C7の両坪が庄地に加えられている。さらにまたこの拡幅に対応して、計画道路ハの先端が拡幅された新たな大川の汀線にまで後退させられる。この拡幅の結果、立券時点では大川を内部にふくみ一円的になっていた庄域は次の三つのグループに再編される。①、B4～B7およびC7の五個坪から構成される西岸の畠部分。②、C4～C6およびD6の四個坪からなり、第一次では畠・川成であったのが抹消され大川河道にふくまれた部分。③、D4・D5・E5の3個坪から成り立っている東岸の川成部分。

再編の内容を検討してみる。まず東岸について庄域が直面する大川の川幅は第一次のままで手が加えられておらず第一次の状況と差はない。しかしD6坪が庄域から除外され、庄域は第一次に比べ減少し、D4・D5・E5の三つの坪によって構成されることになる。東岸の第一次からの変更はこれのみであるが、大川の部分が庄域からはずれたことで、東岸の三つの坪は西岸の庄域とは切り離された独立した小庄域になる。大きく手が加えられているのは西岸である。すなわち大川部分が庄域からはずされたことで西岸が独立した小庄域になったことは東岸と同じであるが、第一次では庄域となっていたC4～C6・D6の部分が河道に吸収された代わりにB7・C7の二個坪に庄域が拡大されている。

再編の狙いについて、第一次絵図（一円庄域）と対比させながらみておきたい。まず一円庄域の時点における西岸の庄域と道イおよび道ロ・ハとのかかわりについて不自然さが目立つ。すなわち、道イについて、わざわざ絵図上に郡境の道と注記までして描きながらそれが庄域と全くかかわらないのは不自然である。また、道ロはABの間1～9

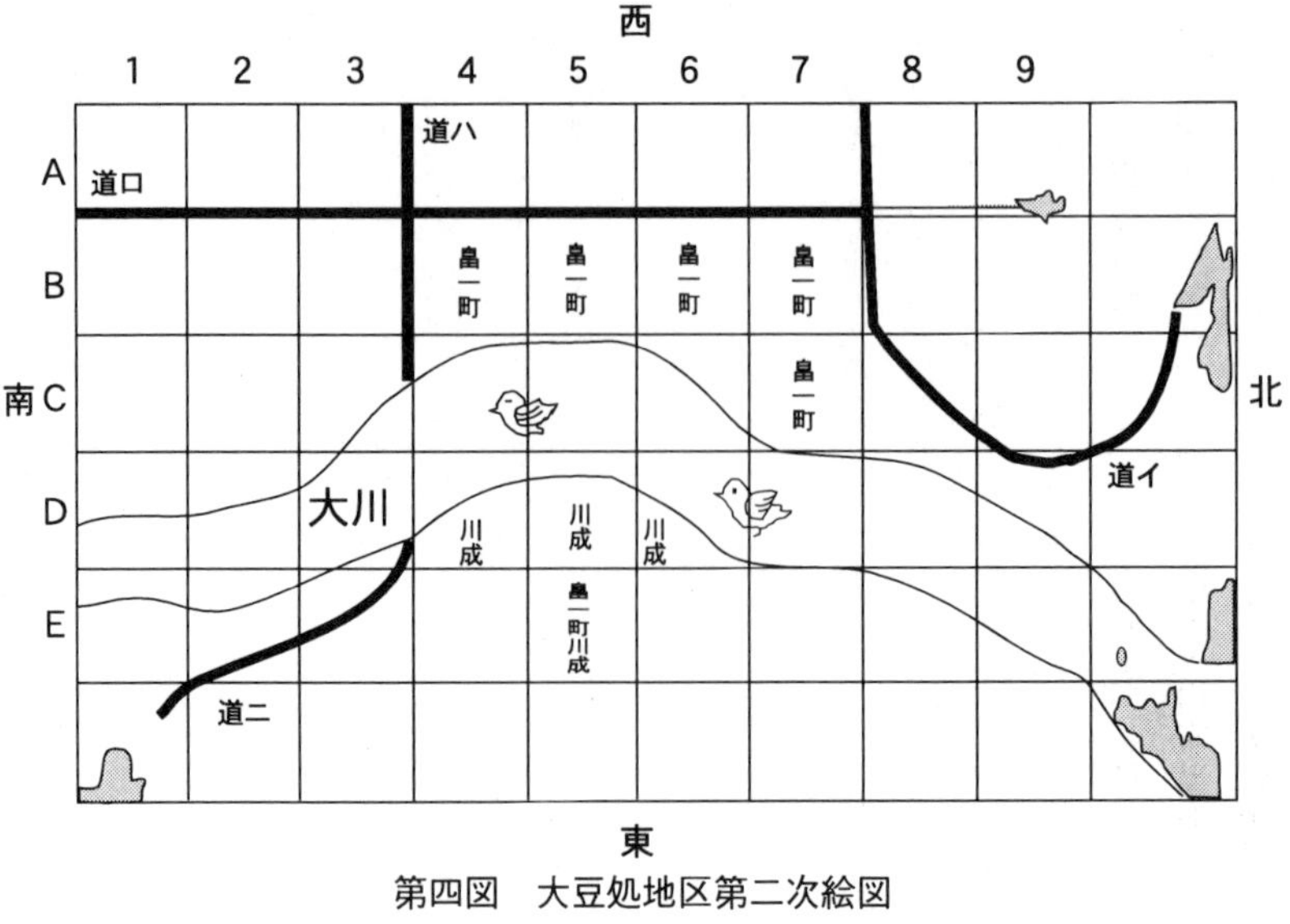

第四図　大豆処地区第二次絵図

にかけて一直線に描かれているのに、庄域とかかわるのは4～6の3個坪であり、B7の坪が庄域でないのは整合性の点からいって不自然である。さらに、大川沿いになるC4～6坪の部分が畠として計画されているが、これら坪が川原上に位置しており、増水時における道ロの水の制御機能には不安がある。第二次絵図に示される改修計画が実現すればそれらの不備はあらためられる。すなわちB7・C7に庄域が拡大されることで西岸庄域は計画道路ロと拡幅された大川との間になるB4～7とC7に広がることになり、前面に川ないし河原を置きロ・ハおよびイの堤防状をなす道により取り囲まれた小庄域が浮かび上がってくる。つまりロ・ハの計画道路（とくに南北に走るロ）は庄域とのかかわりでいうと、改修計画と組み合わされることにより計画道路としての意味がより鮮明になる。

そしてC4～6については波型の下になっているが、これはこの部分が河道（流路）になっているということではなく、河道そのものおよび河原上の河道に近い部分を庄域からはずしたことを意味する。河道およびそれに近い河原を庄域からはずすということについて、時代が下がるが昌泰元年（八九八）一一月一一日太政官符「應禁制河内摂津両國諸牧々子等妨往還船事」[52]に、淀川などの河辺に展開する王臣家・寺社の牧の牧子らが河川を上下する船の運行を妨害する事態が起こっているが、それを禁止するために川から五丈の内については、牧子らは妨げをしてはならないとされていることとの関連が注意される。この官符で川と川沿いの河原については船の通行権は保障さるべきものとされているが、八世紀中期においてもこの原則は生きていたとみるべきである。第一次絵図ではC列とD列について畠ないし川成と記入され、川に接している部分も庄域内として位置づけ、とくにC列については堤防によるより安定した畠地化がめざされているが、このままでは自由な船の運行が妨げられ、また水の制御にも無理があることをふまえ、改修計画で庄域として造東大寺司が把握する部分と非庄域になる河原の部分とに明確に分離するように再計画がなされたのが第二次絵図である。庄域から切り離された河道と河原の部分は上から波形が描かれるが、これにより第一次絵図段階での一円的庄域が両岸に分かれた二個の小庄域に再編されたことが明示される。それとともに、波型の上の6Dと4Cに水鳥がそれぞれ描かれるが、船の自由な往来を示すシンボルとして描かれたのかもしれない。

すなわち、立券前後の改修計画は庄域内部に川や河原をふくんだ一円庄域からなる地区から、川をはさんだ二個の独立した小庄域から構成される地区への再編を目的に立てられている。庄域の西岸部分については、安定した庄域を造成し、そこを諸物資の集積・船への積み込みや揚陸に必要とする設備（港湾設備）を建設する基盤を整えようとしている。手放した河原上の旧庄域も船の停泊が自由になる「浜」として利用が可能であった。また東岸については D 6 を庄域からはずして浜とした以外には変化はなく、従来通り自然に近い状況のまま船の停泊の場として使用することがめざされている。

(二)　枚方地区——堤防を用いた低湿地開発——

現在の枚方地区絵図は承和七年（八四〇）の庄園回復運動の際、再利用されており、その一環として追筆がなされ条里呼称も追筆にふくまれていることをみておく必要がある。[53] つまり成立当初の当地区絵図には各坪ごとに圃や野という地目は記入されていたが条里呼称は記されておらず、大豆処地区絵図と類似した絵図であった。以下第五図の枚方地区絵図略図と第三表の地区内部各坪に記入されている圃・野の面積をもとにその性格の検討を行なう。[54]

この地区がどのような場に設定されているかについて、まず道イが大川沿いに絵図の西隅から東に向かって延びている。そして庄の西境には「公地与寺地堺」と記されているが、この道は公地と寺地（庄域）の両者にまたがって走っている。この道イとほぼ平行する形で中央の条里界線上を東西に走る道ロが絵図の西すみから東すみまで直線的に庄域と公地の両者を貫いて走っている。さらにこの道ロとのかかわりでみておきたいのは庄域の西境の一部を構成する形でこの中央の道のところにまで南から延びてきている「入江」についてである。この水路は自然のカー

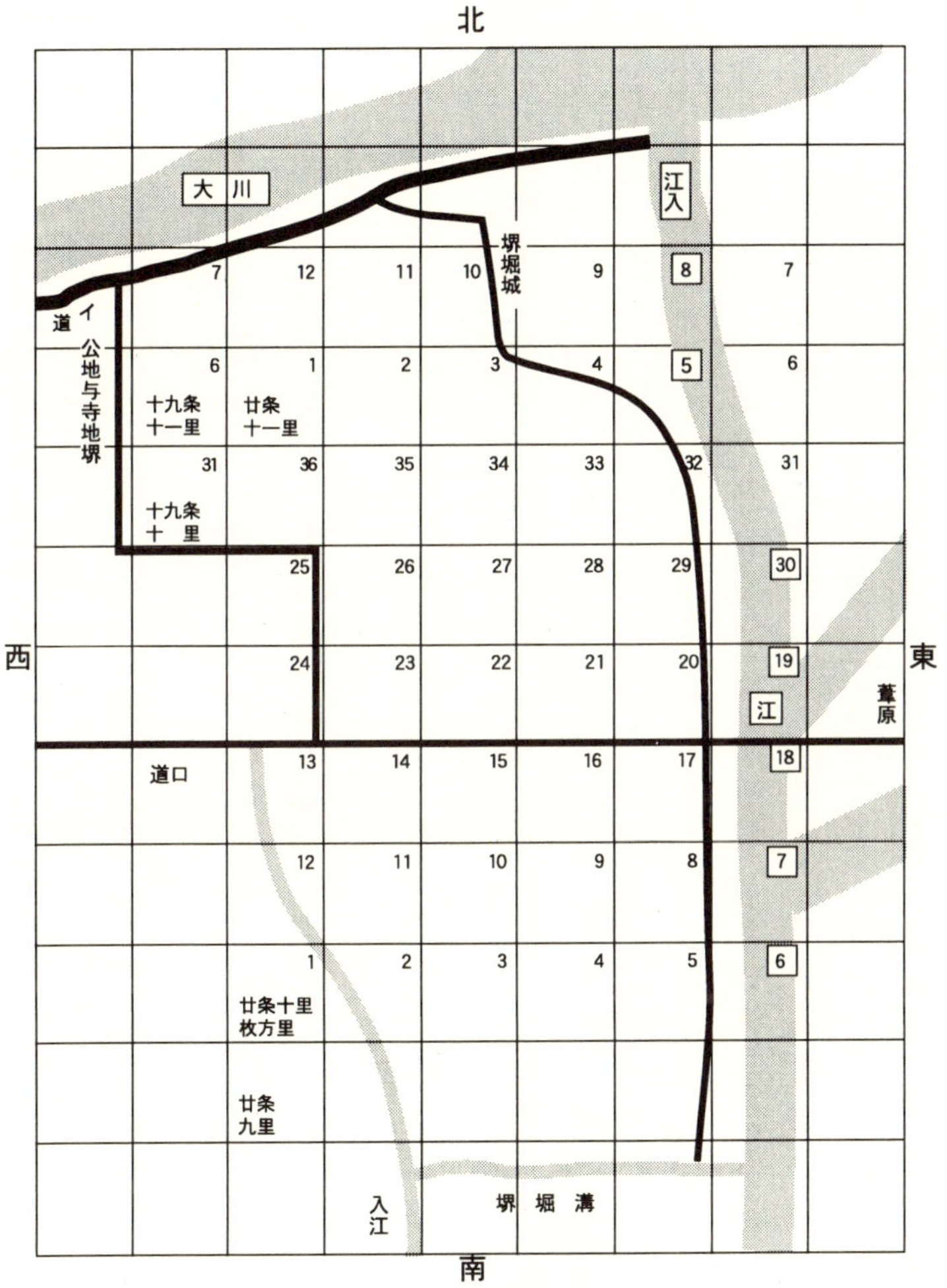
北
南
西
東
大川
江入
堺堀城
道
イ公地与寺地堺
十九条
十一里
廿条
十一里
十九条
十　里
道口
廿条十里
枚方里
廿条
九里
入江
堺　堀　溝
葦原
江
7 12 11 10 9 8 7
6 1 2 3 4 5 6
31 36 35 34 33 32 31
25 26 27 28 29 30
24 23 22 21 20 19
13 14 15 16 17 18
12 11 10 9 8 7
1 2 3 4 5 6

第五図　枚方地区略図

ブを描いており、人工的なものではなく自然流路であるとみてよいが、それがこの道口のところで行き止まりになっている。このことはこの「入江」以北はやや高くなっていることを示す。これらから見て、イとロの二本の道に挾まれた部分は庄域部分と公地部分の両者をふくめ、北を大川に南を低湿地に限られて東西に延びている微高地になっているとみてよい。なお、西のほうから延びてきている微高地は庄域の東境を流れている「江」「江入」（これも庄域西端の「入江」と同じく自然流路とみてよい）で終わっているが、庄域が庄域中央の道口より南に延びているところからみて、微高地は「江」・「江入」にそって南の方にも少し延びているとみてよい。

ではこの微高地上はどのようになっているのか。みておきたいのは庄域内の坪々に記されている「圃」及び「野」という地目の内容である。まず圃について、第三表をみると、圃の名称が宝亀四年・弘仁三年の項にあらわれている。これは両年の班田図に「輸公地」すなわち庄域内において租を国衙に輸している地としてあらわれているという意味であり、いずれも既耕地を示す。[55]これとは別に嘉祥三年（八五〇）一二月一〇日「新島庄長家部財麿解」[56]に「新嶋庄長家部財麿解　申進庄地中在公地勘注事　合圃二町百八十歩……」とある圃も本庄地区内における輸公地に転化している耕地を示している。これらの例をふまえると、枚方地区絵図における圃も立券および作成時点において現実に庄域内に存在する耕地を指すとみてよい。そして「公地与寺地堺」と記された庄の西境に近い部分にこの圃が集中している。

さらにここには宅依圃（二〇条一〇里三六坪）とその内部に神社をふくむ葦依圃（二〇条一〇里三五坪）という二つの圃が隣接して存在している。このうち宅依圃について、高重進氏は「宅」を住宅と読んでのことであろうが、ここに集落の存在を想定している。[57]しかし吉村武彦氏が同時点の越中開田図に「庄所」（丈部開田図）、「三宅所」（鹿田村墾田図）があらわれており「三宅所」は「庄所」と同じであるとしていることをふまえるならば、[58]枚方地区の「宅」は集落ではなく、庄域内開発の拠点としての造東大寺司が設定した庄所を意味するものとみてよい。ま

第三表　枚方地区耕地分布表

		758年（宝字２）図		773年（宝亀４）輪公地	812年（弘仁３）輪公地
北地区	19条11里７	茨本北圃３反240歩			
	６	茨本圃10			
	19条10里31	茨本南圃10			
	20条11里12	川辺圃４　280			
	11	川辺圃５			
	10	川辺圭１			
	４	３	野		
	３	８			
	２	川辺圃10			
	１	野依圃10			
	20条10里36	宅依圃10		北圭圃４	
	35	葦依圃10		宅　圃４	
	34	10	野	葦依圃６	
	33	10	野		
	32	圭２			
	29	９			葦　圃６　060
	28	10	野		次　圃５
	27	椿　圃	野		沢　圃１
	26	沢依圃10			萩　圃７
	23	10	野		野　圃２　060
	22	10	野		
	21	10	野		
	20	７	野		
南地区	20条10里17	圭７	180		治　圃５
	16	10	野		名　圃５
	15	10	野		葦依圃６
	14	10	野		野　圃９
	13	圭１	100野		
	11	圭８	野		
	10	10			北　圃３　160
	９	10	野		名　圃４　350
	８	圭８	野		
	５	圭６	180野		
	４	10	野		圭　圃７　160
	３	10	野		圭　圃７
	２	圭３	野		
	20条９里34	10	野		
	33	10	野		
	32	圭３　300	野		

た、宅依圃に隣接して存在する葦依圃に神社が存在することについて、絵図には「二段神社八段定地」と記入されている。史料編纂所はこの定地について、この圃一町を寺地に占点するに際して、神社の圃二段を除いて残り八段のみを寺地に定めたことを示しているとしている。[59]すなわち、占点以前にこの地に神社が存在しており、庄域設定に際し造東大寺司はそれを抹消するのではなく意図的にその神社の庄域内組み込みをはかっていることになる。このような神社の庄域内組み込みに関連して、吉村氏は八世紀中期の越中の諸庄においては庄域内に神社ないし神田が存在しており、それら神社・神田は「農耕儀礼を軸とする在地村落の再生産機構に庄園を組み込む」ことを目的として設定されていること、さらに越中国鹿田庄では庄所と神社が隣接して建てられており庄経営と神社との関連を予測させることを指摘している。[60]

つまり、この微高地は八世紀半ばの段階では在地農民の開発活動の場になっていた。庄域内の神社はここで開発活動を行なっている在地の農民たちにより庄域設定以前から祭られていたのであろう。そして造東大寺司はこの農民開発の場になっている微高地の先端部分を囲い込む形で庄域の占点を行なう。微高地を分断する形で庄域西堺に「公地与寺地堺」という線が引かれているのがそれを示す。[61]占点以後造東大寺司は庄域内に庄所を設定しそれを中心に庄域内開発を進めていくが、その際在地農民の祭っている神を庄域内に組み込み、それを媒介に庄域内の開発活動に在地農民諸層を組織しようとしているのである。

絵図にもどると、微高地を挟み込む形で微高地北端と南端を走る道イと道ロについて、上記のことふまえるとその原型は庄域設定以前にすでに在地農民の手で開発の進展に対応する形で作られていたとみてよい。ただ、道ロについて庄域の東堺を構成している川口の上をまたぐ形で絵図の東隅にまで延びて描かれていることに注意したい。「江」が描かれた上から道ロが直線的に描かれており、現状を描いたものではないのは明らかである。これは道ロは大豆処地区西岸の計画道路と同様なものとして描かれていることを意味する。ただ、この枚方地区絵図の場合、新規に堤防（道）が作られようとしているのではなく、すでにその原型が存在している道口を補強する形で計画が立てられているのであろう。道イについては道口にみられるような特徴的な描かれ方はあらわれていないが、おそらく既存の堤防の補強が計画されているとしてよい。

次に、「堺堀城」・「公地与寺地堺」・「地堺」、「堺堀溝」について、まず「堺堀城」は「江」・「江入」と記された川に沿って南北に走っているが、子細にみると庄域中央を走る道口との交差点より北の部分については曲線を描いて大川沿いの道イに接続しているが、それより南の部分は条里界線上をほぼ直線的に走り堺堀溝に達している。このうち道口より北の部分、すなわち道イとの接合点から庄域中央の道口に至る間を曲線を描いている堺堀城に囲まれている部分は一つの小庄域をなし、圃もこの部分に集中しているところからみて、この部分の堺堀城は東の「江」・「江入」からの水を防ぐ役割ないしは潮止めの役割を果たしている現実に所在する堤防とみてよい。一方、道口より南の部分は庄域の南半分に圃が全く存在しないこと、また堺堀城は条里界線上を直線的に描かれていることをみれば、計画・立案中の堤防とみるべきであろう。第三表に示されているように、枚方地区の内部の開発は八世紀中期以後九世紀にかけて北から南に向かって進行していっており、それをふまえると道口の庄域東端までの延長と対応させて堺堀城を南に「江」・「江入」沿いに直線的に延長させる計画が立てられ、それが記入されているとみてよい。

堺堀城が達している庄域の南端を形成している堺堀溝は条里界線に沿って直線的に描かれており、現実に存在していたとみて間違いない川イと川口を結んでいる。道口より南部の庄域に圃がないことをあわせ考えると、この堺堀溝も二本の川を結ぶべく開掘を予定されている計画溝とみてよい。また、庄域西境を形成している「公地与寺地堺」「地堺」は公地部分が在地農民諸層の開発活動の場になっており、開発耕地が庄域部分にまで達していたことからみて、堤防の形態をとっていたかどうか疑問である。簡単な境の目印としての土盛り程度の堤防であった可能性が高い。

以上で明らかなように、枚方地区絵図は大豆処地区絵図と同様に地区現況を描いた上に改修計画を書き込んでいるものである。すなわち、道イとロおよび東境の堺堀城の道口より北の部分の補強が計画される。これにより庄域のうち北地区は四周の堤防が強固になり、内部の耕地の安定度はより高まる。さらに庄域の東境をなす堺堀城について道口より南の部分を直線的に延長することが計画される。また庄域の南端には直線的な溝を掘ることが計画される。それが完成されれば道口より南の部分も北と東を堤防に西と南を溝により区画された小地区として姿をあらわすことになるとともに、この枚方地区と他の地区などと船運で結び合わせるための一種の小規模な港湾設備が姿をあらわすことにもなる。

(三)　立券使と墾田長

イ　立券使と国司

本庄地区について、絵図が現存していないため詳細は不明であるが、史料一として掲げた立券文の四至をみれば、東・南・西の三方が水路によって区切られており、低湿地上の微高地を囲い込むことで成立している。当地区においても他の二地区と同様に改修計画が立てられたと推測されるが、これら立券前後の各地区における改修計画の立案をめぐって、それと立券使とのかかわりに注目したい。これについて本庄庄券（上掲史料一）に署名している立券使の構成という側面から考えてみる。

まず、立券使に「見水道」がふくまれていることに注意したい。「見水道」に注目したのは原秀三郎氏である[62]。氏は越前の東大寺諸庄における墾田開発との関連で、見水道とは日下部万麻呂の職務を示すものであり、墾田開発に必要な潅漑技術の専門家であること、中央貴族の墾田開発はこのような技術者を参加させることで可能になるのであり、国家が先進的な技術と技術者を独占的に掌握しているという律令制の構造的特質を示していることを指摘している。適確な指摘であるが、考え直さねばならない点もある。それは新島庄に派遣されている見水道使は北陸には派遣されていないことである。越前国糞置庄の天平宝字三年十二月三日開田図の奥書への連署者をみると、[63]「算師位正八位下小橋公石正、造寺判官外従五位下上毛野公真人、知墾田地道僧承天、都維那僧仙主、佐官法師平栄」である。この時点北陸に派遣されている東大寺の寺使集団であるが、その構成と新島庄に派遣されている寺使集団の構成とを比較してみると、造寺使判官・算師は共通しているが、北陸で「知墾（または開）田地道僧承天」に対応しているのが新島庄では「見水道散位従七位下日下部忌寸万麻呂」である。つまり北陸には「知墾田地道」が派遣されているのに対して、新島庄には「見水道」が派遣されている。

「見水道」という用語からみて、原氏の指摘の通り水にかかわる技術指導者ないし専門家であることは明らかであるが、派遣されているのが日下部忌寸氏であることにも注意したい。『新修大阪市史』によると、[64]日下部忌寸は日下部吉士からでている。吉士が六世紀以降おおむね朝鮮系渡来氏族のカバネとして用いられていたので渡来系氏族と推定されるが、これら吉士をカバネまたはウジとする氏族は六・七世紀には海上交通の要地である難波津の周辺に住みつき航海や外交面で活動していた。日下部忌寸氏も奈良時代には郡領の地位を得ており、八世紀後期には造東大寺司が難波堀江に設定した新羅江庄の庄地売却に東生郡郡司としてかかわっている。[65]このように六〜八世紀の日下部忌寸氏は津における港湾設備の建設や運用をふくめ、難波津に深くかかわった存在になっていた。さらに先に摂津・河内の低湿地上では堤防が発達しており、両国の国境紛争が堤防をめぐって起こっていたことをみたが、東生・西成など河内・摂津の国境に接している地の郡司である日下部忌寸氏が低湿地上における堤防の築造に深くかかわっていた可能性は高い。もう一人の立券使である造寺司判官上毛野君真人について、上毛野君氏（田辺史氏）は摂津国住吉郡田辺郷を拠点に活動しており、天平勝宝二年（七五〇）に上毛野君氏に改賜姓されている。(66) 上毛野君氏も日下部忌寸氏と同じく摂津をその活動の場にしている豪族である。

別にみたように新島庄の立券にかかわった立券使集団は天平勝宝八年冬の伯耆・因幡・備後・備中・備前・播磨・伊予・阿波の諸国の造東大寺司庄園群の一斉立券に派遣されている集団である。これら庄園群は新島庄をふくめいずれも水上交通路に沿った大河川河口の低湿地帯に位置している。(67) このことからみて、造東大寺司はたんに庄園の面積確認のための立券文の作成のみを目的に派遣したのではなく、難波津周辺という国家権力にとって膝下の地で蓄積された堤防を利用した低湿地開発と港湾建設にかかわる高度な技術を導入して庄園の抜本的な改修を行なうことを指導することを目的に派遣したとすべきである。それが立券使のなかに技術面での指導者としての日下部忌寸氏を加えること、さらに摂津出自の造東大寺司の官僚をも加えることにより実現されているのであろう。

新島庄についても立券時点において、この立券使集団の指導のもとで改修計画の立案がなされた。両地区絵図にあらわれている築堤計画については、摂津・河内の低湿地において蓄積された高度な技術が背景にあったとみてよい。国津に設定された大豆処地区の改修計画について、この地区の第二次改修計画で川をはさんだ両側にそれぞれ小庄域を設定するという庄域整備が目指されている。それについて、ほぼ同時点に造東大寺司により難波津に設定された新羅江庄との関連に注目したい。この庄は天平勝宝二年（七五〇）に堀江西岸にその庄地が設定され発足するが、同四年には堀江の対岸にも庄地が新たに設定される。すなわち堀江の両岸をはさんで二つの庄地を持つ庄園になっている。(68) このように両岸に船からの積みおろしの場を持つのは物資の集散にとっては効率的であり、先進的な港湾設備といってよい。大豆処地区が大川の両岸にまたがる二つの小地区から成り立つように改修計画が立てられているのは、このような新羅江庄のあり方の移入が志向されているとみてよく、そこには難波津で活動していた日下部忌寸氏による技術指導の存在が推測される。

関連して立券文にあらわれている阿波国司について、上記券文によると天平勝宝八年一一月時点の阿波国司は立券使のなかにもその一族がいた上毛野君氏であるが、「朝集使」とのみあり、氏名は記載されていない。注目したいのは広浜である。天平勝宝元年（七四九）に従六位上田辺史広浜に外従五位下が授けられている。[69]昇叙の理由は書かれていないが、『材木知識記』によると、[70]田辺史広浜は銭一千貫を寄進している。この材木知識記に記載されている人々には漆部伊波、礪波志留志などがふくまれており、その大半は大仏造営に際して知識物を進めた故に外従五位下を授けられている。おそらく広浜も知識物一千貫を寄進した故の昇叙であったろう。天平宝字元年（七五七）には従五位下に叙せられ、[71]翌天平宝字二年一一月には播磨介になっている。さらに天平宝字五年（七六一）年一〇月には安芸に派遣され遣唐使船を作っている。[72]

広浜のたどった道と漆部伊波がたどった道とはよく似ている。すなわち、伊波の場合相模の出身らしく難波などを舞台に遠距離交易を行なっており、大佛造営に際し大量の知識物を寄進して外従五位下を授けられたことを契機に官僚機構に入りこみ、以後佐渡・大和・尾張という東国・畿内の国司を歴任している。[73]広浜は摂津の出身であるが、伊波の例と対比するならば、難波を拠点に主として瀬戸内地域を舞台にした遠距離交易を行なっている存在であり、その活動から得られたものを知識物として寄進しそれを契機に官僚機構に入りこみ、仲麻呂政権のもとで播磨・安芸など瀬戸内地域で国司級官僚として活動していた。注意したいのは広浜と天平勝宝八年段階の阿波国司上毛野君氏とのかかわりである。先にみたように広浜は天平勝宝元年から天平宝字元年まで外従五位下であり、天平勝宝二年に上毛野君（公）氏になっており、かつ播磨・安芸といった瀬戸内地域で官僚として活動している。これらのことからみて、天平勝宝八年での阿波国司上毛野氏は広浜である可能性がきわめて高い。

このように摂津の地方豪族であり、東大寺と深いかかわりを持ちながら瀬戸内地域を舞台に遠距離交易を行なっていた上毛野君広浜が新島庄の立券時点の阿波国司であること、さらに立券使のなかに造寺司として同族の真人がおり、かつ同じ摂津出自の技術者である日下部忌寸氏が見水道として参加していることは、新島庄の改修計画において摂津・河内で蓄積された低湿地開発の技術および難波津における港湾施設設定の技術などの導入をするための好適な条件になっている。天平宝字二年の枚方地区絵図が作成された段階では阿波国司は豊野真人篠原であるが、(74)広浜と立券使集団とにより立てられた改修計画がその基礎にあったとみてよい。

ロ　粟凡直氏と墾田長

さらにみておきたいのは、このような日下部忌寸氏らの技術指導をうけて開発などの工事を現実に在地において在地に密着しながら遂行する人ないし集団についてである。新島庄と同時に立券され、したがって日下部忌寸氏らの技術指導がなされているとみてよい因幡国高庭庄に、立券後の天平神護年間に「墾田長國造勝磐」があらわれている。この勝磐の私墾田が高庭庄成立後まもない時点で何らかの負債の代償として高庭庄に吸収されている。「墾田長」という言葉および負債のあったことをあわせ考えれば、勝磐は高庭庄の占点および立券の過程での在地における開発責任者であり、その開発の不成功の故に自己の私墾田を提供せざるをえなくなったとみるべきである。日下部忌寸氏の技術指導は墾田長である在地豪族としての国造勝磐を通してなされているのであり、開発の不成功はこの技術導入が実を結ばなかったことを意味する。(75)

高庭庄における国造勝磐に対応する存在は新島庄においては粟凡直（あわのおおしのあたい）一族である。この一族は庚午年籍を遡る以前から阿波（粟）国造として活動していたが、八世紀前半一族の一人若子は采女として朝廷に出仕し、そこで藤原房前の室になるが、七四〇年代には板野命婦の名で都の官人の世界での活動を始める。紫微中台が設置された後はその女官になり、天平勝宝三年から六年にかけて紫微中台と造東大寺司との連絡女官になっている。(76)板野命婦が造東大寺司との連絡女官であった期間は中・四国における造東大寺司の庄園占点の時期と重なる。その点からみて、彼女が造東大寺司の庄園設定なかんずく阿波における設定にかかわっていることが推測される。それを裏付けるのが天平神護元年（七六五）に伽藍が開かれた西大寺の庄園のあり方である。西大寺の場合、道鏡政権下の天平神護・神護景雲期に膨大な庄園群が形成されていく。(77) この庄園群の設定は東大寺の庄園群設定のあり方を指標にして行なわれ、地方豪族の墾田施入が奨励された。このとき阿波国板野郡に西大寺の庄園が「粟凡直国継」の施入で作られている。この庄園がどこに位置していたのかは不明であり、また国継と若子の関係も不明である。ただ、西大寺の庄園設定に際し板野郡の粟凡直一族が深くかかわっていることは明らかであり、西大寺の庄園設定のあり方との類似性からみて造東大寺司の新島庄の設定および開発に際しても粟凡直一族がかかわっていたとみてよい。

このように造東大寺司と板野郡の粟凡直氏を結び付けたのは同族の若子であり、彼女が媒介になることで吉野川下流域の低湿地における庄園の設定に際して板野郡の粟凡直氏がその設定と内部開発の在地における推進主体、高庭庄における「墾田長」的な役割を果たしていた。各地区の占点および内部の開発さらには改修についても、国司や日下部忌寸氏などの指導のもとで推進していたのが粟凡直氏であったとみてよい。(78)

ま と め

簡単にまとめておく。まず、新島庄関係文書について、仁平年間の文書目録を手がかりに整理し、現在残されている文書四巻と絵図一幅が平安時代末には文書七巻絵図一幅として整理されていた新島庄関係文書群のなかに位置づけられていることを明らかにし、それをふまえて、この庄が吉野川下流域低湿地上に数キロづつ離れて所在する本庄・枚方・大豆処の三つの地区から構成されていることを明確にした。

三つの地区のうち、名方郡条里の一六条一二里～一四里付近に位置していた本庄地区、それより下流の二〇条一九里を中心に位置していた枚方地区の二つはいずれも低湿地上の微高地に周辺を堤防で囲まれる形で所在していた。両地区とも耕地開発を目的として占点されており、本庄地区の方が開発は進展していた。そして本庄地区より上流にあたる一一条一二里に位置すると推定される大豆処地区は大川（吉野川）沿いの大豆津に設置されている。大豆津は板野郡に所在する南海道の駅である郡頭駅と名方郡側に位置する阿波国府とを結んで吉野川下流域の低湿地上を走る陸上交通路と吉野川という水上交通路が交差する交通の要衝の地に位置し、阿波の国津としての役割を果たしていたと推定される。ここに設置されていた大豆処地区（大豆津圃）は交通・運輸の拠点となることを目的に設定されていることが特色になっている。

さらに、大豆処・枚方両地区の絵図を分析し、庄成立後の内部開発ないし整備がどのように進められていったのかについて分析した。まず大豆処地区について、大川河道を内部にふくんで一円的に庄域が設定される。庄域のうちの西岸部分について、大川上流からの水を防ぐことを目的に上が道になっている堤防の建設が計画される。そしてこの道により囲まれる庄域部分には、計画予定堤防の完成により安定した庄地なるということで開発予定地目としての畠が記入される。すなわち庄域占点以後、その庄域内部の開発計画が立てられており、それが第一次絵図という形で表記される。そしてこの開発計画を修正する形での改修計画が書き込まれていく。第二次絵図の成立である。この改修計画により、大豆処地区は河道は庄域から除外され、地区は西岸と東岸の二つの小庄域からなる地区として再編成される。

次に枚方地区について、大川沿いの微高地先端部分に設定されている。庄域占点以前においてこの微高地は在地農民の開発の最前線になっている場であり、彼らは堤防を建設しつつ耕地開発を進めていた。造東大寺司はこの農民開発地になっている微高地の先端部分を囲い込む形で庄域を設定する。立券時点になってあらためて改修計画が立てられ、それに基づいて作成されたのが現存枚方地区絵図である。そこにおいては圃（既耕地）が集まっている庄域北部を保護する道や「堺堀城」の北の部分という、すでにその原型が存在している堤防の補強・強化による安定化の計画と、「堺堀城」の南部分や「堺堀溝」の新設による庄域南部の抜本的な改修の計画が立てられていく。

本庄地区について、当地区の立券文にあらわれている立券使が当地区をふくめた新島庄諸地区の立券時点における改修計画の策定に深く関わっていた。とくに摂津国の郡司級豪族であり、淀川・大和川下流域低湿地帯の開発をめぐる高度な技術を持っていると考えられる日下部忌寸氏が「見水道」として立券使のなかにいるが、立券時点における新島庄諸地区の改修計画は日下部忌寸氏、さらに同じ摂津国の豪族である上毛野公氏（田辺史氏）の技術指導のもとで立てられたとみてよい。また立券時点の阿波国司が東大寺に大量の知識物を献じることを通して政界に入り、瀬戸内諸国の国司などとして活動している上毛野公氏の一族広浜であると推定される。つまり新島庄改修計画の立案については立券使・国司をふくめ中央が派遣した摂津国出自の地方豪族の果たした役割は大きかった。

このような成立期新島庄の開発・改修を現地で支えたのが粟凡直氏であった。この一族は国造一族として古くから吉野川下流域で勢力を持っていた。一族出身の板野命婦（粟凡直若子）が紫微中台における造東大寺司との連絡女官として活動していた前後に新島庄が粟凡直氏の勢力範囲内である吉野川下流域に設定されているのは彼女を媒介にしたものとみてよい。そして粟凡直氏が庄域の設定や内部の開発の現地における責任者になっていたとみるべきであり、絵図にあらわれた庄の改修計画もこの粟凡直氏を直接的な担い手として進められようとしていたと考えられる。

注

（1）本書第一部第一章。

（2）高重進氏「阿波新島庄の歴史地理」（『社会科研究』九号　一九六一年、後に同氏著・『古代・中世の耕地と村落』大明堂　一九七五年）。

（3）福井氏の新島庄研究をふくんだ一連の阿波条里の研究は同氏著『阿波の歴史地理第二』（私家版　一九六三年）に収められている。

（4）服部昌之氏「阿波条里の復元的研究」（『人文地理』一八―五　一九六七年、後に同氏著『律令国家の歴史地理学的研究』（大明堂　一九八三年）第三部「国郡制の編成」3「阿波国」として所収）。

（5）島田泉山氏『徳島市郷土史論』（泉山会出版部　一九三二年）八九頁。

（6）一宮松次氏「阿波国東大寺領新島庄枚方庄大豆処について――中世史研究ノートから――」（『ふるさと阿波』六一号　一九七〇年）。

（7）藤田九十九氏「東大寺領阿波新島庄について」（『ふるさと阿波』九五号　一九七八年）。氏は島田・一宮両氏と同じ立場から新島庄について論じている。

（8）東京大学史料編纂所は正倉院文書整理の一環として、新島庄の二幅の絵図の詳しい調査を行ない、その結果を「東大寺開田図の調査」正、続、続々として『東京大学史料編纂所報』第一四～一六号（一九七九年～八一年）で報告している。新島庄絵図についての本格的調査の最初のものである。

（9）なお、成立期の新島庄を全体的に把握するためには、この三地区が立券された直後ごろに新たに勝浦地区が付け加えられておりその位置づけを行なうこと、および勝浦地区をふくむ新島庄全体について全国的な東大寺庄園群のなかでの位置づけを行なうことが必要であるが、これについては本書第三部第二章で行なっている。新島庄の全体像の把握という点でいうと、①九世紀の時点で八世紀中期に設定されて以後、庄園としての機能を十分に果たしていなかった新島庄の再編が企てられる。全国的にみて、八世紀末以後九世紀にかけて、水田の世界の外周部から、さらに山野河海の世界の奥深くにまで開発が進み、また王臣家・寺社の大規模な庄園設定がそれを追う形でなされていくが、新島庄の再編がその動きとどのように結びついているかを明確にすること、②九世紀中期以後また史料上から姿を消していた新島庄は一〇世紀中期の大規模な庄園回復運動のなかで姿をあらわし、半世紀にわたって存続した上で最終的に姿を消すが、この最終的な衰退過程が阿波国内部のどのような動きのなかで進行していくかを明確にすることの二点が、八世紀中期についての分析の上にさらに必要になる。このうち①については本書第三部第三章で行なっている。また②については、不十分であるが本書余論で触れている。なお、新島庄にかかわる研究史については、第三部付章を参照。

(10) 仁平三年四月二九日東大寺諸庄園文書目録（『平安遺文』六―二七八三）。
(11) 『大日本古文書東大寺文書・東南院文書』二―五二九。
(12) 『東南院文書』二―五三〇～五三一。
(13) 『東南院文書』二―五三二～五三三。
(14) 『東南院文書』二―五三四。
(15) 『東南院文書』二―五三五。
(16) 『東南院文書』二―五三五。
(17) 筒井英俊編『東大寺要録』（国書刊行会　一九七一年）巻六封戸水田章。
(18) 『東南院文書』三―五九七。
(19) 新島庄三地区説は筆者も「東大寺領庄園の変遷」（『古代の地方史2・山陽山陰南海編』朝倉書店　一九七七年）で独自に述べた。ただ、その時点では島田・一宮・藤田諸氏の論文があることを見落していた。後になって三好昭一郎氏の阿波の古代土地制度史の研究史整理（『史窓』第九号、一九七九年、五七～六一頁）により諸氏の論文の存在を知ることをえた。その点で、学説的には新島庄三地区説は上記諸論文が拙論に先行するものであることを確認しておきたい。なお注1の史料編纂所の絵図調査でも、Eイ絵図（造国司図案）について、これがAイの新島地を絵図化したものではなく、枚方地区の絵図であること、したがって『大日本古文書（東大寺文書）』でこの絵図につけている名称「阿波國名方郡新島庄絵図」は不正確であることを確認している。
(20) 服部氏前掲論文。

(21) 福家氏「阿波国富田荘の成立と開発」・(『阿波・歴史と民衆(徳島地方史研究会創立十周年記念論集)』教育出版センター　一九八一年)。後に福家氏は所説を金田・石上・鎌田・栄原編『日本古代荘園図』(東京大学出版会一九九六年)「阿波国名方郡新島荘図・大豆処図」で体系化している。

(22) 本書第二部第一章参照。

(23) 天平勝宝元年時点の施入文および庄券と一組になる開田図が存在していたのであろうが、現存しない。

(24) 藍住町教育委員会編『藍住町史』(一九六五年)第一編。

(25) 史料編纂所はこの絵図について「占点計画図(しかも草案)」としている。前掲『東京大学史料編纂所報』第一四号、一〇九頁。

(26) 服部氏は旧吉野川から今切川が分かれた直後の今切川両岸に比定しているし、一宮氏は本庄地区に接近した一二条一四里の地に比定している。

(27) 筆者も「東大寺領の変遷」(八木充編『古代の地方史・山陽・山陰・南海編』朝倉書店　一九七七年)では、そのようにしかとらえていない。

(28) 第一図および後に掲げる第三・四図はいずれも『東京大学史料編纂所報』一六号九五頁に所収されている略図を一部補訂したものである。

(29) 本書第二部第一章参照。

(30) なお、大豆処地区絵図について、史料編纂所も指摘しているように全体の描き方は枚方地区絵図よりもていねいである。しかし東大寺地(畠と川成)のみが書き上げられている点など、絵図の性格は枚方地区絵図と同じく改修計画図ないしその草案という性格を持っており開田図とは質的に異なる。絵図には年号記入がないが、枚方地区絵図と相前後して作成なされたとみて疑点はない。

(31)『角川日本地名大辞典・徳島県』(一九八六年)「花園」項。

(32) 服部復元の比定地の黒田付近では現吉野川は東西に流れており、絵図と現状とが合致しないのに対して、福家復元の比定地の花園付近では飯尾川（旧吉野川本流）がほぼ南から北に向けて流れており、絵図の景観と合致することにも注意しておきたい。

なお、本文で記した筆者の一一条一二里大豆処地区位置説には難点がある。それは当地区の絵図上の道に「名方郡与板野郡堺」と記入されており、当地区は両郡郡境に位置していることは明確であるにもかかわらず、郡境と当地区との関連を無視した論になっていることである。Cロの嘉祥元年本庄地区坪付によると、名方郡条里は一四里まで存在している。名方・板野両郡郡境は服部氏により条里に沿った直線郡境とされ、それが受け継がれてきているが、これに従うと郡境は一四里の所を走ることとなり、郡境から二里南にさがる一一条一二里に当地区を比定するのは無理になる。金田章裕氏が筆者の当地区の位置比定を批判し、郡境とのかかわりで考慮する必要があるとしているのは（同氏著『古代荘園図と景観』第三章一「阿波国東大寺領荘園図の成立とその機能」東京大学出版会　一九九八年）、そこを指摘したものである。にもかかわらず、現時点では本地区一一条一二里比定説を採用しておきたい。その理由であるが、絵図によると、両郡郡境は自然な曲線を描く道になっており、条里に沿った直線郡境になっていない。このことに示されるように、八世紀中期という吉野川下流域に条里が設定された当初から、一四里の所を直線郡境が走っていたと見なすのはやや無理がある。両郡郡境は開発進展のなかで変動しているのであり、直線郡境が成立するのは九世紀ないしそれ以後であった可能性が高い。そうなれば、八世紀中期時点では直線郡境が成立しておらず、郡境が一一条付近では開発の進展の関係で一二里付近に止まっていた可能性も否定出来ない。このようにこの地区の位置比定については究明すべき課題が多いのであり、現時点の説として一一条一二里説を提示しておきたい。なお、位置比定に変動が起こったとしてもさほど大きな距離的なずれはでないと考えているが、これらについては別稿を期したい。

（33）現在の板野郡板野町板西大寺に所在する（藤岡謙二郎氏編『古代日本の交通路Ⅲ』大明堂　一九七八年、第七章第三節「阿波国」服部昌之氏執筆）。

（34）諸国の国津、国府外港については、千田稔氏『埋れた港』（学生社　一九七四年）「国津と国府津」にくわしい。

ここでは阿波の国津には触れられていない。

(35) 服部復元と福家復元との食い違いについて、いずれが正しいかということよりは時代による条里呼称の変動を見る必要があり、そこには二つの可能性があると考える。その一つは、九世紀末の名方郡の名東・名西両郡の分割に際して、吉野川下流域条里の呼称変更が起こり、福家復元から服部復元への呼称変更がなされたとする考え方である。もう一つは正確な年代は不明であるが鎌倉中期以前になされている名東郡からの以西郡の分離に際しての呼称変更である。福家復元が鎌倉初期の富田庄関係文書に基づいてなされていることからいうと、後者の可能性の方が高いが、これについては別稿を期したい。以上のことからいって八世紀段階については福家復元を取るべきものと考える。ただ、確定的ではないので、本文では両復元を併記しておいた。

(36)『東南院文書』二―五四五。

(37) 脇田氏『日本中世商業発達史の研究』(東京大学出版会　一九六九年) 第一章「庄園体制の成立過程」 三〇頁。

(38) 勝山氏「封戸制の再編と解体――十～十二世紀の封戸制――」(『日本史研究』一九四号　一九七八年　六頁)、後に同氏著『中世年貢制成立史の研究』(塙書房　一九九五年) 第一部Ⅲ「平安時代後期の封戸制」。

(39) 神護景雲四年 (七七〇) 九月二九日奉写一切経所告朔解 (『大日本古文書』六―八五)。

(40) 天平宝字二年 (七五八) 八月一二日西市庄解 (『大日本古文書』四―二七八)。

(41) 弓野瑞子氏「律令国家の豆類の収取と交易雑物制について」(竹内先生喜寿記念論集刊行会『律令制と古代社会』 吉川弘文館　一九八四年)。

(42) 藤岡謙二郎氏編『日本歴史地理総説・古代編』(吉川弘文館　一九七五年)「山陰・山陽・南海の農牧業」(桑原公徳氏執筆)。

(43) 勝浦地区については本書第三部第二章参照。

(44)『東京大学史料編纂所所報』一六号九六頁下。

(45)『新修大阪市史』第一巻 (一九八八年) 八五～八七頁。

(46) 羽山久男氏は新島庄の東北方向の藍住町勝瑞にあった中世細川氏の居城勝瑞城の復元を行なっているが、城の北方を流れる矢上川から城を守る形で堤が作られており、その堤は明治時代の姿としては幅一〇間高さ一丈で竹が繁り、上は道路になっていたとする（「守護町勝瑞の復元的研究」（徳島県高等学校教育研究会地歴学会編『高校地歴』第一二号、一九七六年）。氏の指摘している道路をかねた堤防の原始的な形態がこの絵図にあらわれている道であったとしてよい。
(47)『東京大学史料編纂所所報』一六号九三頁下。
(48)『東京大学史料編纂所所報』一六号九四頁上。
(49) 史料編纂所の調査によると、表題部分は第一次絵図段階での記入である（『東京大学史料編纂所所報』一六号九四頁上）。
(50) ただ、E5坪についてはB列のような堤防を利用した本格的な開発予定地ではなかったために現況を意味する川成の文字もあわせて記入される。
(51) 史料編纂所の調査によると、この文字は第二次絵図段階での記入である（『史料編纂所所報』一六号九四頁下）。
(52)『新訂増補国史大系・類聚三代格』巻一九。
(53) 金田前掲論文。なお、金田氏は筆者が当地区絵図に表記されている道・堺堀城・地堺について、その全てを堤防としての機能を強く想定していることについて、それらそれぞれの描き方の相違にしかるべき意味・意図があったのであり、全体を単に堤防の機能を果たすものとしてとらえるべきではないとし、とくに堺堀城については東側の河口から押し上げてくる防潮の役割を果たすものとされている。堺堀城が防潮の役割を持つことを含め堺堀城・道などがそれぞれの果たしている役割についてのより正確な把握の必要性は指摘の通りである。ただ、当地区の状況は八世紀中期における在地農民と東大寺の手による水田の世界の開発の最前線における開発のあり方を典型的に示しているものである。そこにおいては道・堺堀城などが川中島状の微高地を何らかの形で水から守る（防潮の目的もふくめ）堤防として造成されていること、それが開発に重要な役割を果たしていることが大きな特徴になっている。

神崎川河口に位置する猪名庄の絵図でも示されているように、古代から中世にかけて近畿の大河川河口地帯の低湿地上に、徐々に堤防を延長していく形で開発が進展していく。これと基本的に同じ過程が吉野川河口でも進展しはじめているのである。

(54) 絵図作成の時点では条里呼称は記入されていなかった。ただ、当略図では第三表との対比の必要上記入しておいた。

(55) 詳しくは、無年号阿波国新島庄坪付注文（『東南院文書』二―五三二）参照。

(56) 『東南院文書』二―五三三。

(57) 高重氏著『古代・中世の耕地と村落』第三章第二節「阿波国東大寺領新島庄」。

(58) 吉村氏「初期庄園に見る労働力編成について――東大寺領越中・越前庄園――」（原始古代社会研究会編『原始古代社会研究1』校倉書房　一九七四年）一七五頁。

(59) 『東京大学史料編纂所報』一四号　一〇八頁上。

(60) 吉村氏上掲論文一六九頁。

(61) この「公地与寺地堺」という文字について、史料編纂所の調査では次のように述べられている。「本図には大別して坪付を記した筆bとそれ以外の筆aの二筆がある。aには表題・地形・地目・地積・方位・境界等の文字がふくまれる。bには坪付（その直下に記載田川などの地目をふくむ場合もある）・地形の一部が入る。aが先筆でbが後筆である……」（『東京大学史料編纂所所報』一四号一〇八頁上）。金田前掲論文などにより、後筆であるbが承和年間記入であることが明らかにされており、したがってaは絵図成立時点である天平宝字二年記入とみてよいことになる。この「公地与寺地堺」という文字は史料編纂所の調査ではaであるとされている。しかし書体がやや異なるようにも見受けられ、bすなわち承和年間の追筆である可能性も否定できない。しかし追筆であっても八世紀中期の時点で農民開発地の一角を切り取る形でこの地区が設定されたことは動かない。

(62) 同氏「八世紀における開発について」（『日本史研究』六一号　一九六二年）。

(63)『東南院文書』四所収。
(64)『新修大阪市史』第一巻　五八三～四頁。
(65)天平宝字四年一一月東大寺三綱牒案（『東南院文書』三―五八八　天平勝宝・神護景雲年間「摂津国家地売買公験案」所収）参照。
(66)『續日本紀』天平勝宝二年三月一〇日条、および『新修大阪市史』第一巻五八九頁。
(67)本書第三部第二章参照。
(68)大谷治孝氏「摂津国家地売買公験案の基礎的考察」（『ヒストリア』八二号　一九七九年）。
(69)『續日本紀』天平勝宝元年八月二日条。
(70)上掲『東大寺要録』巻二　三七～八頁。
(71)『續日本紀』天平宝字元年五月二一日条に「外従五位下……上毛野公廣濱……并従五位下」とある。
(72)『續日本紀』天平宝字二年一一月二七日条に「授播磨國介従五位下上毛野公廣濱従五位上」とある。また、同天平宝字五年一〇月二日条に「遣従五位上上毛野公廣濱…已下官六人、造遣唐使船四隻於安藝國」とある。
(73)『新修大阪市史』第一巻八九六～九〇一頁。
(74)『續日本紀』宝亀四年（七七三）五月七日条。
(75)高庭庄については本書第二部第二章参照。
(76)粟凡直氏については丸山「川と地方豪族」（東潮氏編『川と人間――吉野川流域史――』溪水社　一九九七年）、また板野命婦については角田文衛『律令国家の展開』（吉川弘文館　一九六五年）第五部「板野命婦」、松原弘宣『古代の地方豪族』（吉川弘文館　一九八八年）第四章「阿波の地方豪族」など参照。
(77)宝亀一一年（七八〇）一二月一五日西大寺資財流記帳（『寧楽遺文』中巻所収）。
(78)関連して大豆処地区の開発・改修計画において、東岸の庄域についてはとくに手がくわえられない「川成」のまま推移しているのに対して、西岸の庄域については徹底的な手がくわえられ大規模な改修が計画されている。西岸が板野郡と連絡する側であることをみれば、この地区の開発・改修計画が板野郡との連絡をより重視する立場から行なわれたとみることもできる。これはあるいは、庄域自体は名方郡に属しているが、若子が板野郡出自であったことから、粟凡直氏のうちでもとくに板野郡側の一族が墾田長になるなどこの庄の開発・経営の主導権を握っていた故なのかもしれない。これについては後考をまちたい。

第二章　水上交通路としての南海道支道と東大寺庄園

――八世紀の新島庄勝浦地区――

はじめに

吉野川下流域の阿波国名方郡の低湿地上にある新島庄は数キロごとに離れて所在する三つの庄地から成り立っていた。[1] しかしこの庄には「勝浦郡地」という四番目の庄地が存在する。この庄地が最初にあらわれるのは九世紀中期の承和年間であり、さらに後に一〇世紀後半の寛和年間に「勝浦庄」という名前が新島庄・枚方庄とならんであらわれている。[2] このように長く存続したにもかかわらず、この地区については下記の史料しかまとまったものはない。[3]

阿波國牒　東大寺衙
　不得勘徴圃地子事
一　新嶋地壱拾町参段壹佰陸拾肆歩
右圃、以去承和七年可返入寺之状、被言上矣、但校田目録申官之後解文也、即（マヽ）盛班百姓口分、来年可班改、
然後可徴地子、
一　大豆津圃参町弐段

右地、未改口分之間、同右件、以来年可勘地子、

一　勝浦郡地参拾玖町

右地、自昔為江洲、公私無利、不由徴地子、使等所明、以前等畠地子、依去九月七日牒状可勘徴、而載校田目録言上、官即被下省符、猶為口分、須来校圃之時除置之、奉寄寺家、承前國司等収公班民既了、今時吏非所知、但縁事佛事、来年可改之入寺、仍具事状、即附廻使豊貞等、以牒、

承和十一年十月十一日

この国牒は新島庄の回復をねらった東大寺の庄園回復運動が承和七年（八四四）以後展開されていく一環としてだされたものであり、新島庄を構成する諸地区それぞれについて東大寺が要求をだしたことに対する阿波国司の回答である。「新島地」（本庄地区）と「大豆津圃」（大豆処地区）と「勝浦郡地」の三者が項目として立てられている。(4)

この国牒から次の二点は確認できる。第一点は九世紀半ば時点では勝浦地区は他の三地区と不可分に結びつけられて一括して扱われていることである。後の一〇世紀の寛和年間の史料では「寺家符　新嶋・勝浦・枚方等庄々」とあり、それぞれが自立をした庄園として扱われているような状況がでてきているが、九世紀半ばまでは一括して扱われていた四つの地区が一〇世紀後半には個々に扱われるようになったことを示すものである。

第二点はその位置についてである。「勝浦郡地」という名称に示されるように、新島庄を構成する他の三地区がいずれも名方郡に所在するのに対してこの地区が郡境を越えて勝浦郡内に位置している。上記史料によると、ここは「江洲」となっている地とされているから、具体的には勝浦郡を流れている勝浦川沿いの低湿地上に位置しているとみてよい。勝浦川は徳島市の飯谷地区を抜けると低湿地帯に入る。この飯谷地区以東の紀伊水道に至るまでの勝浦川の流路について、現在の流路は一七世紀の藩政時代に固定したものであるが、それまでは流路は現在の徳島

市から小松島市にかけて乱流をくり返していた。勝浦地を中流域の勝浦盆地やさらにその上流に求めることは「江州」とあることからみて無理があり、飯谷地区より下流の低湿地帯に求められるべきであろう。(5)

この二点をふまえると、勝浦地については次の諸点が問題になる。その第一点はこの地区の成立時期についてである。一〇世紀末の欠年月日「東大寺領諸國庄家田地目録案」(6)には「新島庄八十四町三段七十五歩……右庄田地川成荒廃」とある。この面積が立券完了時点の新島庄の面積を指すと考えられるが、それは本庄・大豆処・枚方の三地区面積の合計にほぼ同じであり、三〇余町にのぼる勝浦地はふくまれていない。つまり、新島庄は天平勝宝八年（七五六）に三地区からなる庄園として立券され、勝浦地はその後につけ加えられているとみてよい。第二点はこのように新島庄三地区の成立後につけ加えられたとするならば、その設定の目的は何であったかについてである。これはこの地区のみが名方郡内に設定されず、郡境を越えて勝浦郡内に設定された理由とも深くかかわる。

以上の二つの問題は相互に深くかかわるが、みておきたいのは古代阿波の交通路と新島庄とのかかわりである。古代阿波の交通路は①吉野川、②南海道、③南海道支道の三者が主要なものである。このうち①の吉野川は阿波を東西に貫く水上交通路の大動脈となっている。(7)②の南海道は延喜式記載の駅として石隈駅と郡頭駅があらわれている。石隈駅は現在の鳴門市撫養町木津に、郡頭駅は鳴門市大麻町郡頭に比定されている。(8)この郡頭駅から南海道は大坂峠を越えて讃岐に向かうとともに、この駅から吉野川下流域低湿地帯を横断して阿波国府に向かう陸上交通路も分岐している。そして③の南海道支道はやはり撫養を起点に板野・名方・勝浦・那賀諸郡を抜けて土佐に向かう。この支道は養老二年（七一八）に伊予国経由土佐国への駅路以外に阿波国から土佐国へ直接通じる駅路として併設され、(9)以後延暦一五年（七九六）まで存続した。(10)②の延喜式記載の二つの駅は延暦年間の支道廃止後にあらわれたものであるが、(11)この阿讃山麓沿いの二つの駅はそれ以前の支道存続の時点にも存在していたとみてよい。つまり八世紀初頭以来木津をふくめた撫養の地に置かれていた南海道の四国における起点としての後の石隈に該当する駅(12)を出発点に一本は讃岐にぬける道、もう一本は土佐にぬける道が存在した。

①②は名方・板野・麻植・美馬（後の三好郡をふくむ）諸郡から構成される阿波国北方を、③は勝浦・那賀（後の海部郡をふくむ）から構成される阿波国南方を走るが、新島庄三地区の一つ大豆処地区が南海道の郡頭駅と阿波国府を結んで吉野川河口低湿地上を走る陸上交通路と吉野川とが交差する大豆津という①および②とかかわる交通の要衝の地に港湾機能を持って設定されている。[13]これと対応させると勝浦地が名方郡の境を越えて紀伊水道に近い勝浦川河口に設定されていたのは③の南海道支道にかかわる交通の要衝の地を押さえる形での設定ではないかということが浮かび上がってくる。

以下、まず南海道支道のあり方について、阿波国那賀郡の郷配置の特質およびこれら郷と南海道支道沿いに設置されている駅との関わりという側面からみていく。次に南海道支道との関わりで勝浦地区がどのような場に設定されているのか、またなぜこの地区のみが郡境を越えた勝浦郡に設定されたのかについてみていく。その上で、勝浦地区をふくんだ新島庄全体が瀬戸内海を中心に設定されている東大寺の庄園群のなかにどのように位置づくのかについて、水上交通路との関わりを中心にみていく。以上の諸点をみることで、勝浦地をふくむ成立期新島庄の全体的位置づけの一端が明らかになると考える。

一　南海道支道をめぐって

(一)　那賀郡所在の駅について

南海道支道がどこを通るかについては研究史上現在の国道一九五号線（那賀川をさかのぼる山間部の道）説と国道

五五号線（海部郡内の海沿いの道）説とが対立していた。しかし、平城京出土の那賀郡関係木簡により「薩麻駅」と「武芸駅」という二つの駅の存在が明らかになり、このうち「武芸」は現在の海部郡牟岐町に該当することは間違いないことから、この駅路道は海岸沿いを走っていたことが確実になった。[14] これら那賀郡関係木簡群は八世紀前半における南海道支道とそこに置かれている駅の性格について、豊かな事実を提供しているのでそれについてみておきたい。

イ、平城京発掘調査出土木簡概報によると平城京内裏東外郭とその東方にある官衙とに挟まれた東大溝ＳＤ二七〇〇から次のような木簡が出土している。[15]

イ―一　阿波国那賀郡武芸駅子戸主生部東方戸同部毛人　調堅魚六斤　天平七年十月

「武芸」は牟岐（現海部郡牟岐町牟岐）である。その初出は従来、嘉禎三年（一二三七）五月官宣旨[16]に「牟岐（郷）」とみえるものとされてきたが、すでに天平七年の時点に駅が置かれていた。

ロ、同概報によると、上記東大溝ＳＤ二七〇〇の西壁で検出した溝状の堆積ＳＸ一二九一三・一二九一五から一〇点の木簡（内の一点は削屑）が出土しており、[17] 釈文には次の八点が掲げられている。[18]

ＳＸ一二九一三出土木簡

ロ―一　□郡□（小ヵ）城郷新□

ロ―二　因幡国巨濃郡潮井郷河会里物部黒麻呂中男作物海藻六斤　天平七年七月

ロ―三　阿波国那賀郡薩麻駅子戸鵜甘部□麻呂戸同部牛調堅魚六斤　］平七［

ロ―四　阿波国那賀郡□□郷□□里戸主鵜甘□□伎□［

ロ―五　□子安曇部久爾戸同遠堅魚六斤天平七年十月

SX一二九一五出土木簡

ロ―六　・主殿寮□□□□□［　］

　　　　・右八月二十日申送□□国［　］立丁二人□［　］□□

ロ―七　阿波国□□［　］□部千国調堅魚六斤□□□□十月□

ロ―八　大公国　□

八点のうち、三・四の二点は那賀郡関係木簡である。また五・七は郡名ないしは国・郡名が不詳であるが、いずれも三との記載様式の類似からみて那賀郡関係木簡とみてよい。具体的にみると、三は那賀郡薩麻駅の駅子がだした調に付された荷札である。年紀はロ群が全てそうであるように、天平七年一〇月とみてよい。「薩麻」という地名は現在では残っていない。四について、郷名と里名が読めていないが、「鵜甘□」は二の木簡にあらわれる「鵜甘部」と同じとみてよいし、年紀も同じく天平七年一〇月とみてよい。五の「□子」は二木簡で薩麻駅の駅子が、またイの木簡で武芸駅の駅子が、それぞれ調として堅魚を負担しており、それと対比させた場合「駅子」と読んでよい。薩麻駅駅子の木簡と同時出土しているところからみて、同駅の駅子である可能性が高い。七は郡・郷・里名ともに不明であるが、ロ群の一点であり、かつ同じ堅魚に付されているところからみて、四と同じ郷の調関係木簡で、年紀も天平七年一〇月とみてよい。

ハ、二条大路木簡からは那賀郡関係のものとして次のような木簡が出土している[19]。

ハ―一　阿波国那賀郡播羅郷海部里戸主安曇部大嶋戸同部若麻呂調御取鮑「六斤天平七年十月」

二条大路木簡には約四〇〇点の海産物がその大半を占める諸国の貢進物の荷札がふくまれており、天平七年（七三五）の年紀を持つものが多く、[20]この木簡もその一点である。播羅郷は和名抄郷としてあらわれている。ここでみておきたいのは天平七年の郷里制が行なわれていた時点でその下に「海部里」という行政区分が存在していることである。

共通して天平七年一〇月に作成され、武芸駅・薩麻駅および播羅郷海部里にかかわっている、以上のイ—一、ロ—三・四・六・七、ハ—一の六点の木簡は八世紀前半段階における阿波国南部（那賀郡）に光をあてる。以下これら木簡から導きだしうることをみていく。

まず薩麻駅について、薩麻という地名が残っていないためこの駅の所在地は特定できない。[21]その点で上記ハ—一木簡の播羅郷海部里とロ—四木簡の□郷□里とのかかわりをどのようにみるのかは重要な意味を持つ。ここでは二つの考え方が成り立ちうる。すなわち、ロ—四の読めていない郷・里をハ—一の播羅郷海部里と同じと読むという考え方と、異なるものと読む考え方との二つである。

このうち前者の不明郷里を播羅郷海部里という立場に立つと、ロ—四及びハ—一の二点の木簡から、この播羅郷海部里に鵜甘部氏と安曇部氏が居住していたことになる。一方、ロ—三木簡から薩麻駅の駅子として鵜甘部氏が、ロ—五木簡から駅子（薩麻駅の駅子と推定される）として安曇部氏がそれぞれいたことになる。[22]さらにロ—七木簡「□部千国」とあるが、先にみたようにこの木簡がロ—四木簡の郷と同一郷関係木簡とみなしうるので、これも安曇部氏か鵜甘部氏のいずれかと読んでよい。このように鵜甘部氏と安曇部氏とが薩麻駅駅子および播羅郷海部里の戸主・戸口として共通してあらわれているということからみて、薩麻駅は播羅郷海部里の内部に所在していると把握してよいことになる。

播羅郷について、原村という藩政村が当該地の内部にふくまれていることから那賀川河口デルタ地帯北部に広がるとされている。[23]ただ、この郷については上記の播羅郷関係木簡とは別に下記の木簡が長屋王家出土木簡のなかに所在する

二、阿波国長郡波羅里黒米五斗[24]

付札木簡における国郡里の表記については、霊亀元年（七一五）以前は「国郡里」、それ以後天平一二年（七四〇）までが「国郡郷里」、それ以後は「国郡郷」とする定説にほぼ一致することはすでに指摘されている。[25]長屋王木簡は和銅四年（七一一）〜霊亀二年（七一六）の間のものであるが、[26]上記木簡は天平七年をさかのぼる約二〇年の七一〇年代に作られたものである。木簡二にあらわれる国郡里段階の播羅里は国郡郷里および国郡郷段階の播羅郷と対応するものとみてよく、七一〇年代の播羅里と七三〇年代の播羅郷とでは那賀川河口デルタ地帯北部というその広がりに大きな変動はなかったと考えられる。このように同一郷（里）内から七一〇年代には米が貢進され、約二〇年後の天平七年には郷のもとでの行政区分としての海部里があらわれ、そこから海産物が貢進されているところからみて、天平七年の時点では海部里とならんで播羅郷内の農業生産（水田耕作）が行なわれている地においては海部里とは別な里が組織されているとみてよい。すなわち播羅郷には複数の里が組織されており、そのうち海辺で活動する戸で構成されているのが海部里である。

二条大路木簡に、「伊予国伊与郡石井郷海部里阿曇部太隅鯛楚割六斤」[27]とある。石井郷・海部里ともに後の和名抄の伊与国頂にはあらわれていないが、郡郷里段階でやはり石井郷内の海沿いの地で海部里の編成がなされたとみてよい。海沿いの地で海を活動舞台としている戸・戸口を海部里という形で編成するのは各地でなされており、播

羅郷海部里も那賀川河口デルタ地帯先端部の海に近い部分で海を活動舞台にしている戸を組織して成り立っているとみてよい。この海部里を構成する戸である安曇部氏・鵜甘部氏が薩麻駅駅子としてもあらわれているのであり、薩麻駅は那賀川河口デルタ地帯北部の海沿いの地、海部里内部に所在する津に設定されていたことになる。

以上がロ—四木簡の不明郷・里を播羅郷海部里と読んだ場合の考え方であるが、そのようには読まないとする考え方も成り立つ。これはロ群木簡とハ木簡とは那賀郡のそれぞれ別の地域にかかわるもの、ロ群木簡にふくまれる薩麻駅とハ木簡の播羅郷海部里とは別の地域に所在するとみなす説である。天羽利夫氏は薩麻駅をふくむロ群木簡にみえている貢進物としての堅魚（鰹）は那賀川河口では安定的にとれるものではなく、その点で鰹が安定的にとれる、黒潮の直接洗う海部川河口が薩麻駅の位置としてはふさわしいとしている[28]。これはハ木簡が那賀川河口関係木簡であるのに対し、ロ群木簡を海部川河口関係木簡として把握しようとする立場でもある。この説に立つと、従来関係木簡が一点も出土しておらず、従って八世紀の動きが把握できていなかった海部川流域についてこの木簡群をもとに光を当てていくことができることになる。

いずれをとるべきか確証はないが、鵜甘部氏と安曇部氏との共通した存在という点を重視する立場から、さしあたりロ群木簡は播羅郷海部里とかかわったもの、すなわち薩麻駅は那賀川河口に所在していたとする立場をとっておきたい[29]。

次に武芸駅について、現在の海部郡牟岐町に位置し、牟岐湾に面している。「兵庫北関入船納帳」にも「牟木」としてあらわれているように室町期には港として発達している[30]。上記の木簡により、古代においてこの津に駅が置かれていたことが明確になった。問題になるのは武芸駅が天平七年段階でどの郷・里に属していたのかについてである。牟岐は由岐・日和佐・牟岐の各地で構成される上灘の一角に所在する。第一図に図示したように、上灘については日和佐という地名が郷名に関連するということから『大日本地名辞書』[31]以来の通説として和名抄所載の和

第一図　阿波国内諸郷位置略図（那賀郡を中心に）

射郷にあたると考えられてきた。また関連して和名抄所載の海部郷については海部川流域を中心とした下灘すなわち現在の海南町・海部町・宍喰町に比定されてきた。[32]それを前提とするならば、武芸駅は和射郷内に位置していたことになる。ところでこの和射郷については次の二点の木簡が注目される。

ホ、長郡和社里白米五斗[33]

へ、阿波国那賀郡中男海藻六斤　和射[34]

ホの長屋王家木簡にあらわれる「和社」は「和射」と同じとみてよく、和名抄の和射郷と対応する存在とみてよい。時期は七一〇年代である。への木簡について、この木簡はSD二七〇〇のⅣ層から出土している。SD二七〇〇のⅢ～Ⅳ層出土木簡は年紀のあるものは天平勝宝・天平宝字に限られているところからみて、[35]上掲木簡も七五〇～六〇年代のものとみてよい。七四〇年代以降は「郡郷」段階に入っているので、この「和射」も和名抄の和射郷に対応する存在とみてよい。つまり和射郷については「郡里」段階の七一〇年代には米が貢進されており、「郡郷」段階の七五〇年代には海産物が中男作物として貢進されていることになる。これは先にみた播羅郷と同じく、和射郷についても、天平七年段階の「郡郷里」段階では海辺に位置し海を活動舞台とする人々が構成する里と、平野部に位置し農業生産に従事する人々が構成する里（単数ないし複数）とから成り立っていたことを示す。そうなるとあらためて問題になるのは和射郷の広がりである。通説のように上灘＝和射、下灘＝海部ということにした場合、上灘地方は四国山地がそのまま海に達しており、いうに足る平地はないことに注意したい。八世紀前半段階について、ホの長屋王木簡の存在からみて、和射郷（里）はその内部に米を産出する平野地帯をふくんでいることが明確である以上、その広がりを水田地帯が入る余地のない上灘地方に限定して考えることは不自然ということになる。

では八世紀前・中期の段階の和射郷の広がりをどのようにみるべきか。通説では海部郷の郷域とされる下灘地方について、現在の海部町に那佐湾という地名が存在していること、さらに延喜式内社の一つの和奈佐意曽神社[36]は現在の海南町大字大里に鎮座する八幡神社であるが、慶長九年（一六〇四）以前は現海部町鞆浦那佐港に鎮座していたことに注目したい。那佐浦は『阿波風土記逸文』に「奈佐の浦」としてあらわれており[37]、下灘地方に属する那佐湾沿いの地は古代においては和那佐・奈佐と呼ばれていた。このように和射にかかわる和那佐・奈佐という地名が下灘地方にも広がっていることを考慮するならば、和射郷・海部郷の広がりについて、上灘地域が和射郷に、下灘地域が海部郷にそれぞれ対応するということでは解釈がつかなくなる。これについて、那賀郡と紀伊水道を越えた対岸に位置する紀伊国海部郡との対比で問題を考えてみたい。

従来から紀伊国海部郡は①現和歌山市北西部の加太・木の本・雑賀地区、②現海草郡下津町と有田市初島町の下津・初島地区、③現日高郡由良町の衣奈・由良地区の三つの地区から成り立っており、三地区とも紀伊水道に臨み、突出した半島部などをふくんでいるが、海草郡・名賀郡などといった内陸部の諸郡の海沿いの地を切り取る形で紀伊水道沿いに北の加太から南の由良まで帯状に延びているとされ、そして①が和名抄の加太郷のおよその広がりを、②が浜中郷のおよその広がりを、さらに③が余部郷のおよその広がりをそれぞれ示すとされてきている[38]。

ところが①の加太郷について、『和歌山県史、原始・古代編』[39]が八世紀前期のこの郷の広がりが現和歌山市加太から少なくとも現海南市黒江にまでおよんでいたことを、神亀五年（七二八）の木簡に「可太郷黒江里」[40]があらわれていることに基づいて指摘している。この指摘によると広大な紀ノ川の河口全体が加太郷のなかにふくまれる、すなわち河口に点在する陸地の人間居住地を結ぶ形で郷が成り立っていることになる。つまり従来は紀ノ川河口北岸に限定されて考えられていた加太郷の広がりが紀ノ川河口南岸をふくめ河口全域にまたがる広がりを持つことが明らかになった。さらにもう一つ注意したいのは八世紀前半の時点で紀伊国海部郡には木本郷（現在の和歌山市木本）

が所在していたが、この郷は紀ノ川北岸の加太寄りの海沿いの地にあり、この時点大安寺の所領が所在しており、加太郷の広がりのなかに割り込む形で所在していることである。つまり加太郷は木本郷によりその広がりを分断されている[41]。

紀伊水道沿いの海辺部に展開する加太郷は海を活動舞台にする人々の居住地を結ぶ形で細長く延び、かつ他郷にも分断されている郷であることをふまえ、阿波国那賀郡海部郷にもどる。すでに『阿南市史』第一巻は現阿南市福井町椿地に所在の寿永年号を持つ板碑に「阿波國海部郡福井里」[42]とあり、かつ福井が那賀郡から海部郡が分離した後は那賀郡に属する地であることに基づいて、古代の海部郷の広がりを下灘地域に限定するのではなく、上灘地域から一部は現在の阿南市の南部（福井付近）までをふくむ海岸地帯一帯ではなかったかという見方もあるとしている[43]。つまり海部郷＝下灘、和射郷＝上灘という通説を否定する見方が提出されている。ここでは阿南市史でだされている考え方をさらに押し進め、和名抄にあらわれている那賀郡海部郷の広がりについて、それを現在の下灘地域とみるのではなく、対岸の加太郷と同様に那賀川河口の北方から土佐国境に至る那賀郡の海岸線全域、すなわち那賀郡の他の六郷の海沿いの部分を切り取る形で紀伊水道沿いに細長く延びているという特異な形態をとって成立している郷とする見方を提出しておきたい。またそれと対応して和射郷の広がりについても全て山と海で成り立っている上灘地域に比定するのではなく、従来の通説では海部郷とされてきている大里古墳群の分布をみる海部川流域の平野部を中心に広がっていたとする見方を提出しておきたい[44]。このようにみることで、和射郷から七一〇年代に白米貢進がなされているのは、海部川流域の平野地帯から貢進されたことになる。またこれにより和射郷を水田の無い上灘地域に比定した場合の白米貢進の不自然さは解消できる。

ただ、和射郷について七五〇年代に中男作物として海産物が貢進されており、和射郷も一部海に面していると推測されることからみて、海部郷の広がりは八世紀前・中期の段階では対岸の紀伊国海部郡加太郷と同様に、和射郷など他郷の広がりで分断されていた可能性が高いこともみておきたい。和名抄の那賀郡の項で海部郷は和射郷の次、那賀郡の最後尾に記されているが、これについても従来那賀郡の南端の郷が海部郷であること、いいかえれば郡南端の下灘地域が海部郷であり、その北の上灘地域に和射郷が広がることを意味するとされてきた。しかしそうではなく海部郷は他の諸郷の海辺部分を切り取る形で成立しているというその形態が他の諸郷と異なるというその特異性により末尾に記されているのであろう。

そして紀伊国海部郡の場合、和名抄の段階では加太郷は記載されているが、木本郷は姿を消している。このことは『和歌山県史』も指摘しているように木本郷は加太郷に吸収された、すなわち八世紀中期以後一〇世紀に至る間に郷の整理・統合がなされていることを示す。(45) 同様なことは阿波国那賀郡でもいえる。すなわち、八世紀中期までは諸郷の海辺部分で分断されていた海部郷も、一〇世紀段階では諸郷の海辺の部分を吸収し那賀郡の海辺部分全体にわたり帯状に延びている郷に整理・統合されるという郷の広がりの変遷があった可能性はみておくべきである。

武芸駅にもどると、この駅が現在の牟岐であることは動かない。問題は天平七年の郡郷里段階で、この駅がどの郷に属していたかであるが、いままでみてきたことをふまえるならば、上灘・下灘両者をふくむ郷としての和射郷内の複数の里の一つであり海辺で活動する人々が作っている里に所在するとみるか、あるいは海沿いに延びる海部郷のうちの一つの里に所在するとみるかいずれかであろうが、後者の可能性が高いとみておきたい。

㈡　南海道支道と水駅

以上二つの駅が那賀郡の海辺部の海部郷ないし海部里内の津に置かれていたことをみてきた。周知のように、駅は中央と各国府を結合する各駅路上に一定区間ごとに設置され、各駅二〇疋から五疋の駅馬と、駅長を頂点に一般公民とは別に編戸された、駅馬数と同数の駅戸で構成されている。駅子は駅長が統率するが駅馬の飼育、使者の次の駅までの送り届けなどを任務としており、そのため駅子に徭役（庸と雑役）、駅長には課役（租・調・庸・雑役）負担が免除されていた。[46] 薩麻駅の場合は鵜甘部氏・安曇部氏姓の二つの戸が、武芸駅の場合は生部氏の戸がそれぞれ駅戸としてあらわれている。いずれも調をだしており、徭役を免除された駅戸（駅戸の場合は調はだす義務がある）とみてよい。

ただ、この二つの駅を陸上交通のための駅とみてよいかどうかは問題になる。国道五五号線沿いの上灘地域は四国山地がそのまま海に落ち込む険阻な地形になっており、陸路は存在したのであろうが（近世では土佐街道が走っている）、人や物資を運搬するに適しているとはいいがたい。それ以上にみておきたいのは上記二つの駅の駅子が「調」として海産物をだしていることである。つまりこの二つの駅の駅子は紀伊水道を活動舞台としている存在であり、陸上での馬を用いた交通・運輸に従事している者とはみなしがたい。それらの点からみて、この駅は厩牧令水駅条に「凡水駅不配馬處、量閑繁駅別置船四隻以下二隻以上、隨船配丁、駅准陸路置」[47]と規定されている水駅とみなすべきものと考える。

水駅については坂本太郎・新野直吉・松原弘宣諸氏の研究があるが[48]、それによると我が国にはほとんどその例がなく、わずかに『延喜式』兵部省諸国駅伝馬条にあらわれる出羽国最上川・雄物川沿いの駅がそれに該当するのみであるとされている。[49] また、出羽国以外では松原氏が大同三年（八〇六）に廃止された円山川沿いの但馬国高田駅を水駅とみる説を出している。[50] 木簡にあらわれている那賀郡の二つの駅に船が置かれていたという直接の証拠はないが、駅子が調を海産物で貢進しており、かれらが船を利用して交通・運輸業にたずさわっている水夫とみなしうるし、さらにその地形からみて駅と駅とを結ぶのは馬ではなく船であったとみることは十分可能である。

このように二つの駅を津に設定された水駅とみなした場合、この駅が南海道支道沿いに設定された駅の一つであるので、あらためて南海道支道そのものの性格が問われることになるが、それをみるために『阿波国風土記逸文』

にあらわれている牟夜戸・中湖・奥湖の三つの津（港）について検討しておきたい[51]。

三つの津のうち牟夜戸については鳴門海峡に面する撫養を指すことは諸説に食い違いはないが、中湖・奥湖の位置について諸説一致していない。すなわち、①通説は中湖は小松島付近、奥湖は橘湾ないし椿泊に比定しているが、②中湖を吉野川河口中央部、奥湖を吉野川河口南端に比定する説、③中湖を椿泊、奥湖を海部川河口に比定する説などがだされている[52]。いずれをとるべきかについて、阿波の平野地帯を巨視的にみると、北から順に紀伊水道に流れ込んでいる吉野川・園瀬川・勝浦川の三川はその河口部分は入り組み合っており、板野・名方・勝浦三郡にまたがって広がる低湿地を形成している。そして那賀郡に入ると那賀川・桑野川が再び広大な低湿地をその河口に作り上げている。すなわち、北は鳴門海峡に面する撫養から南は橘湾・椿泊に至る紀伊水道沿いに五つの河川が作り上げる連続している広大な低湿地（阿波の平野の世界の主要部分を形成する）が存在していることに着目したい。

このことをふまえると、通説は平野の世界の北端であり、かつ畿内への玄関口である撫養に牟夜戸を、平野の世界の南端であり、上灘・下灘などの海の世界との境に位置している橘湾・椿泊に奥湖を、かつこの平野の世界の北部地帯と南部地帯との中間に位置することになる小松島をふくむ勝浦川ないし園瀬川河口地帯に中湖をそれぞれ比定していることになる。これは三つの津は阿波の平野の世界全体を代表する津である故に風土記に記載されたということにもなり、妥当な比定であると考える[53]。

そして、このような津の連なりは撫養から椿泊に達してそこで終わっているということではなく、さらに南の海の世界、すなわち現在の上灘・下灘をへて土佐国境に達する要所要所（たとえば、日和佐・牟岐・鞆浦などの地）に津があり、それらが結びつけられて阿波北部の撫養から土佐に達する紀伊水道沿いの水上交通路が八世紀前半には存在していたとみてよい。この水上交通路は古くから存在したと考えられるが、七一〇年代に阿波から土佐に抜ける南海道支道が設定されるに際し、この水上交通路がそのまま利用され、それら津のうちのいくつかに水駅を置くことで駅路道が作られていった。薩麻駅や武芸駅はこのときにそれぞれの所在する津に設置されたものであるし、風土記にあらわれる三つの津にも水駅が置かれていったのであろう。従来南海道支道と風土記にあらわれている三つの津とのかかわりについては、前者を水上交通路とみていなかったこともあって論ぜられることはなかったが、両者は密接に連関していたのである。

これら水駅の置かれていた津のあり方について、八世紀中・後期の瀬戸内海に面する播磨国赤穂郡との対比でみておくと、赤穂郡の北部は山陽道が通る水田地帯であるが、瀬戸内海に直接面した南部は山が直接海に迫り、耕地がほとんどない典型的な海の世界を形成している。そしてこの海沿いの地（現在の赤穂市域）は坂越郷という行政区画のもとで律令国家に把握されている。この坂越郷の地には千種川河口の赤穂大津や、坂越津などいくつかの津が所在しており、八世紀中・後期の時点ではこの津を窓口に他国他郡から塩生産に従事する技術者が流入してきて塩生産活動を展開していた。造東大寺司の塩山などは津に流入してきているこれら技術者を組織する形で塩生産を行なっている。そしてこのような海辺の郷である坂越郷には「里長」「収納長」および「津長」などからなる「村里刀禰」の集団を形成されていて、[54]この集団が坂越郷を統括している。このうち津長は津にかかわってそこを拠点に活動する諸集団を統括する存在とみてよい。

同様な状況は阿波でも存在した。牟夜戸（撫養津）についてみると、平城京から「阿波国進上御贄若海藻壱篭板野郡牟屋海」という天平一七年（七四五）から一九年にかけて作成されたものと推定してよい木簡が出土している。[55]撫養については和名抄の津屋郷にふくまれるとされるが、[56]その内部に位置する撫養について天平一七〜一九年においては「牟屋海」と呼ばれていることがこの木簡から明らかになる。小鳴門海峡やウチの海などの複雑に入り組む水路やそのあいだに点在する島々から成り立っている海の世界、これが牟屋海であり、ここには漁業をふくめた水産業、さらには津を拠点にしたさまざまな形での水運業などに従事する人々が居住している。この地は郡・郷段階では「牟屋海」と呼ばれているが、その前段階の郡・郷・里の段階では、津屋郷を構成する複数の里のうちの海辺にある里を構成していた。『風土記』にあらわれている「牟夜戸」という津は、薩麻駅が所在する津が那賀郡播羅郷のうちの海辺の地に位置していた海部里に所在していたのと同様に「津屋郷某里」ないし「牟屋海」に所在していた。

同じ『風土記』にあらわれている中湖・奥湖も「牟屋戸」と同様な場に所在していたとみてよい。赤穂の例と同じく、これら津の所在する村里には津を管理する津長などをふくめた村里刀禰集団が存在し、それが統括している。しかもこれら海辺の村里はそれぞれが孤立しているのではなく、船による人的・物的な交流がなされており、このような海辺の村里に所在する津を結ぶ形で水上交通路が紀伊水道沿いに撫養から土佐国境まで達していた。

八世紀初頭に成立する水上交通路としての南海道支道は某郷「海部里」あるいは某「海」などという形で組織されている海の世界の村里に所在する津を相互に結び合わせていた水上交通路を上から把握しなおし、それを整備する形で作られていく。それぞれの津に置かれる駅は海を活動の舞台としている村里の構成員を駅長・駅子に組織することで成り立っている。駅長には村里刀禰層が起用され、そのもとに駅子が組織されて、その集団が水駅相互を結んで活動している。さらにこのような駅路道の整備に際して完全な水上交通路のみではなく、部分的には令に規定されている陸上路も利用される船馬併置の駅が作られていたことも十分考えられる。(57) 古代日本における主として水運により支えられている駅路道については、内陸部の川沿いについて、その存在が指摘されているのみであり、海の世界に展開する村里と村里刀禰に支えられた、海上交通路としての長距離にわたる駅路道の存在が南海道支道という形で浮かび上がっている点は注目されてよい。(58)

二　勝浦地の位置および経営

このように水上交通路としての南海道支道ということをふまえて、新島庄の一地区としての勝浦地がこの南海道支道とどのようにかかわって設定されていたのか、設定された勝浦地はどのような形で開発・経営がなされていたのかをみておく。

南海道支道を水上交通路とみた上で、あらためて新島庄の所在する吉野川・勝浦川河口地帯すなわち阿波の平野北部地帯についてみると、この地帯の北端に位置し、南海道・同支道の出発点になっている牟夜戸（撫養津）、平野北部地帯の南端に位置し那賀川河口を中心に広がる阿波の平野地帯南部への入り口にもなっている南海道支道沿いの中湖、および吉野川沿いに位置して国津の役割を果たすとともに吉野川中・上流域地帯への入り口になっている大豆津という三つの津が、国府所在地をふくむ古代阿波の中心地域における水上交通の要衝の津として浮かび上がってくる（第二図参照）。

そして成立当初の新島庄三地区のうち大豆処地区（大豆津圃）が大豆津に置かれている。大豆津は名方郡側でいえば気延山の麓に広がる国府・石井地域という阿波でもっとも古くから開けている水田地帯と道で直接結び付き、板野郡とも陸上交通路で連絡することで南海道と吉野川とを結びつけている津である。それ故、大豆処地区を造東大寺司が必要とするその地域の生産物を封戸からの徴税、あるいは交易などの手段で集め搬出するという交通・運輸・交易の拠点としての機能を果たす存在とみた場合、その活動の対象となる地域は南海道と吉野川を媒介にして吉野川下流域の平野の世界および吉野川上流域の西部の山の世界、すなわち名方・板野・阿波・麻植・美馬諸郡に及んでいることになる。

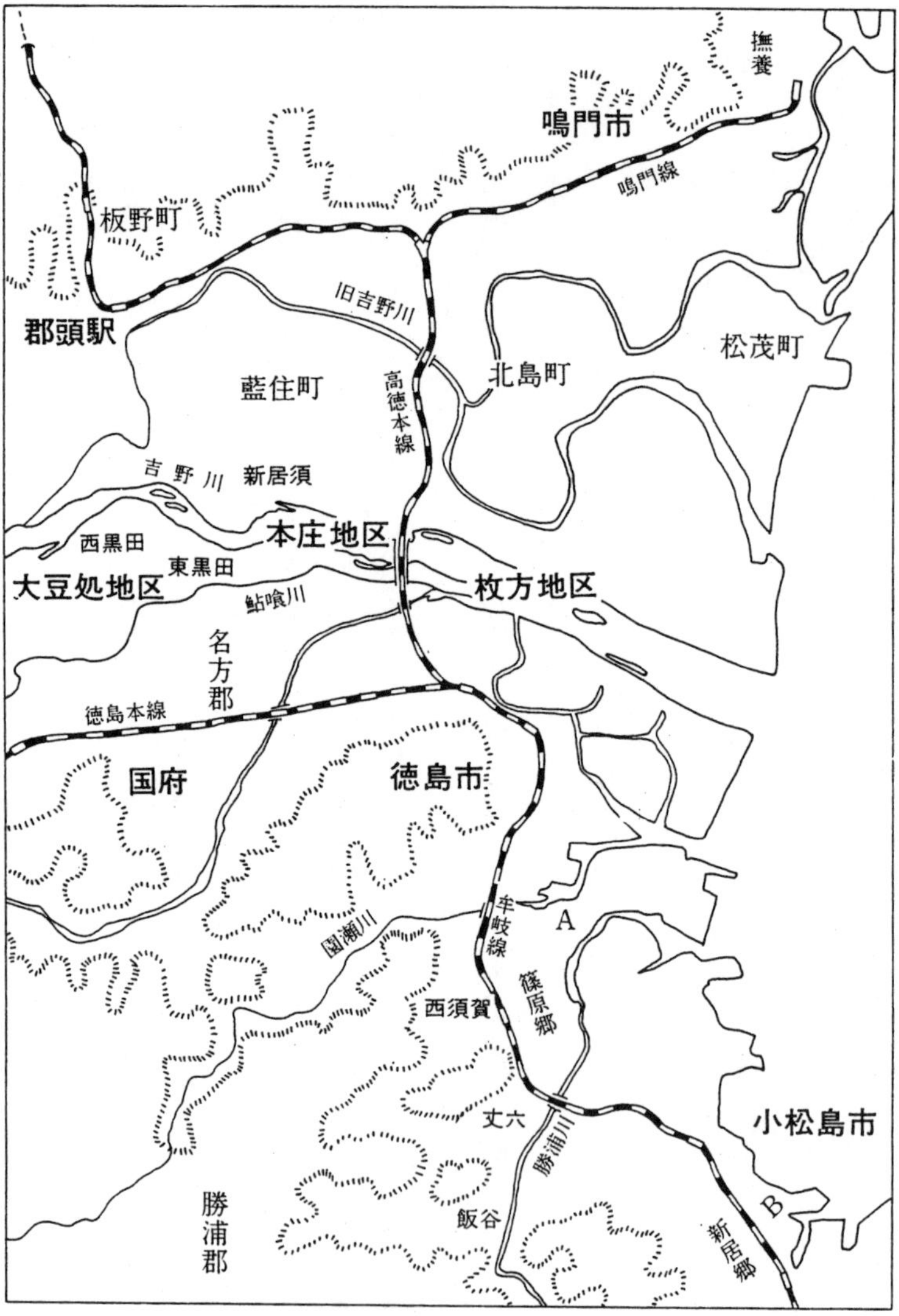

第二図　新島庄諸地区配置略図（A・Bは勝浦地の推定所在地）

これに関連して因幡国高庭庄についてみておく。新島庄が立券されたのと同年の天平勝宝八年に立券された高庭庄は千代川下流域、四つの地区からなる庄として設定されている。四つの地区は湖山池のほとりで鳥取平野の南端に位置する倉見の地に倉見地区が南グループとして、鳥取平野の北端に位置する三川（千代川・湖山川・袋川）合流点に当たる地に郡門・奥家地・星田野の三地区が北グループとしてそれぞれ設定されている。この両グループは湖山池・湖山川を利用した水運で結びつけられているが、この両グループの配置のあり方の特質は湖山池に面する鳥取平野の南と北の端の交通の要衝の地を押さえ、それにより因幡国全域からあつまってくる生産物の集積を可能にするような形での庄地の計画的な配置がなされていること、つまり因幡一国の交通の結節点になっている水上交通の要衝の地に、国内で流通する諸生産物をさまざまな形で集積し、都（東大寺）に送り出す交通・運輸・交易の拠点としての役割を果たす複数の庄地の設定がなされていることである。(59)

新島庄の庄地配置にもどると、高庭庄の北地区が鳥取平野の北端の三川合流地点（因幡国の国津もおかれていたと推定されている）に設定されていたが、大豆処地区が国津としての位置にある大豆津に設定されているのはこれと対応する。しかし高庭庄の南北の両地区が鳥取平野の南北に設定され、それぞれが因幡国の南北地域の物資集散の地を押さえる形になっているのと対応させれば、阿波国の南部と北部の中間に当たる交通の要衝の地に庄地を設定することが必要になる。それを背景に勝浦川河口に所在する中湖にかかわって勝浦地が設定されたとみてよい。

これにより大豆処地区は阿波・板野・名方などの郡からなる吉野川流域の物資の集散地に位置し、中湖に設定された勝浦地は南方の那賀郡の平野地帯からの物資の集散地に位置することになる。造東大寺司にとって、阿波国内で行なっている必要物資の集積・搬出活動の幅が一挙に広がるのであり、吉野川流域のみを活動の対象としている状況から、勝浦郡やさらに南の那賀郡をもふくめた阿波国全体に活動が及ぶことになる。つまり中湖という津への新島庄の一地区の設定は新島庄が阿波でその機能を十分に果たしていくために必然的になされねばならないことであった。三地区成立の後になって名方郡境を越えて勝浦川河口地帯に第四番目の地区として勝浦地が設定されているのは偶然ではなく、中湖という津にその設定の場を意図的に求めた結果なのである。

中湖の所在地については勝浦川の乱流ということともからんで正確には把握しがたいが、勝浦地について一〇世紀には勝浦庄と呼ばれていたことに焦点をあてると、次のような推定が成り立つ。すなわち一〇世紀末には新島庄全体が姿を消していくなかでこの地区も姿を消すが、平安末期からかわって仁和寺領勝浦本庄や高野山領勝浦庄が姿をあらわしてくる。前者は篠原庄とも呼ばれており、古代の勝浦郡篠原郷に比定されるが、篠原郷については丈六町を中心に広がっているとされている。また、高野山領勝浦庄は勝浦本庄（篠原庄）と地理的にほとんど重なって存在しており、その庄域は小松島市田野町から徳島市丈六町・勝占町に及んでいたと考えられる。(60)これら中世の勝浦本庄（篠原庄）・勝浦庄を何らかの形でかっての新島庄勝浦地を引き継いだものとみれば、中湖ないしそれにかかわって設定された勝浦地は古代の篠原郷のどこか、すなわち丈六町より北の現在の那賀川本流沿いの徳島市域南部の地に比定できる。

しかし勝浦川の乱流が広い河口を形成しており、古代の新居郷にあたる現在の小松島市域も河口になっていることにも注意したい。日下雅義氏は古代においては元根井から金磯に向けて砂州が延びており、その背後が内湾になっていること、さらに後の芝生川・神田瀬川などになるような勝浦川の分流のいくつかはこの内湾に流入していたことを指摘するとともに、平家物語にあらわれている義経の「かつ浦」上陸の地点として、この内湾の一角に当たる小松島市芝生町旗山に注目している。(61)それより以前の八〜九世紀の段階でも旗山周辺に限定されないとしても、この内湾内部のいずれかの場に津が位置し、そこが中湖であったとみることは十分可能である。

前者をとれば篠原郷の広がりをどのようにみるにせよ、名方郡により近いところに設定されていることになり、新島庄の四番目の地区としての勝浦地ということに焦点を合わせるならば、新島庄三地区のうち枚方地区からは数キロしか離れていないことになり、四地区を一括して把握するという点からいって、ここに中湖という津があったとみるのは不自然ではない。一方後者をとるならば中湖は小松島とする通説に基本的に同じになる。平安末以後、小松島が津として発達していたことははっきりしており、ここに古代の中湖という津を求めることも不自然ではない。[62]いずれにその所在地を求めるべきか確証はないが、郡・郷段階では篠原郷、ないし新居郷の海辺の地に所在していることは動かない。

またこの地区の設置時期について、上記承和一一年官符には勝浦地は九世紀半ば時点で昔から「江洲」の地であり圃として地子を取れる状況にないとされているのみで、承和年間をおおきくさかのぼるという以上には特定できない。しかし、天平勝宝八年に立券がなされている三地区にこの勝浦地がつけ加えられることで、阿波一国全体の物資の流れを有効に押さえられるようになることをみれば、成立については天平勝宝八年をさほど下がった時点であるとは考えられない。三地区立券前後から各地区内の改修が計画されていることをあわせ考えるならば、[63]勝浦地区の設定は三地区立券直後から天平宝字年間初頭にあたる七五〇年代から七六〇年代初頭にかけてのこととみるべきであろう。

設定された勝浦地については、その面積の大きさからみて、たんに船の発着機能だけを持つ地となることを目的に設定されたのではなく、耕地開発も設定の目的の一つであった。河口の地に水面に面して設定された「浜」とその背後の水防工事をほどこせば開発可能な微高地とから成り立つ地区として出発したのであろう。設定以後承和年間に至るまで「江州」のままであり、設定以後の内部の開発努力はなされぬまま推移したが、それは設定以後放置されていたのではなく、船の発着基地としての利用は継続的になされていたものとみておきたい。

別にみたが、同時点の畿内で交通の要衝の地に設定されていた東大寺の庄・所には、浮浪をふくめた交通・運輸の業務にたずさわる集団が付属していた。[64]勝浦地においても、中湖を拠点に水上交通活動を行なう集団が組織されていたとみてよい。その構成員としては津周辺の郷・里の構成員で海での活動を生業とするもの、あるいは南海道支道沿いに本貫を離れてこの津に流入してきて近辺の海での活動を行なうものがふくまれており、その組織のされ方は駅長に該当する長には村里刀禰層が起用され、そのもとに駅子に該当する丁が組織されるという形を取っていたと考えられる。なお、大豆津に設置された大豆処地区にも同様な長・丁から構成される交通・運輸に従事する集団が組織されており、勝浦地で組織されている集団とあわせて新島庄全体として阿波一国から造東大寺司が必要とする物資の運送にあたっていたとみてよい。

三　瀬戸内海庄園群と新島庄――水上交通路と庄園――

以上勝浦地区をふくめた新島庄と南海道支道とのかかわりについてみてきたが、より巨視的に瀬戸内海・紀伊水道沿いに展開する水上交通路と新島庄のかかわりについて、みておきたい。

勝浦地区とは直接にはかかわらないが、天平勝宝八年一一月の本庄地区庄券に立券使として署名している国益から万麻呂に至る五人はそのまま同年一〇月に因幡国高庭庄の立券使として姿をみせている。この一一月に枚方地区と大豆処地区も立券されているとみてよいから、阿波・因幡両国の東大寺庄園が一〇月から一一月にかけて同じ立券使の手で立券がなされていることになる。これと関連して次の二点に注意したい。

一つは伊予国新居庄についてである。大治五年（一一三〇）三月一三日東大寺諸庄文書并絵図等目録[65]に関係文書が記載されており、「一通　天平勝寶八年十一月二十日國司定文」とあるのが最も古い。この文書は、仁平三年の目録[66]では「一巻一枚天平勝寶八年國判」と記載されており、上掲の新島庄本庄地区庄券（国判）と同じく庄券とみてよい。

つまり四国地域の新島・新居両庄は中国地域の高庭庄より一ヶ月遅れの一一月に立券されていることになる。他の一つは大治五年文書目録の連券項に「一通　天平勝寶八歳十月一日官符　播磨・備前・備中・備後」とあることである。この山陽道四カ国については、仁平三年（一一五三）七月二日播磨国東大寺領庄々文書目録[67]にも「一、垂水庄……二枚　加備前備中備後墾田勝寶八年施入官符」とある。両文書目録からみて、これら諸国で東大寺の庄園（墾田）の施入がなされていることは確実になる。別にみた畿内庄園群の場合、天平勝宝八年五月に勅施入がなされ同年秋から翌年正月にかけて立券と絵図作成が行なわれている。[68]それと対比すると、これら諸国において天平勝宝八年秋になされているのは施入ないし立券である。もし立券であれば、新島庄本庄地区の立券を行なった五人が一〇月段階での中国地域における立券、一一月段階での四国地域での立券を行なっていることになる。これについては今後の検討にまちたいが、瀬戸内海を軸にした中国・四国地域で天平勝宝八年の段階で集中した東大寺庄園群の施入ないし立券がなされたことは間違いない。

山陽道について天平勝宝二年三月二九日民部省符がだされ[69]、山陽道諸国国司に対して、天平勝宝（感宝）元年四月一日勅に基づいた寺々の墾田設定を在地において推進するよう命じられていること、南海道に属する新島庄本庄地区が天平勝宝元年に占点されていることからみて、山陽道・南海道諸国では天平勝宝初年より東大寺庄園の占点が進行していたとみてよい。そして天平勝宝八年にそれまでに施入されてきていた庄園群の立券（新島庄はこれにふくまれる）、および新規の施入と立券が行なわれた[70]。このように天平勝宝八年にその全体像が明確になる中・四国地域庄園群であるが、それがどのような場に設定され、相互にどのようなかかわりを持っていたのか、についてみておきたい。

伊予国新井庄

天平勝宝八年一一月立券。石槌山から流れでる銅山川が瀬戸内海に流れこむ現新居浜市に所在する。立地条件からみて、河川が海に流れこむ低湿地に位置する庄である。それとともに、ここは南海道の新居駅の所在地であり、海上交通路でも瀬戸内の四国寄り航路の津が置かれている交通の要衝の地である。

周防国椹野庄

仁平三年文書目録[71]に一連の関係文書が記載されており、その最古のものは「一巻三六枚天平勝寶六年産業勘定」とあり、天平勝宝六年には存在していた。またこの庄は新島庄・新居庄などとともに、天暦四年一一月東大寺封戸庄園並寺用帳の庄園の項に記載されており[72]、七五〇～六〇年代において勅施入された庄園とみてよい。現山口県小郡町の椹野川河口周辺を庄域とする。小郡は古代から中世にかけて河口港として栄えたところであり、古代においては山陽道の駅である賀宝駅も所在していた。河口に立地していることおよび海上・陸上交通の要衝にあるという点で新井庄と基本的に同じである。

備前・備中・備後

上記したように大治五年目録連券項にあらわれている。ただし、備前国については同じ大治目録に「同年（天平寶字元）十一月廿三日勅旨、備前國、卌町在津高郡氷田村、六十町在御野郡韓形村」とある。「勅旨」の意味が判然としないが、連券項とのかかわりでいうと、天平勝宝八年一〇月から、翌年（天平宝字元年）の正月にかけて津高郡四〇町と御野郡六〇町の二個所の墾田が施入ないし立券されているとみてよい。御野郡について、児島半島は古代では島であり、本州との間の水路（児島水道）が航路になっていたが、この児島水道の本州側が御野郡である。

一〇世紀末に下がるが、御野郡の旭川河口には摂関家領鹿田庄があり、ここには船津がそなえられていた。これは鹿田庄の「内津」であると同時に旭川上流の美作地方の米などを積みだす地域的要港であった[73]。八世紀中期の御野郡に置かれた庄も海岸部の津に位置したのではないか。津に設定された庄は隣接する津高郡の庄の稲穀の積みだし港としての役割などをも果たしていたのであろう。

播磨国赤穂塩山

この庄は塩山であり、津に近接して存在する。すなわち、津を媒介にこの塩山は瀬戸内航路と結びついている[74]。

同国垂水庄

仁平三年七月文書目録[75]に「一、垂水庄……一枚　加備前備中備後墾田勝寶八年施入官符」とあり、天平勝宝八年に施入されている。天暦四年東大寺封戸庄園並寺用雑物目録にも「塩山五百六十町　三百六十町播磨國明石郡垂水村、……」とあらわれている。垂水は摂津と播磨の国境の海岸に面し、西国街道が走るという、瀬戸内の海上・陸上交通の要衝に位置している。不明な点が多いが、ここに存在する塩山は赤穂塩山と同じく、津に近接しているか、あるいは塩山自体が津の機能をふくんでいるかいずれかであろう。

同国粟生、益気両庄

粟生庄については、保元二年（一一五七）八月東大寺領播磨国庄園目録[76]に「注進播磨國寺領庄園文書目録事　赤穂庄　垂水庄　粟生庄　益気庄　……」として天平勝宝八年に成立している、赤穂・垂水の各庄とセットになってあらわれている。また、天暦四年寺用雑物目録にも「播磨國多可郡粟生庄田……」と記載されており、八世紀中期の勅施入庄とみてよいから、天平勝宝八年施入・立券の庄園ということになる。益気庄については仁平三年（一一五三）七月二日播磨国東大寺領庄々文書目録に「益気庄……二枚　延暦二年買納墾田郡判」[77]とあり、成立は延暦二年（七八三）以前である。この年に墾田を買い足したとみるならば、その成立は八世紀中期にまでさかのぼらせることは可能である。

粟生庄は加古川上流に位置する多可郡に、益気庄は加古川河口地域をふくむ印南郡に所在する。[78]松原弘宣氏は加古川河口に比定される水児船瀬について、天応元年（七八一）直前の造船瀬所の設置とそれによる船瀬造営の一環として作られたものであり、加古川上流地域と瀬戸内航路とを結ぶ役割を果たしていることを指摘している。[79]これをふまえると、加古川沿いの上流の川津に粟生庄が、河口地帯の瀬戸内海沿いの津に益気庄が、加古川水運を媒介に結びつけられる形で設定されているとみてよい。

因幡国高庭庄

千代川河口の低湿地に位置し複数の地区から成り立っているこの庄は、千代川をさかのぼる山陰と山陽の連絡路を媒介に山陽と深く結びついている。

紀伊国加太塩山

天暦四年寺用帳に「塩山　五百六十町　三百六十町播磨國明石郡垂水村　二百町紀伊國海部郡賀田村」として姿をみせている。この目録に記載されている庄は八世紀中期の勅施入庄であること、この目録に同時に記載されている播磨國垂水塩山が天平勝宝八年に設定されていることなどからみて、天平勝宝八年頃設定されているものとみてよい。阿波の対岸紀伊に設定されている存在であるので、第三図をもとにほりさげてみたい。

この塩山の位置について、従来は加太郷の広がりを古代の加太駅所在地である現在の加太地域に限定して考えてきたことに対応して、加太地域にその所在を求めてきた。しかし和泉山脈が海に向かって延びている小さな半島としての加太地域では塩生産に必要な塩浜も十分にとれないのであり、ここに広大な面積を持つ塩山が所在していたとみるのは無理がある。その点で先にみたように加太郷の広がりが現在の加太から南の海南町まで紀ノ川河口全域に広がっていることをふまえるならば、賀田（加太）村所在の塩山は現在の加太地域より南、紀ノ川に面した前面が海で背後が山になっている地にその所在地を求めるべきである。

みておきたいのは、同じ紀ノ川河口に所在する大安寺の墾田地とこの塩山との関連についてである。天平十九年（七四七）二月十一日大安寺伽藍縁起幷流記資財帳に「在紀伊國海部郡木本郷百八十町」とあり、四至は「東百姓宅幷道、北山、西牧、南海」となっている。[80] 先にみたように木本郷

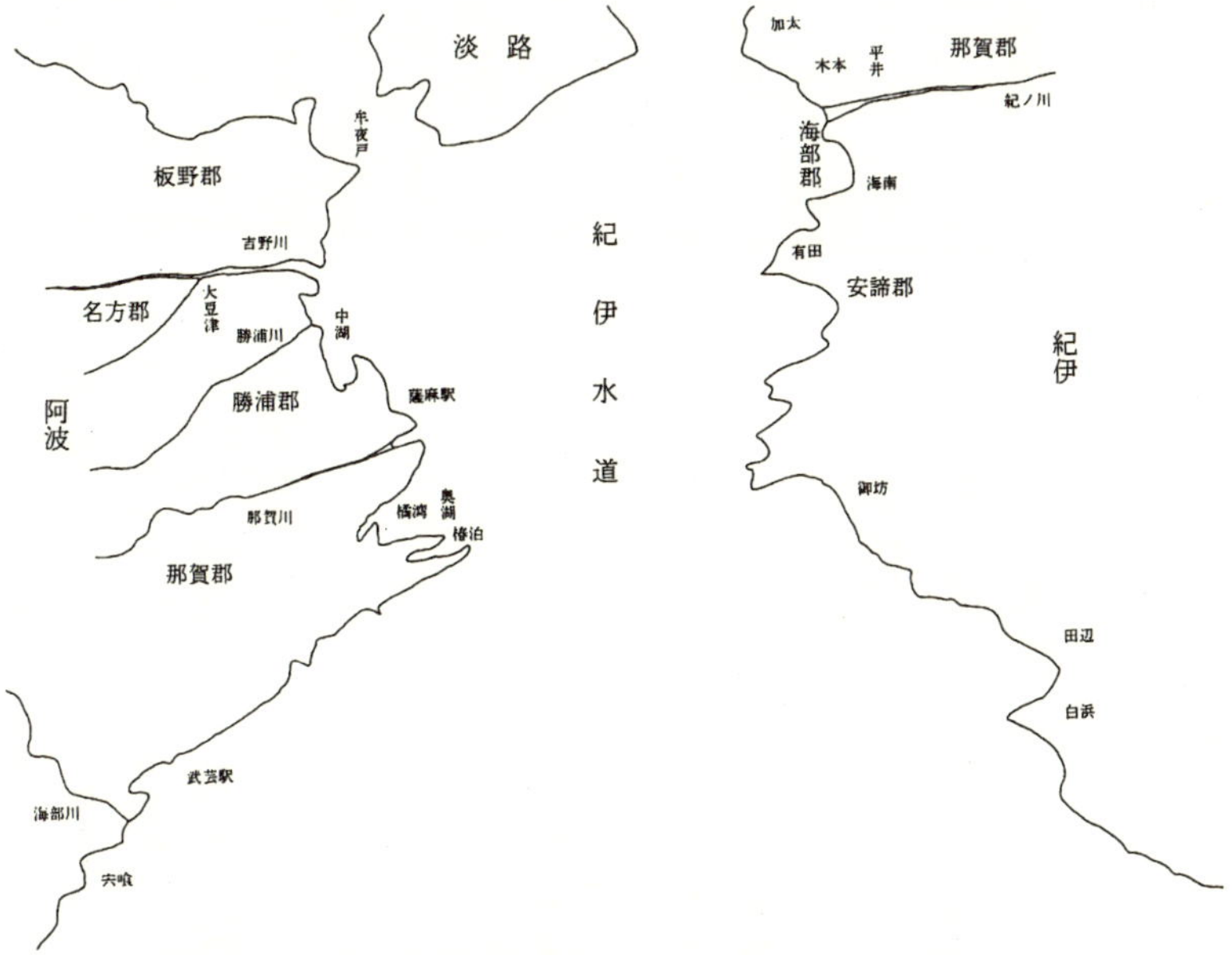

第三図　阿波・紀伊両国略図（紀伊水道に中心を置いた）

は賀太郷の広がりに割り込む形で紀ノ川北岸に存在しており、その地に大安寺の墾田地は前面を海に背後を山にして所在していた。しかもこの墾田地は、後の平安時代には東大寺の末寺である崇敬寺の所領木本庄に転化している。大安寺から崇敬寺へ移った時期については不明であるが、一二世紀になってから木本庄が勅施入であることが強調されていることからみて、相当古くから東大寺の庄園になっていたことは間違いない(81)。問題は大安寺の墾田地の後身としての木本庄と天暦の目録に記載されている加太の塩山とのかかわりがどうであるのかということである。

一つの考え方として、東大寺の加太塩山は大安寺の木本庄に隣接ないし近接して所在していたとする見方である。もう一つの見方として、赤穂の坂越郷で大伴氏が設定した塩山が数年で荒廃し、その後に造東大寺司が進出してきて塩山を設定したと同じように、天平勝宝・天平宝字年間に大安寺の墾田地が十分定着せぬままに荒廃した後に造東大寺司が進出してきて、その地をそのまま塩山にしたのであり、天暦の目録には加太の塩山として記載されるとともに、平安時代になると別称木本庄として末寺の崇敬寺の庄になったとみる考え方である。いずれをとるべきか確証はないが、八世紀中期の時点で大安寺墾田地と造東大寺司の塩山の両者が紀ノ川河口地帯の現在の木本地域を中心とした地域、背後が和泉山脈で前面が紀ノ川河口の低湿地および水面になっている地域に、重なってか隣接して所在していたことは動かない。

額田雅裕氏は木本庄の置かれた場について、ラグーン性低地に所在し庄園としての本格的な開発は一一世紀中期から一二世紀初頭にかけてなされたのであり、それ以前の八世紀の大安寺墾田地が設定されていた時点では塩入常荒田の状態、すなわち塩分の抜けた陸地ではなく湿地の状態にあったとしているが(82)、この状態は大安寺墾田地とずれて存在したとしても造東大寺司の塩山の置かれた状況でもあった。

そして大安寺の墾田地四至の西すなわち紀伊水道よりの部分が「牧」になっていることにも注意したい。摂津国水無瀬庄が淀川河原上に位置しており、牧としての機能を持ちながら交通・運輸の拠点としての役割を果たしていたが[83]、大安寺の墾田地が前面が湿地ないし水面になっている地に所在しており、それに隣接するこの牧が同じように牛馬の飼育の機能とならんで交通・運輸の拠点としての機能を果たしていたとみてよいとするならば、この牧は木本地域に所在する津にかかわって設定されている牧である可能性が高い。

この木本地域の津と紀伊水道沿いの交通路とのかかわりについて、二条大路木簡に「・紀伊国安諦郡駅戸桑原史馬甘戸同広足調塩三斗・天平四年十月」[84]という木簡が出土している。『和歌山県史・原始古代編』はこの木簡にあらわれている駅を紀ノ川北岸を走り加太駅に達する南海道の駅とみなし、駅戸の広足は駅から遠いところに居住する駅戸とみなしている[85]。しかし安諦郡（後の在田郡）と南海道との間は遠距離であり、この駅戸を南海道沿いの駅の駅戸とみるのは不自然といわざるをえない。やはり安諦郡内に所在する駅の駅戸とみなすのが自然である。そして安諦郡が紀伊水道沿いであること、さらにこの駅戸が調として塩を貢納していることをふまえるならば、この安諦郡所在の駅は対岸の阿波国那賀郡の薩麻駅・武芸駅と同じく紀伊水道に面する津に設定された水駅とみるべきではないか。つまり正史をふくめ他の史料にはあらわれていないが、天平四年（七三二）の段階では紀伊水道沿いに加太を出発点に南に延びる駅路道が存在していたとみてよいものと考える。そして、木本地域の津は紀ノ川河口の津のうちでも直接紀伊水道に面するあるいはそれに近い津であるから、この加太から南に走る水上交通路としての駅路道沿いに位置し、水駅が置かれていた津とみることは不自然ではない。

このようにみてくると、加太に設定された塩山が大安寺墾田地と同一であれば、それはこの木本津にかかわって設置されていたことになるし、両者異なった存在であるとしても近くに設定されていることは動かないから、塩山はやはり木本津にかかわって設定されていることになる。つまり、前面が海で後背が山になっている塩山が水上交通路沿いの津にかかわって設定されているという点で、加太の塩山は赤穂の塩山と基本的には同じ形態をとっており、津を拠点に活動する諸労働力を組織しつつ製塩労働や塩の搬出活動が行なわれていたのである。

このような紀ノ川河口のあり方と紀伊水道をへだてた対岸の新島庄が位置する吉野川河口のあり方との共通性ないし類似性にも注目したい。額田氏が指摘しているように、古代の紀伊湊は紀ノ川河口に近い吉田から平井付近にあったとされている。[86]この紀伊湊所在地の背後の地が紀伊国府をふくめた紀伊の中心地帯である。木本も平井も和泉山脈を後背にしているが、木本の方が平井より紀ノ川河口寄りに位置している。つまり、木本地域の津は紀ノ川河口をややさかのぼる紀伊国の中心部分から離れた紀伊水道近くの低湿地上に位置する津ということになる。この紀ノ川河口地帯の木本の津と平井の津のあり方は、阿波の吉野川河口地帯における大豆津と中湖という二つの津のあり方に類似している。すなわち吉野川河口から少しさかのぼったところにあり、阿波国府にも近く名方郡と板野郡という阿波国の中心部分を背後に持つ大豆津と、勝浦川河口に位置し南海道支道沿いの津である中湖との関係は、そのまま紀ノ川河口地帯における国府など国の中心に近い平井の津と紀伊水道沿いの津である木本の津との関係に対応する。

さらに、紀伊水道をはさんで阿波国の側に撫養から土佐に達する水駅の連なりとしての駅路道（南海道支道）が、紀伊国側に加太から紀伊水道沿いにやはり水駅の連なりとしての駅路道が、それぞれ延びていることも同様であり、八世紀前・中期の阿波・紀伊両国の水上交通路の発達の状況は同じ様相を呈している。しかもそれぞれの駅路道の出発点である撫養と加太とは淡路を経由して海路で結ばれているから、両国の水上交通路は阿波・紀伊・淡路三国にまたがり紀伊水道をとりまく形で走る水上交通路の一部を形成していたといえる。阿波国の新島庄および紀伊国の加太塩山はいずれもがこの紀伊水道沿いに走る水上交通路にかかわって設定されていたのである。

以上で明らかなように、中・四国地域の各庄園はいずれも水上交通の要衝の地にかかわって設定され、しかも瀬戸内水運を軸にした水上交通路により相互に結びつけられている。すなわち、中国沿い航路に沿って、周防を起点に、備後・備中から児島水道を通り播磨（ここで因幡からの陸上交通路が合流する）から畿内に至る水上交通路と、四国沿い航路に沿って伊予・阿波をへて紀伊（加太）から畿内へという水上交通路のいずれかに結びついて諸庄園は設定されている。すなわち、山陽・南海・山陰の庄園群は諸国に散在しているようにみえるが、瀬戸内航路を中心に最後は難波に達するような形で水上交通路の要衝の地に系統的に設定されるという、有機的に結びあわされた一個の巨大庄園群として把握することができる(87)。

吉野川・勝浦川河口に位置する新島庄や紀ノ川河口に位置する加太の塩山もそのような庄園群の一環として、紀伊水道沿いの水上交通路に依拠することで設定されている。すなわち、新島庄は阿波一国内の物資を集積することを一つの目的に阿波の北部の平野地帯の中心的な津の二つである大豆津と中湖とに庄地が設定される。ここに集積された物資は撫養津に送られ、そこから海を越えて加太駅に送られる。そしてこの加太駅には紀伊国側の紀伊水道沿いの水上交通路を経由して木本津にかかわって設定されている造東大寺司の塩山からの製品が運ばれてくるのであり、ここから大阪湾沿いに難波津の新羅江庄に向けて運漕されていったとみてよい。

まとめ

簡単にまとめておく。勝浦地区は新島庄の四番目の地区として、三地区が設置されたのとさほど時間をおかない時点で、南海道支道にかかわる形で勝浦川河口に設置される。鳴門海峡に面する撫養を起点に土佐に達する南海道支道について、平城京出土の木簡から薩麻駅と武芸駅という二つの駅の存在が明らかになり、そのことから紀伊水道沿いに走っていることが明確になった。関係地名が残っていない薩麻駅の所在地については二つの可能性が考えられる。一つは那賀川河口に位置していた播羅郷海部里にかかわって設置されているとする見方であり、他の一つはさらに南の海部川河口に設置されていたとする見方である。いずれを取るにせよ、海辺の地（津）に設置されていたことは間違いない。また武芸駅については中世以降の港町である現海部郡牟岐町に該当するが、従来の定説に基づき、上灘地方は和射郷、下灘地方は海部郡という古代郷配置説をとるならば、牟岐は和射郷にふくまれる。しかし対岸の紀伊国海部郡や加太郷の配置との対比などからいって、定説は成り立ちえないのであり、那賀川北方から土佐国境にかけての海沿いに細長く延びている海部郷の存在ということが成り立つ可能性が高く、武芸駅はその海部郷に位置していたと考えられる。また、和射郷海部里に位置していた可能性も否定はできない。

薩麻・武芸両駅の駅子は調として海産物をだしていること、および駅が海沿いの海の世界に位置していたことなどからみて、二つの駅は水駅と規定できる。このことは撫養を起点に紀伊水道沿いに延びている南海道支道は津に置かれた水駅を結んで走っている水上交通路とみるべきことになる。風土記には八世紀初頭阿波に牟夜戸・中湖・奥湖の三つの津があったと記されているが、これら津もこの水上交通路沿いの津であった。古代の交通路で明確に水上交通路と規定できる例は全国的にみても少なく、貴重な例というべきである。

勝浦地区について、大豆処地区が阿波国府に近い吉野川沿いにある大豆津（国津と推定される）に設置され、名方郡・板野郡を始めとした阿波北部（吉野川流域）の物資集散の要を押さえているのに対応して、勝浦郡・那賀郡など阿波南部の物資集散の要を押さえる地としての勝浦川河口、具体的には南海道支道沿いの重要な津の一つである中湖に設置されていたと推測される。新島庄が阿波国全体の物資集散の機能を果たすためには三地区が名方郡の所在するにもかかわらず、勝浦地区のみが勝浦郡に所在しているのは、その意味で必然性があったといえる。

勝浦地区をふくめた新島庄全体のより巨視的な位置づけについて、天平勝宝初年より、中・四国地域に東大寺の庄園が系統的に設置されていく。そして天平勝宝八年に至り、新島庄や因幡国高庭庄が立券されるなど、この庄園群の全体像が明確に浮かび上がってくる。周防・伊与・備後・備中・備前・播磨・因幡・伯耆の諸国に庄園が設置されており、いずれも瀬戸内航路沿いの津ないしそれに結びつく交通の要衝の地近くに所在し、水上交通路で結びあわされている一個の大規模庄園群を構成している。また阿波国の対岸紀伊国に設置されている加太塩山は紀ノ川河口の木本津に近接して所在している。この津は加太を起点に南に延びる水上交通路沿いの津であり、南海道支沿いの勝浦地と対応する存在している。つまり、加太の塩山や新島庄は紀伊水道沿いを走る水上交通路により難波と結びつけられている存在であるとみてよく、巨視的には両者とも瀬戸内海・紀伊水道沿いの庄園群の一環を構成しているのである。

注
（1）本庄・枚方・大豆処の三地区については、本書第三部第一章参照。
（2）寛和三年（九八七）二月一日東大寺家符案（『東南院文書』二―五三四に、「寺家符阿波國新嶋・勝浦・枚方等庄々」とある。
（3）承和一一年（八四四）一〇月一一日阿波国牒（『東南院文書』二―五三二）。
（4）この史料にあらわれている九世紀の新島庄については本書第三部第三章参照。
（5）後に掲げる第二図参照。
（6）『東南院文書』三―五九七。
（7）「延喜式」巻二八兵部省諸国駅伝馬条（『新訂増補国史大系・交替式・弘仁式・延喜式』）
（8）藤岡謙二郎氏編『古代日本の交通路3』（大明堂　一九七八年）第七章第三節「阿波国」（服部昌之氏執筆）。
（9）『續日本紀』養老二年（七一八）五月七日条。
（10）『日本後紀』延暦一六年（七九七）正月二七日条に、「廢阿波國駅家□、伊予國十一、土佐國十二、新置土佐國吾椅舟川二駅」とあり、このときに阿波・土佐にまたがる南海道支道が廃止されたとみてよい。
（11）藤岡謙二郎氏編『日本歴史地理総説古代編4山陽・山陰・南海』（吉川弘文館　一九七五年）一四三頁（金田章裕氏執筆）。

(12) 石隈駅と同じ場であるのか、あるいは位置がずれているのか、また名称が何であったかなどについては不明である。

(13) 大豆津については本書第三部第一章参照。なお、その位置は第二図を参照。

(14) 松原弘宣氏『古代の地方豪族』(吉川弘文館　一九八八年)　一三七頁。

(15) 奈良国立文化財研究所編『平城京発掘調査出土木簡概報(十九)』　一九八七年　二五頁。

(16) 図書寮叢刊『九条家文書』一。

(17) 『木簡概報(十九)』　五頁。

(18) 『木簡概報(十九)』　三二頁。

(19) 『木簡概報(二十二)――二条大路木簡一――』　一九九〇年　三九頁。

(20) 渡辺晃宏「二条大路木簡の内容」(奈良国立文化財研究所編『長屋王邸宅と木簡』(吉川弘文館　一九九一年)一三一頁。

(21) 那賀郡相生町竹ケ谷地区に「薩摩」という地名が現存しているところから、この那賀川の上流の山間部に求める説もだされている(岡泰「海部路「薩麻駅」について」(『ふるさと阿波』一五二号、一九九二年)。しかし『相生町誌』(部落史編　一七頁　一九七三年)によると、竹ケ谷の内部の境界については明治九年(一八七六)に当時の伍長吉岡円蔵が谷や稜線を境界として、出羽・越後……薩摩・美濃と部落を東部の北岸から一巡する形に区画命名したとある。つまり薩摩という地名は近代になってからつけられたもので、古代にまでさかのぼりえない。

(22) 安曇部氏と鵜甘部氏について、前者については『三代實録』貞観六年(八六四)八月八日条に阿波国名方郡に安曇部粟麻呂に安曇宿禰を賜うという記事があり、名方郡などに存在していたことが判明していたが、この木簡で那賀郡でも活動していたことが明らかになった。後者については阿波における所在はこの木簡で始めて明らかになった。

(23) 『角川地名大辞典・徳島県』、一九八六年、「原〈那賀川町・羽ノ浦町〉」の項目参照。なお、第一図も参照。

(24)『木簡概報（二十一）――長屋王木簡一――』一九八九年　三三頁。
(25)奈良国立文化財研究所『平城京木簡一解説』（真陽社　一九六九年）四三頁。
(26)寺崎保広氏「長屋王家木簡」（『長屋王邸宅と木簡』　七六頁）。
(27)『木簡概報（二十二）』三九頁。
(28)『徳島新聞』一九九七年二月四日朝刊「薩麻駅はどこにあったか」。
(29)なお、ロ群木簡を那賀川河口地帯関係木簡ないし海部川河口地帯関係木簡以外のいずれかの地域の関係木簡とみることは不可能ではないにせよ、やや無理がある。
(30)福家清司氏「阿波中世水運史小考」（三好昭一郎先生還暦記念論集刊行委員会編『歴史と文化――阿波からの視点――』同委員会　一九八九年）参照。
(31)吉田東吾氏著　一九〇七年。
(32)和射郷・海部郷の比定については、『徳島県の地名（日本歴史地名大系三七）』（平凡社　二〇〇〇年）「和射郷」・「海部郷」の項参照。なお、第一図は『角川地名大辞典・徳島県』一〇五六～一〇五七頁に掲載されている福家氏作成の「古代郷名分布推定図」をもとにそれに補訂を加えて作成したものである。
(33)『木簡概報（二十七）――長屋王家木簡四――』一九九三年　二一頁。
(34)奈良国立文化財研究所『平城京木簡二　解説』一九七五年　一〇九頁　木簡番号二一八二。
(35)上掲『平城京木簡二　解説』一五頁。
(36)「延喜式」巻一〇神祇神名下（『新訂増補国史大系交替式・弘仁式・延喜式』、三〇九頁）に那賀郡七座の一つとしてあらわれている。
(37)「阿波國風土記云、奈佐浦」（『日本古典文学大系・風土記』、四九一頁）。
(38)『角川地名大辞典・和歌山県』の「海部郡」の項による。
(39)一九九四年刊　三三四頁。

(40)『和歌山県史・原始古代編』によると、「□□郡可太郷黒江里戸主神奴与止麻呂調塩三斗　神亀五年九月」となっている（三三四頁）。
(41)『和歌山県史・原始古代編』三三五頁。
(42) 阿南市福井町椿地の弥勒堂にある「線刻弥勒菩薩座像」に以下の文字が刻まれている。「阿波國海部郡福井里大谷内／奉造立当来生人安住仕／弥勒菩薩□寿永四年　正月二十八日／願主藤原満量為女藤原」。なお、寿永年号は寿永三年（一一八四）四月に改元されて元暦にかわるから、ずれがある。ただ、全体として疑うべき要素はない。徳島県教育委員会編『徳島の文化財』（一九九二年、一二六頁）に写真と解説が掲載されている。
(43)『阿南市史』第一巻（一九八七年）一四九頁。
(44) 第一図にその広がりをそれぞれ（和射郷）（海部郷）として記入しておいた。
(45)『和歌山県史・原始古代編』三三六頁参照。
(46) 大山誠一氏「古代駅制の構造と変質」（『史学雑誌』八五―四　一九七六年）、大日方克己氏「律令国家の交通制度の構造」（『日本史研究』二六九号　一九八五年）、など参照。
(47)『新訂増補国史大系・令義解』巻八厩牧令。
(48) 坂本太郎氏「水駅考」（同氏『日本古代史の基礎的研究　下制度編』東京大学出版会　一九六二年）、新野直吉氏「令制水運の実地研究」（『日本歴史』一八四号　一九六三年）、松原弘宣氏「水駅について」（同氏『日本古代水上交通史の研究』吉川弘文館　一九八五年）。
(49)『新訂増補国史大系・交替式・弘仁式・延喜式』七一三頁。
(50) 松原弘宣氏上掲著書参照。
(51)『日本古典文学大系・風土記』に「中湖トイフハ、牟夜戸与奥湖中ニ在ルガ故、中湖ヲ為名、見阿波國風土記」とある（四九二頁）。奥湖は写本では「咲湖」と書かれる場合もある。「湖」は「みなと」と読んでいる。
(52) 詳しくは『徳島県の地名（日本歴史地名大系三七）』（平凡社　二〇〇〇年）中湖・奥湖項参照。

(53) ②説については、三つの津を吉野川河口に限定して比定する必然性がない。また、③説については、三つの津が阿波国全域に配置されることになり、魅力的ではあるが、その結果として吉野川・勝浦川・那賀川の阿波国の平野の世界全体を中湖のみによって代表させることになり、やや不自然である。やはり、①の通説のように、阿波の平野の世界を代表するものとしての三つの津と見なすのが自然である。

(54) 詳しくは本書第二部第三章参照。

(55)『平城宮木簡一解説』一三九頁、木簡番号四〇三。この木簡はSK八二〇から出土している、総数四六点を数える贄物の荷札の一つであり、年号が記されているのは全て天平一七～一九年のものである（木簡一解説同一三八～一四〇頁）。このことからみて、この撫養にかかわる木簡も天平一七年～一九年ごろのものとみてよい。なお、鬼頭清明氏はこの「海」について、「あま」と読み、五〇戸一里制に組み込まれていない海部集団と解した（同氏「御贄に関する一考察」（竹内博士古希記念会編『続律令制国家と貴族社会』吉川弘文館　一九七八年）。これにたいして東野治之氏は『丹後国風土記』にあらわれる「与謝海」などと同じく撫養の海を指す地名とみてよいとする（同氏「志摩国の御調と調制の成立」同氏著『日本古代木簡の研究』塙書房　一九八三年）。この場合は東野氏の指摘するように地名として読むのが正しいと考える。

(56) 奈良国立文化財研究所編「藤原宮木簡一解説」一九七八年　七七頁、木簡番号一五三に「板野評津屋里　猪脯」とある。

(57) 義解に「謂、船有大小、故隨船配人、令應堪行、若應水陸兼送者、亦船馬並置之」とある。（『新訂増補国史大系・律・令義解』二七五頁）参照。

(58) 延喜式にはこの交通路があらわれていない。ただ、一〇世紀になってから、土佐国守の紀貫之は海路土佐から阿波をへて都にもどっているが（『土佐日記』）、この際に利用したのは土佐から船で土佐・阿波の陸地に沿って土佐泊（現鳴門市、小鳴門海峡に面している）に達するというものであり、南海道支道そのものである。つまり、古代全体を通してこの阿波と土佐とを結ぶ水上交通路は駅が設定されているといないとにかかわらず、一貫して重要な水上交通路として機能している。
(59) 高庭庄については、本書第二部第二章参照。
(60) 篠原郷・篠原庄・勝浦本庄については、詳しくは『徳島県の地名（日本歴史地名大系）』（平凡社　二〇〇〇年）の当該項参照。
(61) 日下氏「小松島平野と港の変遷」（寺戸恒夫編『徳島の地理』徳島地理学会　一九九五年）。
(62) 第二図上にA・Bと記入したのが勝浦地ないし中湖の二つの推定所在地である。
(63) 新島庄の既設三地区の立券前後における改修計画の作成については本書第三部第一章参照。
(64) 本書第二部第一章参照。
(65) 『平安遺文』五―二二五六・二二五七。
(66) 『平安遺文』六―二七八三。
(67) 『平安遺文』六―二七八八。
(68) 本書第二部第一章。
(69) 筒井英俊編『東大寺要録』（国書刊行会）巻第六封戸水田章　二三八頁。
(70) 天平勝宝八年という年について、前年天平勝宝七年が班田年であり、班田図が作成されていたこととの関連を重視したい。天平勝宝八年時点ですでに施入されていた庄園については、立券作業として前年に作成された班田図を基準にして庄域内で確保された東大寺寺田・畠の面積を確認し、また未開地面積も確認する作業がなされた、その一端は上掲の新島庄本庄立券文にあらわれている。そして、班田年を契機にした新たな施入・立券もなされていったのであろう。
(71) 『平安遺文』五―二二五六・二二五七。
(72) 『東南院文書』二―五四五。
(73) 戸田芳実氏編『日本史（2）中世1』（有斐閣　一九七八年）第八章「東西交通」（戸田氏執筆）。

(74) この庄については、本書第二部第二章。
(75)『平安遺文』六―二七八八。
(76)『平安遺文』六―二八九九。
(77)『平安遺文』六―二七八八。
(78) 国立歴史民俗博物館編『日本荘園データ2』(国立歴史民俗博物館資料調査報告書6) 一九九五年　播磨国項参照。
(79) 松原氏『日本古代水上交通史の研究』第四章「八・九世紀における船瀬」参照。
(80) 寧楽遺文・中巻、宗教編上。
(81) 木本庄については、西岡虎之助氏「東大寺領紀伊国木本荘」(同氏『荘園史の研究・下巻一』岩波書店　一九五二年) を参照。またこの庄が勅施入庄であることの強調は、たとえば康和四年 (一一〇二) 五月二六日東大寺政所下文 (平安遺文四―一四八三) などを参照。
(82) 額田雅裕氏「荘園の立地と環境」(日下雅義氏編『古代の環境と考古学』古今書院　一九九五年　二二五～二二六頁)。
(83) 本書第二部第一章参照
(84)『木簡概報 (二十四)――二条大路木簡二――』一九九一年、三〇頁。
(85)『和歌山県史・原始古代編』三三五頁。
(86) 額田氏前掲二二七頁。
(87) このような瀬戸内航路沿いにおける庄園群の系統的な設定を可能にしているのは、この航路の大きな発展である。東大寺のこれら庄園群が姿をみせているのと同じ天平勝宝八年一〇月七日の『續日本紀』に「太政官処分、山陽南海諸國舂米、自今以後取海路漕送、……但美作紀伊二國不在此限」とある。それまでは律令政府は舂米の運京を陸路・人担によるとしていたのを、海上輸送によるという政策変更を行なっている (加藤友康氏「日本古代における輸送に関する一試論」『原始古代史研究5』　校倉書房　一九七九年）。これについて栄原永遠男氏は瀬戸内海では八世紀前半調・庸・舂米の運京を海運で行なうことが普及しており上記処分はそのことの追認という色あいが濃いとしている（「海路と船運」『古代の地方史2・山陰山陽南海編』　一九七七年　朝倉書店）。つまり、天平勝宝年間は瀬戸内航路の八世紀前半以来の発展が頂点に達しているのであり、東大寺の庄園設定もそのような航路の発展を背景になされていく。

第三章　九世紀における低湿地開発の進展と庄園返還運動

――カイフとソラの世界の登場――

はじめに

仁平三年（一一五三）東大寺庄園目録には新島庄関係文書は次のように整理されている。[1]

（史料一）

阿波國

　新島庄

一巻一枚　天平勝寶八年（七五六）　寺牒國判　……(一)

一巻三枚　承和七年（八四〇）　國司免判　……(二)

一巻二枚　承和一二年（八四五）　被妨取圃寺帳　……(三)

一巻九枚　無年号　國圖坪付　……(四)

一巻二枚　嘉祥三年（八五〇）　庄家坪付　……(五)

一巻二枚　天元二年（九七九）　庄官坪付　……(六)

一巻一枚　寛和三年（九八七）　寺家下文　……(七)

一帖　　天平寶字二年（七五八）　㠺繪圖　　……(八)

一・二・五・七・八が庄券一・同二・同五・同七および庄絵図として東南院文書中に現存する。[2]　別稿でこの新島庄が吉野川下流域の低湿地上に設定された三つの地区から成り立っていることと、そのそれぞれの地区の位置がどこに比定できるかを八世紀中期の新島庄成立時点を中心にすえて分析した。[3]

ただ、七五〇年代の立券直後の動きを示す天平宝字二年枚方地区絵図を最後にして、九世紀にかけての新島庄にかかわる史料は姿を消し、したがってこの庄が以後どのような展開をとげていったのかは不明のまま推移する。そして立券以後ほぼ百年たった八四〇～五〇年代に至り再び文書上に新島庄が姿をあらわす。これが上記目録中の(二)～(五)の文書群であり、この時期がこの庄にとって立庄につぐ大きな変動期にあったことをうかがわせる。その変動とは何でありその時点の新島庄はどのような状況になっていたのか、それについて庄券第二の国司解状についてみていきたい。[4]

（史料二）

阿波國司解　申返抄事

使東大寺別當内豎正六位上石川朝臣真主

右、被太政官去承和五年九月五日符偁、為實録東大寺地、件人充使発遣、國宜承知、國司与使者共令勘申者、謹依符旨奉行已訖、仍即附真主、謹解、

承和七年六月廿五日

……下略……

承和五年（八三八）九月、太政官は東大寺地を実録するために使を派遣することを指示する。そして承和七年に石川真主が寺使として阿波に派遣され、阿波国司とともに東大寺地の実録を実施したことを報告しているのがこの返抄（解状）である。注意すべきは、この承和五年の東大寺地の実録を命じた官符は阿波のみを対象にだされたものではないことである。それについて、次の史料をみたい(5)。

（史料三）

因幡國司解　申返抄事

　使東大寺別當内豎正六位上石川朝臣真主

右、太政官去承和五年九月五日符、今年七月九日到来偁、得東大寺牒偁、寺家墾田陸田毎國有數、而頃年差寺使令勘、或為王臣地、或為百姓田、今為實録、件人充使発遣、望請、蒙下符将勘糺者、被右大臣宣偁、宜下知國司、与使者共令勘申者、諸國承知、依宣行之者、謹依符旨奉行已訖、仍附使真主返抄、謹解、

　　承和九年七月廿日

……

二年後であるが、同じ承和五年九月官符をうけて同じ真主が因幡国に派遣されている。ここでは承和五年九月の官符が詳細に引用されており、この官符が東大寺の要請をうけ太政官が東大寺地のうち王臣地になったり百姓田になったりしている地についての実録を命じたものであったことが明らかになる。

さらに関連して、大治五年（一一三〇）三月、東大寺諸庄文書并絵図目録(6)の伊予国項に「承和七年七月十一日郡司勘定文」があり、また播磨国項は「承和九年八月十五日依官符國司勘定」とある。文書が現存していないので内

容は不明であるが、承和七年六月に阿波で新島庄の回復にかかわる国司返抄が作成されているのに対応して、翌月の七月に伊予で郡司の勘文が作成されている。同様に承和九年九月因幡で高庭庄にかかわる国司返抄や解状が作成されているのに対応して前月の八月に播磨で国司の勘定がなされている。東大寺の庄園としては伊予国には新居庄、播磨国には赤穂塩山や益気庄などが八世紀中期には存在していた。播磨・伊予二国においてもこれら諸庄にかかわって承和五年官符に基づく動きがなされている。すなわち承和五年九月官符をうけて、承和七年には阿波および伊予という四国地域で、同九年には因幡および播磨という中国地域で東大寺の庄園回復運動が展開しているのである(7)。

以下、新島庄においてこの返還運動がどのような根拠に基づいてなされており、返還運動の第一段階としてなされる庄域内耕地の現状調査がどのような方式でなされたのか。また、調査の結果浮かび上がってくる庄域内農民開発の進展の現況はどのようなものであり、返還運動の第二段階としてなされるそれら農民開発地の寺田への転化はどのように進められているか。さらに、この時点山野河海の世界での人間の生産活動の活発化に対応して進行する王臣家・寺社の大規模占点地確保の動きのなかにどのように位置づけられるのかについて、阿波の状況を中心に見ていく。これにより、九世紀段階における新島庄の位置づけがより明確になるものと考える。

一　承和七年の庄域調査

(一)　「改正」の論理に基づく返還要求

史料二の返抄のように承和七年六月に阿波で東大寺地の実録すなわち新島庄の庄域調査が行なわれる。高庭庄の場合、史料三で示されるように二年後の承和九年七月に同様なことが行なわれているが、ここでは相前後して承和九年七月二四日因幡国司解状[8]、同年七月二一日高庭庄預僧霊俊解状[9]がだされている。前者は二人の貴族の庄地に転化している高庭庄本体部分について（散田地と称されている）、国衙が高庭庄立券文と国図とを照合して国図上で確認される立券文記載地の坪単位の書き上げであり、「依符旨、検圖并券、条録」とあるように、符旨（承和五年官符での東大寺地実録の指示）に基づいて、高庭庄庄地の調査が行なわれていることが示されている。そして後者は東大寺が高庭庄庄地として引き続き確保している耕地（定田と称されている）の現況について庄預が坪単位の書き上げを行なったものである。二通とも真主の要請で高庭庄の実状を把握するために作成されたものであり、史料三の因幡国司返抄はこのような精密な庄域調査がなされたことを背景にしてだされたものである。

そして承和七年の阿波の場合、六月二五日に国司返抄（史料二）がだされている以上、高庭庄と同様に詳しい庄域調査がなされたはずである。しかし庄域調査を直接に示す文書は存在しない。ただ、注目したいのは庄券第二におさめられている次の承和一二年の阿波国牒である。[10]

（史料四）

阿波国牒　　東大寺衙

不得勘徴圃地子事

一　新嶋地壹拾町参段壹佰陸拾肆歩

右圃、以去承和七年可返入寺之状被言上矣、但校田目録申官之後解文也、即盛《マヽ》班百姓口分、来年可班改、然後可徴地子、

一　大豆津圃参町弐段

右地、未改口分之間、同右件、以来年可勘地子、
一　勝浦郡地参拾九町
右地、自昔為江洲、公私無利、不由徴地子、使等所明、
以前等畠地子、依去九月七日牒状可勘徴、而載挍田目録言上、官即被下省符、猶為口分、須来校圃之時除置之、奉寄寺家、承前國司等収公班民既了、今時官吏非所知、但縁事佛事、来年可改之入寺、仍具事状、即附廻使豊貞等、以牒、

承和十一年十月十一日

……中略……

冒頭の新島地（本庄地区）の項において、承和七年に東大寺に返すべき旨を言上したが、それを記載した解文は校田目録の申官（太政官への申請）の後に作成されたため、当該の畠は百姓口分田として「盛班」されたままになっており、これらを東大寺の庄畠にしてそこから地子を徴収することは来年（承和一二年）の班改以後にしてほしい旨が述べられている。ここで明らかになることは、一つは東大寺の要求は庄域内部に存在する百姓口分田の返還要求であること、他の一つはこの返還要求に基づく庄域内調査は校田とかかわって行なわれていることの二点である。この二点の持つ意味について八世紀中期の越前国坂井郡の東大寺諸庄との対比で考えてみたい。

坂井郡には天平勝宝初年に巨大な庄園群が集中的に設定される。これら庄園について天平宝字四（七六〇）～五年にかけてなされた校・班田に際し、当時の越前国司が東大寺の諸庄園への圧迫を強めるという情勢のもとで、天平宝字四年の校田の段階で校田駅使は寺家の開いた田を寺田として注せず、ただ「今新之田」と注し、「公田」の目録のなかに入れて官に申請したため、翌五年の班田に際してこれら田地は百姓に口分田として授けられてしまっ

た。そして造東大寺司は次回の天平神護二〜三年の校・班田に際し、これら口分田などに転化している耕地の寺家への返還の要求を積極的に展開する。天平神護二年一〇月二一日越前国司解[11]は天平宝字四年の校田に際し、坂井郡内の造東大寺司の諸庄園の庄域内に所在する百姓口分田や第三者墾田に転化している庄域内耕地を坪単位に一筆ずつ書き上げている詳細な調査報告書である。

この越前国司解によると、東大寺鎮・三綱らは「望請、依前圖券、勘定虚実、若有誤給百姓、更収返入寺家、改正圖籍……」としている。具体的には、①「前圖券」すなわち以前の校・班田図と立券文とを比較対照して庄域内であり、かつ庄域設定以後に開発されたにもかかわらず百姓の口分田・治田になっている耕地を明確にすること、②それら耕地については寺家に返還し図籍を「改正」することを求めている。すなわち、造東大寺司は天平神護二年の校田に際し、あわせて庄域設定以前から続いてきている口分田・墾田についても相博（庄域外の田地との交換）ないしは買得という形で寺田にすべく書き出しを行なっているが、主として狙っているのは庄域設定以後庄域内で開発された田地についての「改正」という名での無償没収（それが口分田である場合は国衙の責任で乗田をあてる）である。この「改正」の論理は庄域設定後に庄域内で開発された耕地はそれがだれが開発したものであっても、全て東大寺の耕地であるという論理、国家権力による上からの占点に優先権を認める論理であり、造東大寺司はこの論理に基づいてこの解状で「改正」すべき田を書き上げ、それに基づいて坂井郡の校田目録の書き換えを要求している[12]。

承和七年の阿波にもどる。ここで東大寺使石川真主は校田と対応させながら新島庄庄域内に存在する口分田・農民治田の返還を要求している。これは承和七年の校田に際しての庄域内に存在する口分田・農民治田の「改正」の論理に基づく返還要求である。それをふまえれば、承和一一年国牒（上掲史料四）の新島地の項にあらわれる「解文」は、上記坂井郡の一〇月二一日国司解状に相当する、「改正」すべき耕地の書き出しを行なった阿波国司解状の形をとった調査報告書を指すとみてよいことになる。

すなわち、承和七年の校田と平行して新島庄庄域の調査がなされ、その結果は阿波国司解状として書き上げられるとともに、それに基づいて国衙で作成される校田目録においては、これら庄域内口分田・農民治田は庄田畠に書き換えられるはずであった（越前の例でいうと、上記②の過程）。ところが、解状の作成は校田目録を太政官に提出した後になってしまい、校田目録の書き換えができなかった。その結果、当該の耕地は承和七年以後も引き続き口分田として存続していくことになる。この本庄地区の項の見出しに「新嶋庄地壹拾町参段壹佰陸拾肆歩」とあるが、この一〇町余りの耕地が本来ならば承和七年段階で校田目録には口分田から転化した庄田畠として記載さるべき耕地を指す。

なお、同様な事態は大豆処地区でも起こっている。すなわち史料四の大豆津圃の項によると、地区内に存在する口分田の書き上げがなされたが（阿波国司解状の作成）、その結果を校田目録に反映させることができず、本庄地区と同じく承和七年以後も寺田畠への転化が果たせぬままに口分田として存在している。なお、勝浦地区については承和一一年段階で東大寺は地子を徴収していないが、これはこの地区には耕地なかったためであることが次の「勝浦地」の項で明らかにされている。

承和七年の段階で本庄・大豆処・勝浦の諸地区において、校田に平行して庄域内口分田・農民治田の調査が行なわれたことが明確になったが、新島庄のもう一つの地区である枚方地区についてはどうであるか。それについて承和一一年国牒（上掲史料四）に戻り、検討してみる。この牒は三つの地区それぞれの状況を述べた上で、最後に「以前……以牒」としている。この末尾部分は三つの部分から構成されている。第一の部分は冒頭から「依去九月七日牒状勘徴」までであり、第二の部分はそれに続く「而載挍田目録言上、官即被下省符、猶為口分、須来挍圃之時除置之、奉寄寺家」の部分である。そして第三の部分はそれ以後である。

第一の部分については、本庄・大豆処・勝浦三地区について、東大寺の提出の解文の内容が反映されないままに承和七年の校田目録が上申されたため、寺田への返還が実現されなかったとし、翌年（承和一二年）の班改時点で寺田として地子が徴収できるようにすることを九月七日（東大寺）牒状を受ける形で約束している部分である。第二の部分は承和七年に校田目録にのせて上申し太政官が省符（民部省符）を下したにもかかわらず、なお承和一一年の段階で依然として口分田のままになっている耕地が存在するので、それについては翌承和一二年の校田目録作成（班改）に際し寺田にするとしている。この部分についてはどの地区について述べたものか記されていない。しかし、承和七年の段階で寺田返還が実現される形で校田目録が作成されている地区について述べていることは間違いない。これは本庄・大豆処・勝浦三地区を除くと、枚方地区以外に考えられない。すなわち、承和七年の段階で新島庄の四地区とも庄域内口分田・農民治田の調査がなされ、その結果を記した解文（国司解状）が作成される。ただ、枚方地区の場合のみ、校田目録上に庄域内の口分田の庄田畠への転化は記載され、上申された太政官においてもこの転化を省符（民部省符）によって確定されているのに対して、他の三地区については解文の内容は目録に反映されていないのである。

このように新島庄で、承和五年官符に基づいた庄域調査が二年ずれて同七年に実施が開始されているのは阿波国における校田にあわせたためであり、そこで東大寺使真主が求めているのは、「改正」の論理を背景にした校田に際しての、庄域設定以後その内部で開発された口分田・農民治田の返還の要求であった。しかしこの要求に基づいて作成された解文の内容が校田目録に反映されない、あるいは反映されてもその実現が十分ではないなど、要求実現の不十分さが目立つ。これについて上掲史料四の第三の部分で「承前國司等……入寺」と述べていることは注意される。ここでは阿波国司は庄域内耕地の班給は前の国司のしたことであり自分らは預かりしらないが、事は仏事に関することなので返還すると述べており、庄域内口分田の庄田畠への転化を国司が律令官僚として東大寺から催促されながら行なっているが、それは本意ではなかったようである。

水田の世界の周辺部及び山野河海の世界において、八世紀末から九世紀にかけて王臣家・寺社の行なう大規模占点に対する律令国家の規制は、延暦頃から始められ、大同年間にほぼ確立する。この規制の根幹をなしている理念は、王臣家らの占点地については、それが民要の妨げにならない限りにおいてその存続を認めるということであった。そして、現実に在地において王臣家らの占点地が民要の妨げになっているか否かについては在地の刀禰層らの証言などに基づいて国司が判断することになっていた[13]。この理念は承和年間でも変更はなかったとみてよく、国司にとっては在地の側からの民要の妨げになるという反論があったとすれば、無視することはできなかった。新島庄の場合は詳細は不明であるが、農民の開発地であることが明確な耕地の寺田への転化であり、在地側の反発があったことは必至である。それだけに国司としては、民要地の論理とのかかわりで「改正」の論理のみで押し切ることができる状況にはなかった。それが上掲史料四における国司の発言としてあらわれているとみてよい。

高庭庄の場合さらに二年ずれた同九年に庄域調査が行なわれる。因幡国の場合この前後の国図としては嘉祥三年（八五〇）の分の存在が知られるのみであり[14]、承和九年校田の確証はない。ただ因幡において、東大寺使石川真主は第一に延暦年間の他者への高庭庄の売却は不法な売却であり売却自体が成り立っていないこと、第二に売却が成立していない以上高庭庄の庄地は依然として東大寺の所有地であるから内部の田地は全て東大寺に帰属すべきであるという主張を展開している。これは「改正」の論理に基づく主張であり、その主張は最終的に国図上に寺田という形で記入させることによって始めて具体化する。そうであれば因幡の場合も、承和九年の校田に対応して「改正」の論理に基づく返還運動がなされているとしてよい[15]。

(二)　返還運動の第一段階としての庄域調査

庄園回復運動の第一段階としてまずなされるのは詳しい庄域調査であるが、新島庄の場合、承和七年段階における庄域調査がどのような形でなされたのか、それを直接に示す史料は存在しない。ただ、上掲史料一の五所収の無年号坪付注文に注目したい[16]。

（史料五）

東大寺地卅一町二段　　券文所注

　宝亀四年圖被輸公一町四段

□(廿カ)條十枚方古川　□(里カ)　卅四葦依圃六段

　卅□(五)宅圃四段

　　卅六北圭圃四段

弘仁三年被輸公八町「八」六段七十歩

同条九葦原里卅一新名圃一町

　十枚方古川里三圭圃七段

　……

　廿九葦圃六段六十歩

　　十四野圃九段

定地　廿一「九」町六段二百九十歩

ここにあらわれている坪々は枚方地区を構成する坪々の一部である。地区内のうち、宝亀四年（七七三）年国図と弘仁三年（八一二）国図に「輸公」の地があらわれている坪を書きぬいており、新島庄枚方地区坪付注文ともいうべきものである。この坪付は券文所注三一町二段＝輸公地一〇町二段七〇歩（宝亀四年図一町四段＋弘仁三年図八町八段七〇歩）＋定地二〇町九段二九〇歩という構成をとっていた。このうち輸公地は坪ごとにその面積を記しているのにたいして、定地は総面積を記しているのみであり、その点でこの坪付は枚方地区の輸公地を坪単位で書き上げた文書ということができる。

問題はいつの時点で輸公地の書き上げがされたのか、また輸公地とは何かである。それについて、高庭庄の庄園回復運動に際し二人の貴族に売却された庄地を書き上げている承和九年七月二四日因幡国司解状[17]が東大寺地面積＝散田地＋定田という構成で書き上げられていることとの対比に注意したい。因幡国解状でいう東大寺地は天平勝宝八年高庭庄立券時点の庄域面積を、散田地はそのうちで二人の貴族に売却した地を、定田は九世紀の時点で高庭庄地として確保している地をそれぞれ意味する。そして解状においては散田地は坪単位に書き上げられているのに対し、定田は総面積のみが書かれている。すなわちこの国司解状も高庭庄庄域内の他者のものになっている散田地の書き上げである。

この因幡国司解状の構成と上掲の枚方地区坪付の構成とは全く同じである。すなわち枚方地区坪付に「券文所注」とある東大寺地三一町二段は天平宝字二年の枚方地区絵図の右端に記された「三十一町五段」とほぼ同じであり、立券時点の枚方地区の総面積である。次に「定地」について高庭庄では総面積しか書かれていない定田と対応する存在、すなわち新島庄地として東大寺が把握している地を指す。そして輸公地について、坪を単位に書き上げられており、因幡国司解状が散田地の坪単位での書き上げであるのと同じであるところからみて、散田地と対応する存在、すなわち庄域内の他者の地である。なおこの輸公地は国図から抜きだされており、かつ一筆にのみであるが「粟凡直穎治」という注記があることからみて、新島庄庄域内に存在する口分田および農民治田を指している。[18]すなわちこの無年号枚方地区坪付は承和七年に行なわれた枚方地区庄域調査にかかわって作成された文書、八世紀中期の庄成立時点に立券文や絵図で確定されていた枚方地区三一町余の広がりのなかに所在する他者の地としての輸公地を宝亀・弘仁両国図と対照させながら坪ごとに詳細に書き上げている文書なのである。

この承和七年段階における枚方地区の調査では枚方地区の坪付の作成とならんで、もういくつかの作業がなされている。その一つは宝字二年枚方地区絵図への追筆であり、もう一つは枚方地区坪付への異筆記入である。まず絵図への追筆について、史料編纂所の新島庄絵図調査[19]は枚方地区絵図に記入されている文字について、地形描写は別として、大別して坪付を記した筆bとそれ以外の筆aとがあり、aには表題・地形・地目・地積・方位・境界などの文字が含まれ、bには坪付（その直下に記した「川」などの地目を含む場合もある）・地形の一部の文字が入る。そしてaは地形描写とほぼ同時期に書かれているが、bは地形描写より後に書かれているとする。金田章裕氏はこの指摘をさらに発展させて、坪付（一九条一〇里三一といった条里呼称）を中心としたbについて、その記入の時期を九世紀の段階にまでさげ、この時期における寺領の所在確認の坪付作成の際にそれとの照合のために追筆されたものとされた。[20]金田氏の指摘の通りであるが、追筆の時期は承和七年頃と限定してよい。この段階で名方郡条里に基づいた庄域内輸公地の書き上げを行なうためには、本来の絵図には記載されていなかった名方郡の条里呼称を記入し、それと国図とを比較する必要があった。つまり、庄園回復運動の第一段階の必要作業として八世紀中期作成の絵図への追筆がなされ、それと宝亀・弘仁国図と対比しながら上掲の枚方地区坪付が作成される。

第一図は枚方地区絵図の全般的状況を略図化したものであり、第二図はその絵図上に枚方地区坪付の記載内容を記入してみたものである。とくに第二図のように絵図記載事項と国図記載事項とを対比させてみると、絵図と国図との間で二点の不自然な食い違いが起こっていることが明らかになる。その一つは史料編纂所の調査で指摘されて

いる宝亀・弘仁の国図にあらわれる輸公地の圃名と天平宝字二年絵図記載の圃名を比較すると、第一表に整理したように西にずれているケースが存在することである。他の一つは国図上では輸公地所在坪とされている「(二〇条)九葦原里三十一新名圃一町」について、それを絵図上にあてはめると庄域の東端を流れる「江」の真上にきてしまうことである（第二図参照）。この両者は関連している。すなわち第一の西へのずれは宝亀・弘仁の国図の方格地割が天平宝字二年絵図上の方格地割より西にずれて引かれていることを意味する。そして第二の新名圃が絵図上では川の真上に来ていることについても方格地割の西へのずれをみるならば、その現実の位置はより西にずれるのであり、川の真上という不自然さを解消することは可能である。つまりこれも方格地割の西へのずれにより起こる不自然さ

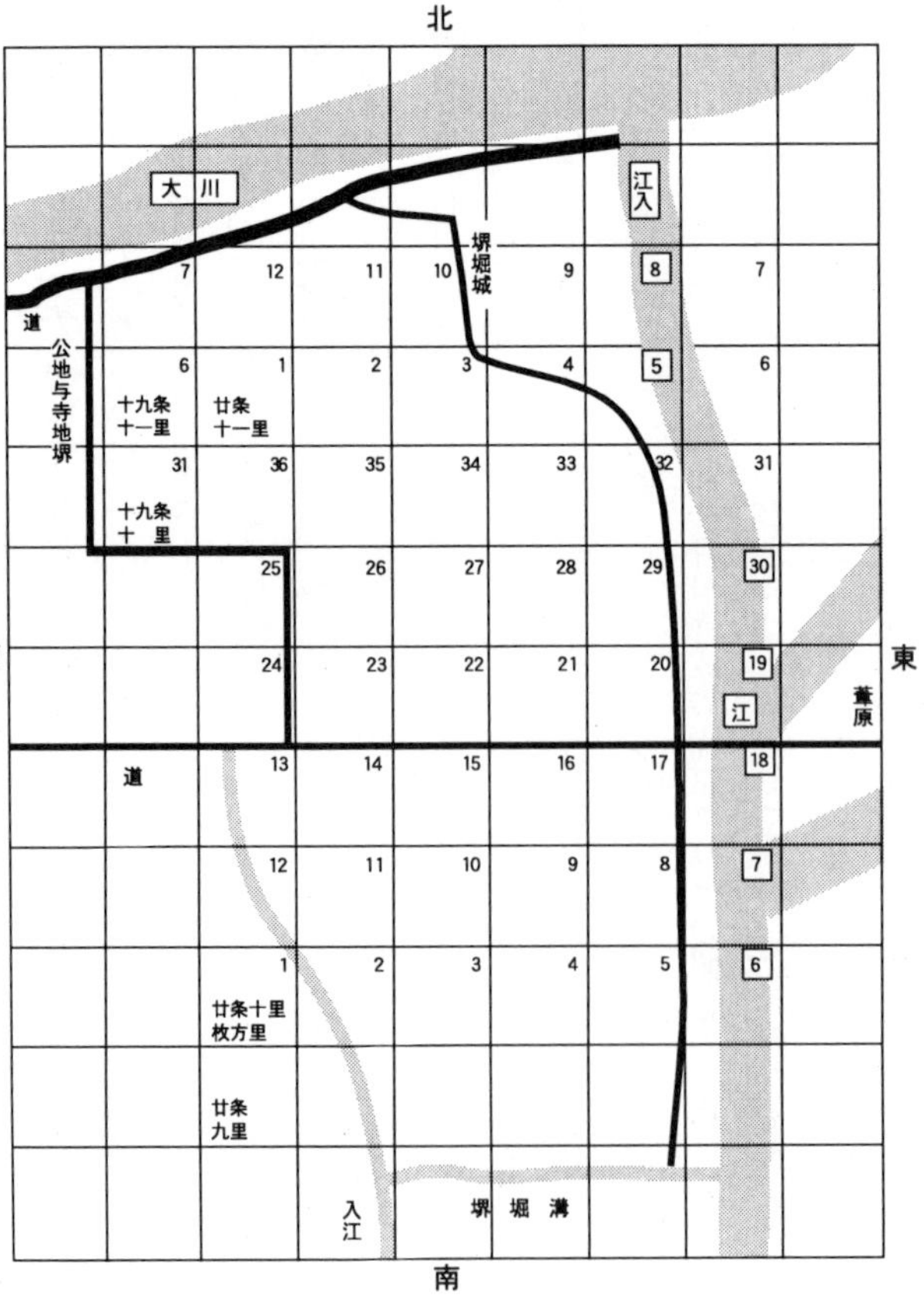

第一図　枚方地区略図

茨本北圃 7 3,240 川	川依圃 12 4,289 川	川辺圃 11 5 川	川辺圭 10 川	9 堺堀城 川	8 川	7 川	Ⅰ列
茨本圃 6 10.	野依圃 1 10.	川辺圃 2 10.	圭 3 8.	圭 4 3. 野	5	6	Ⅱ列
茨本南圃 31 10.	宅依圃 36 10. 4. 北圭圃	葦依圃 35 12. 4. 宅圃	34 10. 野 6. 葦依圃	33 10. 野	圭 32 2. 190	31	Ⅲ列
	25	沢依圃 26 10. 7. 荻圃	揚圃 27 10. 野 1. 沢圃	28 10. 野 5. 茨圃	29 9. 030 6. 060 葦圃	30	Ⅳ列
	24	23 10. 野 2. 060 野圃	22 10. 野	25 10.　野	20 7. 野 7. 名圃	江　19	Ⅴ列
道	圭 13 1. 100	14 10.　野 9. 野圃	18 10. 野 6. 葦依圃	16 10. 野 5. 名圃	圭 19 7. 180 5. 治圃	道　18	Ⅵ列
	12	圭 11 8. 野	10 10. 野 3. 160 北圃	9 10. 野 4. 350 名圃	圭 8 8. 野 2. 名圃	7	Ⅶ列
19条10里	1 20条10枚方里	圭 2 3. 野	3 10. 野 7. 圭圃	4 10.　野 7. 160 圭圃	圭 5 6. 160野	6	Ⅷ列
	36 20条 9 里	35 入江	34 10. 野	33 10. 野	圭 32 3. 300野	31 10. 新名圃	Ⅸ列

（左上段　絵図記載事項　右下段　国図記載事項）

第二図　絵図と国図の比較

第一表　絵図と国図のずれ

天平宝字二年絵図	宝字・弘仁国図坪付
二〇条一〇里三五 葦依圃	二〇条一〇里三四 葦依圃
二〇条一〇里二六 沢依圃	二〇条一〇里二五 沢圃
二〇条一〇里三六 宅依圃	二〇条一〇里三五 宅圃
二〇条一〇里二 圭	二〇条一〇里三 圭圃

と考えうる。

問題はずれが起こった時期と程度についてである。まず時期について、天平宝字二年段階では枚方地区の所在する大川沿いの低湿地までは名方郡条里はおよんでいなかったのであり、独自の方格地割が絵図上では記されていた。そして宝亀国図では条里呼称が明確にされている。このことからみて、天平宝字二年以後宝亀四年に至るまでの間にこの地域は名方郡条里の内部に組みこまれたのであり、おそらくその組みこみに際して方格地割の一部修正がなされ、その際絵図上の地割より西にずれて引かれたとみてよい。西へのずれの程度について新名圃を基準に考えてみると、この圃について国図上に記された「三一坪圃一町」を生かすためには絵図上の三一坪の東堺を「江」の汀線のところにまで西に移動させる以外ない。すなわち絵図上の三一坪を西に三分の二坪分程度ずらすことで国図上の「三一坪圃一町」が「江」の真上にくるという不自然さは解消される。そしてこの新名圃以外の上記表に示した坪々についても、たとえば絵図上の二〇条一〇里三六坪の宅依圃は国図上では一〇里三五坪（宅圃）としてあらわれるが、これは国図上の三五坪は絵図上の三五坪より西に三分の二坪分程ずれがあるとするならば、絵図上の三六坪に相当くいこんだ位置にあることになり、それ故の圃名称の同一化とみることができる。同様なことは表に記載された他の坪でもいえる。つまり、名方郡条里への組みこみに際して、方格地割については絵図上に引かれた方格地割より三分の二坪程度西にずれて引かれており、したがって国図上の輸公地所在坪は現実には絵図上に引かれた方格地割より三分の二坪程度西にずれて所在するとみておきたい。いずれの存在は枚方地区が吉野川下流域の低湿地の最奥部に位置することと無関係ではない。八世紀中期以後の時間の流れのなかで洪水のくりかえしなどにより、現地の景観は方格地割のずれをふくめ相当な変貌をとげており、絵図と国図との対比は容易ではなかったと考えられる。絵図への追筆は条里呼称のみではなく庄域をとりまく川や水路への江・大川といった記入、あるいは庄域北端の坪並の条里呼称の下への「川」の記入（これは川成の意味か）がなされているのも、景観の変動のなかで絵図と国図との対比が手探りで行なわれていることの一環を示す。さらにこのような対比の困難さとのかかわりで注意したいのは枚方地区国図坪付に本文以外に異筆で記入された坪々が存在することについてである。この坪付には二個所に異筆が記入されている。(21)

①　一九条一〇里

三一

一一里六坪四坪

七坪一〇坪一二坪

②　□里一坪二坪

①に書き出されている六筆は例外なく弘仁国図で輸公地が所在していない坪の書き出しである。②については里番号が不明であるが枚方地区周辺ということになると一〇里ないしは一一里のいずれとしか考えられない（第一図参照）。いずれをとるにせよ①と同じく弘仁国図で輸公地が所在しない坪を書き出していることになる。この異筆

記入の時期とその意味については明確ではない。しかし、書きだされた坪々が全て輸公地以外の坪々であることをみるならば、輸公地の書き上げの直後にそれとの対比を行なうために書き上げたとみるのが妥当であり、承和七年の庄域調査の段階でなされている絵図への追筆および枚方地区坪付の作成という作業の直後に絵図と二つの国図との対比過程の一環としてなされているものとみるべきである。

つまり承和七年枚方地区においては次のような過程で庄域調査がなされた。①、まず宝亀・弘仁の各国図との対比ができるように天平宝字二年絵図に追筆がなされる。②、この絵図上への追筆をふまえて枚方地区内と認められる坪々について国図とつきあわせつつ輸公地の書き上げ、つまり無年号坪付本文の作成がなされる。③、その上で①と②との整合性の確認が異筆記入という形でなされる。すなわち本文として記入された輸公地所在の坪々がずれはあっても絵図上におさまるのかどうかの確認がなされるとともに、輸公地周辺の状況の確認をかねて輸公地が存在しない坪々をも確認し、輸公地の書き抜きに遺漏がないことを明確にしてそれを異筆という形で無年号坪付上に記入する。以上の過程をへることで枚方地区内部他者耕地（口分田・農民治田）が一〇町二段余であることが確定される。庄域内の他者耕地の書き上げとしての阿波国司解状はこの調査をもとに作成される。

枚方地区以外の三地区における承和七年段階での庄域調査について、上掲史料一の㈣に「一巻九枚　無年号國圖坪付」が所収されていることに注意したい。この坪付は現存しないが、先にみたように承和七年の段階で校田目録への記入をなしえた枚方地区とそれをなしえなかった他の三地区とは別な道をたどっていたらしいことをふまえるならば、三地区の調査の過程で作成された輸公地を坪単位に書き上げた文書、具体的には本庄地区一〇町余、大豆処地区三町余の庄域内の輸公地の存在が確認されるが、この輸公地を枚方地区坪付と同じ形式で書き上げた文書とみてよい。すなわち承和七年段階で枚方地区と他の三地区とは別々に調査が行なわれ、両者別々に坪付が作成され、枚方地区のものが庄券第五の一部として、他の三地区のものが庄券第四として整理されていたのである。(22)

二　庄域の変遷——立庄以後九世紀に至る——

承和七年の庄域調査の過程で確認された各地区内部における口分田・農民治田面積は第二表に示したが、以下これを手がかりに八世紀中期以降九世紀中期に至る約一世紀間の庄域における開発進展状況をみておきたい。取り上げるのは国図坪付により庄域内他者耕地の地区内における広がりの状況、および絵図への追筆により地区の八世紀中期以後の変貌の状況が明確になる枚方地区である。分析の必要から第二図で示したように、庄域の北から南に向けて坪並にⅠ～Ⅸの番号をふり、それにしたがってみていく。それによると、天平宝字二年の時点では地区の北端Ⅰ～Ⅲ列部分が開発済みの庄畠に、Ⅳ列以南は「野」と記された未開地になっており、北端部分が庄域の中心になっていた。それに対して、宝亀・弘仁両国図にあらわれる輸公地はⅢ～Ⅸ列に所在しており、Ⅰ～Ⅱ列には所在していない。すなわち、八世紀中期から九世紀初頭にかけて庄域内のあり方は大きく変動している。

最初にⅠ～Ⅲ列について。Ⅰ・Ⅱ列については宝亀・弘仁両国図とも輸公地すなわち口分田・農民治田はあらわれていない。そして天平宝字二年段階で宅や神社が存在しており、庄域北部のなかでもとくに中心的な場であったⅢ列について、宝亀国図には三個坪に輸公地が存在していたことが示されている（一〇里三六・三五・三四の各坪）が、弘仁国図ではいずれも姿を消している。

校田作業と平行して行なわれる庄域調査について、越前の八世紀中期段階では六年一班のサイクルのなかでの六年前の校田図との対比という形で行なわれていた。承和七年の枚

第二表　各地区内輸公地面積

本庄地区	10町３段164歩
大豆処地区	３町２段
枚方地区	10町２段70歩
勝浦地区	なし
合　計	23町７段234歩

方地区の場合も、前の校・班田時点の図との対比で調査が行なわれたとみるべきである。阿波の場合、枚方地区坪付で主たる対比が行なわれている弘仁三年図を承和七年からみて一番最近の国図とみなしてよい。枚方地区坪付では一六筆が書きだされているが、宝亀国図から抜きだされている三筆を除き、一三筆が弘仁三年図から書きだされていることがそれを示す。ではなぜ三筆のみ宝亀国図から抜きだされているのか。注意したいのは、弘仁国図から抜きだされた一三筆はいずれもⅣ～Ⅹ列に所在していることである。つまり弘仁三年図にはⅠ～Ⅲ列には輸公地はあらわれていなかった。しかし、絵図と国図との対比を行なう立場からいうと、かっての庄域の中心であるこの北端の部分について弘仁三年図にないということで無視するのではなく、何らかの形でその動向を追跡する必要があり、さかのぼって宝亀国図との対比がなされた。その結果Ⅲ列にのみ宝亀国図で輸公地が存在していたことを確認し記入した。さらに絵図への追筆においてもⅠ列についての条里呼称の下に追筆で「川」と記されているが、これもやはりⅠ～Ⅲ列の動向の追跡の一端であろう。

以上のことはⅠ～Ⅲ列部分は八世紀後半の時点で激しい変動にみまわれていることを示す。これは天平宝字二年絵図上に描かれている庄域の北端、Ⅰ列の坪並と大川の間にあって大川と庄域との境をなしている「道」と記された堤防の動向と深くかかわる。この堤防は八世紀中期の立券時点にあっては庄域の中心になっていたⅠ～Ⅲ列の部分を大川の水から守る堤防として重要な役割を果たしていた。しかるに承和の追筆でⅠ列の坪並に全て川と注されている。これはこのⅠ列にあった耕地が承和ないしは弘仁の時点で川成に変化していたことを示す。さらに輸公地について、Ⅰ・Ⅱ列には宝亀・弘仁の両国図とも輸公地は存在しないし、さらにⅢ列については宝亀段階で輸公地がかろうじて存在するものの、弘仁段階では姿を消している。これは天平宝字年間以後庄域北端の堤防は手が入れられないまま相当早くの段階でその機能が失われていき、それに伴ってⅠ～Ⅲ列に所在した庄畠や輸公地などの荒廃化が進行したことを意味する。それは、輸公地のみがなくなったというのではなく、弘仁年間に至るまでの間に堤防が消失し、そのなかでこの部分から耕地そのものが全て姿を消したということである。

次にⅣ列～Ⅸ列の動向について、この部分は絵図で示されているように、天平宝字年間には一個坪を除き「野」と記されている未開地であった。それが弘仁年間までには輸公地すなわち口分田・農民治田が濃密に分布する地になっている。方格地割の西へのずれを考慮に入れてみておくと、弘仁の輸公地は新名圃を除きⅤ列とⅥ列の間を庄域を南北に区切って走っている「道」を中心にほぼ一円的に広がっている。このうち道より南の部分について、Ⅵ～Ⅸの四列の坪並に全て輸公地が存在する。このうちⅧ列についてみてみると、入江が絵図の三坪の西端を流れているために、絵図上の輸公地の三坪を三分の二坪程度西にずらしてもそれ自体が入江を越えて西にまで延びることはない。同様なことはⅦ列・Ⅵ列についてもいえる。一方、道より北の部分にあるⅣ列・Ⅴ列について、絵図上の輸公地所在坪を西にずらすと、この場合は「地界」と書かれた堤防を西に越えるとみなければならない。さらに東堺について、道をはさんだⅣ～Ⅶ列の四つの坪並についてはいずれも絵図上では堺堀城にそった坪々に輸公地が所在する。これら坪々を西に三分の二坪程度ずらすと、堺堀城から西にやや離れたところから輸公地が西に向けて広がることになる。ただ、Ⅸ列すなわち新名圃については、この堺堀城を東に越えた部分にまで輸公地が広がっていることになる。

この部分と堤防とのかかわりについてみておくと、まずⅣ列以南の輸公地群を大川から保護する堤防の存在は想定する必要がある。絵図上の庄域北端の堤防はすでに消滅しており、おそらくそれより南のⅠ～Ⅲ列のいずれかの部分に弘仁年間までに堤防が築かれ、それがⅣ列以南の耕地保護の役割を果たしていたのであろう。次に庄域の東堺の堺堀城について、Ⅳ列以南の輸公地群がこの堺堀城に沿って南に向かって延びている。このことはこの堤防が八世紀中期以来引き続き東の「江」からの水を防ぐ上で有効な役割を果たしているのであり、この堺堀城の改修とⅣ列以南の耕地開発は密接なつながりをもって進行していたことを示す。また、中央のⅤ列とⅥ列の間の道についても八世紀中期の段階ではその両側が未開地であったのに、弘仁の段階ではいずれも輸公地になっている。やはりこの中央の道の補強が耕地開発と何らかの形でかかわっている。つまり、一部分で耕地が庄域の東と西の境をなしている堤防を越えているが、基本的に八世紀中期以来の枚方地区内で堤防の改修・補強と平行して、耕地開発が活発に進行しているとみてよい。

このように枚方地区については、八世紀後半から九世紀初頭にかけての時点でⅠ～Ⅲ列の荒廃の進行、Ⅳ～Ⅸ列の開発の進展という対照的な事態が進んでいる。その意味するところであるが、まずⅠ～Ⅲ列の動向について、高庭庄において国造の一族である勝磐が庄の開発・経営を「墾田長」として担っていたのが、立券直後に自分の私墾田を負債のかわりに東大寺に寄進しており、庄の開発・経営に失敗したらしいことにも示されるように、七五〇～六〇年代の東大寺の各地における庄経営が順調に進行しているとはいいがたい。新島庄において、高庭庄における墾田長と同じ位置にいたのはやはり国造一族である粟凡直氏であった。この一族は中央から派遣されてきた日下部忌寸氏の技術指導のもとに現地において高度な開発技術を駆使して堤防・溝・耕地の開発を担っていた。しかし、七六〇年代以降その力は失われていっており、堤防・溝の強化や新規の耕地の開発はされないのみでなく、既存耕地の保持もできないままに推移していったとみてよい。Ⅰ～Ⅲ列部分の荒廃化の進行はそのあらわれである。

またⅣ～Ⅸ列の動向について、この部分における口分田・農民治田の濃密な広がりということからみて、この部分の耕地開発および耕地開発の進行に対応して行なわれた堤防工事の担い手は在地農民諸層とみる以外なかろう。かって立券前後の段階で造東大寺司により派遣された日下部忌寸氏は高度な低湿地開発の技術を駆使し新島庄建設を進めた。しかし八世紀後半の東大寺の開発活動の低下のなかで日下部忌寸氏の導入した低湿地開発にかかわる高度な水準の技術は東大寺の庄域開発には十分に生かされているとはいえない。しかし、弘仁の国図にみられるようにこの部分が豊かな農民開発の場に変貌しているということは日下部氏らが持ちこんだ低湿地開発の技術を在地農民諸層が積極的に吸収しつつ着実な成長を始めていることを示す。すなわち、在地農民諸層がそれら技術を駆使しつつ、I～III列のいずれかに大川からの水を防ぐ堤防が再建し、さらに東境の堺堀城の補強や改修を行なうなかで内部の耕地開発の事業を完成させていったものとみてよい[23]。

問題はこの期間において東大寺がどの程度この枚方地区を把握していたのかである。先にみたように、枚方地区坪付は東大寺地＝輸公地＋定地の構成をとっており、東大寺地である定地はその総面積（二二町余）が記されているのみである。高庭庄の場合、承和九年七月の国司解状が輸公地に対応する散田地についての坪単位の詳しい書きだしになっているのに対して、定地に対応する定田については総面積のみ記載になっている。しかし、この国司解状と一日のずれで高庭庄庄預が「損益帳」を作成し、そこで承和九年段階の定田の状況を坪単位で詳しく書き上げて寺使真主に提出している[24]。それに対して新島庄の場合、高庭庄庄預の作成した「損益帳」に該当する帳簿は見当たらない。したがって定地とされている地内部に既耕地（庄田畠）がどの程度あり、どの坪に所在していたのかはつかめない。ただ、定地二一町は絵図上で確認される枚方地区総面積三一町から輸公地一〇町を機械的に差し引いた面積として表示されるのみであることと、庄域内他者耕地の多さと関連させてみた場合、承和の時点で東大寺は庄田畠をほとんど持っていなかったとみてよい。

以上主として枚方地区の動向についてみてきた。それ以外の三地区については第二表で示されるように、本庄地区・大豆処地区には輸公地が存在する。これら輸公地は枚方地区の輸公地と同性質のものであり、宝亀・弘仁両国図にあらわれている庄域内口分田・農民治田である。これら輸公地も枚方地区と同じ経過をへて蓄積されていったのであろう。大豆処地区についていえば絵図に書き込まれていた堤防について、どのような経過をたどったのかは九世紀段階の追筆もないのでつかめない。しかし枚方地区と基本的に同じ道をたどったとすれば、この地区における輸公地の形成はこの堤防改修工事の在地農民の手による推進と対応したものであるとみてよく、おそらく西岸の浜をとりまく二本の計画堤防が在地農民の手により完全なものになっていくなかで大川に平行して走る堤防に接している浜内部の坪々が口分田・農民治田になっていったのであろう。

以上は八世紀中期以後九世紀初期の弘仁三年に至る間の庄域内開発の動向である。これ以後承和七年に至る約三〇年の間の庄地内開発の動向については承和七年に作成された校田目録に記載されているのであろうが、内容は不明である。ただ、引き続き在地農民の開発の舞台になっていたことはみてよい。承和七年に阿波に来た真主がみたのは新島庄庄田畠の極度の減少ないしは完全な衰滅と、それと対照的な在地農民の開発の成果としての庄域内における口分田・農民治田の大幅な増加という事実であった。

三　庄園回復運動の第二段階——愛智庄における回復運動との対比——

再び承和七年に戻る。六月に庄域内口分田・農民治田について立券当初の絵図と宝亀・弘仁の国図とを比較対照しての調査が行なわれ、その結果を書き上げた阿波国司解状が作成された。しかしその結果が校田目録への記載と民部省符による承認という形で国衙・太政官レベルで庄田畠への転化が完了したのは枚方地区のみであり、他の三地区は解状の内容が校田目録に記載されなかったことは先にみた。ただ、承和七年以後も返還要求は続けられていくのであり、承和一一年国牒が本庄と大豆処二地区の口分田は翌年の承和一二年の班改に際して寺家に返還すると述べているところからみて、一二年の時点では庄域内他者耕地の庄田畠への転化は国衙・太政官レベルでは完了していたとすべきである。

しかし、枚方地区について承和七年に庄域内の口分田・農民治田の寺田畠への転化の民部省符による承認がされているにもかかわらず、同一一年段階でそのうちの一部が依然として口分田のままになっている。さらに現存している庄券第五に収められている嘉祥三年一二月一〇日新島庄長家部財麻呂解に注意したい。[25]この解状は本庄地区内部にある公地二町一八〇歩の書き上げである。この場合の公地は輸公地と同じ意味であり、口分田・農民治田を指すとみてよいが、嘉祥三年といえば国図上での本庄地区の庄田畠への返還が完了した承和一二年をへだたること数年である。にもかかわらず承和一二年段階で一〇町余であった庄域内口分田が二町余に減少しているものの依然として残っている。つまりこの場合も枚方地区の承和一一年段階と同じく、まだ返還がすんでいない口分田が庄域内に存在する。

このような民部省符による転化の確認以後における口分田・農民治田の残存とのかかわりで、同時点の元興寺の愛智庄についてみていきたい。この庄は八世紀中期に買得により成立した庄園である。庄成立後一世紀を経過した嘉祥元年（八四八）から貞観元年（八五九）にかけて元興寺の僧延保が検田使となり、庄田の回復運動が行なわれる。貞観元年一二月二五日近江国依智庄検田帳[26]は十余年にわたった回復運動の経過および結果について、どれだけの田地を回復したか、回復した田地各筆について回復がどのような形で実現していったのかを書き上げたものである。その史料の必要部分を示してみる。

（史料六）

近江國依智庄検田使
　勘匡水田事
合参町参百壱拾歩
　一町百八十歩　　　勘加地子　　　　　　　　　　……一
三段二百八十歩　　方付指換并増地子　　　　　　……二

二段廿歩　　　本自常荒、今勘見熟　　　　……三
二段七十歩　　成百姓家、今勘取之、令進地子　　……四
七段二百十四歩　成百姓治田、今勘取之　　……五
四段二百六十六歩　成公田、今勘取之　　　……六
　　以上目録

右件水田、挂畏勝寶感神聖武皇帝、以先帝施納物、以去天平勝寶五・六年所買也。自爾以降、或坪上品而被名中下田、或坪百姓之間指換、其方取沃壌地、以移薄鹵處、或坪本自見熟、而稱常荒、或坪成百姓家、不進利地、如是之類觸端有數、爰使延保投身於龍樹聖天、歸命乎自在天神、任理勘匡毎色惣畢、……

検田帳の冒頭の部分であるが、一〇年間にわたる延保の庄田返還の努力の成果として確保した三町余の田地の内訳を六項目に整理して書き上げている。これは大きくは二つに分類される。一つは一～三である。一は庄田の田品の下から上への格上げがなされた田地である。二は同一坪内での肥沃な田地への庄田の移行とそれによる田品の格上げに成功した田地である。三は庄地内で常荒であった地の熟田としての把握に成功した田地である。三者とも元興寺が庄田・庄地として把握してきた地の把握強化の成果を記したものということができる。他の一つは四～六である。四は庄地が百姓の家になっていたのをとりかえした田地である。五は庄地が百姓治田になっていたのをとりかえした田地である。六は公田になっていたものをとりかえした田地である。三者とも庄田・庄地が他者の耕地・家に転化していたのをとりかえして庄地・庄田として再把握した成果を記したものである。そして以下の本文で各坪ごとに一～六のいずれかの形をとって寺田として把握できるに至った過程を克明に記している。つまり検田使延保の努力は一つは存続している庄地の把握強化、一つは他者の手に渡っていた土地のとりかえしという二つの側面

からなされている。

ここにみられる従来から保持している庄地の把握強化と他者の手に渡っている耕地のとりもどしという二つの側面からの庄園の再編強化という元興寺の志向は今までみてきた新島・高庭両庄での東大寺の志向と同じである。このことをふまえると、承和五年の東大寺の庄田回復を命じた太政官符と同じような元興寺の庄田回復を命じた太政官符がだされ、それに基づいての庄田返還の運動が行なわれているとみてよい。延保の愛智庄における活動もそのような元興寺の回復運動の一環として行なわれている。検田帳についていえば、庄田の回復状況が一筆一筆克明に記されており、それについては原秀三郎氏が詳細に分析されているところであるが[27]、延保は庄域内耕地の一筆一筆をめぐって在地農民たちと論争しつつ、田品通りの地子をとりたてる、あるいは農民の治田・口分田になっている田地を奪還していっている。その際、「治田主、屈理、即進地子」あるいは「今任理勘伏、令進地子」などとくりかえし述べているように、「理」＝ことわりを行動の原理にすえている。この延保の「理」が、元興寺に施入された地内部にある耕地は誰が開発しようが、それは元興寺が地子を定め徴収すべき権限を持つものという「改正」の論理に支えられたものであることは明らかである。

ただ、延保の在地における活動の前提には校田目録上での当該坪についての口分田・百姓治田から元興寺庄田への記載の変更とそれについての民部省符による確認という過程の存在をみておく必要がある。すなわち、元興寺の庄田回復を命じた太政官符を出発点にした庄園回復運動の第一段階として国衙・太政官による庄田畠への転化の確認、「改正」の論理に基づき庄域内口分田・農民治田の庄田畠への転化を近江国衙に承認させ、かつ太政官に上申して民部省符を確保するという過程が存在する。そしてそれを背景にして回復運動の第二段階として在地におけるとりもどしの作業の具体化という過程が存在する。検田帳はこの第二段階の過程を克明に記載したものである。

つまり元興寺・東大寺などの王臣家・寺社の立場に立てば、庄園回復運動とは「改正」の論理の徹底である。そしてその具体化のためには二つの作業を必要とする。一つは国衙および太政官からそれの承認をとりつける作業である。他の一つは国衙および太政官が承認しているこの論理を在地において定着させるために、使者を現地に派遣し、その使者を中心にした一筆一筆についてのとりもどし作業である。「改正」の論理の貫徹のためにはこの二つの作業は密接不可分なものとして行なわれる必要があった。

新島庄にもどる。先にみたように承和一二年の段階まで庄域内口分田・農民治田の庄田畠への転化が校田目録上で認められており、民部省符も確保されている。しかしそれのみでは庄園回復運動の第一段階が完了したにすぎないのであり、引き続き第二段階としての在地における現実の返還作業を必要とする。具体的には、第一段階は枚方地区では承和七年に本庄・大豆処・勝浦三地区については承和一二年に完了する。第二段階は第一段階の完了とともに、すなわち枚方地区は承和七年頃から、他の三地区は承和一二年頃から動き出す。各地区合わせて二四町に達する第一段階で確認された庄域内他者耕地を在地において現実に庄田畠に転化させ、あわせてこれ以外の定地の把握強化をしていくことが第二段階の目的であった。

東大寺が第一段階の承和七年に寺使として派遣しているのは真主であり、第二段階の承和一一年に派遣しているのは豊貞である。愛智庄の延保のように一貫して在地にいて庄田とりもどしの作業に従事した人はいないようであり、かつ延保の記した検田帳に対応する史料は残っていない。ただ、承和一一年より数年後の嘉祥三年に新島庄本庄地区の「庄長」として「家部財麻呂」があらわれていることに注意したい[28]。家部氏の一族は延喜二年（九〇二）の田上郷戸籍[29]に多くあらわれている。戸籍の内容をみると[30]、ここには八郷戸主、三三氏族、四四〇名が記載されている。三三氏族のうち、凡直氏、粟凡直氏、家部氏、物部氏、服部氏の六氏族が全体の七割を占める。また八郷戸主のうち戸主名不詳戸一戸を除く七郷戸主のうち、一郷戸主が凡直氏、三郷戸主が粟凡直氏である[31]。そして家部氏は人数こそ多いが、粟凡直氏に比較すれば有位者・戸主とも少なく、明らかに一般農民という色彩が強い。このような田上郷にあらわれている状況は九世紀の吉野川下流域の板野郡全体に共通している状況とみてよいのであり、六～七世紀以来の有力豪族であり、かつ国造一族である粟凡直氏が依然として優勢な一族として存在するとともに、他の一面で家部氏に代表されるような一般的農民が大きな比重を占めていたのである。そして嘉祥二年の新島庄本庄地区の庄長として署名しているのが粟凡直氏ではなく、この家部氏であった。

家部財麻呂は「新島庄長家部財麻呂解申……」[32]とあるところからみて、本庄地区のみの庄長ではなく、四地区を持つ新島庄全体の庄長とみてよい。承和七年に庄園回復運動を開始した東大寺は伝統的な豪族である粟凡直氏に依存するのではなく、この時点では一般農民層に属するがその力を増しつつあった家部氏を意図的に庄長として起用したとみるべきであろう。つまり国衙・太政官機構を通しての「改正」の論理の押し出しとならんで、それを在地においても現実化する手だてとして新興農民層としての家部氏を庄長に起用しているのである。

新島庄の場合、第一段階は承和七年から一一年に至る過程で一応は完了し、以後第二段階に入っていくが、愛智庄で検田使延保が行なったような作業、庄域内で活動する田堵層を中心とした在地農民諸層と激しく対立しつつ「改正」の論理を背景に一筆一筆を庄田畠に奪い返していく努力を必要としたのであり、東大寺から派遣されてきている検田使は庄長として起用されている家部氏と組んでその作業を進めていった。しかしここでの「改正」の論理の貫徹とは東大寺の庄園としての行き詰まり以後、その庄域内を舞台に一〇〇年近くにわたり開発活動を積みあげてきた在地農民諸層の活動の成果である耕地を無償で奪いとることである。口分田については代替地を国衙が保障するにしてもそれは容易なことではなかった。本庄・大豆処・勝浦三地区について、第一段階の承和七年には校田目録での庄田畠への転化の記載がなされなかったし、記載がなされている枚方地区ではその具体化が十分ではなかったのは、そのあらわれである。第二段階の過程も曲折にみちた過程をたどっているらしい。嘉祥三年に庄長が本庄地区内部の公地の書き上げを行なっているが、このことは諸地区において庄園回復に向けての努力がなされているにもかかわらず、庄域内に他者耕地が残存していることを意味する。「改正」の論理の貫徹、とくにその在地における実現（第二段階）は容易であったとはいいがたいのである。

四　開発活動の展開と庄園回復運動――カイフとソラの世界――

以上、承和七年に始まり、少なくとも嘉祥三年までの一〇年は続けられていた、東大寺の手により行なわれていた庄園回復運動のあり方についてみてきた。以下、このような庄園回復運動が行なわれる背景を九世紀の阿波の歴史の動きのなかに位置づけて考えてみたい。

地理的に古代阿波をみた場合、三つの世界が並存するという様相を呈している。すなわち、一つは吉野川・那賀川などの大河川の沿岸に広がる平野の世界、大河川の水の制御が当時の技術ではむずかしく、不安定な様相を帯びてはいるが、律令国家の支配対象地として郡郷制度がしかれ、班田制が実施されている世界である。そしてそれの対極にあるのが、四国山地という山の世界と紀伊水道沿いの海の世界である。

このうち海の世界について、平城京城京出土の木簡などにより、八世紀前半において鳴門から宍喰に至る紀伊水道沿いの地に某郷海部里あるいは某郡某海などと呼ばれる地が点在しており、そこは海を活動の舞台とする人々の居住と生産の場になっていたことが判明している。「和名抄」にあらわれる那賀郡「海部」郷は、那賀郡内に点在するこのような「海部里」・「海」の地を一つの郷として再編成したものであり、諸郷の海沿いの部分を切り取る形で細長く延びている、あるいはいくつかのブロックを形成しているという、特異な形態をとった郷であり、その広がりは現在の上灘・下灘地域にとどまるものではなく、那賀川河口さらにその北方にまで及んでいた。そして、八世紀初頭に南海道支道として姿をあらわしている撫養を起点に土佐に向けて走る駅路道はこの海の世界（カイフの世界）のただなかを走っており、『阿波国風土記』にあらわれている牟夜戸・中湖・奥湖などの津を結んで走る水上交通路であった[33]。

次に阿波の山の世界について、現在ではすでにほとんど絶えてしまった方言であるが、吉野川中・下流域の人たちは三好郡の方を指して「空」（ソラ）と呼んでいた。吉野川中流域の平野の世界からみると、三好郡の方向とは剣山を中心にして国境を越えた土佐・伊予にまで連なっていく四国山地を指す。四国山地は佐々木高明氏、相馬正胤氏などが分析しているように[34]、二〇世紀に至るまで「西日本型」あるいは「コバ型」とよばれる輪作形態をとる焼畑耕作が高度に発達している地である。近世・近代の平野に住む人々が「ソラ」といっていたのはこの焼畑耕作が行なわれている四国山地、稲作社会に視点をすえた場合の異質な現世社会としての山の上の焼畑社会を指している。このソラの世界が種野山・祖谷山という形で歴史の舞台に本格的に登場してくるのは中世のことであり、カイフの世界の登場より遅れるが、注意したいのは、八世紀後半から九世紀にかけての動きである。阿波から離れて全国的な動きをまずみておきたい。

寛平八年（八九六）四月二日太政官符「應停止諸寺傰採材山四至切勘居住百姓事」[35]をみると、そのなかで相楽郡郡司は「東大元興大安興福寺等採材山在泉河邊、或五六百町、或千余町、東連伊賀、南接大和、今大河原有市鹿鷺等諸郷百姓口分幷治田家地多在此山中、因此人民之居各逐水草、沿河披山群居雑所、子々孫々相承居住、推其年期、及百余年……」と述べている。百年前といえば、それはちょうど七八〇～九〇年代という山背（城）盆地への遷都の時期に相当する。この時期を始点に、以後一〇〇年にわたりこの伊賀・近江・大和・山城四国の国境地帯の山間部で変動が進行しているのである。それは具体的には、第一に山中における人間の活動の場のより奥地に向けての拡大であり、第二に人間の活動の場の拡大とからみあう形での王臣家などの外部からする大規模な杣設定の進展である。さらに『日本後紀』延暦一八年（七九九）一一月一四日条に「備前國言、児島郡百姓等、焼塩為業、因備調庸、而今依格、山野濱嶋、公私共之、勢家豪民競事妨奪、強勢之家彌栄、貧弱之民日弊」[36]とある。児島郡は瀬戸内海海辺部の山野河海の世界に属する塩生産地の一つであり、共同所有と共同利用の原理に基づく秩序を持つ共同体が存在し、その規制のもとで塩木山の利用がなされていたのが、この時期からこの山を対象にした勢家豪民と表現される共同体内の有力層や外部から入り込んでくる王臣家・寺社の囲いこみが展開し始めている[37]。

関連してもう一つみておきたいのは、都が山背（城）盆地に移ったのと同年の延暦四年（七八五）年一二月太政官符「應徴大宰管内九國互浮浪九國調庸事」[38]である。この官符によると、これ以前すなわち奈良時代においては、大宰府管内（九州諸国）を浮浪する者に対して、本来律令国家が支配下の農民に課している調庸ではなく「他界浪人課役」を課していたが、百姓が浮浪として他界に流入し、「本郷為墟」という状況を生みだしているので、今後浮浪にも調庸を課するようにするとある。ここでいう「他界」は本貫地以外のことを指すと考えられ、上記の寛平八年官符にあらわれている畿内山間部への人々の進出と同じ時点での動きであることからみて、進出先には広大な九州山地をもふくんでいるとみてよい。すなわち八世紀末の時点で、四国山地と同じく焼畑地帯である九州山地においても「浮浪」の流入という形での平野の世界の人々の流入とそれに基づく両世界の交流が始まっている[39]。

このように畿内・瀬戸内・九州の諸地域で八世紀後半から九世紀にかけて、平野の世界の周辺および山野河海の世界における開発活動の展開とそれに伴う山野河海の世界と平野の世界の交流が進行する。阿波の場合、そのような動向を示す直接の史料はないが、大麻比古神、天日鷲神、天石門和気八倉比売神、の三神への神位階の授与[40]、を手がかりに考えてみたい。このうちまず天日鷲神について、忌部社ともいわれ、現麻植郡山川町山崎の背後の山上に鎮座している。注意すべきは、この地は麻植郡南部山間部への吉野川沿岸からの入口に当たっていることである。剣山山麓山間部にあたる麻植郡南部の現美郷村、木屋平村は、四国山地の一角として二〇世紀に至るまで焼畑耕作が展開していた地である。この地については奈良・平安時代には直接歴史の舞台には登場していないが、中世には

「種野山」という名前で姿をあらわし、鎌倉時代において、養蚕・製材・製絲・製蠟・酒造などの非農業的生産活動や材木・酒・絲などについての交易活動が組あわされる複合的な生産活動が豊かに展開している。そしてこの種野山という山の世界を舞台に活動している阿波国御衣御殿人の座がその寄合いの期日と場所を山崎市の市の日（二月二三日と九月二三日）と規定している。つまり山崎の地は、中世においては吉野川に沿って存在する津、吉野川流域の平野の世界から種野山という山の世界に入る入口、山の世界にとっては平野の世界に開かれた窓であり、そこを通して平野の世界との交易がなされる場（市の立つ場）になっている。(41)

以上は鎌倉時代末期のことであるが、その位置からみて、山崎が吉野川沿いの平野の世界と後に種野山とよばれるようになる山の世界との接点としての役割を果たしているのは古代においても変わりはない。これについて、貞観一〇年（八六八）三月一〇日太政官符「禁制材木短狭及定不如法材車荷事」(42)に規格に合わない材木の流通がたびたびの禁制にもかかわらず、行なわれているので、それを禁止し、国司はその旨を「山口及津頭」に掲示して周知させるように、さらに「当所刀禰（山口及津頭の刀禰か）は違反者をとりしまるようにとされていることに注目したい。このような官符がだされていることは九世紀も後半になると、平野の世界と海ないし山の世界（山野河海の世界）との交流・交易が「山口及津頭」を舞台に活発に行なわれることが定着していることを示す。そして、天日鷲神社が神位階を授けられるのは九世紀の半ばから後半にかけてである。このことは山崎という山口を通したソラの世界と平野の世界の交流が活発になり、その結果として山口に鎮座する神の重要性が増大し、神位階の授与につながったことを示す。

天日鷲神社とならんでほぼ同時期に神位階を与えられているもう一つの神社に天石門和気神社がある。この神社は気延山の山頂に鎮座するが、この山は吉野川下流域の平野を見下すとともに、鮎喰川が四国山地から平野に流れでる地でもある。つまりこの地も吉野川下流域の平野の世界と山の世界との接点であり、それへの神位階授与は天日鷲神社への授与と同じ意味を持つ。

このように山口の神への神位階の授与は、二つの世界の山口を通した交流の活発化およびそれぞれの世界の開発の進展を象徴するものとみてよいが、このような動きはさらに郡の分離につながっていく。山崎は麻植郡に属するが、それよりやや上流からは美馬郡になる。この美馬郡から三好郡が分離するのは貞観二年（八六〇）である。[43]分離前の美馬郡の郷分布は吉野川河谷沿いの平坦地に細長く分布しており、面積的には大きな広がりを持つ四国山地は律令制下の郡・郷編成のなかにはふくまれていなかったと考えられる。その美馬郡の上流部分にあたる部分が三好郡として分離したのであり、これはこの時点に至る間の四国山地における開発の進展に対応するものであった。寛平八年（八九六）に名方郡の名方西（名西）郡と名方東（名東）郡とへの分割もなされる。[44]その背後には二つの方向での開発の進展があった。一つは四国山地における開発の進展である。後の名西山分と呼ばれるようになる四国山地の一角における生産活動の活発化と、二つの世界の交流の活発化である。もう一つは吉野川河口に向けてのすなわちカイフの世界に向けての低湿地開発の進展である。

畿内から九州に至る広域のなかでの動きの一環として八世紀末から九世紀末にかけての阿波においても、カイフ（海）の世界とソラ（山）の世界に向けての生産活動の場の拡大が進行する。とくに、ソラの世界がこの時期にはじめてその姿をあらわしてくるのであり、それが九世紀末における郡の分立の主要な力になっているとしてよい。名方郡のなかでも、現在の吉野川本流に近いという、下流域低湿地の最深部に立地する新島庄三地区は吉野川下流域に入り込んだカイフの世界に所在するといってもよい場に位置する。そのような地において、八世紀末から九世紀中期にかけて、在地農民の手により開発が着実に進行している。これは同時期におけるカイフの世界に向けての開発活動の一環とみてよい。つまり新島庄の八世紀半ば以降九世紀中期にかけての動きはカイフの世界に向かっての低湿地開発が着実に進行していることの一端を示している。

王臣家・寺社の土地占点の動きが活発化するのが九世紀の一つの特徴であるが、これは二つの方向から進展していく。一つは八世紀末以来の畿内山間部での東大寺・元興寺など南都諸大寺の動きに示される新規占点の大規模な展開である。これは八世紀末ごろから九世紀にかけて勅旨田・親王賜田などの形をとって進んでいく王臣家・寺社の大規模土地占点の一環である。(45) もう一つの動きは八世紀中期ごろに成立し、その後放置されていた庄園の回復の動きである。これは九世紀中期の時点での東大寺や元興寺の動きに典型的に示されているように、在地農民諸相層の手で口分田・農民治田として開発されている旧庄地のとりもどしである。このような返還運動が全国的に見て、どのような広がりを持って行なわれたかは明らかではないが、相当な広がりを持って行なわれたとみてよいであろう。いずれも農民開発の進展に対応し、農民開発地を包摂・吸収しながらの過程であり、農民諸層との緊張関係をはらんで進行していた。新島庄・高庭庄・愛智庄の例は農民開発が行なわれている場での王臣家・寺社の返還要求がどのような事態を起こすのかの一例であるということができる。

まとめ

九世紀中期の承和年間を中心に行なわれている東大寺の庄園回復運動が新島庄において、どのような形でなされているのかをみてきた。

承和五年に東大寺地の実録をすべく使いを派遣する旨を国司に通知した太政官符がだされる。そして承和七年に阿波に同九年に因幡に石川真主が東大寺使として派遣され東大寺地の実録を行なっている。新島庄で真主がまず行なったのは、かっての庄域内に口分田・乗田・農民治田がどれだけあるのかについての調査であった。そのような調査で明確になったこれら耕地については「改正」の論理（東大寺の庄域が設定された後にその内部で開発された耕地はその開発主体を問わず無条件に東大寺寺田である）に基づいて、承和七年作成の阿波国の校田目録に寺田として記載した上で太政官でその確認を受けることになる。

枚方地区について、その調査の過程をみると、名方郡条里に基づいて記載されている宝亀・弘仁の国図との対比を行なうために条里呼称が未記載であった天平宝字二年作成の枚方地区絵図に条里呼称の追筆が行なわれる。そしてこの追筆がなされた絵図と宝亀・弘仁の国図とつきあわせながら絵図に描かれた地区内に所在する口分田・乗田・農民治田の書き上げがなされている。その調査によると、八世紀中期の庄成立以来約一世紀の間に地区内に大きな変化が起こっている。すなわち、八世紀中期に耕地が集中していた地区の北辺部分から耕地が姿を消している。そして、それより南のかって未開地であった部分に耕地が多くあらわれている。これは庄域の東堺を走る「堺堀城」および地区中央を走る「道」の堤防としての機能強化がこの間になされ、これら堤防により保護される新規耕地群を生みだしているとみてよい。在地における堤防築造技術の着実な向上がその背後にあるとみてよいであろう。

承和七年にもどると、校田目録上で庄域内口分田などは寺田と改められ太政官に上申されていることになるが、現実には枚方地区では不十分なものであったし、他の三地区（本庄・大豆処・勝浦）では調査の結果が校田目録に記載もされていなかった。承和一一年ごろから東大寺は承和七年以来のこのような動きをふまえて、在地における農民耕地のとりもどし（寺田化）の具体化の過程に入っていく。ほぼ同時点に元興寺領近江国愛智庄でも農民からの寺田とりもどし（庄園回復）が行なわれている。すなわち元興寺僧延保は「改正」の論理を背景に一筆一筆の耕地について農民側と折衝しながら寺田としての確保を行なっている。新島庄の場合も承和一二年以降、基本的に愛智庄で延保が行なっているのと同じ過程が進行しているとみてよい。ただ、数年後の嘉祥三年においても、本庄地区において依然として庄域内の公地（口分田・乗田）の存在が確認されており、この農民との折衝によるとりもどしの過程が容易なものではなかったことをうかがわせる。

九世紀という時点は全国的に見て、山野河海の世界での人間の生産活動の活発化、それを追う形での王臣家・寺社の大規模な土地占点の進行が顕著になっている時点である。阿波についていえば、八世紀段階でカイフ（海）の世界が登場してきているが、やや遅れてこの九世紀の段階でソラ（四国山地）の世界が登場してくる。平野の世界とソラの世界を媒介する山口の地に位置する神社への神位階の授与が九世紀にはなされているが、これは二つの世界の交流が活発化していることのあらわれである。そしてこのようなソラの世界における生産の発展や平野の世界との交流の活発化は九世紀後半における美馬郡の美馬・三好両郡への分離を生みだしている。

さらに九世紀末には名方郡の名東・名西両郡への分離も起こるが、この分離も後の名西山分というソラの世界での生産活動の活発化と、吉野川河口に向けてのすなわちカイフの世界に向けての開発の進行が生みだしたものといえる。そして新島庄は名方郡域のなかでもカイフの世界に近い場に位置している。九世紀における王臣家らの土地占点は、一つは新規占点地の獲得ということで、もう一つはかって成立し今は廃絶している庄園の回復ということでなされているが、占点（ないし回復）がなされる前提にはその場における農民開発の一定の進展がある。新島庄が回復運動の対象になっているのは、その所在する場がこのような開発活動の活発な場である故であったとしてよい。

注（1）仁平三年四月二九日東大寺諸庄園文書目録（『平安遺文』六―二七八三）。

（2）『東南院文書』二所収。

（3）本書第三部第一章。

（4）承和七年六月二五日阿波国司解（『東南院文書』二―五三〇）。

（5）承和九年七月二〇日因幡国司解（『東南院文書』二―五四〇）。以下の高庭庄の記述については、本書第二部第二章を参照。
(6)『平安遺文』五―二二五六・二二五七。
(7)なお、中四国地域でこれら四カ国以外に八世紀中期に造東大寺司の庄園の存在が確認されるのは周防・備後・備中・備前であるが（本書第三部第二章）、それら諸国については、九世紀中期における庄園の存在および回復運動の存在の有無は不明である。さらにこの承和五年九月官符に基づく東大寺の庄園回復運動が中四国地域以外の東大寺の庄園においてもなされていたのかどうかは史料がないために不明である。
(8)『東南院文書』二―五三九。
(9)『東南院文書』二―五三八。
(10)承和一一年一〇月一一日阿波国牒（『東南院文書』二―五三一）。
(11)『東南院文書』二―五一五。
(12)以上、越前国における「改正」については本書第一部第一章参照。
(13)詳しくは、本書第二部第三章参照。
(14)延喜五年九月一〇日因幡国高庭庄坪付注進状案（『東南院文書』二―五三七）に、「嘉祥三年圖帳」があらわれている。
(15)以上のことは、承和五年の太政官符に依拠して山陽・山陰・南海道諸国で展開する東大寺の庄園回復運動の基本原理になっているのはこの「改正」の論理であったことを示す。先にみた播磨・伊予の事例を考えれば、四国地域で承和七年頃、中国地域で承和九年頃にそれぞれ校田がなされ、このような校田と密接にかかわって「改正」の論理に基づいて東大寺が庄園回復運動を大規模に展開していったのであり、新島庄・高庭庄における動きはその一端を示すものであった。
(16)『東南院文書』二―五三二。
(17)『東南院文書』二―五三九。

(18) なおこの輸公地という言葉の上から見ると、①新島庄田畠であり、ただ輸租地になっている耕地、②新島庄庄域内にある口分田・農民治田であり地子が東大寺に入っていない耕地、の二つの意味が考えられるが、高庭庄の散田地に対応する存在ということからみて、②とみるべきであろう。

(19) 「東大寺開田図の調査」(『東京大学史料編纂所報』第一四号　一九七九年　一〇七〜一〇八頁)。

(20) 金田氏著『古代荘園図と景観』(東京大学出版会　一九九八年) 第三章一「阿波国東大寺領庄園図の成立とその機能」。

(21) 『東南院文書』二―五三二。

(22) なお、本庄・大豆処二地区の輸公地の書き上げに際して、各地区の立券文(絵図)と国図の対比が当然なされたはずである。ところが大豆処地区の現存絵図には枚方地区絵図にみられるような追筆は見当たらない。この地区も八世紀中期の時点で名方郡条里は及んでおらず、絵図に条里呼称が記入されていなかった。したがって、承和の段階での国図との対比に際しては、絵図の方に条里呼称の記入などの再利用がなされてしかるべきである。これについては、枚方地区絵図と大豆処地区絵図との性格の相違の問題を含め、今後の検討課題としたい。

(23) 絵図上の地割と名方郡条里に基づく地割とのずれについて、西の方向へのずれについては取り上げたが、南北方向でのずれ、すなわち絵図上のⅠ・Ⅱ列の一部が国図上では堤防を越えた大川内部に位置するようなずれが起こっている可能性も否定できない。もしそうであれば、本文中の庄域北部についての記述を一部変更する必要がでてくるが、八世紀中期から九世紀初頭にかけての在地農民を担い手とした庄域内開発が北から南に向けて延びていっているという大筋は動かない。なお、これについては別稿を期したい。

(24) 承和九年七月二一日高庭庄庄預僧霊俊解(『東南院文書』二―五三八)。

(25) 『東南院文書』二―五三三。

(26) 『平安遺文』一―一二八。

(27) 原氏「田使と田堵と農民」(『日本史研究』八〇号　一九六五年)。

(28)嘉祥三年一二月一〇日新島庄庄長家部財麻呂解状（『東南院文書』二―五三三）。
(29)『平安遺文』一―一八八。
(30)この戸籍については川上多助氏が第二次世界大戦以前において、記されている戸のうちの一つは女性戸口が男性戸口の七倍以上に達していること、また七〇才以上の者が記載者の三分の一以上いることなどのことから、その記載内容は全く信用することはできないとして、史料的な価値を否定された（同氏「古代戸籍考」（『日本古代社会史の研究』河出書房　一九四七年）。つまりこの史料は使われたとしても、律令制の衰退に伴う地方政治の乱れを具体的に示すものとして取り上げられるだけであった。しかし、第二次大戦後の研究により、一見でたらめのようでもそのなかには多くの事実が反映されていることが明らかになってきた。すなわち、この戸籍には全く存在しなかった人物が記載されているのではなく、性別・年齢については疑点があり、かつ記載人物が延喜の時点に生存していたとはいえないにせよ、九世紀のいずれかの時点で田上郷で生き、活動していた人々が記載されているとみてよいことが明確になってきている。なお、第二次世界大戦以後の田上郷戸籍の研究については、泉谷康夫氏「現存平安時代戸籍の考察」（同氏『日本古代籍帳制度論』（同氏『律令制度崩壊過程の研究』鳴鳳社　一九七二年）、平田耿二氏「平安時代の戸籍について」（同氏『日本古代籍帳制度論』吉川弘文館　一九八六年）、松原弘宣氏「板野郡田上郷戸籍にみえる氏族」（同氏『古代の地方豪族』吉川弘文館　一九八八年）などを参照。
(31)詳しくは松原氏前掲論文参照。
(32)嘉祥三年一二月一〇日新島庄庄長家部財麻呂解状（『東南院文書』二―五三三）。
(33)阿波におけるカイフの世界の八世紀段階の様相については本書第三部第二章を参照。
(34)佐々木高明氏『日本の焼畑』（古今書院　一九七二年）、同『稲作以前』（日本放送出版協会　一九七一年）、相馬正胤氏「四国山岳地方における焼畑経営の構造」（『愛媛大学紀要（社会科学）第四巻一号　一九六二年）など参照。
(35)『新訂増補国史大系・類聚三代格』巻一六。
(36)『日本後紀』同日条。

(37) 八世紀末以降とくに畿内・瀬戸内地域で顕著になる平野の世界の周辺部および山野河海の世界における生産活動の急速な進展と、それに対応する王臣家社の占点地の展開の状況については、本書第二部第三章を参照。

(38)『新訂増補国史大系・類聚三代格』巻八。

(39) 中国雲南省の西双版納（シーサンパンナ）は主として傣（タイ）族が住むタイ国境に接する地であり、そこには召片領とよばれる最高君主が君臨している。召片領が支配の直接の基盤としているのは盆地内で水田耕作を行なう傣族であり、農民に対しては村落を単位とした定期的な割りかえという形で水田が分給され、その代償として農民は召片領に諸負担を負うという専制国家体制が作り上げられていた。そこでの支配のあり方は日本の古代律令国家のあり方を考える一つの素材を提供することは本書第一部第二章でみた。ここで注意しておきたいのは、西双版納においては盆地を取囲む山々には、哈尼（ハニ）族、拉祜（ラフ）族、布朗（プーラン）族など、傣族以外の諸民族が住んでおり焼畑農業に従事しているが、これら民族も派遣されてくる傣族の官僚のもとで、寨を単位にして召片領のゆるい支配を受けていること、しかも前者から後者へ移動したものも多いなど活発な交流が行なわれていたことについてである。このような西双版納における盆地の世界と山の世界の併存と両者の交流は日本の律令国家段階での直接の支配基盤となっている割りかえ（班田）の行なわれる稲作を中心とした平野の世界とその外部に広がっている山野河海の世界という二つの世界の併存を具体的に解き明かしていく一つの手がかりになると考えるが、これについては今後の検討課題としたい。さしあたり、雲南歴史研究所『雲南少数民族（修訂本）』（雲南人民出版社　一九八三年）「哈尼族」項、『哈尼族社会歴史調査（中国少数民族社会歴史調査資料叢刊）』（雲南民族出版社　一九八三年）所収「景洪県南林山哈尼族社会調査」、『傣族社会歴史調査（西双版納之四）（中国少数民族社会歴史調査資料叢刊）』（雲南民族出版社　一九八三年）所収「西双版納宣慰使司署及勐景洪政治情況概述」など参照。

(40) 天石門和気八倉比売神については承和八年（八四一）八月に正八位上が（『續日本後紀』同年八月二一日条）、天日鷲神については嘉祥二年（八四九）四月に従五位下が（『續日本後紀』同年四月二日条）、大麻比彦神については貞観元年（八五九）正月に従五位上が（『日本三代實録』同年正月二七日条）、授けられているのが正史への初出である。

（41）中世の種野山については三木文書（小杉榲邨編『阿波国徴古雑抄』所収）により知ることができる。山崎の市については同文書中の元享元年（一三二一）一一月一九日代官沙弥願仏条々下知状、正慶元年（一三三二）一一月日阿波国御衣御殿人契約状写を参照。
（42）『新訂増補国史大系・類聚三代格』巻一八。
（43）『日本三代實録』貞観二年三月二日条。
（44）昌泰元年（八九八）七月一七日太政官符「應省名東郡主帳一員置名西郡事」（『新訂増補国史大系・類聚三代格』巻七）。
（45）九世紀前半における大規模占点の展開については、石母田正氏「古代の転換期としての十世紀」（『古代末期政治史序説』未来社　一九五六年）、本書第二部第二章などを参照。

付章　新島庄関係文献解題

一、野口年長　『粟の落穂』「川依圃」項（『新編・阿波叢書・上巻』所収）　一八四六年（弘化三）

幕末期の阿波の漢学者である野口年長（一七八〇―一八五八）の著述になる三巻からなる『粟の落穂』の「川依圃」の項に「庄の図あり」として、天平宝字二年の造国司図案に触れ、そこに「野依圃・川依圃」が記載されているとしている。その上で、「新島の庄は新居郷にあらざるか」としている。庄絵図の所在に触れ、かつ庄の現地比定を試みた最初の文献である。

二、池辺真榛　『古文書集』（多田家文書・小松島市教育委員会所蔵）　一八六一年（文久元）

幕末期の阿波国の国学者池辺真榛（一八三〇―一八六三）が阿波・淡路関係の古文書を筆写した五分冊からなる『古文書集』のなかに正倉院蔵の「造国司図案」および「大豆処絵図」の二幅の絵図の写しがふくまれている。この写しは一部文字に異動があったりするが、正確な写しであり彩色も施されている。両絵図の写本の伝来については、福家清司が二種類の小杉榲邨写本（野口年長写本に基づいたもの、東南院所蔵原本に基づいたもの）についての分析をしているが、福家はこの真榛所蔵写本は年長所蔵写本と関連するとみている（本解題三一参照）。福家が始めた幕末期の正倉院文書研究と絵図写本との関係の追跡は今後より多角的に発展させせられていく必要があるが、ここでは幕末の時点で新島庄の二幅の絵図の写しが阿波に伝来していたことを確認しておきたい。なお、この『古文書集』は一九九〇年に徳島県立文書館が多田・西野家文書を整理している際に発見したものであるが（徳島県立文書館企画展パンフレット『小松島商人の蔵書――多田・西野家文庫を中心に――』一九九四年）、地方史研究者の飯田義資（羊我山人）は「阿波郷土の古典」（『徳島教育』一九五六年九月号、後に同氏著『粟の抜穂』天の巻　徳島県教育会　一九七八年）のなかで、郷土研究の古典の一つとして　所蔵者を記さないままであるが「阿波国古文書集、池辺真榛、文久元」をあげており、徳島の地方史研究者の間では、その存在は以前から知られていたようである。

三、執筆者不詳　『阿波国郡誌』「新島庄」項　一八八五年（明治一八）写本

『名東郡誌』（編集　徳島県令　酒井明、三等属　荒井源太郎、御用係　新居正道）の「郷庄」の項に、名東郡を構成する和名抄六郷とともに、新島庄・名東庄・富田庄が記載されている。新島庄については、「絵図アリ、南北新井両村ニ当テ、新井郷ノ旧蹟ナルヘキカ」と記されている。簡単ではあるが、近代になって新島庄に触れた最初の記述である。位置比定については、一の野口年長説を受け継いでいる。

明治一〇年代に『皇国地誌』作成の一環として『阿波国郡誌』（全一冊）が、『阿波国郡村誌』（全三二冊）とともに作成された。郡誌・郡村誌とも、徳島県に残された控えの原本は一九四五年（昭和二〇）七月の空襲で焼失したが、郡誌のうち名東・勝浦・那賀の三郡の分が写本一冊として「呉郷文庫」（徳島県立図書館蔵）に残っている。

四、吉田東伍『大日本地名辞書』「阿波国名東郡新井郷」項　一九〇〇年（明治三三）

新井郷の項で「新井郷は東大寺文書に新島庄と云ふにあたる」と述べている。天平宝字二年の造国司図案を「新島庄絵図」として、その記載内容について大略を記している。また、大豆処地区絵図についても触れており、絵図中の「郡堺」の文字に着目し、新島庄は板野郡井隈郷（今藍畑村）と堺していると推定している。二幅の絵図をは

じめて本格的に取り上げており、以後の研究の出発点になっている。

五、邨岡良弼『日本地理志料』「阿波国名東郡新井郷」項　一九〇三年（明治三六）

「按東大寺天平勝宝八年国判、有名方郡新島荘、東大寺要録、名東郡新島荘田八十四町七段七十五歩、新島即新井島也」とある。絵図については触れておらず、天平勝宝八年一一月本庄立券文（庄券第一）などから、新島庄を名東郡新井郷内にありとしている。

六、小杉榲邨『阿波国徴古雑抄』　一九一四年（大正三）

この書には小杉榲邨（一八三四―一九一〇）が収集した阿波国関係文書が収められているが、ここで二幅の絵図をふくめて東南院文書中の新島庄関係文書の全体がはじめて公刊・紹介された。以後の新島庄研究の基礎をなしていく。

七、島田泉山『徳島市郷土史論』　泉山会出版部　一九三二年（昭和七）

この書は近代的な徳島地方史研究の創始者ともいうべき島田泉山（麻寿吉）（一八七四―一九四七）が書いた吉野川下流域の中世史研究にかかわる書である。中心にすえられているのが春日神社領富田庄の研究であるが、第二章二節「吉野川本流の変遷」のなかで、新島庄が取り上げられている。新島庄が吉野川本流沿いの新島・枚方・大豆処三地区から成り立っていること、さらにそれら地区の位置比定について、独自に名方郡条里を復元し、それを援用しつつ行なっている。論証抜きで結論のみ記されているという面はあるが、当庄についての最初の本格的な研究書である。自費出版であり、徳島県以外では知られることが少なく、したがって以後の全国レベルの研究ではその成果は生かされていない。しかし、成立時点の新島庄が三地区から成り立っていたことの指摘や、それぞれの地区の位置比定のあり方などは一九七〇年代以降の当庄研究を先取りしている。その分析水準の高さに注目しておきたい。

八、清水正健『荘園志料』「阿波国名東郡新島荘」項　一九三三年（昭和八）

「和名抄名東郡新井郷の地なり、天平勝宝八歳の文書に見えて、東大寺領なり……今郡中に南北新居村存す」という簡単な解説が付けられ、そのあとに新島庄関連文書の部分紹介が載せられている。造国司図案も川依圃・河辺圃など図中の地名の一部が紹介されている。

九、鳥居龍造『川内村史』「上編　先史・原史・歴史時代の川内」　一九三七年（昭和一二）

著名な東洋史学者である鳥居龍造が編集・執筆している、（徳島県板野郡）『川内村史』上編に「新島庄と吉野川」の項目があり、徴古雑抄所載の二幅の絵図を利用して吉野川の流域の変遷を論じている。新島庄の位置比定については吉田東伍説をそのまま利用している。管見の限りでは第二次世界大戦以前の徳島県下の市町村史で新島庄にきちんと言及しているただ一つの論述である。

一〇、藤田九十九「東大寺領阿波新島庄の昔今」（『歴史地理』七七巻四号　一九四一年（昭和一六）

阿波国名東郡新居村について、小字名などを手がかりに条里復元を行ない、そこに造国司図案（枚方地区絵図）を比定している。造国司図案＝新島庄絵図説に基づいているが、第二次世界大戦以前において小字名の収集をふくめた綿密な現地調査を先行させ、それをふまえて絵図の位置比定を行なった唯一の業績である。

一一、福井好之「阿波の条里」（『徳島大学学芸紀要・社会科学』第八巻　一九五八年、後に同氏『阿波の歴史地理』第一　私家版　一九六四年）

名方郡条里を復元し、そのなかに新島庄を比定している。造国司図案を枚方地区絵図と見なす島田泉山説を批判し、これを新島庄絵図とするが、立論の前提に誤りがあり（造国司図案と庄券第一の本庄地区立券文を同じ地区のものとみなしていること）、やや無理な論になっている面を持つが、第二次世界大戦後における新島庄と名方郡条里との研究の先駆けをなしている。

一二、沖野舜二『阿波国庄園考』「名東郡新島庄」項（『徳島大学学芸紀要・社会科学』第一〇巻　一九六一年）

島田泉山の説をそのまま引き継ぎ、枚方庄を旧北岩延村に、新島庄を旧芝原村・高輪村・南新居村に、大豆処を北新居村にそれぞれ比定する。また、新島・枚方・大豆処の三庄が一括して新島庄と称されていたとする。

一三、高重進「阿波国新島庄の歴史地理」（『社会科研究』九号　一九六一年　後に同氏著『古代・中世の耕地と村落』（大明堂　一九七五年）第三章第二節「阿波国東大寺領新島庄」として所収）

造国司図案を新島庄絵図とみなし、その分析を行なっている。また造国司図案の位置を旧南新居村に比定し、大豆処を第十堰付近に比定する。本庄（新島）地区と枚方地区との区別がなされていないなどの問題はあるが、第二次大戦後における二幅の絵図の本格的研究の口火を切った論文である。

一四、服部昌之「阿波条里の復元的研究」（『人文地理』一八－五　一九六六年）、後に同氏著『律令国家の歴史地理学的研究』（大明堂　一九八三年）第三部「国郡制の編成」三「阿波国」として所収）

阿波の古代条里の復元を行ない、吉野川下流域の名方郡条里のなかに、二〇条一〇里を中心とする造国司図案を新島庄絵図として位置づけている。この論文での復元が現在に至るまでの吉野川下流域の条里復元の基礎になっている。一三論文とともに、以後の新島庄研究の基礎になっていく。

一五、保田兵治郎「わが国の古代地割制度と阿波」（『ふるさと阿波』（阿波郷土会報）四三号　一九六五年）

条里の方格の実測値は畿内とそれ以外で異なるとし、その独自な数値に基づいて阿波の地割を復元し、そのなかに新島庄を位置づけている。この独自な数値については問題が多い。

一六、一宮松次「阿波国東大寺領新島庄枚方庄大豆処について——中世史研究ノートから——」（『ふるさと阿波』六一号　一九七〇年）

造国司図案を枚方庄図であるとし、これを新島庄図であるとしていることを批判する。絵図についても現存するのは枚方・大豆処の二庄の絵図であるが、これ以外に新島庄図と勝浦庄図とがあったはずとする。第二次大戦後の学会では新島庄（本庄地区）と枚方庄（枚方地区）との区別については、等閑視されてきていたが、島田泉山説を全面的に受け継ぎ、二つの庄（地区）を明確に区別している点、また新島庄が新島・枚方・大豆処・勝浦四庄（地区）から成り立っていることを明確にしている点で、注目すべき論文である。

一七、丸山幸彦「東大寺領荘園の変遷」（八木充編『古代の地方史2——山陰・山陽・南海編』朝倉書店所収　一九七七年）

阿波国新島庄と因幡国高庭庄を主たる対象にして、大河川下流域の低湿地に設定された八世紀の庄園の分析を行なっている。新島庄については、八世紀の庄園設定の時期に問題を絞り、この庄が周辺を堤防ないし道によって囲まれた吉野川下流域低湿地内部の微高地上に設定された複数の庄地から成り立つ庄園として出発したとする。

一八、藤田九十九「東大寺領阿波新島庄について」（『ふるさと阿波』九五号　一九七八年）

新島庄の二幅の絵図について、それまでの研究者（吉田東伍・島田泉山・高重進・服部昌之など）が、それぞれの地区をどう比定しているか、研究史の整理を行なっている。

一九、丸山幸彦「八～一〇世紀の東大寺領新島庄について」（松岡久人編『内海地域社会の史的研究』マツノ書房　一九七八年）

新島庄について、東南院文書にふくまれている新島庄関係文書・絵図の全体的な整理を行なうなかで、泉山とは別な観点から新島庄三地区説を提出している。また、一〇世紀というこの庄の終末期について、分析を行なっている。

二〇、三好昭一郎「徳島地方史研究の成果と課題（続）・古代土地制度」（徳島地方史研究会編『史窓』九号　一九七九年）

徳島における条里・初期庄園についての、第二次世界大戦以前から一九七〇年代までの研究史を整理している。そのなかで、新島庄について、全国レベルでの研究の流れと島田泉山を出発点とする地元の研究者の研究の流れとが交流することなく併存しているという重要な指摘を行なっている。新島庄にかかわる研究史の最初の本格的なまとめである。

二一、石上英一など「東大寺開田図の調査」正・続・続々（『東京大学史料編纂所所報』一四・一五・一六号、一九七九〜八一年）

正倉院に所蔵されている、造国司図案（枚方地区絵図）と大豆処地区絵図の二幅の絵図の詳しい調査報告である。絵図上に描かれた方格線・道・堤防・川および数字・文字などについて、詳しい観察結果が記されており、以後展開する新島庄研究および当絵図研究の基礎になっている。

二二、福家清司「阿波国富田荘の成立と展開」（徳島地方史研究会編『阿波・歴史と民衆』教育出版センター　一九八一年）

鎌倉初期の春日神社領名東郡富田庄についての研究であり、富田庄関係文書をもとにした吉野川下流域の条里復元がなされているが、定説となっていた服部昌之の名方郡条里の復元（本解題一四）とは異なっている。服部復元をとるか福家復元をとるかで名方郡条里上での新島庄の現地比定がずれてくる。その点で、以後の新島庄研究に大きな影響を及ぼした論考である。

二三、金田章裕「条里プランと小字地名」（『人文地理』三四―三　一九八二年）、後に同氏著『条里と村落の歴史地理学的研究』（大明堂　一九八五年　第一章「条里プランの完成・定着・崩壊プロセス」として所収）

吉野川下流域の名方郡の条里プランのなかに、造国司図案を位置づけて考察している。造国司図案が作成された天平宝字二年までには阿波国の条里プランが完成していたのではないかとするとともに、この図には本来は条里呼称は記入されていなかった可能性があることを指摘している。

二四、丸山幸彦　「古代の大河川下流域における開発と交易の進展——阿波国新島庄をめぐって——」（『徳島大学総合科学部紀要』二巻（人文・芸術研究編）一九八九年）

二〇の研究史整理を受けて研究史の二つの流れの統合を企てている。新島庄が吉野川沿いの低湿地上にそれぞれ数キロづつ離れた三地区から成り立つ庄園として発足したことを確認し、それぞれの地区の性格の特色（大豆処地区は吉野川沿いの津に設定されているなど）についての分析およびそれぞれの地区の位置の名方郡条里上での比定を行なっている。また、八世紀中期段階において造東大寺司は瀬戸内海航路にかかわって中四国の諸国に系統的に庄園設定を行なっており、本庄もその一環として設置されたものであるとしている。

二五、丸山幸彦「瀬戸内型の庄園」（『新版・古代の日本　第四巻　中四国』（角川書店　一九九二年）

二四をふまえて、阿波国新島庄・因幡国高庭庄・摂津国新羅江庄を取り上げている。いずれも八世紀中期に造東大寺司が大河川下流域の低湿地上の、しかも水上交通の要衝の地（津）近くに設置した庄園であり、これらが水上交通により有機的に結びあわされた一個の庄園群として系統的に設置されたものであることを指摘している。

二六、福家清司「古代・中世の吉野川」（『徳島の文化』第九号　一九九三年）

古代の新島庄、中世の富田庄など、吉野川を中心とした古代・中世の歴史の展開を概括している。とくに、新島庄については大豆処地区と吉野川水運との関連を重視した分析を行なっている。

二七、丸山幸彦「低湿地の庄園」・「都に上った少女」（三好昭一郎・高橋啓編『図説・徳島県の歴史』河出書房　一九九四年）

「低湿地の庄園」では、八世紀から一〇世紀に至る新島庄の動向について、その置かれた場の特色をふくめ概説している。また、「都に上がった少女」では、八世紀半ばに造東大寺司の庄園として新島庄が成立した背景に吉野川下流域の豪族粟凡直氏出自の板野命婦（粟凡直若子）の存在があったことを指摘している。

二八、平井松吾「阿波の古地図を読む」（徳島建設文化研究会『阿波の絵図』同研究会　一九九四年）

二幅の新島庄関係絵図を近世の国絵図・城下絵図・村絵図とくに国絵図とともに、詳しく紹介している。近時急速に進展している近世国絵図研究の一端を示しているとともに、近世絵図と対比させた二幅の庄園図の分析が今後重要な課題になることを示している。

二九、金田章裕「阿波国東大寺領荘園図の成立とその機能」（虎尾俊哉編『律令国家の地方支配』吉川弘文館　一九九五年）

二幅の絵図は天平宝字二～六年頃と推定される条里プラン完成以前にその原型が作られていることを明らかにした上で、大豆処地区絵図について、丸山がここを港湾として利用されている地区とすること、また描かれている「道」を堤防機能を持つとすることについて疑問であるとし、また枚方地区絵図に記入されている条里呼称は九世紀の承和・嘉祥年間に記入されたもの（追筆）であるとする。さらに、新島庄は三地区ないし四地区から成り立つというよりは、本来それぞれ個別の庄園であったのではないかとする。

三〇、丸山幸彦「低湿地開発の進展と庄園返還運動——九世紀の阿波国新島庄——」（『徳島大学総合科学部紀要・人間社会文化研究』第二巻　一九九五年）

承和年間に東大寺が展開する全国的な庄園回復運動のなかでの、当庄の動向について、庄園成立期以降の一世紀に渡る在地農民の手による低湿地開発の進展状況を、金田が二九で指摘する枚方地区絵図への九世紀段階での追筆を手がかりにした分析、さらに農民開発地の寺田への返還をめぐる東大寺と在地との対決を元興寺領近江国愛智庄の動きと対比させながらの分析などがなされている。

三一、平井松午・藤田裕嗣「吉野川支流の鮎喰川扇状地における土地開発と灌漑システムの成立」（『徳島大学総合科学部紀要・人間社会文化研究』第二巻　一九九五年）

鮎喰川扇状地における近世から現代に至る水利空間の解明を行なっているものであり、直接古代新島庄をとりあげているものではないが、古代条里の復元にも言及されている。まだ確定しているとは言い難い名方郡条里の正確な復元とそれに基づく新島庄諸地区の位置比定と各地区の置かれていた自然条件の把握を行なう上で、重要な手がかりになる論考である。

三二、丸山幸彦「南海道支道と庄園――新島庄勝浦地の位置をめぐって――」（『徳島大学総合科学部紀要・人間社会文化』第三巻　一九九六年）

本庄・枚方・大豆処三地区の設定よりやや遅れて、名方郡の郡界を越えた勝浦郡の勝浦川河口に位置する「中湖」と呼ばれる津に新島庄の第四番目の地区である勝浦地区が設定されたこと、大豆処地区が吉野川水運とかかわって設定されていたのに対して、この地区が撫養から土佐へ抜ける水上交通路としての南海道支道沿いの津に設定されており、新島庄全体が紀伊水道沿いの交通網にかかわって設定されているとしている。

三三、福家清司「阿波国名方郡新島荘図・大豆処図」（金田・石上・鎌田・栄原編『日本古代荘園図』東京大学出版会　一九九六年）

幕末以来の現在に至る新島庄研究についての整理と、研究の対象になる二幅の絵図の写本の伝来について、二種類の小杉写本について、真棒所蔵写本をも視野にいれながら分析を行なっている。その上で、それぞれの絵図の吉野川下流域内部における位置について名方郡条里との関係で論じている。

第四部　一〇世紀の東大寺庄園

第一章　延喜庄園整理令と庄園

はじめに

延喜庄園整理令について従来多くの研究がつみかさねられてきたが、第二次大戦後の整理令研究の出発点となったのは石母田正氏の「古代の転換期としての十世紀」であった。[1]氏は「この整理令が従来の古代的土地所有制の内的構造の変化といかに関係するか」という問題視角のもとに、とくに勅旨田の問題に焦点をあわせて九世紀の勅旨田は天皇の私有地であること、その経営は国家による直営田の形態をとり、その構造においては初期庄園的＝奴隷制的形態をとること、そしてその経営はやがて破綻し整理令で地子に依存する形式にあらためたことを指摘した。石母田氏以後の研究は分析の主軸を勅旨田の研究におきながら、より多角的な分析が進展するが、これら研究は、(1)石母田氏・林屋辰三郎氏などの勅旨田の構造とその評価をめぐっての研究。[2] (2)上横手雅敬氏などの整理令の発布主体の研究、[3] (3)寛平の治の延長として整理令を把握しようとする上横手氏の研究、庄園史の立場から整理令を九世紀における諸課題の総決算として位置づける村井康彦氏の研究、[4]「庄家」に焦点をあてて整理令を位置づける高田実氏の研究、[5]および勅旨田を所有の観点から位置づけなおそうとする泉谷康夫氏の研究、[6]などに示される整理令の性格づけの研究、(4)免除預田制を整理令の具体化として位置づける坂本賞三氏の研究、[7]整理令の原則が施行直後に変更されたとする赤松俊秀氏の研究など整理令実施過程についての研究、[8] (5)この四個の官符と同日付けでだされている太政官符「應勤行班田事」などをふくめ延喜二年三月の一連の官符を一〇世紀の土地制度の出発点としてとらえなおそうとする平田耿二氏の研究[9]などがだされている。

整理令は延喜二年（九〇二）三月一二・一三両日にだされた次の四通の官符から成り立っている。

①應停止臨時御厨幷諸院諸宮王臣家厨事[10]
②應禁制諸院諸宮及王臣家占固山川藪澤事[11]
③應禁斷諸院諸宮王臣家假民私宅號庄家貯積稲穀等物事[12]
④應停止勅旨開田幷諸院諸宮及五位以上買取百姓田地舎宅占請閑地荒田事[13]

研究史について、指摘しうることの第一はこの四通を一連のものとしてとらえようとする方向が不十分であり、④官符と他の三官符との関連の分析が不十分であること、④官符についても分析が勅旨田に集中し④官符全体としての分析が不十分であることが指摘できる。指摘しうることの第二は分析視角のいくつかについてである。その一つは④官符にあらわれる「勅旨開田」を証明しないままで勅旨田と同義とみなして分析がなされていることである。さらには整理令の分析が勅旨田の経営形態の変化という側面に集中してしまい、八世紀中期の天平私財法を出発点に平安初期における平野の世界の周辺や山野河海の世界で展開する王臣家・寺社の占点地への規制（延暦・大同年間の規制）をへて、この整理令に至る律令国家の占点地規制（庄園規制）の変遷のなかに位置づけて分析するという視角が十分ではないことである。さらには一〇世紀を中心に展開する官省符庄と整理令との関連についての分析も十分とはいえない。

以上のことをふまえて、本稿は次の諸点から分析を行なう。まず整理令を構成する四通の官符について④官符を中心にその内容を検討する。次に整理令の史的位置づけを延暦・大同年間の大規模分割地規制との対比を中心に行なっていく。さらに、この整理令の発布が王臣家・寺社の土地占点に与えた影響について一〇世紀の官省符庄を素材にみていく。以上の諸点をみることで、整理令を律令制下の大土地所有の変遷との関連のなかに位置づけることに一歩近づきうるものと考える。

一　延喜庄園整理令の内容

まず整理令そのものの内容分析を④官符を中心にして行なう。繁雑になるが、分析の必要上④の官符の全文をかかげる。

[I]右検案内、[a]頃年勅旨開田遍在諸國、雖占空閑荒廢之地是奪黎元産業之便也、加之新立庄家、多施苛法、課責尤繁、威脅難耐、且諸國奸濫百姓為遁課役、動赴京師、好属豪家、或以田地詐偁寄進、或以舎宅巧号賣与、遂請使取牒加封立牓、國吏雖知矯餝之計、而憚權貴之勢、鉗口巻舌不敢禁制、因茲出挙之日託事權門不請正税、収納之時蓄穀私宅不運官倉、賦税難済莫不由斯、加以賂遺之所費田地遂為豪家之庄、奸搆之所損民烟長失農桑之地、終無處於容身、還流冗於他境、[b]案去天平神護元年格云、天下諸人競為墾田、多勢之家駈使百姓、貧窮之民無假自存、自今以後、一切禁斷、寳亀三年格偁、諸人墾田任令開墾、但假勢苦百姓者、冝嚴禁制、弘仁三年格云、諸國司不率朝憲専求私利、百端奸欺一無懲革、或假他人名多買墾田、或託言王臣競占腴地、民之失業莫不由此、冝重下知嚴加禁制、天長元年格云、有常荒田百姓耕作、一身之間聽其耕食、不得因此勢家耕作者、案件等格請開閑地耕食荒田、只為百姓獨立其文、至于高貴嚴制重畳、[c]而諸院諸宮朱紫之家不憚憲法、競為占請、國郡官判許之日、雖似専催墾發勞其輸租、而猶盡土民之力役、妨國内之農業、[II]左大臣宣、奉　勅、[a]正朔遞変、

驪翰推遷、八埏之地有限、百王之運無窮、若削有限之壌、常奉無窮之運、則後代百姓可得而耕乎、[b]宜當代以後勅旨開田皆悉停止、令民負作、其寺社百姓田地各任公験、[c]還与本主、且夫百姓以田地舎宅賣寄権貴者、不論蔭贖不辨土浪、決杖六十、若有乖違符旨受嘱買取、并請占閑地荒田之家、國須具録耕主并署牒之人、使者之名、早速言上、論以違勅不曾寛宥、判許之吏解却見任、但元来相傳為庄家券契分明、無妨國務者不在此限、[d]仍須官符到後百日内辨行具状言上①

この官符はⅠとⅡの二つの部分に分けて把握する必要がある。[14]すなわち官符の発布者が山野・空閑地・荒廃田の占点の展開がいかなる状況にあるかについて述べている、現状把握の部分がⅠの部分である。この現状把握をふまえて官符の発布者として、それにいかに対応していくのかを示している、対応策の部分がⅡの部分である。

現状把握部分についてみていく。まず勅旨開田の意味について、従来の研究では勅旨開田は勅旨田と同義とみなされてきた。しかしこの④官符にしかあらわれない勅旨開田を論証ぬきに天皇家の持つ庄園である勅旨田と同義とみなすのは疑問である。あらためて勅旨開田の意味を④官符現状把握部分を素材に考えてみたい。

現状把握a部分では、王臣家などの庄園集積の動きを「頃年……難耐」すなわち、王臣家などが国家の判許をえて空閑地・荒廃田を占点していく例と、「且……立牓」すなわち、百姓らが課役を逃れるために寄進・売与という形で自己の田地を王臣家などに付属せしめる例、の二つに大別してとらえている。文脈からみて、勅旨開田とは前者すなわち国家の公認のもとで王臣家などが上から設定する形で成立する庄園を指すのであり、後者すなわち王臣家などが百姓らと私的に結びつくことにより成立する庄園とは明確に区別された存在である。因幡国高庭庄について「去天平年中、本願感真　聖武天皇所施入給也」[15]とあるような八世紀中期の勅施入により成立した諸庄園、さらには九世紀に入って設定される勅旨田・親王賜田など大規模な占点に基づいて成立した諸庄園がそれである。つまり、勅旨開田は国家公認の開発を目的とする占点地全般を指すのであり、勅旨田は勅旨開田の一部を構成するものと把握すべきである。

以上のように勅旨開田をとらえれば、Ⅰb部分で引用されている四通の官符がいずれも勅旨田のみを問題にしているものではなく、王臣家などの土地集積全般を問題にした官符であることの説明がつく。また、勅旨開田を勅旨田と読むことで、勅旨田という特定の地目のみが王臣家などの土地集積全般を問題にしているはずの④官符のなかで特別に前面にでてきているという不自然さもとりのぞくことができる。

以上の勅旨開田の解釈をふまえると、現状把握部分の内容は次の通りである。a部分では国家公認の大規模分割地の系列（勅旨開田の系列）の庄園の一定の枠をこえた展開、ならびに百姓と王臣家・寺社の私的結合で成立する系列の庄園の非合法的な拡大、の二つの動きが農民の生産活動に否定的な影響をもたらすことを述べ、b部分では諸官符を引用してこのような庄園集積は律令法から逸脱したものであることを述べている。そしてc部分で王臣家・寺社がそのような律令法を無視して占点を行ない、国郡司はこの占点が輸租田を増加させるという名目で行なわれるため判許しているが、現実には地方行政に否定的な影響を及ぼしていることを指摘している。

次に対応策部分をみる。a部分について、限度のある土地を勅旨で与えていたのでは後代の百姓の耕作すべき土地がなくなるので土地の賜与を中止し、当代以降の勅旨開田をやめ民に負作させる。また寺社・百姓の地については公験に従って本主に返還する。b部分について、百姓が田地・舎宅を王臣家・寺社などに売却・寄進し、また王臣家などが買取り、受寄をした場合処罰する。ただし元来相伝し公験が分明で国務の妨げにならないものは百姓の田地・舎宅集積によって成立したものであってもその存続は認める。c部分について、以上の点について百日以内に報告するように。

Ⅱの対応策部分全体として、現状把握部分で王臣家・寺社の庄園集積を二つに整理して把握しているのをうけて、この二つへの対応を提示しているが、これについて他の①〜③官符との関連でほり下げてみる。まずa部分について、この部分とかかわるのが②官符である。この官符には「右延暦三年十二月十九日騰　勅符偁、山川藪澤之利公私共之、比来王臣及諸司寺家等包并山林経略藪澤、宜加下知勿使更然、其所占之地不論先後皆悉還公、如有違反者科違勅罪、……者、而立制已久、犯禁弥甚、良由國司相容不守　皇憲、左大臣宣、奉　勅、宜重加下知早従停止、……」とあり、延暦三年（七八四）詔[16]を引用しつつ、その重ねての徹底を指示している。

八世紀末の山背盆地への遷都を契機に山野河海上で王臣家らの杣・塩山、およびそこで産出された諸物資を運搬する交通の拠点としての野など大小規模の占点地が展開していくのであり、律令国家のこれへの規制は延暦三年詔を出発点に行なわれた。この詔における「所占之地、……皆悉還公」という方針はこれから後に山背・摂津などの諸国で占点地の整理という庄園整理令的な様相をもって具体化されていく。その際の基本方針は国司は当該の占点地について、由緒が明確であること、およびその占点地が在地の民業の妨げになっていないことの二つの条件を満たしている場合に限りその占点地の存続を認めるということであった。延暦三年詔の諸国での実施の結果は延暦一七（七九八）年一二月八日官符「寺并王臣百姓山野藪澤濱嶋盡収入公事」[17]において、上毛利用を目的とした占点地（交通・運輸の拠点をふくむ）について、由緒が証明できることと在地の民業の妨げになっていないことの二つの条件が満たされる占点地に限り存続を認めるという形で集大成される。そして桓武が没した直後の大同元（八〇六）年閏六月と八月にだされた二つの官符[18]は延暦一七年官符を引き継ぎつつ、上毛利用を目的とした占点地に付け加えて、墾田地も規制・整理の新たな対象にすることを明確にするとともに、民業の妨げにならない範囲内でのみの占点地の存続をあらためて強調していた[19]。

延暦三年詔はこのように延暦・大同年間に確立する律令国家の占点地規制の出発点となる法令であり、これ以降墾田地・杣・牧・塩山・御厨など多彩な形をとって展開する勅旨田・親王賜田・王臣家寺社の庄園、すなわち延喜庄園整理令が勅旨開田として把握した庄園群は、基本的にはこの法令により規制されていく。整理令の②官符はこの延暦三年詔を取り上げているが、整理令全体としても延暦・大同年間の規制を重視し、その継承を意図している。すなわち④官符ａ部分は勅旨開田系列のうちでも主として墾田地に対する規制を打ちだしているものになっているのに対して、②官符は上毛利用を目的とした占点地＝牧、杣、塩山、および交通・運輸の拠点についての整理を打ちだしているものになっている。関連して①官符について、河海上における漁業活動を目的とした占点（御厨）への規制を狙った官符であり基本的には②官符と同内容である。ただ、その性格がやや異なるために別な官符により規制しているものである。すなわち④官符ａ部分、①官符、②官符の三者は勅旨開田系列の庄園（国家公認の占点地）について、延暦三年官符を出発点にした一連の国家規制に準拠して規制しようとしているという点では一体のものである。

④官符Ⅱａ部分にもどると、この部分では土地の賜与中止すなわち庄園設定の中止を述べているが、その具体化の第一は「当代以降、勅旨開田停止、令民負作」ということであった。勅旨開田の停止の意味は国家による土地の分割賜与（庄園の創設）の今後における中止ということである。「令民負作」の意味であるが、従来の研究史ではこの部分は庄園経営の面からの把握がなされ、それまで行なわれてきた庄園の直営経営の方式が廃止され農民の請負経営に代ったと解釈されてきた。[20]これに対して、泉谷康夫氏が「勅旨開田の停止は土地所有にかかわる問題として述べられている」として経営形態の変化と関連づけて考える従来の観点を批判し、それに基づいて「令民負作」というのは勅旨田の田主権を百姓にあたえることを意味すると把握すべきであるとした。[21]この「負作」を直営経営の廃止という経営にかかわる用語とみるのは、④官符が宝亀年間以降の法令を引用しつつ王臣家などの墾田地集積の不当性を述べ、その禁止を打ちだしているものであることからみて不自然であり、泉谷氏のように墾田地集積という所有面にかかわらせてとらえるのが妥当である。

その意味を考える一つの手がかりは、延暦一〇年（七九一）にだされた勅に「先是去延暦三年下勅、禁斷王臣家及諸司寺家等、専占山野之事、至是遣使山背國、勘定公私之地、各令有堺、恣聽百姓、得共其利」[22]とあることである。山背国で延暦三年詔の具体化が私地（存続を認められる占点地）の四至を明確にすること、そしてそれ以外の地を公地として位置づけ、そこでの百姓の利用認めるという方向でなされている。ここで問題になっているのは上毛利用を目的とした占点地であるのに対して、④官符a部分で問題になっているのは墾田地である。しかし、私地の設定を限定ないし中止し、その私地以外の土地の上での百姓の上毛利用や墾田開発を認めるということでは共通している。すなわち、「令民負作」とは未開地の国家による分割賜与は今後は行なわず、未開地は公地とみなし、そこでの百姓の開発活動を認めるということである。

具体化の第二は「其寺社百姓田地、各任公験還与本主」である。ただ、なぜ「寺社百姓」の田地のみが問題になっているのか、「還与本主」はどのようなことを意味するのかなど、このままでは意味が取りにくい。その点で、延暦三年詔が延暦一一年（七九二）四月に摂津国島上郡で具体化された際に、「……尼寺野二町、或寺家自買、或債家所償、並縁法制、還与本主、……」[23]とあることに注意したい。別に見たように、これは島上郡における占点地整理に際して、その由来が正当であった故に本主に「還与」された占点地を書き上げているものである[24]。それをふまえると、整理令の「各任公験還与本主」は勅旨開田系列の庄園においても公験が正当であれば引き続き存続を認める（本主に与える）という意味になる。ただ、そう見ると「其寺社百姓田地」との間に整合性がなくなるのであり、両文言の間に脱文があると考えざるをえない。つまり、具体化の第二については脱文により不明な点があるが、延暦三年詔との対応からいって、存続してきている勅旨開田の系列の庄園について公験が正当な場合にはその存続を認めるとしているものと推定する。

次に対応策b部分すなわち百姓の田地・舎宅の集積により成立する庄園の整理について、このb部分との関連でだされているのが③官符である。④官符b部分は占点地そのものの集積を規制の対象にしているのに対して、③官符は占点地における諸活動の拠点としての「庄家」、とくに「民」の私宅を借りて設定されている「庄家」を規制の対象としている。王臣家らの田地舎宅の集積とは在地有力者と結びつき、その私宅を「庄家」とし、そこを拠点に開発・耕作を行なうことであり、その点で両者は表裏一体である。この系列の庄園についての整理も二つの方向で行なわれる。一つは「且夫百姓……解却見任」の部分で示される今後における百姓と王臣家・寺社の結合の禁止であり、勅旨開田の系列の庄園における今後の新たな分割地の設定禁止に対応する。他の一つは「但元来……不在此限」の部分で示される既存庄園について公験が正当で国務の妨げにならない庄家はその存続を認めるということであり、勅旨開田の系列の庄園における従来から存続してきている既存庄園の整理に対応する。

二　延喜庄園整理令の史的位置

(一)　九世紀末までの占点地規制のあり方

以下、整理令の内容分析をふまえ整理令が発布されるに至る過程についてみていく。

吉田孝氏が指摘するように[25]、八世紀から九世紀にかけて開発が進展していくなかで、熟田外に広がる新規開発田および未開地を熟田と統一して把握しようとする志向を国家は持つのであり、その最初のあらわれが天平年間の墾田永年私財法である。この私財法について、その特質の第一は、この法が一定の面積内での未開地の公的分割の承認とこの公的分割地内の開発田の私財化の承認という二つの面を持っていることである。この法に基づいて設置された庄園は庄内開発田の私財化が認められる点で私的所有地化の方向を持ちつつも、庄園そのものは私的所有地ではなく律令国家が位階に応じて王臣家・寺社等に賜与する公的分割地であり、その開発・経営には国家が責任を持つべき賜与地である。その点で大規模分割地は還公規定がなく、かつ内部の開発田の私財化が認められているという特質を持つものの、位階に応じて熟田が与えられる位田に類似した性格を持っている。特質の第二はこの法が在地の共同体成員の行なう小規模な未開地の占点・開発については視野に入れておらず、その結果として公認した庄園内部の未開地についてはその利用に関して規制を加えていないことである。

以上の特質を持つ私財法に基づく未開地占点＝庄園設定は、在地農民諸層の共同体慣行に基づく未開地での生産活動をおびやかす存在となっていく。[26] 天平神護元年（七六五）に墾田禁止令がだされ、[27] 農民の小規模分割地を除いて未開地の大規模分割とその内部の開発が禁止されるが、これは庄園の展開が農民諸層の生産活動を妨害することに気付いた律令国家のさしあたりの対応策であった。墾田禁止令で一旦未開地の大規模分割と開発を中止させた律令国家も数年後の宝亀三年（七七二）にこの禁制をとき私財法が復活する。[28] この復活私財法では未開地の分割が再び認められているが、百姓を苦しめるような分割と開発の禁止が明記されている。つまり農民の共同体慣行に基づく諸権利の否定、いいかえれば分割地内未開地への無限定な支配権の行使に歯止めをかけようとしている。その点でこの復活私財法が分割地の内部規制が法令上にあらわれる第一歩をなしている。

そして平安遷都に伴う需要の増大のなかで王臣家・寺社のとくに上毛利用を目的とした占点地の設定が平野の世界の周辺および山野河海の世界で進むのに対応して、上記の延暦三年詔を出発点にした、それへの国家規制が進む。その規制は王臣家・寺社の占点地について、民要地（農民諸層の活動の場）を妨害しない限りでその存続を認めるとともに、その占点地内部への規制として、とくに墾田地について上毛利用の開放原則を明示する。さらに、弘仁格私財法に至り、天平私財法にみられた墾田占点面積の位階による制限がけずられ、代りに百姓有妨の地の占点禁止と三年不耕原則があらわれている。これにより私地化を認められるのは私功を加え続けている地に限るということ（三年不耕原則）および占点地の設定のあり方に制限を加えること（百姓有妨の地の占点禁止）が法令上明確になる。[29]

(二)　占点地規制の変質――九世紀末における――

九世紀も後半になると、それまでの王臣家らの占点地のあり方およびそれへの律令国家の規制のあり方も変質をとげていく。これについて寛平八（八九六）年四月二日の一連の官符を手がかりに考えてみたい。まず、同年八年四月二日太政官符「應禁断諸院諸宮王臣家相代百姓争訟田宅資材事」[30]（A官符と以後いう）に次のようにある。

右問山城國民苦使正五位下守左中弁平朝臣季長奏状偁、得諸郡司解状偁、諸院諸宮及諸王臣家、或争百姓戸田、或奪浮浪財物、不據國宰無牒郡司、闌入部内逓相壓略、専擅威権不辨理非、田園因斯荒廢、財産為之空竭、望請、使裁早被停止者、伏検案内訴訟皆從下始、若有越訴法設科条、今愚昧百姓不悟此理、告人囑甲宮而乗威、前人媚託乙家以挟勢、國郡官司無力禁止、望請、自今以後、相争財物田宅之輩、假勢王臣不由國郡者、不限土浪不論蔭贖決杖一百、所争之物皆没官、……

在地諸層が財物・田宅をめぐって争うに際し、争いを有利にするためにそれぞれが中央の院宮王臣家と結びつくということが起こっているとしている。これ以外に寛平七年九月二七日太政官符「應禁斷郡司百姓私物假宮家物并科責不受正税不輸田租之輩事」[31]に美濃国について「此國人心多巧只事姦欺、至于欠失官物、國司没其私物、臨欲運納官倉、忽就官家、假為寄進、請其家牒、送於當國、或云是家之出挙物、或云寄進借物之代、或時懸札、或時打杭……」といわれており、郡司・百姓が私物を王臣家に仮託して国衙への官物などを納めないという行為にでている。ここに示されている王臣家と在地諸層との結合は山城・美濃に限らず、九世紀末から増加していく。

さらに、寛平八年四月二日太政官符「應改定判給占荒田並閑地之例事」(32)（以下、B官符という）に次のようにある。

右問山城國民苦使正五位下守左中弁平朝臣季長奏状偁、得諸郡司解状偁、諸郷百姓等請荒田閑地依格耕食、厥後諸院諸宮王臣家、稱三年不耕之地、牒送國司、改請件田、國司被拘格文、依請改判、諸家領掌不論荒熟勘其地利、郡司等伏檢案内、百姓請一町田地開墾三四段、身貧力微不能悉耕、偏稱格制、改給後人、百姓之愁寔有可愐、望請、使裁早被糾正者、伏檢田令云、公私田荒廢三年以上、有能借佃者、経官司判借之、私田三年還主、公田六年還官、天長元年八月廿日格云、有常荒田、百姓耕作、一身之間聽其耕食、天平十五年五月廿七日格云、受地之後至于三年本主不開、聽他人開墾、據此等文、諸家重請國司改判非無理致、今案考課令云、國郡司勸課田農、能使豊殖者、准見地為十分論、加二分各進考一等者、希請、因准此令、百姓請地一町、開闢二段者、雖不悉墾、不更改判、如此則民無失業、人有勤農、伏請處分、……

ここで山城国の諸郡司が述べていることは、在地の諸層が荒田・閑地を請けて耕食した後、王臣家らはその地を三年不耕の地であるとして改判を国司に申請する、国司は格文に拘泥して改判を認めるのであり、王臣家はこの地を領掌して荒熟を論ぜず地利を勘ずる、一町を請けて三～四反しか開墾する力しかない在地諸層にとって、それを格制だからといってあらためて後人に給するのは愁であるということである。

本来は王臣家などの占点地の内部の排他的な支配を規制する条項であるはずの三年不耕原則を逆用して、王臣家などが在地諸層の小規模占点地を奪いとるということが広く進行している。この場合、在地民は自らが開発した土地あるいは開発しつつある土地について、耕作権・用益権は失わないものの、王臣家などに地子を支払う存在になる。また、王臣家などの立場からいうと、明らかに農民占点地の横奪であるにもかかわらず、形の上では改判を申請し認められているのであるから、不法ではなく、その地の地子を取り立てる権利を認められることになる。しかも、郡司が述べているように国司は「格文」にかかわって「無非理致」ということで、王臣家などの論理にひきずられてその改判要求を認め農民占点地の奪いとりに手をかす形になっている。

このようにその零細な占点地を奪いとられる危険に常にさらされているなかで、在地諸層にとってA官符に示される王臣家と結びついて、それによって吸収からまぬがれようという行動は一つの対応策であった。ここにみられる一面で王臣家の在地諸層の占点地の強引な奪いとりと、他面での在地諸層の側からの王臣家への積極的な結びつきが入りまじって進行するという事態は平野の世界の周辺の地や山野河海の世界では一般的に進行していた。

以上のような動向に対して問民苦使の平季長は、A官符では在地諸層と王臣家との結びつきの禁止を打ちだすとともに、B官符では三年不耕原則が農民占点地横奪の手段になっていることをふせぐために「今考課令云、國郡司勧課田農、能使豊殖者、准見地為十分論、加二分各進考一等者、望請、因准此令、百姓請地一町開闢二段者、雖不悉墾、不更改判」という解決法をだしてくる。考課令において、国郡司が現在ある熟田をさらにその二〇％増加させれば、考一等を進めるとしていることをふまえ、占点した内の二〇％を開けば占点地全体の存続を認めるとしている。考課令でいわれていることと、それ以下でいわれていることとは、論理的にはつながりがない。考課令はつけたしであり、後の部分をひきだすための前提に用いられているとすべきであろう。後の部分ではいったん判許をえられれば、二〇％を開発していれば改判されないとしているが、この二〇％という制約はもはや意味をなすものではなく、いったん占点し判許を獲得すれば、その占点地内の排他的支配権を認めるということと同義になっている。つまり、季長は王臣家らの占点地の量的な拡大の抑止を追及するなかで、占点地そのものの完全な私有地化を抑止するという面での規制を無視することになるが、それをあえて打ちだし、太政官も認めているのである。

さらに、寛平八年四月二日太政官符「應停止諸寺稱採材山四至切勘居住百姓事」(33)（以下C官符という）をみていく。

右問山城國民苦使正五位下守左中弁平朝臣季長奏状偁、得相楽郡司解偁、諸郷百姓愁状偁、東大元興大安興福寺等採材木山在泉河辺、或五六百町、或一千余町、東連伊賀、南接大和、今大川原有市鹿鷺等郷百姓口分幷治田家地多在此山中、因茲人民之居各逐水草、瀕河披山群居雑處、子々孫々相承居住、推其年紀、及百餘歳、前件諸寺従来無勘地子、而元興寺自仁和初勘其地子、興福寺亦習此例、勘責尤切、望請、使裁早被免除者、使開検田圖所申不虚、既有口分何無居宅、凡所以寄山林於諸寺者、為是採用修理料材、曾非妨遏百姓田地、望請、停止諸寺新勘家地々子、禁制百姓恣伐山中樹木、但元来注寺田不在限此、……

寛平年間をさかのぼる一〇〇年前、すなわち八世紀末の山背盆地への遷都を契機に伊賀・近江・大和・山城四国の国境地帯で生産活動の場のより奥地に向けての拡大が、伐木・採材など上毛利用的な諸生産活動の展開と口分田・墾田の存在に暗示される水田の造成の進行という二つの側面をふくんで進行している。そのような活動のなかで、この山間部は「切勘……居住百姓」あるいは「勘家地地子」などと表現されているように、水田、畠、上毛利用地の外に、それらの地で活動する人々の家地もふくまれる場に転化している。そしてこのような活動の拡大を追う形での南都諸大寺による上からの杣設定がなされていくとともに、九世紀末の仁和年間頃から、その杣の範囲を在地諸層の活動する場をふくめる形で拡大し、そこを杣四至内であると称して、そこで居住ないし活動している百姓に地子を賦課しようとする新たな動きが起こってきている。

季長はこのような南都諸大寺の動きに対して、第一に問題になっている場は百姓の口分田や治田が多く存在するところであり、そこで活動する百姓から諸大寺が新たに地子をとりたてることは認められない、第二に杣四至内について、諸大寺に杣として判許したのであるから、そこにおける百姓の伐木活動は禁止するとしている。つまり、杣四至の拡大に伴う、四至外部での農民の強引な組織化は不当とするが、本来の杣内部については、周辺の百姓の立ち入りを禁止するというのみで、そこでの排他的な支配が行なわれることについては抑止しようとはしていない。王臣家の占点地の量的な拡大を抑止することに重点を置いて、占点地内の排他的支配の抑止するという方針を放棄しているのであり、B官符にみられる三年不耕原則の放棄と同じ方針である。

寛平八年四月のこれら一連の官符で注意したいことの一つは、占点地に対する王臣家などの支配のあり方が「諸家領掌不論荒熟勘其地利」（B官符）とあるように、「領掌」と表現されていることである。関連して、ほぼ同時代の筑前国博多庄についてみておく。貞観九年（八六九）から一〇年にかけて筑前国席田郡博太庄の田地の一部をめぐって観世音寺と内蔵寮との間に紛争が起こる。内蔵寮側はこの田は「故高子内親王御處分七十七町余内」(34)の一部であるとするのに対し、観世音寺はこの田は延暦一一年に寺家に施入された一切経田の一部であるとする。(35)この争いをめぐって、博太庄庄預荒城長人は貞観一〇年一〇月内蔵寮博太庄牒で次のように述べている。

右、得今月十一日帖、依早速參向、可辨定一切經田七段、席田郡六圖三里廿八坪云、須隨帖旨、參向辨申、向近者不身受瘡病、不堪進退致怠、然此田故高子内親王御處分七十七町余内也、處分帳在一通、國明（判脱）白也、而今号一切經田、年々所被妨取之田二町六段、一町九段先々被取、七段今年被取、但以今年被取七段者、以去八年百姓等令開也、不納其地子、但自来年者可納地子、加以件庄田、依數雖被取、長人等不有所可愁、何者、此田長人之非財物、而寺度々給帖倂、犯佛物罪、豈空少矣、咎積成災、罪重害身、不可不愼云、此庄預等非所妨申、又副使雖参進於寺、無可論申事、今望、寺家之号一切經田、録所被取之町段坪付之状、寺之別當三綱幷府判、被給於庄々、則以是進上寮者、則與寮與寺可相辨給、又國租之迫、被切勘庄家、望早被取之状、報帖被給於庄、将免田租迫、仍今録具状、附還使申上、以牒、……

この牒の内容は次のように整理される。一、この庄は高子内親王が処分した七七町の地からなり、問題の田地もこの内部にふくまれるものである。しかるに観世音寺は一切経田であるといって年年田地を妨げ取る（全部で二町六反余）。二、今年取られた七反は貞観八（八六六）年に百姓に開墾させたものであり、地子は納めていない。但し来年（貞観一一年）からは納める予定である。三、観世音寺は庄預である長人を非難しているが、長人は妨害などしていない。問題の田地は長人の私財ではなく、したがってどちらに所属するかは長人にかかわりがない。寺家が一切経田であるといっている田の坪付を録して庄にたまわれば、庄はそれを内蔵寮に送る、そうすれば寺と寮とで問題の決着をつけられると思うのだが。四、ただ、国衙は庄家に対して田租の納入を迫る。これを免ずる措置をとって欲しい。

争いの対象になっているのは、席田郡六図三里二八、二九、三〇坪および、四里一八、一九坪などであるが、大宰府田文所が仁寿二年（八五二）班田図と照合しているところによると、次のようになっている。[36]

田文所
　検席田郡仁壽二年班圖
　六圖三里廿八坪　観世音寺治田、不注、高子内親王治田、不注、
　　同里廿九坪　観世音寺治田、不注、高子内親王家治田、不注、
　　同里卅坪　観世音寺治田、不注、高子内親王家治田、不注、
　　同里卅四坪　観世音寺治田、不注、高子内親王家治田、不注、

四里十八坪牟多田 観世音寺治田、注二段、高子内親王家治田、不注、
同里十九坪 観世音寺治田、不注、高子内親王家治田、不注、
同里廿九坪 観世音寺治田、注二段、高子内親王家治田、不注、
同里卅坪牟多田 観世音寺治田、注七段、高子内親王家治田、不注、
以前仁壽二年班圖帳、検引注色目如件、

つまり、問題になっている場は、仁寿二年段階では観世音寺の治田がわずかに散在している、田地のほとんどない地である。それが十数年の間に開発が進み、その開発田の帰属をめぐって紛争が起こっている。庄預としての長人はこの地は博太庄庄域内の地、つまり高子内親王家に判許された占点地の内部の未開地であるとみなしてその地の開発を組織している。それは開発後三年間の地子免除および四年目以後における地子支払を前提とした永続的な耕作権保証を条件にした開発請負という形でなされていた。

この開発請負に関連して天長元年（八二四）八月二〇日太政官符に「夫除不堪佃之外、別有常荒田、百姓耕作、國司徴租、民畏此追、常憚耕食、伏望、一身之間、永聽耕食、但六年之後徴租如法者」[37]とあることに注意したい。これは常荒田の一代占有（耕作権）を認めるとともに開墾後六年間の不輸租を認めたものである。常荒田を再開発した場合、それは私墾田になるのではなく公田になる。その点からいうと、この官符は一代の間の耕作権を開発者に認めること、最初の六年間の不輸租を認めること、という二つを条件に国衙が常荒田の再開発に乗りだし始めたことを意味する。以後、承和八年（八四一）に三河国で一代の間の占有という期限がさらに延長され、貞観一二年（八七〇）に、この延長が全国に適用されることになる。延長の理由は官符によると一代占有では耕作者の意欲を

失わせ荒廃を招くことになるからとされている。この国衙による常荒田の再開発方式と基本的には同じ方式が王臣家等の庄園内における未開地の開発でもとられていった。すなわち、王臣家らは開発を自力で請負う力を持つ農民層を庄域内未開地の開発に、開発後における相当長期の耕作権の保証と開発後一定年数の地子の免除を認めることで組織するという方式を九世紀後半には確立していく。博太庄の例はこのような方式での開発・耕作の組織化の一例であった。

寛平八年のB官符にもどると、「諸家領掌不論荒熟勘其地利」とは、王臣家らは取り上げた農民の小規模墾田地を当該農民に耕作させ、そこから地子を取るということである。これは博多庄における開発・耕作者の組織のあり方と基本的には同じであり、三年不耕原則を逆用した庄園の範囲の周辺地域への拡大ということができる。[38]注目したいのは、このような王臣家らの占点地支配が「領掌」という用語で表記されていることである。その内容は安定的な耕作権の付与を条件に開発・耕作者をその下に組織するという形で、その占点する占点地を排他的に支配することを意味していることは明らかである。

元慶五年（八八一）のことであるが、太政官は越前国の田地六〇〇町を天平勝宝元年（七四九）四月詔により興福寺に「領得」させる、ただし天平勝宝元年以前に公田・墾田であった類は四至の内であっても「領」することはゆるさないとしている。[39]この天平勝宝（感宝）元年四月一日詔は大佛建立に際し、諸寺に田地をあたえるとした詔である。この詔を契機に東大寺の場合膨大な庄園が各地に設定されていくことは別にみた。[40]この詔により、興福寺も越前国に東大寺と同様な形で庄園を設定したのであろう。以後その占点地は興福寺の庄園としての機能を充分に果たさないまま存続していき、九世紀後半になって興福寺による返還要求運動がなされ、その結果返還が認められている。それをここでは興福寺が「領得」することを認めると表現している。「領得」の意味は興福寺が判許された地内部の未開地を開発してえられた耕地は興福寺が地子を取り立てうる耕地として認めるということであり、上記の「領掌」と基本的に同じ意味であるとみてよい。

このように、九世紀後半から判許された占点地内の開発・上毛利用など用益する者から地子を取る権利を「領掌」「領得」という言葉であらわされるようになっている。そして「領掌」の対象となる地が「私領」「所領」と呼ばれるようになる。C官符でみられる南都諸大寺の行動は、占点地四至の明確化とその占点地内部への排他的支配権の確立の主張とその実践、すなわち占点地の「所領」としての確立へ向けての動きである。墾田地における三年不耕原則、上毛利用開放原則の有名無実化に象徴される占点地内部への国家規制の入り込みの排除という動きが山間部における占点地でも進行している。ここには領掌・所領という言葉はあらわれていないが、諸大寺が追及しているのは一〇～一一世紀になって本格的に展開する庄園領主の領域支配（所領支配）の論理の端緒をふくむものであった。

国家による未開地の分割賜与の停止と整理、および王臣家・寺社と在地諸層が結びついて作られる庄家・庄田の停止と整理を打ちだしている延喜庄園整理令は、寛平八年四月の一連の官符で季長が打ちだし太政官も承認した王臣家らの三年不耕原則や四至内上毛利用開放原則を否定した占点地内の排他的支配領域支配の論理の貫徹を認めた上で、その量的な拡大を抑止しようという方向を受け継いでだされているのである。

三　延喜庄園整理令と官省符庄

㈠「令民負作」――律令国家の土地把握政策をめぐって――

前章までで、延喜庄園整理令のだされるに至るまでの大規模占点地への規制のあり方についてみてきた。本章ではそれをふまえて整理令の実施過程についてみていく。

先にみたように延喜庄園整理令は延暦三年勅を出発点に展開する上毛利用を目的とする王臣家らの占点地への規制を受け継ぐ側面を持っていた。この延暦三年詔は存続を認める占点地とそれを認めず国家に返還する占点地を区分し、前者を制限するという作業を国ごとに行なうという形で具体化されていく。その際の摂津国島上郡において「還与本主」すなわち公験の正当な占点地の本主への返還（存続許可）がなされている。これに対応させた場合、④官符に「各任公験、本主還与」とあることに注目したい。延喜庄園整理令の実施過程も、延暦三年勅を出発点にした占点地整理の実施過程と基本的に同じく公験の明確な庄園の存続を許可し（「聴許」）、その他の庄園を収還する（「入公」）という作業が国単位でなされたとみてよい。

その具体的な過程について高庭庄を例にみてみる。延喜一三年（九一三）一〇月三日東大寺申文によると[41]、智鎧は延喜三年に東大寺別当に就任して以来、「他人所領」となっている因幡国高庭庄について、「任本公験、返納」を求めてきたが、相手は買得の公験があると称して返納を拒否しているので、この際、あらためて強く返還を求めるとしている。九世紀中期の承和年間に一旦売却された高庭庄の返還を東大寺が求めていたことは別にみたが[42]、別当智鎧は再び同じ要求を提出していることになる。延暦七年（七八八）から一二年にかけて行なわれた播磨国赤穂の塩山をめぐる東大寺と大伴氏との争いも、延暦三年詔の具体化の過程で、一旦塩山から手を引いていた大伴氏が占点地規制に便乗する形で進出しようとして起こっていることとの対比からいって、智鎧の「任本願皇帝施入公験」にもとづく返還要求は公験が分明な庄園の存続許可を打ちだした延喜庄園整理令が各国ごとに実施されていくなかでの聖武施入という本公験の存在を盾にとった返還要求とみてよい。

延喜五年（九〇五）一一月因幡国司解案[43]によると、この智鎧の返還要求にかかわって太政官は「令愷勘度々班圖、具注其条里坪付町段歩数、早速言上」ことを命じたのに対して、因幡国司は東大寺が返還を要求している地の面積を報告するとともに、その地は他の貴族が「領」していることを述べた上で、両者の公験に任せて太政官が裁断するように求めている。これとのかかわりで、同年九月に因幡国司は当該の坪々について、天平勝宝七（七五五）年、宝亀四（七七三）年、弘仁一四（八二三）年、嘉祥三（八五〇）年、各年度の班田図でどのように記載されているのかを一筆一筆書上げた坪付勘文を作成している。(44)この坪付勘文は双方の公験とともに太政官に提出されたのであり、この両者に基づく庄田の確定が行なわれていたものと考えられる。このことからいって、東大寺の寺田返還要求はもしそれが認められれば、班田図上における当該田地の東大寺寺田への書き換えを伴うものであった。つまり、整理令の具体化の内容は班田図でその庄園の庄田が正確に把握されるかどうかにあったとしてよい。

次に整理令①②官符が規制の対象にしている杣・牧・塩山・御厨など社会的分業面での生産を目的として作られた庄園の規制・整理を示すものとして、御厨子所の河内国大江御厨がある。元永二年（一一一九）七月官宣旨写に「應遣官使、任延喜五年國司請文、令検注言上大江御厨四至並供御人交名・在家・免田地等事、副下、延喜五年國司請文案一通」とある。(45)ここでいう延喜五年（九〇五）国司請文は残存していないが、赤松氏はこの文書をもって延喜五年に大江御厨の新設が認められたのであり、延喜庄園整理令以後若干年を経た時点で整理令の方針に重大な改変が加えられたことを示すとしている。(46)しかし、延喜五年国司請文の存在は大江御厨が延喜五年時点で新たに置かれたことを示すものではない。そうではなくて、御厨所が自己の持つ御厨について公験に基づいてその由来が確かであることを主張し、太政官が河内国司にその御厨の四至・田地など現状の報告を求め、国司がそれに基づいて「延喜五年国司請文」を作成しているものであり、高庭庄の延喜五年一一月因幡国司解に対応する。つまり、河内国でも整理令の具体化が進められており、その過程で大江御厨についても九世紀以前に遡る公験に基づきながら御厨の広がりや内部の図付田の確認および供御人交名・在家の確認が国司の手でなされているのである。

一連の延喜庄園整理令と同日にだされた太政官符「應勤行班田事」によると、(47)九世紀末になると班田図作成が十分行なわれず、したがって班田図に記載されない、すなわち国家が把握しえていない王臣家・寺社らの開発田が多く蓄積されていくとしており、それを克服すべく国図の作成が行なわれる。延喜三年（九〇三）ごろから開始される諸国での延喜国図作成の過程は丹波・河内両国を始めとした諸国での整理令具体化の過程と切り離しえないものとして進行する。このように庄園整理はそれ独自に行なわれたのではなく、国図作成をふくめた一〇世紀初頭における国家の全体的な土地再把握政策の一環として行なわれているが、以下そのあり方についてみておきたい。

赤松氏は一〇世紀初頭における領主と作人の分岐ということについて、①、延喜庄園整理令直後の政策変更のなかで、在地豪族をふくめた百姓はその保有する治田をその名によって、立券することが抑止される、②、しかし耕作権は長期に認められるようになるのであり、彼等は領主になることは妨害されるが、田堵・作人・名主として新しいあり方をきりひらいた、③、すなわち、官位・公験をもつ領主と耕作権を容認された作人の系譜の分岐は一〇世紀初頭であったと述べている。(48)

また、赤松氏の論とは直接かかわらないが、公田および私田の概念の変遷について虎尾俊哉氏の次のようにまとめている。①大宝令本来の公田は無主田、私田は有主田であった。②ところが、令制の原則を破る墾田永年私財法が天平一五（七四三）に発布されるに及んで永年私財田が私田、それ以外の田が公田という観念が出現し、こういう用法の方が一般化した。例えば墾田・寺田などは私田とされ、口分田・乗田などは公田とされた。③一〇世紀以後、更に公田の中から乗田が特に区別されるようになったが、これは九世紀末近くに出挙が純然たる地税と化したことに関係があるのではないか。(49)

虎尾氏の論の②を踏まえると、赤松氏のいう一〇世紀初頭での領主と作人の分岐とは九世紀段階の私田として位置づけられていた墾田一般が一方は王臣家・寺社など有位者が持つ、引き続き私田として位置づけられる私領・所領と、一方は口分田と同じく耕作権のみを持つ「公田」として位置付けなおされる農民開発田という両者に分岐していったということを意味する。これは律令国家の土地把握政策の大きな転換であるが、赤松氏はこの変化を延喜庄園整理令の政策変更のなかからでてくるものとしているが、この把握には疑問が残る。整理令をみると、④官符の対応策部分で「令民負作」という方針がだされていた。これについては、未開地を開発する権利は百姓に開放するという意味であったことは先にみた。ただ、ここで「負作」という用語が用いられていることに注意したい。先にみたように、九世紀後半になると王臣家・寺社などの占点地は内部への排他的支配をより強めるなかで、私領・所領と呼ばれるようになる。これら私領・所領を「領掌」する王臣家らはその内部の未開地の開発・耕作については開発後三年免地子などの条件のもとで農民らを組織して行なうようになっている。それをふまえると、「令民負作」とは律令国家は未開地を王臣家らに賜与することは止め、その開発権は百姓に開放するが、そこでは庄園領主らが庄園内部の未開地開発を組織するのと同じ方式をとり、開発者には安定的な耕作権のみを認めるということを意味することになる。

つまり、「令民負作」とは、赤松氏のいう百姓らの治田の立券抑止（農民開発田一般を「公田」として把握しその開発・耕作農民を作人として位置付ける）そのものを指している。赤松氏は大江御厨にかかわって整理令の基本原則はその発布直後に重要な変更が加えられているとしているが、それは成り立たないことは先にみた。この領主と作人の分岐についても、指摘そのものは正しいが、それは整理令の政策変更の中からだされてきたのではなく、整理令の政策そのものとしてだされているとみるべきである。

この「令民負作」という方針は勅旨開田系列の庄園を対象にした方針であるが、王臣家と百姓が結びつくことで作られる系列の庄園についても同じであり、ここでは公験の明確な庄家のみ存続を認めるとあるように、今後における両者の結びつきによる新開田の庄田化の抑止、それについての公田としての把握という方針がだされているとみてよい。すなわち、整理令においては官省符により存続を認められた庄田以外については全てを「公田」（口分田・乗田および百姓墾田）とみなすという方針がだされたとしてよいのである。[50] 河音能平氏が延喜庄園整理令の狙いの一つは「全ての田地を再び「公田」として全一的に貴族国家権力の手に掌握する」ことにあるとしているが、[51]このことが庄園の整理や班田図の作成をふくめた一〇世紀初頭国家の土地把握政策の眼目であった。

(二)　庄園整理令と官省符庄

一〇世紀初頭の国家の土地再把握政策に組み込まれて進行する延喜庄園整理令の具体化のなかからあらわれてくる庄園、すなわち一〇世紀全般を通して展開する庄園は官省符庄とよばれている。官省符庄については平安初期に成立した権利の強固な庄園であり、不輸租という特権を持つ庄園であるということが通説となっている。しかし不輸租特権を持つ官省符庄が平安初期に成立したということは厳密に証明されている事実ではない。官省符庄の初例とされているのは大山庄の承和一二年（八四五）九月民部省符案であるが、[52]これは一一世紀に作られた偽文書であることが明らかにされている。

官省符ないし官省符庄という言葉があらわれるのは一〇世紀に入ってからである。すなわち、延喜一五年（九一五）九月一一日「東寺伝法供家牒」で、[53]東寺は多紀郡郡衙あてに「寺家券文所載四四町百余歩」と表現されている、その内部に墾田・林野・池をふくんだ一定の広がりを持つ「寺庄領地」、すなわち東寺の領地内の新開治田について庄田であることの確認を求めており、それに対して「本公験」「圖帳」によりこの治田が「寺庄領地」内にあることを確認するという「郡判」がだされている。そして五年後の延喜二〇年（九二〇）九月一一日右大臣藤原忠平家牒で、[54]内部の林野の地を開発した田地を国郡司は収公して剰田とすることにかかわって、東寺が「承和十二年申下官省符於在地國、……」としている。これが官省符の史料上の初出である。以下一〇世紀官省符庄のあり方についてみていく。

まず大山庄について、延喜一五年に東寺が要求しているのは、庄域内新開田の図付である。高庭庄の例と対応させると、領主としての東寺がすでに四至内に存在していた庄田についての班田図上での確認と記載（丹波における延喜国図作成と対応した形でなされたのであろう）が実現していることをふまえて、それ以外の庄域内新開田の図付（庄田としての確認）を求めているものとみてよい。つまり、官省符庄である大山庄の庄園領主が求めているのは、一つは庄園内で庄田と確認された田地の不輸租化であり、他の一つは庄域内新開田を班田図に庄田として図付した上での不輸租化であった。そして新開田についての図付申請と不輸租化は延喜一五年段階では丹波国衙により承認された。しかし、五年後の延喜二〇年段階では逆に新開田の図付が丹波国衙により拒否され、剰田として位置づけられている。明らかに延喜一五～二〇年段階の方針の否定である。

この延喜一五～二〇年段階の大山庄と関連して、ほぼ同時点の延喜八年（九〇八）播磨国某庄についてみておきたい。

右、御庄田之坪内、未開地隨水使、頗以年々發開田也、然則毎年寺家収納使、併勘益田、其地子米者、被収勘来也、而以去年國収納使不付國圖天志、件御庄田之坪々四至之田波止見乍、件新開田等之租米勘取事甚、因茲、於國不被取由愁申、然則不可強取由之國判給事明白也、而収納使猶乖判旨、不付國圖田、稱強負取已畢、是尤寺家永愁也、望請寺家政所裁、如是所漏國圖庄田、可被裁付定由、寺家御牒於国被奉上、件庄田、被國圖付注定、并所被庄家付負官稲等被省免、仍注愁状請裁、以解、

延喜八年正月廿五日　　庄別當沙彌藥能(55)

延喜三年（九〇三）ごろより諸国で行なわれる国図（班田図）作成は播磨国では延喜六～七年ごろから開始されたとされている(56)。当国における整理令に基づく庄園の規制・整理はこの国図作成の過程と平行してなされたとみて

よく、これはその一例である。ただ、ここで存続を認められた某庄の庄域内新規開発田をめぐって国収納使と庄別当との間に対立が起こっている。その内容は次のように整理される。①庄別當の開発田についての主張、庄田のある坪のうち未開地は水便に従って毎年開発し、勘益田ということでその地の米を収勘してきた。②しかるに国収納使は庄域内の田地であることが明確であるのに、件の新開田を国図に庄田と記載することをしないで租米をとる。そこで庄別當は播磨国司に租米徴収をしないように要望し、国は強いてとらないという国判をだした。しかるに、国収納使はなお判旨にそむいて、国図に付していない田に賦課するという。③庄別當の寺政所への要望、このように国図にもれている庄域内の庄田を図付するように寺家の牒を国にだして、国図に付注したうえで庄家にかけられている官稲を免除してほしい。

ここで国収納使（国衙側）は存続を認められた庄園について、その内部の庄田を各坪ごとに班田図に照し合せ、かつ公験をも照し合せて、それにより確認できる田地（図付田）のみを不輸租田であることを認め、それ以外の田地については租米を徴収しようとしている。これに対して庄別当はこのような国収納使の主張は不当であり、班田図に記載されていない庄域内新規開発田は、班田図に庄田として記載し、そこへの租賦課は免除さるべきであるとしている。ここでの庄別当の主張は大山庄での庄園領主側の主張・要求と同じであり、国収納使の主張は大山庄でいうと延喜二〇年段階の丹波国衙の方針と同じである。

つまり、延喜八年から二〇年にかけて、延喜庄園整理令の諸国における実施の過程のなかで、存続を認められた庄園（官省符庄）内の田地について、公験により確認され、班田図上に庄田として記載されている田地の不輸租については、国衙側・庄園領主側ともそれを認めている。しかし、庄園内部の未開地を開発してえられた新開田についての租の輸不をめぐって国衙側と庄園領主側とで食い違いがあらわれている。しかも、国衙の側もその方針が必ずしも一致していない。この租の賦課のあり方は官省符庄の構造をみていく上で重要な鍵となる。

まず、みておきたいのは図付田（本田）は不輸租ということが法制的にいつ確立するかである。研究史のうえでは平安時代初頭から図付田は不輸租であったとみなされてきた。承和四年（八三七）、元興寺は弘仁一一（八二一）以前の班田図に図付されている田地とそれ以後に百姓から買得した田地とを書きわけ、後者の新たな図付を申請していることに示されるように、[57]九世紀段階において庄田は班田図に記載されることにより、その所有を国家により公認されていた。[58]しかし、ここでの庄田としての図付はそのままその田地が不輸租になったことを意味しない。森田悌氏は坂本賞三氏が九世紀の官省符庄において、開墾・買得などにより拡大された部分は国図に付入されると、自動的に不輸租扱いになっていたが、一〇世紀初頭にこの自動不輸扱いは廃止になり、免除特権地は官省符認定地に限定するという免除領田制が成立するとしているのを批判し、図付という行為は免除とは関係がなく、九世紀の段階でも免除認定地は本田＝官省符認定地に限定され、それ以外は輸租というあり方が存在していたとする。[59]

森田氏のとらえ方（その限りでは坂本氏も同じ）、九世紀においては官省符による免除認定地は本田であり、これは不輸租であるとする推定は成り立たないと考える。官省符という用語が一〇世紀になってからしかあらわれないことはさておいても、承和年間の新島庄の例で示されるように、庄田としての図付は、その田地から地子をとりたてることが認められることであった。[60]また天長二年（八二五）に弘福寺は尾張国にある田について、判許された地内部が口分田や百姓治田になって、寺田が減少しているから、それら田地を返還して寺田とし、地子をとりたてうるようにしてほしいと求めているが、[61]これも同様である。つまり、判許の地であることの確認としての図付は、その田地の不輸租承認を意味するものではなく、判許された地への地子徴収権の確認を意味するのである。森田氏は宝亀八年（七七七）七月二日大和国符をもって、川原寺への租の施入であるとしているが、[62]国符の内容は四町の田地を川原寺へ施入しているのであり、施入した田地の租を免除することは記されていない。これは新島庄などの場合と同じなのであり、四町の田地を寺田として施入し、この田地から地子を取得することを認めたということであり、それ以上のものではない。

しかし、九世紀後半になると公認された庄園内の庄田は不輸租ということが顕在化してくる。すなわち、貞観八年の博太庄では庄預が国衙に働きかけて庄田を図付し、それによって庄田の免租を確保するよう求めている。すでに庄田は不輸租という考え方が定着しているとしてよい。また、延喜元年（九〇一）には、唐招提寺の某庄の免租が国符によって認められているという例が存在する。[63]

このような庄田は免租ということが顕在化してくるのは、史料上では貞観年間からであり、庄園内部への国家規制の有名無実化、判許された占点地への排他的支配の強化、すなわち私地の私領・所領への転化という事態の進展と対応し、そのなかからあらわれてきている。占点地内への国家規制を排除しつつ排他的支配が確立していくという過程は国家が勧農機能を果さず、開発が庄園自体にゆだねられていく過程が進行することでもあり、そのようななかで開発田への国家負担の排除という意識が定着していったのではないかと考える。

もちろん、博多庄の例でも、筑前国司は当該の庄域内新開田に租税を課すという方針を崩していない。延喜庄園整理令④官符の現状把握部分c部分でも「而諸院諸宮朱紫之家不憚憲法、競為占請、國郡官判許之日、雖似専催墾發労其輸租」として、それ以前の王臣家らへの未開地の賜与の目的が理念的ではあれ、そこでの開発を促進させ、それによって輸租田を増加させる努力をすることにあったことが記されている。少なくとも、王臣家らの占点地内部の田地は不輸租が前提とされていたのではなかった。

官省符内の確認された庄田は不輸租が明確に主張される初出は承平五年（九三五）一〇月二五日日東寺伝法供家牒である。[64]ここでは「件庄田、依承和十二年九月十日官省符、為傳法料田、以其地子米、充用傳法并書寫一切經料、年序已尚矣、佛法興隆尤在此庄、仍元来不付徴田租正税、無有臨時雑役責、……」としており、東寺は大山庄が承和一二年の官省符により施入された庄園であることをもとに、租・正税および庄司・庄子の臨時雑役の免除を求めている。

関連して正暦五年（九九五）九月九日栄山寺牒に「件田者、是本願贈太政大臣正一位藤原朝臣武智麿公所施入也、即施入之後、賜官符為不輸租田、領掌年久矣、而去延喜之比収公、雖然愁申公家之日、免除之、然而尚有収公煩、兼土人奸妨之、因茲注事由、言上公家、重賜官符、随國宰免除之、代々明白也、而當時貴任始悉収公之、被責勘之、仍牒進如件、乞衙察状、早任官符幷代々國判等免除、今勒状、以牒」とある。(65) 栄山寺はその所領について、八世紀に施入され官符を賜って不輸租となり領掌して延喜年間に至り、そこで収公されたが、公家に申し述べて免除された、しかるに今になり再び収公された旨を訴えている。これについて、八世紀段階まで遡りうるかは疑問であるが、九世紀末の段階で不輸租権を獲得していたことは十分ありうる。重要なのは「延喜之頃収公」であり、これは延喜庄園整理令に基づく庄園規制を指すとみてよい。栄山寺領の場合は、この整理に際して公験が明確な庄園としてその存続を認められ、その際に確認された庄田についての不輸租ということが正式に確認されたのであろう。大山庄の場合もこの栄山寺領と同じであり、承和一二年官省符という公験に基づいて官省符庄としてその内部の確認される庄田が不輸租として明確に位置づけられるのは延喜庄園整理令によってである。

つまり、庄域内の確認された庄田は不輸租ということが確立するのは、官省符庄が確立する延喜庄園整理令においてであった。ただ、これは条文上にはそれは直接あらわれていない。これは先にみたように④官符に脱文があることともかかわり、今後の検討事項である。国家的勧農機能の衰退という状況を考慮に入れ、公験で確認される本来の庄田のみを不輸租田とする代わりに、他の全ての耕地を「公田」として把握し、租を輸させようとしたのが整理令の基本方針であったとしておきたい。(66)

(四)　整理令の具体化——庄域内新開田をめぐって——

官省符庄内新開田について、先にみたように国衙側と庄園領主側とで、あるいは国衙相互で、その位置づけをめぐって食い違いが存在していた。これについて時代は下がるが、長暦二年（一〇三八）大宰府政所下文案によると、[67]大宰府は観世音寺所領内の新規開発田について「至本領田者、領知可然、於新開田者、雖四至内、非可必領」という原則はあるが、事が善根に関することなので「可従優免」としている。ここで大宰府は「本領田」の「領知」すなわち班田図上で庄田と認定される田地の不輸租田としての位置づけは認めている。そして庄域内新開田については必ずしも「領」すべきことにならない、すなわち不輸租田として自動的に承認されるものではないというのが原則であるとしつつも、善根にかかわることなので「優免」に従うとして、その原則を崩し新開田の「領知」を認めている。

ここでいう「優免」にかかわって、『政事要略』に記載されている、政事要略の編者維宗允亮と藤原公任との間に交わされた問答をみておきたい。[68]この問答は「寛弘三（一〇〇六）年九月八日、府督（藤原公任）賜第一問、注進大略之後、九日重有疑問、仍又注進此文、但為令見子細更作問答載之」と述べて、藤原公任の質問と允亮の返答を記載している。[69]

公任は自分の考えを述べつつ、次のような質問を行なう。「問、治田、可在主税式稱自餘田之内、仍可徴租云々、案之、格云、墾田任為私財、無論三世一身、永年莫取云々、儞治田者是墾田歟、已為私田何徴官物乎、稱自餘者本載圖籍輸租田歟、又如此私田、無本頴之國付負正税哉如何」この内容は次の二点に整理できる。①主税式によると治田は不輸租田・輸地子田のいずれの範疇にも入らない自余の田地の分類に属する故に、治田から租を徴すべきであるとされている、しかし格では墾田は永世の私財と定められており、このような私田となっているものからどうして官物が徴集できるのか、主税式にいう自余の田地は最初から図籍に記載されている輸租田を指すのであり、墾田のように新たに作られる田地は自余の田地の範疇に入らないのではないか。②このような私田に対して本頴をわたさないで国衛が正税を負担させるというのはいかがなものか。

これに対して允亮は、律令法の該当部分を論拠にあげて反論し、最後を次のようにしめくくっている。「據此等文、至于墾田、雖云私田、為輸租田、其證既多、租税之義自顕、墾治之字亦明、注載圖籍、就説可知、但出挙之興、其来尚矣、式依人數出挙、格准作田班挙、偏稱墾田非可遁避、彼反経制宜、猶不拘文法、況改式存格、尤可従寛恕者歟」。すなわち第一の租の問題については、墾田は私田であっても輸租田であること、墾田は基本台帳である図籍に記載されているとし、第二の正税の問題については、人別班挙から作る田別班挙へとその賦課の方法が変更されていることを述べつつ、墾田だからといってかならずしもそれを遁避すべきでないとしている。

公任の質問内容は墾田は私財であり故に租を輸すること、正税を負担することはおかしいではないかということに要約される。庄園領主の立場にたって本田・新開田を問わない全ての田畠への庄域内排他的支配の論理を集約して表現している。これに対して法家としての允亮は九世紀段階の墾田（私財田）は私田という解釈を利用しながら、墾田は輸租田であることを主張する。一〇世紀以降は私田（官省符で確認された庄田）は不輸租田という解釈が定着しているのであるが、墾田一般は輸租田ということで論理展開を行なっている。ただし、正税については賦課基準の変更については述べているものの墾田への正税賦課そのものの根拠についてはふれておらず主張に明快さを欠いていることもみておきたい。

上記したように長暦年間の大宰府は庄域内新開田は公田という原則で徹しきれず、「優免」に従うとしているが、これはこの公任の主張に示されている庄園領主側の論理が存在し、その方向での圧力がかかってくるなかでは原則の貫徹が困難であることをを示している。ただ、ここで大宰府が新開田についての原則を「非可必領」という曖昧な表現であらわしていることと、允亮が正税賦課についてやはりやや曖昧なことを述べていることとのかかわりに注意したい。庄域内新開田への正税賦課について何らかの問題が存在することをうかがわせる。以下それについて、一一世紀初頭の天台領山城国八瀬の場合についてみていく。

寛仁二（一〇一八）年一一月二五日、山城国愛宕郡の八カ郷が全て賀茂社に寄進された。この寄進に際し、愛宕郡の内部には公私田が入り交っているために、いくつかの問題を引き起こしている。そのような問題の一つとして、天台領八瀬の帰属をめぐる争いがある。藤原道長がこれをさばいているが、小右記によってその経過をたどると、[70]大略次のようになる。①天台主張。愛宕郡が賀茂社に寄進された由であるが、埴川以東の地および八瀬・横尾は天台領であり、賀茂社に入るべき地ではない。②道長の判断。八瀬・横尾が天台領であることは認めるが、埴川以東については天台側の主張の根拠は薄弱である。③実資[71]の疑議。八瀬・横尾が天台領であるとしても、その内部の田畠についてまで天台領といえるかどうか。④道長。実資の疑義をうけいれて、八瀬等田畠は租税ともに天台に納めているか、それとも天台には、地子を納め租は国衛に納めているか、山城国司に尋ね、対策をたてるように。⑤実資。道長の指示を敷衍して、もし租税ともに天台に納めているというなら、官省符をよく調べよ、もし地子のみを天台に納めているというならば官物は賀茂社に弁ずべきである、ともかく国司を召問し証言を求めよ。⑥山城国司の答。当該する官省符はないが、八瀬村所在田畠は下人開作の所で、地子物などは西塔に勘納、官物は禅院灯分稲の内で国郡は進退していない。⑦道長の最終判断。八瀬・横尾の田畠について、観音院・月林院の田畠は年来の寺領として、官符はないが国司は官物をとっていない、又禅院灯分稲料田は坪が固定しておらず、院の申請で其の田の官物を給い、年序を積んでいる、これらの田の数は多くはないので、寺領とする、又八瀬・横尾等の内官物を弁ずる田は賀茂社領とする。

ここで租・税（正税）ともに天台に勘納している田畠は官省符庄内本田（図付田）に、地子を天台に租は国衙にそれぞれ勘納している田畠は官省符庄内新開田に対応することは明らかである。①で天台が八瀬は官省符で認められた天台領であり賀茂社領になるべき地ではないとしているが、この主張は官省符庄内であるから本田・新開田をふくめて全ての田畠は天台が租・税ともに徴収する権利を持っているという庄園領主の論理そのものである。②～

⑤で道長・実資はそれをそのまま認めて良いか疑問を持ち、山城国司に調査を命じている。これは上記で大宰府が「於新開田者、非可必領」としていた原則の存在をふまえ、天台の①の主張がこれに抵触するのではないかとみているることを示す。これを受けた山城国衙は⑥で国司は延暦寺のいう官省符自体が国庫にはみいだしえないこと、ただ八瀬の田畠は山門が下人の労働力を投入して開発を行なった地で地子は西塔が徴収しており、禅院灯分稲は官物を西塔に便補しているものであると報告している。結局道長は⑦においてこの国司の報告に基づき、延暦寺が主張している八瀬の全ての田畠は全て天台領であるということは認めず、租（官物）を国衙に勘納している田畠は（公田とみなし）、賀茂社領とすべしとしている。

整理令で「令民負作」という方針がだされており、それは王臣家らへの未開地賜与の中止と未開地開発権を百姓に開放することであった。ただし、領主と作人との分岐が整理令を起点になされたことをふまえるならば、開発を行なった百姓は作人として位置づけられることになり、そしてこの開発田は国衙にとっては輸租田（公田）になる。村井康彦氏は九世紀後半に至り、従来の人別班挙から土浪人を問わず管国内で有する営田の面積に応じて班挙する地税の方式へと転換していくが、これは「富豪や諸司浪人、王臣家人らが競って領作した墾田があらたな班挙の対象として取りあげられてきたことを意味する」[72]としており、一〇世紀段階の墾田（新開田）には租及び地税化された正税が賦課されることになる。

一方官省符庄内部について、天台領八瀬の場合官省符により本田と認定される田畠については作人は租・正税とともに天台に勘納しているし、新開田については「下人開作」といわれているように、領主（天台）が作人を組織して開発させた田畠であり、その作人は地子を天台に租を国衙に勘納している。そしてこの新開田については、国衙への正税勘納はみあたらない。これと関連して次の事例をみておきたい。

一、伊賀国玉滝庄の例

保安四（一一二三）年九月一二日明法博士勘状案に、[73]次のような一連の文書が引用されている。

天徳三（九五九）年四月五日國司藤原忠厚下符云、應免開發玉瀧庄内弁杣山邊荒廢田畠伍拾町事

……

天徳四（九六〇）年二月廿二日國司藤原忠厚下符云、應免除玉瀧・内保・湯船・鞆田・山田村、去年正税利稲事

……

応和三（九六三）年十一月十日國司伴宿弥清廉下符云、應任舊免除玉瀧杣湯船・内保・山田・鞆田村開発田正税事

二、紀伊国隅田庄の例

延久四（一〇七二）年九月五日太政官牒に次のようにある。[74]

……壱處　隅田庄　伊都郡　依去寛和二（九八六）年七月廿二日牒状、國司奉免判状云、件隅田村作田任見開數、如去年可免除正税直等、至于祖（租）早可弁進之、……依治開荒廢、所裁許也

いずれも一〇世紀後半の事例であるが、庄域内の開発田の正税を国衙が免除している。八瀬の場合もこれの事例

と同様とみてよく、新開田は正税免除とされていたとみてよい。庄園領主にとって庄域内新開田の公田としての位置づけを認めたとしても、そこへの正税賦課は地子の勘納の上、租と正税の負担を作人に求めることになり、その過重負担により開発した田畠の荒廃を招くということもありうるだけにその排除は大きな意味を持つ。さらに八瀬の場合、本田と新開田を請作する作人はそれぞれ、租と正税ないし租と地子を勘納するのであるが、作人相互に大きな負担差がないとみるのが妥当であるから、正税と地子はほぼ見合う負担量になる。以上のことから、地子分に相当する地税としての正税分を免除するということが広範に定着していたとみたい。

長和二（一〇一三）年一〇月一五日大山庄司解への国司免判に「件寺田見作七町二段二百八十八歩内、除損田三段二百八十八歩之定六町九段所當官物并圖外治田三町一段百四十四歩可成免符之」とある。[75]同じく治安元（一〇二一）年一一月二日東寺伝法供家牒への国司免判には「件寺田見作五町五段二百八十八歩之中、寺田五町三段百十四歩所當官物、治田二段百十四歩所當地子各可免符之」となっている。[76]ここで「寺田現作」（長和二年）＝「寺田」（治安元年）であり、「圖外治田」（長和二年）＝「治田」（治安元年）である。その際寺田現作は、所当官物を免ずるようにいっているので不輸租とみなしてよい。図外治田は班田図上に庄田と記載されていない庄域内新開田とみてよく、「所當地子」を免除するとなっているが、これは八瀬の例と対比すれば、正税を免除するという意味であろう。地子分に相当するものとしての正税分免除という観念が広く存在することの一端を示すものである。

国衙が庄域内新開田に賦課しようとしているのは租のみではない。その一例に臨時雑役がある。これについて、木村茂光氏が①臨時雑役の賦課対象は公田である。②認可された庄田は臨時雑役の賦課対象にはふくまれない。③庄園における庄司・寄人の臨時雑役免除要求とは彼等の庄域外における請作公田に賦課される臨時雑役免除の特権を要求するものである、という説をだしている。[77]氏が論拠としたのは次の三史料である。

(a)寛仁元年（一〇一七）一〇月官宣旨案。[78]この史料は醍醐寺領伊勢国曽禰庄についての史料であるが、醍醐寺は国司は庄園内にいくばくの公田もないのに本田一四〇町のうち六〇町を公田であるとしてそこに加徴米三〇石などを賦課している、としている。(b)長和三年（一〇一四）二月筑前国符案。[79] この史料で観世音寺は碓井封田の「相博円田」化を求めて「近代牧宰常致寺愁、……或勘益本田加公田、雑役觸事差煩」と述べているように、国司は庄田の一部を公田とみなしている。(c)長和二年（一〇一三）一一月弘福寺牒案。[80] この史料で弘福寺は寺領田が従来免除されてきたのに「今年國検田使臨田頭之日、悉以収公、付負段米幷田率米色〻雑物勘責」ので、この収公の妨げをやめてほしいと述べ、そこへ諸賦課を課そうとしている。

この三史料にあらわれている公田はいずれも庄域外の庄民の請作公田ではなく庄域内新開田を指すことは明らかであり、ここでは諸国衙は庄域内の公田への臨時雑役賦課を志向しているとみるべきである。つまり、木村氏の論は①②は正しいのであるが、③については疑問である。上掲三史料においては国衙は庄域内新開田を公田とみなし諸賦課を課そうとしているのであり、そのうちの一つにそこを請作する庄預・庄子の臨時雑役があるとみるべきである。

このようにみてくると、官省符庄内新開を公田として位置づけるということは一〇世紀から一一世紀前半を通じて一貫して国衙側の志向として存在しており、これは延喜庄園整理令が打ちだした基本原則であったとみる以外にない。つまり、延喜の段階で国家は官省符庄外の未開地一般で百姓が開発した治田（百姓墾田）の公田としての把握にとどまらず、官省符庄内での開発田を公田として把握するという原則を打ちだしている。庄園に即していえば、公験の明確な庄園を官省符庄としてその存続を認めるが、内部の田畠については本来の庄田であることが確認されるものと、それ以外の新開田とに区分し、後者を公田として把握することで九世紀後半から進展している墾田の不輸租田化を抑止すること、それが狙いであった。[81]

ただ、この整理令の原則は徹底しているとは言いがたい。公験で確認されている庄園内未開地を開発してえられた墾田は不輸租である「私田」として位置づけられるべきものということは一貫して庄園領主側により主張されており、諸国の国衙の方針決定に少なからぬ影響を及ぼしている。また庄域内新開田への地子分に該当する正税免除ということは広範に定着している。さらに官物便補の動きについても注意したい。八瀬の場合、新開田の正税免は認められているが、この開発田について官物は国衙に収めないで、禅院灯料稲という名目で天台に便補している。しかも官物便補についてはどの坪の田畠の官物を便補するかは天台側に決定させており、その点で天台は開発田畠の正税免を確保するとともに、それを背景に官物便補という名目で事実上の不輸租特権を獲得している。このように庄域内新開田を便補の地とさせるということは租・税ともに領主が徴収するという実質的な本田化であるとみてよい。

坂本賞三氏は「免除領田制下においては、庄内新開田が免除されるか否かは各庄園の慣行によって異なるものがあった」としている[82]。庄域内新開田は原則として公田であり、租は輸すべきものであった。しかし庄園領主との力関係のなかで、「優免」を認めるなど国衙の方針は一定していないこと、また正税免あるいは官物便補などによる新開田部分についてさまざまな形での免除が拡大していることにより、表面へのあらわれ方は多様であり、その点で、坂本氏の把握は正しい。しかしこのような多様のあらわれの根底には整理令の原則と庄園領主の主張との鋭いぶつかり合いが存在していることをみておくべきである。

まとめ

以上分析してきたことをまとめておきたい。延喜庄園整理令は四通の官符から成り立つが、このうち太政官符「應停止勅旨開田并諸院諸宮及五位以上買取百姓田地舎宅占請閑地荒田事」が主要な官符である。この官符を現状把握部分と対応策部分とに区分して考えるという方法で分析し、①従来勅旨開田を勅旨田と同義とみなしていたがそれは誤りであり、勅旨開田は国家公認の大規模占点地を指す。②整理令全体としては勅旨開田と百姓の私地集積という二つの形態をとって展開する王臣家・寺社の占点地の整理を行なうことを目的にしてだされた法である、という二点を指摘した。

延喜庄園整理令がだされてくる背景について、律令国家の王臣家らの占点地に対する規制の流れのなかで位置づけてみた。すなわち天平私財法を出発点にする分割地規制は宝亀年間の復活私財法などをへて延暦・大同年間に平野の世界の周辺および山野河海の世界で広範に広がる王臣家らの占点地への規制で新たな進展をみせる。この規制は農民の生産活動の場を破壊しない限りでの占点地の設定を認めること、設定を認められた大規模占点地についても内部の開発田は私地（私財田）として認めるが、未開地は三年不耕・上毛利用開放両原則が適用される公地であるとし庄園そのものの私的土地所有化を抑止すること、以上の二点を特質としている。しかし、九世紀後半になると、王臣家らの占点地の「所領」化が進行し始める。すなわち、三年不耕原則や庄域内未開地の上毛利用開放原則の有名無実化に示される占点地内部への国家規制排除、いいかえれば王臣家らの占点地内部に対する排他的支配の確立が進行していく。寛平八年四月の一連の太政官符はそのような事態の進行を典型的な形で示しており、問民苦使平季長は占点地のあり方の変質を容認した上で、そのような占点地の量的な拡大の抑止という方針を打ちだし、太政官もそれを容認していく。延喜庄園整理令はこの季長らの方針の延長線上に位置づけられる。

延喜庄園整理令は一〇世紀初頭における国家の土地再把握政策の一環としてだされている。整理令では存続を認める庄園を公験明確なものに限定するとともに今後の未開地分割を停止し、その未開地の開発権は百姓に開放する。開発された新開田については耕作権のみを認める公田として位置づけている（令民負作）。これは公験の明確な田地以外の開発田は全て公田＝輸租田として把握すること、すなわち第一に口分田・乗田系列の田地、第二に百姓治田、第三に存続を認めた庄園内部の図付田以外の田の三者いずれかに組み込み、それらを官物収取の対象となる「公田」として位置づけるという方針を打ちだしていることを意味する。

一方、存続を認められた庄園（官省符庄）内部において公験などで確認される庄田は班田図上に図付された上で、不輸租特権を持つことを認められる。なお、不輸租特権を持つ官省符庄の成立は九世紀にさかのぼらすことはできない。その点で、官省符庄とは延喜庄園整理令を契機に進行する庄園の再編のなかで、九世紀の庄園を再編してあらわれる一〇～一一世紀中期に固有な庄園であり、庄田（不輸租田）であることの正当性を官省符により証明するという形であらわれる庄園である。しかし、庄園領主側は整理令発布直後から庄域内新規開発田を庄田（不輸租田）と認めること、班田図上に庄田としての図付すべきことを主張している。これは一一世紀初頭になされている維宗允亮と藤原公任の問答にも、庄園領主側の代弁者としての藤原公任が全ての私田（本田も新開田もふくめた）は不輸租田という主張、従って庄園内の全ての田地は庄園領主の排他的支配のもとに置かれるという主張に直結する。この主張は整理令発布直後にあらわれ、以後一一世紀に至るまで一貫して続いていく。また国衙側も、それが整理令の原則にそぐわないとしながらも、その主張を容認して庄田として承認する例もあり、対処は必ずしも一貫していない。このように、新開田の位置づけについては国衙の志向するところと庄園領主の主張するところと真っ向から対立するという矛盾をふくんでいること、しかし正税免除あるいは官物便補という形で庄園領主側の主張が徐々に定着していくことが官省符庄の特質になっている。

注（1）石母田氏著『古代末期政治史序説』（未来社　一九五六年）所収。

（2）石母田氏前掲論文、林家氏「院政政権の歴史的評価」（同氏著『古代国家の解体』東京大学出版会　一九五五年）。

(3) 上横手氏「延喜・天暦期の天皇と貴族」(『歴史学研究』二二八号　一九五九年)。
(4) 村井氏「延喜の庄園整理令」(同氏著『古代国家解体過程の研究』岩波書店　一九六五年)。
(5) 高田氏「延喜二年三月十三日太政官符の歴史的意義」(『東京教育大学文学部紀要』七六　一九七〇年)。
(6) 泉谷氏「延喜庄園整理令について」(同氏著『律令制度崩壊過程の研究』鳴鳳社　一九七二年)
(7) 坂本氏「延喜庄園整理令の性格」(『歴史学研究』二七三号　一九六三年)。ただし氏は後に同氏著『日本王朝国家体制論』(東京大学出版会　一九七二年)において、免除預田制と整理令を結びつけたのは誤りとしている)。
(8) 赤松氏「領主と作人――延喜庄園整理令の再吟味――」(同氏著『古代中世社会経済史研究』平楽寺書店　一九七三年)。
(9) 平田氏「十世紀の土地制度について――「国図」の成立と荘田収公――」(『関晃先生還暦記念会編『日本古代史研究』吉川弘文館　一九八〇年、後に同氏著『日本古代籍帳制度論』吉川弘文館　一九八六年)。
(10)『新訂増補国史大系・類聚三代格』巻一〇。
(11)『新訂増補国史大系・類聚三代格』巻一六。
(12)『新訂増補国史大系・類聚三代格』巻一九。
(13)『新訂増補国史大系・類聚三代格』巻一九。
(14) このように官符国符類を二つの部分に分けて把握し分析することの必要性を指摘しているのが、稲垣泰彦氏「律令制的土地制度の解体」(竹内理三氏編『体系日本史叢書・土地制度史Ⅰ』山川出版社　一九七三年)、中野栄夫氏同書書評(『史学雑誌』八五―一一　一九七六年)である。両氏は寛弘九年(一〇一二)正月二二日和泉国符案(『平安遺文』二―四六二)を素材にそれを行なっている。
(15) 延喜一三年(九一三)一〇月三日東大寺申文(『東南院文書』二―五七〇)。
(16)『續日本紀』延暦三年一二月一三日条。
(17)『新訂増補国史大系・類聚三代格』巻一六。

(18) 同年閏六月八日官符「應盡收入公勅旨幷寺王臣百姓等所占山川海島濱野林原等事」、同年八月二五日官符「合四箇条事」。いずれも『新訂増補国史大系・類聚三代格』巻一六。
(19) この過程については、本書第二部第三章で分析した。
(20) たとえば村井氏は上掲論文で、この部分は勅旨田の経営方式における国衙の直接経営から請負（間接）経営への転換をいっているものとしているが、このような把握のあり方は氏に限らず一般的に行なわれている。
(21) 泉谷氏上掲論文。
(22)『續日本紀』延暦一〇年六月二五日条。
(23)『新訂増補国史大系・類聚国史』巻一八二　仏道九寺田地項。
(24) この過程については本書第二部第三章で分析した。
(25) 吉田氏「公地公民について」（坂本太郎博士古希記念会編『続日本古代史論集』中巻　吉川弘文館　一九七二年、後に同氏著『律令国家と古代の社会』岩波書店一九八三年Ⅴ「墾田永年私財法の基礎的研究」）。
(26) この点については、八世紀中期の越前国の例を素材に、律令国家の主導のもとでなされている大規模占点が在地にどのような影響を及ぼすかということで、本書第一部第一章及び第二章で分析した。
(27)『續日本紀』天平神護元年三月五日条。
(28) 宝亀三年（七七二）一〇月一四日太政官符「聽墾田事」（『新訂増補国史大系・類聚三代格』巻一五）。
(29) 弘仁二年二月三日太政官符「應占田地依町段数事」（『新訂増補国史大系・類聚三代格』巻一五）参照。本書第二部第三章でこの過程を分析した。
(30)『新訂増補国史大系・類聚三代格』巻一九。
(31)『新訂増補国史大系・類聚三代格』巻一九。
(32)『新訂増補国史大系・類聚三代格』巻一六。
(33)『新訂増補国史大系・類聚三代格』巻一六。

(34) 貞観一〇年一〇月一二日内蔵寮博太庄牒（『平安遺文』一―一六〇）。
(35) 貞観一〇年二月二三日筑前国牒案（『平安遺文』一―一五七）。
(36) 貞観一一年一〇月一五日大宰府田文所検田文案（『平安遺文』一―一六二）。
(37) 貞観一二年一二月二五日太政官符「可耕食荒田更延年限事」（『新訂増補国史大系・類聚三代格』巻八）。
(38) 博多庄で問題になっている未開地についても班田図からいって、博多庄の本来の庄域内部にある地であるかどうか疑問もあり、庄域の外部への拡大のなかで起こった問題であった可能性は十分ある。
(39) 『三代實録』元慶五年（八八一）七月一七日条。
(40) 本書第一部第一章参照。
(41) 『東南院文書』二―五七〇。
(42) 本書第二部第二章。
(43) 『東南院文書』二―五七二。
(44) 延喜五年九月一〇日高庭庄坪付注進状案（『東南院文書』二―五三七）。
(45) 『平安遺文』九―四六七〇。
(46) 赤松氏上掲論文および同氏「供御人と惣」（同氏上掲著書所収）参照。
(47) 延喜二年三月一三日太政官符「應勤行班田事」（『新訂増補国史大系・類聚三代格』巻一五）。
(48) 赤松氏上掲著書三七七頁。
(49) 同氏「律令時代の公田について」（『法制史研究』一四号（一九六四年）二二三頁、後に同氏著『日本古代土地法史論』吉川弘文館　一九八一年）。なお、公田・私田に関する研究の研究史整理については泉谷康夫氏「公田について」および「公田再論」（同氏前掲著書所収）参照。
(50) その意味で、虎尾氏の③の定義は疑問であり、一〇世紀の公田は口分田・乗田に農民墾田を加えたものを指すということになる。

(51) 河音氏「中世社会成立期の農民問題」(同氏著『中世封建制成立史論』東京大学出版会　一九七一年　一五四頁)。
(52)『平安遺文』一—七七。
(53)『平安遺文』一—一二一。
(54)『平安遺文』一—一二七。
(55) 播磨国某庄別当解(『平安遺文』一—一九八)。
(56) 平田氏上掲論文。
(57) 承和四年四月二一日元興寺三論衆解(『平安遺文』一—六二)。
(58) 佐々木宗雄氏「平安中期の土地所有認定について」(『日本史研究』二三九号　一九八二年、後に同氏著『日本王朝国家論』名著出版　一九九四年)。
(59) 森田氏「九・十世紀免除制度について」(『日本史研究』二一六号　一九八〇年、後に同氏著『古代律令法の研究』文献出版　一九八六年)。
(60) 本書第三部第三章。
(61) 天長二年一一月一二日尾張国検川原寺田帳(『平安遺文』一—五一)。
(62) 森田氏上掲論文。
(63) 同年一一月七日某国免符案(『平安遺文』一—一八五)。
(64)『平安遺文』一—一四五。
(65)『平安遺文』一—三五九。
(66) 坂本賞三氏は免除領田制において、免除をうける庄田の範囲について「律令制下の官省符庄不輸田の範囲は官省符で付与された田地だけでなく、その後に買得・新開によって付加されてきた田地も班田図＝国図に図付されさえすれば既存官省符田に同質化されて区別されることなく不輸租田とされたが、免除領田制の成立によって不輸官物が認められるのは官省符で付与されたものに限るという原則となった」（前掲著書八七頁）としており、一度はこの免除領田制を整理令の表現であるとして両者を結びつけていたが、前掲著書でそれを誤りとし切りはなした（同一一三頁）。しかし氏のいう不輸官物を認められるのは官省符を付与されたものに限るという原則とは、班田図上で公験（官省符）により確認された田地は庄田と位置づけ、それを不輸とするという延喜庄園整理令の原則そのものとみてよい。つまり免除領田制は延喜庄園整理令を出発点にしているとみてよいことになる。

(67)『平安遺文』二―五七五。

(68)『新訂増補国史大系・政事要略』巻五三「雑田事」。

(69)四条大納言公任、康保三（九六六）年生、長久二（一〇四一）年没。歌人・歌学者。

(70)この事件については、『大日本史料』第二編の一四、寛仁三年七月五日条に、史料が整理されているので、それによった。

(71)小右記作者、上記の『政事要略』の筆者である公任と実資は従兄弟。ともに関白小野宮実頼の孫。

(72)村井康彦氏上掲著書二〇頁。

(73)『平安遺文』五―一九九八。

(74)『平安遺文』三―一〇八三。

(75)『平安遺文』二―四七二。

(76)『平安遺文』二―四八五。

(77)木村氏「臨時雑役に関する一考察」（『大阪市立大学大学院人文論叢』一・二合併号　一九七六年）。

(78)『平安遺文』二―四七九。

(79)『平安遺文』二―四七六。

(80)『平安遺文』二―四七三。

(81)坂本氏は永承七（一〇五二）年、愛智庄で国衛への免除申請に際し寺家は「件坪々先免合残、為被令勘免、注進如件」として免除を要求しているが、この「合残」について「合残田とは（官省符記載）坪内の見作面積が基準国図の「寺田」を上廻り、それが他領田の混在によって妨げられない場合の見作超過分を意味する」（同氏「日本王朝国家体制論」三四頁）としている。そして泉谷氏はある坪に官省符記載の不輸租田が認められるならば、他と抵触しない限りその坪全体が将来開発される耕地をふくめて不輸租化するという慣習が存在したと指摘しており（泉谷氏「公田について」）、新開田であってもそれが官省符記載坪に存在すれば、不輸租田と位置づけられていた。さらに坂本氏は天喜三（一〇五五）年一一月の大井庄において、合残田以外に「当年新作」が存在し、それは庄田の存在しない坪で新しく開発された田地を指すと解している（同氏前掲書三四頁）。となれば、それは正税免除のはずである。しかし氏は「新開田免除とか四至内の田畠を見作にしたがって免除するというたぐいのことは、そのように経営困難な庄園に対する便宜的措置として行なわれていたであろう」（同氏前掲書三八頁）として両者の区分をあいまいにしている。しかしここで示されていることは官省符庄内の本田（庄田）に該当する部分と新開田（公田）に該当する部分とは理念的に厳密に区分されていることであり、合残田は本田にふくまれる不輸租田、当年新作は新開田にふくまれる正税免除田ということでは明確に異なった存在である。

（82）坂本氏前掲著書一〇六頁。

第二章　板蝿杣の形成と展開
――黒田庄成立前史――

はじめに――関係史料の整理と研究史――

天暦年間（九四七～五七）、東大寺の所領再建運動が時の別當光智の手で開始される。後の黒田庄の前身である板蝿杣についても、別当光智の入杣を契機に以後東大寺の所領としての確立、およびその四至の拡大が計られていく。板蝿杣は名張盆地の西部の山間部に存在するが、九～一〇世紀において、この盆地の西・北部の山間部には、転経院の広瀬牧、薦生牧が存在しており、さらに東・南部の山間部には伊勢神宮の六個山（むこやま）とよばれる所領が姿をみせていた。板蝿杣の成立・発展はこれら王臣家・寺社の大規模所領の成立・発展と深くかかわり、それらと競合しつつなされていく。

このような名張盆地周辺における大規模所領の展開を示している史料群が二つある。一つは東大寺文書のなかに名張郡薦生牧券文案としてまとめられている、長寛三年（一一六五）三月、藤井庄と黒田庄との争いに際して藤井庄側から提出された一三通の関係史料のうちの次に示す応和・康保年間の八通の文書である[1]。

一、応和二年（九六二）八月二〇日転経院司牧地新開田等去状案
興福寺の延珍僧都が藤原朝成に広瀬牧と薦生牧とを譲る。

二、康保元年（九六四）九月二三日名張郡司解案
朝成家から二つの牧の立券を求められたが、薦生牧は東大寺所領である板蝿杣の四至の内部にふくまれてしまうので立券できない、としている。
三、康保元年九月二五日大和国山辺郡都介郷刀禰等解案
広瀬牧については立券したが、薦生牧については名張郡が立券の奉行をしないので立券できない、としている。
四、康保元年九月二五日立券使清忠王板蝿杣四至実検日記案
実検の結果、東大寺使の主張する板蝿杣の四至には誤りが多いとする。この立券使の日記の後に大和国都介郷刀禰四名が連署して立券使の主張の正しさを確認している。
五、康保元年一一月一五日東大寺告書案
寺家の使のいうことに偽りが多く立券できないというが、寺家の板蝿杣四至は限りがあり、また朝成家の牧の四至も限りがあるので、杣便宜の地は杣が領し、牧便宜の地は牧が領掌するように、と述べている。
六、康保元年一一月二三日名張郡夏見郷薦生村刀禰等解案
五の告書、および宅名で立券しかつ牧内居住浪人の臨時雑役を免除するようにという朝成家牒をうけ、薦生牧、墾田、栗林、野地を立券している。
七、康保二年（九六五）一二月一九日名張郡夏見郷刀禰等解案
六の薦生村刀禰解案に示されている薦生牧、墾田、栗林、野地のうち、墾田、栗林、野地の詳しい内容を勘録している。
八、康保三年（九六六）四月二日名張郡夏見郷薦生村刀禰並夏見郷刀禰等勘状案
朝成家所領薦生牧と東大寺所領板蝿杣の四至について、杣四至と牧四至とが分かれていることを明らかにしつ

つ、東大寺がどのようにして板蠅杣の四至の拡張を企て、そのために紛争が起こったのか、を述べている。

他の一つは一連の光明寺古文書であり、上記東大寺文書とほぼ同時期の次の三点から成り立っている。

九、承平四年（九三四）一一月一九日伊賀国夏見郷刀禰解案(2)

名張盆地東部の山間部の地（後に六個山とよばれる地）を伊勢神宮の所領として立券している。

一〇、天慶六年（九四三）一一月一九日伊賀国名張郡司請文(3)

正確には伊賀国前山田郡司請文というべきもの。自己の所領とみなしていた地が神宮領であるというのならば、地子はとらない、ということを山田前郡司が述べている。

一一、天慶九年（九四六）八月二六日伊賀国神戸長部解案(4)

名張山の山預に公浪人を補任することを止め、神戸の子弟をその職に補するよう求めている。

以上の二つの文書群のうち藤井庄関係文書は板蠅杣の動向を示すものとして研究史の上でもしばしばとりあげられてきた。しかしそこにおける板蠅杣の把握については考えなければならない点もあるので、みておく。

康保元（九六四）年九月、名張郡刀禰は朝成家領の薦生牧の立券を拒否した。理由は東大寺が薦生牧は自己の所領板蠅杣の四至内部にあると主張し、境をさだめがたいためであるとしている（史料三）。この際在地側がとりあげているのが板蠅杣の東と南の境についてであり、東大寺の主張の不当性が指摘されている（史料四）。これに対して東大寺は同年一一月それぞれの所領の境は限りがあるのであり、それぞれの「便宜」の地を干渉しあうことなく領有すればよいとして薦生から手をひく（史料五）。東大寺は朝成家との争いを避けたのである。数日後朝成家も郡司・刀禰が東大寺にかこつけて朝成領の立券をひきのばそうとしているのは不当である、「相副彼等不妨之申告書、帖送如件」、早く立券せよとせまっている（史料六）。そこには東大寺・朝成家という二つの大土地所有者が連合している状況が明確に示されており、郡司・刀禰など在地側はこの圧力の前に立券を行なわざるをえなかった。

しかし、在地側はそのまま沈黙したのではない。翌々康保三年四月、刀禰等は解状を書き（史料八）、そのなかで天暦年間以来の事件の経過を述べるとともに、紛争の根源は薦生牧の立券そのものにあるのではなく、板蝿杣東境を不当に拡大しようとする東大寺の行動にあることを指摘している。その刀禰の主張を整理してみると、①板蝿杣は笠間川の西方にあり、焼原杣はその川の東方にある。笠間川は南から北に流れて名張川に合流するが、この川が薦生牧の西の境である。すなわち、板蝿杣と薦生牧は笠間川をへだてて所在する。②ところが別当光智は板蝿杣の東の境柱を薦生牧の西南の名張川岸に立て、板蝿杣の東境は「河」である。だから薦生牧は板蝿杣の領域内部に入ると主張した、これは①からいってありえないことである。③東大寺主張のごとく杣の東境が名張川、南境が斉宮上路を指すならば、この両者で限られた地域は全て東大寺領であるはずだが、現実に大屋戸・夏焼には多くの他人私領などがあり、東大寺の主張は通らない。④板蝿杣の東境は笠間川なのであり、薦生牧をへだてること数里である、この両者は混同されるはずがないし、さらに焼原杣は薦生牧の南方数里のところにある山で先年光智が板蝿杣の領域内に繰りいれようとしたところである。

この史料八に示されている刀禰の主張の①、②では主として薦生牧が板蝿杣内ではないことを述べている。③で重点をおいているのは、薦生牧をはずれた名張川・宇陀川領域の問題である。④では薦生を南にはなれた焼原杣を問題にしているのが注目される。すなわち、この解状で刀禰は薦生牧と板蝿杣の境をめぐる東大寺の行動、夏焼・大屋戸・焼原杣における東大寺の行動、この二つを問題にしている。従来の研究史では、前者については取り上げるが、後者についてはほとんど取り上げてこなかった。その根本的理由は焼原杣の位置について、注意が払われていなかったことにある。[5] この焼原杣について、地元の研究者である富森盛一氏が「(光智は)……薦生を杣内に入れようと企図した。しかしこれは不成功に終わったがこの寺領拡張政策によりその後、笠間川以東の山塊「焼原杣」

（毛原杣、現称西山、一に青葉山）は板蝿杣に包含されるに至った」[6]と述べその所在を明らかにしている。すなわち焼原杣は西を伊賀国、大和国の国境を流れる笠間川、東を黒田川（宇陀川）、南を斎王上路、北を薦生牧で限られた、名張盆地の西斜面に所在する杣、後の黒田本庄そのものに広がる杣である。それに対して、板蝿杣は史料四で東大寺使が板蝿杣の四至の西は「薢尾野」であり、北は名張川および八多高峯であるとしているが、この「薢尾野」は大和高原上に聳える神野山と推定されているように[7]、そこを境に八多高峯すなわち広瀬牧との境をなす山にまで広がっている、笠間川以西の大和国山辺郡所在の杣である。つまり、史料八で在地刀禰が述べていることは、板蝿杣の東境は笠間川であり、この川より以東にある薦生が杣内部に入るはずがないこと、焼原杣も同じく笠間川以東にあり、板蝿杣の地ではないことの二点ということになる（板蝿杣周辺概念図参照）。

富森氏の論をふまえて康保三年解状の内容を以上のように把握したうえで、研究史をみた場合、いままで焼原杣の位置をあいまいにしてきたことが問題をひきおこしていることがわかる。たとえば石母田氏が「（黒田庄）本免田は庄の立券より以前に杣工の保有地として実質的には杣設置とともに存在していた。かかる

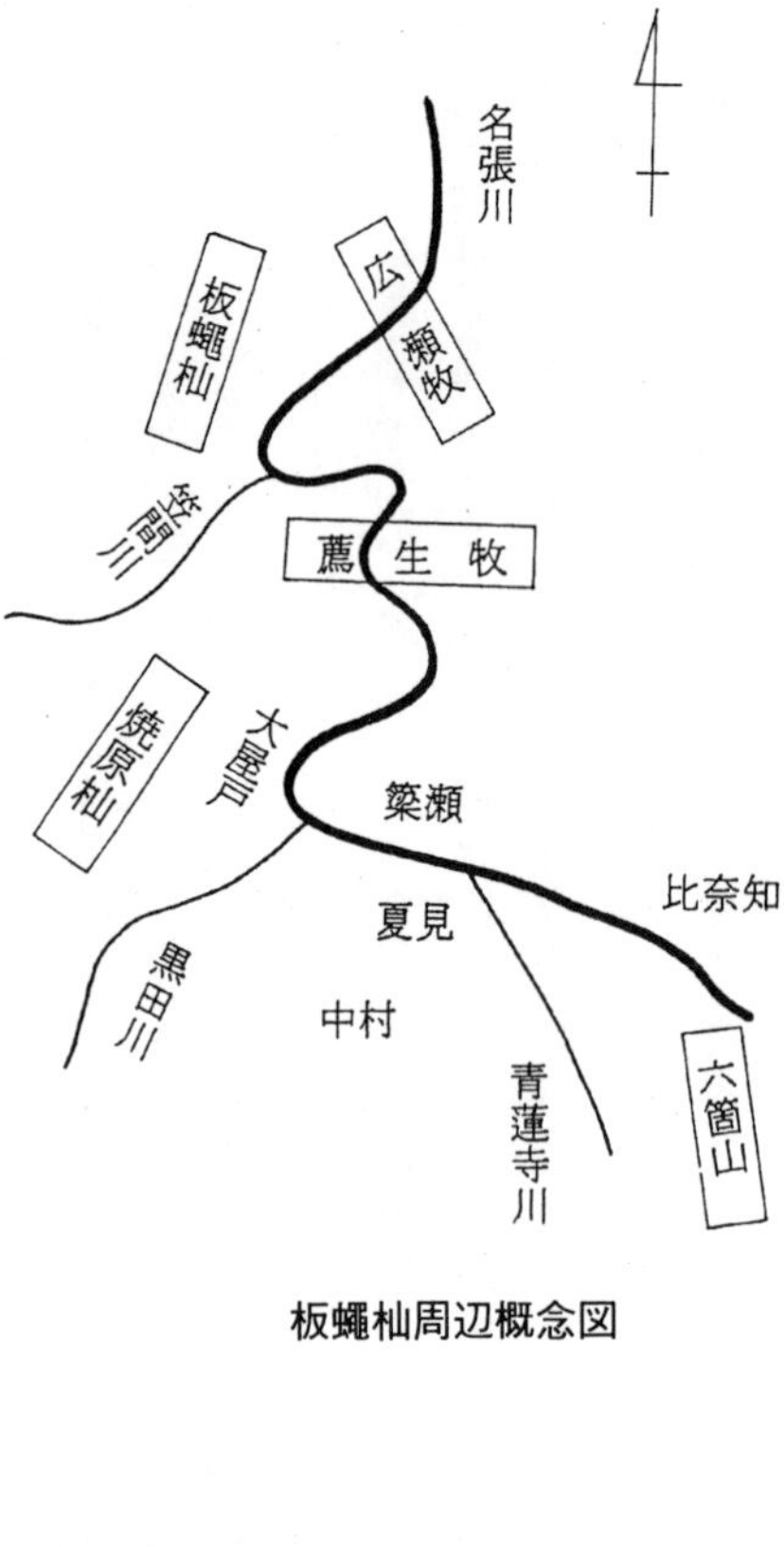

板蝿杣周辺概念図

性質の土地が国使不入の地であったのは決して平安時代に国衙から新しく獲得した特権ではなくして、それ以前にその土地そのものに本来的に附属せる権利であった」[8]といわれる場合、黒田庄本免田＝焼原杣は板蝿杣の内部の地であり、奈良時代以来東大寺が不輸不入の権を合法的に所持している地であるという東大寺の主張をそのまま認め、そのうえに論を展開していることになる。同様な論は石母田氏に先行する中村直勝氏の業績においてもみられるし[9]、石母田氏以後においても同様である。[10]つまり、研究史では黒田本庄＝焼原杣について、東大寺のこの地は古くから板蝿杣内部であるとする主張と、在地の刀禰等の光智が不法に板蝿杣内に入れようとした地であって、本来の板蝿杣内ではないという主張、この二つが存在しあらそっているなかで、東大寺の主張をそのまま認め在地刀禰側の主張を黙殺して論を展開していたことに結果的になっている。たしかに焼原杣は東大寺が在地刀禰の抵抗をおしきって板蝿杣内に繰りこんでいくのであるが、一〇世紀中期において在地側から強力な反論がだされていることを無視して板蝿杣のあり方は論ぜられないはずである。

その点で富森氏が次のように述べているのは板蝿杣の研究にとって、重要な意味を持つ。氏は「板蝿杣はおよそ二段階の過程を経て発展してきている。そこで私はその発展史を前期、後期に分けて呼唱しうると考える。すなわち、前期板蝿杣、東南部境界を笠間川の線までとみられていた天暦までの時期、およそ二〇〇年間。後期板蝿杣、笠間川東部の焼原杣が板蝿杣の一部に加わり、その東南山脚の地が発展脱皮して黒田庄となった一一世紀以後の時期、この時期には黒田庄が板蝿杣を代表し、その別名の如くなり、杣（庄）の全盛期を迎える」[11]と述べている。これは従来の研究史の流れとは逆に在地刀禰の主張の正当性を認めたうえに板蝿杣の歴史を考えようとする立場である。この立場の特質は従来の論者が板蝿杣の領域は奈良時代以来焼原杣を包含したものとしてとらえているのに対し、焼原杣は後に板蝿杣に吸収されるものであるとしている点にある。ただ富森氏の前期・後期という区分は、天暦年間から一一世紀中期までの時期をどう把握するかを欠落させている。そこで富森氏の立場を継承しつつ、板蝿杣の歴史を次の三期に区分するのが妥当と考える。すなわち、第Ⅰ期、杣成立より天暦年間まで、杣が笠間川以西に限定されていた時期。第Ⅱ期、天暦年間から長元（一〇二八～三七）年間まで、東大寺が本来の板蠅杣の領域を拡大して焼原杣の包摂と支配強化を進行させる時期。第Ⅲ期、長元年間以降、焼原杣の包摂化の完成（黒田本庄の成立）と黒田新庄の歴史が展開していく時期。

このうち第Ⅲ期は黒田庄の展開の歴史であり、黒田本庄の前身としての板蠅杣の構造ということで考えていくならば、第Ⅰ、Ⅱ期が分析の対象になる。以下、上記二つの史料群を主たる手がかりにⅠ・Ⅱ期の状況をみていくが、まず第一に本来の板蠅杣をふくめた、王臣家などの大規模所領が展開している名張盆地およびその周辺の山間部について、そこで活動する在地農民諸層が作り上げている刀禰集団により代表される村落組織（共同体）の九～一〇世紀時点における特質および動向について、主として山の神信仰のあり方という民俗学的な側面から検討する。第二に板蠅杣の第Ⅰ期にあたる九世紀から一〇世紀中期にかけて王臣家・寺社が上記の共同体とどのようにかかわりながら、その所領を確立していったのか（具体的には所領内の上毛利用権および開発権の独占をいかに確保していったのか）について検討する。そして第三に板蠅杣の第Ⅱ期にあたる一〇世紀中期から一一世紀前期にかけて、東大寺が焼原杣を「所領」として確保し、かつその内部の耕地への不輸租権を確保していく過程（黒田庄本免田の成立）がどのようなものであったかについてみていく。この三点をみることで名張盆地西端の山沿いの地に東大寺が黒田本庄を作り上げていく過程の一端を明らかにすることができる。

一　山の世界と盆地の世界

(一)　盆地の東部山間部——国津神の世界——

上記史料に示されるように、この地域にはいくつかの刀禰集団があらわれている。すなわち、盆地の西・北部の山間部については、史料三と四に大和国都介郷刀禰があらわれている。この集団は史料三で朝成家の広瀬牧の立券にかかわり、史料四で立券使の主張の正しさを確認している。次に西・北部の山間部から名張盆地にかけては、史料六で夏見郷薦生村刀禰が薦生牧の立券を行なっているし、史料七に夏見郷刀禰があらわれている。そして、盆地の東・南部の山間部については、史料九に夏見氏を中心にした夏見郷刀禰があらわれており、神宮の所領の立券を行なっている。

以下、それぞれの刀禰集団が基盤としている地域の状況についてみていくが、まず名張盆地東部の山間部について史料九の主要部分は次の通りである。

伊賀國名張郡夏見郷刀禰等解申　注進伊勢太神宮所領地山河四至事

一　四至 東限高回河、是河伊賀郡阿保村主　南限大和國水堺 西限栗河在夏見郷夏見村主　北限大地頭在

一　四至所在地名 比奈知　針生　長木　布乃布　大野　大良牟 色豆　上家　菅野　土屋原　曽児　高羽

一　荒田新開等　在所所□□注□□

一　杣山等　東在馬背杣、南在杣、不知見、

一　河西在栗河　中在横河
一　鷹巣一所　号色豆巣
右太神宮所領地山河野等并四至、依郡符旨、如舊注申如件、即太神宮司使祓清奉幣、建牓示已畢、仍注事状注申、
承平四年十一月十九日　刀禰夏身今世
夏身貞宗
前匂当式部卿宮侍伴友高

夏見氏によって代表される夏見郷刀禰が基盤としている地は、名張盆地の東方、名張川の上流になる比奈知川流域の伊勢・伊賀・大和三国国境地帯に広がる山間部であり、現在の名張市比奈知・滝之原・奈垣・布生（伊勢）から一志郡美杉村太郎生（伊勢）、奈良県宇陀郡曽爾村・御杖村（大和）にかけての一帯にあたる。(12)

後に六個山と総称されるようになるこの山間の地で注目すべきことの一つは、名居社を惣社とした国津神の濃密な分布である。延喜式神名帳の名張郡には二座がのっており、一つは宇流富志禰社であり、他の一つがこの名居社である。(13)名居社について、『三国地誌』に「下比奈知に座す、今国津大明神と称する是なり。【風土記】に、大山祇神を祭ると云、今本郷の伝説と同からずといえども、振古十月申日、山祇祭と称して大祭あり、又記に、郷の惣社としるすもの、古所謂六個山を始め、名張郡中各邑に遷し祀て、生土神と称する、已二十祠にあまれり、分祠の多きこと此のごとし、惣社なること疑なし」(14)とある。中貞夫氏は六個山郷に国津神社が密集的に分布しており、この地内にあるのは廃絶・合祀のものもいれ、全て国津神社といってよいとしているが、(15)名居神社はこの国津神社の惣

社であり、祭神は元来は大山祇神であるという。一般的に山での上毛利用を主軸とした生産活動に従事する人の祭る山の神は大山祇の名前をかりている例が多い[16]。その意味でこの一群の国津社は、この地で焼畑など上毛利用活動を行なっている人々の祭る山の神、上毛利用の対象となる土地の守護神、として存在したものとみてよい。

この場は延暦二三年（八〇四）成立の「皇太神宮儀式帳」[17]に「朝夕御饌箕造奉竹原、并箕藤黒葛生所、三百六十町、在伊賀國名張郡」とある場に該当するものとみてよく、八世紀末にすでに箕その他木や藤を用いた日常容器の生産、藤・葛からの繊維の生産など上毛利用を中軸とした人間の活動が展開している場として姿をあらわしている。そして以後九世紀にかけて「沿河披山群居雑所」という相楽郡の山間部において八世紀末から九世紀にかけて進行している事態と同じことが[18]、名張盆地の方面から上流に向けて進行している。その生産活動の場の拡大はおそらくは近世の白山山麓における焼畑耕作の拡大と同じ過程をたどる。すなわち、白山山麓では出作りという形で焼畑経営が行なわれており、母村を離れて「むつし」（焼畑用益地）に小屋を建てて居住するが、居村から毎日通うのがもっとも古い形であり、おいおい遠隔地にむつしを求めた結果、周期的出作り（春夏秋の耕作期間だけ現地に居住、冬は母村に帰居するもの）、さらに永久的出作り（ずっと現地に永住するもの）が生じてきたという[19]。八〜九世紀のこの地でも同様な事態が展開するのであり、比奈知など名張盆地に近い村を母村に名張川沿いに奥地に向けて手工業製品の生産を伴った焼畑生産の拡大が、周期的出作り、永久的出作りの増加という形をとって進行していっているとみてよい。上記文書にあらわれている比奈知以下の一二個の地名のうち、一〇個まで現在地を推定できるという[20]。そのことは一〇世紀にはすでに出作りの活動はこの山間部全域で高度に展開し、周期的出作り、永久的出作りをふくめて現在に近い形での集落が形成されるまでになっていたことを示す。

『三国地誌』にあらわれている国津神が六個山の諸集落に濃密に分布するという状況の原型は、名居社が延喜式に名張郡の有力神社としてあらわれていること、および現在の集落の原型が一〇世紀にはできあがっていることなどからみて、八～九世紀の段階で上毛利用活動を行なう人々がその生産の場を守護する山の神を比奈知の名居社の分祀として祭っていくことで成立していったとみてよい。上記文書にあらわれている夏見郷刀禰の集団は、その意味で国津神の物社としての名居神社を中心にした山間部の村々、上毛利用を中軸とした生産の場を共有し、共通の山の神信仰を持つ共同体ないしその連合を代表するものとしてその姿をあらわしているのである。

(二)　盆地西・北部の山間部――カギヒキ・クラタテ行事の世界――

次に盆地の西・北部の山間部について、一〇世紀段階ここには薦生牧、広瀬牧、板蝿杣、焼原杣が所在している。これら杣、牧が広がる山間の地から名張盆地にかけての地はカギヒキ行事あるいはカギヒキ・クラタテ行事とよばれる山の神祭礼が二〇世紀にまで残っている場でもあるので、それについてみておきたい。

松崎憲三氏は、堀井甚一郎氏が耕地の立地条件をふまえて大和における生産地域を、平坦農業地域（奈良盆地など稲作を中心とした集約的土地利用地域）、階段農業地域（盆地周辺の傾斜地など階段状耕地が発達した地域で棚田に混ざって畑が展開している地域）、山間農業地域（大和高原など高度五〇〇～六〇〇メートル内外の地域で前二者より畑地が卓越している地域）、山岳農業地域（吉野山地の峻嶺深谷地域でおそくまで焼畑耕作が継続されていた地域）、に区分していることを近畿地方全般に一般化したうえで、山間農業地域に属する大和東山中から、伊賀、近江をへて京都に至る地域では、一月七日を中心にした山の神祭りにカギヒキという行事、クリ、ウツギ、カシなどの鉤状の木の枝を神木ないし神木にはりわたされたシメナワにひっかけ、唱え言をしながらカギを引張る行事、が行なわれていること、この祭りで用いられる「カギ」は生命の源泉とされる山のある種の霊をとらえ、耕地に移し植える機能を持つものであり、こうした儀礼形態は吉野山地その他山棲みの人々の土地の占有としての意味を持つカギとケズリカケを用いる儀礼に淵源を持つことを指摘している(21)。また、野本寛一氏は、全国的にみるとこの木鉤を山の神に供える民俗は、大和、伊賀、近江のほかに、天竜川流域の三・信・遠が国境を接する山岳地帯、秋田などにあるとしたうえで、この木鉤は木鍬なのであり、本来的には焼畑農民が彼らの農耕具である木鍬の模造品である木鉤を掛け供えて、山を領する女性母神に山の恵みと焼畑の豊穣を祈る営みであったとする。(22) つまり、このカギヒキ行事は本来的には山岳農業地域など上毛利用活動が生産の主軸として展開している場における山の神信仰をその源泉に持っている祭りとみてよい。

ただ、この行事についてより細かくみた場合、カギヒキにクラタテという行事が伴っている地域と、カギヒキのみが行なわれる地域とがある。クラタテは、半紙の四隅と中央に棒をたて、その棒に紙の幣をつけ、中央の棒に柿、柑子などを突きさしたもの（クラ）を山の神の前で立てることであり、それが立てられたあとでカギヒキがなされる。このクラタテを伴うカギヒキの祭り（カギヒキ・クラタテ）の広がりは、中窪寿雄氏によると奈良盆地東部山間部（東山中）に限定されており、次のようになっている。(23) イ山辺郡山添村の内旧山辺郡豊原村（岩屋毛原など）、波多野村（鵜山、広瀬など）。ロ添上郡月ガ瀬村（石打、尾山、長引など）。ハ宇陀郡室生村の内、旧宇陀郡三本松村（中村、長瀬、元三など）および旧山辺郡東里村（下笠間、上笠間、深野など）。ニ山辺郡都介村の内旧山辺郡針カ別所村大字小倉。

さらに、堀田吉雄氏も三重県のカギヒキ行事が行なわれている地のうちクラタテを伴う形で祭りが行なわれる地は、鵜山、葛尾という名張川沿いの旧名張郡薦原村、つまり中窪氏のあげているイの地に接する地域に限定されていることを確認している。(24) このように、カギヒキ・クラタテ行事は大和・伊賀両国国境地帯の名張川・黒田川流域の山間部、すなわち松崎氏らのいう山間農業地域に限定されて存在している。

それに対して、クラタテを伴わないカギヒキ行事は伊賀、近江、山城の階段農業地域を中心に一部平坦農業地域に広がっており、伊賀については、坂下、黒田、夏見など名張盆地内の全ての村々を始めとして各地で広く行なわれている。[25]

注目すべきは、この二つのやや異なった様相を持つ山の神祭りの広がりの範囲と上記の四つの牧、杣の広がりの範囲との対応関係についてである。まず薦生牧と広瀬牧とについて、史料一によると、興福寺の延珍僧都が藤原朝成に次のような地から成り立っている牧地と新開田を度進している。

合貳處
一處在伊賀國名張郡　字薦生者地　………A
新開治田
荒廢田　梁瀬貳處在字本公験
四至東限垣田河并壺野少峯、南限少滝梁瀬并高峯 西限笠間河并大河、北限高峯
一處在大和國山邊郡并伊賀國名張郡堺在字本公験地
新開治田
梁瀬一處在字本公験
從河東牧地并山号蜷曳野者 新開治田　在伊賀國名張郡内　………B
四至東限水堺山、南限高山 西限大河、北限水堺并道路谷
地従河西牧地山等 新開治田　号廣瀬牧者　………C
四至東限大河、南限石屋并少野石村笠間河 西限高峯、北限路瀬并道

Aの薦生牧は、伊賀国名張郡に所在し、名張盆地から山一つ越えたところにある小盆地内に位置し、南は焼原杣、北は広瀬牧に接している。また、B、Cの二部分から成り立つ広瀬牧は伊賀国名張郡および大和国山辺郡にまたがって存在し、名張川をはさんで二つの部分に分かれる。B部分は「蜷曳野」ともよばれ、現在の鵜山と推定されている。[26] 鵜山は東西に分かれた山間部集落であり、東鵜山は奈良県山添郡（旧波多野村）に、西鵜山は三重県名張郡（旧薦原村）に入るが、一〇世紀の時点では伊賀にふくまれていたようである。C部分は「広瀬牧」とよばれており、B部分の対岸、現在の広瀬から岩屋から葛尾に至る名張川沿いの地（旧奈良県山添郡波多野村、三重県名張郡薦原村）であり、この時点では大和国に属しているとみてよい。

B・Cで構成されている広瀬牧は、カギヒキ・クラタテ行事が行なわれる地、中窪氏があげたイの地、および堀田氏があげたそれに接する伊賀の地（東・西鵜山、広瀬、葛尾など名張川沿いに伊賀、大和両国にまたがって広がっている地）に立地している。この地には一〇世紀段階で水田が入りこみつつあったが、基本的には次にみる板蠅杣の広がっていた地と同質な地域に属していた。

この広瀬牧に接する板蠅杣について、この杣の西四至は「薢尾野幷小倉倉立」である（史料四）。「薢尾野」は現在の神野山と推定されていることは先にみたが、それとならんであらわれる「小倉倉立」について、小倉は神野山の南方にある村であり（旧山辺郡針ケ別所村大字小倉）、その大字内部に倉立という地名が現存している。この地名はクラタテなど山の神祭が行なわれる祭場に由来することは間違いないのであり、文書にこの名前があらわれているということは、すでに一〇世紀の段階で、カギヒキ・クラタテ行事が存在していたことを示す。そして中窪氏が指摘するように[27]、カギヒキ・クラタテ行事の行なわれているイ～ニの諸集落は全て小倉より西にあり、板蠅杣はそのうちイ、ハ、ニの地域に立地している。つまり、板蠅杣もカギヒキ・クラタテ行事の行なわれる山間部地域に存在していた。

このように、一〇世紀の板蝿杣と広瀬牧はカギヒキ・クラタテの行事の行なわれる地域内に限定されて存在している。この地域は、六個山と同じく手工業製品の生産や焼畑耕作など上毛利用を中心にした生産活動が展開している山間の地であり、八～九世紀段階で徐々に開発が進み、一〇世紀の時点では二〇世紀段階と大差のない集落配置を作るところにまで達していたものとみてよい。カギヒキ・クラタテ行事はカギヒキ行事の原初的な性格、すなわち焼畑など上毛利用活動を行なう人々がその収穫の安定を祈る山の神としての性格を持っていたのであり、神社という形態をとらないだけ六個山における山の神信仰としての国津神信仰よりも素朴な形をとっていたといえる。応和・康保年間の薦生牧の立券をめぐる紛争に登場してくる大和国都介郷刀禰もこのような山の世界で活動する人々の構成する共同体ないし共同体連合の代表としてその姿をあらわしているのである。

(二)　盆地内部について——水田の世界と中間地帯の世界——

薦生は名張盆地から山一つ越えたところにある小盆地であるが、この時点すでに夏見郷から分離した独自な「薦生村」刀禰の集団が活動している。史料七の夏見郷刀禰解案は朝成家所領としての墾田・栗林・林地の四至を「同(夏見)郷刀禰并郡司」が確認しているものであり、刀禰としては伊賀忠光と志貴の両名が署名している。[28]このうち墾田五町九段二七八歩は多貴内親王の領地八〇町の内部の墾田であり、[29]義江彰夫氏はこの文書にみえる地字が現在夏見の旧家の姓にのみ、みられることから夏見村にあったと推定している。[30]また栗林は三処記載されており、いずれも酒人内親王の所領であり、[31]富森氏は文書に比奈知の名前がでてくること、おなじく文書のなかにでてくる「高松峰」などが夏見に現存する山であることなどから、夏見およびそれに隣接する比奈知にあったとする。[32]つまり、朝成家所領は盆地東部の水田地帯から山の世界との中間地帯ともいうべき比奈知にかけて点在していたことになり、この地域を管轄していたのが上記二名に代表される夏見郷刀禰であった。

そして、史料八に夏見郷刀禰として署名しているのは、伊賀忠光・志貴重則・宇奈抵社祝磯部の三名である。史料八についていうと、薦生については薦生村刀禰が、夏焼・大屋戸など名張盆地に直接面している地をめぐっては夏見郷刀禰が、それぞれかかわっているのであり、両地域が東大寺の板蝿杣内部への繰りいれの対象となった故に、両方の刀禰が一緒にこの地域全体についての証言をしているとみてよい。このことからこの史料八の夏見郷刀禰は夏焼・大屋戸や焼原杣など名張川対岸の斜面をふくむ名張盆地北部地域の刀禰としてあらわれていることになる。

史料八によると、夏見郷刀禰として宇奈抵社祝磯部がはいっている。宇奈抵社は簗瀬に現存する宇流富志禰社のことであると考えられるが、『三代實録』貞観三年（八六一）年四月一〇日条に神位階を正六位上から従五位下にすすめられるということを初見とし、[33]貞観一五年（八七三）九月二七日には神位階が従五位上になっている。[34]また延喜式神名帳の名張郡二座のうちの一座として「宇流富志禰社」の名前であらわれている。[35]

宇奈根（抵）神の語源は明確ではないが、関連して「うなて」あるいは「うなで」という言葉があることに注意したい。この言葉の意味は田の用水をひく溝ということであるが、[36]眞弓常忠氏は古代の「うなで」について、湿原の干拓と灌漑のため河川の流入口とつないで水路（うなで）を作った場合、この接点が重要な役割を果たすために、そこに神の座すにふさわしい樹叢があるなら、そこが「うなで」を管理し、その影響下にある水田を支配する神の座す森として、共同体祭祀の場になっていくとし、その例として畝傍山の西北、雲梯の里の曽我川に面して鎮座している川俣神社（雲名梯社ともよばれる）をあげている。この社は雲名梯の森（かっては巨樹が繁っていた）であり、大和中原の湿原に流入する曽我川の流入口の手前の台地に形成された樹叢に祭られたものであるとする。[37]名張の宇奈根社にもどると、社名が「うなね」であるが、その意味が首の付根、すなわち入口を扼するということであり、「うなで」と意味が近いこと、宇奈根社が平尾山の尾根の先端の台地上に鎮座しており、かつそこが低湿な簗瀬の水田地帯への水のとりいれ口にあるところからみて、「うなでの森」の性格を持っているのであり、ここに祭られているのは簗瀬の水田を支配し守護する神であり、簗瀬地域の共同体的な祭祀の場になっているとみてよい。

宇流富志禰神社では、現在も正月行事として一月七日に山神ドンドという山神祭とともにカギヒキ行事が行なわれている。[38]つまりこの神社は山神祭礼と密接なかかわりを持っている。それと関連して、森栗茂一氏は、広い意味での伊賀、大和、近江三国国境山間部を構成する地域である近江の湖南地方の田上盆地、大石地域、信楽地域などで、谷の出口に山の神を祭るケースがしばしばあること、この場合山の神は水田を耕作する農民にとっては水の供給者として位置づけられていることを指摘している。[39]宇流富志禰神社が平坦部への水の入口を扼する場に位置することをみるならば、この社が水の神に転化した山の神をカギヒキ行事という形でこの地域の村々の農民が祭る共同体祭祀の場として出発したのであり、すでに九〜一〇世紀の段階では神位階を与えられる盆地北部の簗瀬地域の村々の中心にすわる社になっていたことを示す。[40]

以上史料七・八からみて、夏見郷刀禰がその規制を及ぼしている地は①簗瀬・夏見・矢川といった盆地中心部の水田地帯、②盆地東端の中間地帯である比奈知、③盆地西端の黒田川を越えた地である大屋戸・夏焼、以上の三ヶ所ということになる。そして盆地西端の部分についていえば、薦生村刀禰が規制している薦生、夏見郷刀禰が規制している大屋戸・夏焼など盆地西斜面は山の世界で行なわれているカギヒキ・クラタテ行事ではなく、盆地内と同じカギヒキ行事が行なわれている場である。儀礼の上でクラタテの有無がどのような意味を持つのかは不明であるが、焼畑にまつわる豊作祈願と水田にまつわる豊作祈願との差異が、この儀礼の相違をうみだしていることは間違いない。薦生村についてはその時期は不明であるが、一〇世紀中期以前に夏見郷から分離しており、薦生村刀禰が分離する以前の夏見郷刀禰は名張盆地の平野の世界と中間地帯すなわちカギヒキ行事の行なわれていた地帯を規制するものとして存在していたことになる。

二　板蝿杣の第Ⅰ期

(一)　神宮領六個山の成立

平野の世界、中間地帯の世界、山の世界が連なりあって存在している名張盆地およびその周辺の地における生産活動のあり方、およびそれと対応した山の神信仰のあり方についてみてきた。そして、八世紀から一〇世紀にかけてこのうちの中間地帯の世界と山の世界において王臣家・寺社所領の設定が進行していく。

まず盆地東部について、夏見から比奈知にかけて多貴内親王と酒人内親王の私地が所在している。このうち多貴内親王の地は、内親王が天平勝宝年間に没しており、その生前に成立していたとみるべきであるから、同時点の越前・越中の東大寺の庄園と同様に平野の世界の周辺に設定され、水田開発を目的とした王臣家の占点地として出発したものとみてよい。八世紀末から九世紀にかけて酒人内親王の私地も成立してくる。つまりこの中間地帯ではすでに八世紀中期頃から王臣家などの占点地が展開している。

さらにその奥の山の世界に、一〇世紀前半に大神宮の大規模占点地が姿をあらわす。史料九がそれであり「宇太良手山」とも称されている。寛平八年（八九六）四月二日太政官符「應停止諸寺稱採材山四至切勘居住百姓事」(41)に「得相楽郡司解偁、諸郷百姓愁状偁、東大元興大安興福寺等採材木山在泉河邊、或五六百町、或一千余町、東連伊賀、南接大和、今大河原有市鹿鷺等郷百姓口分并治田家地多在此山中、因此人民之居各逐水草、瀕河披山群居雑處、子々孫々相承居住、推其年紀、及百餘歳、前件諸寺従来無勘地子、而元興寺自仁和初勘其地子、興福寺亦習此例、勘責尤切、……」とある。寛平年間をさかのぼる一〇〇年前、すなわち八世紀末の山背盆地への遷都を契機に伊賀・近江・大和・山城四国の国境地帯という名張盆地にほど近い山間部で生産活動の場の拡大が始まり、そのなかでこの場は水田、畠、上毛利用地の外に、それらの地で活動する人々の家地もふくまれる場に転化している。そしてこのような活動の場の拡大を追う形での上からの杣設定がなされていくとともに、九世紀末の仁和年間頃からその杣の範囲を在地諸層の活動する場をふくめる形で拡大し、そこを杣四至内であると称して、そこで居住ないし活動している百姓に地子を賦課しようとしている。ここでみられる南都諸大寺の行動は、占点地四至の明確化とその占点地内部への排他的支配権の確立の主張とその実践、すなわち占点地の「所領」としての確立へ向けての動きである(42)。

寛平年間以降、畿内の中間地帯・山間部とくに後者では南都諸大寺の杣のようにその内部の上毛利用権あるいは耕地開発権の排他的独占を容認された王臣家・寺社の「領掌」する大規模「所領」が次々にその姿をみせていくのであり、伊勢神宮領宇太良手山の立券は、このような動きの一環であったとみてよい。この立券をめぐって、史料一一で伊賀神戸の長が次のように述べている。

イ、この山は神宮領として一本の木も切らず、一歩の地も作らず年序を経てきた。ところが山内に住みついた浪諸人は、伐木などの活動を行ない、古公験をもって吾地といい、新公験を立てて己地と称している。この地は葛、箕、藤などを神宮に調進する地であるが、これら居住の諸人は同心合力して調進のために派遣されてくる人に反抗し従わない。

ロ、そこで太政官にその旨を申し、太政官もここを神宮に寄せるという官符を国に下したので、四至を定め、牓示を打った。そのような四至の設定に対して、諸人は吾地・己財を奪いとるものであるといっているが、これは神宮に敵対するものである。

ハ、ところが宮司は偏にこれら山内で活動する公浪人を山預とするので、彼らは入勘する使に抵抗する。これは大愁である。永くこれら山預を停止し、神戸預の子弟をもって山預にあててほしい。

まずイのなかに、山の世界でその内部から私的土地所有が急速に形成されつつある状況が示されている。その担い手は共同体内部の上層もふくまれるが、「公浪人」で示される外部から入り込んできた人々も多く存在していた。史料一〇で、吾地といって地子物を取り立てているが、神宮領地であることを知りながらどうして吾地というのか、これは神宮領地を奪いとるものである、と追求されている山田前郡司は、どこに拠点を持っていたのかは不明であるが、平野の世界からこの地に入りこんできて私地を設定している在地有力者であろう。おそらく中・小規模の私地・私領の設定という事態がこの地で広範に進んでいたのであり、この例はその一つのあらわれである。

このような山の世界の内部での私的土地所有の展開は、上記史料一一のロに示される公験保持を理由にした貢納物の上納拒否、史料一〇に示される他の豪族の私地であることを理由にした貢納物の上納拒否といった事態を生みだしていくとともに、在地で活動する共同体構成員（これが伊賀神戸であろう）と外部から入り込んできて活動する諸層との間にも緊張関係が生まれる。そのようななかで、伊賀神戸は神宮と結びつくことで優位に立とうとし、神宮もそれを利用した組織化に乗りだす。富森氏が「六個山の地域は近世においても一の紐帯をなし、慶長一八年（一六一三）、下比奈知、滝之原、奈垣、布生、多羅尾（太郎生）、神屋の六村は、六個山年預の制を定め祭事を行なっていた」と指摘しているが、(43)この六個山の地が長く一個のまとまりを持ちつづけており、神宮による四至設定が共通の山の神信仰を持つ人々が活動する場をそのまま包摂する形でなされていること、つまり共同体ないしその連合の規制のおよぶ範囲、その構成員の活動範囲そのものを自己の所領に転化するという形での四至設定がなされていることを意味する。上記の史料一一のロはこのような神宮による四至設定の持つ意味を在地の共同体構成員の立場から述べたものとみてよい。これは一〇世紀前半段階においては王臣家は、このような共同体構成員あるいはその代表としての刀禰の要求を組織することにより、共同体の規制のおよぶ範囲をその所領として設定していることのあらわれである。

史料一一のハに示されるように、四至の設定後の当初神宮の支配は山預を公浪人にゆだねる形で行なわれていたが、これは水田の世界から入り込んできている諸層が現実に大きな力を持っており、神宮としてもその力を利用せざるをえないという側面と、この層の力を利用して在地の共同体上層を牽制するという側面とを持ってなされたことであろう。つまり、神宮は吾地・私地と称する私領の確立と展開を志向する共同体内外の上層農民を押さえこみながら、共同体を媒介にその領域支配を行なうことを志向しているのである。

(二)　名張盆地西部——広瀬牧・薦生牧および板蝿杣の成立——

名張盆地の西部山間部について、一〇世紀中期の時点で、王臣家・寺社の所領として姿をあらわしているのは板蝿杣と広瀬牧・薦生牧である。広瀬牧と薦生牧とは境を直接接しており、かつ両者とも転経院から朝成家に譲られているにもかかわらず、異なった二つの牧として立券されている。すなわち広瀬牧はカギヒキ・クラタテ行事が行なわれる地域を越えない形で設定されており、六個山の場合と同じく所領設定がカギヒキ・クラタテ行事で特色づけられる山の世界に広がる共同体ないしその連合の広がりを包摂する形で行なわれている。一方、薦生牧について、カギヒキ・クラタテ行事の行なわれるのは広瀬までであり、山一つへだてた薦生はカギヒキ行事が行なわれている。この中間地帯ともいうべきカギヒキ行事のみが行なわれている山盆地を一つの単位とする形で薦生牧が設定されている。これは転経院の所領であった際も同じであり、山の世界と中間地帯の世界との境を無視した形での所領設定はなされていないことが明確に浮かび上がっている。

次に板蝿杣について、史料四で板蝿杣の所在する都介郷の刀禰らがこの杣の四至を明確に証言しており、一〇世紀中期には東大寺所領としての大和国所在の板蝿杣が確立していたとしてよい。その内部構造は明らかではないが、注目したいのは史料六に薦生村刀禰としてあらわれている東大寺杣別当粟田良種の存在である。この周辺で東大寺の杣といえば板蝿杣しか考えられないのであり、良種は六個山での山預と同様な役割を果たす板蝿杣別當とみるべきである。薦生という中間地帯に拠点を持つ在地有力層であるが、大和国に所在する板蝿杣に入りこみ、私地をこの地に設定するなどして活動する者のうちの有力者の一人として、杣別當に任ぜられ東大寺へ貢納する木材の伐木・製材・運搬などの諸作業を組織化する役割を果たしているのであろう。四至設定以前の板蝿杣には、その場で居住して生産活動を行なう人々とともに、平野の世界や中間地帯から入りこんできて生産活動を行なう人々が併存して活動していたのであり、そのなかで、山間部居住の人々が東大寺との結びつきを強めるなかで、四至を明確にした東大寺の所領の板蝿杣が成立していく。刀禰の証言する板蝿杣の四至がカギヒキ・クラタテ行事の広がり内部に限定されていることは、神宮領宇太良手山と同じ形での所領設定がここでも行なわれていたことを示す。ただし、外部から入りこんで来ている人々も引き続き板蝿杣経営に重要な役割を果たし続けたことは間違いない。

そして焼原杣について、この杣は大屋戸・夏焼の南方に広がり、笠間川をへだてて山の世界である板蝿杣に接するとともに、名張盆地西斜面として黒田川をへだてて盆地の平野の世界（古名張）に直接に面している杣である。ここはカギヒキ行事が行なわれている中間地帯的な様相を帯びた地であり、九〜一〇世紀の段階では、大屋戸、夏焼に王臣家等の私領が散在しており、盆地の東側から比奈知にかけて酒人親王、多貴内親王の所領が散在していたと同じように、特定の王臣家・寺社の大規模な囲いこみに基づく所領が存在せず、中・小規模の所領が散在する地になっている。

そのような状況のなかで、光智が板蝿杣の四至拡大に乗りだす。この際の光智の行動について、それから十数年後の康保年間、東大寺の使は板蝿杣四至は「東限名張川、南限斎宮登道大、西限薢尾野幷小倉倉立、北限同名張川幷八多高峯」と主張をしているが、これについて在地の刀禰らは史料八で「先年前別當僧都、為令造大佛殿角木、入座件板蝿杣、被造出件角木、即曳出笠間河・名張河川合西方山下、其次放使令牓示四至、板蝿杣東四至其所立薦生御牧辰巳方名張河流字櫻瀬南頭、即稱云、件板蠅杣東四至是河也云々、然則薦生牧可入杣四至内云々」と述べている。つまり、光智は板蠅杣の四至拡大をもくろむに際して、本来の板蠅杣から搬出される材木が名張川を利用するのに目をつけ、名張川・黒田川の線に板蠅杣の東四至を設定し、板蠅杣の四至内に笠間川と黒田川にはさまれた山塊、そのなかに薦生牧と焼原杣とが所在する地をふくませようとしたのである。

この光智の行動について、大和国内に限定されていた本来の板蠅杣はそれ以前にすでに東大寺所領として立券されており、光智はその所領の東四至を伊賀国内にまで拡大しようとしたのか、それまで東大寺とかかわりを持ちながらも、立券まではされていなかった板蠅杣を一挙に伊賀国までに拡大する形で所領として立券しようとしたのか、いずれかは不明である。ただ、いずれをとるにせよ、ここで光智が試みたことは、笠間川の東に位置し大和国の山の世界に属している本来の板蠅杣と、笠間川を越えた伊賀国の中間地帯に属する焼原杣とを、板蠅杣の名のもとにあわせて一個の所領として把握しようとすることであった。同時点の転経院の場合は境を接する二つの所領、広瀬牧と薦生牧との二つをあわせて大きな一円所領を設定することも可能であるのに、山の世界に属する地域（カギヒキ・クラタテ行事の行なわれる地域）に広瀬牧、中間地帯に属する地域（カギヒキ行事の行なわれる地域）に薦生牧、という形で二つに分割して所領設定を行なっている。これはこの時点の立券が特定の王臣家・寺社と刀禰に代表される在地の共同体とが結びつくことで行なわれているということのあらわれである。それと対比すると、光智の試みの特質は異なった二つの共同体ないし共同体連合の広がりを一個の所領内部にふくみこませようとしていることにあることは明らかである。

史料八によると、光智のこのような行動について夏見郷と薦生村の刀禰らが「無人相争、已經十余年也」と述べていることからみて、周辺の転経院など他の王臣家・寺社は異議を唱えていない。その限りでは光智の行動は成功したようであるが、その一〇余年後の応和二年に薦生・広瀬両牧が朝成家へ渡されて立券が申請され、康保元年九月に至り、薦生牧が東大寺所領である板蝿杣の四至内部にふくまれてしまうので立券できないということが名張郡司から朝成家へ伝えられたことから問題が顕在化してくる。これ以後康保三年から四年にかけて在地刀禰勘状、在地刀禰を帯同した立券使の実検日記などがだされ、そのなかで山の世界の刀禰としての都介郷刀禰、中間地帯の刀禰としての薦生村刀禰、平野の世界の刀禰としての夏見郷刀禰、というそれぞれ固有な性格を持ち、その基盤を異にする刀禰たちが一致して、①板蝿杣の東四至は笠間川であり、これより東に及ばない。東大寺が主張するこの杣の東四至は名張川・黒田川の線であるという主張は不当である。②東大寺が板蝿杣の四至内部と主張している地の内部には他者の所領が多くあり、東大寺の所領内一円支配の主張は成り立たない、という二点を主張していく。当該地域の刀禰が光智の行動は不当と証言していることになり、光智の行動は在地の支持をえられていなかったことが浮き彫りになっている。ここで刀禰が「無人相争、已経十余個年也」ということを強調しているのは、天暦年間の時点で転経院などの王臣家・寺社が何ら異議を申立なかったではないか、それを今に至り郡司・刀禰が東大寺の不法な主張をしりぞけないといって文句をいうのはおかしいという、在地側の反論の意味を込めているとみてよい。

このように光智の行動は山城など四国国境地帯の山間部で九世紀後半に南都諸大寺が取っていた行動、杣四至を不当に拡大し、そこにあった口分田・墾田を耕作する農民諸層を組織しようとした行動に相通ずる。しかし、この光智の行動は王臣家・寺社の所領設定が在地の共同体構成員を組織することなしには成り立ちえないということを無視し、大土地所有者としての論理のみを前面に押し出したものであった故に、刀禰層の批判をあび、康保年間に至り挫折する。史料五で東大寺は「至有杣便宜之地者、令領於杣、有彼殿御牧便宜之地者、令領掌彼御牧」と述べている。従来この杣「便宜」の地を板蝿杣を指すものと考えられてきた。しかし文意からみてこの「杣便宜」の地は焼原杣を指す。つまり、東大寺は一旦は薦生牧について、板蝿杣内部という主張をしたが、それを引き下げ、薦生の地を「彼殿便宜之地」として、朝成家が領掌することを容認しているのである。その代わりに焼原杣については、あくまで「杣便宜之地」として東大寺が領掌するとしているのである。朝成家と東大寺の間で行なわれた取引であるとみてよいが、これにより朝成家所領としての薦生牧が確立する。石母田氏はこれをもって東大寺の一歩後退という評価をしている。[44] たしかに、東大寺は在地刀禰層の抵抗のなかで、薦生牧と焼原杣との両者とも内部にふくみこむ形での板蝿杣四至の確立は薦生牧については断念せざるをえなくなっている。しかし焼原杣については、手を引いたのではなく、この地の所領化すなわち本来の板蝿杣内への繰りこみをこれ以後積極的に模索していくことになる。そしてこれが板蝿杣の第Ⅱ期の歴史になる。

三　板蝿杣の第Ⅱ期

㈢　官省符庄板蝿杣の成立

第Ⅱ期の板蝿杣をみる一つの手がかりは寛和二（九八六）年一二月検田帳である。この文書そのものは現在失なわれているが、一二世紀以後黒田庄の展開期において、黒田本庄関係の最古の文書として、さまざまな訴訟の際の証拠文書に登場してくる。それらの訴訟文書に引用されていることを集めてみると次のようになる。①天永元（一一一〇）年一二月東大寺三綱注進状案に「寛和二年一二月一九日名張郡検田所勘注文に出作有るの由委しく所見也」[45]とある。すなわち、この検田帳は「出作」検田帳である。②天永三（一一一二）年九月黒田庄勘注状に「寛和二年検田帳、……右、件の検田帳の内、本庄並に真遠寄文田畠相交る所也」[46]とある。これは東大寺の主張であるが、それによると本庄＝焼原杣と真（実）遠寄文田畠＝矢川・中村・夏見に所在、との両者が一緒に記載されていることになる。つまり、後の黒田本庄の地と新庄の地とが同時に記載されている。③治承四（一一八〇）年一〇月東大寺黒田庄文書目録に「一通寛和二年四至内出作田坪付」という形で長元年間の本庄立券文などともに本庄関係文書目録一巻のなかに記載されている[47]。以上の諸点から明らかになることは、寛和検田帳は後の黒田本庄の地域＝焼原杣の地についてのものであること、かつそれが「出作田」の坪付として位置づけられることである。寛和二年は康保年間を下がること二〇年ほどである。この時点で東大寺は焼原杣の地に東大寺の私地を確保しその支配基盤を固めつつあったとしてよい。ただ、焼原杣全体の板蠅杣への繰りいれが達成されているのではない。それは半世紀以上を経過した一〇三〇年代に実現する。すなわち長元七（一〇三四）年七月一六日官符に次のように記載されている[48]。

太政官符大和國伊賀國司、應免除勅施入東大寺所領板蠅杣住人等臨時雑役事、四至、東限名張河、南限斉王登大道、西限小倉倉立蘚小野、北限八多前高峰并鏡滝、
右、得彼寺去六月廿七日奏状偁、云云者、件板蠅杣已得河下之便、為寺家大切也者、右大臣宣、奉、勅、宜下知彼國、免除住人并工等臨時雑役、但四至之内、耕私所領、假権門威、沽却要人之輩、早覓公験而令進官、任其文契辨定理非

そして、この官符をうけた形で、伊賀国司が長暦二（一〇三八）年一二月に次のような国符をだす[49]。

國符、名張郡司、可免除東大寺領板蠅杣四至内見作田六町百八十歩并居住工夫等五十人臨時雑役事者、任官符并代々例、被免除件責者、郡宜承知、任舊例免除杣四至内見作田所當官物并居住人夫等臨時雑役

この官符・国符の内容はつぎの三点に整理しうる。①板蠅杣内部に焼原杣が繰り入れられたことの確認、②板蠅杣の官省符庄としての確立と、内部未開地開発権の独占の確認、③領域内部の田地への租・正税免除および臨時雑役免除の確保。

①について、太政官符により東大寺所領として確認された。その四至は多年東大寺が主張してきたものがそのまま認められている。とくに東四至が名張川となっており、これは笠間川と名張川・黒田川にはさまれた焼原杣の所領化が太政官に認められたことを意味する。ここに焼原杣の板蠅杣内への囲いこみが完成する。

②について、康保年間東大寺は薦生と焼原について「四至内爾所有田地山林皆所領也」と主張したが、在地の刀禰らによって四至内にある他者耕地について「不擄領件領」、すなわちそれら他者耕地は東大寺の領する所であるという根拠がないと指摘されている。これは焼原杣が東大寺所領として立券されていないことの指摘と同じである。それがここでは四至の内の私領などについて公験を官に進め理非を弁定せよとされている。関連して、天慶五年(九四二)四月二五日東寺伝法供家牒に「寺家田地……以去承和十二年九月十日、所施入田地也、件勅施入田地四至内、豈可有私地耶」[50]とある。これは多紀良時が大山庄内の未開地を開発し、それを私田として他者に売却した際の東寺側の主張であるが、東寺は官省符で認められた庄域内に他者の私地はありえないとし、国衙も「寺家領地内」であることが官省符で明らかであるから「他人奸妨」は認めないとして、東寺の主張を支持している。長元年間の板蠅杣で起こっているのは、これと同じである。すなわち、板蠅杣を官省符庄と認めたのであるから、四至内の開発権を東大寺が独占することを認め、他者の治田は正当性のあるもの以外はその内部での存在を認めないということである。これは康保年間に東大寺使が行なった開発権の独占の主張が実現したことを意味する。

③について、このような庄域内田地への所当官物の免除の承認、これが黒田庄本免田の成立である。焼原杣を内部にふくみこんだ板蠅杣が官省符庄黒田本庄として確立したことを示す。別にみたように、官省符庄は延喜庄園整

理令を契機に進行する庄園の再編のなかで、九世紀の庄園を再編してあらわれる一〇～一一世紀中期に固有な庄園であり、庄田（不輸租田）であることの正当性を官省符により証明するという形であらわれる庄園である。しかし、庄園領主側は整理令発布直後から庄域内新規開発田を庄田（不輸租田）と認めること、班田図上に庄田としての図付すべきことを主張している。この主張は整理令発布直後にすでに庄園領主によりなされており、以後一貫して国衙側との争いが行なわれていく。また国衙側も、それが整理令の原則にそぐわないとしながらも、その主張を容認して庄田として承認する例もあり、その対処は必ずしも一貫していない。このように、新開田の位置づけについては国衙の志向するところと庄園領主の主張するところと真っ向から対立するという矛盾をふくんでいること、しかし正税免除あるいは官物便補という形で庄園領主側の主張が徐々に定着していくことが官省符庄の特質になっている。[51]

板蝿杣とならんで東大寺の伊賀における重要な所領玉滝杣についても、保安四（一一二三）年九月一二日明法博士勘状案に「應和三（九六三）年十一月十日國司伴宿禰清廉下符云、應任舊免除玉瀧杣湯船・内保・山田・鞆田村開發田正税事」[52]とある。官省符庄内新開田は整理令の理念からいうと、公田であり租を輸すべき田地であった。しかし現実には寺家側が開発をしたということで正税が免除されている。このような開発田の正税免の確保は本来の板蝿杣出作の地である焼原杣においても追求されたとみてよい。

さらに、このような正税免除の地が官物便補を媒介として不輸租地に転化していく例がある。寛仁二（一〇一八）年一一月二五日、山城国愛宕郡の八カ郷が全て賀茂社に寄進された。この寄進に際し、愛宕郡の内部には公私田が入り交っているために、いくつかの問題を引き起こしている。そのような問題の一つとして、天台領八瀬の帰属をめぐる争いがある。[53]ここで天台（延暦寺）は八瀬の地については官省符で認められた天台領であり賀茂社領になるべき地ではないとしているが、この主張は官省符庄内であるから本田・新開田をふくめて全ての田畠は天台が租・税ともに徴収する権利を持っているという主張である。それに対して山城国司は天台のいう官省符はみあたらないこと、したがって天台の主張は成り立ちがたいことを述べた上で、八瀬村所在田畠は西塔の下人が開作したものであり、地子物は西塔に勘納、官物は禅院灯分稲の内として西塔に便補しており、国郡は進退していないと述べている。その意味するところは、八瀬の田畠は天台のいうような本田ではない。しかし西塔が下人の労働力を投入して開発した新開田であることは間違いなく、したがって当該新開田の正税を免除し[54]、かつその租分を西塔に便補している。つまり天台領の場合、正税免を確保している田畠の官物の便補を媒介として事実上の不輸租化を達成しているとしてよい。

板蝿杣にもどる。上記国符に「任官符幷代々例」とあることからみて、第Ⅱ期を通して東大寺焼原杣を官省符庄として位置づけられている板蝿杣のなかに繰りこむこと、さらに機会をとらえ代々の国司と折衝しながら焼原杣内部の新開田の正税免除の確保と、それら新開田への官物便補の確保（不輸租田化）を徐々に実現していったと推定される。以下、「別名」の成立という問題と関連させながら、この過程について掘り下げてみたい。

長久四（一〇四三）年藤原実遠は矢川の常荒田を東大寺に売却した[55]。この際実遠が東大寺に売却した権利は、常荒田の開発権であった。この際この常荒田は数十年来の荒地であり荒れるにまかせていたことが強調されていることからみて、原野と同一であることを示そうとしたものと思われる。それゆえ東大寺が獲得したのは矢川という地域の原野開発権である。売却後五年たった永承三（一〇四八）年に至り、伊賀国司は次のような国符を名張郡司宛にだしている「彼房永承二年十月五日牒状偁、件荒田畠等元者左馬允藤原實遠所領也、而以去長久四年三月十六日、限價直房名永奉賣先了也、今如云々者、件處已為荒野年尚、無人寄作者、早被立券房名、隨開發得、令辨濟所當官物、但任傍例、依開發功、被免除地子幷臨時雜役者、可立券言上之状、所仰如件、……」[56]。すなわち東大寺は当該の地を別当深観の名で立券するとともに、常荒田の開発に乗りだす。国衛はこの地が荒地であることを確認した上で立券を承認し、開発田について「地子幷臨時雑役」を開発の功により免除した。一〇四〇年代というと、すでに黒田本庄は成立しており、東大寺はこの本庄を拠点としながら、黒田川を越えた名張盆地の中心部に進出し開発可能な原野の占点するとともに内部の排他的な開発権を獲得しているのである。ここでいう「地子」は国衙が徴収する正税に該当する。その限りでは、ここでは東大寺は新開田開発の代償として、新開田への正税免除を獲得しているのである。

矢川のこの例は別名成立の典型として著名であるが、河音能平氏はこの別名成立について、『中世封建制成立史論』[57]第一部所収の諸論文で次のように述べている。①別名とは開発可能地域を開発田の永代領掌を契約内容として独占的に領有する体制であること。②古代国家体制に真に敵対しうる私的大土地所有の形成という観点からみるならば、墾田永世私財法よりも別名の成立の方が重大な問題であること。③別名の成立は一一世紀初頭であり、その権限は在地の農奴主的経営者が握るのが一般的であること、いいかえれば、別名の成立は中世的所領の成立であること。

別名の定義は①で尽くされている。ただ、国衙との関わりでいうと別名も官省符庄内新開田も正税を免除されているという点では同じであるものの、別名成立の重要性は、国家公認の官省符庄という大枠の外部に広がる原野一般において、私的な分割が容認され、かつその内部の開発権の排他的独占が容認されていることである。ここでは公験の明確な庄園に限ってその存続を認め、それ以外の原野における私的占点は禁止するという、延喜庄園整理令の原則は無視されている。その意味で、別名の成立は永年私財法から延暦・大同年間の占点規制をへて延喜庄園整理令に至る、律令制下でケルンを作りつつ進展してきた原野の私的分割規制の動きに終止符が打たれたこと、原野分割を律令法の立場から制限する志向が放棄され、以後律令制的理念に束縛されない原野の分割が進行することを示す。その点で、河音氏が②で指摘したことも正しい。

ただ、河音氏の③の指摘について、別名の成立は律令制の規制を打破し、原野の私的分割の展開のなかから生れてくる点で中世的所領の成立を意味することは承認しうる。しかし、矢川で東大寺が別名の成立を主導していたことに示されるように、在地領主的な存在が一般的であるかどうか、疑問である。伝統的な王臣家・寺社すなわち庄園領主的な存在が別名形成に重要な役割を果たしていたことをみておくべきである。

一〇世紀から一一世紀三〇年代にかけて、東大寺は焼原杣内部の新開田の不輸租田化すなわちその官省符庄化に全力を挙げ、それを完成する。そしてそれ以後、東大寺は確立した黒田本庄を拠点としながら、その枠を越えて名張盆地中心部に所在する原野を別名として立券し、さらにその別名を東大寺封戸の便補の地とすることにより、庄園を拡大していくことを試みていくことになる。これが黒田新庄の展開過程であり、古代以来の庄園の枠を越えた、本格的な中世庄園の展開過程であった。

なお、矢川常荒田について河音氏はこれを別名の初見としつつも、別名としての性格を実遠・清廉にまでさかのぼらせ、東大寺はそれを引き継いだものとされる。しかし、実遠時代の矢川と深観以後の矢川の差はあいまいにすべきではない。実遠所領は一〇世紀において、官省符庄の外部で、原野・常荒田を分割して成立してくる私領である。官省符の枠外の原野一般における新開田への正税免除（地子免除）は官省符庄内新開田への正税免除の定着を前提にしたものとみてよく、河音氏も指摘するように一一世紀初頭以降徐々に姿をあらわすとみた方が妥当であり、一〇世紀末から一一世紀初頭にかけて存在する清廉・実遠の私領ではそれが実現していた可能性は低いと考える。

㈡　天平勝宝八年官符をめぐって

従来、一般的に板蝿杣は八世紀中期に東大寺に勅施入された杣山とされてきた。その根拠となったのが次の天平勝宝七（七五五）年一二月孝謙天皇勅施入文である。(58)

勅

板蠅杣壱処

在伊賀國名張郡

四至 東限名張川　南限齋王上路
西限小倉倉立辭小野　北限八多前高峯并鏡瀧

以前、奉十月七日　勅、所入如件

天平勝寶七歳十二月廿八日

この文書は黒田庄関係文書のなかでやや特殊な位置を占める。黒田および板蠅関係の文書は一〇世紀中期から姿をあらわすのであり、それ以前においては、この勅施入文以外は存在しない。その点でこの文書に検討をくわえてみると、いくつかの疑点が存する。

その疑点の第一は、施入文に記された板蠅杣の所在についてである。施入文には「板蠅杣　壱所　在伊賀國名張郡」となっている。このことについて富森盛一氏は、この施入文記載の四至でみる限り、杣は伊賀国名張郡と大和国山辺郡にまたがって存在していることになるが、そうなると、これら大和国山辺郡にふくまれる地は施入文作成当時は伊賀国に属していたことになるが、どの文書にもこのあたりが伊賀国であったという記載がないという疑問を発している。(59)氏は当時国境が確立しておらず山地はことに不確定であったがために、あいまいな表現になったのではないか、としているが、それですむ問題ではなさそうである。なぜなら、この勅施入文より三世紀近くも下る長元の太政官符が、板蠅杣の雑役免について、符を伊賀・大和の両国司に下しているのであり、しかもこの官符の四至が後述するように勅施入文の四至と全く同じなのである。つまり同一の四至記載で、一方はその所在を伊賀国に、一方は伊賀・大和両国にまたがるものにしているのであり、問題はどちらがより古いかである。すでにみてきたように、一〇世紀中期時点の板蝿杣は都介郷の刀禰が深くかかわる大和国所在の杣であることは動かない。ただ、それ以後板蝿杣はその内部に焼原杣を繰り入れことをはかり、その動きのなかで板蝿杣の中心は徐々に伊賀国名張郡所在の名張川、宇陀川沿いの焼原杣の地に移行していく。そして一一世紀中期にはその繰り入れが完成し、焼原杣は名実ともに板蝿杣の中心になったのである。そのようにみると、板蝿杣は伊賀国所在という通念はでてくるとすれば焼原の板蝿杣への包摂前後のこととみなければならない。

勅施入文についての疑点の第二は、板蝿杣の四至記載についてである。それは「東限名張川、南限齋王上路、西限小倉立薢小野、北限八多前峰弁鏡池」となっている。一〇世紀中期焼原杣をめぐる争いの時、東大寺の主張する板蝿杣の東と南の四至（名張川と斎王上路）は在地側から偽虚の主張という指摘が強くなされ、東大寺はそれに何ら反論をくわえてない。もしこの勅施入文が存在していたら東大寺はそれを有効に用いえたはずである。にもかかわらず用いていないということは、この一〇世紀中期の時点でこの施入文は存在していなかったことを示す。そして在地の抵抗を排除して囲いこんだ焼原杣は、一一世紀中期に至り、板蝿杣内に正式に繰りこまれる。それが上記長元七年の官符における四至であり、東と南の境は東大寺の焼原杣確保が確認されたことを示している。そして注意すべきは、勅施入文の四至はこの長元官符と全く変らないことである。このことにより勅施入文の作成は長元官符でその四至が確定された前後のことにならざるをえない。

いずれの点からも、この施入文が長元年間前後に偽作されたものとみるのが妥当のようである。ただ、天喜二（一〇五四）年六月五日東大寺申状案に「爰寺家即尋本願聖主勅施舊文、幷存長元之比新官符之旨、……」[60]とあるのが勅施入文に触れているもののうち最古のものであり、そうなると一〇五〇年代には長元の官符とセットとして勅施入文を東大寺は所持していることになる。より厳密にいうと、勅施入文が長元の官符を受けて作成されたとすれば、偽作年代は長元七年（一〇三四）以降天喜二年頃までのほぼ一〇三〇～四〇年代にかけてのことになる。旧稿はその立場をとった。[61]しかし、黒田日出男氏は長元七年官符を獲得するための前提として勅施入文の偽作が行なわれたとみる立場から、長元七年以前偽作説をとる。勅施入文と長元官符との関わりをどのようにみるかの問題であり、より慎重な検討が必要ではあるが、黒田説が妥当であるとみたい。したがって、勅施入文の偽作年代は長元七年以前の長元年間（一〇二八～一〇三七）、すなわち、一〇二〇年代末から三〇年代始めと訂正したい。[62]

問題はこのような文書が作られる背景である。赤松俊秀氏は八世紀前半の弘仁・承和の年号を持つ一連の文書からなる高野山御朱印縁起および四天王寺御朱印縁起さらには薗城寺縁起など一連の寺院縁起が一〇世紀後半から一一世紀前半にかけて偽作されていくことを指摘し、かつ偽作の行なわれた目的について、高野山の場合は「国司の支配を脱した庄園を持ち、それを自力で経営することで自立を図ろうとした」こと、四天王寺の場合は「朝廷、国郡司、僧綱の支配を離れて、独立に四天王寺を維持することを念願した」ことなどを契機に偽作されたものであり、寺院関係者らは「既存の俗的権力支配を排除し、聖職者が自由にその領域を支配する独立の世界」の実現を望んでいたとされる。[63]

板蝿杣の第Ⅱ期から黒田本庄が展開していくこの一〇世紀後半から一一世紀前半にかけての時期は官省符庄内における不輸租地の拡大や庄司・庄子への臨時雑役免除の拡大などに示されるように、庄園領主の領域内支配が完成に向かっている時期である。この時期に偽作された縁起類の内容がそれぞれの寺の位置する広大な山野の領域を四至を限って自己のものとする主張、あるいは寺家直属の人民を国郡司が使役することを拒否する主張になっているのは、四至内部の土地・人の独占＝領域支配の正当性を主張するためのものであることは明らかである。寺院縁起では聖徳太子の予言、新羅明神の円珍への影向、などの宗教的・土俗信仰的イデオロギーに仮託して、領域支配の正当性を主張しているのが特質になっているが、[64]『政事要略』にみえている藤原公任の主張が律令法の恣意的な解釈で私領の排他的支配の正当化を試みようとしているのと軌を一にした行為とみてよい。

寺域・寺領庄園の排他的支配の正当化のためには宗教的なよそおいをとったイデオロギー工作とならんで、その対象とする地の伝領の由緒の正しさを証明するための文書の偽造も行なわれる。その一つの例が丹波国大山庄である。一一世紀初頭東寺はこの庄に関して承和一二（八四五）年九月一〇日の日付を持つ民部省符を偽作する。[65]これは、承和一二年官省符が焼亡していたのを一一世紀初頭にあらためて偽造したものであるが、それによって大山庄の東寺による支配の由緒の正しさがあらためて強調されていくことになる。

さらに天台四至すなわち延暦寺寺域について、一〇世紀初頭の寛仁年間、山城国愛宕郡の賀茂社への寄進に際して、同郡内の八瀬の地が官省符により認められた天台領であったか否かが問題になった。これを裁いた藤原実資と道長は天台四至を定めた官省符を文殿に求めたがみいだせず、天台（延暦寺）がそれに該当するとして四至古官符を提出している。この古官符は『天台座主記』に納められており次のようになっている。[66]

仁和元年十月十五日寺家四至事　宣下
太政官符　近江國
應早勘定言上延暦寺外堺事
四至、東限江際　南限急谷　西限下水飲　北限楞嚴院

この官符は文殿のような公的な機関からえられたのではなく、当事者たる延暦寺が提出したものであり、四至が記されているものの、文書全体としての性格もあいまいである。山城国司が「雖無官省符、為禅院領年紀多積」と

述べていることからみて、官省符によって確認された天台四至が存在していたのではないとみるべきである。そのことからみて、この文書は天台四至の明確化とその正当性の強調を行なうために、寛仁年間ないしそれ以前に偽造されたものとみてよいであろう。仁和年間というと、先にみたように南都諸大寺が木津川山間部の杣について、その四至を明確にし、その内部で活動する人々から家地地子をとりたてるということをはじめている時期であり、天台領が形成されはじめていたであろうこの九世紀末に年号を設定した文書が偽造されたと考えてよい[68]。このような文書偽造のねらいは諸縁起類の場合と同じものであるとみてよい。

このように一〇世紀末～一一世紀中期にかけてさまざまな形態をとった縁起・文書が偽造されていくが、これは広大な原野の囲いこみとその内部の領域支配の完成という事態が広汎に展開していくことの反映である。そしてそのことをふまえれば、上記板蝿杣勅施入文は一一世紀三〇年代に焼原杣を板蝿杣内部に吸収し、その内部での排他的支配を基本的に完了した東大寺が、そのことをイデオロギー面で補強するために、八世紀の時点から焼原杣をふくめたこの四至は一貫して東大寺の支配下にあったという証拠文書として作り上げたものとみてよい。

まとめ

簡単にまとめておく。黒田庄の前身である板蝿杣について、二つの時期に分けてその展開の過程をたどってみた。第I期は板蝿杣が笠間川以西の大和国山間部内に限定されていた時期であり、第II期はそれ以後一一三〇年代の黒田本庄成立に至るまでの時期である。一〇世紀中期の康保年間、東大寺別当光智は大和国内に限定されていた板蝿杣の四至を拡大し、伊賀国に所在する薦生牧・焼原杣の囲いこみを企てた。薦生牧の包摂は失敗するものの、焼原杣についてはは足がかりを残し、それ以後この杣の板蝿杣内繰りこみを貫徹すべく東大寺は全力をあげていく。

九世紀から一〇世紀前半にかけて名張盆地周辺の中間地帯と山の世界においては、それぞれの地域に存する共同体構成員を組織し、それとの連携の上に共同体構成員の活動の範囲そのものを包摂する形で王臣家・寺社の所領設定が進行している。中間地帯ではクラタテ行事の行なわれている薦生牧、山の世界では国津神の祭られる範囲に広がる六箇山とカギヒキ・クラタテ行事の地に広がる広瀬牧などはその典型であった。そのなかで、大和国の山の世界（カギヒキ・クラタテ行事の行なわれている地）に位置している板蝿杣の四至を笠間川を越えて名張盆地方面に拡大し、中間地帯に位置する薦生牧と焼原杣（名張盆地西斜面）をも包摂しようとしたのが光智の行動であった。この行動は在地の刀禰層との連携なしに、その意向を無視する形で強行したものであり、それ故に激しい反発を受ける。そして、薦生牧が朝成家の所領として立券されるに際して、東大寺はその包摂を断念せざるをえなくなる。

しかし、焼原杣についでは引き続きそこへの支配強化の志向を放棄していない。焼原杣にしぼった形での支配強化を志向していくのが、板蝿杣の第Ⅱ期である。東大寺は第Ⅱ期において、焼原杣を板蝿杣の「出作」地として位置づけながら、その内部での東大寺私領の確保につとめる。それとともに、同時点の天台領八瀬などにみられる正税免と不輸租との区別はここでもあらわれていたと推測され、私領内開発田への正税免の確保とともに、それら私領の官物便補を媒介とした不輸租の確保が意図的に推進される。そして、一一三〇年代にはそれが達成される。長元・長暦の官符・国符はそのような過程の到達点を示す。官省符庄としての黒田本庄の成立である。

そして天平勝宝七年の孝謙天皇施入勅について、一〇世紀前半の時点で在地刀禰から厳しくその不当性を指摘されていた東大寺の主張する板蝿杣四至が示されているこの文書は、国衙による確認がなされていない天台四至を記載している仁和元年文書と同じく、長元七年前後に偽造されたとみるべきである。焼原杣の繰りこみに成功した東大寺はそれを正当化すべく、この施入勅を作成したとみてよいのであり、以後この勅は長元七年官符とセットで利用されていく。その点でこの文書作成の時点は長元七年前後とみてよいであろう。この施入勅が板蝿杣の所在地を伊賀国名張郡として、本来の板蠅杣の属する大和国が入れていないのも、この文書が伊賀に属する焼原の地への東大寺の排他的支配の正当性を証明すべく作成されたものであることを示している。このように板蠅杣は全国的に王臣家・寺社の領域支配が確立していくなかで、二つの異なった部分、大和国に属する本来の板蠅杣の部分と、伊賀国に属する焼原杣の部分とにより構成される東大寺所領として確立をする。そして後者が黒田本庄の地として名張盆地における東大寺の庄園拡大の拠点となっていく。

注（1）『東大寺文書』一〇―八。『平安遺文』番号は次の通り。一は一―二七六、二は同二七八、三は同二七九、四は同二八〇、五は同二八一、六は同二八二、七は同二八六、八は同二八九。

（2）『平安遺文』一―二四四。

（3）『平安遺文』一―二五四。

（4）『平安遺文』一―二五五。

（5）石母田正氏『中世的世界の形成』（東京大学出版会　一九五七年）は焼原杣についてはふれていない。赤松俊秀氏は「杣工と庄園」（同氏著『古代中世社会経済史研究』平楽寺書店　一九七三年）において「康保三年四月三日夏見郷刀禰解によると、笠間川（現在の黒田川）の東方で、薦生牧の南の四至から高峰をこえて数里はなれたところに焼原杣が当時あったという。この焼原杣は地勢から推測すると、国見杣と同一である可能性がある」としている。赤松氏は二つの誤まりをおかしている。一つは笠間川と黒田川（宇陀川）を同一のものとみなしていること、もう一つは名張盆地のはるか南方山中にある国見杣を盆地西部の焼原杣と同一のものとみなしていることである。筆者も旧稿「荘園と共同体」（徳島大学学芸紀要〔社会科学〕一七巻　一九六七年）において、この康保三年の解状を分析したが焼原杣の位置を明確に把握していなかったため読解を誤まり、簗瀬の地を薦生牧に比定するという誤まりをおかした。

（6）同氏著『黒田庄誌』（赤目出版会　一九六八年）概観黒田庄　一七頁。

(7) 富森氏上掲著書一四頁。
(8) 石母田氏上掲著書六三頁。
(9) 中村氏は「黒田の方面については、東大寺領であるべきか非るかに関しての穿鑿は最後まで起ってこなかった。……黒田杣が成立していなかったのではなくして、黒田荘についての問題が起り得ない程それ程に黒田荘は全然にしてかつ当然の東大寺領であった」(中村氏著書『荘園の研究』(覆刻判・防長史料出版社　一九七六年) 前編第六伊賀国黒田荘第四章「黒田荘の成立(其三)」四〇〇頁)と述べているが、黒田の方面＝焼原杣について、康保年間に刀禰が東大寺が不法な囲いこみで自領にしようとしていることを批判していることを見落されている。
(10) たとえば、小山靖憲氏「荘園制形成期の領主と農民」(稲垣泰彦氏編『荘園の世界』東京大学出版会　一九七三年) は優れた研究史整理になっており、そこにおいては、一一世紀前半の板蝿杣から黒田荘への質的変化を重視されるが、その変化にかかわる焼原杣と板蝿杣との関係については、ふれられていない。
(11) 富森氏上掲著書一七頁。
(12) 夏見氏により代表される夏見郷刀禰と、後に分析する藤井庄関係文書中にあらわれている伊賀氏を中心とする夏見郷刀禰との関係は、明確ではない。考えられることの一つは、同じ夏見郷刀禰でも、前者が名張盆地の東端から山間部にかけての地域を規制する集団、後者が名張盆地中心部分および西端にかけての地域を規制する集団とみなすことである。ただ、これについては、上掲の六個山関係の三通の文書の性格を伊賀神戸とのあり方と関連させて検討していくことが必要であるが、これについては今後にまちたい。なお、伊賀神戸については、勝山清次「伊勢神宮伊賀神戸の変質と御厨・御園の形成」(『三重県史研究』二号　一九八六年、後に同氏著『中世年貢制成立史の研究』(塙書房　一九九五年) 第一部Ⅲ付編) を参照。
(13) 『新訂増補国史大系・延喜式弘仁式交代式』二一〇八頁。
(14) 『三国地誌』(『大日本地誌大系』) 巻七九。
(15) 中氏著『名張の歴史』(名張地方史研究会　一九六六年)「一一文化財は語る」一七五頁。

(16) 大塚民俗学会編『民俗学辞典』（一九七二年）当該項。
(17)『群書類従』第一輯　一七頁。
(18) 寛平八年（八九六）四月二日太政官符「應停止諸寺稱採材山四至切勘居住百姓事」（『新訂増補国史大系・類聚三代格』巻一六。
(19) 若林喜三郎氏「近世における白山麓の出作り関係史料」（『魚澄先生古稀記念国史論集』魚住先生古希記念会一九五九年）。
(20) 富森氏上掲著書二五六頁。
(21) 松崎氏「山の神祭りにおける木製祭具の研究――やまの神信仰の展開――」（『国立歴史民俗博物館研究報告第七集』（一九八五年）四四三頁。
(22) 野本氏『焼畑民俗文化論』（雄山閣　一九八四年）Ⅲ―六「山と焼畑文化圏の信仰」四〇二頁。
(23) 中窪氏「奈良の東山中における山の神信仰の種々相と地域性」（『日本民俗学会会報』五九号　一九六九年）。
(24) 堀田氏『日本の民俗　三重』一三八頁。
(25) 早瀬保太郎氏「伊賀の山の神まつり――通称カギヒキ神事――」（『日本民俗学』七三号　一九七一年）、名張地方史研究会『名張市史下巻』（一九六一年）五一二頁。
(26) 富森氏上掲著書二三二頁。
(27) 中窪氏上掲論文。
(28) 伊賀氏などにより構成されているこの夏見郷刀禰は盆地東部を基盤にあらわれる夏見氏などを中心にした夏見郷刀禰との関係については注12を参照。
(29) 天武天皇の子、天平勝宝三年（七五一）に没している。
(30) 義江氏「ワタり歩く庄園　黒田庄の巻」（『月刊歴史』一九号　一九七〇年）。
(31) 桓武天皇の妃、天長六年（八二九）に没している。

(32) 富森氏上掲著書一七〇頁。
(33) 「授伊賀國正六位上高蔵神、阿波神、高松神、宇奈根神、並従五位」、『三代實録』当該日条。
(34) 『三代實録』当該日条。
(35) 『新訂増補国史大系・延喜式弘仁式交代式』二〇八頁。
(36) 『岩波古語辞典』当該項。
(37) 真弓氏著『日本古代祭祀の研究』（学生社　一九七七年）第四章第一節「宇奈提」。
(38) 国土地理協会『日本祭礼地図Ⅳ』一九五頁。
(39) 森栗氏「農民のまつる山の神について——近江盆地を中心として——」（『日本民俗学』一二六号　一九七九年）。
(40) ただ、異説として『三国地志』が宇流富志禰社の項に、「延長風土記」の「名張郡夏見郷有神、曰積田宮」という記事を引用し、この社が「旧記往々名張郡夏見郷に鎮座ましますと」（巻七九）と述べている。これによると、史料八にあらわれている宇奈根社は現在の宇流富志禰社ではなく、夏見地域の水田の守護神としての積田社を指していることになる。名前の共通性からみて、宇流富志禰社と宇奈根社を同一とみるのが妥当であろうが、いずれをとるにせよ名張盆地の内部にいくつか存在する水の供給者として位置づけられる山の神を祭る社の祝が夏見郷刀禰としてあらわれてきていることが重要である。
(41) 『新訂増補国史大系・類聚三代格』巻一六。
(42) 九世紀後半から開始される王臣家らの大規模占点地の所領化については本書第四部第一章参照。
(43) 富森氏上掲著書二五六頁。
(44) 石母田氏は「天暦年間東大寺別当光智が板蝿杣に入杣して四至内に薦生牧をふくましめようとしたが、その企図が挫折するや東大寺は一歩後退して長元六年杣そのものを立券した」（同氏前掲書六一頁）と述べている。石母田氏がこのような把握をするのは、氏が板蝿杣の領域は別当光智の入杣以前も以後も一貫して変らず、後の黒田本庄の地は奈良時代以来板蝿杣内部の地であるという東大寺の不法な主張にそのまま立脚して論を立てている故である。

その結果氏の分析は二つの面で不十分さを生み出すことになる。一つは「板蝿杣の田畠は後に本免田といわれる如く、本来国衙の課役を免除されていた土地で、あらためて不輸不入の特権を得る必要はなかった筈である」（同氏前掲書六二頁）と述べているように、後の黒田庄本免田は奈良時代以来の伝統的な免除地として位置づけ、この本免田が焼原杣内部で一〇世紀中期以後、すなわち板蝿杣の第Ⅱ期の段階で獲得され形成されていったものであるという点を欠落させたことである。黒田庄本免田は律令制の所産なのではなく、律令制の崩壊過程のなかから新らたに板蝿杣の「出作地」ともいうべき焼原杣内で形成されていったものである。他の一つは本免田と密接に関連する杣工について、氏は「東大寺にとっては杣工は単に寺家に材木を貢進する奴隷の集団としてあらわれるのであって、保有地を有し家族を形成する農民としてあらわれてくるのではない」（同氏前掲書五三頁）とし、さらにそれをふまえて杣工は杣に本来的に付属する奴隷であるとされる。しかし、六個山の例と対比させると明確になるように、板蝿杣の所在する大和国山間部には自立して生産活動を行なう人々が広範囲に存在するのであり、彼らが杣工として組織されていたことは間違いない。さらに薦生村刀禰のなかに板蝿杣の杣別当である粟田良種がおり、中間地帯の人々もこの板蝿杣に入り込んできている。石母田氏の場合、これら多様な顔を持つ杣工を奴隷と定義したために、東大寺がこれら農民とある面で争い、ある面で妥協しながら、最終的に直属の庄園直属労働力（東大寺のいう「杣工」）に組織していく、その多様で複雑な過程の分析を欠落させることになっている。

(45)『平安遺文』四—一七三八。
(46)『平安遺文』四—一七七五。
(47)『平安遺文』八—三九三二。
(48)天永元（一一一〇）年一二月一三日名張郡々司等勘注（『平安遺文』四—一七三九）に所収。
(49)天永元（一一一〇）年一二月一三日名張郡々司等勘注に所収。
(50)『平安遺文』一—二五三。
(51)官省符庄内の新開田の位置づけについては、本書第四部第一章で分析した。

(52)『平安遺文』五―一九九八。
(53)『小右記』に関係記事があり、『大日本史料』第二編の一四、寛仁三年七月五日条に、史料が整理されている。本書第四部第一章参照。
(54)天台領について、詳しくは本書第四部第一章参照。
(55)長久四年（一〇四三）三月一六日藤原実遠所領売券案　『平安遺文』二―六〇四。
(56)永承三年閏正月三日伊賀国符案　『平安遺文』三―六五三。
(57)東京大学出版会　一九七一年。
(58)『大日本古文書・編年文書』四―八四。
(59)富森氏上掲著書一七頁。
(60)『平安遺文』三―七一七。
(61)拙稿「一〇世紀における庄園の形成と展開」『史林』五六―六　一九七三年。
(62)同氏「板蝿杣・薦生牧と四至」（同氏著『日本中世開発史の研究』　校倉書房　一九八四年）第二部第二章。より具体的に、氏は丸山が偽作年代を一〇三〇～四〇年代としたこと、偽作の目的を板蝿杣支配のイデオロギー面での補強のためであるとするとしたことを批判している。氏の長元七年太政官符を獲得するための前提としての偽作という視点は本文中に記したように正しいものと考える。ただ、偽作の目的はたんに長元七年太政官符獲得のためのみにあったのではない。後にもみるように、板蝿杣への排他的支配をイデオロギ面で補強するということが偽作の大きな目的になっていたとすべきである。
(63)赤松氏「高野山御朱印縁起について」（同氏著『続鎌倉仏教の研究』　平楽寺書店　一九六六年）。
(64)赤松氏は高野山御朱印縁起の分析を中心にすえ、高野山の山麓の村々は正暦年間（九九〇～五）までは金剛峯寺の所領として確立していたのではなく、寺田が散在している状況にあったが、それら村々の百姓は金剛峯寺の支配をきらい、平惟仲の所領石垣庄側についたことから争いが起こり、そのなかで金剛峯寺側はこれら村々が金剛峯寺の四至内部に入るのだからそこに住み活動する者は高野山の支配に服すべきであること、さらに国司不入の地としてそこで活動する者は国家賦課は免除さるべきことを主張するためにこの縁起を偽作したとする。ただ、これについて、小山靖憲氏は「高野山御朱印縁起の成立」（同氏著『中世社寺と荘園制』第一部第一章　塙書房　一九九八年）において、この縁起作成は一一世紀末に下がること、さらに縁起作成の目的も寺領庄園の獲得にあるのではなく、宗教的な聖域（結界）の確保にあったと考えられるとする。高野山御朱印縁起の作成時期を下げるべきということについては、小山説は正しいと考える。したがって、高野山御朱印縁起は今問題にしている時期の寺院縁起とはいえなくなる。ただし、小山氏のいう宗教的聖域の確保と寺領庄園の獲得ということは両者対立的にとらえるべきではないと考える。後にみる延暦寺の天台四至確保の主張は一面で聖域としての地域の確保の主張であるとともに、その内部（とりわけその西山麓の八瀬を中心にした地）にはすでに多くの耕地とそれを耕作する人々が居住しており、それへの排他的な支配の確保の主張でもあったことに示されるように、両者は相互補完的にとらえるべきであろう。その意味で、赤松氏の主張する一〇世紀後半から一一世紀前半にかけての時期における寺領庄園の確保を目指した縁起の作成ということは成り立つと考える。なお、勝山清次氏「寺域支配と偽作の縁起・官符」（『ふびと』三七号（三重大学歴史教室・同研究会）一九八〇年）は赤松氏の論をふまえて一一世紀初頭から一二世紀にかけての園城寺と延暦寺の寺域支配の成立と展開を論じている。

(65) 本書余論参照。

(66) 渋谷慈鎧編『校訂増補天台座主記』二四頁。

(67)『小右記』寛仁三年五月一六日条。

(68) 勝山清次氏は注61の論文で、丸山が旧稿（「一〇・一一世紀における庄園領主権の構造」『日本史研究』一五〇・一五一号）でこの官符を上記寛仁年間の賀茂社との紛争の際に偽作されたものとしたのに対して、偽作は必ずしも寛仁年間に限定されるものではないとしている。指摘の通り、寛仁時点で偽作されたとする決め手はなく、したがってこの官符の偽作は寛仁年間ないしそれ以前と訂正したい。ただし、一〇世紀後半以前には遡らないと考える。

余論　篠山盆地における大山庄
――余部郷と平秀・勢豊――

はじめに――一〇世紀前半の大山庄関係文書――

大山庄は篠山盆地の西端からやや山間部に入ったところに承和年間に設定された東寺の庄園である。九世紀から中世後期に至るまで多彩な展開をみせていくが、庄成立以後一〇世紀までに限定した場合、関連史料は九通あり次の二群に分けられる。

A―一　承和一二年（八四五）九月一〇日　民部省符案
（現存官符は一一世紀に作成されたもの）
二　延喜一五年（九一五）九月一一日　東寺伝法供家牒
（庄域内新開田の図付要求）
三　延喜一五年（九一五）一〇月二二日　丹波国牒
（同上二の要求を丹波国として承認）
四　延喜二〇年（九二〇）九月一一日　右大臣藤原忠平家牒
（庄域内新開田収公の取りやめの要求）

五　天禄四年（九七三）九月一日　　東寺伝法供家牒[1]
（庄域内新開田の収公免除要求）

B―一　延長二（九二四）年八月七日東寺伝法供家牒
（庄別当僧平秀以下五人の庄預・庄子の臨時雑役の免除要求）
二　承平二（九三二）年九月二二日丹波国牒
（庄預僧平秀・勢豊らの稲の調物使藤原高枝らによる検封について）
三　承平五（九三五）年一〇月二五日東寺伝法供家牒
（庄検校平秀以下七人の庄預・庄子の臨時雑役の免除要求）
四　天慶五（九四二）年四月二十五日東寺伝法供家牒
（庄預多紀良時の不法に売却した庄域内新開田の返還要求）[2]

A群は官省符あるいは国図などにあらわれた大山庄庄田についての、B群は臨時雑役の賦課や庄域内の開発などに関わってあらわれる大山庄庄預・庄子についての史料群である。A群史料については一九七〇年代以降、一一世紀から一二世紀初頭にかけての一連の大山庄坪付関係史料とともに、免除領田の史料として分析が積み重ねられてきた[3]。さらに一九八〇年代後半に大山喬平氏を団長とする調査団が現地調査を行ない豊かな成果を上げているが、そのなかで水野章二氏がA群史料を条里坪付関係文書群全体のなかに位置づけた分析を行なっている。それにより一〇世紀前半という時点におけるこの庄の置かれた場の状況が条里設置のあり方を中心に明確に浮かび上がってきている[4]。

一方四通からなるB群史料について、とくにB—二史料が著名であり、そこに分析が集中してきた。後の分析のためにその本文を掲げる。

（史料一）

丹波國牒　東寺傳法供家衙

多紀郡大山庄預僧平秀・勢豊等稲之状

牒、衙去八月十一日牒九月九日到来侮、云々者、即問勘彼郡調物使蔭孫藤原高枝申云、余部郷専當檢校日置貞良申云、件郷本自無地、百姓口分班給在地郷々、因茲當郷調絹、為例付徴郷々堪百姓等名、方今平秀等身堪同俗、加之年来依成申件調絹、付申播本帳平秀・勢豊等名各二丈者、為令辨進件絹、罷向平秀等私宅、而遁隠山野、不曽相辨、仍件絹辨進之間、各稲二百束許檢封、今須辨進彼絹之後、可開免件稲者、乞也察状、以牒、

一九六〇年代を中心にこの牒の分析が多くの研究者により行なわれる。そこにおいては、戸田氏が富豪堪百姓としての平秀・勢豊らが自ら営田を行ないつつ、付近に口分田を有する他郷百姓の調納入を未進に悩む国衙から請負い調物は有利に買い入れて代納し、後に何らかの形でその利息をつけて百姓に償還せしめたという営田経営を媒介にした国衙領納税請負制で両者の関係を把握していることに代表されるように、[5]国衙領における平秀・勢豊らの営田活動のあり方および国衙支配のあり方が中心的に論ぜられた。そしてこれらの分析により一〇世紀の国衙領の研究および農業経営の研究は大きな進展をみたのは周知のことである。

ただ、関連史料をこのようにA・B両群に分けてみた場合、いくつかの分析課題が浮かび上がってくる。すなわち第一にA群とB群史料との関連についての分析が十分なされていない。A群史料の分析から一〇世紀の大山庄の

置かれた場の状況は明らかにされつつあるが、このような場における開発・経営をみる際に、その担い手としてB群にあらわれている庄預・庄子とのかかわりは無視できえないはずである。第二にB群史料についても、B—二牒の分析が集中的になされているものの、B群史料全体のなかにB—二牒を位置づけた分析という点では不十分さを残している。すなわち、このB—二牒とB—三牒との関連が一定論議されているが、B—四史料との関連については論ぜられていない。

以上のことをふまえて、本稿では次の三点について分析していきたい。第一はB群史料について、次の二点を検討してみたい。その一つは庄預・庄子である平秀・勢豊らの活動の場についてである。B—二牒では平秀・勢豊らが堪百姓として在地の郷において活動している状況が示され、B—三牒ではほぼ同じ人々が交通・運輸・交易面でも活動していることが示されている。このような二つの側面で活動を行なう平秀・勢豊らの活動の場がB—二牒にあらわれている「在地」の郷々と「余部郷」であるが、それぞれの郷がどこに位置づけられるのかの検討を行なう。もう一つは庄預・庄子である平秀・勢豊らの篠山盆地内の農民諸層のなかでの位置づけについてである。それについてB—二牒にあらわれている国衙領の堪百姓としての庄預平秀と、B—四牒に同じく大山庄庄預としてあらわれている多紀良時との関係を通しての検討を行なう。

第二はA群史料にかかわる諸問題の分析である。研究史上では水野氏の分析により大山庄の置かれた場の状況が明確になりつつある。ただ、九世紀半ばの立庄時点のあり方を示す原官省符の水野氏の復元については検討の余地があるし、さらにそれと関連して一〇世紀前半の庄域内の開発状況についても検討課題が残っている。原官省符および延喜国図の分析を通して、九世紀半ばから一〇世紀にかけての時点での庄域内開発の進展状況について検討してみたい。

第三はA群史料とB群史料との関連にかかわる問題である。それを次の二点から検討してみたい。その第一は九世紀中期の立庄以後一〇世紀に至る間の大山庄庄域内の開発・経営は庄預・庄子に担われていたとみてよいが、これら庄預・庄子集団がどのような背景のなかで庄園に組織されるようになったのかについて、庄園をめぐる全国的な状況をふまえつつ検討してみる。第二にこの時点の庄預・庄子が大山庄の開発・経営をどのような方式で行なっていたのかについて、筑前国博太庄および阿波国新島庄との比較を通して検討してみる。

一　庄預・庄子と堪百姓

㈠　余部郷の位置

ここでは余部郷と在地の郷の所在地およびこの両郷にかかわって活動している庄預・庄子の篠山盆地内部の農民諸層内部における位置づけについて検討する。

まず余部郷の所在地について、研究史のなかで余部郷についての分析を行なっているのが高田実氏と中野栄夫氏である。高田氏は上掲B―二牒にあらわれている在地の郷とのかかわりで余部郷について検討している。すなわち氏はB―二牒の日置貞良申状のなかに余部郷について「本自無地」とあることをふまえて、この郷は現実に存在する郷ではなく、五〇戸をこえる余分のいくつかを集めて編戸した制度上の観念的な郷であり、それ故に余部郷に土地がないのは当然であり、これに続く「百姓口分班給在地郷々」の部分は余部郷百姓の口分田班給はそれぞれが自然村落として所属している郷々(「在地」の郷々)において行なうという意味に解釈できるとする。(6)一方中野氏は高田氏の論を批判し余部郷は郡衙の近くから五〇戸ずつ郷に編成していき、最後の「割り余り」が一〇戸以上二五戸未満の行政単位指すとみるべきものとする。(7)

余部郷そのものについては、余部郷百姓が存在し、かつ郷専当もいて徴税活動に当たっているところからみて、高田氏の制度上の観念的な郷という定義は不自然であり、中野氏の定義のように「割り余り」の郷、郡衙近くから郷を編成していったとすれば多紀郡の辺縁部、篠山盆地を囲む山々と盆地との接点の近くに現実に所在する郷とすべきである。ただ、史料上からは余部郷の位置を特定できない。以下中野氏が指摘している平秀・勢豊らが交易において重要な位置を占めているということを手がかりに、平秀・勢豊らの活動と余部郷との接点を求めるという観点から、その所在地について考えてみる。平秀・勢豊らの交易面での活動について触れているのはＢ―三牒であり、その主要部分は次のようである。

（史料二）

東寺傳法供家牒　丹波國衙

欲被任先例免除大山庄幷預庄子等臨時雑役状

在多紀郡　副官省符案幷國符案

庄検業僧□□（平秀カ）庄子僧□（平カ）基　勢豊　平宗

沙弥法則　備春丸　凡利春

牒、件庄田、依承和十二年九月十日□（日）官省符、為傳法料田、以其地子米、充用傳法幷書寫一切經料、年序已尚矣、佛法興隆尤在此庄、仍元来不付徴田租正税、無有臨時雑役責、而得彼庄解状偁、郡司仰云、國衙仰云《勘称有》、官交易糸絹・調沽買絹・國佃穎・官修理檜皮・丁馬之雑役、宜令仰仕者《尤切也》、因茲日夜無分寸暇、何奉仕御庄例事、望請、被牒送國衙、免除件雑臨時役（マヽ）、将奉仕御庄例事者、牒送如件、……

丹波国衙が平秀・勢豊ら庄預・庄子に臨時雑役を賦課しようとし、東寺は「御庄例事」への奉仕に差し支えるということでその免除を求めている。ここで庄預・庄子に対して賦課されようとしているものについては、イ官交易糸絹・調沽買絹、ロ官修理桧皮、ハ国佃穎、ニ丁馬之雑役の四つに分類できる。

イの官交易糸絹と調沽買絹について、中野氏は前者は例用あるいは臨時用の交易物、後者は欠損調物を交易するためのものかあるいは准米という形で国衙に存在する調物の現物化をはかったものであるとし、国衙は平秀らの交易能力に目をつけ彼らに交易＝「調達」を要求したものとしている。[8] ロの官修理桧皮については、長山泰孝氏は賦課の法的根拠は令制の雑徭にあったのではないかとしながらも、この時代になると法制上の系譜はどうであれ、事実上は交易によって弁備されていたらしいとする。[9] このことをふまえれば、ロで平秀らに求められているのは、イと同じく交易による山の産物である桧皮の確保ということになる。次にニの丁馬之雑役について、イ・ロとのかかわりからいって、国郡が中央政府に上納すべき絹・桧皮など調庸・雑物の輸納の役割を意味するものと考えてよい。つまりニはイ・ロとは切り離しえない一体のもの、交易により調達した物資を遠く都へ運搬する（輸貢）という負担を課そうとしているものとしてよい。それは庄預・庄子が在地において交易活動を行なうのみではなく、篠山と中央の京都とを結ぶ遠隔地間の交通・運輸活動を行なう存在でもあることを示す。またハについては、長山氏は国営田の地子が有力農民に請負わされたものとするが、おそらく国営田の経営ないしそこからの地子の徴収の請負を求められているとみてよい。[10]

平秀・勢豊らの活動の特質として、まず第一に交易品目の多様さを指摘できる。稲・絹・桧皮があらわれているが、このうち稲・絹は篠山盆地内の産出物であり、桧皮は山の産物である。その交易活動が盆地内に限定されるのではなく、盆地をとりまく山々の世界にまで及んでいるとしてよい。もう一つの特質は交通・運輸部門でも活動していること、しかもそれは都と結ぶような遠距離運輸活動をふくんでいることである。すなわち平秀・勢豊らは多様な交易品目を扱い、かつ遠距離運輸をも行なうという活動を展開している存在である。

以下、平秀・勢豊らの篠山盆地と盆地周辺の山の世界および都の三者を結んで行なう交通・運輸・交易活動の様相を篠山盆地と外部とを結ぶ交通路のあり方をふまえてみていきたい。京都からの山陰道は篠山盆地を抜けて西に向かうが、どの経路をたどるのかについては二説ある。一説は篠山盆地の西端にあたる篠山川に大山川と宮田川が流れ込む三川合流点から大山谷に入り、大山庄所在地を通り鐘ケ坂峠をこえて氷上郡の方に抜けていく後の大坂街道（現在の国道一七六号線）を山陰道とみなす説であり、もう一つはこの合流点から大山谷に入らず、そのまま篠山川沿いに後の川代道（現在の県道篠山・山南線）を西進し加古川合流点に達し、そこから北上する道を山陰道とみなす説である。一般的には前者が有力視されているが、後者が妥当とする説もだされている。[11] さらに山陰道と直接にはかかわらないが、古代において播磨方面から丹後など裏日本にいく道として、一つは加古川から佐治川に入って氷上盆地に達する道と、もう一つ加古川から篠山川に入る道が推定されているが、[12] 後者の道が後の川代道である。これらのことからみて、篠山盆地から西に向かう山陰道がどの方向をたどるかはさておいても、古代においてこの三川合流点は丹後や因幡などの裏日本からの篠山盆地への道、表日本の播磨からの篠山盆地への道の喉元にあたる交通の要衝の地になっていたことは間違いない。

そのことを裏付けるのが篠山川と大山川の合流点にごく近く、そこよりやや西よりの大山下地区の出谷にある出谷遺跡である。調査報告書に「この遺跡は四間×三間の建物二棟と、三間×二間の建物一棟を中心として構成されており、播磨方面と篠山盆地との出入口に立地していることや、出土した建物の中に円面硯があることから、その建物の性格に官衙としての意識的な設置が想定される。建物の時期は七世紀末から八世紀初頭にかけてのものである」とある。[13] 奈良時代において、三川合流点が篠山盆地から西に向かう道の出発点としてあるいは西のほうから盆地に入ってくる地点になっており、そこに何らかの官衙施設ができているようである。あるいはそれは駅関係の施設であったかもしれない。

このような三川合流地点の交通の要衝としての位置づけは、一〇世紀においても基本的な変化はなかったはずであるが、さらにみておきたいのは篠山盆地という平野の世界と盆地周辺の山の世界との交流・交渉という面における位置づけについてである。寛平八年（八九六）四月二日太政官符「應停止諸寺稱採材山四至切勘居住百姓事」で相楽郡の諸郷百姓らは「東大元興大安興福寺等採材山在泉河邊、或五六百町、或千余町、東連伊賀、南接大和、今大河原有市鹿鷺郷百姓口分幷治田家地多在此山中、因此人民之居各逐水草、瀕河披山群居雜處、子々孫々相承居住、推其年紀、及百餘才、前件諸寺從来無勘地子、而元興寺自仁和初勘其地子、興福寺亦習此例、勘責尤切……」と述べている。[14] すなわち泉川（木津川）の背後の山城・大和・近江・伊賀四国国境地帯に広がる山々において、八世紀後半以後からの百余年間の間に人々がこの山の世界に入りこみ、開発を進めていくなかで九世紀後半にはこの山の世界がたんなる略奪的な伐木の場ではなく、耕地・上毛利用地が濃密に存在する場に転化しているのである。またそのなかでそれらと併存しているものの、山作所的な漠然とした広がりしか持っていなかった南都諸大寺の杣も、仁和年間（八八〇年代）頃からその四至を明確にすることで、そこに居住ないし活動している農民諸層に地子を賦課しようとする動きすなわち杣の所領化の動きがみられはじめている。

このような動きは畿内北部にとどまるものではなく、篠山盆地周辺の山々でも進行している。この盆地をとりまく山の世界のうちでも、とくにその南東方向の播磨・摂津・丹波三国国境地帯に広がる広大な椅鹿山地の存在は注意される。この山地は天平三年（七三一）の年紀を持つ住吉大社司解[15]に「播磨國賀茂郡椅鹿山領地田畠」としてあらわれている。この解によると、乙丑年すなわち六六五年に播磨国多可・賀茂両地方の東半分から丹波・摂津に広がる山々九万八千町が、四至を明確にした住吉社の杣として施入されたという。その広がりは阿知万の西の峯（現在の丹南町味間の白髭岳）から始まり、比介坂（同三田市日出坂）、加佐（同三木市加佐）、須々保利道（同西脇市堀川）、滝河（篠山川）を経て再び阿知万の西の峯に至るとされている。[16] これは住吉社がこの山地を社領として囲い込んだことを示しているものであろうが、その広がりの北端が篠山川であるように、この広大な住吉社領は篠山盆地をとりかこむ山地の一角を構成している。

問題はこの住吉社領の成立の時期である。『新修大阪市史』はこの大社司解について、西宮一民氏の一〇世紀後半造作説や坂本太郎氏の元慶三年（八七九）以降造作説などをふまえて、九世紀末頃作成されたものと推定している。[17] 先にみたように木津川背後の山々での南都諸大寺の四至を明確にした大規模所領の設定が仁和年間に開始されていることをふまえるならば、条件がほとんど同じである椅鹿山地でも住吉神社が広大な山内部で活動する農民諸層を組織しつつ、四至設定による所領化に乗りだすのは、九世紀後期からであろう。その点でこの社司解のうちの椅鹿山地の項は住吉社領としての杣設定の過程が終わった九世紀後期以後にその所領の正当化を計るべく作成されたものとみてよい。貞観七年（八六五）畿内諸国に対して次のような官符がだされている。

（史料三）

太政官下知弾正台、左右京職、山城、摂津、伊賀、近江、丹波、播磨等國、禁材木短狭、及定載車法俤、歩板、簀子、杉榑等長短厚薄、去延暦一五年初立制法、於是、年月遷改、久忘格意、…而採材倫輩為貪潤沢、伐斫一本、欲得百利、因茲、裁長要短、而任意為漸、嫌厚求薄、…長官相承、嚴加督察、牓示山口及津頭分明令知[18]

流通している材木類の規格が不揃いなので、それを正すべきことを「山口」や「津頭」に掲示して明らかにするようにとあるが、この場合の山口・津頭は杣が置かれ材木などが生産される山の世界と、水田が広がる平野の世界との接点の地、二つの世界の産物の交易が行なわれる場をさす。この官符で丹波・播磨・摂津が規制の対象にふくまれているのであり、このことから九世紀後半段階で椅鹿山地にとどまらず、この三国国境地帯に広がる山の世界での開発が進行しており、そのなかで山の世界からの建築用材の山口を通しての平野の世界への流入が顕著になりつつあるとみてよい。

篠山盆地に視点をすえると、周辺の山々の世界での開発の進行のなかで、盆地辺縁部分にはいくつかの山口の地が作られていったとみてよい。そのなかでもとくに注目したいのは盆地西端の三川合流地点である。椅鹿山地の北四至の一角である白髭岳の北の麓が篠山盆地をでて播磨に向けて山間部を流れる篠山川であること、この篠山川は篠山盆地西端の三川合流地点から山間部に入っていくことからみて、この地点が篠山盆地と椅鹿山地を中心とした盆地の東南に広がる山々とを結ぶ山口の地としての役割を果たしているとみてよい。すなわち九世紀後半には奈良時代以来の交通の要衝の地が盆地周辺の山々の開発の進行のなかで、桧皮・材木などの山の世界の産物と絹・米などの平野の世界の産物とが交易される市の立つ場、諸物資の集散する山口の地として浮上してきているのである。

以上のような三川合流地点のあり方をふまえて余部郷の位置の問題にもどる。先にみた高田氏の説で注目したいのは余部郷を「在地」の郷とのかかわりで把握しようとしていることである。氏はこの在地の郷について自然村落と定義し、かつ「河内郷の編戸にもれている平秀勢豊らが一般農民と同じように余部郷に編戸されているが、……口分田は河内郷において班給されている」としている。[19] つまり平秀・勢豊らを在地の郷々の一つである河内郷に口分田を班給され、かつ余部郷に編戸されていると存在とみているのである。中野氏は平秀・勢豊らが「課役免浪人」であり、余部郷への編戸ということはありえないということから高田説は疑問としている。[20] 編戸ということについては考えなければならない点はたしかにあるが、平秀・勢豊らの在地の郷と余部郷との両方にまたがって何らかの動きをしている存在であることは高田氏の指摘の通りである。

具体的には平秀・勢豊らは盆地内の耕地のある在地の郷で堪百姓として営田活動を営むとともに、余部郷においても何らかの活動を行なっている。その場合、B―三牒に示されるように平秀・勢豊らが山の産物をふくむ諸産物の交易活動およびそれらを都にまで輸送する遠距離にわたる交通・運輸活動をしており、それが高田氏の指摘する余部郷にかかわる平秀・勢豊らの活動に該当するとみてよい。つまり余部郷と三川合流地点とは同一の場を指すとすべきである。中野氏は在地の郷々を余部郷の近在の郷という意味にとっているが、郷々と複数になっていることからみても、在地の郷々は余部郷に近接して所在している特定の郷を指すのではなく、篠山盆地内の耕地のある諸郷を指すとすべきである。そのことをふまえるならば、庄預・庄子となっているのは盆地内部のそれぞれの郷で営田活動を行なうとともに、この三川合流地点に所在する余部郷に進出してきて交通・運輸・交易活動を行なっている人々ということになる。

この三川合流地点は後の大山庄西田井地区であり、ここが大山庄にふくまれるのは康和四年（一一〇三）坪付においてである。この坪付によると西田井地区は見坂・黒俵・黒田の三カ里よりなる。水野氏はこれら里は篠山盆地に施行された条里地割の縁辺を構成しており水利条件など生産条件は悪く、この坪付でも耕地化率・水田化率はきわめて低いとしている。(21)この状況は九〜一〇世

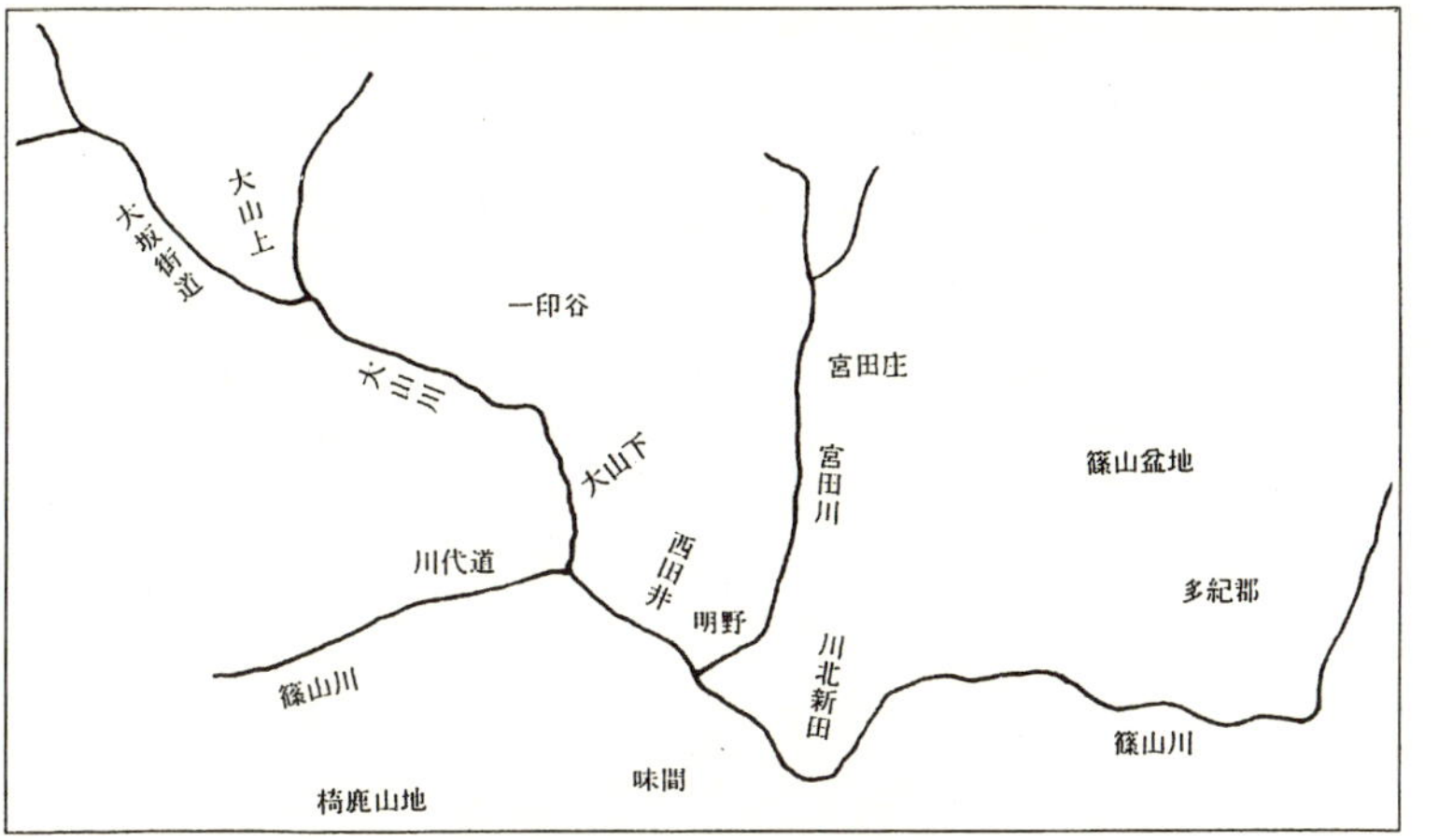

第一図　大山庄周辺略図

紀段階に遡っても変化はないとみるべきであり、地形的にもこの三川合流地点を耕地のない、郡衙所在地からみた場合の条里制辺縁地の「割り余り」郷である余部郷の所在地とみることを妨げない（第一図参照）。

㈡　平秀と多紀良時

平秀・勢豊らについて、従来の研究史の上では余部郷の所在地を明確にしていなかったこともあって、在地の郷々の堪百姓という以上に具体的に篠山盆地の農民諸層のなかでどのように位置づけられるのかについては掘り下げた論議はなされていない。(22)しかし前節での検討をふまえれば平秀・勢豊らは盆地内の耕地のある郷々（在地の郷々）での営田活動を行なう堪百姓であるとともにこの余部郷に進出してきて、そこを拠点に交通・運輸・交易活動を展開する存在であることは明らかである。以下このような二つの場で活動する平秀・勢豊らの盆地内における位置づけについて、先に掲げたB—二牒にふくまれている余部郷専当日置貞良申状を素材にみていく。この申状の内容は次のようにまとめることができる。

①、余部郷はもとから地がなく、余部郷百姓の口分田は在地の郷で班給されていた。
②、そういうことで、余部郷の百姓の調絹は例として郷々の堪百姓等の名に付徴されてきている。
③、平秀などは僧の姿をしているが、堪百姓としては俗人と変わらない。そのうえ従来件の調絹をだしているので播本帳の平秀・勢豊等の名におのおの絹二丈と記載した。(23)

まず③について、ここでは庄預・庄子らが僧の形をとった堪百姓とされている。それについて庄預である僧平秀に着目すると、B群史料全体をみた場合、B—一〜三では共通して平秀が庄預として姿をあらわしているのに対して、B―四では庄預として多紀良時が姿をあらわしている。従来の研究史では、両者の関係について、論じられることがなかったが、この関係は明確にすべき課題である。それについて第一に平秀が姿をあらわしている最後が承平五年牒であり、良時が姿をあらわすのは、その七年後の天慶五年であるが、姿をあらわしたときの良時は故人であることからみて、平秀と良時ともほぼ同一時点に大山庄庄預として活動していたことになる。しかし同一時点での庄預二人の併存を考えるのは無理がある。第二にB―四牒にあらわれる多紀良時は、少なくとも一町五反以上の大山庄庄域内開発を九三〇年代以前に行なっているのであり、良時の庄預在任の期間は短いものではなかった。以上の二点をあわせ考えると、多紀郡の郡司である多紀良時が九一〇～三〇年代にかけて、僧平秀を名乗って大山庄庄預となっているとみる以外ない。

関連して庄子勢豊について、庄預僧平秀と庄子の勢豊は併記されており、両者の間に相違はみいだしえない。このことは庄子勢豊についてもその俗名は不明であるが、多紀郡居住の堪百姓であり、良時と同様に僧形となっている存在とみてよい。さらに上記B―三牒にあらわれている平秀および勢豊をふくむ七名の庄預・庄子は、余部郷を拠点に交通・運輸・交易活動を展開する存在という点では共通した性格を持つ存在であり、平秀・勢豊と他の五名との間にも差異はみいだせない。以上のことはB―三牒にあらわれている七名をふくみ、B群史料にあらわれている大山庄の庄預・庄子の主要構成部分が播本帳にその名を記載されているような堪百姓であることを示す。

このように平秀・勢豊ら庄預・庄子の主要構成部分を郡司級をふくむ堪百姓とみなした上で、その活動のあり方について考えてみる。堪百姓について中野氏は実体として負名と同一の存在、国衙に対して徴税についての一定の義務を負っている人間であり、負名が国衙に対して負っている義務は一定の領域内に限られていると定義している。(24)余部郷百姓もこの堪百姓を通して調絹を納めているのであるが、問題はこの両者のかかわりのあり方である。従来の研究史では余部郷と在地の郷との区別が明確とされていなかったこともあって余部郷百姓については在地の郷において堪百姓としての平秀・勢豊らの営田経営に組織化されている者という側面でのみとらえられてきた。中野氏の論でいうならば、両者の関係を稲を媒介にした関係、すなわち堪百姓は一定の領域内（当該堪百姓が本拠をおいている郷を中心とした地域内）の口分田耕作者から稲を徴収しそれを絹にかえて上納している関係として把握しており(25)、そこにおいては余部郷百姓は在地の郷々で農業経営を営む一般百姓と同じ存在とみなされている。

しかし上記貞良申状で余部郷百姓が「当郷調絹」を堪百姓の名に付徴しているという、その「当郷」は余部郷を指すことは明らかである。そのことは余部郷百姓は平秀・勢豊らがこの余部郷を拠点に盆地内外にわたって展開している交通・運輸・交易活動に組織されて活動を行なっている存在であること、そのような余部郷百姓の行なう交通・運輸・交易活動に対応する賦課がこの余部郷百姓調絹であることを示す。すなわちこの調絹は余部郷での余部郷百姓の活動に対する賦課であり、余部郷百姓が在地の郷々で営田活動を行なっていることに対して賦課されている調絹ではない。たしかに、堪百姓は負名として本拠になっているそれぞれの在地の郷々で行なう営田活動を媒介に、その郷で本来口分田を持っている一般農民層から調絹に相当する稲を徴収するということは行なっていたのであろう。しかしこの貞良申状で示されているのは、大山庄庄預・庄子なっている堪百姓層は余部郷を拠点に行なっている交通・運輸・交易活動に組織している余部郷百姓の調絹をも徴収しているということである。つまり、堪百姓はその本拠として在地の郷々においてその郷の一般百姓の調絹の徴収を行なうとともに、この郷から地理的に離れている余部郷の百姓で、交通・運輸・交易活動に組織している百姓の調絹をも徴収しているのである。

さらに注意しておきたいのは、①で余部郷専当が余部郷について「本自無地」としていることである。これについて中野氏は「余部郷はせまくて班給するだけの土地がない」という意味であるとしているが(26)、余部郷は条里施行地域の末端に所在しており、九～一〇世紀段階では耕地がなかったということからみて「余部郷には本来班給する土地がない」という意味に解すべきであろう。そして②でこのように耕地のない郷の百姓である余部郷百姓は余部郷以外の耕地のある在地の郷々で口分田を班給され、その口分田を媒介に負名を通して上納するという形がとられている。その場合、それぞれの余部郷百姓の口分田はその余部郷百姓を組織している堪百姓が活動している郷の内部あるいはその周辺に散在して班給される形をとっていたとみてよいのであるが、その際、この申状で余部郷専当である日置貞良が口分田に賦課されるはずの田租・正税について問題にしていないことに注意したい。このことはこの時点では調絹の徴収が口分田を媒介にして行なわれるということが確立していたために[27]、口分田が班給されていることをたてまえとして強調しているのであり、現実には遠隔地への班給は行なわれていなかった可能性が高い。すなわち平秀・勢豊ら余部郷という地理的に離れて所在する郷に進出してきて交通・運輸・交易面で活動している堪百姓層はその支配対象に組み込んでいる余部郷百姓についても形式的には口分田をその本拠とする郷の周辺に持つ形にして調絹の代納を行なっているとみておきたい。

以上本拠の郷で口分田を耕作する一般百姓を組織するとともに、余部郷を拠点に交通・運輸・交易活動に従事する余部郷百姓をも組織している層が庄預・庄子集団の中核を構成していることをみてきた。次の問題はこのような特質を持つ庄預・庄子の集団が、庄域内の経営・開発にいかにかかわっているのかについてである。B群史料のうち、一～三史料は庄預・庄子である平秀・勢豊らと国衙との間の臨時雑役をめぐってだされているものであり、そこでは平秀らが開発をふくむ大山庄庄経営にどのようにかかわっているのかについてはふれるところがない。しかしB—四牒で庄預多紀良時庄域内の桃本里で耕地一町五段を開発していることが明らかになる。この庄域内開発は九二〇～三〇年代ないしそれをさかのぼった時点で行なわれていたことは間違いなく、良時と平秀とを同一人とみるならば、B群一～三にあらわれている平秀・勢豊ら九二〇～三〇年代の庄預・庄子集団が庄域内の開発に何らかの形でかかわっていたとみてよいことになる。以下この庄域内の開発の進展のあり方、およびそれとの庄預・庄子のかかわりについてみていきたい。

ここではA群史料の分析に基づいて一〇世紀前半までの大山庄庄域内開発の進展状況について検討してみたい。具体的には、原官省符の復元の作業を通じて九世紀中期の立庄時点の庄域内の状況を、さらに延喜班田図の検討を通しての立庄以後一〇世紀前半に至るまでの庄域内開発の進行状況について、それぞれ明らかにしてきたい。

二　庄域内開発と庄預・庄子

(一)　原官省符にあらわれる大山庄

A—1の現存する承和一二年民部省符については、一一世紀段階で偽作されたものであるが、[28]庄成立段階にその原型つまり、原官省符は作られており、その復元を水野章二氏が試みている。[29]すなわち氏は長保四年（一〇〇二）および寛弘六年（一〇〇九）の東寺伝法供家牒という二通の免除領田制の史料を取り上げ、[30]これは東寺が丹波国司に対して東寺領田の坪付・面積を書き上げ官物免除を申請したのに対し、国司側は国図と照合して免除の基準となる官省符で付与された各坪ごとの寺領田面積を朱注しているものであるとする。そしてこの国図に記載されている寺田面積は原官省符で付与された寺領田面積であるとみなす。より具体的に、国図記載寺田面積が判明するのは第一表に示した一八個坪であるが、[31]水野氏はこの一八個のうちにふくまれている大山里の一・二・八・一六坪の四個坪について、A—二の延喜一五年牒およびA—五の天禄四年牒に「本田」あるいは「本寺田」という記載があらわれており、その本田・本寺田記載面積が当該坪の国図面積と完全に一致する（第二表参照）ことをもって一八個坪全ての国図記載面積が原官省符記載の本田面積に同じであるとみなしている。

原官省符の復元は立庄以後一〇・一一世紀にかけての大山庄の庄域内開発の進展の出発点の状況を明確にする上

第一表　国図記載寺田一覧

大山里	（反歩）	桃本里	（反歩）
1坪	3.000	25坪	6.000
2	2.000	26	2.036
7	3.000	27	3.000
8	1.072	33	山（1.072）
9	1.072		
10	6.000	36	1.072
11	7.144		
12	8.000		
13	3.108		
14	7.100		
15	5.000		
16	8.144		
21	0.216		

第二表　大山里における本田面積と国図記載寺田面積との対比

記載内容（出典）		国図記載寺田面積（反歩）
1坪	本田３段付図新開７段（延喜五年牒）	3.000
2坪	本田２段付図新開８段（延喜五年牒）	2.000
8坪	本寺田１段72歩外勘益（天禄四年牒）	1.072
16坪	本田８段288歩付図新開１段72歩（延喜五年牒）牒	8.288

で重要な意味を持つので、水野氏のこの復元についてあらためて検討しなおしてみたい。まず国図との照合といった場合、その国図がいつの時点のものであるのかについて、下記のA—二の延喜一五年牒との関連でみていきたい。

（史料四）

東寺傳法供家牒　丹波國多紀郡

可蒙郡(判)□為治田庄地壱町陸段柒拾弐歩之状

一条三大山里南行一　一大山田東圭七段 本田三段付圖 新開七段

二大山田東圭八段 本田三段付圖 新開八段

十六池後田一段七十二歩 本田八段二百八十八歩付圖 新開一段七十二歩

牒、件治田、寺家券文所載肆拾肆町壱佰余歩之内地也、而頃年依有水便、治開為田、望蒙郡判、為後代公験、乞也衙察之状、勘合本券、欲被判許、以牒、

……

『郡判　依寺家被送牒、幷本公験検圖帳、件新開寺庄領地内在事明白也云々、』

大山里一坪について、「本田三段付圖新開七段」とあるが、これは「本田三段付圖、新開七段」と読むべきであり、東寺側は「本田」については「圖」に付されていることを明確にした上で、それぞれの坪内の未開地を開発してえられた新開田の寺田としての判許を国衙に求めている。一方多紀郡衙は寺家の送ってきた牒と本公験を「圖帳」と検じて、申請のあった新開田が庄域内にあることを確認している。水野氏が国図といっているのは、この延

喜一五年牒でいう「圖帳」であることは明らかである。それと関連して平田耿二氏は延喜國図について、次のように述べている。(32)

①延喜二年（九〇二）三月にだされた一連の太政官符（延喜庄園整理令）のなかの一つである「應勤行班田事」(33)において班田の励行が強調されている。その狙いは諸国の国内全ての土地を再編掌握しようとするところにあり、各国の国司は中央の設定基準をうけて国内の土地支配の基本台帳としての國図（延喜国図）の作成に取り組んだ。

②延喜一四年（九一四）八月八日太政官符「應勤行雑事五箇条事」(34)に闕郡司職田は近年の地子帳によってその田額を定数とするとして四六カ国の地子帳の作成年を記している。播磨の場合地子帳は延喜八年帳によって定数としているが、この国の国図（延喜国図）は延喜七年にはできあがっているとみられるから、この延喜国図に基づいて造進した延喜八年地子帳をもって闕郡司職田の定数としたとみなしうる。そして四六カ国の地子帳の作成年について、三一カ国は延喜五年から一〇年に集中しており、これらの国々ではこのころ延喜国図が完成し、それに基づいて地子帳が作成されたとみてよい。

③諸国で作成された延喜国図は延喜以降國図と称され、それぞれの国の根本的土地台帳とされたのであり、坂本賞三氏のいう基準国図もこの延喜国図のことをいう。(35)

この平田氏の論をふまえ大山庄にもどる。丹波国の場合は先に触れた延喜一四年八月官符「應勤行雑事五箇条事」において闕郡司職田については「延喜九年帳所注」とあるように、地子帳が延喜九年（九〇九）に作成されている。つまり丹波においても班田図作成が延喜八年には完成していたとみてよい。史料四として掲げたA―二の延喜一五年牒でいう「圖帳」はこれをさかのぼる最新の班田図を指しているとみるべきであるから、この延喜八年頃までには完成していた丹波国班田図のこととみてよいことになる。以上のことは、水野氏が国図に記載されている寺田面積は原官省符記載寺田面積であるとする、その国図は一〇世紀初頭の延喜年間に作成された国図ということになる。問題はこの一〇世紀初頭の丹波国班田図記載寺田面積を原官省符記載面積と同じとみてよいかどうかということになってくる。これについて、A・B両群文書のなかに「符」・「官省符」という記載がいくつかあらわれていることに注意したい。まずA—五牒には桃本里にかかわって次のように記載されている。

二十六坪一段二百十六歩…被注公田　載圖帳寺田
三十三坪一段百四十四歩…被注乗田　載官省符寺田

二六坪については（今は公田となっているが）、「圖帳」にはこの坪は「寺田」として記載されているとあるし、三三坪については（今は乗田となっているが）「官省符」に「寺田」と記載されているとなっている。明らかに、「圖帳」と「官省符」とは区別されている。このうち「圖帳」については延喜年間の班田図とみてよい。一方「官省符」については別にB—四牒にも「符注山」あるいは「符注河成」などとあらわれているが、B—四牒本文中に「副官省符等之……」と明記されているところからみて、この「符」は「官省符」とみてよい。A・B両群文書のうちでこの符ないし官省符という注記のあるのは桃本里内部の六個坪のみであり、第三表[36]として整理した。この表にあらわれている六個坪のうち桃本里一

第三表　桃本里にあらわれる符記載坪一覧

（桃本里）	出典
15坪　符注□	天慶5年4月牒
16坪　符注山	同
21坪　符注野	同
22坪　符□河成	同
23坪　符注［　］	同
33坪　載官省符寺田	天禄4年9月牒

五・一六坪に注目すると、この両坪についてはA―五牒にもあらわれており、それによるとこの両坪にある耕地については国衙は「乗田」とみなし収公しようとしたが、それに対しては東寺は「已上両坪者、以四至内野地、請國判治開寺田」すなわち官省符に記載されている四至内野地（庄域内野地）を立庄以後国判をうけて開発して寺田としたとしている。つまり官省符にはこの両坪は未開地として記載されているというのである。一方、第二表によるとB―五牒の記載は一五坪は不明一六坪は山となっているが、一五坪は欠字は一字と推測され山ないし野である可能性が高く、その限りでA―五牒の両坪は立庄時点には未開地であるという東寺側の主張と合致する。このことからいって二つの牒において東寺は同一の「官省符」を参照しているとみてよく、一〇世紀という時点を考えれば、それが原官省符であったとみる以外ない。

このように丹波国班田図記載以外から六個の原

第四表　国図記載寺田面積と官省符記載事項との対比

大山里			桃本里		
	官符	国図（町反歩）			官符国図（町反歩）
1坪		3.000	15坪	?	
2		2.000	16	山	
7		3.000	21	野	
8		1.072	22	河成	
9		1.072	23	?	
10		6.000	25		6.000
11		7.144	26		2.036
12		8.000	27		3.000
13		3.108	33	寺田	山
14		7.100	36		1.072
15		5.000	計		1.2.108
16		8.144	総計		6.8.244
21		0.216			
計		5.6.136			

官省符記載坪が確認されるが、この六個の坪と水野氏が指摘する丹波国班田図から判明する原官省符記載坪一八個（第一表で示した）を対比したのが第四表である。この表についてみておきたいことの第一は、班田図と原官省符の双方に共通してあらわれるのは桃本里三三坪一個坪のみであり、しかもその記載が合致していないことである。国図記載事項を原官省符記載事項と同じとみなしている水野氏はこの例について、「官省符と国図との間に誤差・誤記が生じたケースであろう」とし、[37]この坪は例外的に食い違っているものとしている。しかし、確実な史料相互の間でただ一つ対応している坪の食い違いの持つ意味は重要である。さらに、延喜八年播磨国某庄解状とのかかわりで平田氏が播磨国某庄では本田は収公されない耕地、あやまって収公されても無条件に返還される耕地として位置づけられているのに対して、新開田は延喜以前の段階の国図に免田として図付されているなどの理由により庄田として国図に庄田として記載されるものと、庄田として認められず収公されるものとの二種類に分かれる、つまり延喜国図では「官省符田と国司による免田とが既定の免田として同一に扱われている」[38]例が存在していると指摘していることに注意したい。播磨国某庄のこの例は丹波国の延喜班田図でもいいうる。すなわちここに記載されている寺田面積は立券時点の原官省符記載本田面積とは必ずしも同一ではなく、立券時点の本田面積とそれ以後の国司免田面積の両者がふくまれている可能性が高い。

つまり、一八個坪については、それら坪が原官省符に庄域内坪として記載されていたことは水野氏の指摘の通りであるが、記載面積については班田図記載面積と原官省符記載面積とが一致するとは言いえない。原官省符記載以後延喜年間までに開発された新規開発田面積が班田図記載面積にはふくまれている可能性が高いのである。したがって、上記の桃本里二六坪の原官省符と班田図との食い違いも誤記ではなく、そのような両者の本来的な食い違いのあらわれであり、このような例はこの坪以外にもあったと推測できる。

第四表についてみておきたいことの第二は、第四表記載の一〇世紀の時点で官省符記載事項としてあらわれている桃本里の六箇坪および一一世紀初頭の時点で国図記載としてあらわれている一八箇坪、重複分を除いて大山里一三箇坪・桃本里一〇箇坪の合わせて二三個坪（これに大山里でもう数個坪が付け加わる可能性がある）が原官省符に記載されていることが確認されることである。記載の耕地面積については、原官省符時点以降のものがふくまれているにせよ、この二三個坪が庄成立時点の庄域の主要部分を占めていたことは間違いない。

㈡　延喜班田図と庄域内開発の進行

再び第四表にもどると、この表の国図記載寺田面積は一〇世紀初頭に成立した丹波国班田図記載の寺田面積を示すので、これをもとに九世紀から一〇世紀にかけての大山庄の開発動向をみておく。まず、A—四の延喜二十年忠平家牒に次のようにある。

（史料五）

欲任舊令返領東寺傳法料田地四拾六町四段百五拾六歩事、

……以去承和十二年申下官省符於在地國、為傳法料已了、仍建庄家勘納地利、就中墾田十一町四段五十六歩、林野三十五町、池二処、其林野之地、逐年亦加墾、而國郡司随庄家開發、収公為剰田、由是傳法之處、忽乏福田之利、……

藤原忠平家が大山庄庄域内について、墾田一一町以外の庄域内未開地を開発してえられた新開田についての収公免除の要求を行なっているものである。この墾田一一町については延喜の丹波国班田図では大山庄庄田（寺田）として記載されており、収公を免除されており、忠平家はそれ以外の庄域内新規開発田の収公免除を求めているとみてよい。すなわち本田面積一一町四段余というのが一〇世紀初頭の大山庄庄域の開発総面積であり、第四表にあらわれている七町余の延喜国図記載寺田はこの一一町四段余の一部を構成しているものである。

そのことを念頭に、まず九世紀半ばの立庄以後一〇世紀初頭までの庄域内の開発状況をみておく。この一一町四段余は、一〇世紀初頭段階での立庄以来の庄域内開発の到達状況とみなしてよい。一〇世紀初頭までの大山庄の広がりは基本的には大山里と桃本里に限定されていた。(39)このうち大山里には第四表によると、延喜班田図では五町六段余の田地が存在していたことになる。これだけでは延喜班田図記載の寺田総面積と推定されている一一町四段余の半分を占めることになる。これに先にみたように同里の一七坪から二五坪にかけて延喜班田図に寺田が記載されていたと推定され、大山里所在寺田は大山庄全体のなかで相当大きな比重を占めている。このことは九世紀の段階では既存庄田の維持および新規庄田の開発という諸活動は大山里を中心に進められていたことを意味する。桃本里については、二五坪から三六坪にかけての五個坪に延喜班田図の寺田が存在しており、この部分での一〇世紀初頭以前における開発の一定の進行が判明する。ただ、一五坪から二三坪にかけての五個坪については、先にみたようにB—四牒において国衙は原官省符を参看して寺田と認めている。この例でいうと、上記のA—二牒の場合と同じように班田図が参看されてよいにもかかわらず、原官省符が参看されているのは班田図の当該坪に庄田記載がなかったため、原官省符にもどった参看をせざるをえなかったからであり、桃本里では庄田の存在ないし新規開発の動きは少なかったということになる。

そして一〇世紀初頭以降について、史料四として掲げたA—二牒において庄域内の三個坪に所在する新開田の図付要求が東寺側からなされ国衙もその図付を認めている（表二参照）。延喜一五年の時点で国司側の新開田図付抑止の動きが顕在化しているのに対して、東寺側も摂関家の権威を利用して庄域内新開田の無条件図付を認めさせようと動いており、庄域内新開田をめぐる両者の対立が表面化している。これは一〇世紀初頭以後の庄域内開発活発

第五表　一〇世紀段階での新開田所在坪

	延喜一五年牒	天慶五年牒	天禄四年牒
大山里	1坪		
	2		
			8
	16		
桃本里		15	15
		16	16
		21	
		22	
		23	
			26
			33

化を反映といえるが、A・B両群史料から東寺が寺田としての図付要求をしている坪を抽出し整理した第五表をみると、延喜国図以降一〇世紀の段階で重複を除くと少なくとも一一個坪に新開田があらわれていることが明らかになる。注意したいのは、良時によるまとまった開発がなされていることに多く由来するが、桃本里における開発が目立つ。九世紀時点では大山里にほぼ限定されていた大山庄の実質的な広がりが一〇世紀になると桃本里をふくめて、大山里の外部に広がりつつあることを示すものである。

三　開発・経営の担い手としての庄預・庄子

ここでは大山庄庄預・庄子集団の庄域内開発・経営へのかかわり方について、とくにB群史料とA群史料との関連という観点から、第一に篠山盆地内の堪百姓がどのような背景のもとで大山庄庄預・庄子として組織されるに至ったのか、第二にこれら庄預・庄子集団は具体的にいかなる形で大山庄の開発・経営に参加していたのか、の二点から検討してみたい。

(一) 大山庄と庄預・庄子

堪百姓と大山庄のかかわりについて検討するが、みておきたいのは延喜二年（九〇二）四月一一日太政官符「應差使雑役不従本職諸司史生已下諸衛府舍人幷諸院諸宮王臣家色々人及散位々子留省等事」[40]である。この官符では河内・三河・但馬諸国のこととして、「資産があり、事に従うに堪える輩が衛府の舎人になり、また王臣家の雑色になり、皆本司本主の威権を借りて、国司・郡司の差科を遵らない。このために輸貢の物を付預する人がいない。……ところで部内に居住する六衛府舎人諸院諸宮諸王臣家雑色等、事に堪えるものの数があり、貞観以来の諸国国例はこのような人々を進官留国雑役に差使するとしており、それは聴許されてきている」とした上で、「舎人・雑色など色々の人のうち見任供節を除いて、任中一度は例として差用し、貢納を済ませよ。若し封家の人がこの中にいたら、先ず本主の料物を差預るを恒例とせよ」としている。

これはこの時点、第一に貞観年間以来進官留国雑役を部内居住の舎人・雑色に課することを国例で定めているが、今後任中一度はその雑役を勤めること、具体的には郡司・百姓層に該当する衛府舎人・王臣家雑色を輸貢を担当する進官雑物綱丁に、郡司層に該当する舎人・雑色を官物徴納にあたる調庸専当郡司にそれぞれ組織し、その仕事に従事させることを太政官として一律に認めること、第二に進官留国雑役には、諸司生已下で本司に直さないあるいは六衛府の舎人で宿衛を勤めない者は当然従わねばならないが、「封家の人」も本主の封物の扱いの優先を容認しつつなお国衙の課すこの雑役にも従うべきことの二点が打ちだされていることを意味する。

これよりわずか一ヶ月前の延喜二年三月に延喜庄園整理令がだされている。この整理令では「頃年勅旨開田遍在諸國、雖占空閑荒廢之地是奪黎元産業之便也、……且諸國姧濫百姓為遁課役、動赴京師、好属豪家、或以田地詐俑寄進、……」という状況をふまえ「當代以降勅旨開田皆悉停止」すなわち新規の国家公認の所領設定の禁止と百姓の田地舎宅の王臣家・寺社などへの寄進禁止を打ちだすとともに、[41] さらに王臣家らが「借民私宅積聚稲穀等物号偁庄家」ことも「出挙収納不能自由、公事難済」故に禁止している。[42] すなわち百姓からの寄進をふくめた新規の庄園の設定および百姓の私宅の庄家への転化を禁止しているのである。ただ、「元来為庄家不妨國務」もの、すなわち公験が明確であり、かつ国務を妨げない庄園および庄家の存続を認められている。

上記の延喜二年四月官符「應差使雑役不従本職諸司史生已下諸衛府舎人幷諸院諸宮王臣家色々人及散位々子留省等事」はこの延喜庄園整理令の具体化とみることができる。すなわち、第一の部分については衛府舎人や王臣家雑色すなわちその私宅を王臣家・寺社・諸司の庄家に転化させているような郡司・有力農民層に対して、私宅の庄家への転化禁止を契機にして輸貢への動員を始めとした国衙からの雑役賦課の強化を打ちだしたもの、従来の国例によってなされていた王臣家・寺社・諸司と郡司・有力農民など在地優勢者の結び付きの断ち切りを太政官符で一律に行なうことを明確にしたものであり、王臣家等に組織されている在地有勢者について、その相互連携を断つという整理令の原則をあらためて確認しているものということができる。そして第二の部分は、ここでいう封家の人については諸院諸宮王臣家雑色で示される王臣家・寺社・諸司の諸国に設定されている庄園の庄預・庄子であり、その庄園で確保された諸産物を都の本主に運搬するまでの責任を持つ存在とみてよいことをふまえるならば、整理令において存続を許可された公験の明確な庄園で活動する雑色・舎人についても庄預などとしての役割を果したままで、進官留国雑役など国司の賦課する雑役を負担すべきことを打ちだしたものとしてよい。[43]

以上の全国的な動きをふまえて大山庄にもどる。史料二として掲げたB—三牒によると、九三〇年代の大山庄庄預・庄子七名に対して臨時雑役の名のもとに賦課されようとしているのは、先にみたようにイ官交易糸絹・調沽買絹、ロ官修理桧皮、ハ国佃穎、ニ丁馬之雑役の四つであった。このうちイ・ロ・ニは広い意味での「輸貢」の活動（交易と交通運輸）であり、ハは「官物徴納」の活動である。これは大山庄庄預・庄子は国衙からは輸貢と官物徴収に従事すべき存在として把握されていることを示すものであり、庄預・庄子が上掲の進官留国雑物など国司の賦課する雑役を負担すべき舎人・雑色に対応することは明らかである。つまり九三〇年代の大山庄庄預・庄子である堪百姓らは延喜二年四月官符や延喜庄園整理令にあらわれる本主の封物を進める封家の人、すなわち中央の王臣家・寺社・諸司と結んで活動する部内有力農民層としての舎人・雑色の系譜を引く存在としてよい。

それでは丹波の場合、篠山盆地内の有力農民層がいつ頃からどのような背景のもとで封家の人として大山庄に結びついていったのであろうか。それについて、貞観十年(八六八)三月十日太政官符「禁制材木短狭及定不如法材車荷事」に「如聞、先定車荷煩□人愁、宜更下知、……以此各為一両車之荷、若賃車之徒、猶不改正者、當所刀禰、随見得登時決笞、刀禰等不加勘糺、科違格之罪、自余一如先符」とあることに注意したい[44]。この官符は上掲の貞観七年官符において山口に集散する材木の規格についてその改訂が定められたことにかかわり、その改訂規格を遵守すべきことを命じたものである。つまり九世紀後半畿内・近国の山口の地において材木などを運搬し、かつ交易する賃車之徒の集散が活発に行なわれ、かつそれら賃車之徒を規制する当所刀禰が姿をあらわしている。

篠山盆地西端の三川合流地点も同様に人や物が集散する山口の地になっているが[45]、貞観年間頃には「当所刀禰」が姿をあらわし人や物の流れを規制しているとみてよい。この場合、三川合流地点に姿をあらわしている「当所刀禰」は余部郷の刀禰である。余部郷自体は、盆地内部から進出してきている上層農民層と盆地内部の郷あるいは交通路沿いに他国他郡からそれぞれ流入してきている浮浪人的な側面を持つ一般農民層たちの両者により構成されている。このうちの後者は山口の地の発展のなかでこの場に流入してきて上層農民層に組織されて交通・運輸・交易活動をその主たる生業にしつつ、やがてこの場に定着していく人々とみてよい。そして前者が盆地内部の諸郷から進出してきて自らも賃車之徒として活動している盆地内有力農民層であり、彼らがこの三川合流地点に集散する人と物全体の規制を行なう余部郷刀禰の役割をも果たしているのである。

上記の延喜二年四月一一日官符に貞観頃から部内有力農民層が王臣家などの雑色になり、国・郡司の差科に従わないことへの対策が諸国国例としてだされ始めているとある。丹波の場合もこの頃から部内上層農民層の中央の王臣家・寺社・諸司と結びついた活発な活動の展開が進行するのであり、上層農民層が盆地周辺の山口の地の刀禰として姿をみせているように、交通・運輸・交易活動に積極的にかかわることを背景に中央の王臣家・寺社・諸司と結びついていっている。

大山庄の場合、承和年間の立庄時点で庄預・庄子がどのような形態をとっていたのかは不明である。ただ、貞観年間頃以降余部郷の形成と展開に対応しつつ有力農民層が庄預・庄子として東寺に組織されていったことは動かない。そのことと関連して、大山庄に隣接する宮田庄について、後世の史料によるが、その成立は貞観年間にさかのぼるとあることもみておきたい(46)。宮田庄は三川合流点から宮田川を少しさかのぼったところにあり、余部郷との位置関係は大山庄の場合とほぼ同じである。そのことをふまえれば、宮田庄の場合、余部郷に進出してきている上層農民層を庄預・庄子として組織することで庄園が成立したとみてよいのではないか。伝承ではあるが、貞観年間という立庄の時点も余部郷を拠点にした上層農民層の活動が大きく展開し始める時点であり、その点で宮田庄の立庄は余部郷を拠点にして活動する上層農民層を組織することで可能になっているとみておきたい。

このように貞観年間以降篠山盆地内の上層農民は余部郷を媒介に東寺・摂関家などの王臣家・寺社とそれぞれ庄園（大山庄と宮田庄）の庄預・庄子として結びついてその活動を展開していくのであるが、大山庄について、A群史料に示されるような一〇世紀前半に庄域内部の開発が一定軌道に乗っているのは、東寺側にとっては、余部郷を拠点にした上層農民層の組織化の成果である。一方庄預・庄子側もこのように庄園と結びついていることを利用して国衙からの諸活動への干渉の排除に向けて動いていく。一〇世紀初頭の延喜庄園整理令で存続を認められた庄園の庄預など封家の人についても本主の封物を輸送を主としながらも進官留国雑役などの国衙の諸賦課をも負うべきであるとする原則が打ちだされているが、大山庄の場合延喜二〇年の段階になって摂関家の権威を背景に帳外浪人一〇人の施入、つまり多紀良時以下一〇名の庄預・庄子が僧形となり、身分的に浪人になるという形で庄預・庄子（封家の人）への国衙よりの賦課の断ちきりに成功する。国衙側は延喜庄園整理令の原則に基づき庄預・庄子にその賦課の負担をさせようとするが、庄園側は以後国司の代替わりごとに臨時雑役の免除の確認という形で賦課の断ちきりの確認を国衙に求めていく。

そして史料一として掲げたB—二牒にあらわれている「山野遁隠」は国衙のこのような臨時雑役賦課への庄預・庄子側からする有力な抵抗の手段の一つとして行なわれている。すなわち、上掲のB—二牒にふくまれている郡調物使藤原高枝申状によると、郡調物使である高枝は余部郷専当日置貞良申状をうけて余部郷百姓の調絹を弁進さすべく平秀らの私宅に出向いたが、平秀らは山野に遁隠してだされないので平秀らの私宅にある稲をおのおの二百束ばかりを検納したとある。その遁隠の内容であるが、『今昔物語』に収められている著名な藤原清廉をめぐる説話との関連に注意したい。それによると清廉は山城・大和・伊賀三国に田を多く作る器量の徳人であったが、大和の国司から官物を取り立てられようとした際に、「返ラムママニ伊賀ノ国ノ東大寺ノ庄ノ内ニ入居ナムニハ、極カラム守也トモ否ヤ責メ不給ザラム、イカナル狛ノ者ノ大和ノ国ノ官物ヲバ弁ヘケルゾ」と考えている(47)。清廉の場合営田経営の側面で三国にまたがって活動しており、そのうちの大和国での官物賦課を忌避するために隣国の伊賀の東大寺の庄（そこで庄預などとして田地の開発・経営にあたっているのであろう）に「遁隠」すればよいとみている。

このような清廉の広範囲にわたる活動を可能にしているのは彼が「諸司労ノ五位ニテ京ニ為行ク者」すなわち都の諸司と結び、さらに在地の伊賀では東大寺と結ぶなど複数の王臣家・寺社・諸司と結びつくことでその力を利用していることである。平秀・勢豊ら大山庄庄預・庄子の臨時雑役忌避のための「山野遁隠」もこの清廉の説話に示されているのと同じ形態として把握しうる。すなわちこの場合の「山野」は椅鹿山地に代表される、篠山盆地を囲む播磨・摂津・丹波の国境の山の世界を指す。九世紀後半以降、盆地内上層農民が中央の王臣家・寺社・諸司と結びついて国境を越えた広域での活動の一環として、丹波国司の力の及ばない国境地帯の山間部での交易がなされ、さらには宮田などの活動の展開がなされ、またそこにおける拠点形成がなされたと考えられる。一〇世紀前半の平秀・勢豊らの動きはそれを引き継いだものであり、清廉の場合と同様に国衙からの圧迫があった場合、その場への移動すなわち逋隠がなされているとすべきである。

水野氏は大山庄中心地域と西田井地区を構成する三つの里とは水系など全く異なり両地域の密接な関係・一体化を想定するのは無理としたうえで、一二世紀時点のこととして用水確保をめぐって隣庄宮田庄と契約を交わすだけの政治的力量を有する西田井地区の住民集団が存在しており、一二世紀初頭でのこの地区の大山庄への組みこみは北接する宮田庄として立券されることのなかったこの住民集団が国衙支配から離脱するために大山庄に接近するという方法を選んだのではあるまいかとしている。[48]このような独自な活動を行なう西田井住人集団の前身がこの余部郷百姓である。余部郷は九世紀後半において構成員の流動性の高さとその活動範囲の広さということで、主として農業生産に従事する者により構成されている盆地内部の郷々とは質的に異なった郷になっているが、引き続き一〇世紀においても、その構成員は山野逋隠をふくめ独自な国境を越えるような活動を積極的に行なっている。このようにして蓄積された力量を背景にすることで、一一・一二世紀において西田井住人集団独自な政治的な動きが可能になったものとみてよいであろう。

(二)　庄域内の開発・経営について

次に大山庄の庄預・庄子の集団がいかなる形で大山庄の開発・経営にかかわっていたのかについてみておきたい。まず注目したいのは史料一として掲げたB―二牒におさめられている高枝申状に平秀らの私宅があらわれていることである。B—二牒そのものは東寺が丹波国衙による平秀・勢豊らの私宅検封について抗議をし、それをうけた国衙が検封の理由やその解除の条件について東寺に返答しているものである。ここで東寺が国衙に平秀・勢豊らの私宅を検封したことについて抗議しているのは延喜庄園整理令との対応でいえば平秀・勢豊が封家の人であることすなわち彼らの私宅が大山庄庄家になっており、したがって私宅（庄家）検封が庄の経営に否定的な影響を与えるということでなされているとみる以外ない。つまり平秀・勢豊らの私宅は延喜庄園整理令でいう「民私宅借積聚稲穀、号称庄家」(49)に対応する庄家の役割を果たしているのであり、大山庄の庄域内の開発・経営はこの私宅を拠点に行なわれているとみてよい。

その場合、「平秀勢豊等私宅」とあり庄家に転化している私宅は単数ではなく複数になっていることに注意したい。一〇世紀前半の大山庄の場合その開発・経営が一つの庄家を拠点になされるのではなく、複数の庄家を拠点にしてなされているのである。庄家の数については可能性として庄預・庄子の人数までは考えられるという以外には不明であるが、庄家群を媒介にして郡内有力農民層が大山庄と結びついているという側面に注意しておきたい。そしてそれを手がかりにして考えてみたいのはこの私宅（庄家）群を拠点にした庄預・庄子の庄域内開発と経営の具体的なあり方についてである。

時代はやや上がるが貞観年間の筑前国席田郡博太庄と対比しながら考えてみたい。貞観九年（八六九）に当庄は高子内親王家から内蔵寮に売却される。その際一部の田地をめぐって観世音寺と内蔵寮との間に紛争が起こる。内蔵寮側はこの田は「故高子内親王御処分七十七町余内」(50)の一部であるとするのに対し、観世音寺は延暦一一年（七九二）に寺家に施入された一切経田の一部であるとする紛争の対象になっている田地の所在地について、同一〇年閏一二月二五日大宰府府案によると、(51)観世音寺が高子内親王の庄に妨取されている一切経田二町一反の所在地としてあげているのは六図三里の四個坪である。さらに貞観一一年一〇月一五日に大宰府の田文所が争いの対象になっている合計八個坪が仁寿二年の班田図にはどのように記載されているのかを書き上げているが、それによると紛争の対象になっている田地は六図三里と六図四里に所在している。[52] これらからみて、高子内親王家博太庄は席田郡の六図三里と同四里を中心に広がっているとみてよい。日野尚志氏は席田郡の条里について里は粕屋郡境から西に向けて数え進んでおり、四里の西端が那珂郡境であること、さらにこの席田郡と那珂郡の郡境上を大宰府から福岡平野を抜けて博多湾沿いにあった美野駅に達する駅路道が走っていたことを指摘している。[53] 貞観一一年に新羅の海賊が博多津に侵入し豊前国の調絹を奪って逃走した[54]とある博多津は、この美野駅からさほど離れていない櫛田神社（福岡市博多区）付近に所在していたと推定されている博多大津[55]が中心になっていた。つまり、博太庄は大宰府と博多津とを結ぶ重要な交通路に沿って、博多津から近い所に所在する庄である。そしてこの庄の庄預荒城長人は観世音寺との争いをめぐり貞観一〇年一〇月内蔵寮博太庄牒で大略次のように述べている。[56]

①この庄は嘉祥三年（八五〇）に高子内親王から内蔵寮に売却されたものであり、面積は七七町である。問題になっている地は内蔵寮の庄帳[57]に内親王家の地として記載されている地である。

②内蔵寮の庄預荒城長人はこの未開地を百姓らに開発させた。しかるに観世音寺はこの田地を一切経田であると称して妨げ取る（全部で二町六反余）。今年取られた七反は貞観八年に百姓に開墾させたものであり、地子は納めていない。但し来年（貞観十一年）からは納める予定である。

③観世音寺は庄預である長人を非難しているが、長人は妨害などしていない。問題の田地は長人の私財ではなく、したがってどちらに所属するかは長人にかかわりがない。寺家が一切経田であるといっている田の坪付を録して庄にたまわれば、庄はそれを内蔵寮に送る、そうすれば寺と寮とで問題の決着をつけられると思うのだが。

④ただ、国衙は田租の納入を迫る。これを免ずる措置をとって欲しい。

ここでみておきたいのは②である。庄別当長人の主張によれば、争いの対象になっている田地は博太庄庄域内の地、つまり高子内親王家に判許された占点地の内部の未開地を庄預として開発を組織することで作られた田地である。庄別当はこの庄域内新開田について、貞観七年に百姓に開発させたが、貞観一〇年の時点では、まだそこから地子を取っておらず、翌年（貞観一一年）から地子を取るとしているが、このことは庄域内の未開地開発は庄別当が開発組織者になり、開発後三年間の地子免除、および四年目以後における地子支払を条件にした開発請負という形で行なわれていることを示す。

この開発方式の特徴は、開発営料はそれを請負う者が準備するかわりに開発後の三年間の地子免除がなされることにあり、この方式が成り立っていくためには自力で開発を請負う在地農民が成長していること、およびそのような開発を在地農民を動員して組織するだけの力を持った在地豪族が成長していることが前提になる。その意味で在地の庄専当を中心にした組織体制の上にのる地子取得者として位置づけられる庄園経営方式が姿をあらわしつつあることを示す。この方式は九世紀を通じて形成・定着していっているのであり、博太庄の事例はこの方式での開発組織化の初出史料である。[58]

原秀三郎氏は元慶官田の設置に際して、経営の監督として下級官人が「郷里所推譲」によって惣監として配置されたことについて、「正長以下の農民に惣監を選択する権利が存在したことは、かってみられなかった人民の権利の発展であり、又国家が村落の意思を無視しては現実の支配を行ないえないまでに村落結合が成長してきている」とし、さらに官田の経営体制が耕地を実質的に正長に請負わせ惣監に管理を委任すると同時に、惣監も官田の耕営にあたるというものであり、庄園における田堵と庄長・庄別当という関係に類似しているとする。[59] 元慶官田の惣監に該当する庄別当荒城長人は、博太庄庄域内の開発・耕作を庄所有者から委託されているのであり、自らも開発・耕作に当たるとともに、在地の有力農民を組織して開発・耕作を請負わせていたものとみてよい。長人は庄が高子内親王家から内蔵寮に変っても庄専当としての地位は不変であり、庄専当として在地に密着し共同体内の農民を庄園の労働力として組織する役割を長期にわたり果たしていた。

　このような長人の活動との対比でみておきたいのは、戸田芳実氏が取り上げている同じ北九州地域で活動していた中井王および文室宮田麻呂についてである。(60) 中井王については承和九年（八四二）のこととして「豊後國言、前介正六位私宅在日田郡、及私営田在諸郡、任意打損郡司百姓、……又本自浮宕筑後肥後等國」とあり、(61) 私宅を日田郡において活動している。日田は豊後国の西の玄関口となっている交通の要衝の地であり、(62) 中井王はここを拠点に豊後国さらには国境をこえて筑後・肥後でも農業経営を行なっている。中井王の場合は史料上では交通・運輸・交易活動とのかかわりはあらわれていない。しかしほぼ同時代に活動している文室宮田麻呂の場合は商人的五位官人と規定されているように、(63) 筑前守解任後も新羅商人との民間交易にかかわっていた。中井王の場合も日田の私宅を拠点にした国境を越えた活動といった場合、農業経営のみに限定しえないのであり、何らかの形での商業（交通・運輸・交易）活動とのかかわりをみるべきである。

　荒城長人は中井王や宮田麻呂のような国司級官人ではなく、郡司級在地有力者とみてよいが、その活動の場になっている博太庄が博多津近くに所在しかつ大宰府と博多津を結ぶ駅路に沿っているということからみて、長人の活動が農業経営面にのみ止まっているとは考えられない。博多津や大宰府を舞台に在地での農業活動を行なうとともに交通・運輸・交易にかかわって活動している存在、その活動のなかで蓄積した私財を背景に博多庄の庄域内開発など庄経営の請負を行なっていく存在とみてよい。

　大山庄にもどる。博多津近くの交通路沿いの博太庄庄預としての荒城長人と、篠山盆地内の郡司層の堪百姓として農業経営を行ないつつ、交通の要衝の地である余部郷を拠点に交通・運輸・交易の活動を行ない、かつ庄預になっている多紀良時（僧平秀）とは、時代がやや異なるが同一性格の存在とみてよい。そしてそのことから、博太・大山両庄内の開発・経営のあり方の共通性・類似性も浮かび上がってくる。すなわち、博太庄庄預長人は大山庄庄預平秀と対応し、博太庄で庄預長人のもとで活動する「百姓等」は大山庄では庄子に相当する。九世紀後半以降一〇世紀前半の平秀・勢豊らに至るまで、大山庄庄域内開発は在地での営田活動を行なうとともに国境をこえて交通・運輸・交易活動を展開する盆地内の有力農民層が大山庄庄預・庄子としてはそれぞれ庄域内の一定面積の開発・経営を請負い、その際開発については三年間の免地子を条件にした請負という形でなされていた。すなわち、平野の各郷から進出してきた堪百姓層は余部郷に私宅を設定するとともに余部郷百姓を組織して王臣家・寺社（ここでは東寺ないし摂関家）と結びついて国境を越えた交通・運輸・交易面での活動を行なうとともに、その私宅を拠点にそれら王臣家・寺社の庄園（大山庄・宮田庄）の開発推進を行なっていたのである。

さらに大山庄庄預・庄子の大山庄庄域内開発・経営のあり方をより明確にするために、次の史料をみておきたい(64)。

（史料七）

寺家符　阿波國新嶋・勝浦・枚方等庄々

可附使者勘進去年幷以往地子物、兼令行當年散田務之状

使

別當大僧正　　都維那法師

……中略……

右為令勘納去年幷以往地子物、兼行當年散田之務、差使發向如件、庄々宜承知、一事以上隨使所勘、去年以往隨作辨進其地子、當年春時各進請文、更無荒田、悉以開發、若有収公、引代々官省符、牒送國衙、将可令免除、曽勿違失、故符

寛和三年二月一日

一〇世紀末寛和三年（九八七）の阿波国新島庄にかかわる史料である。新島庄は八世紀中期に本庄地区・枚方地区・大豆処地区の三地区から構成される造東大寺司の庄園として出発し、発足直後にそれに勝浦地区がつけ加わっている。この東大寺寺家符は「新嶋・勝浦・枚方等庄々」宛てにだされているが、ここでいう新島庄は本庄地区を、勝浦庄は勝浦地区を、枚方庄は枚方地区をそれぞれ指すのであり、かっての一個の庄園を構成していたそれぞれの地区がここでは独立した庄園としてあらわれている(65)。

寛和三年春の時点で寺家は庄々に使者を派遣して、去年ならびにそれ以前の年の地子物の徴収と当年の散田之務の励行を命じているのである。前者については寛和二年以前の庄域内既耕地についての調査とそこからの地子物の徴収の努力を命じたものである。後者については寛和三年春以降の散田の務めを果たすことを命じたものであるが、これについて村井康彦氏が取り上げ、「散田」は領主（東大寺）が適正な耕作を考慮した庄田配分であり、これを受け取る側からすれば「請文」を提出しての「請作」であるとして、散田＝請作経営という概念を打ちだし、これが後の庄園研究に大きな影響を与えていった(66)。

村井氏のこの論で考える必要のある第一点は、散田と開発を切り離していることについてである。氏は「請作」を「治田請作」（永年作手）と「庄（公）田請作」とに区別し、この新島庄の例は後者、すなわち既耕地の割り当て耕作と解しているのである。しかしここでの「散田之務」は「悉開発」とあるように、既耕地の割り当てをのみ指すのではなく、氏のいう治田請作、すなわち未開地ないし荒廃田の開発請負をふくんだ行為を指すことは明らかであろう。考える必要のある第二点は「請文」の提出者についてである。氏は請文は庄域内耕作者が領主（東大寺）に提出するものとみなしている。もしそうであるならば、在地の庄の責任者が庄域内請作者に対して、請文を東大寺に進めるようにさせる、すなわち文章が「令進請文」となっている必要がある。しかしそうではなく「各進請文」となっている。このことからみて、この「各」は庄域内請作者を指すのではなく、新島・勝浦・枚方の三つの庄そのものを指すのであり、三つの庄がそれぞれ東大寺に対して請文を出すように命ぜられているとみるべきである。関連して、上記文章に引き続き「若有収公、引代々官省符、牒送国衙、将可令免除」とある。国衙からの庄園収公の動きがあった場合、官省符に基づく「牒」を国衙に送り対処するようにということである。問題は牒送する主体である。これにかかわって、仁平三年（一一五三）四月二九日東大寺諸庄園文書目録に次のようにある。(67)

（史料八）

阿波國

新島庄

一巻二枚　天元二年（九七九）庄官坪付　……①

……中略……

一巻一枚　寛和三年（九八七）寺家下文　……②

……後略……

このうち②は史料七として掲げた寺家家符を指す。①は文書そのものはすでに失われているが、②をさかのぼる数年前に新島庄に庄官が存在していたことが明らかになる。九世紀の嘉祥三年（八五〇）には「新島庄庄長家部財麻呂」があらわれており、(68)この家部氏は吉野川下流域に居住している一族であることからみても、(69)一〇世紀末の時点の庄官も阿波の上層農民から起用されている存在とみてよい。すなわち、庄田収公などが起こった場合に牒を阿波国衙に送る主体は庄官とみてよい。

以上史料七の寛和三年東大寺家符については、次のようにまとめることができる。すなわち寛和三年春の時点で東大寺は阿波の三つの庄の再編に乗りだし、それぞれの庄の庄官（庄預あるいは庄長、在地の上層農民が起用される）に対して次の三点を指示している。第一に寛和二年以前の既耕地についての把握とそこからの地子物の取り立てである。第二に寛和三年春以降における庄域内開発と経営について請文を提出させて請負わせることである。そして第三に今後庄田収公のような国衙からの干渉についても官省符を用いてそれを排除することである。そのうち第二について、ここでは三つの庄の庄官に請文を提出させて庄域内耕作を開発の段階から請負わせようとしているとみてよいのであり、その意味でここでいう請作は村井氏のいう治田請作に近い概念であるとすべきである。

大山庄にもどる。九世紀後半から一〇世紀にかけての大山庄においてはこの新島庄の例をふまえれば、私宅を拠点に営田と交通・運輸・交易とを展開する上層農民層がその私宅を庄家にして庄園内部の開発・経営をも行なっているが、それは庄預が一括して東寺から庄域内の開発・経営を請負い、その上で庄預が自立的な百姓らを開発後三年間の免地子などを条件に庄子として組織していくという体制がとられていたとみてよい。平秀は庄預であるが、個々の庄子らの開発・経営活動を庄全体として統括している庄預が開発した治田を自分の私墾田として売却したというのも、東寺が庄域内の開発・経営に直接かかわっていないこと、問題の一町五段もそのなかでの良時の請負により開発された田地であり、開発後の経営も良時にゆだねられており、とくに良時が庄の事実上の掌握者であったため、生存中はその事実も東寺はつかんでいなかったためであった。

まとめ

以上九世紀半ばから一〇世紀にかけての大山庄関係文書について、庄田と庄田開発にかかわるA群文書と庄預・庄子にかかわるB群文書にわけ、二つの群それぞれの分析を行なうことを通して成立期の大山庄のあり方をみてきた。簡単にまとめておく。

まず、B群史料について庄預・庄子が活動している場の状況を明らかにするという観点から余部郷と「在地」の郷とについて検討した。平秀・勢豊ら庄預・庄子が国境を越える広範な交通・運輸・交易活動にかかわる存在であることをふまえた場合、交通の要衝の地である大山・宮田・篠山の三川合流地点が重要な場として浮かび上がってくる。この地は奈良時代以来山陽（播磨など）や山陰（丹後など）から篠山盆地へ入る道の入口になる。また、九世紀以後盆地を囲む山の世界の開発の進行やそれに伴う王臣家・寺社の所領設定の動きの展開のなかで、篠山盆地という平野の世界とこれら山の世界とを結ぶ山口の地が発展してくるが、この三川合流地点も盆地西南部に広がる椅鹿山地との山口の地としても浮上してくる。この三川合流地点が余部郷の地であり、平秀・勢豊らは「在地」の郷と表現される盆地内部の平野部の郷で営田活動を行ないながら、この余部郷（後の大山庄西田井地区）に進出して交通・運輸・交易活動を展開している。B群史料には大山庄庄預としては僧平秀があらわれているが、彼は同時期に庄預になっている多紀郡の擬大領多紀良時と同一人とみなしうる。すなわち大山庄庄預には盆地内の郡司級有力農民がなっている。また庄預僧勢豊についても平秀と変わるところはなく、大山庄庄預・庄子の集団は郡司級をふくむ篠山盆地内の有力農民層が中核になって作り上げられている。

次にA群文書について、九世紀から一〇世紀にかけての庄域内開発の進行状況について検討した。まず水野氏が行なった原官省符の復元作業について、一一世紀初頭の免除領田関係史料にあらわれる基準国図記載寺田面積は延喜八年頃完成した丹波国班田図に記載されていた大山庄庄田面積であること、そしてこの延喜班田図記載寺田面積には承和年間の立券以後延喜年間に至る間の新開田面積がふくまれている可能性があり、その点で原官省符記載寺田面積とは一致するとはいえないことを明確にした。そして庄域内では庄の成立以後一〇世紀初頭にかけて、大山里を中心に庄田の維持やその増加が計られていくが、延喜班田図作成以後においては大山里以外の桃本里における開発も進行していることを明らかにした。

さらにA・B両群文書の相互関係の把握という観点から、大山庄の庄預・庄子集団のあり方について検討した。まず庄預・庄子については貞観ごろから全国的に展開する王臣家・寺社と有力農民層との結合ということを背景に、篠山盆地内の堪百姓層が余部郷の刀禰として活動するなかで東寺と結びつき、大山庄庄預・庄子になっていく。余部郷からほど遠からぬところに所在する摂関家の宮田庄の場合も貞観年間立庄伝説があることからみて同様なことが考えられる。この庄預・庄子集団は一〇世紀前半時点での国衙との抗争のなかで「山野遁隠」というような課役忌避のための篠山盆地周辺の山の世界内部の拠点への移動ということを行なっているが、それは『今昔物語』にあらわれている大蔵大夫藤原清廉の行動と同質の行動とみてよい。そのことに示されるように、庄預・庄子集団は中央の王臣家・寺社・諸司と結びつくことで広範な広がりを持つ交通・運輸・交易を行なうことを一つの特徴としている。

このような特質を持つ庄預・庄子の庄域内開発・経営へのかかわりのあり方であるが、庄預・庄子の私宅を庄家に転化し、そこを拠点にした開発・経営が行なわれるが、その際個々の庄預・庄子の私宅が庄家に転化して複数の庄家が形成されるのであり、かつそれら私宅群は彼らの交通・運輸・交易活動の拠点である余部郷に置かれていた。その開発・経営の方式について、貞観年間の筑前国博太庄との対比からいうと、開発後三年間の免地子という条件のもとでの庄預・庄子らによる請負開発・経営方式がとられていたとみてよく、また一〇世紀末の阿波国新島庄との対比からいうと、庄預が東寺から庄域内の開発・経営を請文を提出することで一括して請け負い、その上で庄預自身をふくめ庄子にそれぞれ一定面積を請け負わせているとしてよい。

注

(1) 以上、『平安遺文』一—七七、二二二、二二三、二二七の各号。

(2) 以上、『平安遺文』一—二二九、二四〇、二四五、二五三の各号。なお、この四通以外に承平二年九月二五日多紀郡司解案(同一—二四二)があるが、署名のみで本文がないので省略した。

(3) 研究史については中野栄夫氏「王朝国家期における農民と国衙支配」(同氏著『律令制社会解体過程の研究』、塙書房 一九七九年)、および大山喬平氏編『中世荘園の世界—東寺領丹波国大山荘』(思文閣出版 一九九六年)。

(4) 西紀丹南町教育委員会編『丹波国大山荘現況調査報告』Ⅰ~Ⅳ(一九八五~八八年)。この調査をもとに上掲の『中世荘園の世界』は編まれている。この書で九~一〇世紀の大山庄については水野章二氏が執筆しており、『調査報告』の水野氏執筆部分および同氏「二つの中世村落」(『日本史研究』三一〇号、一九八八年)はここに集約されている。

(5) 「平安初期の国衙と富豪層」(同氏著『日本領主制成立史の研究』岩波書店 一九六七年)。

(6) 高田実氏「中世初期の国衙機構と郡司層」(『東京教育大学史学研究』六六号 一九六八年)五九頁。

(7) 中野氏前掲著書二六三頁。

(8) 中野氏前掲著書二四六頁。

(9) 長山氏「臨時雑役の成立」(同氏著『律令負担体系の研究』塙書房 一九七六年 三〇九~一二頁)。

(10) 長山氏前掲著書二八九頁。

(11) 井後徳男氏「畿内周辺部における古墳の展開と終末—兵庫県三田盆地における群衆墳と終末期古墳との関連を例として—」(『北山茂夫追悼日本史学論集・歴史における政治と民衆』日本史論叢会 一九八六年)。

(12) 櫃本誠一・瀬戸谷皓氏『日本の古代遺跡・兵庫県北部』保育社　一九八二年　一九一頁。
(13)『丹波国大山荘現況調査報告』Ⅲ　六頁　西田辰博氏執筆。
(14)『新訂増補国史大系・類聚三代格』巻一六。
(15) 住吉大社神代記ともいう。『平安遺文』補—一。
(16) それぞれの地名の現地比定については、神崎勝氏『加古川流域の古代史（上・中流編）』妙見山麓遺跡調査会　一九八九年　一六二頁）による。なお、坂田・藤原氏等「北播磨の荘園—多可郡の荘園・椅鹿山地—」（『歴史と神戸』二八—三　一九八九年）も参照のこと。
(17)『新修大阪市史』（一九八八年）第二巻一章二節、五五〜八頁。岡田精二氏執筆。
(18)『三代實録』貞観七年九月一五日条。
(19) 高田氏前掲論文五九頁。
(20) 同氏前掲著書二六三頁。
(21) 前掲『丹波国大山荘調査報告書』Ⅲ、八〜一二頁および二四頁。
(22) 高田氏前掲論文五五〜七頁。
(23) 中野氏前掲著書二四二頁で示されている解釈を基礎にしている。
(24) 中野氏前掲著書二五五〜五六頁。
(25) 中野氏前掲著書二六〇頁。
(26) 中野氏前掲著書二四三頁。
(27) 調絹の口分田を単位にした賦課については、中野氏前掲著書二四四頁、および泉谷康夫氏「調庸制の変質について」（同氏『律令制度崩壊過程の研究』鳴鳳社　一九七二年）などを参照。
(28) 丸山「官省符と基準国図—延喜庄園整理令の一側面—」（『小葉田淳教授退官記念・国史論集』京大国史研究室　一九七〇年）、伊藤邦彦氏「大山庄　承和一二年民部省符案をめぐって」（『月刊・歴史』二九号　一九七一年）。

(29)前掲『丹波国大山庄現況調査報告』Ⅱ(一九八六年) Ⅱ成立期の大山庄(水野章二氏執筆)、および同氏前掲『日本史研究』三一〇号論文。後に上掲大山喬平氏編『中世荘園の世界』第四章「平安期の開発と領主支配」

(30)『平安遺文』二—四二八、四五〇。

(31)第一表は前掲大山編『中世荘園の世界』第四章表一「大山荘坪付表」(水野章二氏作成)に基づいて作成した。『平安遺文』所載の長保・寛弘の坪付と数字の食い違いがあるが、水野氏の表にしたがった。なお、氏はこの国図記載面積がある坪は、一八個坪以外に大山里一七〜二五坪の一定部分にも存在したであろうとする。

(32)平田氏「十世紀の土地制度について—「国図」の成立と荘田収公—」(『関晃先生還暦記念・日本古代史研究』吉川弘文館、一九八〇年)、後に同氏著『日本古代籍帳制度論』(吉川弘文館　一九八六年)所収。なお薬能解状は『平安遺文』一—一九八。

(33)『新訂増補国史大系・類聚三代格』巻一五。

(34)『新訂増補国史大系・政事要略』巻五三。

(35)森田悌氏・小口雅史氏らはこの平田氏の分析の①・③をめぐって、延喜国図というような固定的な国図がこの段階で作成されているとすることへの疑問を提起し、とくに平田氏が延喜八年正月二五日播磨国某庄別当沙弥薬能解の分析に基づいて出している延喜七年頃の播磨国における新規の国図の作成については、なかったのであり、既存の国図を利用しているにすぎないとしている(森田氏「平安中期の田図」同氏著『日本古代律令法史の研究』(文献出版　一九八六年)、小口氏「律令制下における大土地所有の展開」(笹山先生還暦記念会編『日本律令制論集』下巻　吉川弘文館　一九九三年)。ここで平田氏の提起している固定的な土地台帳としての延喜国図という位置づけについては、基準国図の存否の問題ともかかわるので別に検討するとして、みておきたいのは延喜年間における新規国図(班田図)の作成ということ自体についてである。この別当解状では庄域内の庄田か公田かで問題になっている田地の各筆について、丹勘で「同年図」および「校田図」との対比が記入されている。ここでの紛争が最新の「図」への記載をめぐっての紛争であり、したがってここでの「同年図」(この文書冒頭部分の虫損で年度は確定できない）および校田図は延喜八年直前の班田図およびその前提としての校田図とみてよい。つまり播磨の場合、延喜八年より少し前に校田を伴う新規の班田図作成が試みられたということ自体は事実とみてよい。すなわち、それが固定的な土地台帳として意識されたかはどうかはさておいても延喜五年頃から一〇年頃にかけて、諸国において班田図が作成されていた。

(36) 一五・二一・二三各坪についての読みは『平安遺文』の読みとは異なる。いずれも水野氏の読みにしたがった（前掲大山編『中世荘園の社会』第四章表一による）。
(37) 大山氏編上掲『中世荘園の世界』第四章　一六一頁。
(38) 平田氏上掲論文　三九五頁。
(39) 現存官省符には独条があらわれているが、これが原官省符にもあらわれていたかどうかについては不明である。
(40) 『新訂増補国史大系・類聚三代格』巻二〇。
(41) 延喜二年三月一三日太政官符「應停止勅旨開田并諸院諸宮及五位以上買取百姓田地舎宅占請閑地荒田事」（『新訂増補国史大系・類聚三代格』巻一九）。
(42) 延喜二年三月一三日太政官符「應禁斷諸院諸宮王臣家假民私宅号庄家貯積稲穀等事」（『新訂増補国史大系・類聚三代格』巻一九）。
(43) このうち第二について、北条秀樹氏は「それまで国司が要求してきた、王臣家と在地有勢者の連携を断つという施策に対する重大な改変であり、……結合を断つどころではなく積極的な承認と利用である」（「平安前期徴税機構の一考察」井上光貞博士還暦記念会編『古代史論叢』下巻　吉川弘文館　一九七八年　一四〇頁）とし、この部分は整理令の原則の重大な改変とする。しかし第一の部分との関連をみるならば、ここでは公験が明確で国務に妨げのない庄園に限定した上で、その庄園に雑色などとして結びついている在地有勢者を国衙のもとにより積極的に組織化することを計っているとみるべきであろう。そのようにみることで延喜二年四月官符でわずか一カ月しかたっていない庄園整理令の政策に変更を加えたという不自然さをまぬがれる。

(44)『新訂増補国史大系・類聚三代格』巻一八。
(45) 鎌倉末期に大山庄内に市庭が所在していたが、それは三川合流地点に位置する現在の大山下地区の字市場にあったと推定されている（前掲『丹波国大山荘調査報告書』Ⅲ　四三頁）。先にみた大山下地区の出谷遺跡の存在とあわせ考えると、この中世の市場の出発点は九世紀後半の山口に立った市場であるとみてよい。
(46) 前掲『丹波国大山荘現況調査報告書』Ⅲ　一二頁。
(47) 巻二八「大蔵大夫藤原清廉、怖猫語」（『日本古典文学大系・今昔物語』五　一〇二頁）。
(48) 前掲『中世荘園の世界』第四章「平安期の開発と領域支配」とくに一六四頁。
(49) 延喜二年三月一三日太政官符「應禁斷諸院諸宮王臣家假民私宅号庄家貯積稲穀等事」（『新訂増補国史大系・類聚三代格』巻一九）。
(50) 貞観九年三月二六日高子内親王家荘牒案（『平安遺文』一―一五四）、貞観一〇年二月二七日観世音寺牒案（同一―一五八）を参照。
(51)『平安遺文』一―一六一。
(52) 貞観一一年一〇月一五日大宰府田文所検田文案（『平安遺文』一―一六二）。
(53) 日野氏「筑前国那珂・席田・粕屋・御笠四郡における条里について」（『佐賀大学教育学部研究論文集』二四―一一九七六年）、および「西海道（山陽道）における大路について」（『九州文化史研究所紀要』三三号、一九八六年）。
(54)『三代實録』同年六月一五日条。
(55) 上掲日野氏の『九州文化史研究所紀要』論文による。
(56)『平安遺文』一―一六〇。なお、この牒については、本書第四部第一章で分析している。
(57) 処分帳とも記されている。内親王家から寮への売却証書であろう。その意味では本公験にかかわるものとみてよい。
(58) 貞観一二年一二月二五日太政官符「可耕食荒田更延年限事」（『新訂増補国史大系・類聚三代格』巻八）。

(59) 原氏「八・九世紀における農民の動向」(『日本史研究』六五号　一九六三年)。
(60) 戸田氏「領主的土地所有の先駆形態」(同氏上掲著『日本領主制成立史の研究』)。
(61) 『續日本後紀』承和九年八月二九日条。
(62) 戸田氏前掲著書　一三九頁。
(63) 戸田氏前掲著書　一三八頁。
(64) 寛和三年二月一日東大寺家符案(『東南院文書』二—五三四)。
(65) 新島庄については、本書第三部第一章参照。
(66) 村井氏「田堵の存在形態」(同氏著『古代国家解体過程の研究』岩波書店　一九六五年)。
(67) 『平安遺文』六—二七八三。
(68) 嘉祥三年一二月一〇日阿波国新島庄長家部財麻呂解(『東南院文書』二—五三三)。
(69) 延喜二年(九〇二)阿波国板野郡田上郷戸籍(『平安遺文』一—一八八)によると吉野川下流域に所在するこの田上郷にも多くの家部氏の名があらわれている。

あとがき

本書は、日本庄園史をテーマに蓄積してきた論考のうち、八世紀から一〇世紀にかけての古代東大寺庄園群にかかわる論考を集め、新規稿をふくめて整理し直したものである。従来の論考と本書の各章との関係は次のようになっている。

序論
　新規稿
第一部第一章　越前・越中における東大寺庄園群の展開
　「初期庄園の形成と展開」(上・下)(「日本史研究」一六四・一六五　一九七六年)と「八世紀における庄園の形成と展開—東大寺諸庄の場合—」(「徳島大学学芸紀要」一四　一九八〇年)をあわせた上で書き直し。
第二章　越前平野の村と道守庄
　「初期庄園の形成と展開」(「日本史研究」一九七六年)と「足羽郡道守庄の成立と展開」(岸俊男先生退官記念『日本政治社会史研究』上　塙書房　一九八四年)をあわせた上で書き直し。
第三章　越前諸庄園の経営
　「初期庄園の経営—越前国東大寺諸庄園の場合—」(「史林」六五—二　一九八二年)の書き直し。
第二部第一章　天平勝宝八年六月勅施入庄・所群の性格と機能

新規稿

第二章　水上交通路沿いの東大寺庄園

「古代における水上交通と庄園とのかかわり―因幡国高庭庄を中心に―」（『徳島大学総合科学部紀要・人文芸術編』六　一九九三年）と「瀬戸内型の庄園」（『新編・日本の古代史』第四巻　角川書店　一九九四年）をあわせた上で書き直し。

第三章　山野河海の世界における東大寺庄園と村里刀禰

「九世紀における大土地所有の展開―とくに山林原野をめぐって―」（『史林』五〇―四　一九六七年）と「初期庄園と村里刀禰とのかかわりについて―八世紀中・後期の播磨国赤穂を中心に―」（『徳島大学総合科学部紀要・人間社会文化』六　一九九九年）をあわせた上で書き直し。

第三部第一章　大河川下流域における開発と交易の進展

「古代の大河川下流域における開発と交易の進展―阿波国新島庄をめぐって―」（『徳島大学総合科学部紀要・人文芸術編』二　一九八九年）と「開発・改修計画図としての庄絵図―新島庄大豆処・枚方両地区絵図―」（『科研報告書・デルタにおける古代の開発に関する地図的情報の収集と解析』　一九九七年）をあわせた上で書き直し。

第二章　水上交通路としての南海道支道と東大寺庄園

「南海道支道と庄園―新島庄勝浦地区の位置をめぐって―」（『徳島大学総合科学部紀要・人間社会文化』三　一九九六年）と「カイフとソラ」（『図説・徳島県の歴史』　河出書房新社　一九九四年）をあわせた上で書き直し。

第三章　九世紀における低湿地開発の進展と庄園返還運動

「低湿地開発の進展と庄園返還運動―九世紀の阿波国新島庄―」（『徳島大学総合科学部紀要・人間社会文化』二　一九九三年）と「カイフとソラ」（『図説・徳島県の歴史』）をあわせた上で書き直し。

付章　新島庄文献解題
「新島庄関係文献解題」（『科研報告書・デルタにおける古代の開発に関する地図的情報の収集と解析』）を一部補訂。
第四部第一章　延喜庄園整理令と庄園
「九世紀における大土地所有の展開―とくに山林原野をめぐって―」（『史林』五〇―四　一九六七年）と「延喜庄園整理令と初期庄園」（『史林』六一―二　一九七八年）をあわせた上で書き直し。
第二章　板蝿杣の形成と展開
「一〇世紀における庄園の形成と展開―東大寺領板蝿杣を中心に―」（『史林』五六―六　一九七三）と「山の世界における大規模所領の展開―一〇世紀の伊賀国名張盆地周辺を中心に―（『徳島大学総合科学部創立記念論文集』　一九八七年）をあわせた上で書き直し。
余論　篠山盆地における大山庄
「余部郷と平秀・勢豊―篠山盆地における大山庄―」（大山喬平先生退官記念論集『日本社会の史的構造』古代・中世編　思文閣　一九九七年）の書き直し。

四〇年も前の話であるが、私は中国史をやりたくて文学部に入学した。入学当初オリエンテーションがあり、各教室の先生方がどのようなことを研究しているのかどのように学べばよいのか交代に話をされた。そのなかで、強く印象に残ったのが赤松俊秀先生が日本史をやるなら欧米やアジアなど日本以外の諸国の歴史を学んでおくことが重要であるといわれたことであった。これに刺激を受けて、教養部の二年間は授業そっちのけでひたすら乱読した。そのなかで偶然にぶつかったのが石母田正氏の『中世的世界の形成』であった。
周知のように、メイン・テーマとしての黒田庄という一個の小世界の内部においては、古代的支配者たる東大寺のまえに在地から成長してくる在地領主・農民を担い手とする中世は幾度の戦いを挑み、そのたびに敗北する（蹉跌と敗北の歴史）という暗鬱な歴史を繰り返す。にもかかわらず、黒田庄の世界のまわりでは平家物語や貞永式目などに代表される古代を克服した輝かしい中世的な世界の形成が進行することが語られる。この書を読み終わった時の衝撃というか、その形容しがたい重みは鮮明に頭に残っている。教養部を終え専門に進むとき、私は結局中国史ではなく、日本中世史を学ぶ道を選んだ。

学部に進学してまずぶつかったのは、上横手雅敬先生の『中世法制史料集・鎌倉幕府法』の演習であった。どういうわけか、当時国史専攻の学生数が少なく、廻転が早いせいもあって、辞書を引きながらの必死の予習にもかかわらず、厳しい先生の追求に立ち往生ということがしばしばであった。この演習を出発点に小葉田淳・赤松俊秀・熱田公・林屋辰三郎・村山修一・宮川満などの諸先生の授業・指導を受けるなかで、自力で学ぶ力を少しずつ身につけていったようである。大学院に進み、日本史研究会中世史部会、同史料研究部会、民科歴史部会などの研究会活動に参加するようになり、多くの同学の方々からの指導・刺激を受けつつ、よちよち歩きながら中世史研究の一角にとりついていった。なかんずく、これらの研究会を通しての、大山喬平・工藤敬一・河音能平・戸田芳実・脇田晴子諸先輩から蒙った恩恵の大きさには計り知れないものがある。鋭い指摘や厳しい批判を受け、圧倒されそうになりながら、それらを何とか吸収しようと努力したこと、それが以後の研究者としての歩みに大きな影響を及ぼしている。また、専門は異なっていたが、年齢の近かった井上寛司・稲本紀昭・黒田紘一郎・小林昌二・佐藤宗諄・中西則雄・野田嶺志・松尾寿・村田修三諸氏と研究室や諸研究会の場を通して啓発しあえたことも幸いであった。

このように大学院時代は、研究者の集団のなかに身を置き、その集団から様々なものを受け取りながら、研究を進めていくという恵まれた環境のなかで過ごすことが出来た。そして、大学院を終えた一九六〇年代後半に徳島大学に赴任することで、研究の環境は大きく変わった。中世史の研究者は周辺にはおらず、それまでの延長で鎌倉・

室町期の庄園研究を影写本を基礎に続けていく条件も無かった。そのようななかで、平安遺文を用いた平安時代の庄園研究に研究の焦点を移していった。その際、大学院時代を通して赤松先生の平安遺文演習に参加していたことが大変役に立った。

当初は摂関期・院政期の庄園を分析対象にしていたが、やがて、地元ということもあり、東大寺領の阿波国新島庄に目がいくようになる。研究室の先輩である原秀三郎氏の一連の古代庄園研究などを導きの糸にしながらの手探りであったが、これが中世史研究を行っていた私が古代庄園史研究に踏み込んでいく契機になった。新島庄に限定して古代庄園を見る予定にしていたのであるが、予期に反して、深みにはまり、八世紀から一〇世紀に至る古代東大寺庄園群全般の研究にからめ取られる結果となった。

その間、次の三点について意識的に追求したつもりである。その第一は、古代東大寺庄園については、良質の史料の大量の存在ということがあって、北陸地域に研究が集中し、この地域の庄園により東大寺庄園群全体を代表させる傾向が強かった。しかし、新島庄という四国に存在する庄園に視点を置いてみると、北陸地域とは異なった様相をもつ独自な庄園のあり方が浮かび上がってくる。しかも、時期的にも北陸地域の史料が八世紀中期に限定されるのに対して、断片的ながら九・一〇世紀の関係史料が存在する。八世紀から一〇世紀にわたって畿内、中・四国地域の広い地域で豊かにかつ多面的に展開している東大寺庄園群の諸相を、東大寺庄園群全体のあり方の把握という観点から、巨視的に見ていく努力をした。

第二に庄園は地域から切り離された存在ではない。庄園をそれぞれの地域の古代に位置づけて考えようとした場合、その地域の古代にかかわる郷土史研究を批判的に摂取し、中央の学会誌のなかで積み上げられてきている研究史と整合的に把握することがいかに重要であるかを、阿波の場合でいうと、二〇世紀初期に活動していた島田泉山の新島庄にかかわる著作に出会うなかで、実感させられた。阿波国一国をとってみても、江戸時代にまで遡る研究

史　料　名

ま行

や行

わ行

た行

な行

は行

研究者名（含県史・市史）

事 項 名

索　　引

著者紹介

丸　山　幸　彦（まるやま　ゆきひこ）

1939年　東京に生まれる。まもなく長野に移る
1962年　京都大学文学部卒業
1967年　京都大学大学院文学研究科博士課程単位取得退学
現　在　徳島大学総合科学部教授

主要論文

初期庄園の経営（「史林」65－2　1982年）
瀬戸内型の庄園（「新版・古代の日本４・中国・四国」 角川書店　1992年）
川と古代地方豪族（「川と人間―吉野川流域史―」 溪水社　1998年）

古代東大寺庄園の研究

平成13年2月25日　発行

著　者　丸　山　幸　彦
発行所　株式会社　溪水社
広島市中区小町１－４（〒730－0041）
電　話（082）246-7909
ＦＡＸ（082）246-7876
E-mail: info@keisui.co.jp

ISBN 4－87440－639－4　C3021
平成12年度日本学術振興会助成出版